木造住宅工事仕様書

［解説付］

2023年版

この仕様書は、フラット35の設計検査に添付してお使いいただくことができます。

建 築 主	住所	
	氏名	
工事施工者	住所	
	氏名	
設 計 者	住所	
	氏名	
工事監理者	住所	
	氏名	
住宅の名称等 （建売住宅に限る。）		

＊仕様書を工事請負契約等に添付して使用する場合には、氏名欄に記入した名前の右横にそれぞれ押印してください。

目　　次

はじめに

　本仕様書は、設計者にとっては設計のつど、仕様書を作成する手間と経費を削減し、また建築主にとっては、工事を安心して施工者に任せることができるよう、フラット35技術基準のほか、標準的な仕様をまとめ、広く皆様にお使いいただけるように作成したものです。なお、本仕様書は、2023年1月1日現在の関係規格等を勘案して作成しています。本仕様書に掲載されている事項のうち、建築基準法等関係法令に規定される事項は、必要に応じて、現行の運用等をご確認のうえ、ご活用ください。

①工事請負契約書に添付する仕様書として

　発注者(建築主)と請負業者(施工者)間の工事請負契約時には、配置図、平面図、立面図等の設計図面のほかに、仕様書を契約図書として用意することが必要です。

　本仕様書は、さまざまな標準的仕様を列挙しているものですので、ご自分の工事内容にあわせて採用する仕様項目を選択し、あるいは、適宜添削してご利用ください(3頁参照)。

　本仕様書を工事請負契約等に添付して使用する場合には、氏名欄に記入した名前の右横にそれぞれ押印してください。

②設計・施工の技術的解説書として

　本仕様書には、技術的な事項の理解を深めるために、枠線欄の仕様書本文のほかに、用語解説、参考図、付録等を掲載していますので、技術的な解説書としてもご活用いただけます。

③フラット35の設計検査提出書類の一部として

　フラット35を利用し、適合証明検査機関に設計検査を申請する場合には、申請住宅がフラット35技術基準に適合していることを確認できる設計図書の提出が必要です。

　本仕様書には、フラット35技術基準に関係する仕様について整理した「フラット35技術基準適合仕様確認書」が添付されており、この確認書を活用することにより、ご自分の設計仕様がフラット35技術基準に適合しているかどうかを確認できるとともに、設計検査のための申請書類としてもご活用いただけるものとなっています。

　また、フラット35S及びフラット35維持保全型の申請の際にもご利用いただけるように、「フラット35S(金利Bプラン)技術基準適合仕様確認書」、「フラット35S(金利Aプラン)技術基準適合仕様確認書」、「フラット35S(ZEH)技術基準適合仕様確認書」及び「フラット35維持保全型技術基準適合仕様確認書」が添付されています。設計検査申請の際に、ご自身の設計仕様が各基準に適合しているかどうかをご確認いただけるとともに、設計検査のための申請書類としてもご活用いただけるものとなっています。

　さらに、機構財形住宅融資に係る技術基準にも対応していますので、同融資の設計検査のための申請書類としてもご活用いただけます。

　なお、設計検査申請書類として、本仕様書にほかの独自の特記仕様書を添付することや、本仕様書以外の別の仕様書を用いることも可能です。

本仕様書の構成及びフラット35技術基準との関係

　本仕様書は、建築基準法に基づく告示等及びフラット35技術基準に基づく仕様を掲載しています。

　本仕様書に掲載されている事項のうち、建築基準法に関連する部分は、原則として告示等により示された仕様を記載しています。構造計算による場合及び国土交通大臣の認定を受けた仕様による場合は、本仕様書によらないことができますので、違法建築物とならないことをよくお確かめのうえ、該当部分を添削してご利用ください。

　フラット35技術基準に該当する箇所は、次表のとおりアンダーラインを付して表現しています。

　本仕様書の本文中アンダーライン「＿＿＿」「＿＿＿」の部分は、フラット35技術基準に該当する仕様ですので、訂正（添削）するとフラット35がご利用いただけない場合があります。「＿＿＿」の部分は、フラット35を利用するすべての住宅に適用となる事項です。「＿＿＿」の部分は、住宅の構造、フラット35Sやフラット35維持保全型の利用の有無に応じて適用となる事項です。

基　　準	記　載　内　容	表　記　方　法
フラット35技術基準	すべての住宅に適用となる事項	該当箇所を＿＿＿で表示
	住宅の構造、フラット35Sやフラット35維持保全型の利用の有無に応じて適用となる事項*	該当箇所を＿＿＿で表示

＊具体的に適用する事項については、4〜18頁の「フラット35技術基準適合仕様確認書」、「フラット35S技術基準適合仕様確認書」、「フラット35維持保全型技術基準適合仕様確認書」によりご確認ください。

【仕様書本文の工事内容にあわせた使用例】

①本仕様書の内容から選択する場合

選択できる項目には、□（チェックボックス）が付いていますので、選択した項目に☑（チェック）を入れてください。

3.3 基礎工事

3.3.1 一般事項

1. 基礎は、1階の外周部耐力壁及び内部耐力壁の直下に設ける。
2. 基礎の構造は、地盤の長期許容応力度に応じて、次のいずれかとする。
   - イ. □布基礎（長期許容応力度　30kN/m²以上）
   - ロ. □腰壁と一体になった布基礎（長期許容応力度　30kN/m²以上）
   - ハ. ☑べた基礎（長期許容応力度　20kN/m²以上）
   - ニ. □基礎ぐいを用いた構造（長期許容応力度　20kN/m²未満）

②本仕様書の内容によらず、図面へ記載または独自の特記仕様書を用いる場合

□（チェックボックス）が付いている場合

「～特記による。」と記載されている項目に☑（チェック）を入れ、図面へ記載するか、または独自の特記仕様書を添付してください。

5.8.2 床束

床束は、次のいずれかによる。
1. □木製床束とする場合は、次による。
   - イ. 断面寸法は、90mm×90mm以上とする。
   - ロ. 上部仕口は、次のいずれかによる。
   - ハ. 下部は、束石に突付けとし、根がらみを床束に添え付けくぎ打ちとする。
2. ☑プラスチック束とする場合は、特記による。
3. □鋼製束とする場合は、特記による。

□（チェックボックス）が付いていない場合

その項目を削除し、「特記による。」と記載したうえで、図面へ記載するか、または独自の特記仕様書を添付してください。

6.3 金属板ぶき

6.3.1 材料

1. 金属板の品質は、次のいずれかの規格に適合するもの、又はこれらと同等以上の性能を有するものとする。
   - イ. □JIS G 3312（塗装溶融亜鉛めっき鋼板及び鋼帯）の屋根用
   - ロ. □JIS G 3318（塗装溶融亜鉛－5％アルミニウム合金めっき鋼板及び鋼帯）の屋根用
   - ハ. □JIS G 3321（溶融55％アルミニウム－亜鉛合金めっき鋼板及び鋼帯）の屋根用
   - ニ. □JIS G 3322（塗装溶融55％アルミニウム－亜鉛合金めっき鋼板及び鋼帯）の屋根用
   - ホ. □JIS G 3320（塗装ステンレス鋼板及び鋼帯）の屋根用
   - ヘ. □JIS K 6744（ポリ塩化ビニル被覆金属板及び金属帯）の屋根用
   - ト. □JIS H 3100（銅及び銅合金の板並びに条）の屋根用

特記による。

フラット35技術基準適合仕様確認書

【本確認書の使い方】

- 本確認書は、本仕様書の内容のうち、フラット35技術基準に該当する仕様項目を整理した表です。
- 「住宅の構造」欄には、構造ごとに実施しなければならない仕様項目について、〇印で示してあります。つまり、〇印を付した該当項目について、仕様書本文中にあるアンダーライン「＿＿＿」「＿＿＿」部分が、遵守しなければならない基準となります。
- 選択した住宅の構造に ☑（チェック）を入れてください。
- フラット35技術基準に適合していることをこの確認書の仕様項目に基づき確認し、実施する仕様の「適合確認欄」のチェックボックスに ☑（チェック）を記入してください。
- 仕様書によらずその性能を確保する場合、「特記欄」に「特記」と記入し、その内容について特記仕様書等を作成してください。
- ☑（チェック）を記入した仕様項目について、仕様書の該当部分を添削した場合には、「特記欄」に「添削」と記入してください。また、添削をした場合には、その箇所がアンダーライン「＿＿＿」「＿＿＿」部分でないことを確認してください。アンダーライン部分を訂正すると、フラット35がご利用いただけない場合があります。

基　準　項　目		仕　様　書		住宅の構造		適合確認欄 ☑	特記欄
		仕　様　項　目	ページ	木造（耐久性）☐	準耐火・耐火 ☐		
基礎の高さ		Ⅱ-3.3.2、3.3.3	39	〇		☐	
床下換気[1]	いずれかを選択	Ⅱ-3.3.11	41	〇		☐	
基礎断熱工法[2]		Ⅱ-3.4	54	〇		☐	
床下防湿		Ⅱ-3.3.15	41	〇		☐	
土台の防腐・防蟻措置		Ⅱ-4.3.1	80	〇	〇	☐	
土台以外の木部の防腐・防蟻措置		Ⅱ-4.3.2	80	〇		☐	
床下地面の防蟻措置		Ⅱ-4.4	81	〇		☐	
浴室等の防水措置		Ⅱ-4.5	82	〇		☐	
住戸間の界壁（連続建てに限る）		Ⅱ-5.11	128	〇	〇	☐	
断熱工事[3][4]	計算により仕様を決定	Ⅱ-7-1.1.2の2	153	〇	〇	☐	
	施工部位	Ⅱ-7-1.2	156	〇	〇	☐	
	躯体の断熱性能	Ⅱ-7-1.3	159	〇	〇	☐	
	防湿材の施工	Ⅱ-7-1.4.3の2	168	〇	〇	☐	
	外壁通気	Ⅱ-7-1.4.7の5、6	169	〇	〇	☐	
	屋根通気（屋根断熱とする場合）	Ⅱ-7-1.4.9の2、3	170	〇		☐	
	開口部の断熱性能	Ⅱ-7-1.7.1	194	〇	〇	☐	
	日射遮蔽措置	Ⅱ-7-1.8	197	〇	〇	☐	
省エネ設備工事[3][4]	計算により仕様を決定	Ⅱ-7-2.1.2の1	199	〇	〇	☐	
	暖房設備	Ⅱ-7-2.2	199	〇	〇	☐	
	冷房設備	Ⅱ-7-2.3	200	〇	〇	☐	
	換気設備	Ⅱ-7-2.4	200	〇	〇	☐	
	給湯設備	Ⅱ-7-2.5	200	〇	〇	☐	
	照明設備	Ⅱ-7-2.6	201	〇	〇	☐	

建築物エネルギー消費性能基準[3)4)]	外皮性能	Ⅱ-7-3.1.2の2	203	○	○	□	
	一次エネルギー消費量	Ⅱ-7-3.1.2の2	203	○	○	□	
	防湿材の施工	Ⅱ-7-3.2	203	○	○	□	
小屋裏換気（または屋根断熱）		Ⅱ-8.9.1	215	○		□	
点検口の設置（給排水設備）		Ⅱ-13.1.1の3	264	○	○	□	
換気設備の設置（浴室等）		Ⅱ-16.4.1	270	○	○	□	
省令準耐火構造[5)6)]		Ⅱ-18	287			□	
45分準耐火構造[5)]		Ⅱ-17.1	272		○	□	
1時間準耐火構造[5)]		Ⅱ-17.2	281			□	
耐火構造		Ⅱ-19	306			□	

注1) 玄関周りなど一部が土間コンクリート床の場合、その他の部分に床下換気孔が適切に設置されている必要があります。

2) 基礎断熱工法とは、床に断熱材を施工せず、住宅全周の基礎の外側、内側または両側に地面に垂直に断熱材を施工し、床下換気孔を設けない工法をいいます。

3) 地域の区分については、仕様書の付録9を参照してください。

4) 「断熱工事」及び「省エネ設備工事」か、または「建築物エネルギー消費性能基準」のいずれかを選択してください。

5) 「住宅の構造」を準耐火とする場合は、仕様書のⅡ-17.1（45分準耐火構造の住宅の仕様）、Ⅱ-17.2（1時間準耐火構造の住宅の仕様）またはⅡ-18（省令準耐火構造の住宅の仕様）のいずれかの仕様とする必要があります。

6) 省令準耐火構造の基準項目をまとめた「省令準耐火構造チェックリスト（一戸建て住宅用）」を、仕様書のⅡ-18（省令準耐火構造の住宅の仕様）に掲載しています。

フラット35S（金利Bプラン）技術基準適合仕様確認書

　フラット35Sとは、フラット35をお申込みのお客様が、省エネルギー性、耐震性などに優れた住宅を取得される場合に、フラット35のお借入金利を一定期間引き下げる制度です。

　フラット35Sは、お申込みの受付期間及び募集枠に制限があります。詳細は「フラット35サイト（www.flat35.com）」にてご確認ください。

　フラット35S（金利Bプラン）をご利用いただく場合は、フラット35の技術基準に加えて、次表の1～4のいずれか1つ以上の基準を満たす住宅であることが必要です。

フラット35S（金利Bプラン）の技術基準（※1）

1	省エネルギー性	断熱等性能等級5以上の住宅 　または 一次エネルギー消費性能等級6の住宅
2	耐　震　性	耐震等級（構造躯体の倒壊等防止）2以上の住宅
3	バリアフリー性	高齢者等配慮対策等級3以上の住宅
4	耐久性・可変性	劣化対策等級3の住宅、かつ、維持管理対策等級2以上の住宅 （共同住宅等の場合は、一定の更新対策（※2）が必要）

※1　各技術基準（建築物エネルギー消費性能基準に適合する住宅を除く。）は、「住宅の品質確保の促進等に関する法律」に基づく住宅性能表示制度の性能等級等と同じです。なお、住宅性能評価書を取得しなくても、所定の物件検査に合格すれば、フラット35S（金利Bプラン）をご利用いただけます。

※2　一定の更新対策とは、躯体天井高の確保（2.5m以上）及び間取り変更の障害となる壁または柱がないことです。

注）以下のいずれかに該当する場合は、フラット35S及びフラット35維持保全型を利用できません。
　・住宅の全部または一部が土砂災害特別警戒区域（通称：レッドゾーン）内に含まれる場合
　・都市再生特別措置法（平成14年法律第22号）第88条第1項に基づく届出を行った場合において、同条第5項に基づく市町村長による公表の措置を受けたとき

【本確認書の使い方】

・本確認書は、本仕様書の内容のうち、フラット35S（金利Bプラン）の各基準に該当する仕様項目を整理した表です。

・フラット35Sをご利用される場合は、本確認書を「フラット35技術基準適合仕様確認書」とあわせてお使いください。

・各仕様項目において、仕様書本文中にあるアンダーライン「　　　　」部分が、遵守しなければならない基準となります。

・フラット35Sの技術基準に適合していることを、この確認書の仕様項目に基づき確認し、実施する仕様の「適合確認欄」のチェックボックスに ☑ （チェック）を記入してください。

・仕様書によらずその性能を確保する場合、「特記欄」に「特記」と記入し、その内容について特記仕様書等を作成してください。

・☑ （チェック）を記入した仕様項目について、仕様書の該当部分を添削した場合には、「特記欄」に「添削」と記入してください。また、添削をした場合には、その箇所がアンダーライン「　　　　」部分でないことを確認してください。アンダーライン部分を訂正すると、フラット35Sがご利用いただけない場合があります。

・表中の「評価方法基準項目番号」欄には、住宅の品質確保の促進等に関する法律（平成11年法律第81号）に基づく評価方法基準（平成13年国土交通省告示第1347号）の項目番号を記載しています。

フラット35S（金利Bプラン）技術基準適合仕様確認書

1. 省エネルギー性に関する基準（断熱等性能等級5）

項 目			評価方法 基準項目番号	仕 様 書		適合 確認欄 ☑	特記欄
				仕 様 項 目	ペ ー ジ		
性能基準による場合			5-1(3)イ（等級5）、 ロ（等級5）、ハ③	Ⅲ−1.1.2（適用）の2	309	☐	
仕様基準による場合	躯体の 断熱性能等	断熱構造とする部分	5-1(3)ただし書き	Ⅲ−1.2（施工部位）	310	☐	
		断熱材の熱抵 抗値又は厚さ	5-1(3)ただし書き	Ⅲ−1.3（断熱性能）	311	☐	
		防湿材の施工	5-1(3)ハ②a	Ⅲ−1.4.3（防湿材の施工）の2	318	☐	
		屋根通気	5-1(3)ハ③b	〈屋根を断熱構造とする場合〉 Ⅲ−1.4.9（屋根の施工）の2、3	320	☐	
		外壁通気	5-1(3)ハ③b	Ⅲ−1.4.7（壁の施工）の5、6	320	☐	
	開口部の 断熱性能等	断熱性能	5-1(3)ただし書き	Ⅲ−1.7（開口部の断熱性能）	327	☐	
		日射遮蔽措置	5-1(3)ただし書き	Ⅲ−1.8（開口部の日射遮蔽措置）	328	☐	

2. 省エネルギー性に関する基準（一次エネルギー消費量等級6）

項 目		評価方法 基準項目番号	仕 様 書		適合 確認欄 ☑	特記欄
			仕 様 項 目	ペ ー ジ		
性能基準による場合		5-2(3)イ①	Ⅲ−2.1.2（適用）の1	329	☐	
仕様基準による場合	暖房設備	5-2(3)イ②	Ⅲ−2.2（暖房設備）	331	☐	
	冷房設備	5-2(3)イ②	Ⅲ−2.3（冷房設備）	331	☐	
	換気設備	5-2(3)イ②	Ⅲ−2.4（換気設備）	331	☐	
	給湯設備	5-2(3)イ②	Ⅲ−2.5（給湯設備）	331	☐	
	照明設備	5-2(3)イ②	Ⅲ−2.6（照明設備）	332	☐	
	躯体の断熱性能	5-2(3)イ②	Ⅲ−2.7（躯体の断熱性能）	332	☐	

注）　一次エネルギー消費量等級6を仕様基準で適合させる場合は、断熱等性能等級が5以上であることが必要であるため、仕様書のⅣ−1（省エネルギー性に関する基準（断熱等性能等級5かつ一次エネルギー消費量等級6）に係る仕様）が適用となります。

3. 耐震住宅に関する基準（耐震等級（構造躯体の倒壊等防止）2）

〈使い方〉

・「保有水平耐力計算等」や「階数が2以下の木造の建築物における基準」等により、住宅性能表示制度「耐震等級（構造躯体の倒壊等防止）2」以上の耐力が確保できることを確認したうえで、その設計内容をもとに必要事項を記入してください。

・記入内容が複数ある場合は、カッコ内にそれぞれ併記してください。

項 目	内 容
計算方法	☐ 壁量計算　　※階数が2階以下の場合のみ 　→「壁量計算による場合の確認項目」に記入してください。 ☐ 許容応力度計算 ☐ その他（　　　　　　　　　　　　　　　　　　　　　　）

壁量計算による場合の確認項目

項目		評価方法基準項目番号	仕様項目			適合確認欄 ☑	特記欄
耐力壁	筋かい耐力壁	1-1(3)ホ①	・種類（　　　　　　　　　　　）倍率（　　　　　） ・種類（　　　　　　　　　　　）倍率（　　　　　）			☐	
	木ずり耐力壁		種類（　　　　　　　　　　　）倍率（　　　　　）			☐	
	面材耐力壁		種類（　　　　　　　）厚さ（　　　　　mm） くぎ種類（　　　）くぎ間隔（　　　mm）倍率（　　　）			☐	
準耐力壁等	木ずり準耐力壁・腰壁等	1-1(3)ホ①	・種類（　　　　　　　　　　　）倍率（　　　　　） ・種類（　　　　　　　　　　　）倍率（　　　　　）			☐	
	面材準耐力壁・腰壁等		種類（　　　　　　　）厚さ（　　　　　mm） くぎ種類（　　　）くぎ間隔（　　　mm）倍率（　　　）			☐	
壁量	性能表示で定める存在壁量	1-1(3)ホ① 表1		1階(cm)	2階(cm)	準耐力壁算入	
			X軸方向			☐ 算入あり	☐
			Y軸方向				☐
	性能表示で定める必要壁量		X軸方向				☐
			Y軸方向				☐
床組・屋根面等	火打ち構面	1-1(3)ホ③	種類（　　　　　　　）寸法（　　　　　　） 火打ちの隅長（　　　mm）取り合う梁せい（　　　mm） 構面の位置（　　　　　　）倍率（　　　　　）			☐	
	2階床面		面材の種類（　　　　　）厚さ（　　　　　mm） 根太間隔（　　　mm）工法（　　　　　） くぎ種類（　　　）くぎ間隔（　　　mm）倍率（　　　）			☐	
	小屋床面		面材の種類（　　　　　）厚さ（　　　　　mm） 根太間隔（　　　mm）工法（　　　　　） くぎ種類（　　　）くぎ間隔（　　　mm）倍率（　　　）			☐	
	屋根面		勾配（　　　　寸） 面材の種類（　　　　　）厚さ（　　　　　mm） たる木間隔（　　　mm）工法（　　　　　） くぎ種類（　　　）くぎ間隔（　　　mm）倍率（　　　）			☐	
	確認方法	1-1(3)ホ③式1・式2	☐ 存在床倍率≧地震に対する等級2の必要床倍率			☐	
接合部	下屋等の横架材の接合部	1-1(3)ホ④b	金物（　　　　　　　　　　　） 仕口等（　　　　　　　　　　）			☐	
	胴差しと通し柱の接合部	1-1(3)ホ④a	金物（　　　　　　　　　　　） 仕口等（　　　　　　　　　　）			☐	
	確認方法	1-1(3)ホ④b	下屋等横架材	1階小屋組等の端部等 ☐ 存在接合部倍率≧必要接合部倍率		☐	
				その他の部分 ☐ 存在接合部倍率≧0.7		☐	
		1-1(3)ホ④a	胴差しと通し柱	☐ 評価方法基準による構造方法		☐	
基礎	根入れ深さ	1-1(3)ホ⑤	深さ（　　　　　　　　　　mm）			☐	
	基礎の各部寸法		立上り部分 高さ（　　　mm）厚さ（　　　mm） 底盤の寸法 厚さ（　　　mm）幅（　　　mm）			☐	
	基礎の配筋		主筋（　径　　　　mm） 標準部の補助筋（　径　　　　mm） 開口直下の補助筋（　径　　　　mm）			☐	
	確認方法	1-1(3)ホ⑤	☐ スパン表（種類 日本住宅・木材技術センター） ☐ 許容応力度計算 ☐ その他（　　　　　）			☐	
横架材	横架材の断面寸法（最小〜最大）	1-1(3)ホ⑤	・床大梁（　　mm×　　mm 間隔　　） ・床小梁（　　mm×　　mm 間隔　　） ・小屋梁（　　mm×　　mm 間隔　　） ・胴差（　　mm×　　mm 間隔　　） ・根太（　　mm×　　mm 間隔　　） ・垂木（　　mm×　　mm 間隔　　）			☐	
	確認方法	1-1(3)ホ⑤	☐ スパン表（種類 日本住宅・木材技術センター） ☐ 許容応力度計算 ☐ その他（　　　　　）			☐	
その他	確認事項	1-1(3)ホ⑥	☐ 建築基準法施行令第3章第1節から第3節まで（令第39条及び第48条を除く。）の規定に適合			☐	

フラット35S（金利Ｂプラン）技術基準適合仕様確認書

4. バリアフリー性に関する基準（高齢者等配慮対策等級3）

項　目		評価方法 基準項目番号	仕　様　書		適合 確認欄 ☑	特記欄
			仕　様　項　目	ペ ー ジ		
部屋の配置		9-1(3)ハ①	Ⅲ－4.2.1（部屋の配置）	345	☐	
段差		9-1(3)ハ②	Ⅲ－4.3.1（段差の解消）	346	☐	
階段		9-1(3)ハ③	Ⅲ－4.4.1（住戸内階段の勾配）	350	☐	
			Ⅲ－4.4.2（住戸内階段の構造）の2	351	☐	
手すり		9-1(3)ハ④	Ⅲ－4.5.1（手すりの設置箇所） （2のロにおいては（イ）に限る。）	353	☐	
通路及び出入口の幅員		9-1(3)ハ⑤	Ⅲ－4.6.1（廊下及び出入口の幅員の確保）	359	☐	
寝室、便所及び浴室の規模		9-1(3)ハ⑥a	Ⅲ－4.7.1（寝室、便所及び浴室の規模）の1	363	☐	
		9-1(3)ハ⑥b	Ⅲ－4.7.1（寝室、便所及び浴室の規模）の2	363	☐	
		9-1(3)ハ⑥c	Ⅲ－4.7.1（寝室、便所及び浴室の規模）の3	363	☐	

5. 耐久性・可変性に関する基準（劣化対策等級3及び維持管理対策等級2など）

項　目		評価方法 基準項目番号	仕　様　書		適合 確認欄 ☑	特記欄
			仕　様　項　目	ペ ー ジ		
外壁の軸組等		3-1(3)イ①a	Ⅲ－5.5.2（外壁の軸組の防腐・防蟻措置）	366	☐	
			Ⅲ－5.5.3（外壁下地材の防腐・防蟻措置）	367	☐	
土台		3-1(3)イ①b	Ⅲ－5.5.1（土台の防腐・防蟻措置）	366	☐	
浴室及び脱衣室		3-1(3)イ①c	Ⅲ－5.7（浴室等の防水措置）	368	☐	
地盤		3-1(3)イ①d	Ⅲ－5.6（床下地面の防蟻措置）	367	☐	
基礎		3-1(3)イ①e	Ⅲ－5.2（基礎工事）	366	☐	
床下		3-1(3)イ①f	Ⅲ－5.3（床下換気）	366	☐	
			Ⅲ－5.4（床下防湿）	366	☐	
小屋裏		3-1(3)イ①g	Ⅲ－5.8（小屋裏換気）	368	☐	
専用配管	コンクリート内への埋込み禁止	4-1(3)イ①	Ⅲ－5.9（専用配管）の1	368	☐	
	地中埋設管	4-1(3)イ②	Ⅲ－5.9（専用配管）の2	368	☐	
	排水管の内面	4-1(3)イ④	Ⅲ－5.9（専用配管）の3	368	☐	
共用配管等	コンクリート内への埋込み禁止	4-2(3)イ①	Ⅲ－5.10（共用配管等）の1	368	☐	
	地中埋設管	4-2(3)イ②	Ⅲ－5.10（共用配管等）の2	368	☐	
	掃除口	4-2(3)イ③	Ⅲ－5.10（共用配管等）の3	368	☐	
	開口	4-2(3)イ④	Ⅲ－5.10（共用配管等）の4	368	☐	
	排水管の内面	4-2(3)イ⑤	Ⅲ－5.10（共用配管等）の5	369	☐	
	他の住戸専用部内設置禁止	4-2(3)イ⑦	Ⅲ－5.10（共用配管等）の6	369	☐	
更新対策	躯体天井高	4-4(3)イ	Ⅲ－5.11（更新対策（住戸専用部））の1	369	☐	
	住戸専用部の構造躯体	4-4(3)ロ	Ⅲ－5.11（更新対策（住戸専用部））の2	369	☐	

フラット35S(金利Aプラン)技術基準適合仕様確認書

　フラット35Sとは、フラット35をお申込みのお客様が、省エネルギー性、耐震性などに特に優れた住宅を取得される場合に、フラット35のお借入金利を一定期間引き下げる制度です。

　フラット35Sは、お申込みの受付期間及び募集枠に制限があります。詳細は「フラット35サイト（www.flat35.com）」にてご確認ください。

　フラット35S(金利Aプラン)をご利用いただく場合は、フラット35の技術基準に加えて、次表の1～4のいずれか1つ以上の基準を満たす住宅であることが必要です。

フラット35S(金利Aプラン)の技術基準(※1)

1	省エネルギー性	次のいずれかの住宅に適合すること ・断熱等性能等級5以上の住宅、かつ、一次エネルギー消費量等級6の住宅 ・認定低炭素住宅(※2) ・性能向上計画認定住宅(※3)
2	耐　震　性	耐震等級(構造躯体の倒壊等防止)3の住宅 　または 免震住宅(※4)
3	バリアフリー性	高齢者等配慮対策等級4以上の住宅
4	耐久性・可変性	長期優良住宅(※5)(※6)

※1　各技術基準(長期優良住宅を除く。)は、「住宅の品質確保の促進等に関する法律」に基づく住宅性能表示制度の性能等級と同じです。なお、住宅性能評価書を取得しなくても、所定の物件検査に合格すれば、フラット35S(金利Aプラン)をご利用いただけます。

※2　都市の低炭素化の促進に関する法律(平成24年法律第84号)の規定により低炭素建築物新築等計画が認定された住宅または、同法の規定により集約都市開発事業計画が認定された住宅です。

※3　建築物のエネルギー消費性能の向上に関する法律(平成27年法律第53号)(通称 建築物省エネ法)の規定により建築物エネルギー消費性能向上計画が認定された住宅です。

※4　免震住宅は、評価方法基準第5の1-3に適合しているものを対象とします。

※5　長期優良住宅の普及の促進に関する法律(平成20年法律第87号)の規定により長期優良住宅建築等計画が認定された住宅です。

※6　長期優良住宅の場合は、フラット35S(金利Aプラン)とフラット35維持保全型の基準に適合します。

注)　以下のいずれかに該当する場合は、フラット35S及びフラット35維持保全型を利用できません。
　　・住宅の全部または一部が土砂災害特別警戒区域(通称：レッドゾーン)内に含まれる場合
　　・都市再生特別措置法(平成14年法律第22号)第88条第1項に基づく届出を行った場合において、同条第5項に基づく市町村長による公表の措置を受けたとき

【本確認書の使い方】

・本確認書は、本仕様書の内容のうち、フラット35S（金利Aプラン）の各基準に該当する仕様項目を整理した表です。

・フラット35Sをご利用される場合は、本確認書を「フラット35技術基準適合仕様確認書」とあわせてお使いください。

・各仕様項目において、仕様書本文中にあるアンダーライン「＿＿＿＿」部分が、遵守しなければならない基準となります。

・フラット35Sの技術基準に適合していることを、この確認書の仕様項目に基づき確認し、実施する仕様の「適合確認欄」のチェックボックスに ☑ (チェック)を記入してください。

・仕様書によらずその性能を確保する場合、「特記欄」に「特記」と記入し、その内容について特記仕様書等を作成してください。

・☑ (チェック)を記入した仕様項目について、仕様書の該当部分を添削した場合には、「特記欄」に「添削」と記入してください。また、添削をした場合には、その箇所がアンダーライン「＿＿＿＿」部分でないことを確認してください。アンダーライン部分を訂正すると、フラット35Sがご利用いただけない場合があります。

・表中の「評価方法基準項目番号」欄には、住宅の品質確保の促進等に関する法律(平成11年法律第81号)に基づく評価方法基準(平成13年国土交通省告示第1347号)の項目番号を記載しています。

フラット35S（金利Aプラン）技術基準適合仕様確認書

1. 省エネルギー性に関する基準（断熱等性能等級5以上かつ一次エネルギー消費量等級6）

フラット35S（金利Aプラン）の省エネルギー性（断熱等性能等級5以上かつ一次エネルギー消費量等級6）をご利用いただく場合は、「1-1. 省エネルギー性に関する基準①（断熱等性能等級5以上）」かつ「1-2. 省エネルギー性に関する基準②（一次エネルギー消費量等級6）」を満たす住宅であることが必要です。

1-1. 省エネルギー性に関する基準①（断熱等性能等級5以上）

項　目			評価方法 基準項目番号	仕　様　書		適合 確認欄 ☑	特記欄
				仕　様　項　目	ペー ジ		
性能基準による場合			5-1(3)イ（等級5）、 ロ（等級5）、ハ③	Ⅲ－1.1.2（適用）の2	309	☐	
仕様基準による場合	断熱構造とする部分		5-1(3)ただし書き	Ⅲ－1.2（施工部位）	310	☐	
	躯体の 断熱性能等	断熱材の熱抵 抗値又は厚さ	5-1(3)ただし書き	Ⅲ－1.3（断熱性能）	311	☐	
		防湿材の施工	5-1(3)ハ②a	Ⅲ－1.4.3（防湿材の施工）の2	318	☐	
		屋根通気	5-1(3)ハ③b	〈屋根を断熱構造とする場合〉 Ⅲ－1.4.9（屋根の施工）の2、3	320	☐	
		外壁通気	5-1(3)ハ③b	Ⅲ－1.4.7（壁の施工）の5、6	320	☐	
	開口部の 断熱性能等	断熱性能	5-1(3)ただし書き	Ⅲ－1.7（開口部の断熱性能）	327	☐	
		日射遮蔽措置	5-1(3)ただし書き	Ⅲ－1.8（開口部の日射遮蔽措置）	328	☐	

1-2. 省エネルギー性に関する基準②（一次エネルギー消費量等級6）

項　目		評価方法 基準項目番号	仕　様　書		適合 確認欄 ☑	特記欄
			仕　様　項　目	ペー ジ		
性能基準による場合		5-2(3)イ①	Ⅲ－2.1.2（適用）の1	329	☐	
仕様基準による場合	暖房設備	5-2(3)イ②	Ⅲ－2.2（暖房設備）	331	☐	
	冷房設備	5-2(3)イ②	Ⅲ－2.3（冷房設備）	331	☐	
	換気設備	5-2(3)イ②	Ⅲ－2.4（換気設備）	331	☐	
	給湯設備	5-2(3)イ②	Ⅲ－2.5（給湯設備）	331	☐	
	照明設備	5-2(3)イ②	Ⅲ－2.6（照明設備）	332	☐	

2. 省エネルギー性に関する基準（認定低炭素住宅）

仕　様　項　目	仕様書 ページ	適合 確認欄 ☑	特記欄
都市の低炭素化の促進に関する法律（平成24年法律第84号）の規定に基づく低炭素建築物新築等計画に係る認定書を取得（予定を含む。）	376	☐	

3. 省エネルギー性に関する基準（性能向上計画認定住宅（建築物省エネ法））

仕　様　項　目	仕様書ページ	適合確認欄 ☑	特記欄
建築物のエネルギー消費性能の向上に関する法律（平成27年法律第53号）の規定により建築物エネルギー消費性能向上計画に関する認定書を取得（予定を含む。）	378	☐	

ZEH水準等※の木造住宅に関する注意事項

●ZEH水準等の木造住宅については、他の住宅よりも、断熱材の増加や太陽光パネルの設置によって建物荷重が増える傾向があります。そのため、国土交通省において「壁量等の基準の見直し」が検討されており、2022年10月28日に「木造建築物における省エネ化等による建築物の重量化に対応するための必要な壁量等の基準（案）の概要」が公表されました。

●国土交通省によると、ZEH水準等の木造住宅の多くに用いられている「構造計算」の方法により構造安全性を確認する場合は、「壁量等の基準の見直し」による影響はありません。
壁量等の基準の見直しに関する詳細は、国土交通省のホームページをご覧ください。
（国土交通省ホームページ）
https://www.mlit.go.jp/jutakukentiku/build/jutakukentiku_house_tk_000166.html

●「壁量等の基準の見直し」を含む建築基準法施行令等の改正が2025年4月に施行予定であることを踏まえ、住宅金融支援機構は、2024年4月から新築住宅で、壁量計算により耐震性を確認するもので、【フラット35】S（ZEH）または【フラット35】S（金利Ａプラン）省エネルギー性をご利用する場合は、先行して見直し後の壁量等の基準を融資の要件とすることを予定しています。

なお、壁量等の基準の見直しに伴う変更後の融資要件の詳細については、改めて住宅金融支援機構のホームページ等でお知らせいたします。

※強化外皮基準（住宅の品質確保の促進等に関する法律第3条の2第1項に規定する評価方法基準における断熱等性能等級5以上の基準（結露の発生を防止する対策に関する基準を除く。））を満たし、かつ再生可能エネルギーを除いた一次エネルギー消費量が省エネ基準の基準値から20%削減（一次エネルギー消費量等級6の基準）となる省エネ性能の水準（ZEH水準）のほか、同基準（案）ではZEH-M水準等を含みます。

4. 耐震性に関する基準（耐震等級（構造躯体の倒壊等防止）3）

〈使い方〉

・「保有水平耐力計算等」や「階数が2以下の木造の建築物における基準」等により、住宅性能表示制度「耐震等級（構造躯体の倒壊等防止）3」の耐力を確保することを確認したうえで、その設計内容をもとに必要事項を記入してください。

・記入内容が複数ある場合は、カッコ内にそれぞれ併記してください。

項　　目	内　　容
計算方法	☐ 壁量計算　　※階数が2階以下の場合のみ 　→「壁量計算による場合の確認項目」に記入してください。 ☐ 許容応力度計算 ☐ その他（　　　　　　　　　　　　　　　　　　　　　）

フラット35S（金利Ａプラン）技術基準適合仕様確認書

壁量計算による場合の確認項目

項 目		評価方法 基準項目番号	仕 様 項 目				適合 確認欄 ☑	特記欄
耐力壁	筋かい耐力壁	1-1(3)ホ①	・種類（　　　　　　　　　　） 倍率（　　　　　　） ・種類（　　　　　　　　　　） 倍率（　　　　　　）				☐ ☐	
	木ずり耐力壁		種類（　　　　　　　　　　） 倍率（　　　　　　）				☐	
	面材耐力壁		種類（　　　　　　　） 厚さ（　　　　　　 mm） くぎ種類（　　　） くぎ間隔（　　 mm） 倍率（　　）				☐	
準耐力壁等	木ずり準耐力壁・腰壁等	1-1(3)ホ①	・種類（　　　　　　　　　　） 倍率（　　　　　　） ・種類（　　　　　　　　　　） 倍率（　　　　　　）				☐	
	面材準耐力壁・腰壁等		種類（　　　　　　　） 厚さ（　　　　　　 mm） くぎ種類（　　　） くぎ間隔（　　 mm） 倍率（　　）				☐	
壁量	性能表示で定める存在壁量	1-1(3)ホ① 表1		1階(cm)	2階(cm)	準耐力壁算入	☐	
			X軸方向			☐ 算入あり	☐	
			Y軸方向				☐	
	性能表示で定める必要壁量		X軸方向				☐	
			Y軸方向				☐	
床組・屋根面等	火打ち構面	1-1(3)ホ③	種類（　　　　　　　　　） 寸法（　　　　　　） 火打ちの隅長（　　 mm）取り合う梁せい（　　 mm） 構面の位置 （　　　　　　　　） 倍率（　　　　）				☐	
	2階床面		面材の種類（　　　　　　　） 厚さ（　　　　 mm） 根太間隔（　　 mm） 工法（　　　　　　） くぎ種類（　　　） くぎ間隔（　　 mm） 倍率（　　）				☐	
	小屋床面		面材の種類（　　　　　　　） 厚さ（　　　　 mm） 根太間隔（　　 mm） 工法（　　　　　　） くぎ種類（　　　） くぎ間隔（　　 mm） 倍率（　　）				☐	
	屋根面		勾配（　　　　　　 寸） 面材の種類（　　　　　　　） 厚さ（　　　　 mm） たる木間隔（　　 mm） 工法（　　　　　　） くぎ種類（　　　） くぎ間隔（　　 mm） 倍率（　　）				☐	
	確認方法	1-1(3)ホ③式1・式2	☐ 存在床倍率≧地震に対する等級3の必要床倍率				☐	
接合部	下屋等の横架材の接合部	1-1(3)ホ④b	金物 （　　　　　　　　　　　　　　） 仕口等（　　　　　　　　　　　　　）				☐	
	胴差しと通し柱の接合部	1-1(3)ホ④a	金物 （　　　　　　　　　　　　　　） 仕口等（　　　　　　　　　　　　　）				☐	
	確認方法	1-1(3)ホ④b	下屋等横架材	1階小屋組等の端部等 ☐ 存在接合部倍率≧必要接合部倍率			☐	
				その他の部分 ☐ 存在接合部倍率≧0.7			☐	
		1-1(3)ホ④a	胴差しと通し柱	☐ 評価方法基準による構造方法				
基礎	根入れ深さ	1-1(3)ホ⑤	深さ （　　　　　　　　　　　　 mm）				☐	
	基礎の各部寸法		立上り部分 高さ（　　　 mm） 厚さ（　　　 mm） 底盤の寸法 厚さ（　　　 mm） 幅（　　　 mm）				☐ ☐	
	基礎の配筋		主筋 （径　　　　　　 mm） 標準部の補助筋 （径　　　　 mm） 開口直下の補助筋 （径　　　　 mm）				☐ ☐ ☐	
	確認方法	1-1(3)ホ⑤	☐ スパン表 （種類　日本住宅・木材技術センター） ☐ 許容応力度計算 ☐ その他 （　　　　　　　　　　　　　　　）				☐ ☐ ☐	
横架材	横架材の断面寸法 （最小〜最大）	1-1(3)ホ⑤	・床大梁 （　　　 mm×　　　 mm 間隔　　　） ・床小梁 （　　　 mm×　　　 mm 間隔　　　） ・小屋梁 （　　　 mm×　　　 mm 間隔　　　） ・胴差 （　　　 mm×　　　 mm 間隔　　　） ・根太 （　　　 mm×　　　 mm 間隔　　　） ・垂木 （　　　 mm×　　　 mm 間隔　　　）				☐ ☐ ☐ ☐ ☐ ☐	
	確認方法	1-1(3)ホ⑤	☐ スパン表 （種類　日本住宅・木材技術センター） ☐ 許容応力度計算 ☐ その他 （　　　　　　　　　　　　　　　）				☐ ☐ ☐	
その他	確認事項	1-1(3)ホ⑥	☐ 建築基準法施行令第3章第1節から第3節まで（令第39条及び第48条を除く。）の規定に適合				☐	

フラット35S（金利Aプラン）技術基準適合仕様確認書

5. 免震住宅に関する基準（地震に対する構造躯体の倒壊等防止及び損傷防止）

項　　目	評価方法 基準項目番号	仕　様　書		ページ	適合 確認欄 ☑	特記欄
		仕　様　項　目				
平成12年建設省告示第2009号第2に規定された免震建築物	1-3(3)イ	Ⅳ-5.2（基礎）		381	☐	
		Ⅳ-5.3（免震層）		382	☐	
		Ⅳ-5.4（上部構造）		383	☐	
		Ⅳ-5.5（下部構造）		383	☐	
免震層及び免震材料の維持管理	1-3(3)ロ	Ⅳ-5.6（維持管理等に関する事項）		384	☐	

6. バリアフリー性に関する基準（高齢者等配慮対策等級4）

項　　目	評価方法 基準項目番号	仕　様　書		ページ	適合 確認欄 ☑	特記欄
		仕　様　項　目				
部屋の配置	9-1(3)ロ①	Ⅳ-6.2.1（部屋の配置）		385	☐	
段差	9-1(3)ロ②	Ⅳ-6.3.1（段差の解消）		385	☐	
階段	9-1(3)ロ③	Ⅳ-6.4.1（住戸内階段の勾配）		388	☐	
		Ⅳ-6.4.2（住戸内階段の構造）の2、3		389	☐	
手すり	9-1(3)ロ④	Ⅳ-6.5.1（手すりの設置箇所）		389	☐	
通路及び出入口の幅員	9-1(3)ロ⑤	Ⅳ-6.6.1（廊下及び出入口の幅員の確保）		390	☐	
寝室、便所及び浴室の規模	9-1(3)ロ⑥a	Ⅳ-6.7.1（寝室、便所及び浴室の規模）の1、3		391	☐	
	9-1(3)ロ⑥b	Ⅳ-6.7.1（寝室、便所及び浴室の規模）の2		391	☐	

7. 耐久性・可変性に関する基準（長期優良住宅）

仕　様　項　目	仕様書 ページ	適合 確認欄 ☑	特記欄
長期優良住宅の普及の促進に関する法律（平成20年法律第87号）に基づく長期優良住宅建築等計画に係る認定通知書を取得（予定を含む。）	392	☐	

注）長期優良住宅の場合は、フラット35S（金利Aプラン）とフラット35維持保全型の基準に適合します。

フラット35S(ZEH)技術基準適合仕様確認書

　フラット35Sとは、フラット35をお申込みのお客様が、省エネルギー性、耐震性などに特に優れた住宅を取得される場合に、フラット35のお借入金利を一定期間引き下げる制度です。

　フラット35Sは、お申込みの受付期間及び募集枠に制限があります。詳細は「フラット35サイト(www.flat35.com)」にてご確認ください。

　フラット35S(ZEH)をご利用いただく場合は、フラット35の技術基準に加えて、次に掲げる建て方に応じて次表のいずれかの区分の基準及び適用条件を満たす住宅であることが必要です。

フラット35S(ZEH)の技術基準

■一戸建ての住宅の場合の基準

<table>
<tr><td rowspan="3">一戸建ての住宅</td><td rowspan="2">区　分</td><td rowspan="2">断熱等性能</td><td colspan="2">一次エネルギー消費量(対省エネ基準)</td><td rowspan="2">適用条件</td></tr>
<tr><td>再生可能エネルギーを除く</td><td>再生可能エネルギーを含む</td></tr>
<tr><td>『ZEH』</td><td rowspan="3">強化外皮基準
【断熱等性能等級5】
相当</td><td rowspan="3">▲20%以上</td><td>▲100%以上</td><td>－</td></tr>
<tr><td>Nearly ZEH</td><td>▲75%以上▲100%未満</td><td>寒冷地
低日射地域
多雪地域</td></tr>
<tr><td>ZEH Oriented</td><td>(再生可能エネルギーの導入は必要ない)</td><td>都市部狭小地(※)
多雪地域</td></tr>
</table>

　＊Nearly ZEH及びZEH Orientedの住宅については、上表の各区分における適用条件に合致し、それぞれの区分における断熱等性能及び一次エネルギー消費量の基準を満たす場合にフラット35S(ZEH)の対象となります。フラット35S(ZEH)を利用する場合は、原則として、適合証明検査においてBELS評価書を提出していただきます。ただし、ZEH Orientedを利用する場合は、BELS評価書によらず設計内容説明書、計算書等の提出も可能です(その場合、設計検査を受けていただくことが必須になります)。

　※都市部狭小地の場合であっても、Nearly ZEHの断熱等性能及び一次エネルギー消費量の基準に適合するときは、Nearly ZEHの対象になります。

■一戸建ての住宅以外(共同建て、重ね建てまたは連続建て)の場合の基準

<table>
<tr><td rowspan="3">一戸建ての住宅以外</td><td rowspan="3">区　分</td><td rowspan="2">断熱等性能</td><td colspan="2">一次エネルギー消費量(対省エネ基準)</td><td rowspan="3">適用条件
(住宅用途の階層数)</td></tr>
<tr><td colspan="2">共用部を含む住棟全体で以下を達成</td></tr>
<tr><td>全住戸で以下を達成</td><td>再生可能エネルギーを除く</td><td>再生可能エネルギーを含む</td></tr>
<tr><td>『ZEH-M』</td><td rowspan="4">強化外皮基準
【断熱等性能等級5】
相当</td><td rowspan="4">▲20%以上</td><td>▲100%以上</td><td>－</td></tr>
<tr><td>Nearly ZEH-M</td><td>▲75%以上▲100%未満</td><td></td></tr>
<tr><td>ZEH-M Ready</td><td>▲50%以上▲75%未満</td><td>4層以上</td></tr>
<tr><td>ZEH-M Oriented</td><td>(再生可能エネルギーの導入は必要ない)</td><td>6層以上</td></tr>
</table>

　＊ZEH-M Ready及びZEH-M Orientedの住宅については、上表の各区分における適用条件に合致し、それぞれの区分における断熱等性能及び一次エネルギー消費量の基準を満たす場合にフラット35S(ZEH)の対象となります。フラット35S(ZEH)を利用する場合は、原則として、適合証明検査においてBELS評価書を提出していただきます。ただし、ZEH-M Orientedを利用する場合は、BELS評価書によらず設計内容説明書、計算書等の提出も可能です(その場合、設計検査を受けていただくことが必須になります)。

フラット35S(ZEH)技術基準適合仕様確認書

■適用条件

寒冷地	地域区分※1が1または2の地域の住宅
低日射地域	年間の日射地域区分※2がA1またはA2の地域の住宅
多雪地域	建築基準法施行令第86条第1項に規定する垂直積雪量が100cm以上に該当する地域の住宅
都市部狭小地	北側斜線制限の対象となる用途地域等(第一種及び第二種低層住居専用地域、第一種及び第二種中高層住居専用地域並びに地方自治体の条例において北側斜線制限が定められている地域)であって、敷地面積が85m²未満の土地にある住宅(住宅が平屋建ての場合を除く。)
住宅用途の階層数	住宅用途部分が床面積の半分以上を占める階層の数(地階を含む。)

※1 付録9に定める地域区分
※2 一次エネルギー消費量の計算において用いられる、水平面全天日射量の年間積算値を指標として日本全国を日射の少ない地域から多い地域まで5地域に分類した地域区分

注) 以下のいずれかに該当する場合は、フラット35S及びフラット35維持保全型を利用できません。
　　・住宅の全部または一部が土砂災害特別警戒区域(通称:レッドゾーン)内に含まれる場合
　　・都市再生特別措置法(平成14年法律第22号)第88条第1項に基づく届出を行った場合において、同条第5項に基づく市町村長による公表の措置を受けたとき

【本確認書の使い方】

- 本確認書は、本仕様書の内容のうち、フラット35S(ZEH)の各基準に該当する仕様項目を整理した表です。
- フラット35Sをご利用される場合は、本確認書を「フラット35 技術基準適合仕様確認書」とあわせてお使いください。
- 各仕様項目において、仕様書本文中にあるアンダーライン「＿＿＿」部分が、遵守しなければならない基準となります。
- フラット35Sの技術基準に適合していることを、この確認書の仕様項目に基づき確認し、実施する仕様の「適合確認欄」のチェックボックスに ☑(チェック)を記入してください。
- 仕様書によらずその性能を確保する場合、「特記欄」に「特記」と記入し、その内容について特記仕様書等を作成してください。
- ☑(チェック)を記入した仕様項目について、仕様書の該当部分を添削した場合には、「特記欄」に「添削」と記入してください。また、添削をした場合には、その箇所がアンダーライン「＿＿＿」部分でないことを確認してください。アンダーライン部分を訂正すると、フラット35Sがご利用いただけない場合があります。

ZEH水準等※の木造住宅に関する注意事項

●ZEH水準等の木造住宅については、他の住宅よりも、断熱材の増加や太陽光パネルの設置によって建物荷重が増える傾向があります。そのため、国土交通省において「壁量等の基準の見直し」が検討されており、2022年10月28日に「木造建築物における省エネ化等による建築物の重量化に対応するための必要な壁量等の基準(案)の概要」が公表されました。

●国土交通省によると、ZEH水準等の木造住宅の多くに用いられている「構造計算」の方法により構造安全性を確認する場合は、「壁量等の基準の見直し」による影響はありません。
壁量等の基準の見直しに関する詳細は、国土交通省のホームページをご覧ください。
(国土交通省ホームページ)
https://www.mlit.go.jp/jutakukentiku/build/jutakukentiku_house_tk_000166.html

●「壁量等の基準の見直し」を含む建築基準法施行令等の改正が2025年4月に施行予定であることを踏まえ、住宅金融支援機構は、2024年4月から新築住宅で、壁量計算により耐震性を確認するもので、【フラット35】S(ZEH)または【フラット35】S(金利Aプラン)省エネルギー性をご利用する場合は、先行して見直し後の壁量等の基準を融資の要件とすることを予定しています。

なお、壁量等の基準の見直しに伴う変更後の融資要件の詳細については、改めて住宅金融支援機構のホームページ等でお知らせいたします。

※強化外皮基準(住宅の品質確保の促進等に関する法律第3条の2第1項に規定する評価方法基準における断熱等性能等級5以上の基準(結露の発生を防止する対策に関する基準を除く。))を満たし、かつ再生可能エネルギーを除いた一次エネルギー消費量が省エネ基準の基準値から20%削減(一次エネルギー消費量等級6の基準)となる省エネ性能の水準(ZEH水準)のほか、同基準(案)ではZEH-M水準等を含みます。

フラット35S(ZEH)技術基準適合仕様確認書

1. 省エネルギー性に関する基準(ZEH)

(一戸建ての住宅の場合)

項　　　目	仕　様　書		適合確認欄 ☑	特記欄
	仕　様　項　目	ページ		
外皮平均熱貫流率	V-1.1.2（適用）の1のイ（イ）	406	☐	
平均日射熱取得率	V-1.1.2（適用）の1のイ（イ）	406	☐	
一次エネルギー消費量 （再生可能エネルギーを除く）	V-1.1.2（適用）の1のイ（ロ）	406	☐	
一次エネルギー消費量 （再生可能エネルギーを含む）	V-1.1.2（適用）の1のイ（ハ）（『ZEH』） V-1.1.2（適用）の1のロ　　　（Nearly ZEH）	406	☐	

(一戸建ての住宅以外の場合)

項　　　目	仕　様　書		適合確認欄 ☑	特記欄
	仕　様　項　目	ページ		
外皮平均熱貫流率	V-1.1.2（適用）の2のイ（イ）	406	☐	
平均日射熱取得率	V-1.1.2（適用）の2のイ（イ）	406	☐	
一次エネルギー消費量 （再生可能エネルギーを除く）	V-1.1.2（適用）の2のイ（ロ）	407	☐	
一次エネルギー消費量 （再生可能エネルギーを含む）	V-1.1.2（適用）の2のイ（ハ）（『ZEH-M』） V-1.1.2（適用）の2のロ　　　（Nearly ZEH-M）	407	☐	

フラット35維持保全型技術基準適合仕様確認書

　フラット35維持保全型とは、フラット35をお申込みのお客様が、維持保全・維持管理に配慮した住宅や既存住宅の流通に資する住宅を取得する場合に、フラット35のお借入金利を一定期間引き下げる制度です。

　フラット35維持保全型は、お申込みの受付期間及び募集枠に制限があります。詳細は「フラット35サイト（www.flat35.com）」にてご確認ください。

　フラット35維持保全型をご利用いただく場合は、フラット35の技術基準に加えて、次表に掲げる基準（長期優良住宅）を満たす住宅であることが必要です。

フラット35維持保全型の技術基準

長期優良住宅（※1）（※2）

- ※1　長期優良住宅の普及の促進に関する法律（平成20年法律第87号）の規定により長期優良住宅建築等計画が認定された住宅です。
- ※2　長期優良住宅の場合は、フラット35S（金利Aプラン）とフラット35維持保全型の基準に適合します。

- 注）　以下のいずれかに該当する場合は、フラット35S及びフラット35維持保全型を利用できません。
  - ・住宅の全部または一部が土砂災害特別警戒区域（通称：レッドゾーン）内に含まれる場合
  - ・都市再生特別措置法（平成14年法律第22号）第88条第1項に基づく届出を行った場合において、同条第5項に基づく市町村長による公表の措置を受けたとき

【本確認書の使い方】

フラット35維持保全型（長期優良住宅）をご利用される場合は、「フラット35S（金利Aプラン）技術基準適合仕様確認書」の「7.耐久性・可変性に関する基準（長期優良住宅）」を「フラット35技術基準適合仕様確認書」とあわせてお使いください。

〔第Ⅰ章〕 工 事 概 要

（設計図面に記載した場合は、ここに記入する必要はありません。）

1. 工事内容

（1）構　　　　　造：（耐火構造、準耐火構造、その他＿＿＿＿＿＿＿＿＿＿＿＿＿＿＿）
（2）階　　　　　数：（平屋建、2階建、3階建）
（3）床　面　積：1階＿＿＿ m²、2階＿＿＿ m²、3階＿＿＿ m²、計＿＿＿ m²
（4）戸 建 型 式：（一戸建て、連続建て、重ね建て）
（5）付帯設備工事：（電気、給排水、衛生、ガス、その他＿＿＿＿＿＿＿＿＿＿＿＿＿）
（6）別 途 工 事：＿＿＿＿＿＿＿＿＿＿＿＿＿＿＿＿＿＿＿＿＿＿＿＿＿＿＿＿＿＿

2. 外部仕上表

各 部 名 称	仕　上　げ	備　考
基　　　礎		
外　　　壁		
屋　　　根		
軒　　　裏		
ひ　さ　し		
と　　　い		
塗装　木部／鉄部		

3. 内部仕上表

室　　名	床	幅　木	壁	天　井	備　考
玄　　関					
居住室					
押　　入					
台　　所					
便　　所					
洗面所・脱衣室					
浴　　室					
廊　　下					
階　　段					

注1）塗装仕上げは、それぞれの欄に記入すること。
　2）備考欄には、設計に含まれているもの（システムキッチン、浴槽、便器、手洗い器、洗面台など）を記入すること。

4. 建築設備表

室　　名	電　灯	スイッチ	コンセント	水　栓	ガス栓	電話用配管	電　話
玄　　関	灯	個	個			個	個
居住室	灯	個	個		個	個	個
	灯	個	個		個	個	個
	灯	個	個		個	個	個
	灯	個	個		個	個	個
	灯	個	個		個	個	個
	灯	個	個		個	個	個
	灯	個	個		個	個	個
台　　所	灯	個	個	個	個	個	個
便　　所	灯	個	個	個			
洗面所・脱衣室	灯	個	個	個	個	個	個
浴　　室	灯			個	個		
廊　　下	灯	個	個			個	個
階　　段	灯	個	個				
	灯	個	個	個	個	個	個
	灯	個	個	個	個	個	個

注）電灯欄は、直付け、埋込み、コード吊り、ブラケットなど、それぞれ記入のこと。

〔第Ⅱ章〕 工 事 仕 様 書

〔第Ⅲ章〕 フラット35S（金利Bプラン）工事仕様書

〔第IV章〕 フラット35S（金利Aプラン）工事仕様書

〔第Ⅴ章〕 フラット35S(ZEH)工事仕様書

1.一般事項

1.1 総則

1.1.1 基本原則

設計者、工事施工者及び工事監理者は、相互の協力のもと、住宅を長期にわたり良好な状態で使用するための措置を、その構造及び設備に講じるよう努める。

1.1.2 工事範囲

工事範囲は、本仕様書及び図面の示す範囲とし、特記のない限り、電気設備工事については引込み口までの工事、給水・ガス工事については本管接続までの工事、排水工事については流末接続までの工事とする。

1.1.3 関連法令の遵守

施工にあたっては、建築基準法及びその他関連法令等に従い、遺漏のないように計画・実施する。

1.1.4 用語の定義

1. 「設計図書」とは、設計図、仕様書(特記仕様書を含む。)をいう。
2. 「工事監理者」とは、工事請負契約書に監理者として記名捺印した者又はその代理人をいう。
3. 「施工者」とは、工事請負契約書に施工者として記名捺印した者又はその代理人をいう。
4. 「特記」とは、仕様書以外の設計図書に指定された事項をいう。

1.1.5 疑義

図面と仕様書との記載内容が相違する場合、明記のない場合又は疑義の生じた場合は、建築主又は工事監理者と協議する。

1.1.6 軽微な設計変更

現場のおさまり、取合せその他の関係で、材料の取付け位置又は取付け工法を多少変えるなどの軽微な変更は、建築主又は工事監理者の指示により行う。

1.1.7 別契約の関連工事

別契約の関連工事については、関係者は相互に協議のうえ、工事完成に支障のないように処理する。ただし、工事監理者がいる場合は、その指示による。

1.2 施工一般

1.2.1 材料等

1. 各工事に使用する材料等で、日本産業規格(JIS)又は日本農林規格(JAS)の制定されている品目については、その規格に適合するもの又はこれらと同等以上の性能を有するものを使用する。また、優良木質建材等認証(AQ)の対象となっている品目については、AQマーク表示品又はこれと同等以上の性能を有するものを使用する。
2. 各工事に使用する材料等について品質又は等級の明記のないものは、それぞれ中等品とする。
3. クロルピリホスを添加した材料は使用しない。
4. 内装仕上材、下地材等の室内空気への影響が高い部分には、ホルムアルデヒド及び揮発性の有害化学物質を放散しない材料若しくは放散量の少ない材料を使用することとし、特記による。なお、特記のない場合は、F☆☆☆☆の材料を使用することとする。
5. 建築部品、仕上材の材質、色柄などで、建築主又は工事監理者と打合せを要するも

のは、見本を提出し、十分打合せを行うものとする。

1.2.2 養生
工事中に汚染や損傷のおそれのある材料及び箇所は、適当な方法で養生する。

1.2.3 解体材、発生材等の処理
1. 解体材及び発生材等の処理は、資源の有効な利用の促進に関する法律、建設工事に係る資材の再資源化等に関する法律、廃棄物の処理及び清掃に関する法律等の関連法令に従って適正に処理する。
2. 解体材のうち、耐久年限を考慮したうえで現場において再利用を図るものは、特記による。
3. 解体材、発生材のうち、耐久年限を考慮したうえで再生資源としての利用を図るものは、分別を行い、所定の再資源化施設等に搬入する。
4. 2及び3以外の解体材、発生材については、場外処分とする。

1.2.4 注意事項
1. 工事の施工に必要な諸届・諸手続きで請負者が処理すべき事項は、速やかに処理する。
2. 工事現場の管理は関係法令等に従い、危険防止、災害防止に努め、特に火災には十分注意する。また、石綿を含む建材の解体作業にあたっては、法令等に従い、石綿ばく露防止対策等を徹底する。
3. 工事現場はつねに整理し、清潔を保ち、床張り前には床下を清掃する。なお、工事完了に際しては、建物内外を清掃する。
4. 工程表及び工事チェックリストを作成し、各段階ごとに検査を行う。

用 語

JIS（Japanese Industrial Standardの略称）

　日本産業規格。日本の産業製品に関する規格や測定方法等が定められた国家規格である。産業標準化法（昭和24年法律第185号。令和元年に「工業標準化法」から名称改正）に基づき制定される。

　一般的に規格は任意のものであるが、法規などに引用された場合は強制力をもつ。

JAS（Japanese Agricultural Standardの略称）

　日本農林規格。農林物資の品質の改善、生産・販売等の合理化、取引の円滑化、一般消費者の合理的な選択の機会拡大を図るため制定された国家規格。日本農林規格等に関する法律（昭和25年法第175号。平成29年に「農林物資の規格化等に関する法律」から名称改正）に基づき制定される。

AQ（Approved Qualityの略称）

　安全性及び耐久性の優れた木質建材の供給の確保を図るため、JAS規格では対応できない新しい木質建材について、公益財団法人日本住宅・木材技術センターが優良な製品の認証を行うものである。認証されたものには、AQマークが表示される。

関係法令

室内空気汚染の低減のための措置

　住宅の室内での空気汚染問題、特にホルムアルデヒド等の揮発性の高い化学物質による健康被害の例が報告されている。化学物質による健康への影響については、個人差が大きく、また住宅の内外の条件によっても変化するが、有害物質の濃度を低減するためには、内装仕上材、下地材等の工夫や適切な換気量の確保の措置が重要である。

　平成15年7月にシックハウス問題への対応として、改正建築基準法が施行され、クロルピリホス及びホルムアルデヒドに関して衛生上の支障がないよう、建築材料及び換気設備について対策を講じることとした。

留意事項

木造住宅の長寿命化を支える耐久設計のポイント

　住宅の耐用年数を長く維持するには、機能的な耐用年数を長くすることが重要であるが、これを可能とするには、躯体を物理的に長持ちさせることが大前提となる。すなわち、躯体の耐久性を長期にわたっていかに維持するかが重要となる。

　木造住宅の場合、構造的に重要な部材、劣化しやすい部材（＝生物劣化を受けて腐りやすい部材）および点検・メン

テナンスが困難な部材等について、耐久性に配慮した設計が求められる。その要因が複合的に重なる部分には、特に注意が必要である。木造住宅の長寿命化に向けた取り組みについては、付録15「木造住宅の長寿命化を支える耐久設計のポイント」にその概要を示すので参照されたい。

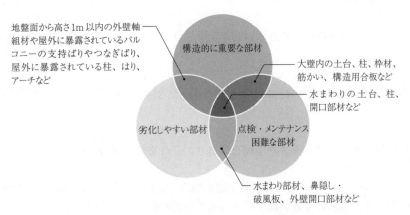

地盤面から高さ1m以内の外壁軸組材や屋外に暴露されているバルコニーの支持ばりやつなぎばり、屋外に暴露されている柱、はり、アーチなど

構造的に重要な部材

大壁内の土台、柱、枠材、筋かい、構造用合板など

水まわりの土台、柱、開口部材など

劣化しやすい部材

点検・メンテナンス困難な部材

水まわり部材、鼻隠し・破風板、外壁開口部材など

参考図1.1　耐久性向上措置が必要となる部材のイメージ
(出典：知っておきたい木造建築物の耐久性向上のポイント(一般社団法人木を活かす建築推進協議会))

施工中の雨がかりについて

　建築工事中はできるだけ木部を雨にさらさないように養生を行い、濡れてしまった場合もよく乾燥させる必要がある。野地板が含水した状態で下ぶきを行うと、小屋裏の換気が不十分な場合には内部結露を引き起こす可能性がある。また、床下地が十分乾燥していないまま施工したフローリングにカビが発生した事例もある。

　雨がかりを防ぐための養生シートの下に水がまわった場合、降雨後も被せたままにしておくと、かえって木部の乾燥を妨げる場合があるため注意する。

化学物質過敏症への対策

　建築基準法による規制は、一般的な使用状態での対応を想定したものであり、いわゆる化学物質過敏症の対策ではない。化学物質過敏症は、化学物質の濃度がごく微量であっても、反応や症状が現れる場合があることから、臨床環境医学などの専門医学に基づく診断・判断により対策を行うことが望ましい。

解体材・発生材等の処理

　住宅の新築、解体工事に伴って生ずる建設系廃棄物等の処理については、「資源の有効な利用の促進に関する法律」、「建設工事に係る資材の再資源化等に関する法律」(建設リサイクル法)や「廃棄物の処理及び清掃に関する法律」及び関係法令に従い、適切な分別、保管、収集、運搬、中間処理、再生利用、最終処分等を図る必要がある。

　特に、平成12年5月31日に公布された「建設工事に係る資材の再資源化等に関する法律」のうち、「第3章 分別解体等の実施」及び「第4章 再資源化等の実施」は、平成14年5月に施行されており、一定規模以上の建築物の解体工事や新築工事等については、一定の基準に従って、その建築物等に使用されているコンクリート、アスファルト、木材を現場で分別することが義務付けられるとともに、分別解体をすることによって生じたコンクリート廃材、アスファルト廃材、廃木材について、再資源化が義務付けられることとなり、従来以上に分別解体や再資源化に向けた取組が必要となってくる。

既存建築物の適正な解体

　産業廃棄物の不法投棄の多くが建設廃棄物といわれ、その中でも木くず等の戸建住宅の解体工事に伴い排出される「建設解体廃棄物」の割合が多くを占めている。

　適切な解体や処理を行うにあたっては、「廃棄物の処理及び清掃に関する法律」(昭和45年法律第137号)に基づく必要があり、最終的に処分業者が適切に処理したことは、マニフェスト制度に基づき廃棄物の排出業者(建設業者)が、処分業者から回収する「産業廃棄物管理票(マニフェスト)E票」により確認できる。

既存建築物の解体時における石綿(アスベスト)対策について

　現在では、労働安全衛生法関係省令により、石綿含有建材の使用が原則として禁止されているが、既存建築物には石綿含有建材が使用されている可能性がある。既存建築物の解体、改修にあたり、石綿障害予防規則(平成17年厚生労働省令第21号)が一部改正、施行(令和4年4月1日)された。令和4年4月1日から既存建築物の改修、解体を行う際には、既存建築物への石綿の有無によらず、解体部分の延べ面積の規模、一定の請負金額以上の改修工事においては「石綿事前調査結果報告システム」による報告が義務化された。

　なお、令和5年10月1日からは、事前調査は厚生労働大臣が定める講習修了者に限られる。

〈石綿障害予防規則の概要〉
○解体を行う建築物等への石綿使用の有無についての事前調査の義務
○解体等による労働者の安全性を確保するための作業計画作成の義務
○労働基準監督署への解体等作業届出の義務
○保護具の使用等の義務
○解体等による労働者の安全性を確保するための石綿除去・封じ込め・立入禁止等の措置の義務

当該規則の詳細については、厚生労働省ホームページで公開されている。
厚生労働省ホームページ　https://www.mhlw.go.jp/

住宅の浸水対策について

　近年、建物や人命に危険を及ぼす浸水被害が増加しており、これまでに報告されていなかった地域においても浸水被害が発生するようになってきた。

　国や自治体においても、ハザードマップの作成、「宅地建物取引業法」の改正によるハザードマップの重要事項説明項目への追加（2020年7月）等、施策の整備が進んでいるところである。

　そこで、浸水対策に対する対策や考え方などを整理した「住宅における浸水対策の設計の手引き」が、一般社団法人住宅生産団体連合会より発行されているので、参考にされたい。

2. 仮設工事

2.1 なわ張り等

2.1.1 地なわ張り

建築主又は工事監理者の立会いのもとに、敷地境界など敷地の状況を確認のうえ、図面に基づき建築位置のなわ張りを行う。

2.1.2 ベンチマーク

木ぐい、コンクリートぐいなどを用いて移動しないよう設置し、その周囲を養生する。ただし、移動のおそれのない固定物がある場合は、これを代用することができる。なお、工事監理者がいる場合は、その検査を受ける。

2.1.3 やりかた

やりかたは、適切な材料を用い、建物の隅部その他の要所に正確かつ堅固に設け、建物の位置、水平の基準その他の墨出しを行う。なお、工事監理者がいる場合は、その検査を受ける。

用 語

地なわ張り

敷地内における建物の位置を決定するため、敷地境界石などを基準にして建物の形態、位置を明示するためのなわ張りを行う。

ベンチマーク

建物の基準位置、基準高を決定するための原点ともなるもので、これをもとに、やりかたを設けて、根切りの深さ、基礎の高さ等を決める重要なものである。

施工方法

やりかた

やりかたは、建物所要の位置、高さを定めるために設けるもので、建物の各隅、間仕切りなど要所に設ける。水ぐい頭は、いすかまたは矢はず等に加工し、不時の衝撃によるゆがみを容易に発見できるようにする。

水盛りやりかたは、建物に陸墨（水平を表示する墨）を出すまでは必要なものであり、十分注意して管理しなければならない。

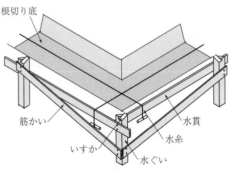

水貫は水ぐいの内側に取り付ける。
隅角部分は、両側の水貫がそれぞれくぎ打ちできるよう、水ぐいの位置をずらす。

根切り底
筋かい
いすか
水ぐい
水貫
水糸

参考図2.1.3 やりかた

2.2 足場・仮囲い・設備

2.2.1 足場・仮囲い

足場及び仮囲いは、関係法令等に従い、適切な材料、構造とする。

2.2.2 設備

工事用水道、工事用電力などの関係法令等に基づく手続き及び設置は、施工業者が行う。

関係法令

足 場

足場は、工事の施工に適したもので、かつ安全なものとし、関係法令等に従い、工事の種類・規模・場所・工期などに応じた材料および構造によって堅固に設ける。足場組立て等に関する法令には、労働安全衛生法、同施行令や労働安全衛生規則第559条～第575条(足場)などがある。

また、厚生労働省からは、手すり先行工法に関するガイドライン(平成21年4月24日付基発第0424001号)や足場先行工法に関するガイドライン(平成18年2月10日付基発第0210001号)などの具体的な方法が示されている。

仮囲い

工事現場の周囲には、工事期間中、関係法令等に従って、仮囲いを設ける。仮囲いに関する法令には、建築基準法第90条(工事現場の危害の防止)や建築基準法施行令第136条の2の20(仮囲い)、第136条の5(落下物に対する防護)、第136条の8(火災の防止)、地方条例などがある。

3.土工事・基礎工事

3.1 土工事

3.1.1 地盤

1. 敷地地盤の状態については、工事計画上支障のないように、地盤調査を実施するか、あるいは近隣の地盤に関する情報資料等により検討する。
2. 地盤調査の結果に基づき、地盤改良を行う場合は、特記による。

3.1.2 根切り

根切りの幅及び深さは、やりかたに従い正確に行う。なお、必要がある場合は、のり面をつけるか土留めを設ける。根切り底の仕上げは、平滑に施工し、工事監理者が確認を行う。

3.2 地業

3.2.1 割栗地業

割栗地業は、次による。ただし、地盤が比較的良好な場合は、割栗によらず砕石による地業とすることができる。また、地盤が特に良好な場合は、これらを省略できる。

イ. 割栗石は硬質なものを使用する。なお、割栗石の代用として玉石を使用する場合も同様とする。
ロ. 目つぶし砂利は、切り込み砂利、切り込み砕石又は再生砕石とする。
ハ. 割栗石は、原則として一層小端立てとし、すき間のないようにはり込み、目つぶし砂利を充填する。
ニ. 締固めは、割栗地業の場合はランマー3回突き以上、砂利地業の場合はソイルコンパクター2回締め以上又は振動ローラー締めとし、凹凸部は目つぶし砂利で上ならしする。

3.2.2 砕石地業

砕石地業は、次による。

イ. 砕石は硬質なものを使用する。
ロ. 締固めは、ソイルコンパクター2回締め以上、振動ローラー等を用いた後、凹凸部は比較的細かい砕石を使って平たんにする。

3.2.3 くい打ち地業

くい打ち地業を必要とする場合は、特記による。

留意事項

液状化対策

平成23年3月11日の東日本大震災により、大規模な地盤の液状化被害が発生した。戸建住宅では、スクリューウエイト貫入試験(JIS A 1221)などによる地盤調査が一般的であるが、より高い精度で液状化リスクを判定することが必要である。

地盤調査の必要性及び方法

　構造耐力上安全な木造住宅を建設する前提条件として、建築予定敷地の地盤調査を行い、許容地耐力を確認し、地業を十分に行い、構造的に安全な基礎の設計を行う必要がある。

　主な調査方法と概要は、下表の通りである。

表3.1.1-1　地盤調査の方法と概要

調査方法	概　　要
ハンドオーガーボーリング	専用の機材を人力で回転させながら、地中に押し込んで土を採取し、地盤の特徴を調査する方法。
ロータリーボーリング	本格的な地盤調査を行うときに用いられる方法。
標準貫入試験	ロータリーボーリング用のロッドの先端に標準貫入試験用サンプラーを取り付け、63.5kgのハンマーを75cmの高さから自由落下させて、30cm貫入させるのに必要な打撃回数により地盤を判定する方法。
スクリューウエイト貫入試験	スクリューポイントを取り付けたロッドの頭部に、1,000Nまでの荷重を加えて貫入を測り、貫入が止まったらハンドルに回転を加えて地中にねじ込み、1mねじ込むのに必要な半回転数を測定する方法。

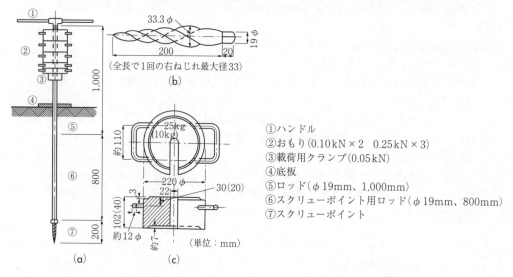

①ハンドル
②おもり(0.10kN×2　0.25kN×3)
③載荷用クランプ(0.05kN)
④底板
⑤ロッド(φ19mm、1,000mm)
⑥スクリューポイント用ロッド(φ19mm、800mm)
⑦スクリューポイント

参考図3.1.1-1　スクリューウエイト貫入試験

スクリューウエイト貫入試験(旧「スウェーデン式サウンディング試験」)

　地盤調査の方法として、簡便に許容地耐力を確認できる「スクリューウエイト貫入試験」が一般的に採用されている。この方法は、平成13年国土交通省告示第1113号に基づき地盤の許容応力度を算定するものである。この方法は、砂礫層での礫の影響で測定値が過大となる傾向があることや、N_{sw}値(1m当たりの半回転数)をN値に換算する場合の誤差が生じやすい等の理由により、地盤の許容応力度の決定に際しては、計測の結果をふまえて余裕をもたせる必要がある。

スクリューウエイト貫入試験結果の読み方(概要)

　試験結果の表は、[貫入深さ]、[記事貫入状況]、[土質]、[荷重kN]、[1m当たり半回転数N_{sw}]等を並べたグラフを表記し、土質別の計算式から[換算N値]を算出する。

表3.1.1-2 ［荷重 kN］と［1m当たり半回転数 Nsw］の合成グラフ

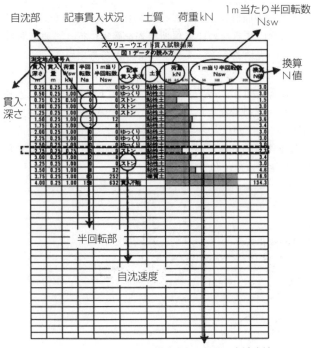

貫入深さ　自沈部　記事貫入状況　土質　荷重 kN　1m当たり半回転数 Nsw　換算 N値

半回転部

自沈速度

読み方：0.75kN急速自沈

（A）記入内容の例

［荷重 kN］のグラフ

荷重を0.25kN単位で加え、自沈が起こるか調査する部分であり、どの程度の荷重で沈下したかがわかる。この範囲でグラフが留まっていると、軟弱な地盤であると判断される。なお、非常に軟弱な場合は、測定単位深さである25cmを超えて一気に沈下してしまう場合もあり、このようなケースの場合は、データの読み取りに注意する。

［1m当たり半回転数 Nsw］のグラフ

荷重1.00kNで自沈が起こらなかった場合、1m貫入させるのに必要な半回転数が表現される。この部分までグラフが伸びている場合は、比較的良い地盤層であると判断される。ただし、工場跡地などで、部分的にガリガリと音がした場合は、解体残物混入などのおそれがある。

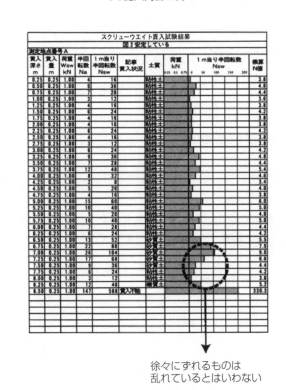

徐々にずれるものは
乱れているとはいわない

（B）安定している例

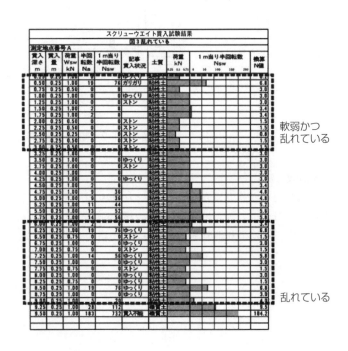

軟弱かつ
乱れている

乱れている

全体としては乱れている
部分的には軟弱かつ乱れている

（C）乱れている例

地盤調査のポイント

建築敷地およびその周囲が平たんに見えても、過去の地形・地質の履歴により支持地盤の深さが一様でないこともある。支持地盤の高低を正しく把握し、不同沈下を起こさないようにするために、現地調査を確実に行う必要がある。

現地調査の項目および判断基準は、住宅瑕疵担保責任保険法人の現地調査チェックシート等が参考になる。

造成地盤における注意点

造成地盤は、造成前の地盤の状況等により問題点が多岐にわたる。近年、多く見られる不同沈下の事象には、水田などの軟弱な地盤に盛土を行い、軟弱層に圧密沈下が生じるもの、傾斜地などに切土、盛土を行い、盛土側で圧密沈下が生じるもの、擁壁を築造した際の埋戻し土が圧密して部分的に沈下が生じるものなどがある。

不同沈下を抑制するためには、適切な地盤調査を行い、適切な判断の下に基礎形式を選択すること、また、必要に応じて地盤改良を行うことが重要である。造成地盤における主な注意点は、以下のとおりである。

・盛土を行う場合は、盛土30cmの厚さごとに十分締固めを行う。
・切土、盛土を行う場合は、建物を切土側に寄せる。
・擁壁を築造する場合は、なるべく建物を擁壁から離して建てる。
・基礎にかかる荷重は、所定の許容応力度を有する地山まで到達させる。

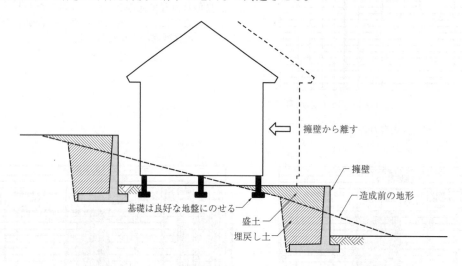

参考図3.1.1-2 傾斜地を造成した地盤における基礎の対応例

割栗地業

割られた石が相互にかみ合い、一つの板のようになって定着地盤の突固めを効果的に行うことを主な目的とする。割られた石とは、玉石の割られたもの及び砕石で、大きいものを表している。ただし、良質地盤においては、この地業を施すことにより地盤を乱し、かえって耐力を減ずることがあるので注意すること。

3.3 基礎工事

3.3.1 一般事項

1. 基礎は、1階の外周部耐力壁及び内部耐力壁の直下に設ける。
2. 基礎の構造は、地盤の長期許容応力度に応じて、次のいずれかとする。
    - イ. ☐ 布基礎（長期許容応力度　30kN/m² 以上）
    - ロ. ☐ 腰壁と一体になった布基礎（長期許容応力度　30kN/m² 以上）
    - ハ. ☐ べた基礎（長期許容応力度　20kN/m² 以上）
    - ニ. ☐ 基礎ぐいを用いた構造（長期許容応力度　20kN/m² 未満）

3.3.2 布基礎

布基礎の構造は、次による。

1. 布基礎の構造は、一体の鉄筋コンクリート造（部材相互を緊結したプレキャストコンクリート造を含む。）とする。
2. 地面から基礎上端まで又は地面から土台下端までの高さは、400mm以上とする。
3. 布基礎の立上りの厚さは、150mm以上とする。底盤の厚さは150mm以上、幅は450mm以上とする。また、根入れ深さは、地面より240mm以上とし、かつ、建設地域の凍結深度よりも深いもの、若しくは凍結を防止するための有効な措置を講ずるものとする。
4. 基礎の配筋は、次による。
    - イ. 立上り部分の上・下主筋はD13以上とし、補助筋と緊結させる。
    - ロ. 立上り部分の補助筋はD10以上とし、間隔は300mm以下とする。
    - ハ. 底盤部分の主筋はD10以上、間隔は300mm以下とし、底盤の両端部のD10以上の補助筋と緊結させる。
    - ニ. 換気孔を設ける場合は、その周辺にD10以上の補助筋で補強する。

3.3.3 べた基礎・基礎ぐい

べた基礎の構造又は基礎ぐいを用いた構造は、次による。

1. べた基礎の構造及び基礎ぐいを用いた場合の基礎ばりの構造は、一体の鉄筋コンクリート造（部材相互を緊結したプレキャストコンクリート造を含む。）とする。
2. 地面から基礎上端まで又は地面から土台下端までの高さは、400mm以上とする。
3. べた基礎の基礎底盤には、施工中の雨水等を排出するための水抜き孔を設置する。なお、工事完了後は、当該水抜き孔は適切にふさぐ。
4. その他の構造方法については、構造計算によるものとし、特記による。

3.3.4 腰壁

1. 1階の浴室まわり（当該浴室に浴室ユニットを使用した場合を除く。）には、鉄筋コンクリート造による腰壁を設けるか、又は壁の軸組に対して防水上有効な措置を講じるものとする。
2. 鉄筋コンクリート造腰壁の構造方法は、特記による。

3.3.5 土間コンクリート床

1. 外周部布基礎沿いには、結露防止のため厚さ25mm以上の発泡プラスチック系断熱材を、布基礎天端（基礎の内側に施工する場合は、土間コンクリートの下端）から下方底盤の上端まで施工する。ただし、温暖地等においては、断熱材を省略できる。
2. 凍上のおそれのある場合は、上記1の断熱材の厚さを50mm以上とし、凍結深度よりも深い位置から張り付ける。
3. 土間コンクリート床の下層の盛土については、地盤面より2層に分けて行い、それぞれ十分突き固める。なお、盛土に使用する土は、有機性の土、活性の粘土及びシルト類を避け、これら以外のものを使用する。
4. 盛土の上に目つぶし砂利を厚さ50mm以上敷き詰め十分突き固める。その上にJIS

A 6930（住宅用プラスチック系防湿フィルム）、JIS Z 1702（包装用ポリエチレンフィルム）若しくはJIS K 6781（農業用ポリエチレンフィルム）に適合するもの、又はこれらと同等以上の効力を有する防湿フィルムで厚さ0.1mm以上のものを全面に敷く。

5. 土間コンクリート床は、厚さ120mm以上とし、その中央部にワイヤーメッシュ（径4mm以上の鉄線を縦横に間隔150mm以内に組み合わせたもの。）を配する。

3.3.6 コンクリートの調合及び強度等

基礎に用いるコンクリートの調合及び強度等は、次による。

1. コンクリートは、JIS A 5308（レディーミクストコンクリート）に規定されたレディーミクストコンクリートとする。
2. 呼び強度及びスランプは、特記による。特記がない場合のスランプは18cmとし、呼び強度は24N/mm²とする。
3. 打込みに際しては、空隙の生じないよう十分な突き、たたきを行う。

3.3.7 鉄筋材料

1. 異形鉄筋は、JIS G 3112（鉄筋コンクリート用棒鋼）に適合するものとし、その種類、径などは、特記による。
2. 鉄筋の径（d）は、異形鉄筋では呼び名に用いた数値とする。

3.3.8 座金

1. 座金は、品質及び性能が明示された良質なものとする。
2. アンカーボルトに用いる座金は、必要に応じて適切な座金を選択する。

3.3.9 アンカーボルト

1. アンカーボルトは、品質及び性能が明示された良質なものとする。
2. アンカーボルトの埋設位置は、次による。
    - イ．筋かいを設けた耐力壁の部分は、その両端の柱の下部にそれぞれ近接した位置とする。ただし、ホールダウン専用アンカーボルトが取り付けられた場合は、省略することができる。
    - ロ．構造用合板等を張った耐力壁の部分は、その両端の柱の下部にそれぞれ近接した位置とする。ただし、ホールダウン専用アンカーボルトが取り付けられた場合は、省略することができる。
    - ハ．土台切れの箇所、土台継手及び土台仕口箇所の上木端部とし、当該箇所が出隅部分の場合は、できるだけ柱に近接した位置とする。
    - ニ．上記イ、ロ及びハ以外の部分においては、2階建以下の場合は間隔2.7m以内、3階建の場合は間隔2m以内とする。
3. アンカーボルトの心出しは、型板を用いて基準墨に正しく合わせ、適切な機器などで正確に行う。
4. アンカーボルトのコンクリートへの埋込み長さは250mm以上とし、アンカーボルトの先端は、土台の上端よりナットの外にねじが3山以上出るように固定する。
5. アンカーボルトの保持は、型板を用いるなどして正確に行い、移動、下部の揺れなどのないように、十分固定する。
6. アンカーボルトの保持及び埋込み工法の種別は、特記による。特記がない場合は、アンカーボルトを鉄筋などを用いて組み立て、適切な補助材で型枠の類に固定し、コンクリートの打込みを行う。
7. アンカーボルトは、衝撃などにより有害な曲がりを生じないように取り扱う。また、ねじ部の損傷、さびの発生、汚損を防止するために布、ビニルテープなどを巻いて養生を行う。

3.3.10 ホールダウン専用アンカーボルト

1. ホールダウン専用アンカーボルトで緊結する場合は、品質及び性能が明示された良質なものとする。
2. ホールダウン専用アンカーボルトの埋設方法は、次による。
    - イ. 25kN以下のホールダウン金物をホールダウン専用アンカーボルトで緊結する場合、コンクリートへの埋込み長さは360mm以上とする。
    - ロ. 25kNを超えるホールダウン金物をホールダウン専用アンカーボルトで緊結する場合は、特記による。
    - ハ. ホールダウン金物を専用アンカーボルトで直接緊結する場合は、取り付く柱の位置に専用アンカーボルトを正確に埋め込む。
    - ニ. ホールダウン金物（10kN以下）を座付きボルトで緊結する場合は、座付きボルトの心より150mm内外にアンカーボルトを埋め込む。
3. ホールダウン専用アンカーボルトの心出し・保持等は、本章3.3.9（アンカーボルト）の3、5、6及び7による。 3.3.9 ☞40頁

3.3.11 床下換気

1. 床下空間が生じる場合の床下換気措置は、次のイ、ロのいずれかによる。ただし、本章3.4（基礎断熱工事）により基礎の施工を行う場合は、床下換気孔を設置しないこととする。 3.4 ☞54頁
    - イ. ☐外周部の基礎には、有効換気面積300 cm² 以上の床下換気孔を間隔4m以内ごとに設ける。
    - ロ. ☐ねこ土台を使用する場合は、外周部の土台の全周にわたって、1m当たり有効面積75 cm² 以上の換気孔を設ける。
2. 外周部の床下換気孔には、ねずみ等の侵入を防ぐため、スクリーンなどを堅固に取り付ける。
3. 外周部以外の室内の布基礎には、適切な位置に通風と点検に支障のない寸法の床下換気孔を設ける。

3.3.12 配管スリーブ

1. 基礎を貫通して設ける配管用スリーブは、必要に応じて補強筋を設け、雨水が流入しない位置に設ける。
2. 基礎を貫通するスリーブと配管とのすき間には、防蟻性のある材料を充填する等、防蟻上有効な措置を施す。

3.3.13 養生

1. コンクリート打込み終了後は、直射日光、寒気、風雨などを避けるため、シートなどを用いて養生する。
2. 普通ポルトランドセメントを用いる場合の型枠の存置期間は、気温15℃以上の場合は3日以上、5℃以上15℃未満の場合は5日以上とする。なお、やむを得ず寒冷期に施工する場合は、気温に応じて適切な養生を行うとともに、工事監理者がいる場合は、その指示を受ける。
3. コンクリート打込み後1日間は、その上を歩行したり、重量物を載せてはならない。

3.3.14 天端ならし

やりかたを基準にして陸墨を出し、布基礎の天端をあらかじめ清掃、水湿し、セメント、砂の調合が容積比にして1：3のモルタルなどを水平に塗り付ける。ただし、セルフレベリング材を用いて天端ならしを行う場合は、特記による。

3.3.15 床下防湿

床下防湿措置は、次の1、2のいずれか又は両方による。ただし、基礎の構造をべた基

礎とした場合は、この限りではない。

1. ☐ 防湿用のコンクリートを施工する場合
   イ．床下地面全面に厚さ60mm以上のコンクリートを打設する。
   ロ．コンクリート打設に先立ち、床下地面は盛土し、十分突き固める。
2. ☐ 防湿フィルムを施工する場合
   イ．床下地面全面にJIS A 6930（住宅用プラスチック系防湿フィルム）、JIS Z 1702
      （包装用ポリエチレンフィルム）若しくはJIS K 6781（農業用ポリエチレンフィ
      ルム）に適合するもの、又はこれらと同等以上の効力を有する防湿フィルムで厚
      さ0.1mm以上のものを敷き詰める。
   ロ．防湿フィルムの重ね幅は150mm以上とし、防湿フィルムの全面を乾燥した砂、
      砂利又はコンクリート押えとする。

調査データ

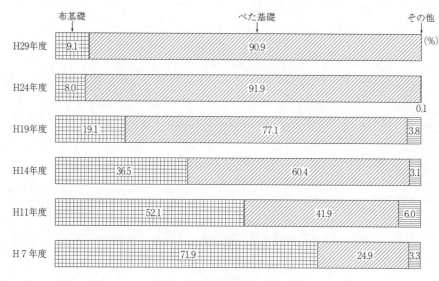

基礎の構造

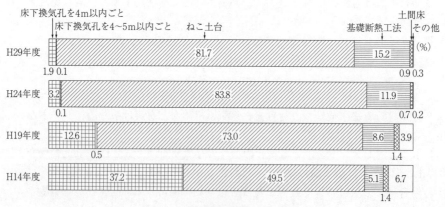

床下換気措置

［フラット35住宅仕様実態調査（住宅金融支援機構）］

用 語

捨てコンクリート

　基礎底面を平らにならしたり、基礎の中心をマークしたりするなどのために、捨て打ちするコンクリートのこと。

一体の鉄筋コンクリート造

　基礎は、一体の鉄筋コンクリート造とすることが構造上必要である。一体の鉄筋コンクリート造とするには、以下の3つの方法がある。

(1) コンクリートをすべて一度に打ち込む。

(2) 必要な打継ぎ処理を行い、複数回に分けてコンクリートを打ち込む。

(3) プレキャストコンクリートを鉄筋等により相互に緊結する。

　コンクリートの打継ぎ部は、完全な一体化結合にはなりにくく、構造耐力や耐久性の低下をもたらす危険があるので、その処理は慎重に行わなければならない。

　打継ぎ部の処理に関する具体的な注意事項は、以下のとおりである。

①鉛直打継ぎ部は、欠陥が生じやすいところであるので、できるだけ設けない。

②打継ぎ部にレイタンス(コンクリート表面に形成する脆弱な薄膜)が生成された場合は、それを取り除き、健全なコンクリートを露出させる。

③打継ぎ部の新旧コンクリートの一体化及び後打ちコンクリートの水和を妨げないため、打継ぎ部のコンクリート面を散水などにより十分に湿潤状態に保つ。ただし、水膜が残っていると打継ぎ部の一体化に有害であるため、打継ぎ部表面の水は取り除く。

コンクリートの呼び強度

　コンクリート強度の呼称であり、生コン工場に発注する際に用いる強度である。通常、鉄筋コンクリート工事におけるレディーミクストコンクリートは、設計基準強度を求め、この強度に構造体強度補正値を加えた強度を呼び強度として発注する。

セルフレベリング材

　せっこう系またはセメント系の自然流動材で、不陸のあるコンクリート床面や布基礎上端に5〜20mm程度流して、平たん、平滑な面をこて押えなしで仕上げ、24時間以内に硬化し歩行が可能となる材料。

ねこ土台

　土台と基礎との間にねこ(土台と基礎の間にかい込むものの総称)を挟んだもの。土台を浮かせて水湿を防ぐとともに、基礎に孔を設けず床下換気が確保できる工法。

施工方法

床下換気

　床下は、地面からの湿気の蒸発等により湿気がたまりやすい場所となり、ナミダタケ(寒冷地)やワタグサレダケ(温暖地)による被害をもたらしている。これらの木材腐朽菌は乾燥に弱いので、床下の換気が十分できるように、下記の点に注意して換気孔を設ける必要がある。なお、この主旨は、4mの等間隔で機械的に換気孔を設けることでなく、柱の位置等にも配慮したうえで、4m以内の間隔で有効な床下換気が行えるように、バランス良く換気孔を設置することにある。

　(1) 床下のコーナー部は、換気不足(湿気のこもり)になりがちなので、その箇所に換気孔を設けるのが効果的である。

　(2) 床下がつねに乾燥している状態を保つために、換気孔はできるだけ高い位置に設ける。

　(3) 外周部布基礎の換気孔から雨水が流入しないように、換気孔下端は外下がりに勾配をつける。

　(4) 間仕切り壁の下部が布基礎の場合は、通風、点検のために換気孔を必ず設ける。

　(5) 基礎を強固に保つため、換気孔まわりは斜め筋等により有効に補強する。

　床下換気孔の形状は、所要面積が確保されていれば問わないが、ねこ土台によって床下換気孔を確保する場合には、構造上支障が生じないようねこ部分の間隔、アンカーボルトの位置等について十分検討することが必要である。また、ねこ部分の材料については、性能及び品質が明らかなものを使用するよう注意が必要である。なお、基礎のモルタル塗り施工の際、床下換気孔の有効換気面積を低減させることがないよう、モルタル塗りの厚さやはみ出しに注意が必要である。

座 金

　座金は、建築基準法施行令第47条第2項において「ボルト締めは、ボルトの径に応じ有効な大きさと厚さを有する座金を使用しなければならない。」と規定している。

　特に、基礎や柱と土台等の横架材を緊結させるために用いるアンカーボルト等の座金は、柱脚または柱頭接合部の短期許容引張耐力に応じて、次表の仕様の角座金または同等以上の座金を使用することが望ましい。

土台等の横架材に定着させるアンカーボルト等の座金の仕様

柱脚接合部の短期許容引張耐力	座金の仕様
6.4 kN以下	厚さ4.5mm、40mm角
14.4 kN以下	厚さ6.0mm、60mm角
14.5 kN以下	厚さ6.0mm、直径68mm
25.4 kN以下	厚さ9.0mm、直径90mm
25.6 kN以下	厚さ9.0mm、80mm角

アンカーボルトのナットの掛かりは、ねじ山を3山以上出すこととしているが、座彫り座金(土台アンカーボルトに使用する座金で、土台上面をフラットにおさめるために開発されたもの。)に関しては、ナットの掛かりがねじ山の3山未満であっても、耐力上支障がないものもある。

アンカーボルト

アンカーボルトは、建物(直接には土台)が風圧力や地震力を受けることによって基礎からはずれたり、風圧力で持ち上げられたりしないよう、土台と基礎を緊結する重要な役目をもつものであるから、ボルトの埋込み長さ、位置、土台との接合は正確に施工することが大切である。

ホールダウン専用アンカーボルト

ホールダウン専用アンカーボルトは、ホールダウン金物の短期許容引張耐力以上とし、コンクリートへの埋込み長さは、下表による。特に複数回に分けて基礎のコンクリートを打ち込む場合は、アンカーボルトの埋込み長さを考慮して、施工手順を決定することが重要である。

なお、ホールダウン専用アンカーボルトを用いないで10kNを超えるホールダウン金物(ビスを用いたコーナー金物など)を土台と柱に緊結する場合は、土台の曲げやせん断破壊に配慮した接合方法とする。

柱脚部の短期許容耐力	アンカーボルトのコンクリート基礎への埋込み長さ
25kN以下	360mm
25kNを超え35.5kN以下	510mm

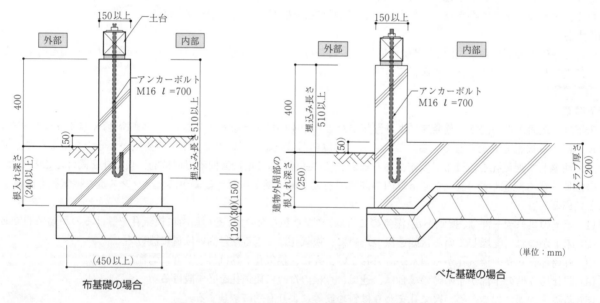

参考図3.3　アンカーボルトM16埋込み長さの確保例

留意事項

基礎の構造計画のポイント

建物の変形、沈下および損傷を防ぐため、地盤調査により許容地耐力を確認のうえ、堅固な基礎とすることが望まれる(付録3「耐震上留意したい構造計画のポイント」の「ポイント6 基礎を丈夫にする」参照)。

基礎の立上り高さの確保

基礎は、上部構造を支える部分であるため、その所要性能の確保と耐久性の担保は建物の長寿命化には不可欠である。そのため、本章3.3.2(布基礎)及び本章3.3.3(べた基礎・基礎ぐい)の仕様項目は適切に施工に反映されることが望まれる。

基礎の仕様のうち、立上りの高さは400mm以上にすることとしている。この仕様は、土台・床などの木部を地面の湿気から隔離し、降雨時における雨滴の跳ね返りの影響を少なくすることにより、木部の腐朽や外壁の劣化を防止

し、建物の寿命をより長く保つことを目的としている。

　なお、基礎の高さを高くすることで、床下空間の内法高さが確保でき、床下点検を行いやすくする効果も期待できる。

基礎配管スリーブの設置

　将来的な住宅設備の更新工事を想定して、あらかじめ設備配管の更新が容易となるよう配慮しておくことが望ましい。

　例えば、基礎に配管スリーブを埋設し、設備配管を配管スリーブの中に通しておけば、基礎を損傷することなく設備配管の更新が可能となる。ただし、この場合、配管スリーブ部分は、基礎にとって構造的な弱点や雨水浸入につながるおそれがあることから、その埋設箇所はひび割れが生じにくい位置とし、設置高さにも注意が必要である。また、配管スリーブと配管とのすき間が蟻道となることを防止するため、当該すき間には防蟻性のある材料を充填することも重要である。

　なお、基礎配管スリーブについては、Ⅲ-5.9（専用配管）の解説に施工例を掲載しているので参照されたい。

床下点検のしやすさへの配慮

　木質材料の腐朽や蟻害の有無等を確認するため、床下点検が適切に実施できるようあらかじめ配慮しておくことが重要である。特に、1階の台所、浴室および洗面所は、機能上湿気の発生を伴うだけでなく、地面が湿潤になりやすい建物北側に配置することが一般的であるため、台所と洗面所に床下点検口を設けるとともに、洗面所床下から浴室床下（浴室ユニットの場合）も見通せるよう計画し、その床下を容易に点検できるよう計画するとよい。

　また、基礎の人通口の配置計画にも留意する必要がある。適当な大きさの人通口を正しく配置することで、床下点検口を介してすべての床下空間の点検が可能となることから、適切な点検経路を想定した人通口の設置が求められる。人通口の大きさは、構造強度を確保するとともに点検者の移動が容易となるよう、幅は500mm以上600mm以下とし、高さは330mm程度を確保する必要がある。

　ただし、構造上の観点から、人通口の設置にあたっては基礎立上り部分を補強筋により補強する必要がある点に留意する。補強にあたっては、布基礎は参考図3.3.2-2(D)、べた基礎は参考図3.3.3-2又は参考図3.3.3-3を参照されたい。なお、人通口を設ける代わりに、床下収納庫、押入や物入等を利用した床下点検口を設ける方法もある。

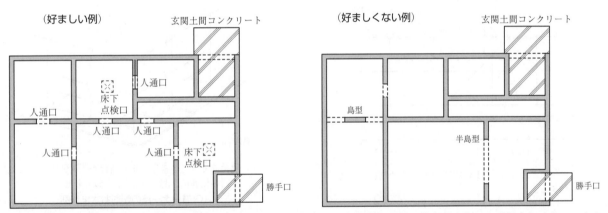

　注）布基礎は、一体の鉄筋コンクリート造とし、特に耐力壁線直下の布基礎を島型や半島型にするのは好ましくない。なお、玄関等の出入口部分や床下点検口などの箇所で、布基礎の立上り部分に欠き込みを行う必要がある場合でも、欠き込み部分以外の立上り部分の布基礎を連続させておくことが望ましい。

参考図3.3.2-1　基礎人通口・床下点検口の設置例

関係法令

基礎の構造

　住宅の基礎については、建築基準法施行令第38条第3項において「建築物の構造、形態及び地盤の状況を考慮して国土交通大臣が定めた構造方法を用いるものとしなければならない。」と規定されており、平成12年5月23日付建設省告示第1347号「建築物の基礎の構造方法及び構造計算の基準を定める件」において、基礎の寸法、形状、鉄筋の配置の方法等が定められた。

　本告示においては、地盤に対応した基礎の種類を下表のとおり定めているところであり、地震時のみならず、通常の使用時においても基礎の不同沈下を防止するためには、地盤の許容応力度、土質、建設地の積雪条件等を十分考慮して慎重に設計を行い、基礎の種類、鉄筋の配置方法等を決定する必要がある。

地盤の長期に生ずる力に対する許容応力度	基 礎 の 種 類
20kN/m²未満	基礎ぐいを用いた構造
20kN/m²以上30kN/m²未満	べた基礎または基礎ぐいを用いた構造
30kN/m²以上	布基礎、べた基礎または基礎ぐいを用いた構造

なお、本仕様書では、基礎ぐいを用いた構造、べた基礎を採用する場合にあたっては、建設地の状況や荷重条件を個別に把握し、構造計算等によって基礎の形状、鉄筋の配置方法等を決定し、その仕様を特記することとしている。

凍結深度

　地中のある深さで土の温度がほぼ0℃となり、地盤の凍結が停止する位置を凍結線といい、地表から凍結線までの深さを凍結深度という。凍結深度については、建物の安全等を確保するため、建築基準法第40条の規定に基づき地方公共団体が条例で定めている場合があるので、寒冷地等においては建物の設計前に検査機関等に照会する必要がある。

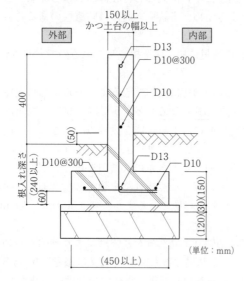

注1) 布基礎各部の寸法のうち、（ ）内の寸法は一般的な参考例である。底盤の幅の決定にあたっては、荷重条件及び地盤の地耐力等を勘案して適切なものとする。
　2) 横筋のうち上下主筋はD13、その他の横筋及び縦筋はD10とし、鉄筋の間隔は300mmとすることを標準とする。
　3) 立上りの補助筋に上端筋（主筋）を固定（結束）する際に、上端筋の正確な位置取りが困難な場合には、補助筋の頂部にフックを設けて、上端筋を適切に配筋できるようにすることが望ましい。

(A)配筋図

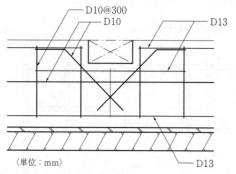

注) 換気孔まわりは、D13の横筋とD10斜め筋により補強する。
　　D13横筋の長さは、500mm＋換気孔の幅の長さ＋500mmとする。
　　D10斜め筋の長さは、2×400mm＝800mm以上とする（コンクリートの呼び強度24N/mm²の場合）。

(B)換気孔まわりの補強例

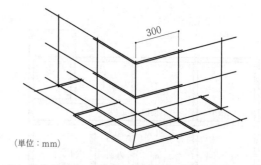

注) 隅角部では、各横筋を折り曲げたうえ、直交する他方向の横筋に、300mm以上重ね合わせる。

(C)コーナー部の配筋おさまり例

参考図3.3.2-2　布基礎詳細例①

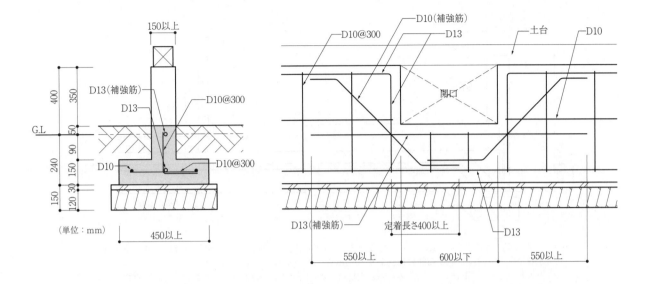

注1) 人通口まわりは、D13横筋とD10斜め筋により補強する。

2) 補強用D13横筋の長さは、550mm＋人通口の幅の長さ＋550mm以上とする。

3) 補強用D10斜め筋の定着長さは、400mm以上とする。

4) 人通口の幅は600mm以下とし、設置位置は柱間隔が1.82m以下の下部で、かつ柱から近いほうの人通口端部までの距離が300mm以内とする。

5) 柱間隔が1.82mを超える下部に設ける場合は、構造計算を行い適切な補強を行う。

6) 補強用D10斜め筋の定着長さを400mm以上確保する代わりに、通し筋としてもよい。

(D)人通口まわりの補強例

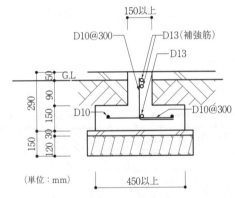

注1) 基礎の立上り高さが小さい部分は、D13横筋2本によって補強する。なお、補強用D13横筋2本は、開口部下部だけでなく、その通り全体に配筋する。

2) 開口部の幅は、2.73m未満とする。

3) 開口部の幅が2.73m以上の場合は、構造計算を行い適切な補強を行う。

(E)基礎立上り高さが小さい場合（ビルトインガレージとする場合等）の補強例

参考図3.3.2-2　布基礎詳細例②

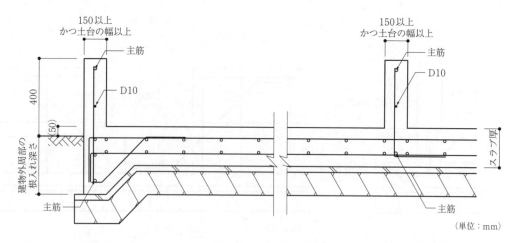

(単位：mm)

注1) べた基礎の寸法及び配筋については、建設敷地の地盤状況を勘案のうえ、構造計算により決定すること。
 2) 1階の床下地面は、建物周囲の地盤より50mm以上高くする。
 3) 根入れ深さは、12cm以上かつ凍結深度以上（行政庁が規定している場合）とする。なお、建物内部の底盤の根入れ深さを建物外周部より浅く設定する場合は、その位置で許容応力度が確保されるように、その地盤に応じた適切な措置を行うとともに、建物外周部は基礎施工後の給排水・ガス工事等による地業・地盤の損傷による建物内部への雨水の浸入を防ぐために、適切な根入れ深さとする。
 4) 配管類のための穴の間際に防蟻性のある材料（ルーフィング用コールタールピッチ、ゴム状の瀝青シール等）を充填する等、防蟻上有効な措置を施す。
 5) 基礎底盤の雨水を排水するため、適切な位置に水抜き孔を設ける。なお、当該水抜き孔は工事完了後にふさぐ。

参考図3.3.3-1　べた基礎詳細例

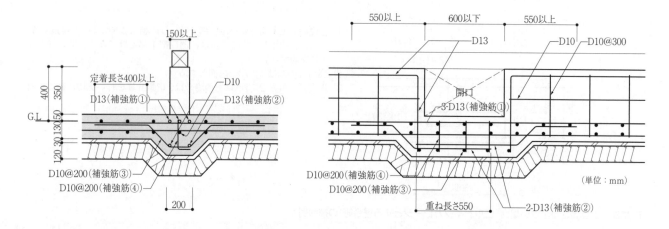

(単位：mm)

注1) 人通口まわりは、D13補強筋（①～②）及びD10補強筋（③～④）により補強する。
 2) D13補強筋②の長さは、550mm＋人通口の幅の長さ＋550mm以上とし、その重ね長さは550mm以上とする。
 3) D10補強筋③の定着長さは、400mm以上とする。
 4) 人通口の幅は600mm以下とし、設置位置は柱間隔が1.82m以下の下部で、かつ柱から近いほうの人通口端部までの距離が300mm以内とする。
 5) 柱間隔が1.82mを超える下部に設ける場合は、構造計算を行い適切な補強を行う。
 6) D13補強筋②の重ね長さを550mm以上確保する代わりに、通し筋としてもよい。

参考図3.3.3-2　べた基礎の人通口まわりの補強例①

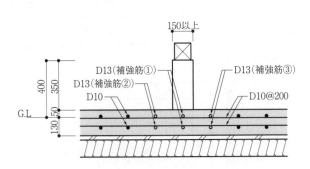
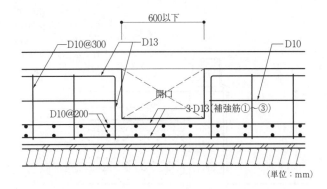

(単位：mm)

注1) 人通口の下部は、D13補強筋(①〜③)で補強する。
 2) 人通口の幅は600mm以下とし、人通口を設ける位置は、柱間隔が0.91m以内の下部とする。
 3) 柱間隔が0.91mを超える下部に人通口を設ける場合は、構造計算を行い適切な補強を行う。

参考図3.3.3-3　べた基礎の人通口まわりの補強例②

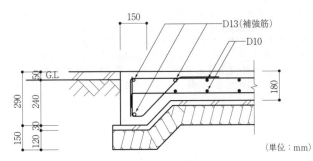

注1) 開口部下部は、D13補強筋により補強する。
 2) D13補強筋は、開口部がある通り全体に配筋する。
 3) 開口部の幅は、2.73m未満とする。
 4) 開口部の幅が2.73m以上の場合は、構造計算を行い適切な補強を行う。

(単位：mm)

参考図3.3.3-4　べた基礎の基礎立上り高さが小さい場合（ビルトインガレージとする場合等）の補強例

| 施工方法 |

1階浴室まわりの腰壁

　1階の浴室まわりに腰壁を設ける場合は、基礎の立上りを延長した腰高基礎とする。

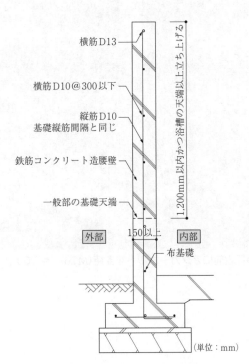

参考図3.3.4　腰壁詳細の例

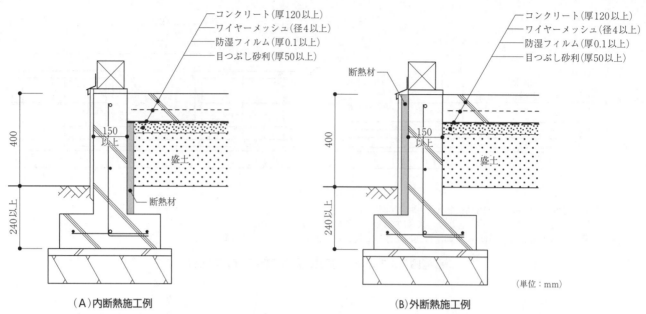

| （A）内断熱施工例 | （B）外断熱施工例 |

（単位：mm）

注1）土間コンクリート床とは、盛土の上に、非構造スラブであるワイヤーメッシュ入りコンクリートスラブを設けるものをいう。

2）地中に埋めた断熱材は、一般的にシロアリの被害を受けやすいため、建設地周辺におけるシロアリの生息状況や被害状況を十分勘案して詳細仕様を検討するよう注意が必要である。本章3.4(基礎断熱工事)の解説(断熱材の施工位置)を参照する。

3）（A)の内断熱施工の場合、コンクリート部分が熱橋となるため、土間床部分が大きいと断熱性に影響することに注意する。

4）住宅性能表示制度における断熱等性能等級4の住宅仕様基準に適合する住宅とする場合は、土間床等の外周部の断熱材は、基礎底盤上端から基礎天端まで連続して施工する必要がある。そのため、内断熱施工の場合でも、断熱材は土間コンクリート床を貫通して基礎天端まで施工する必要があることに注意する(本章、参考図7-1.2.1-2参照)。

参考図3.3.5　土間コンクリート床

底盤の打設前にアンカーボルトを支持（M16、*l*＝700）

施工方法

アンカーボルトとホールダウン専用アンカーボルトのそれぞれの役割

- アンカーボルトは、耐力壁に作用する水平荷重によって生じる水平せん断力と、耐力壁の端部に生じる浮上がり力のそれぞれに抵抗させる役割がある。まず、水平せん断力に対しては、アンカーボルトは土台と基礎とを緊結し、土台の側圧によって水平せん断力を軸組から基礎に伝える。この場合、アンカーボルトの本数の検討が必要となるが、標準として、2階建の場合2.7m以内、3階建の場合2.0m以内となっている。

  次に、耐力壁の端部に生じる浮上がり力に対しては、柱・筋かいと土台が金物等によって一体化されているため、土台が持ち上がり、土台に曲げ応力が生じる。この場合、アンカーボルトの間隔が曲げ応力を受ける部分のスパンとなる。曲げのスパンを小さくすることと同時に、曲げ応力を最小限にするためには、アンカーボルトの位置が重要である。この目的のために、耐力壁の端部にアンカーボルトを配置することが最も好ましい。

  耐力壁の端部に、ホールダウン専用アンカーボルトによりホールダウン金物が取り付けられる場合は、その部分の土台に曲げ応力が生じないので、水平せん断力のみに抵抗できるようにアンカーボルトを配置すればよい。したがって、ホールダウン専用アンカーボルトによりホールダウン金物が取り付く耐力壁の端部においては、アンカーボルトの設置を省略することができる。ただし、この場合においても、水平せん断力に抵抗させるための耐力壁端部以外の箇所へのアンカーボルトの設置（2階建で2.7mごと）は必要である。

- ホールダウン専用アンカーボルトは、耐力壁端部の下部に取り付けられたホールダウン金物と基礎とを一体化し、耐力壁端部に生じる垂直方向の浮上がりを防ぐために、基礎部分に緊結する。

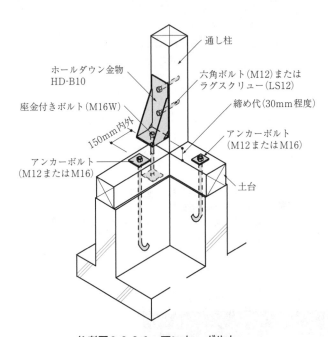

参考図3.3.9-1　アンカーボルト

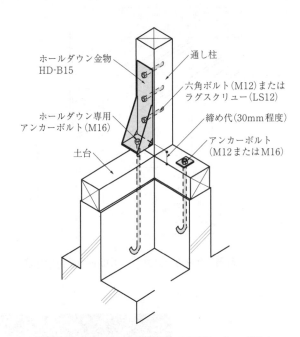

参考図3.3.10　ホールダウン専用アンカーボルト

ホールダウン専用アンカーボルトの施工

　基礎に埋め込むホールダウン専用アンカーボルトの施工は、精度の高い施工が要求されるため、アンカーボルトの配置を正確に基礎伏図に表記するなど注意する必要がある。

　また、ホールダウン金物との緊結を容易にする方法として、基礎の施工時に型枠の頂部に設置して、アンカーボルトを固定する位置決め器具がある。

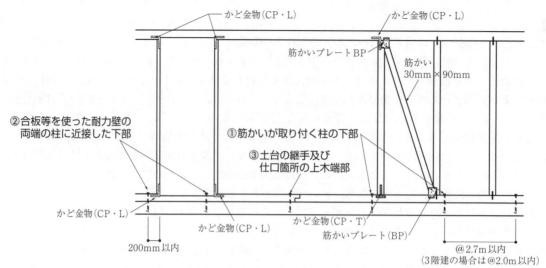

かど金物(CP・L) かど金物(CP・L)

筋かいプレートBP

筋かい
30mm×90mm

②合板等を使った耐力壁の
両端の柱に近接した下部

①筋かいが取り付く柱の下部

③土台の継手及び
仕口箇所の上木端部

かど金物(CP・L)

かど金物(CP・L)

かど金物(CP・T)

筋かいプレート(BP)

200mm以内

@2.7m以内
(3階建の場合は@2.0m以内)

参考図3.3.9-2　アンカーボルトの埋込み位置

アンカーボルトを正確に埋設する方法として、次の方法がある。

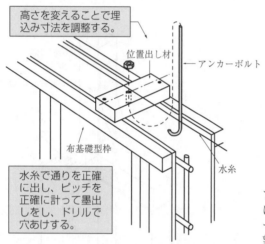

高さを変えることで埋
込み寸法を調整する。

位置出し材

アンカーボルト

布基礎型枠

水糸

水糸で通りを正確
に出し、ピッチを
正確に計って墨出
しをし、ドリルで
穴あけする。

アンカーボルトは、所定の位置に垂直に敷設されるよう
に、位置出し材を布基礎型枠材にくぎ打ちして、アンカ
ーボルトを据え付けてからコンクリートを打設するのが
望ましい。

参考図3.3.9-3　アンカーボルトの据付け方法

型枠内の配筋状況（基礎幅150mm）

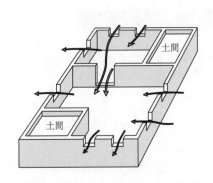

（a）床下換気孔の換気計画（良い例）

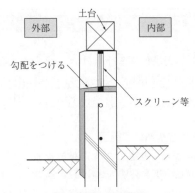

（b）床下換気孔断面図

（A）床下換気孔による場合

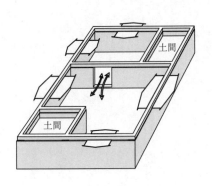

（a）ねこ土台の換気計画

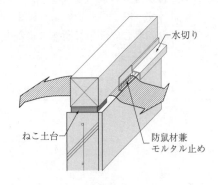

（b）ねこ土台による換気まわり詳細図

（c）防鼠材の例

（B）ねこ土台による場合

参考図3.3.11　床下換気

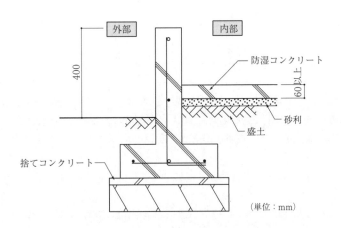

参考図3.3.15　床下防湿コンクリート

3.4 基礎断熱工事

3.4.1 一般事項

1. 基礎断熱工法に係る仕様は、この項による。
2. 本項でいう基礎断熱工法とは、床に断熱材を施工せず、基礎の外側、内側又は両側に、地面に垂直に断熱材を施工し、床下換気孔を設けない工法をいう。

3.4.2 基礎における断熱材の施工

1. 断熱材は吸水性を有しない材料を使い、基礎の底盤上端から基礎天端まで打込み工法により施工する。
2. 断熱材の継目は、すき間が生じないように施工する。型枠脱型後、すき間が生じているときは、現場発泡断熱材などで補修する。
3. 基礎の屋外側に設ける断熱材が外気に接しないよう、外装仕上げを行う。
4. 基礎天端と土台との間には、すき間が生じないようにする。
5. ポーチ、テラス、ベランダ等の取合い部分で断熱欠損が生じないよう施工する。

3.4.3 断熱材の施工位置

基礎に施工する断熱材の施工位置は、次のいずれかとする。

1. ☐ 基礎の内側
2. ☐ 基礎の外側
3. ☐ 基礎の両側(内側と外側両方)

3.4.4 断熱材の熱抵抗値又は厚さ

1. 基礎に施工する断熱材の熱抵抗値又は厚さは、地域の区分及び断熱材の種類(本章 7-1(断熱工事)における地域の区分及び断熱材の種類)に応じ、次表に掲げる数値以上とする。ただし、使用する断熱材に、その断熱材の熱抵抗値が表示されている場合には、必要な熱抵抗値に適合していること。

地域の区分
(付録9 ☞438頁)
断熱材の種類
(7-1.3.2 ☞159頁)

地域の区分	必要な熱抵抗値 (m²·K/W)	断熱材の種類・厚さ(mm)							
		A-1	A-2	B	C-1	C-2	D	E	F
1·2	1.2	65	60	55	50	50	45	35	30
3·4·5·6·7	0.6	35	30	30	25	25	25	20	15
8									

2. 1地域、2地域、3地域及び4地域において、基礎を鉄筋コンクリート造のべた基礎とし、断熱材を基礎の内側に施工する場合には、次の部分について、吸水性を有しない断熱材により断熱補強の施工(長さ450mm程度以上、厚さ20mm程度以上)を行う。

   イ．布基礎の立上り部分とべた部分の取合い部において、住宅内部に向かう部分(水平に施工)
   ロ．間仕切り壁下部の布基礎において、外周部から住宅内部に向かう部分の両側(垂直に施工)

3.4.5 床下防湿・防蟻措置

床下地面には、次のいずれかの措置を講ずる。ただし、床下地面の防蟻措置が必要な地域(北海道、青森県、岩手県、秋田県、宮城県、山形県、福島県、新潟県、富山県、石川県及び福井県以外の地域)に建設する住宅では、3又は4に限る。

1. ☐ 床下全面に JIS A 6930(住宅用プラスチック系防湿フィルム)、JIS Z 1702(包装用ポリエチレンフィルム)若しくは JIS K 6781(農業用ポリエチレンフィルム)に適合するもの、又はこれらと同等以上の効力を有する防湿フィルムで厚さ0.1mm以上のものを敷き詰める。なお、防湿フィルムの重ね幅は300mm以上とし、防湿フィルムの全面をコンクリート又は乾燥した砂等で押さえ、押えの厚さは50mm以上

とする。
2. □床下全面に、厚さ100mm以上のコンクリートを打設する。
3. □鉄筋コンクリート造のべた基礎（厚さは100mm以上で、防湿コンクリートを兼ねる。）とする。
4. □基礎と鉄筋により一体となって基礎の内周部の地盤上に、一様に打設されたコンクリート（厚さ100mm以上で防湿コンクリートを兼ねる。）でおおう。

施工方法

基礎断熱工法における注意点

床断熱工法に代えて基礎断熱工法（床に断熱材を施工せず、基礎の外側、内側または両側に、地面に垂直に断熱材を施工し、床下換気孔を設けない工法）を採用する場合、次の点に注意する必要がある。

(1) 床下換気孔が設置されなくなることから、床下空間に耐久性上支障が生ずるような水蒸気の滞留、結露の発生が起きないように、床下地面からの防湿を入念に行う。また、1階床面などに換気孔を設け、基礎間には人通口などを設けることで、床下空間の空気質を室内と同質にし、床下における水蒸気の滞留を防止することも重要である。

(2) 地中に埋めた断熱材は、一般的にシロアリの被害を受けやすいため、本工法の採用にあたっては、建設地周辺におけるシロアリの生息状況や被害状況等の実状を十分勘案のうえ決定する。

(3) 床下空間の空気は外気ではなく、上部の居住空間の空気との交流が主となるため、床下空気中に防腐・防蟻薬剤が放散しないような工法、材料の選択をすることが望ましい。また、居住空間が高湿度となっている場合には、床下空間も高湿度となり、耐久性上支障となる結露やカビの発生が考えられるため、居住空間の温湿度の管理を適切に行う。

(4) 排水管からの漏水や雨漏りによる雨水が、床下空間に浸入した等の異常を認めた際には、速やかに対策を講ずる。

(5) 床下の点検口等を使用して、定期的に床下空間の点検を行う。

基礎における断熱材の施工

基礎の断熱材施工後、断熱材同士の間にすき間が生じていると熱的な弱点が生じ、耐久性上支障となるおそれのある結露が生ずる要因となる。したがって、型枠脱型後に、断熱材同士の間にすき間が生じている場合は、現場発泡ウレタン材などで補修することが必要である。

断熱材の施工位置

地中に埋めた断熱材は、一般的にシロアリの被害を受けやすく、断熱材を地中に埋め込む本工法の採用にあたっては、建設地周辺におけるシロアリの生息状況や被害状況等の実状を十分勘案して、採用・不採用や詳細仕様を決定するよう十分な注意が必要である。地中に埋め込んだ基礎の外側の断熱材が蟻道となるおそれが高いため、断熱材の施工位置を内側とする（参考図3.4.1参照）。

やむを得ず基礎の外側に断熱材を施工する場合は、次のような蟻害を防ぐための工夫をする必要がある。しかしながら、蟻害を完全に防止することは非常に難しく、これらの工夫を実施した場合でも、定期的に蟻害がないか点検を行うなど、十分に注意が必要である。

(1) 公益社団法人日本木材保存協会が認定している防蟻剤処理断熱材または耐蟻性をもつ断熱材を、基礎との間にすき間が生じないよう施工する。

(2) (1)の措置を行ったうえで、公益社団法人日本しろあり対策協会が定めている維持管理型しろあり防除工法標準仕様書に則った維持管理を行う。

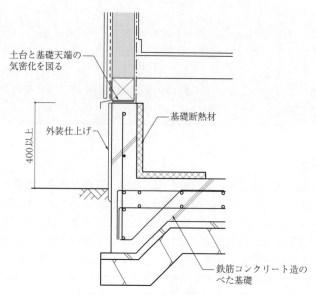

参考図3.4.1　床下地面の防蟻措置が必要な地域における基礎断熱工法（内側施工＋べた基礎仕様）

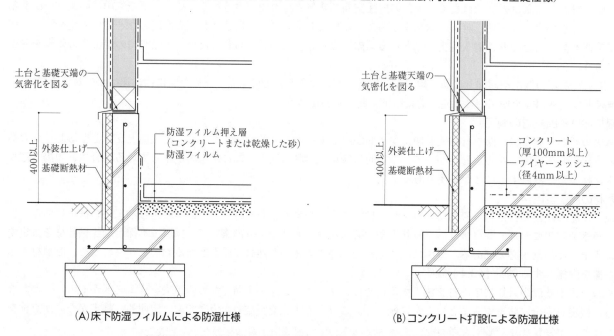

（A）床下防湿フィルムによる防湿仕様　　　　　　　（B）コンクリート打設による防湿仕様

参考図3.4.2　床下地面の防蟻措置が不要な地域における基礎断熱工法

防湿フィルムの押え

床下防湿措置において、防湿フィルムを乾燥した砂で押さえる場合は、次の点に留意する。

（1）設計・施工上の留意点

① 防湿フィルムの施工にあたっては、あらかじめ地面に飛散する木片等を除去したうえ、地面を十分締め固め、平滑にし、フィルムの上に乾燥した砂を全面かつ均一に敷き詰める。

② 配管工事、木工事など、床下空間で作業を行う場合は、敷き詰めた砂を乱さないように、また防湿フィルムが破損しないように十分注意する。

③ 地面やフィルム面、押え砂に木くず等が混入しないように清掃を行う。

④ 施工時の天候に留意し、万一雨水等により地面や押え砂が濡れた場合は、十分乾燥させる。

⑤ 床組最下面と押え砂上面とは、300mm程度以上の床下空間を確保することが望ましい。

（2）維持管理上の留意点

① 配管や床の点検、修繕など床下にて作業を行う際には、地盤防湿性能が低下しないよう、十分留意して行う。

② 修繕等の工事で押え砂や防湿フィルムを取り除く場合は、工事施工後、元通りに戻しておく。

コンクリートの乾燥

コンクリートを使用して床下防湿措置を講ずる場合、施工直後はコンクリート中に含まれた水分が蒸発することにより、床下空間の湿度が高くなり、結露やカビ等が発生する危険性が高くなる。したがって、床下のコンクリートが十分乾燥してから床仕上げを行う等、十分注意することが必要である。

留意事項

基礎断熱とする場合の断熱材の厚さ

床下空間で耐久性上支障となるおそれのある結露が生ずる可能性を低くするため、基礎に施工する断熱材の熱抵抗値を設定している。

しかし、断熱性の観点からは、本章7-1.3(断熱性能)の表中における「土間床等の外周部分の基礎壁」の数値以上、フラット35S(省エネルギー性)または長期優良住宅の基準を選択する場合には、基礎断熱工法の断熱材厚さは、適用する省エネルギー性の基準に応じてⅢ-1.3(断熱性能)の表中における「土間床等の外周部分の基礎壁」の数値を勘案し、決定する必要がある。

なお、フラット35及びフラット35S(省エネルギー性)または長期優良住宅の利用にあたり、性能基準を適用させることにより、基礎部(土間床の外周部)への断熱材厚さを低減できる場合もあるが、基礎断熱工法の断熱材厚さは、床下換気孔を設けない基礎断熱工法の耐久性確保の観点から、少なくとも本章3.4.4(断熱材の熱抵抗値又は厚さ)の1の表中の数値以上とする必要がある。

べた基礎等による防蟻措置について

基礎断熱工法では、床下空間の換気は屋外ではなく、主に上部の居住空間との間で行われることとなるため、シロアリの被害が想定される地域では、薬剤による土壌処理に代わる効力を有するよう、本章3.4.5(床下防湿・防蟻措置)の3または4とする。

3.5 地下室

3.5.1 一般事項

地下室の各部の仕様は、特記による。

3.5.2 基礎壁

1. 地下室を設ける場合、その壁は基礎と一体の鉄筋コンクリート造とする。
2. 外周部基礎壁沿いには、厚さ25mm以上の発泡プラスチック系断熱材を基礎天端から貼り付ける。凍上のおそれのある場合の断熱材の厚さは50mm以上とし、凍結深度より深い位置から貼り付ける。

関係法令

地下室の設計・施工

地下室の設計、施工にあたっては、平成12年6月1日施行の建築基準法施行令第22条の2及び平成12年5月31日付建設省告示第1430号「地階における住宅等の居室に設ける開口部及び防水層の設置方法を定める件」において、下記のとおり技術的基準が定められているので、それに従い具体的な仕様を特記する必要がある。

なお、外周部基礎壁に沿って断熱材を施工する際は、結露やシロアリの被害にも留意する。詳しくは、本章3.4(基礎断熱工事)の解説を参照。

1. 居室が次の(1)から(3)のいずれかに適合しているもの
(1) 地下室の開口部が、次の①、②のいずれかの場所に面しているとともに、換気に有効な部分の面積が、当該居室の床面積に対して1/20以上であること。
 ① イからニのすべてに適合するからぼり
  (イ) 底面が開口部より低い位置にあり、雨水を排水する設備が設けられているもの。
  (ロ) 上部が外気に開放されているもの。
  (ハ) 地下室の外壁から、その壁に面するからぼりの周壁までの水平距離が1m以上で、開口部の下端からからぼりの上端までの垂直距離の4/10以上であること。
  (ニ) 地下室の壁に沿った水平方向の長さが2m以上であり、かつ、開口部からの高さ以上であること。
 ② 開口部の前面に、当該住宅の建設敷地内で開口部の下端よりも高い位置に地面がない場所
(2) 換気設備(建築基準法施行令第20条の2に規定するもの)を設置する。
(3) 湿度調節設備を設置する。

2. 直接土に接する外壁、床、屋根には、次の(1)または(2)のいずれか（屋根は(1)）に適合する防水措置を講じる（ただし、常水面以上の部分にあっては、耐水材料で造り、かつ、材料の接合部及びコンクリートの打継ぎをする部分に防水措置を講ずる場合を除く。）

(1) 埋戻しその他、工事中に防水層がき裂、破断等の損傷をしないよう保護層を設ける。また、下地の種類、土圧、水圧の状況等に応じ、防水層に割れ、すき間が生じないよう、継目等に十分な重ね合せをする。

(2) 直接土に接する部分を耐水材料で造り、かつ、直接土に接する部分と居室に面する部分の間に、居室内への水の浸透を防止するための空隙（当該空隙に浸透した水を排水する設備が設けられているもの）を設ける。

3.6 埋戻し・地ならし

3.6.1 埋戻し

埋戻しは、根切り土のうち良質な土を利用し、厚さ300mm以内ごとにランマーなどで突き固める。

3.6.2 地ならし

建物の周囲1mまでの部分は、水はけをよくするように地ならしをする。

4.木工事一般事項

4.1 材料

4.1.1 木材の品質

1. 素材及び製材の品質は、JASの制定がある場合は、この規格に適合するもの、又はこれと同等以上の性能を有するものとする。
2. 構造材に用いる製材の品質は、製材のJASに適合する構造用製材若しくは広葉樹製材、又はこれらと同等以上の性能を有するものとする。
3. 造作材に用いる製材の品質は、製材のJASに規定する造作用製材、又はこれらと同等以上の性能を有するものとする。

4.1.2 木材の樹種

木材の樹種は、部位ごとに特記による。

4.1.3 集成材・単板積層材・直交集成板

1. 構造用に用いる集成材の品質は、集成材のJASに適合する構造用集成材若しくは化粧ばり構造用集成柱、又はこれらと同等以上の性能を有するものとする。
2. 造作用に用いる集成材の品質は、集成材のJASに適合する造作用集成材若しくは化粧ばり造作用集成材、又はこれと同等以上の性能を有するものとする。
3. 構造用に用いる単板積層材の品質は、単板積層材のJASに適合する構造用単板積層材、又はこれと同等以上の性能を有するものとする。
4. 造作用に用いる単板積層材の品質は、単板積層材のJASに適合する造作用単板積層材、又はこれと同等以上の性能を有するものとする。
5. 構造用に用いる直交集成板(CLT)の品質は、直交集成板のJASに適合する直交集成板、又はこれと同等以上の性能を有するものとする。
6. 上記のホルムアルデヒドの発散量に関する品質については、特記による。

4.1.4 各種ボード類

1. 合板の品質は、合板のJASに適合する構造用合板若しくは普通合板、又はこれらと同等以上の性能を有するものとする。
2. 構造用パネルの品質は、構造用パネルのJASに適合するもの、又はこれと同等以上の性能を有するものとする。
3. HB(ハードファイバーボード)、硬質木片セメント板、シージングボード、せっこうボード及びラスシートの品質は、それぞれのJISに適合するもの、又はこれらと同等以上の性能を有するものとする。
4. パーティクルボード、MDF(ミディアムデンシティファイバーボード)の品質は、それぞれのJISに適合するものとする。
5. 上記のホルムアルデヒドの発散量に関する品質については、特記による。

4.1.5 くぎ

1. 構造上重要な部分に用いるくぎの品質は、JIS A 5508(くぎ)に規定するくぎの種類のうち、鉄丸くぎ、めっき鉄丸くぎ、太め鉄丸くぎ、めっき太め鉄丸くぎ、溶融亜鉛めっき太め鉄丸くぎ、せっこうボード用くぎ、ステンレス鋼くぎ又はシージングボード用くぎに適合するもの、又はこれと同等以上の性能を有するものとし、その種類と寸法は表「くぎの種類及び寸法」による。
2. 長さの表示のない場合のくぎの長さは、打ち付ける板厚の2.5倍以上を標準とする。
3. 造作材の化粧面のくぎ打ちは、使用箇所及び工事の過程に応じて、隠しくぎ、くぎ頭に埋め木、くぎ頭つぶし、くぎ頭あらわし等とする。
4. くぎ以外を用いる場合は、特記による。

くぎの種類及び寸法				(単位：mm)
くぎの種類	長 さ	胴部径	頭部径	備　考
N38、NZ38	38	2.15	5.1	JIS A 5508
N45、NZ45	45	2.45	5.8	N：鉄丸くぎ
N50、NZ50	50	2.75	6.6	NZ：めっき鉄丸くぎ
N65、NZ65	65	3.05	7.3	
N75、NZ75	75	3.40	7.9	
N90、NZ90	90	3.75	8.8	
N100、NZ100	100	4.20	9.8	
CN45、CNZ45	44.5	2.51	6.35	JIS A 5508
CN50、CNZ50	50.8	2.87	6.76	CN：太め鉄丸くぎ
CN55、CNZ55	57.2	2.87	6.76	CNZ：めっき太め鉄丸くぎ
CN65、CNZ65	63.5	3.33	7.14	
CN70、CNZ70	69.9	3.33	7.14	
CN75、CNZ75	76.2	3.76	7.92	
CN85、CNZ85	82.6	3.76	7.92	
CN90、CNZ90	88.9	4.11	8.74	
CN100、CNZ100	101.6	4.88	10.31	
ZN40	38.1	3.33	7.14	JIS A 5508
ZN65	63.5	3.33	7.14	溶融亜鉛めっき太め鉄丸くぎ
ZN90	88.9	4.11	8.74	
GNF32	31.8	2.34	7.54	JIS A 5508
GNF40	38.1	2.34	7.54	せっこうボード用くぎ
GNF50	50.8	2.45	7.54	
GNC32	31.8	2.34	7.54	
GNC40	38.1	2.34	7.54	
SF45	45	2.45	5.6	JIS A 5508 SF：ステンレス鋼くぎ
SN45	44.5	3.05	11.13	JIS A 5508
SN40	38.1	3.05	11.13	SN：シージングボード用くぎ

4.1.6 諸金物

　　諸金物(接合金物)は、品質及び性能が明示された良質なものとする。

用　語

製材のJASに適合する構造用製材

　製材のJASに適合する構造用製材は、建築構造用として使用される針葉樹の構造用製材を対象としており、その使用される部位や断面寸法によって、甲種(構造用I)、甲種(構造用II)、乙種の3種類に分かれる。

　甲種は主として高い曲げ性能を必要とする部分に使用されるものであり、乙種は主として圧縮性能を必要とする部分に使用されるものである。

　また、乾燥基準を3区分とし、含水率15%以下を「D15」、20%以下を「D20」、25%以下を「D25」としている。したがって、製材のJASに適合する構造用製材または広葉樹製材を使用する場合は、この規格による。

集成材

　集成材には、次の4種類があり、その使用に際しては、規格に注意し、それぞれの用途に応じて使用すること。

(1) 造作用集成材

　集成材のうち、素地のままのもの、素地の美観をあらわしたもの (これらを二次接着したものを含む)、またはこれらの表面にみぞ切り等の加工もしくは塗装を施したものであって、主として構造物等の内部造作用に用いられるものをいう。

(2) 化粧ばり造作用集成材

　集成材のうち、素地の表面に美観を目的として薄板(薄板を保護するために、紙、薄板と繊維方向を平行にした厚さが5mm未満の台板、薄板と繊維方向を直交させた厚さ2mm以下の単板、厚さ3mm以下の合板またはJIS A 5905に規定する品質に適合することが確認されている厚さが3mm以下のMDFもしくはHBを下貼りしたものを含む)を貼り付けたもの、またはこれらの表面にみぞ切り等の加工もしくは塗装を施したものであって、主として構造物等の内部造作に用いられるものをいう。

(3) 構造用集成材

集成材のうち、所要の耐力を目的として等級区分したひき板（幅方向に合わせ調整したもの、長さ方向にスカーフジョイントまたはフィンガージョイントで接合接着して調整したものを含む）またはラミナブロック（内層特殊構成集成材に限る）を、その繊維方向を互いに平行して積層接着したもの（これらを二次接着したものまたはこれらの表面に集成材の保護等を目的とした塗装等を施したものを含む）であって、主として構造物の耐力部材として用いられるもの（化粧ばり構造用集成柱を除く）をいう。

(4) 化粧ばり構造用集成柱

集成材のうち、所要の耐力を目的として選別したひき板（幅方向に接着したもの及び長さ方向にスカーフジョイントまたはフィンガージョイントで接合接着して調整したものを含む）を積層接着し、その表面に美観を目的として薄板（薄板を保護するために、紙、薄板と繊維方向を平行にした厚さが5mm未満の台板、薄板と繊維方向を直交させた厚さが2mm以下の単板、厚さが3mm以下の合板またはJIS A 5905に規定する品質に適合することが確認されている厚さが3mm以下のMDFもしくはHBを下貼りしたものを含む）を貼り付けたもので、主として在来軸組工法住宅の柱材として用いられるもの（横断面の一辺の長さが90mm以上135mm以下のものに限る）をいう。

単板積層材（LVL）

単板積層材（LVL）とは、切削機械により切削した単板を主としてその繊維方向をお互いにほぼ平行にして積層接着した木質材料である。2013年にJASが改正され、単板の繊維方向を一定割合で直交させる規格が追加された。LVLは以下の2種類に分類される。

(1) 造作用単板積層材

非構造用のもので、素地のもの及び表面（木口面及び側面を除く）に美観を目的として薄板を貼り付けたもの、またはこれらの面に塗装を施したもので、主として家具・建具の基材、構造物等の内部造作に用いられる。

(2) 構造用単板積層材

主として構造用の耐力部材として用いられる。

直交集成板（CLT）

直交集成板（CLT）とは、ひき板または小角材（これらをその繊維方向を互いにほぼ平行にして長さ方向に接合接着して調整したものを含む）をその繊維方向を互いにほぼ平行にして幅方向に並べ、または接着したものを、主としてその繊維方向を互いにほぼ直角にして積層接着し、3層以上の構造をもたせたものをいう。

構造用合板

合板とは、木材を薄くむいた1.0mm〜5.5mmの単板を繊維方向に1枚ごとに直交させ、奇数枚を接着剤で貼り合わせて1枚の板としたもので、3枚、5枚、7枚、9枚合せなどがある。合板はその使用される部位、用途により多くの種類に分類されている。建築物の構造上及び耐久性上、主要な部分に使用されるものとして開発されたものを「構造用合板」という。

構造用合板の品質等については、JASに規定されており、強度の等級は、「1級」と「2級」がある。2級は木造住宅の耐力壁、屋根下地、床下地等、いわゆる下張りに使用されるものを対象としており、1級は2級で対象としているもののほか、強度を計算して使用されるものを対象としている。いずれも所定の強度試験に合格する必要がある。

このように、構造用合板は建築物の構造上の主要な部分に使用されていることから、建物の耐久性に直接関係するもので、他の合板に比べて高い接着性能が要求される。JASには接着性能を示す「接着程度」として、「特類」と「1類」の2種類がある。

特類は、屋外または常時湿潤な状態にある場所に使用されるものを対象としており、接着剤はフェノール樹脂と同等以上の性能を有するものが使用される。また、1類は屋内において使用されるものを対象とし、接着剤はメラミン・ユリア共縮合樹脂と同等以上の性能を有するものが使用される。なお、いずれの場合も所定の接着性能試験に合格する必要がある。

化粧ばり構造用合板

合板のうち、構造用合板の表面または裏面に木質材料特有の美観を表すことを主たる目的とした単板（化粧単板）を貼り合せたものをいう。

留意事項

木材の乾燥・ひび割れ

木材は、保存上や強度上の点などから、乾燥が第一である。未乾燥の木材は、乾燥過程において、木口割れやひび割れを生じやすい。未乾燥材を構造材として使用してひび割れが生じた場合、その位置や状態によっては、耐力が低下し、建付け不良等の原因となる。また、各接合部に木材の乾燥状態を考えずに、金物による補強を行っても、木材の乾燥とひび割れ状態によって、木材と金物の間にすき間ができて接合部がゆるんでしまう場合がある。接合部分の

木材が十分乾燥していることを確かめたうえで、金物による補強を行うことが最良の方法である。なお、最近では木材の乾燥・収縮等に伴う金物締付け部分のゆるみが生じにくいように工夫された金物も開発されている。

集成材利用時の留意点

集成材は、雨水が直接かかる状況や直射日光を受ける環境下でなければ、接着層の劣化はきわめて少ないことがわかっている。一方、含水率変化が大きく、ひき板個々の寸法変化により接着層に繰り返し応力が生じる環境下では、接着層のはく離などに注意する必要がある。

集成材を構成するひき板は、製材と同様に、雨がかりや結露水が作用する場合には、干割れ(乾燥による割れ)や腐朽、蟻害などが発生する危険がある。

このようなことから、集成材を用いる場合は次の注意が必要である。

(集成材利用時の留意点)

・雨がかり、直射日光の作用を抑えた設計とする。

・直射日光を受ける場所に使用する場合は、日光が当たる面に集成材の接着層が見える面を配置するのではなく、ひき板1枚のみに日光が当たるように配置する。

諸金物(接合金物)

木造軸組工法において、土台と基礎や軸組相互の端部などの構造耐力上主要な部分である継手や仕口を緊結することは、存在応力を有効に伝達するために重要であり、建築基準法施行令においても同様の規定がなされている。また、木造住宅を中心に甚大な被害が生じた平成7年1月の「阪神・淡路大震災」における「木造住宅等震災調査委員会」などの各種の被害調査結果によれば、各接合部の緊結不良が被害要因の一つとして指摘されており、今後当該部分を含めて適切な設計・施工を推進していくことが提言されている。

接合部を効率よく緊結するための手段の一つに、接合金物を使用する方法があるが、この接合金物は存在応力を有効に伝達するために、その品質及び耐力等の性能が明らかで良質なものを選択することが重要であり、また、ほとんどの接合金物はめっき処理されているが、接合金物に使用するくぎ等においても、接合金物と同等以上の防錆処理されたものを使用することが望ましい。

このような接合金物の一例として、公益財団法人日本住宅・木材技術センターが定める木造建築物用接合金物認定規程による接合金物規格(Zマーク表示金物)、同等認定品及び性能認定品があるが、これら以外にも昨今の技術開発によりさまざまな金物が開発されているので、建築主及び設計・施工者で打合せのうえ、良質な金物を選択することが重要である。次に、Zマーク表示金物の一覧表を掲載するので参考にされたい。

参考図4.1.6　Zマーク表示金物の種類　　　　　　　　　　　　　　（単位：mm）

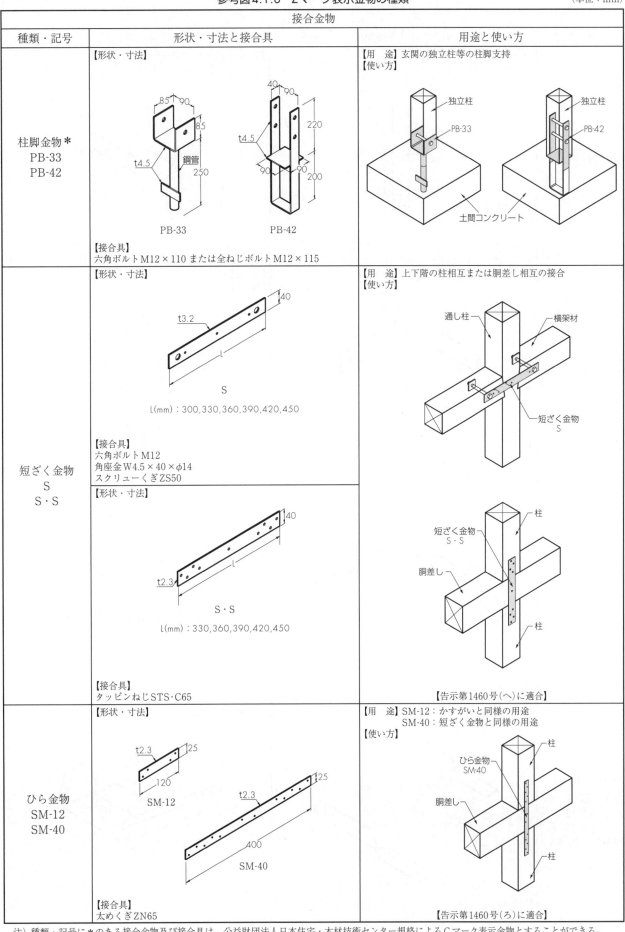

接合金物		
種類・記号	形状・寸法と接合具	用途と使い方
柱脚金物＊ PB-33 PB-42	【形状・寸法】 PB-33　　　PB-42 【接合具】 六角ボルトM12×110 または全ねじボルトM12×115	【用　途】玄関の独立柱等の柱脚支持 【使い方】
短ざく金物 S S・S	【形状・寸法】 S L(mm)：300,330,360,390,420,450 【接合具】 六角ボルトM12 角座金W4.5×40×φ14 スクリューくぎZS50 【形状・寸法】 S・S L(mm)：330,360,390,420,450 【接合具】 タッピンねじSTS・C65	【用　途】上下階の柱相互または胴差し相互の接合 【使い方】 【告示第1460号(へ)に適合】
ひら金物 SM-12 SM-40	【形状・寸法】 SM-12 SM-40 【接合具】 太めくぎZN65	【用　途】SM-12：かすがいと同様の用途 　　　　　SM-40：短ざく金物と同様の用途 【使い方】 【告示第1460号(ろ)に適合】

注）種類・記号に＊のある接合金物及び接合具は、公益財団法人日本住宅・木材技術センター規格によるCマーク表示金物とすることができる。

接合金物		
種類・記号	形状・寸法と接合具	用途と使い方
ひら金物 SM-15S	【形状・寸法】 t2.3　150　25 【接合具】 タッピンねじSTS・C65	【用　途】引張りを受ける柱の上下の接合 　　　　ただし、すみ柱は除く 【使い方】 柱　ひら金物 SM-15S　土台　基礎 【告示第1460号（ろ）に適合】
かね折り金物 SA SA・S	【形状・寸法】 t3.2　L　L　40 SA L(mm)：210,240,270,300,345 【接合具】 六角ボルトM12 角座金W4.5×40×φ14 スクリューくぎZS50	【用　途】通し柱と胴差しの取合い 【使い方】 通し柱　胴差し　かたぎ大入れ短ほぞ差し　かね折り金物 SA
	【形状・寸法】 t2.3　40　L　L SA・S L(mm)：240,270,300,330,360 【接合具】 タッピンねじSTS・C65	通し柱　胴差し　かたぎ大入れ短ほぞ差し　かね折り金物 SA・S
ひねり金物 ST-9 ST-12 ST-15 （右ひねりのみ）	【形状・寸法】 t1.6　20　90,120 ST-9, ST-12 t1.6　20　150 ST-15 【接合具】 太めくぎZN40	【用　途】たる木と軒げたまたは母屋の接合 【使い方】 ひねり金物 ST　たる木　軒げた

接合金物		
種類・記号	形状・寸法と接合具	用途と使い方
折曲げ金物 SF （左ひねり及び 右ひねり）	【形状・寸法】 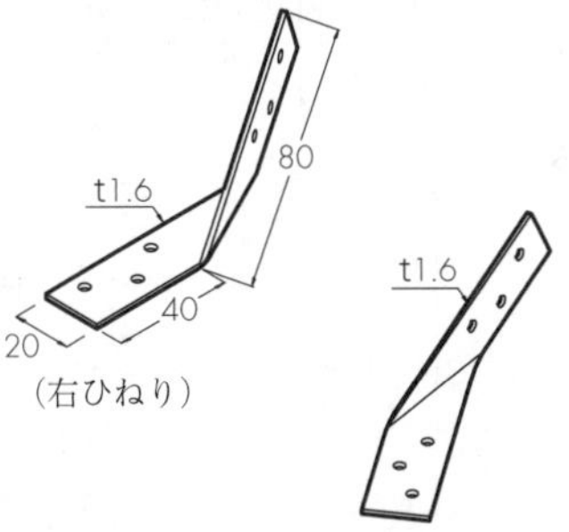 t1.6　80 20　40 （右ひねり） t1.6 （左ひねり） 【接合具】 太めぎ ZN40	【用　途】たる木と軒げたまたは母屋の接合 【使い方】 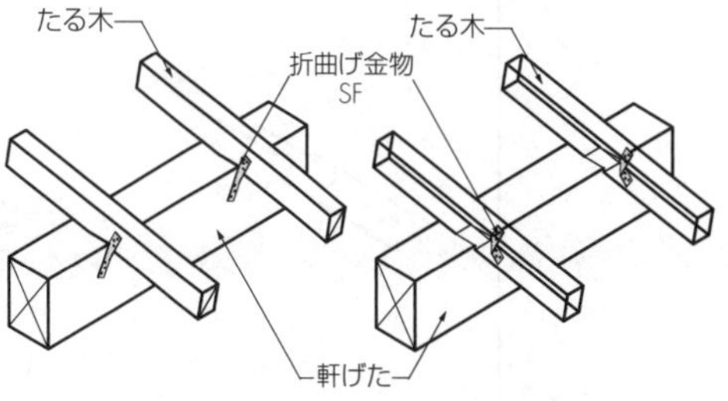 たる木　たる木 折曲げ金物 SF 軒げた （右ひねり）　（左ひねり）
くら金物 SS	【形状・寸法】 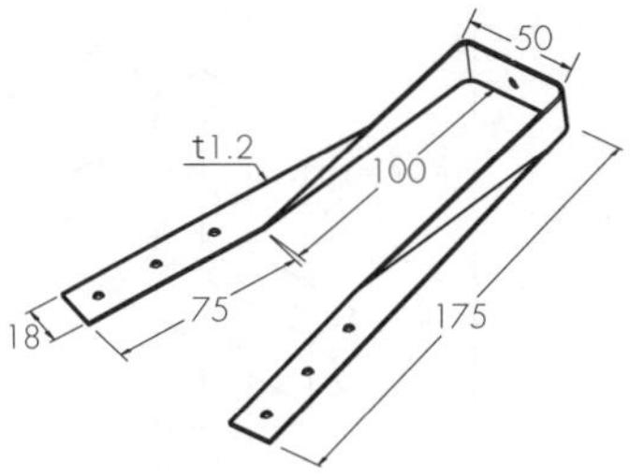 50 t1.2　100 18　75　175 【接合具】 太めぎ ZN40	【用　途】たる木と軒げたまたは母屋の接合 【使い方】 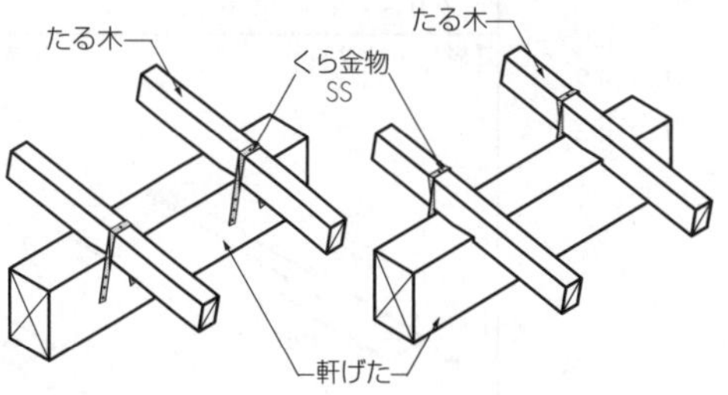 たる木　たる木 くら金物 SS 軒げた 軒先側の取付け例　むね側の取付け例
四角穴付き タッピンねじ STS6.5・F	【形状・寸法】 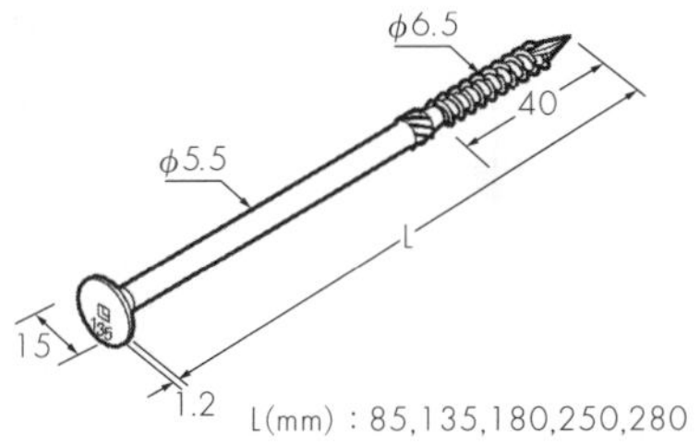 φ6.5 φ5.5　40 L 15 1.2　L(mm)：85,135,180,250,280 ねじの頭部に長さを刻印している。	【用　途】たる木と軒げたまたは母屋の接合 【使い方】 たる木 軒げた 四角穴付きタッピンねじ STS6.5・F<table><tr><td>たる木 せい(mm)</td><td>STS6.5F L寸法(mm)</td></tr><tr><td>45、60</td><td>135</td></tr><tr><td>75、90、105</td><td>180</td></tr></table>軒の出などの使用条件については、付録8を参照
火打金物 HB HB・S	【形状・寸法】 65 1075 t2.3 HB 【接合具】 六角ボルト M12　　平くぎ ZF55 角座金 W4.5×40×φ14　小型角座金 W2.3×30×φ12.5 【形状・寸法】 65 1075 t2.3 HB・S 【接合具】 タッピンねじ STS・C65	【用　途】床組及び小屋組の隅角部の補強 【使い方】ボルトタイプの火打金物HBは、下図のように横架材の内面から700mmの位置に六角ボルト用の先孔を設ける。 ねじタイプの火打金物HB・Sは、タッピンねじで取り付けるため先孔は必要ない。 700 横架材 700 火打金物 HB 横架材 火打金物HBの取付け例

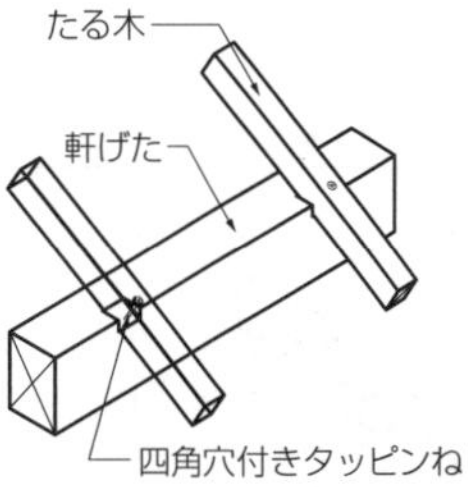

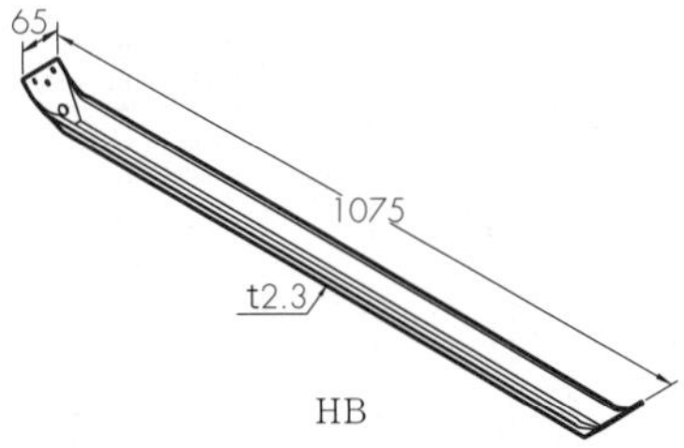

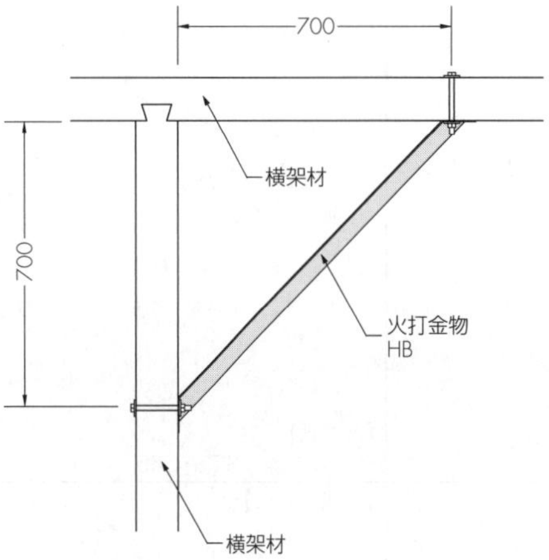

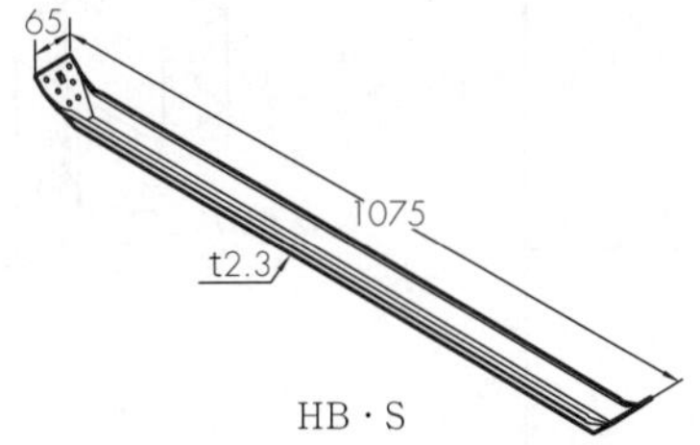

接合金物		
種類・記号	形状・寸法と接合具	用途と使い方
羽子板ボルト SB・F SB・E SB・F2 SB・E2	【形状・寸法】 SB・F　　　SB・E L(mm)：280,310,340,370,400,430 【接合具】 六角ボルト M12 角座金 W4.5×40×φ14 スクリューくぎ ZS50 【形状・寸法】 SB・F2　　　SB・E2 L(mm)：280,310,340,370,400,430 【接合具】 六角ボルト M12 角座金 W4.5×40×φ14	【用　途】小屋ばりと軒げた、軒げたと柱、はりと柱及び胴差しと通し柱の接合 【使い方】 けた 柱 羽子板パイプ SP・E または SP・E2 または 羽子板ボルト SB・F または SB・F2 羽子板ボルト SB・F または SB・F2／横架材／羽子板パイプ SP・E または SP・E2／横架材／柱 羽子板ボルト SB・F または SB・F2／羽子板パイプ SP・E または SP・E2 柱／羽子板パイプ SP・E または SP・E2／土台／基礎／座彫り
羽子板パイプ SP・E SP・E2	【形状・寸法】 SP・E　　　SP・E2 【接合具】 六角ボルト M12　　スクリューくぎ ZS50 角座金 W4.5×40×φ14 （SP・E2は、スクリューくぎの孔がないもの）	【告示第1460号(に)に適合(スクリューくぎなし)】 【告示第1460号(ほ)に適合(スクリューくぎあり)】
羽子板ボルト SB・FS SB・ES	【形状・寸法】 SB・FS　　　SB・ES L(mm)：250,280,310,340,370,400 【接合具】 タッピンねじ STS・C65	【用　途】小屋ばりと軒げた、軒げたと柱、はりと柱及び胴差しと通し柱の接合 【使い方】 柱／横架材／羽子板パイプ SP・ES／柱／羽子板パイプ SP・ES
羽子板パイプ SP・ES	【形状・寸法】 t3.2　100　40 【接合具】 タッピンねじ STS・C65	【告示第1460号(へ)に適合】

接合金物		
種類・記号	形状・寸法と接合具	用途と使い方
コーナー金物 CP・ZS	【形状・寸法】 50 t2.3 80 50 【接合具】 　柱　　：タッピンねじSTS・C65 横架材：タッピンねじSTS・HC90	【用　途】引張りを受ける柱の上下の接合 【使い方】 柱 コーナー金物 CP・ZS 土台 基礎 床板 （28mm以下） コーナー金物 CP・ZS 土台 基礎 【告示第1460号（へ）に適合】　【告示第1460号（に）に適合】 すみ柱に使用する場合は、耐力が異なります。
かど金物＊ CP・L	【形状・寸法】 25 t2.3 200 25 150 【接合具】 太めくぎZN65	【用　途】引張りを受ける柱の上下の接合 【使い方】 すみ柱 かど金物 CP・L 土台 基礎 けた かど金物 CP・L すみ柱 【告示第1460号（ろ）に適合】
かど金物＊ CP・T	【形状・寸法】 25 t2.3 200 25 150 【接合具】 太めくぎZN65	【用　途】引張りを受ける柱の上下の接合 【使い方】 柱 土台 基礎 かど金物 CP・T けた かど金物 CP・T 柱 【告示第1460号（は）に適合】
山形プレート VP VP2	【形状・寸法】 t2.3　115 50 70 VP t2.3　135 65 70 VP2 【接合具】 VP：太めくぎZN90 VP2：太めくぎZN65	【用　途】引張りを受ける柱の上下の接合 【使い方】 柱 土台 基礎 山形プレート VP または VP2 けた 山形プレート VP または VP2 柱 【告示第1460号（は）に適合】

注）種類・記号に＊のある接合金物及び接合具は、公益財団法人日本住宅・木材技術センター規格によるCマーク表示金物とすることができる。

接合金物		
種類・記号	形状・寸法と接合具	用途と使い方
筋かいプレート BP	【形状・寸法】 130 160 t1.6 40　90 【接合具】 角根平頭ボルトM12 小型角座金W2.3×30×φ12.5 太めくぎZN65	【用　途】断面寸法30×90mmの筋かいを柱と横架材に同時に接合 【使い方】 柱 柱間隔900～2,000mm 筋かいプレートBP 筋かい 横架材 【壁倍率1.5に適合】
筋かいプレート BP-2	【形状・寸法】 280 t2.3 160 【接合具】 角根平頭ボルトM12 小型角座金W2.3×30×φ12.5 スクリューくぎZS50	【用　途】断面寸法45×90mmの筋かいを柱と横架材に同時に接合 【使い方】 柱 柱間隔900～2,000mm 筋かいプレートBP-2 筋かい 横架材 【壁倍率2.0に適合】
筋かいプレート BP-2FS	【形状・寸法】 155 200 t2.3 65 【接合具】 タッピンねじSTS・C45	【用　途】断面寸法45×90mmの筋かいを柱と横架材に同時に接合 【使い方】 柱 柱間隔910～1,820mm 筋かいプレートBP-2FS 筋かい 横架材 【壁倍率2.0に適合】
筋かいプレート BP-3FS	【形状・寸法】 155 155 t2.3 65 【接合具】 タッピンねじSTS・C65	【用　途】断面寸法90×90mmの筋かいを柱と横架材に同時に接合 【使い方】 柱 柱間隔910～1,365mm 筋かいプレートBP-3FS 筋かい 横架材 【壁倍率3.0に適合】

接合金物		
種類・記号	形状・寸法と接合具	用途と使い方
ホールダウン金物* （引寄せ金物） S-HD10 S-HD15 S-HD20 S-HD25	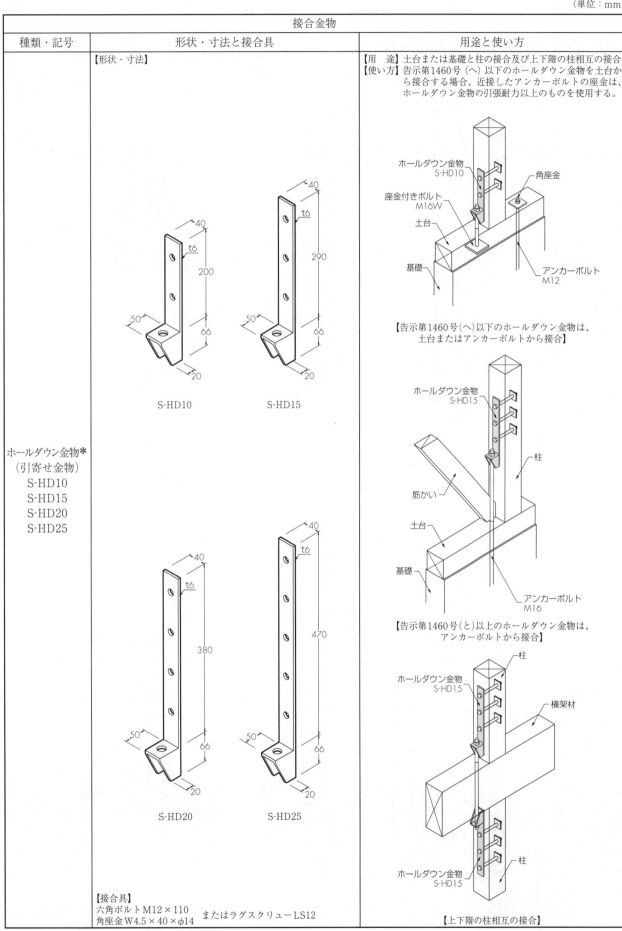 【形状・寸法】 S-HD10　S-HD15 S-HD20　S-HD25 【接合具】 六角ボルトM12×110　またはラグスクリューLS12 角座金W4.5×40×φ14	【用　途】土台または基礎と柱の接合及び上下階の柱相互の接合 【使い方】告示第1460号（へ）以下のホールダウン金物を土台から接合する場合、近接したアンカーボルトの座金は、ホールダウン金物の引張耐力以上のものを使用する。 【告示第1460号（へ）以下のホールダウン金物は、土台またはアンカーボルトから接合】 【告示第1460号（と）以上のホールダウン金物は、アンカーボルトから接合】 【上下階の柱相互の接合】

注）種類・記号に*のある接合金物及び接合具は、公益財団法人日本住宅・木材技術センター規格によるCマーク表示金物とすることができる。

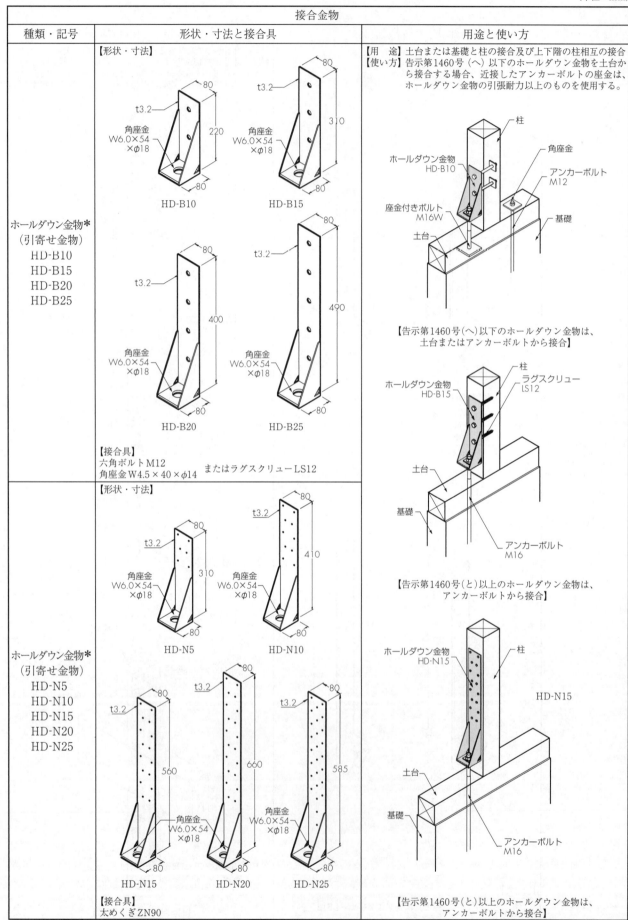

接合金物		
種類・記号	形状・寸法と接合具	用途と使い方
ホールダウン金物* （引寄せ金物） HD-B10 HD-B15 HD-B20 HD-B25	【形状・寸法】 t3.2　80 角座金 W6.0×54 ×φ18 220 80 HD-B10 t3.2　80 310 80 HD-B15 80 t3.2 角座金 W6.0×54 ×φ18 400 80 HD-B20 80 t3.2 490 角座金 W6.0×54 ×φ18 80 HD-B25 【接合具】 六角ボルトM12 角座金 W4.5×40×φ14　またはラグスクリューLS12	【用　途】土台または基礎と柱の接合及び上下階の柱相互の接合 【使い方】告示第1460号（へ）以下のホールダウン金物を土台から 　　　　　接合する場合、近接したアンカーボルトの座金は、 　　　　　ホールダウン金物の引張耐力以上のものを使用する。 柱 ホールダウン金物 HD-B10 角座金 アンカーボルト M12 座金付きボルト M16W 土台 基礎 【告示第1460号（へ）以下のホールダウン金物は、 土台またはアンカーボルトから接合】 柱 ホールダウン金物 HD-B15 ラグスクリュー LS12 土台 基礎 アンカーボルト M16 【告示第1460号（と）以上のホールダウン金物は、 アンカーボルトから接合】
ホールダウン金物* （引寄せ金物） HD-N5 HD-N10 HD-N15 HD-N20 HD-N25	【形状・寸法】 t3.2　80 角座金 W6.0×54 ×φ18 310 80 HD-N5 80 t3.2 角座金 W6.0×54 ×φ18 410 80 HD-N10 80 t3.2 560 角座金 W6.0×54 ×φ18 80 HD-N15 80 t3.2 660 角座金 W6.0×54 ×φ18 80 HD-N20 80 t3.2 585 80 HD-N25 【接合具】 太めくぎZN90	柱 ホールダウン金物 HD-N15 HD-N15 土台 基礎 アンカーボルト M16 【告示第1460号（と）以上のホールダウン金物は、 アンカーボルトから接合】

注）種類・記号に＊のある接合金物及び接合具は、公益財団法人日本住宅・木材技術センター規格によるＣマーク表示金物とすることができる。

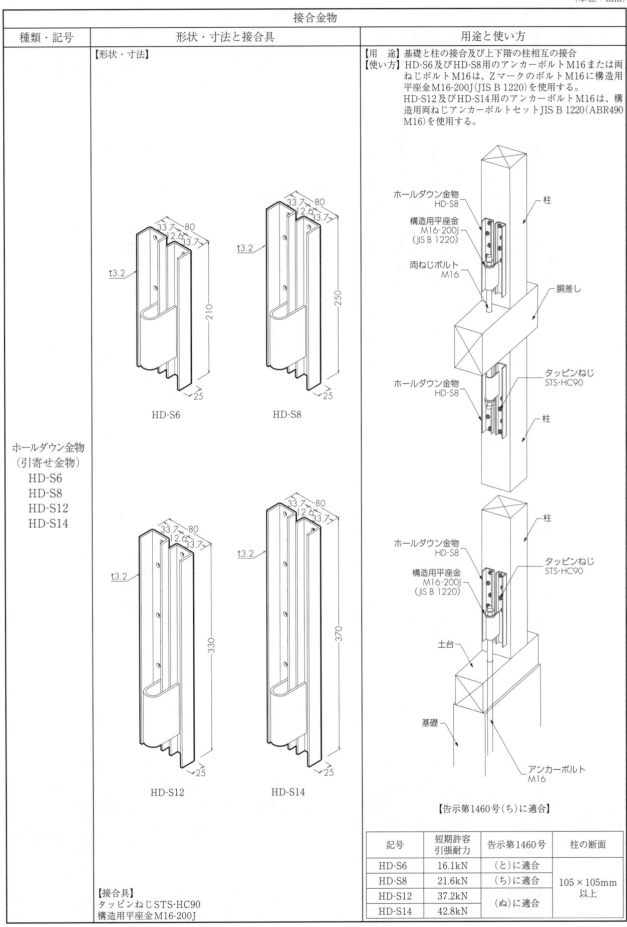

接合金物

種類・記号	形状・寸法と接合具	用途と使い方

【形状・寸法】

HD-S6

HD-S8

HD-S12

HD-S14

ホールダウン金物
（引寄せ金物）
HD-S6
HD-S8
HD-S12
HD-S14

【接合具】
タッピンねじSTS・HC90
構造用平座金M16-200J

【用　途】 基礎と柱の接合及び上下階の柱相互の接合

【使い方】 HD-S6及びHD-S8用のアンカーボルトM16または両ねじボルトM16は、ZマークのボルトM16に構造用平座金M16-200J（JIS B 1220）を使用する。
　　HD-S12及びHD-S14用のアンカーボルトM16は、構造用両ねじアンカーボルトセットJIS B 1220（ABR490 M16）を使用する。

ホールダウン金物 HD-S8
構造用平座金 M16-200J（JIS B 1220）
両ねじボルト M16
胴差し
ホールダウン金物 HD-S8
タッピンねじ STS・HC90
柱

ホールダウン金物 HD-S8
構造用平座金 M16-200J（JIS B 1220）
タッピンねじ STS・HC90
柱
土台
基礎
アンカーボルト M16

【告示第1460号（ち）に適合】

記号	短期許容引張耐力	告示第1460号	柱の断面
HD-S6	16.1kN	（と）に適合	105×105mm 以上
HD-S8	21.6kN	（ち）に適合	
HD-S12	37.2kN	（ぬ）に適合	
HD-S14	42.8kN		

（単位：mm）

接合金物

種類・記号	形状・寸法と接合具	用途と使い方

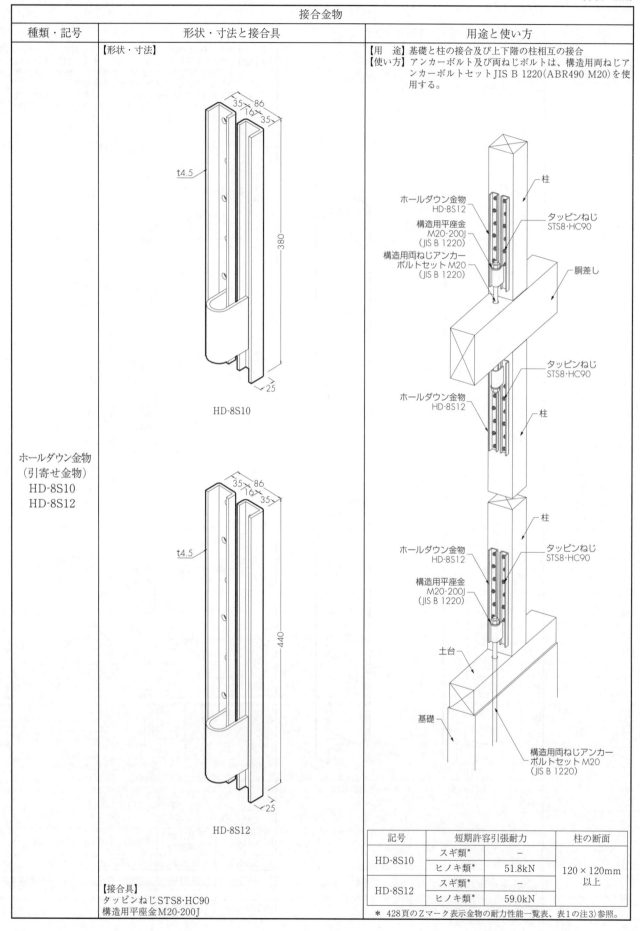

【形状・寸法】

t4.5

35　86

16

35

380

25

HD-8S10

t4.5

35　86

16

35

440

25

HD-8S12

ホールダウン金物
（引寄せ金物）
HD-8S10
HD-8S12

【接合具】
タッピンねじ STS8・HC90
構造用平座金 M20-200J

【用　途】 基礎と柱の接合及び上下階の柱相互の接合
【使い方】 アンカーボルト及び両ねじボルトは、構造用両ねじアンカーボルトセット JIS B 1220（ABR490 M20）を使用する。

柱

ホールダウン金物
HD-8S12

構造用平座金
M20-200J
（JIS B 1220）

構造用両ねじアンカー
ボルトセット M20
（JIS B 1220）

タッピンねじ
STS8・HC90

胴差し

タッピンねじ
STS8・HC90

ホールダウン金物
HD-8S12

柱

柱

ホールダウン金物
HD-8S12

タッピンねじ
STS8・HC90

構造用平座金
M20-200J
（JIS B 1220）

土台

基礎

構造用両ねじアンカー
ボルトセット M20
（JIS B 1220）

記号	短期許容引張耐力		柱の断面
HD-8S10	スギ類*	－	120×120mm 以上
	ヒノキ類*	51.8kN	
HD-8S12	スギ類*	－	
	ヒノキ類*	59.0kN	

* 428頁のZマーク表示金物の耐力性能一覧表、表1の注3)参照。

種類・記号	形状・寸法と接合具	用途と使い方
引張金物 TB-D6 TB-D9	【形状・寸法】 104 t4.5 330 12 89 120 19 120 TB-D6 104 t6.0 450 12 89 120 19 120 TB-D9 【接合具】 ドリフトピンDP12 偏心丸座金EW9.0×R13×φ54	【用　途】基礎と柱の接合 【使い方】TB-D6のアンカーボルトM20は、構造用両ねじアンカーボルトセットABR490 M20（JIS B 1220）を使用する。 　　TB-D9のアンカーボルトM24は、構造用両ねじアンカーボルトセットABR490 M24（JIS B 1220）を使用する。 　　TB-S20のアンカーボルトM22は、構造用両ねじアンカーボルトセットABR490 M22（JIS B 1220）を使用する。

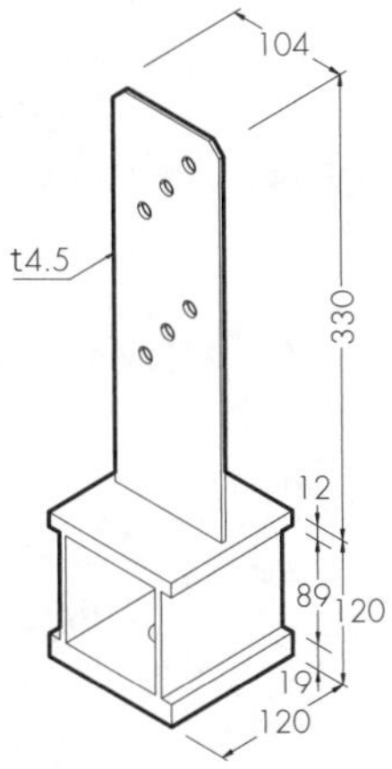

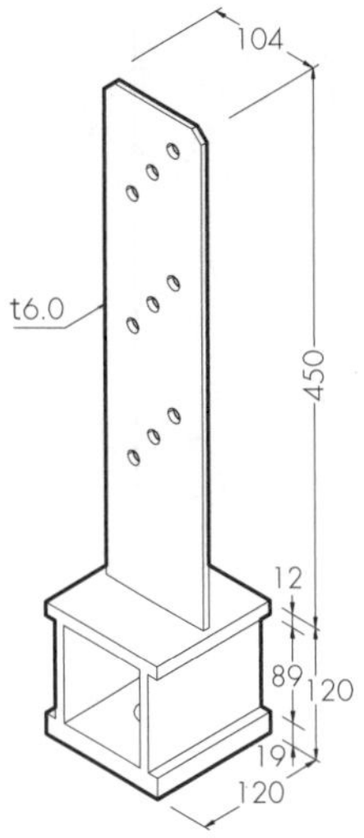

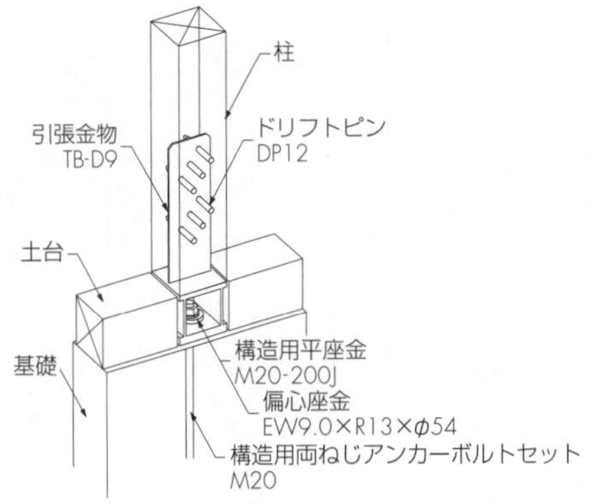

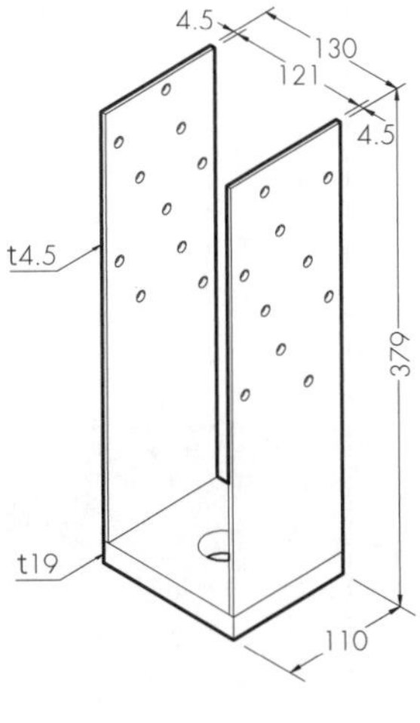

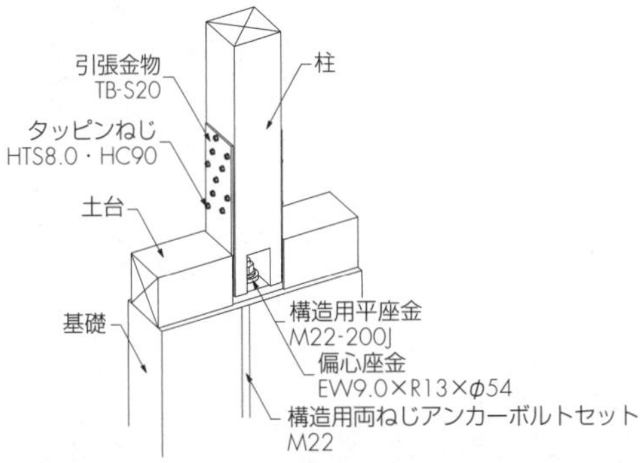

記号	短期許容引張耐力		柱の断面
TB-D6	スギ類*	56.7kN	120×120mm 以上
	ヒノキ類*	63.7kN	
TB-D9	スギ類*	93.5kN	
	ヒノキ類*	113.1kN	
TB-S20	スギ類*	－	
	ヒノキ類*	97.2kN	

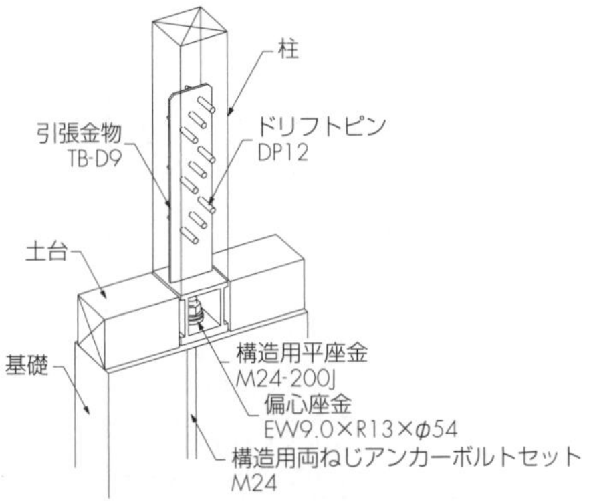

引張金物 TB-S20

【形状・寸法】

4.5 130 121 4.5 t4.5 379 t19 110

【接合具】
タッピンねじHTS8.0・HC90
偏心丸座金EW9.0×R13×φ54

* 428頁のZマーク表示金物の耐力性能一覧表、表1の注3）参照。

接合金物

第Ⅱ章

4 一般事項 木工事

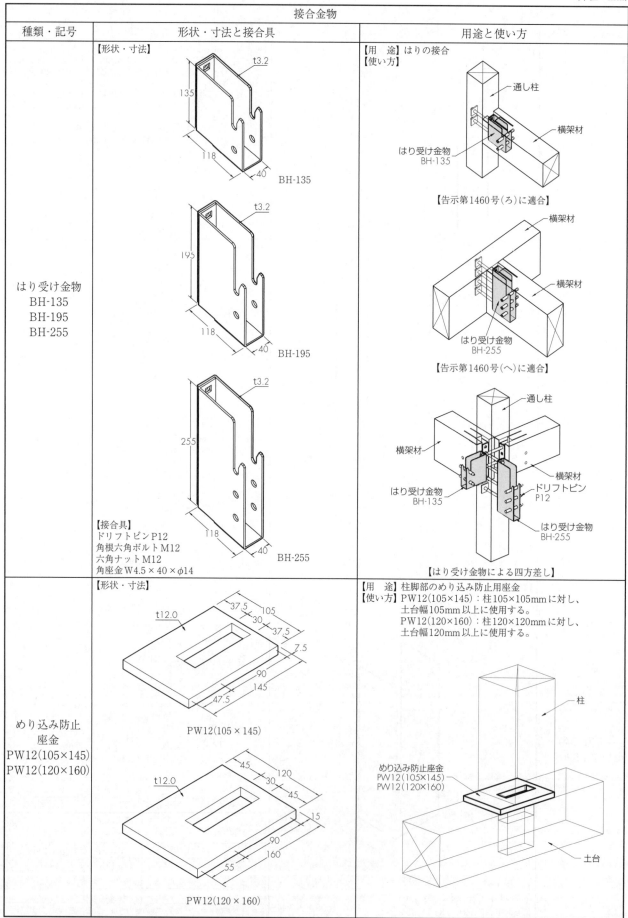

接合金物		
種類・記号	形状・寸法と接合具	用途と使い方
はり受け金物 BH-135 BH-195 BH-255	【形状・寸法】 t3.2 135 118 40 BH-135 t3.2 195 118 40 BH-195 t3.2 255 118 40 BH-255 【接合具】 ドリフトピンP12 角根六角ボルトM12 六角ナットM12 角座金W4.5×40×φ14	【用　途】はりの接合 【使い方】 通し柱 横架材 はり受け金物 BH-135 【告示第1460号（ろ）に適合】 横架材 横架材 はり受け金物 BH-255 【告示第1460号（へ）に適合】 通し柱 横架材 横架材 はり受け金物 BH-135 ドリフトピン P12 はり受け金物 BH-255 【はり受け金物による四方差し】
めり込み防止 座金 PW12(105×145) PW12(120×160)	【形状・寸法】 t12.0 37.5 105 30 37.5 7.5 90 145 47.5 PW12(105×145) t12.0 45 120 30 45 15 90 160 55 PW12(120×160)	【用　途】柱脚部のめり込み防止用座金 【使い方】PW12(105×145)：柱105×105mmに対し、 　　　　　土台幅105mm以上に使用する。 　　　　　PW12(120×160)：柱120×120mmに対し、 　　　　　土台幅120mm以上に使用する。 柱 めり込み防止座金 PW12(105×145) PW12(120×160) 土台

		接 合 具	
種類・記号	形状・寸法	種類・記号	形状・寸法

接 合 具

種類・記号	形状・寸法	種類・記号	形状・寸法
アンカーボルト＊ M12 六角ナット＊ M12	M12 400,450,500 50 19 10	アンカーボルト＊ M16 六角ナット＊ M16	φ16 M16 112 600,700,800,900,1000 24 13
角座金＊ W4.5×40×φ14 W6.0×60×φ14 W9.0×80×φ18	t4.5 φ14 40 40 W4.5×40×φ14 t6.0 φ14 60 60 W6.0×60×φ14 t9.0 φ18 80 80 W9.0×80×φ18	角座金＊ W6.0×54×φ18	t6.0 φ18 54 54 （ホールダウン金物HD-BまたはHD-Nの専用座金）
		丸座金＊ RW6.0×68×φ14 RW9.0×90×φ18	t6.0 φ14 68 RW6.0×68×φ14 t9.0 φ18 90 RW9.0×90×φ18
小型角座金 W2.3×30×φ12.5	t2.3 φ12.5 30 30 （筋かいプレートBPの専用座金）	偏心丸座金 EW9.0×R13×φ54	t9.0 φ54 26 32 （引張金物TB-D及びTB-Sの専用座金）

注）種類・記号に＊のある接合金物及び接合具は、公益財団法人日本住宅・木材技術センター規格によるCマーク表示金物とすることができる。

接 合 具				
種類・記号	形状・寸法	種類・記号	形状・寸法	

接 合 具

種類・記号	形状・寸法	種類・記号	形状・寸法
六角ボルト＊ M12 六角ナット＊ M12	 M12 19 8 L 19 10 L(mm)：105,110,115,120,125,130,135 140,145,150,165,180,195 210,225,240,255,270,285 300,315,330,345,360,375,390 405,420,435,450,480 510,540,570 600,700,800,900,1000	座金付きボルト＊ M16W 六角ナット＊ M16	 24 13 t9.0 80 80 φ16 M16 50以上 L L(mm)：110,125,140,150,165,180,195 210,225,240,255,270,285 300,315,330,345,360,375,390 405,420,435,450 510,540,570 600
六角ボルト＊ M16 六角ナット＊ M16	 M16 φ16 L 24 13 24 10 L(mm)：110,125,140,150,165,180,195 210,225,240,255,270,285 300,315,330,345,360,375,390 405,420,435,450,480 510,540,570 600,700,800,900,1000	ラグスクリュー＊ LS12	 φ12 L 19 8 L(mm)：110,120,125,130,140,150
両ねじボルト＊ M12 六角ナット＊ M12	 M12 L 24 13 L(mm)：300から30刻みで3300	角根六角ボルト M12 六角ナット M12	 φ12 3 8 L 19 10 L(mm)：130,145,160,175,190,205,220 235,250,265,280,295,305,315
両ねじボルト＊ M16 六角ナット＊ M16	 M16 φ16 24 13 L L(mm)：300から30刻みで3300	角根平頭ボルト M12 六角ナット M12	 M12 22 22 3 65 19 10
		全ねじボルト＊ M12×115 六角袋ナット＊ M12	 M12 115 10

注）種類・記号に＊のある接合金物及び接合具は、公益財団法人日本住宅・木材技術センター規格によるＣマーク表示金物とすることができる。

接合具等			
種類・記号	形状・寸法	種類・記号	形状・寸法
太めくぎ＊ ZN40 ZN65 ZN90	 ZN40（ブラウン）φ3.33 38.1 7.14 1.5 ZN65 φ3.33 63.5 7.14 1.5 ZN90（レッド）φ4.11 88.9 8.74 1.9 ZN40とZN65のくぎ頭が同形のため、施工や検査時に確認ができるように、ZN40はブラウン、ZN90はレッドに着色している。	スクリューくぎ ZS50	 φ5.2 10 3 50
		平くぎ ZF55	 7 6.8 6 55 10
四角穴付き タッピンねじ＊ STS・C45 STS・C65 STS・HC90	 φ6.5 φ5.5 38 45 10.5 3.0 STS・C45（緑） φ6.5 φ5.5 55 65 10.5 3.0 STS・C65（黄） φ6.5 φ5.5 65 90 25 12.5 6.1 STS・HC90（赤） これらのねじは、施工や検査時に確認ができるように、STS・C45（緑）、STS・C65（黄）、STS・HC95（赤）に着色している。	ドリフトピン P12	 φ12 L L(mm)：100,115,130,145
		座金用 スプリング＊ SW12 SW16	 21.5 28 SW12　　　SW16
		ジョイント ナット＊ M12 M16	 19 40,50,60　　24 50,60 M12　　　M16
		かすがい C120 C150	 6 45 120,150
ヘクサロビュラ＊ 穴付き タッピンねじ HTS8.0・HC90 HTS8.0・HC120	 φ8.0 S L φ8.0 15.0 6.1 【寸法・着色】 <table><tr><td rowspan="2">記号</td><td colspan="2">寸法(mm)</td><td rowspan="2">着色</td></tr><tr><td>L</td><td>S</td></tr><tr><td>HTS8.0・HC90</td><td>90</td><td>70</td><td>赤色</td></tr><tr><td>HTS8.0・HC120</td><td>120</td><td>100</td><td>灰色</td></tr></table>	手違いかすがい CC120 CC150 （左ひねり及び 右ひねり）	 45 6 45 45 120,150 （左ひねり） 6 45 45 120,150 （右ひねり）

注）種類・記号に＊のある接合金物及び接合具は、公益財団法人日本住宅・木材技術センター規格によるＣマーク表示金物とすることができる。
　　図中に表示した金物のほかにも、Ｚマーク表示金物と同等の品質・性能を有するものとして、同等認定金物及び性能認定金物がある。

4.2 指定寸法・仕上げ・養生

4.2.1 指定寸法

　　木材の断面を表示する指定寸法は、ひき立て寸法とする。ただし、寸法線が記入されているものは、仕上がり寸法とする。

4.2.2 仕上げその他

　　1. 構造材に丸太を使用する場合は、すべて皮はぎ材とする。
　　2. 見えがかりは、すべてかんな削り仕上げとする。
　　3. 土台、けたなどで継ぎ伸しの都合上、やむを得ず短材を使用する場合の長さは、土台にあっては1m内外、その他にあっては2m内外とする。
　　4. 継手及び仕口を明示していない場合は、一般慣用の工法による。ただし、工事監理者がいる場合は、その指示による。

4.2.3 養生

　　工事中に汚染や損傷などのおそれのある場合は、とのこ塗り、紙張り、板あて及びその他適当な方法により養生する。

▌用　語▐

ひき立て寸法と仕上がり寸法

　「ひき立て寸法」とは通常、製材工場出荷時の寸法を意味する流通段階における呼称寸法であり、「仕上がり寸法」とは、加工後の実寸法である。したがって、かんな掛け等の加工工程や木材の乾燥収縮により、「ひき立て寸法」と実際の「仕上がり寸法」との間に「差」が発生し、図面上の寸法表示と実際の寸法との相違からトラブルとなる場合がある。このようなトラブルを防止するためには、以下のような点に留意する必要がある。
①指定寸法を明確にする

　木材断面の寸法については大半の場合、図面等において記載されているが、同時に当該寸法の指定を併記する（「ひき立て寸法」を指すか「仕上がり寸法」を指すか）などして、指定寸法を明確にしておくことが望ましい。

　なお、図面等に指定寸法を記載せずに契約設計図書として本仕様書を使用する場合は、本章4.2.1（指定寸法）が適用されることとなる。
②事前の説明を徹底する

　上記の指定寸法の内容を建築主、設計者及び施工者間で事前に確認しておくことが重要である。特に、「ひき立て寸法」について、かんな掛け等による加工や乾燥収縮という木材の特性により、最終的な実寸法との間に差が生じることなどについて、十分な確認と相互理解を図ることが肝要である。

▌施工方法▐

継手と仕口

　木材の接合部は、大別して継手と仕口になる。
（1）継手

　部材を長さ方向に接続する接合部を「継手」といい、木構造においては、継手は最大の弱点となる。したがって、継手が平面的にも立体的にも1箇所に集中することは、構造物の耐力が低下するので、継手の位置は乱に、つまり「千鳥」に配置したほうがよい。

　継手の種類はきわめて多いが、現在、木造住宅に使われているものとして、次のような継手がある。
　（イ）突付け継ぎ

　　二つの部材の木口を突き付け、その両側に木または鉄板の添え板をあて、ボルト締めまたはくぎ打ちするもので、「添え板継ぎ」ともいう。
　（ロ）相欠き継ぎ

　　二つの材を段形に欠き込み、ボルト締めまたはくぎ打ちとする。
　（ハ）腰掛けあり継ぎ

　　通常、土台や軒げたなどの継手に用いられる。
　（ニ）台持ち継ぎ

　　大ばりなどの継手に用いられる工法で、柱上またはけた上に継手を設け、二つの部材を重ね合わせてボルト締めとする場合が多い。

（ホ）腰掛けかま継ぎ

　　腰掛けあり継ぎとほとんど同様に用いられる。

（ヘ）追掛け大栓継ぎ

　　胴差し、軒げたなどに多く用いられる。引張力にも強いが、その継手の位置はなるべく柱に近く、かつ柱を避けたところに設けるようにする。

このほか、あまり力を受けない継手に用いられる工法として、そぎ継ぎなどがある。

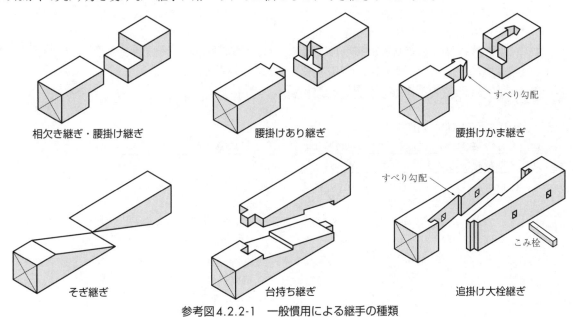

参考図4.2.2-1　一般慣用による継手の種類

（2）仕口

　二つ以上の部材が直角、あるいはある角度をなして結合される場合、その結合部分を「仕口」という。仕口の一種に、ほぞ差し工法がある。これは、柱または横架材にほぞ穴をつけ、これにほぞ加工した材を差し込み、くさび締め、くぎ、こみ栓などによって結合する方法である。

　ほぞには、平ほぞ、長ほぞ、短ほぞ、小根ほぞ、扇ほぞなどがある。いずれの場合でも、材の断面が欠き取られるが、断面欠除が大きくなる場合、例えば、一本の柱に四方から横架材が取り付けられるような場合には、柱の断面を大きくするとか、あるいは適当な金物によって補強することが必要である。

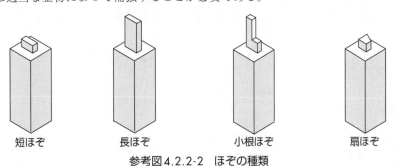

参考図4.2.2-2　ほぞの種類

用　語

プレカットによる継手・仕口

　プレカット（Pre-cut）とは、「あらかじめ、切断すること」の意味で、軸組工法の柱や横架材の継手・仕口を機械で加工する方式をいう。

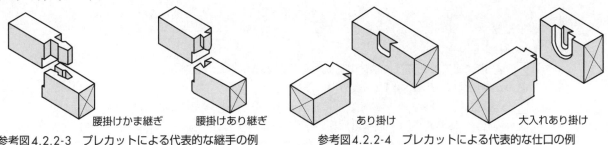

参考図4.2.2-3　プレカットによる代表的な継手の例　　　参考図4.2.2-4　プレカットによる代表的な仕口の例

4.3 木部の防腐・防蟻措置

4.3.1 土台の防腐・防蟻措置

1. 土台の防腐・防蟻措置（北海道及び青森県にあっては防腐措置のみ。以下4.3において同じ。）は、次のいずれかによる。

   イ．□ ヒノキ、ヒバ、ベイヒ、ベイヒバ、クリ、ケヤキ、ベイスギ、タイワンヒノキ、コウヤマキ、サワラ、ネズコ、イチイ、カヤ、ウェスタンレッドシーダー、インセンスシーダー又はセンペルセコイヤを用いた製材、若しくはこれらの樹種を使用した構造用集成材、構造用単板積層材又は直交集成板を用いる。

   ロ．□ JASに定める保存処理性能区分K3相当以上の防腐・防蟻処理材（北海道及び青森県にあっては、K2相当以上の防腐処理材。）を用いる。

2. 土台に接する外壁の下端には、水切りを設ける。

4.3.2 土台以外の木部の防腐・防蟻措置

1. 地面からの高さが1m以内の外壁の軸組（土台及び室内側に露出した部分を除く。）の防腐・防蟻措置は、次のいずれかによる。

   イ．□ ヒノキ、ヒバ、ベイヒ、ケヤキ、タイワンヒノキ、スギ、カラマツ、ベイスギ、クリ、ダフリカカラマツ、ベイヒバ、コウヤマキ、サワラ、ネズコ、イチイ、カヤ、クヌギ、ミズナラ、ベイマツ（ダグラスファー）、ウェスタンレッドシーダー、アピトン、ウェスタンラーチ、カプール、ケンパス、セランガンバツ、タマラック、パシフィックコーストイエローシーダー、サイプレスパイン、ボンゴシ、イペ、ジャラ、インセンスシーダー又はセンペルセコイヤを用いた製材、若しくはこれらの樹種を使用した化粧ばり構造用集成柱、構造用集成材、構造用単板積層材又は直交集成板を用いる。

   ロ．□ 外壁内に通気層を設け、壁体内通気を可能とする構造とし、特記による。特記のない場合は、本章8.4.1（一般事項）の1による。 8.4.1の1 ☞208頁

   ハ．□ 外壁材を板張りとし、直接通気を可能とする構造とし、特記による。特記のない場合は、本章8.4.1（一般事項）の2のイ及びロによる。 8.4.1の2 ☞208頁

   ニ．□ 軒の出を90cm以上とし、かつ柱が直接外気に接する構造（真壁構造）とする。

   ホ．□ 断面寸法120mm×120mm以上の製材、化粧ばり構造用集成柱、構造用集成材、構造用単板積層材又は直交集成板を用いる。

   ヘ．□ 次の(イ)又は(ロ)の薬剤処理を施した製材、化粧ばり構造用集成柱、構造用集成材、構造用単板積層材又は直交集成板を用いる。

   (イ)□ 本章4.3.3（薬剤の品質等）の1に掲げる防腐・防蟻処理材として工場で処理したもの 4.3.3の1 ☞81頁

   (ロ)□ 本章4.3.3（薬剤の品質等）の2に掲げる防腐・防蟻薬剤を、現場で塗布、吹付け又は浸漬したもの 4.3.3の2 ☞81頁

2. 地面からの高さが1m以内の外壁の木質系下地材（室内側に露出した部分を除く。）の防腐・防蟻措置は、次のいずれかによる。

   イ．□ ヒノキ、ヒバ、ベイヒ、ケヤキ、タイワンヒノキ、スギ、カラマツ、ベイスギ、クリ、ダフリカカラマツ、ベイヒバ、コウヤマキ、サワラ、ネズコ、イチイ、カヤ、クヌギ、ミズナラ、ベイマツ（ダグラスファー）、ウェスタンレッドシーダー、アピトン、ウェスタンラーチ、カプール、ケンパス、セランガンバツ、タマラック、パシフィックコーストイエローシーダー、サイプレスパイン、ボンゴシ、イペ、ジャラ、インセンスシーダー又はセンペルセコイヤを用いた下地材を用いる。

   ロ．□ 外壁内に通気層を設け、壁体内通気を可能とする構造とし、特記による。特記のない場合は、本章8.4.1（一般事項）の1による。 8.4.1の1 ☞208頁

   ハ．□ 外壁材を板張りとし、直接通気を可能とする構造とし、特記による。特記のない場合は、本章8.4.1（一般事項）の2のイ及びロによる。 8.4.1の2 ☞208頁

   ニ．□ 軒の出を90cm以上とし、かつ柱が直接外気に接する構造（真壁構造）とする。

ホ．□次の（イ）又は（ロ）の薬剤処理を施した製材、構造用集成材、構造用単板積層
　　　材、直交集成板、合板のJASに規定する構造用合板、構造用パネルのJASに規
　　　定する構造用パネル、JIS A 5908（パーティクルボード）に規定するパーティク
　　　ルボード（Pタイプ）、又はJIS A 5905（繊維板）に規定するMDF（Pタイプ）を用
　　　いる。

　　　（イ）□本章4.3.3（薬剤の品質等）の1に掲げる防腐・防蟻処理材として工場で　　4.3.3の1　☞81頁
　　　　　　処理したもの

　　　（ロ）□本章4.3.3（薬剤の品質等）の2に掲げる防腐・防蟻薬剤を、現場で塗　　　4.3.3の2　☞81頁
　　　　　　布、吹付け又は浸漬したもの

4.3.3 薬剤の品質等

1. 防腐・防蟻薬剤を用いて工場で処理した防腐・防蟻処理材を用いる場合は、次のい
　ずれかによる。

　イ．□製材等のJASの保存処理（K1を除く。）の規格に適合するものとする。

　ロ．□JIS K 1570（木材保存剤）に定める加圧注入用木材保存剤を用いてJIS A 9002
　　　（木質材料の加圧式保存処理方法）による加圧式保存処理を行った木材とする。

　ハ．□公益社団法人日本木材保存協会（以下「木材保存協会」という。）認定の加圧
　　　注入用木材防腐・防蟻剤を用いて、JIS A 9002（木質材料の加圧式保存処理方法）
　　　による加圧式保存処理を行った木材とする。

　ニ．□イ、ロ又はハ以外とする場合は、防腐・防蟻に有効な薬剤が、塗布、加圧注入、
　　　浸漬、吹き付けられたもの、又は防腐・防蟻に有効な薬剤を混入した接着剤を
　　　用いた防腐・防蟻処理材とし、特記による（ただし、集成材においては接着剤に
　　　混入されたものを除く。）。

2. 薬剤による現場処理を行う場合の防腐・防蟻薬剤の品質は、次のいずれかによる。

　イ．□木部の防腐措置に使用する薬剤の品質は、特記による。特記がない場合は、
　　　木材保存協会認定の薬剤又はJIS K 1571（木材保存剤－性能基準及びその試験
　　　方法）によって試験し、その性能基準に適合する表面処理用薬剤とする。

　ロ．□木部の防腐措置及び防蟻措置に使用する薬剤の品質は、特記による。特記が
　　　ない場合は、公益社団法人日本しろあり対策協会（以下「しろあり協会」とい
　　　う。）又は木材保存協会認定の防腐・防蟻剤とする。

3. 薬剤による現場処理を行う場合の木材の処理方法は、特記による。特記がない場合
　は、次による。

　イ．塗布、吹付け、浸漬に使用する薬剤の量は、木材及び合板の表面積1m²につき
　　　300mℓを標準とする。

　ロ．処理むらが生じることのないようイの薬剤の範囲内の量で、十分に木材に吸収
　　　されるよう入念に処理する。

　ハ．木材の木口、仕口、継手の接合箇所、き裂部分、コンクリート及び束石などに
　　　接する部分は、特に入念な処理を行う。

4. 2のロの薬剤を使用する場合の処理方法は、特記による。特記がない場合は、しろ
　あり協会制定の標準仕様書に準ずる。

5. 現場の加工、切断、穿孔箇所等は、3に準じて、塗布あるいは吹付け処理を行う。

4.4 床下地面の防蟻措置

4.4.1 適　用

床下地面に講じる防蟻措置は、次のいずれかによる。ただし、北海道、青森県、岩手県、
秋田県、宮城県、山形県、福島県、新潟県、富山県、石川県及び福井県においては、地
面に講ずる防蟻措置を省略することができる。

　イ．□鉄筋コンクリート造のべた基礎

　ロ．□地面を一様に打設したコンクリート（布基礎と鉄筋により一体となったもの
　　　に限る。）でおおう。

ハ.	☐本章4.4.2（薬剤による土壌処理）の1に掲げる薬剤を用い、布基礎内周部及び束石の周囲の土壌処理を行う。	4.4.2の1 ☞82頁

4.4.2 薬剤による土壌処理

1. 薬剤による土壌処理を行う場合は、次のいずれかによる。
   - イ. ☐土壌の防蟻措置に使用する薬剤の品質は、特記による。特記がない場合は、しろあり協会又は木材保存協会認定の土壌処理剤、又はこれと同等の効力を有するものとする。
   - ロ. ☐土壌処理と同等の効力があるものとして、防蟻効果を有するシートを床下の土壌表面に敷設する工法、樹脂皮膜を形成する方法等を採用する場合は、特記による。
2. 薬剤を使用する場合の処理方法は、特記による。特記がない場合は、しろあり協会制定の標準仕様書に準ずる。
3. 給排水用の塩化ビニル管の接する部分に防腐・防蟻措置を講ずる場合は、薬剤によって損傷しないよう管を保護する。

4.5 浴室等の防水措置

1. 浴室の壁の軸組等（木質の下地材・室内側に露出した部分を含む。）、床組（地上2階以上の階にある場合は、下地材を含む。）及び天井は、次のいずれかの防水措置を行う。ただし、1階の浴室まわりを鉄筋コンクリート造の腰壁又はコンクリートブロック造の腰壁とした部分は除く。
   - イ. ☐浴室ユニットとする。
   - ロ. ☐浴室の壁の軸組等、床組及び天井に対して、防水上有効な仕上げを行う。
   - ハ. ☐浴室の壁の軸組等、床組及び天井に対して、本章4.3.2（土台以外の木部の防腐・防蟻措置）の1のイからへのいずれか及び2のイからホのいずれかによる防腐・防蟻措置を行う。 | 4.3.2の1・2 ☞80頁 |
2. 脱衣室の壁の軸組等（木質の下地材・室内側に露出した部分を含む。）及び床組（地上2階以上の階にある場合は、下地材を含む。）は、次のいずれかの防水措置を行う。
   - イ. ☐脱衣室の壁の軸組等及び床組に対して、防水紙、ビニル壁紙、シージングせっこうボード、ビニル床シート又は耐水合板（普通合板1類、構造用合板特類又は1類）を用いる。
   - ロ. ☐脱衣室の壁の軸組等及び床組に対して、本章4.3.2（土台以外の木部の防腐・防蟻措置）の1のイからへのいずれか及び2のイからホのいずれかによる防腐・防蟻措置を行う。 | 4.3.2の1・2 ☞80頁 |

留意事項

木材の腐朽・蟻害と耐震性

　構造躯体の腐朽や蟻害は、建物の耐震性にも影響することに留意する（付録3「耐震上留意したい構造計画のポイント」の「ポイント7　木部の腐朽を避け、耐久性を高める措置を施す」参照）。

防腐・防蟻措置が必要な木部

　木造住宅は、地面からの高さが1m以内の範囲にある軸組、枠組、木質パネル等が劣化を受けやすいため、本仕様書においては、それらの部分に何らかの防腐・防蟻措置を講ずることとしている。なお、ここでいう軸組には、柱、枠材、筋かい及び耐力面材等が含まれる。

水切りの設置について

　土台は、他の構成部材と比較して劣化による被害の多い部分であるため、他の部材よりも手厚い劣化対策が必要である。水切りの設置も土台の劣化対策の一つであり、その目的は、①壁体内結露水など壁体内に浸入した水の適切な排出、②雨水の跳ね上がり及び毛細管現象等による土台への水の浸入防止、などである。この目的が達成されるよう、水切りは適切に設置することが必要である。

木材の耐腐朽性・耐蟻性

　住宅に用いる木材は、耐腐朽性はもちろんのこと、耐蟻性の高いものを選択することが、建物を長持ちさせるため

の重要なポイントである。特に土台は、その環境から考えると、日本の大部分の地域において、腐朽菌とシロアリの被害をつねに受ける可能性をもっている。樹種の選択にあっては、耐腐朽性・耐蟻性の高い樹種を選択することが望ましい。また、木材の耐腐朽性・耐蟻性は、どの樹種であっても心材であることにより十分に発揮される。辺材が含まれる場合は、防腐・防蟻処置を行うことが望ましい。

表4.3-1　部位別使用樹種例

	部　位	参考（一般的に用いられる樹種例）
軸組	土台	ヒノキ・ベイヒ・ヒバ・ベイヒバ・コウヤマキ・クリ・ケヤキ 保存処理製材・土台用加圧式防腐処理木材
	火打土台	スギ・ベイマツ・ベイツガ・ヒノキ・ヒバ・カラマツ
	柱（見えがかり）	ヒノキ・スギ・ベイツガ・化粧ばり構造用集成柱
	柱（見えがくれ）	スギ・ベイツガ
	胴差し	アカマツ・クロマツ・ベイマツ・ベイツガ・スギ・カラマツ
	けた	アカマツ・クロマツ・ベイマツ・ベイツガ・スギ・カラマツ
	筋かい	スギ・ベイツガ
	その他	スギ・アカマツ・クロマツ・ベイマツ・ベイツガ
床組	はり	アカマツ・クロマツ・ベイマツ・カラマツ・ベイツガ
	大引き	ヒノキ・スギ・アカマツ・クロマツ・ベイマツ・カラマツ・ベイツガ
	根太	スギ・アカマツ・クロマツ・ベイマツ・ベイツガ・カラマツ
	火打ちばり	スギ・ベイマツ・ベイツガ
	その他	スギ・アカマツ・クロマツ・ベイマツ・ベイツガ・カラマツ
小屋組	はり（丸太）	アカマツ・クロマツ・ベイマツ
	はり（その他）	アカマツ・クロマツ・ベイマツ・カラマツ
	母屋	スギ・アカマツ・クロマツ・ベイマツ・ベイツガ・カラマツ
	たる木	スギ・アカマツ・クロマツ・ベイマツ・ベイツガ・カラマツ
	その他	スギ・アカマツ・クロマツ・ベイマツ・ベイツガ・カラマツ
造作材	生地あらわし	ヒノキ・スギ・アカマツ・クロマツ・ベイマツ・ベイツガ スプルース・防虫処理ラワン・化粧ばり造作用集成材
	表面塗装	スギ・アカマツ・クロマツ・ベイマツ・ベイツガ・スプルース・防虫処理ラワン

表4.3-2　心材の耐腐朽性・耐蟻性比較表

区　　分	樹　　種
耐腐朽性・耐蟻性が大のもの	ヒバ・コウヤマキ・ベイヒバ
耐腐朽性が大、耐蟻性が中のもの	ヒノキ・ケヤキ・ベイヒ
耐腐朽性が大、耐蟻性が小のもの	クリ・ベイスギ
耐腐朽性・耐蟻性が中のもの	スギ・カラマツ
耐腐朽性が中、耐蟻性が小のもの	ベイマツ・ダフリカカラマツ
耐腐朽性・耐蟻性が小のもの	アカマツ・クロマツ・ベイツガ

合板・集成材・単板積層材のJASにおける保存処理規定

　林産物に関するJASのうち、保存処理について定められているものは、従前は「製材」、「枠組壁工法構造用製材及び枠組壁工法構造用たて継ぎ材」のみであったが、平成29年10月の改正において「合板」、「集成材」及び「単板積層材」についても保存処理の規定が追加された。

　なお、合板等のJASにおいて追加された保存処理規定では、木材保存剤の吸収量の基準は「K3」のみ規定されている。

加圧式防腐・防蟻処理木材

　加圧式防腐・防蟻処理木材は、工場において、注薬罐中に置かれた木材に薬液を加圧して注入する方法によって製造される。この処理木材は、加圧式防腐・防蟻処理土台として市販されているが、JAS製品については、次の4種類があり、それぞれ性能区分が示されている。

表4.3-3　加圧式防腐・防蟻処理木材（JAS製品）

表示の方法	性能区分	性能の目安	使用する薬剤名（記号）
保存処理K2	K2	気候が比較的寒冷な地域における住宅部材用	第四級アンモニウム化合物系（AAC-1） 第四級アンモニウム・非エステルピレスロイド化合物系（SAAC）
保存処理K3	K3	土台等住宅部材用	ほう素・第四級アンモニウム化合物系（BAAC） 銅・第四級アンモニウム化合物系（ACQ-1）（ACQ-2） 銅・アゾール化合物系（CUAZ） アゾール・ネオニコチノイド化合物系（AZN） 脂肪酸金属塩系（NCU-E）（NZN-E）（VZN-E） ナフテン酸金属塩系（NCU-O）（NZN-O）
保存処理K4	K4	土台等住宅部材用	上記のほか、クレオソート油（A）
保存処理K5	K5	屋外または接地用 （鉄道の枕木等の用途）	銅・第四級アンモニウム化合物系（ACQ-1）（ACQ-2） 脂肪酸金属塩系（NCU-E） ナフテン酸金属塩系（NCU-O） クレオソート油（A）

　この処理製材には、「格付け機関名」、「構造材の種類」及び「等級」に加え、「性能区分」と「薬剤名（または記号）」が表示されており、これを使用する場合には、使用する木材の使用環境や用途により、必要に応じて、使用者が選択できるようになっている。

　保存処理K4は、腐朽やシロアリ被害の激しい地域を対象にしている。

　なお、保存処理K1は、広葉樹防虫辺材用であり、一般に「防虫処理ラワン」と呼ばれている。

　また、JASの保存処理（K1を除く。）の規格に適合する工場処理による防腐・防蟻処理材と同等の効力があるものに、優良木質建材等認証（AQ）された木質建材などがある。

防虫処理ラワン

　造作材や家具などに使用されるラワン材は、虫（ヒラタキクイムシ）に食われやすい欠点がある。そこでJASでは、ラワン材等の南方産広葉樹材を対象として、防虫処理材が保存処理K1として認定されており、防虫処理ラワンはその一つである。

　この防虫処理材は、木材全体に薬剤が浸透しているもので、処理後、切ったり、削ったり、どのような加工をしても防虫性能は変わらない。

表4.3-4　建設地別の防腐・防蟻処理及び土壌処理の適用区分

建設地	対象区分	防腐・防蟻処理の適用区分[1]		土壌処理の適用区分
		加圧注入処理	表面処理	
I	沖縄、九州、四国、中国、近畿、中部、関東、北陸、東北の各都府県	製材のJAS[2]等[3]の保存処理K3材または同等以上	塗布、吹付けまたは浸漬による防腐・防蟻処理	土壌処理を行う
II	北海道			必要に応じて[5]土壌処理を行う

注1）加圧注入処理と表面処理を併用することもできる。加圧注入処理した木材等の土台等にあっては、表面処理の際に塗布または吹付け処理対象から除外しなくてもよい。
　　2）平成19年8月29日農林水産省告示第1083号
　　3）合板（平成15年2月27日農林水産省告示第233号）、集成材（平成19年9月25日農林水産省告示第1152号）、単板積層材（平成20年5月13日農林水産省第701号）のJASを含む。
　　4）AQ認証保存処理製品の2種処理材以上。
　　5）「必要に応じて」とは、地域のシロアリの生息、被害状況による。
（『木造建築物等防腐・防蟻・防虫処理技術指針・同解説（令和元年）』（公益社団法人日本しろあり対策協会）より抜粋）

木部防腐剤塗り

　建築物の木材が腐朽しやすい箇所に塗布して腐朽を防ぐのが目的であるから、目的外のところには塗らないほうが

よい。例えば、防腐・防蟻処理土台は、すでに防腐・防蟻剤を注入してあるので、土台の木口、ほぞ及びほぞ穴等、加工部分以外は塗る必要はない。

水切りの設置

水切りは、土台に取り付け、透湿防水シートの下端は水切りの上に被せて施工する。透湿防水シートを土台と水切りとの間に挟んでしまうと、シートを伝い落ちてきた水が土台に達する可能性があるため注意する。

土壌処理

ヤマトシロアリ、イエシロアリなどは、地中から基礎、床束及びその他の地面と建物とを橋渡しするものを伝わって建物内に侵入する。これを防ぐために、地面の土壌を防蟻薬剤で処理することを「土壌処理」という。しかし、建物の防蟻にとって有効な土壌処理も、状況の判断を誤まり施工すれば、薬剤によって井戸水あるいは地下水を汚染させることも引き起こしかねない。したがって、土壌処理を行う場合にあっては、敷地の状況、土質などを適切に判断し、処理薬剤の選択、処理方法を決定して水質汚染につながらないよう慎重な考慮が払われなければならない。

留意事項 ‖‖

土壌処理と同等の効力を有するもの

薬剤による土壌処理と同等の効力があるものには、床下土壌面からのシロアリの侵入を阻止する防蟻効果を有するシートを、床下の土壌表面に敷設する工法や樹脂皮膜を形成する方法などのほかに、次の参考図のように、地面を一様に打設したコンクリート（布基礎と鉄筋により一体となったものに限る）でおおう、またはべた基礎で鉄筋コンクリート造としたものがある。

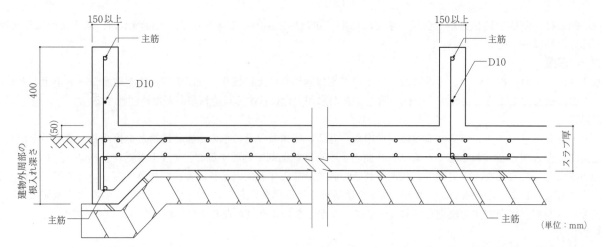

注1) べた基礎の寸法及び配筋については、建設敷地の地盤状況を勘案のうえ、構造計算により決定すること。
　2) 1階の床下地面は、建築周囲の地盤より50mm以上高くする。
　3) 根入れ深さは、12cm以上かつ凍結深度以上（行政庁が規定している場合）とする。なお、建物内部の底盤の根入れ深さを建物外周部より浅く設定する場合は、その位置で許容応力度が確保されるように、その地盤に応じた適切な措置を行うとともに、建物外周部は基礎施工後の給排水・ガス工事等による地業・地盤の損傷による建物内部への雨水の浸入を防ぐために、適切な根入れ深さとする。
　4) 配管類のための穴の間際に防蟻性のある材料（ルーフィング用コールタールピッチ、ゴム状の瀝青シール等）を充填する等、防蟻上有効な措置を施す。
　5) 基礎底盤の雨水を排水するため、適切な位置に水抜き孔を設ける。なお、当該水抜き孔は工事完了後にふさぐ。

参考図4.4.1-1　べた基礎の例

注1) べた基礎の寸法及び配筋については、建設敷地の地盤状況を勘案のうえ、決定すること。
　2) 1階の床下地面は、建物周囲の地盤より50mm以上高くする。
　3) 配管類のための穴の間際に防蟻性のある材料（ルーフィング用コールタールピッチ、ゴム状の瀝青シール等）を充填する等、防蟻上有効な措置を施す。

参考図4.4.1-2　防蟻用に打設したコンクリートの例

土壌処理の範囲

　床下地面の防蟻措置において、薬剤による土壌処理を行う場合、布基礎内周部及び束石の周囲約20cm程度の土壌処理を行うことが望ましい。

5.木造躯体工事

5.1 軸組

5.1.1 総則

各階の張り間方向及びけた行方向に設置する耐力壁の量及び配置については、建築基準法に基づく計算によるものとし、特記による。

5.1.2 土台

1. 土台の断面寸法は、柱と同じ寸法以上かつ105mm×105mm以上とし、120mm×120mmを標準とする。
2. 継手は、柱及び床下換気孔の位置を避け、腰掛けあり継ぎ又は腰掛けかま継ぎとする。
3. 仕口は、次による。
   - イ．隅部取合い部は、大入れこねほぞ差し割りくさび締め、大入れあり掛け又は片あり掛けとする。
   - ロ．T字取合い部及び十字取合い部は、大入れあり掛けとする。

5.1.3 火打土台

火打土台は、次のいずれかによる。

1. ☐木材の火打土台とする場合は、次による。
   - イ．断面寸法は、45mm×90mm以上とする。
   - ロ．見付け平使いとし、土台との仕口はかたぎ大入れとし、N90くぎ2本打ちとする。
2. ☐鋼製火打ちとする場合は、特記による。
3. ☐火打土台を省略する場合の床組等は、本章5.8.8（構造用面材による床組の補強方法）によるものとし、同項において、胴差し及び床ばりを土台又は大引きに読み替えるものとする。　　5.8.8　☞119頁

5.1.4 柱

1. 柱の断面寸法は、次による。
   - イ．断面寸法は、105mm×105mm以上とし、120mm×120mmを標準とする。
   - ロ．通し柱の断面寸法は、120mm×120mm以上とする。
2. 階数が2以上の住宅における通し柱であるすみ柱の断面寸法は、135mm×135mm以上とする。ただし、次のいずれかに該当する場合は、当該柱の断面寸法を120mm×120mm以上とすることができる。
   - イ．☐通し柱であるすみ柱に、ヒノキ、ヒバ、ベイヒ、ケヤキ、タイワンヒノキ、スギ、カラマツ、ベイスギ、クリ、ダフリカカラマツ、ベイヒバ、コウヤマキ、サワラ、ネズコ、イチイ、カヤ、クヌギ、ミズナラ、ベイマツ（ダグラスファー）、ウェスタンレッドシーダー、アピトン、ウェスタンラーチ、カプール、ケンパス、セランガンバツ、タマラック、パシフィックコーストイエローシーダー、サイプレスパイン、ボンゴシ、イペ、ジャラ、インセンスシーダー又はセンペルセコイヤを用いた製材、若しくはこれらの樹種を使用した化粧ばり構造用集成柱、構造用集成材、構造用単板積層材又は直交集成板を用いる。
   - ロ．☐通し柱であるすみ柱を、有効な防腐措置を講じた次のいずれかの木材とする。
     - （イ）☐本章4.3.3（薬剤の品質等）の1に掲げる防腐・防蟻処理材として工場で処理したもの　　4.3.3の1　☞81頁
     - （ロ）☐本章4.3.3（薬剤の品質等）の2に掲げる防腐・防蟻薬剤を、現場で塗布、吹付け又は浸漬したもの　　4.3.3の2　☞81頁
   - ハ．☐柱が直接外気に接する構造(真壁構造)とし、軒の出を90cm以上とする。
   - ニ．☐外壁内に通気層を設け、壁体内通気を可能とする構造とし、特記による。特記のない場合は、本章8.4.1（一般事項）の1による。　　8.4.1の1　☞208頁

ホ. □外壁材を板張りとし、直接通気を可能とする構造とし、特記による。特記のない場合は、本章8.4.1（一般事項）の2のイ及びロによる。 8.4.1の2 ☞208頁

3. 次のイ及びロによる場合は、1及び2によらず、すべての柱の断面寸法を105mm×105mm以上とすることができる。

イ. 次の（イ）から（ハ）に掲げる部分に、ロに掲げる防腐及び防蟻（北海道及び青森県にあっては防腐のみ。）に特に有効な措置を講じたものを使用する。
（イ）土台
（ロ）すみ柱
（ハ）最下階の外壁の柱（室内の見えがかりを除く。）

ロ. 防腐及び防蟻に特に有効な措置を講じたものとは、次のいずれかとする。
（イ）□工場内にて機械により継手及び仕口の加工（プレカット）を行った製材に、製材のJASの構造用製材に規定する保存処理性能区分K3相当以上の防腐・防蟻処理（以下「K3相当以上の防腐・防蟻処理」という。）を加圧注入方式により行い、その後乾燥させるための養生を行った製材
（ロ）□加圧注入方式により、K3相当以上の防腐・防蟻処理を施したラミナ（ひき板）を積層接着した構造用集成材
（ハ）□加圧注入方式により、K3相当以上の防腐・防蟻処理を施した単板を積層接着した構造用単板積層材
（ニ）□加圧注入方式により、K3相当以上の防腐・防蟻処理（使用する薬剤は油剤に限る。）を施した構造用単板積層材
（ホ）□加圧注入方式により、K3相当以上の防腐・防蟻処理を施した構造用集成材を使用したもの（ただし、加圧注入による薬剤の浸潤度が全断面積の80%未満で、加圧注入後に継手及び仕口の加工を行った場合は、当該加工部分に剤を塗布又は吹き付けたものに限る。）

5.1.5 間柱

1. 横架材との仕口は、次のいずれかとする。
イ. □上部ほぞ差し下部突付けとし、下部はN75くぎ2本を斜め打ちする。
ロ. □上下とも大入れ、N75くぎ2本を斜め打ちする。
ハ. □上部大入れ、下部は突付けとし、N75くぎ2本を斜め打ちとする。
2. 筋かい当たりは、間柱を切り欠き、N75くぎ2本を平打ちする。
3. 通し貫当たりは、添え付けてN65くぎ2本を平打ちする。

5.1.6 胴差し

1. 断面寸法は、荷重の状態及びスパン等を勘案して適切なものとし、特記による。
2. 継手は、はり及び筋かいを受ける柱間を避け、柱より持ち出し、追掛け大栓継ぎ又は腰掛けかま継ぎとする。
3. 通し柱との仕口は、次のいずれかによる。
イ. □かたぎ大入れ短ほぞ差しとし、短ざく金物当て六角ボルト締め、スクリューくぎ打ちとする。
ロ. □かたぎ大入れ短ほぞ差しとし、かね折り金物当て六角ボルト締め、スクリューくぎ打ちとする。
ハ. □かたぎ大入れ短ほぞ差しとし、羽子板ボルト締めとする。
ニ. □突付け継ぎとし、はり受け金物当て角根六角ボルト締め、ドリフトピン打ちとする。

5.1.7 軒げた

1. 断面寸法は、荷重の状態及びスパン等を勘案して適切なものとし、特記による。
2. 継手は、はりを受ける柱間を避け、柱より持ち出し、追掛け大栓継ぎ、腰掛けかま継ぎ又は腰掛けあり継ぎとする。

5.1.8 間仕切りげた（頭つなぎ）

1. 継手は、はりを受ける柱間を避け、柱より持ち出し、腰掛けかま継ぎ又は腰掛けあり継ぎとする。
2. 主要な間仕切りげたとけた又は胴差しとのＴ字取合い部の仕口は、大入れあり掛けとし、羽子板ボルト締めとする。

5.1.9 木造筋かい

1. 断面寸法は、30mm×90mm以上とする。
2. 見付け平使いとし、上下端部の仕口は、本章5.2.1（筋かい端部の仕口）による。 5.2.1 ☞92頁
3. 筋かいが間柱と取り合う部分は、間柱を筋かいの厚さだけ欠き取って筋かいを通す。
4. 断面寸法が厚さ90mm以上で幅90mm以上の筋かいの交差部は、筋かいの一方を通し、他方は筋かい当たりかたぎ大入れ、それぞれ12mmボルト締めとし、両面からひら金物くぎ打ちとする。

5.1.10 通し貫

柱に差し通し、両面からくさび締め又はくぎ打ちとする。

5.1.11 木ずり

1. 断面寸法は、12mm×75mm以上とする。
2. 継手は、柱・間柱心で突き付け、5枚以下ごとに乱継ぎとする。
3. 柱・間柱等への留付けは、板そば20mm程度に目透し張りとし、それぞれN50くぎ2本を平打ちする。

 調査データ

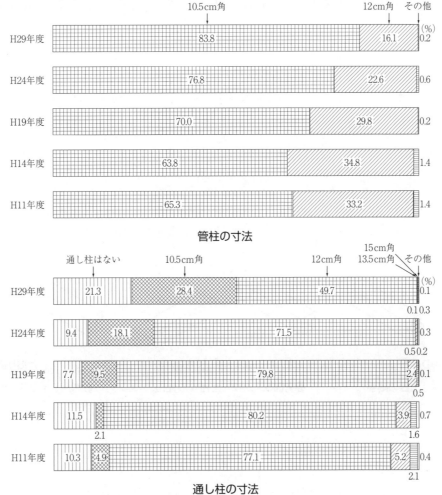

管柱の寸法

通し柱の寸法

［フラット35住宅仕様実態調査（住宅金融支援機構）］

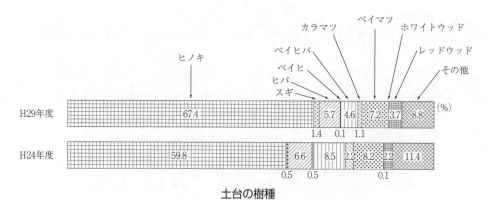

	ヒノキ			スギ	ヒバ	ベイヒ	ベイヒバ	カラマツ		ベイマツ		ホワイトウッド	レッドウッド	その他

H29年度　67.4　　　　5.7　4.6　7.2　3.7　8.8　(%)
1.4　0.1　1.1

H24年度　59.8　　　　6.6　8.5　2.2　8.2　2.2　11.4
0.5　0.5　0.1

土台の樹種

［フラット35住宅仕様実態調査（住宅金融支援機構）］

留意事項

構造計画のポイント

　耐震性を確保するため、軸組は、鉛直力の伝達がスムーズに行われる計画とする必要がある（付録3「耐震上留意したい構造計画のポイント」の「ポイント3　上下階の力の伝達が明快な軸組とする」参照）。

用　語

火打土台

　火打土台は、土台のすみずみに取り付ける斜材で、土台のゆがみを防ぎ、建物の隅を平面的に固めるので、耐震、耐風上有効である。したがって、仕口にゆるみがあっては効果が乏しくなるので、注意が必要である。

はり受け金物

　はり受け金物は、はりや胴差し等の横架材を受ける接合金物である。また、はり受け金物は、通し柱の断面欠損を少なくしたり、施工の省力化・効率化及び接合部の耐力が明確にできるなどのメリットがある。

　なお、使用できる木材を限定している場合があるため、はり受け金物を選択する場合は、使用条件を確認することが必要である。

施工方法

土台の継手

　水平外力によって、建物（直接には土台）が基礎に対して容易にずれを生じないよう、基礎と土台はアンカーボルトで緊結しなくてはならないが、このアンカーボルトの効果を減殺しないような位置に継手を設ける必要がある。

留意事項

柱の欠き込み

　はり、胴差しなどの取合い部分や、面材耐力壁を構成するために構造用合板等を柱に取り付ける場合には、必要最小限の範囲で柱を欠き込むことができる。

間柱寸法

　外装仕上材の剥落等を生じにくくするためには、下地面材や胴縁を間柱にしっかり留め付ける必要がある。留め付ける際に、間柱の割れや接合具の打ち損じなどを防ぐために、十分な寸法を確保することが望ましい。

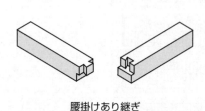

腰掛けあり継ぎ

参考図5.1.2-1　土台の継手

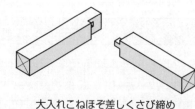

大入れこねほぞ差しくさび締め

参考図5.1.2-2　土台すみ仕口①

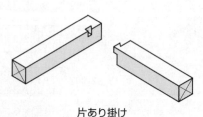

片あり掛け

参考図5.1.2-3　土台すみ仕口②

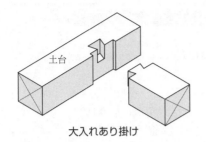

大入れあり掛け

参考図5.1.2-4　土台T字取合い仕口

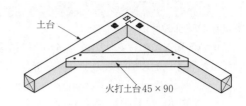

かたぎ入れN90くぎ2本打ち

参考図5.1.3　火打土台仕口

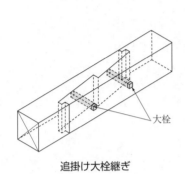

追掛け大栓継ぎ

参考図5.1.6-1　胴差しの継手

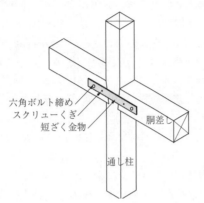

かたぎ大入れ短ほぞ差し

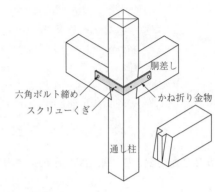

参考図5.1.6-2　通し柱と胴差しとの仕口

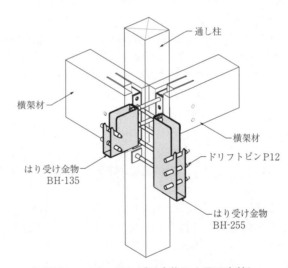

参考図5.1.6-3　はり受け金物による四方差し

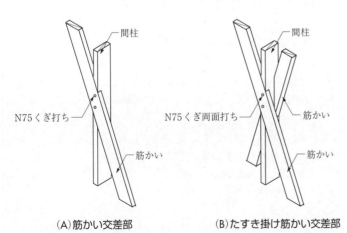

（A）筋かい交差部　　　　　（B）たすき掛け筋かい交差部

参考図5.1.9-1　筋かいと間柱の交差部

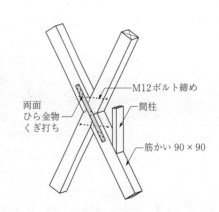

参考図5.1.9-2　90mm×90mm以上を用いた
たすき掛け筋かい

5.2 軸組の仕口

5.2.1 筋かい端部の仕口

筋かいの端部における仕口は、筋かいの種類に応じて、次の接合方法によるか、又はこれらと同等以上の引張耐力を有する接合方法による。

- イ．厚さ30mm以上で幅90mm以上の木材による筋かいの場合
  筋かいプレート（厚さ1.6mmの鋼板添え板）を、筋かいに対して六角ボルト（M12）（JIS B 1180（六角ボルト）に規定するうち、強度区分4.6に適合する径12mmのボルト又はこれと同等以上の品質を有するものをいう。以下同じ。）締め及びCN65くぎ（長さ65mmの太め鉄丸くぎ。以下同じ。）を3本平打ち、柱に対してCN65くぎを3本平打ち、横架材に対してCN65くぎを4本平打ちとしたもの。

- ロ．厚さ45mm以上で幅90mm以上の木材による筋かいの場合
  筋かいプレート（厚さ2.3mmの鋼板添え板）を、筋かいに対して六角ボルト（M12）締め及び長さ50mm、径4.5mmのスクリューくぎ（以下「スクリューくぎ」という。）7本の平打ち、柱及び横架材に対して、それぞれスクリューくぎ5本の平打ちとしたもの。

- ハ．厚さ90mm以上で幅90mm以上の木材による筋かいの場合、特記による。

5.2.2 耐力壁となる軸組の柱と横架材の仕口

軸組の柱の柱脚及び柱頭の仕口は、イからルのいずれかとし、特記による。

- イ．短ほぞ差し、かすがい打ち又はこれらと同等以上の接合方法としたもの。

- ロ．長ほぞ差しこみ栓打ち若しくはかど金物（厚さ2.3mmのL字型の鋼板添え板）を、柱及び横架材に対して、それぞれCN65くぎを5本平打ちとしたもの、又はこれらと同等以上の接合方法としたもの。

- ハ．かど金物（厚さ2.3mmのT字型の鋼板添え板）を用い、柱及び横架材にそれぞれCN65くぎを5本平打ちしたもの、若しくは山形プレート（厚さ2.3mmのV字型の鋼板添え板）を用い、柱及び横架材にそれぞれCN90くぎを4本平打ちとしたもの、又はこれらと同等以上の接合方法としたもの。

- ニ．羽子板ボルト（厚さ3.2mmの鋼板添え板に径12mmのボルトを溶接した金物）を用い、柱に対して六角ボルト（M12）締め、横架材に対して厚さ4.5mm、40mm角の角座金を介してナット締めをしたもの、若しくは短ざく金物（厚さ3.2mmの鋼板添え板）を用い、上下階の連続する柱に対して、それぞれ六角ボルト（M12）締めとしたもの、又はこれらと同等以上の接合方法としたもの。

- ホ．羽子板ボルト（厚さ3.2mmの鋼板添え板に径12mmのボルトを溶接した金物）を用い、柱に対して六角ボルト（M12）締め及びスクリューくぎ打ち、横架材に対して厚さ4.5mm、40mm角の角座金を介してナット締めをしたもの、又は短ざく金物（厚さ3.2mmの鋼板添え板）を用い、上下階の連続する柱に対して、それぞれ六角ボルト（M12）締め及びスクリューくぎ打ちとしたもの、又はこれらと同等以上の接合方法としたもの。

- ヘ．ホールダウン金物（厚さ3.2mmの鋼板添え板）を用い、柱に対して六角ボルト（M12）2本、又はラグスクリュー（首下長さ110mm）2本、若しくはCN90くぎ10本、横架材、布基礎若しくは上下階の連続する柱に対して、当該ホールダウン金物に止め付けた六角ボルト（M16, M16W）を介して緊結したもの、又はこれと同等以上の接合方法としたもの。

- ト．ホールダウン金物（厚さ3.2mmの鋼板添え板）を用い、柱に対して六角ボルト（M12）3本、又はラグスクリュー（首下長さ110mm）3本、若しくはCN90くぎ15本、横架材（土台を除く。）、布基礎若しくは上下階の連続する柱に対して、当該ホールダウン金物に止め付けた六角ボルト（M16）を介して緊結したもの、又はこれと同等以上の接合方法としたもの。

- チ．ホールダウン金物（厚さ3.2mmの鋼板添え板）を用い、柱に対して六角ボルト（M12）4本、又はラグスクリュー（首下長さ110mm）4本、若しくはCN90く

　　ぎ20本、横架材（土台を除く。）、布基礎若しくは上下階の連続する柱に対して、当該ホールダウン金物に止め付けた六角ボルト（M16）を介して緊結したもの、又はこれと同等以上の接合方法としたもの。

リ．ホールダウン金物（厚さ3.2mmの鋼板添え板）を用い、柱に対して六角ボルト（M12）5本、又はラグスクリュー（首下長さ110mm）5本、若しくはCN90くぎ25本、横架材（土台を除く。）、布基礎若しくは上下階の連続する柱に対して、当該ホールダウン金物に止め付けた六角ボルト（M16）を介して緊結したもの、又はこれと同等以上の接合方法としたもの。

ヌ．トに掲げる仕口を2組用いたもの。

ル．その他の接合方法としたもの。

施工方法

筋かい

　柱と横架材とでできた矩形の骨組の対角線の方向に入れた斜材で、風圧または地震などの水平力を受けた場合、矩形の骨組のゆがみを防止するために設けるものである。筋かい入りの壁は、外力に対して最も重要な部分となるので、筋かいが有効に働くよう端部の仕口を緊結し、筋かいの配置と向きは建物全体のバランスを考慮して決定することが大切である。筋かい耐力壁内の横架材に継手を設けた場合、水平力を受けた圧縮筋かいが突っ張り、横架材継手部分を押し上げるような挙動を示し、筋かい耐力壁に期待している耐力・剛性が損なわれることが起こる。このようなことから、横架材の継手位置を検討する際には、筋かい耐力壁内には設けないよう、十分留意すること。

接合金物の防錆措置

　接合金物は、防錆効果を高めるために、亜鉛めっき処理など防錆措置を施したものを使用することが望ましい。亜鉛めっきを施したものとしては、Zマーク表示金物がある。

　しかし、亜鉛めっきされている接合金物に、亜鉛めっきされていない接合具（くぎやボルト等）を使用すると、かえって錆の危険性が高くなる。これは、異種金属間の電位差によって腐食が起こるためである。よって亜鉛めっきされた接合金物には、同じく亜鉛めっきされた接合具を使用しなければならない。

　また、亜鉛めっきに限らず、異種金属（ステンレスと鉄等）を組み合わせて使用する場合にも、同様に電位差が発生するため、金物を選択する際には注意が必要である。

接合部の緊結

　筋かい端部には、筋かいの向きにより、圧縮力が働く場合と引張力が働く場合とがある。いずれの場合も、筋かい端部の接合が不十分だと、参考図5.2.1-1に示すような現象が生じるおそれがある。建物の耐震性を確保するうえで、接合部の緊結が重要である（付録3「耐震上留意したい構造計画のポイント」の「ポイント5 接合部の緊結を十分に行う」参照）。

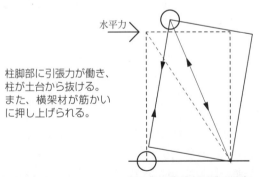
柱脚部に引張力が働き、柱が土台から抜ける。また、横架材が筋かいに押し上げられる。

筋かいに圧縮力が働く場合

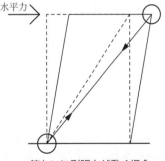
柱脚部に引張力が働き、筋かい端部が抜けてしまい、耐力を発揮できなくなる。

筋かいに引張力が働く場合

参考図5.2.1-1　筋かい耐力壁の接合部に生じる応力

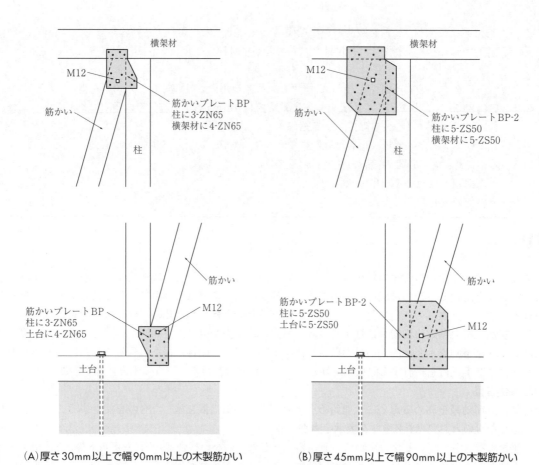

（A）厚さ30mm以上で幅90mm以上の木製筋かい　　　（B）厚さ45mm以上で幅90mm以上の木製筋かい

参考図5.2.1-2　筋かいの端部の仕口

軸組の仕口等の緊結方法

　筋かい端部等の緊結方法については、従来から各種接合金物をはじめ、ボルト締め、かすがい打ち、こみ栓打ちが用いられているが、どのような部位に、どのような緊結方法を用いる必要があるのかについての明確な規定はなかった。阪神・淡路大震災においては、筋かい端部を突き付け、簡単にくぎを斜め打ちしたもの等、端部が適切に緊結されていなかった住宅についての地震被害が甚大であった。地震時の被害を少なくするためには、筋かい端部について適切な緊結方法を用い、筋かいを入れた壁に、耐力壁としての十分な性能を発揮させることが重要である。また、壁が強固につくってあっても、土台との緊結がなされていない場合には、柱の引抜き力等により、抵抗力が発揮できないこととなる。

　平成12年に改正された建築基準法施行令第47条において、「継手又は仕口は、ボルト締、かすがい打、込み栓打その他の建設大臣が定める構造方法によりその部分の存在応力を伝えるように緊結しなければならない」と規定され、「建設大臣が定める構造方法」については、平成12年5月31日付建設省告示第1460号「木造の継手及び仕口の構造方法を定める件」において、筋かい端部等の緊結方法について明確に示された。

　それぞれの緊結方法については、軸組の種類（壁倍率がそれぞれ異なる）や柱の配置に応じて、告示の規定（表5.2.2参照）に基づき、本章5.2.2（耐力壁となる軸組の柱と横架材の仕口）に列挙する仕口から適切に選択する必要がある。ただし、表5.2.2によらない他の緊結方法を用いる場合には、柱頭、柱脚における引張力が、当該部分の引張耐力を超えないことを確認したうえで、その仕様を特記する。

　なお、本章5.2.2（耐力壁となる軸組の柱と横架材の仕口）のイからヌに列挙した仕様については、当該仕口の引張耐力の低いものから高い順番に記載しており、必要耐力以上の複数の仕口から選択すればよい。具体的には、例えば「チ」の仕口を選択することが必要な箇所については、「チ」のほかに「リ」若しくは「ヌ」の仕様を選択することができる。

表5.2.2　軸組の仕口

軸組の種類	柱の位置	平屋部分または最上階の柱		その他の柱		
		出隅の柱	その他の軸組端部の柱	上階及び当該階の柱がともに出隅の柱の場合	上階の柱が出隅であり、当該階の柱が出隅の柱でない場合	上階及び当該階の柱がともに出隅の柱でない場合
厚さ30mm以上、幅90mm以上の木材の筋かいを入れた軸組	筋かいの下部が取り付く柱	ロの仕口	イの仕口	ニの仕口	ロの仕口	イの仕口
	その他の柱	ニの仕口	ロの仕口			
厚さ45mm以上、幅90mm以上の木材の筋かいを入れた軸組	筋かいの下部が取り付く柱	ハの仕口	ロの仕口	トの仕口	ハの仕口	ロの仕口
	その他の柱	ホの仕口				
右に掲げる面材を5.3.1または5.4.1による方法で打ち付けた壁を設けた軸組	構造用合板、化粧ばり構造用合板（特類で厚さ7.5mm以上）	ホの仕口	ロの仕口	チの仕口	への仕口	ハの仕口
	パーティクルボード（曲げ強さの区分が8タイプ以外）厚さ12mm以上					
	構造用パーティクルボード、構造用MDF、構造用パネル					
厚さ30mm以上、幅90mm以上の木材の筋かいをたすき掛けに入れた軸組		トの仕口	ハの仕口	リの仕口	トの仕口	ニの仕口
厚さ45mm以上、幅90mm以上の木材の筋かいをたすき掛けに入れた軸組		トの仕口	ニの仕口	ヌの仕口	チの仕口	トの仕口

注）表中のイからヌまでの仕口は、本章5.2.2（耐力壁となる軸組の柱と横架材の仕口）による。

留意事項

軸組仕口の告示を満たす接合金物

　平成12年建設省告示第1460号で要求されている性能を満たす接合金物には、①告示で規定されている鋼板の厚さや寸法、くぎの本数などの仕様と一致するもの、②告示の仕様と一致していないが、同等以上の耐力をもつ接合金物の2種類がある。

　①の例としては、参考図4.1.6のZマーク表示金物があり、告示を満たす接合金物として用いることができる。また、②の例としては、Zマーク表示金物と同等の性能があるものとして、公益財団法人日本住宅・木材技術センターが認定している同等品があり、同じく告示を満たす接合金物として認められる。それ以外の金物であっても、必要な耐力を示す試験データがあれば、告示を満たす接合金物として用いることができる。

　柱脚部を緊結する接合金物（柱脚金物）には、10kNを超えるものがある。このような柱脚金物は、アンカーボルトから直接緊結しなければならない。

　ただし、構造計算によって安全性が確認された場合は、この限りでない。なお、柱脚金物に近接するアンカーボルト用座金についても、その耐力を満足する大きさが必要である。

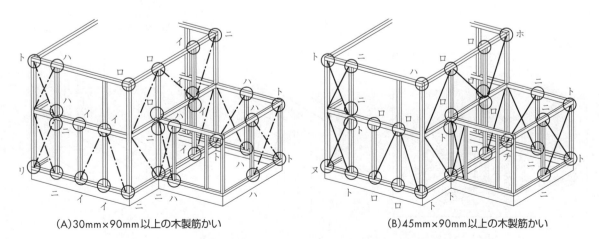

(A)30mm×90mm以上の木製筋かい　　　　(B)45mm×90mm以上の木製筋かい

参考図5.2.2-1　軸組の種類による筋かい端部及び柱脚・柱頭の緊結方法の例①

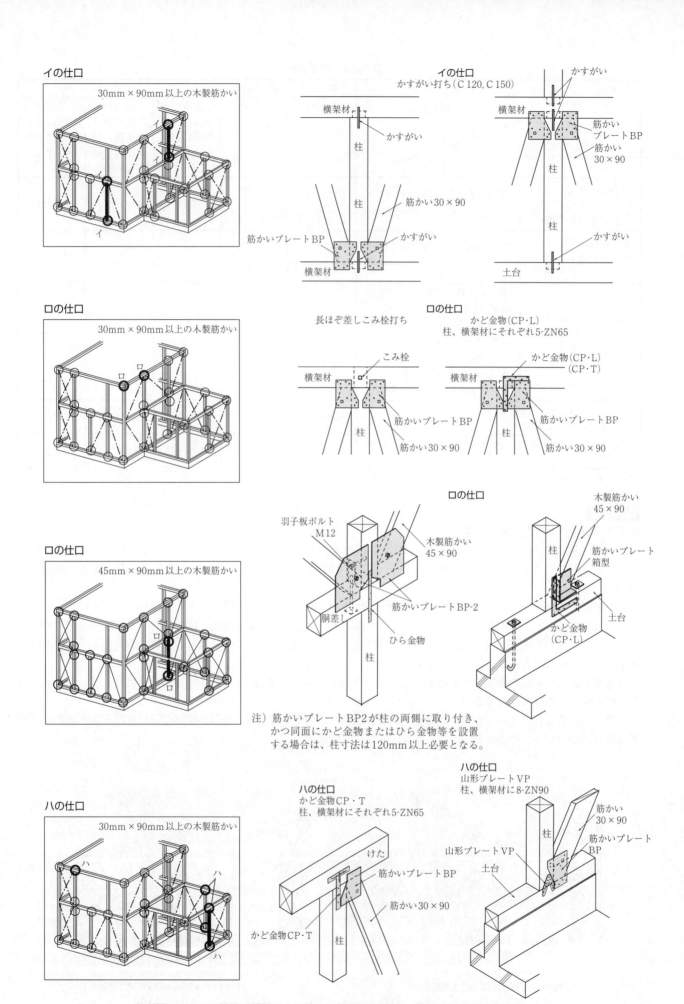

イの仕口

30mm×90mm以上の木製筋かい

イの仕口
かすがい打ち（C 120, C 150）

横架材
かすがい
柱
柱
筋かい30×90
かすがい
筋かいプレートBP
横架材

かすがい
横架材
柱
筋かい
プレートBP
筋かい
30×90
柱
かすがい
土台

ロの仕口

30mm×90mm以上の木製筋かい

長ほぞ差しこみ栓打ち

横架材
こみ栓
柱
筋かいプレートBP
筋かい30×90

ロの仕口
かど金物（CP・L）
柱、横架材にそれぞれ5-ZN65

横架材
かど金物（CP・L）
（CP・T）
柱
筋かいプレートBP
筋かい30×90

ロの仕口

45mm×90mm以上の木製筋かい

ロの仕口

羽子板ボルト
M12
木製筋かい
45×90
筋かいプレートBP-2
胴差
ひら金物
柱

木製筋かい
45×90
柱
筋かいプレート
箱型
土台
かど金物
（CP・L）

注）筋かいプレートBP2が柱の両側に取り付き、
かつ同面にかど金物またはひら金物等を設置
する場合は、柱寸法は120mm以上必要となる。

ハの仕口

30mm×90mm以上の木製筋かい

ハの仕口
かど金物CP・T
柱、横架材にそれぞれ5-ZN65

けた
筋かいプレートBP
筋かい30×90
かど金物CP・T
柱

ハの仕口
山形プレートVP
柱、横架材に8-ZN90

柱
筋かい
30×90
筋かいプレート
BP
山形プレートVP
土台

参考図5.2.2-1　軸組の種類による筋かい端部及び柱脚・柱頭の緊結方法の例②

ニの仕口

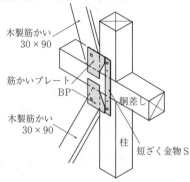

30mm×90mm以上の木製筋かい

ニの仕口（筋かい30×90の場合）
短ざく金物
柱に対して六角ボルト（M12）
横架材に対して六角ボルト（M12）

木製筋かい
30×90

筋かいプレート
BP

木製筋かい
30×90

短ざく金物S

胴差し

柱

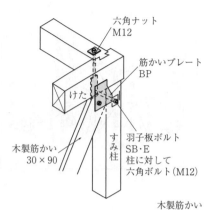

六角ナット
M12

筋かいプレート
BP

けた

木製筋かい
30×90

すみ柱

羽子板ボルト
SB・E
柱に対して
六角ボルト（M12）

ニの仕口

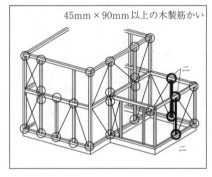

45mm×90mm以上の木製筋かい

ニの仕口（筋かい45×90の場合）
羽子板ボルト　SB・E
柱に対して六角ボルト（M12）

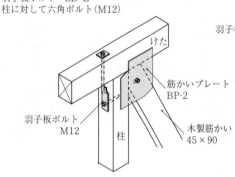

けた

筋かいプレート
BP-2

羽子板ボルト
M12

木製筋かい
45×90

柱

木製筋かい
45×90

筋かいプレート
BP-2

羽子板ボルト
M12

土台

ホの仕口

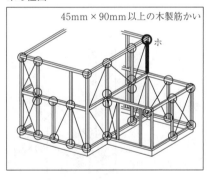

45mm×90mm以上の木製筋かい

ホの仕口
羽子板ボルト　SB・E
柱に対して六角ボルト（M12）
ZS50くぎ打ち

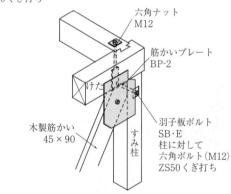

六角ナット
M12

筋かいプレート
BP-2

けた

木製筋かい
45×90

すみ柱

羽子板ボルト
SB・E
柱に対して
六角ボルト（M12）
ZS50くぎ打ち

への仕口

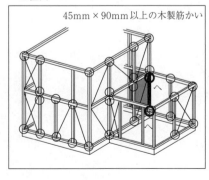

45mm×90mm以上の木製筋かい

への仕口
ホールダウン金物
S-HD10

ホールダウン金物
S-HD10

両ねじボルト
M16

すみ柱

構造用合板など

ホールダウン金物
S-HD10

胴差し

柱

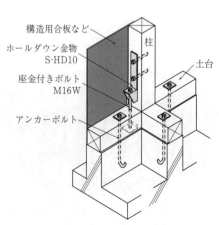

構造用合板など

ホールダウン金物
S-HD10

座金付きボルト
M16W

アンカーボルト

柱

土台

参考図5.2.2-1　軸組の種類による筋かい端部及び柱脚・柱頭の緊結方法の例③

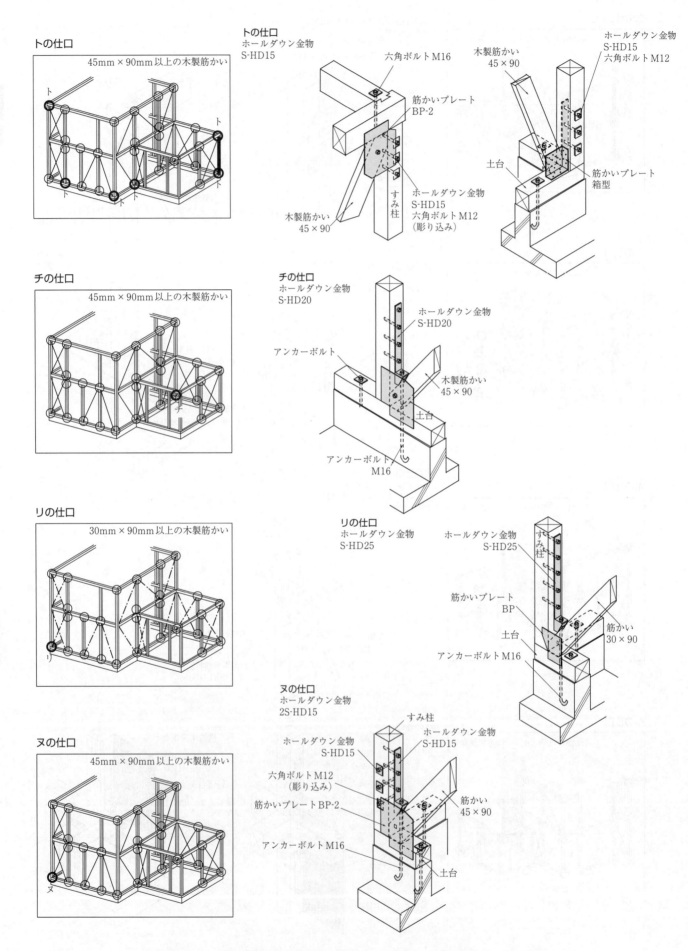

トの仕口

45mm×90mm以上の木製筋かい

トの仕口
ホールダウン金物
S-HD15

六角ボルトM16

筋かいプレート
BP-2

ホールダウン金物
S-HD15
六角ボルトM12
（彫り込み）

すみ柱

木製筋かい
45×90

木製筋かい
45×90

ホールダウン金物
S-HD15
六角ボルトM12

土台

筋かいプレート
箱型

チの仕口

45mm×90mm以上の木製筋かい

チの仕口
ホールダウン金物
S-HD20

ホールダウン金物
S-HD20

アンカーボルト

木製筋かい
45×90

土台

アンカーボルト
M16

リの仕口

30mm×90mm以上の木製筋かい

リの仕口
ホールダウン金物
S-HD25

ホールダウン金物
S-HD25

すみ柱

筋かいプレート
BP

土台

アンカーボルトM16

筋かい
30×90

ヌの仕口
ホールダウン金物
2S-HD15

すみ柱

ホールダウン金物
S-HD15

ホールダウン金物
S-HD15

六角ボルトM12
（彫り込み）

筋かいプレートBP-2

筋かい
45×90

アンカーボルトM16

土台

ヌの仕口

45mm×90mm以上の木製筋かい

参考図 5.2.2-1　軸組の種類による筋かい端部及び柱脚・柱頭の緊結方法の例④

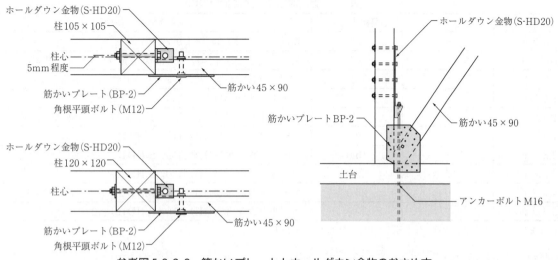

参考図5.2.2-2　筋かいプレートとホールダウン金物のおさめ方

関係法令

引張耐力計算（N値計算）による接合金物の選択

　本章5.2.2（耐力壁となる軸組の柱と横架材の仕口）に記載している仕様は、平成12年建設省告示第1460号に記載されている表を示したものであるが、告示の表は上階と下階で同じ種類の耐力壁が使用されるという想定で作られているものであり、一般的に安全側で厳しい仕様が示されているものといえる。

　一方、同告示の二では、「ただし、当該仕口の周囲の軸組の種類及び配置を考慮して、柱頭又は柱脚に必要とされる引張力が、当該部分の引張耐力を超えないことが確かめられた場合においては他の方法でもよい」こととされており、検討対象の柱について、下記に示す簡易的な「引張耐力計算（N値計算）」を行って「N値」を算出するか、もしくは別に求めた必要引張耐力に対応して、接合金物を合理的に選択（表1）することができる。

　なお、下記の式をオーバーハング部に適用する場合には、オーバーハングを支える横架材断面や下階の近傍の柱の柱頭柱脚接合部について、力の流れを考慮して安全な仕様とする必要がある。

引張耐力計算（N値計算）手法

(1) 平屋建の場合もしくは2階建の部分における2階の柱

　　　$N = A_1 \times B_1 - L$

　N：表1に規定するNの数値

　A_1：柱の両側における軸組の倍率の差。ただし、筋かいによる軸組（筋かいと構造用面材を併用した軸組も含む。）の場合には、(3)に示す「筋かい補正値」を加えたもの。

　B_1：0.5（出隅柱の場合には0.8）

　L：0.6（出隅柱の場合には0.4）

(2) 2階建の部分における1階の柱

　　　$N = A_1 \times B_1 + A_2 \times B_2 - L$

　N：表1に規定するNの数値

　A_1：柱の両側における軸組の倍率の差。ただし、筋かいによる軸組（筋かいと構造用面材を併用した軸組も含む。）の場合には、(3)に示す「筋かい補正値」を加えたもの。

　B_1：0.5（出隅柱の場合には0.8）

　A_2：当該1階柱に連続する2階柱の両側における軸組の倍率の差。ただし、筋かいによる軸組（筋かいと構造用面材を併用した軸組も含む。）の場合には、(3)に示す「筋かい補正値」を加えたもの（当該2階柱の引抜き力が他の柱等により下階に伝達され得る場合には、0とする）

　B_2：0.5（2階部分の出隅柱の場合には0.8）

　L：1.6（出隅柱の場合には1.0）

表1　N値と対応する接合金物の例

N値	仕口*	必要耐力(kN)	接合金物の使用例
0.0以下	イ	0.0	短ほぞ差し または かすがい打ち
0.65以下	ロ	3.4	長ほぞ差しこみ栓打ち または かど金物(CP・L)ZN65-5
1.0以下	ハ	5.1	かど金物(CP・T)ZN65-5 または 山形プレート(VP)ZN90-8
1.4以下	ニ	7.5	羽子板ボルト(M12) または 短ざく金物(M12)
1.6以下	ホ	8.5	羽子板ボルト(M12 + ZS50) または 短ざく金物(M12 + ZS50)
1.8以下	ヘ	10.0	ホールダウン金物(HD-B10、S-HD10)
2.8以下	ト	15.0	ホールダウン金物(HD-B15、S-HD15)
3.7以下	チ	20.0	ホールダウン金物(HD-B20、S-HD20)
4.7以下	リ	25.0	ホールダウン金物(HD-B25、S-HD25)
5.6以下	ヌ	30.0	ホールダウン金物(HD-B15、S-HD15)を2枚

＊本章5.2.2（耐力壁となる軸組の柱と横架材の仕口）における仕口

(3) 筋かい補正値について

軸組が筋かい（筋かいと構造用面材を併用した軸組も含む。）の場合には、下記の補正値を用いる（A₁ または A₂ に加算する）。

表2　筋かいが片側から取り付く柱の場合の補正値

筋かいの種類 ＼ 取り付く位置	柱頭部	柱脚部	備　考
15mm以上×90mm以上の木材またはφ9mm以上の鉄筋	0.0	0.0	たすき掛けの筋かいの場合には0とする
30mm以上×90mm以上の木材	0.5	− 0.5	
45mm以上×90mm以上の木材	0.5	− 0.5	
90mm以上×90mm以上の木材	2.0	− 2.0	

表3　筋かいが両側から取り付く柱の場合の補正値（両側が片筋かいの場合（いずれも柱頭部に取り付く場合））

他方の筋かい ＼ 一方の筋かい	15mm以上×90mm以上の木材またはφ9mm以上の鉄筋	30mm以上×90mm以上の木材	45mm以上×90mm以上の木材	90mm以上×90mm以上の木材	備　考
15mm以上×90mm以上の木材またはφ9mm以上の鉄筋	0	0.5	0.5	2.0	両筋かいがともに柱脚部に取り付く場合には、加算する数値を0とする
30mm以上×90mm以上の木材	0.5	1.0	1.0	2.5	
45mm以上×90mm以上の木材	0.5	1.0	1.0	2.5	
90mm以上×90mm以上の木材	2.0	2.5	2.5	4.0	

表4　筋かいが両側から取り付く柱の場合の補正値（両側が片筋かいの場合（一方の筋かいが柱頭部に、他方の筋かいが柱脚部に取り付く場合））

柱頭部に取り付く筋かい ＼ 柱脚部に取り付く筋かい	15mm以上×90mm以上の木材またはφ9mm以上の鉄筋	30mm以上×90mm以上の木材	45mm以上×90mm以上の木材	90mm以上×90mm以上の木材	備　考
15mm以上×90mm以上の木材またはφ9mm以上の鉄筋	0	− 0.5	− 0.5	2.0	両筋かいがともに柱脚部に取り付く場合には、加算する数値を0とする
30mm以上×90mm以上の木材	0.5	0.5	0	1.5	
45mm以上×90mm以上の木材	0.5	0.5	0.5	1.5	
90mm以上×90mm以上の木材	2.0	1.5	1.5	2.0	

表5　筋かいが両側から取り付く柱の場合の補正値（一方がたすき掛けの筋かい、他方が柱頭部に取り付く片筋かいの場合）

たすき掛けの筋かい ＼ 筋かい	15mm以上×90mm以上の木材またはφ9mm以上の鉄筋	30mm以上×90mm以上の木材	45mm以上×90mm以上の木材	90mm以上×90mm以上の木材
15mm以上×90mm以上の木材またはφ9mm以上の鉄筋	0	0.5	0.5	2.0
30mm以上×90mm以上の木材	0	0.5	0.5	2.0
45mm以上×90mm以上の木材	0	0.5	0.5	2.0
90mm以上×90mm以上の木材	0	0.5	0.5	2.0

注）一方がたすき掛けの筋かい、他方が柱脚部に取り付く片筋かいの場合、補正値は0（加算しない）。また、両側がたすき掛けの筋かいの場合、補正値は0（加算しない）。

留意事項

接合金物の引張耐力の加算

　仕口部分に異なる種類の接合金物（山形プレート＋ホールダウン金物）を用いても、期待される引張耐力を単純加算することはできない。ただし、ホールダウン金物同士であれば、例えば、柱の直交する面に一つずつ付ければ、両者とも引抜きに抵抗するので、2個分の耐力となるものとしてよい。

〔具体例〕すみ柱と土台の基礎に20kN用ホールダウン金物の使用が必要な場合
　　　　→すみ柱のX方向、Y方向の直交する面それぞれに、10kN用ホールダウン金物を設けてもよい（なお、ホールダウン専用アンカーボルト（基礎とホールダウン金物を直接緊結する）を用いず、座付きボルトを用いる場合には、座金付きボルトの心より150mm内外にアンカーボルトを埋め込む）。

〈N値計算事例〉

計算用軸組モデル

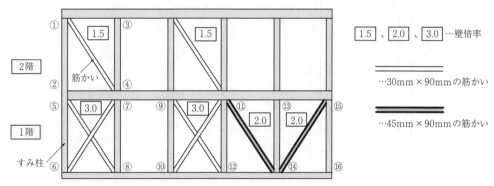

部位	仕様書本文（告示第1460号の表）に基づいて選択される接合金物	N値計算結果及びそれに基づく接合金物
①	ニ　羽子板ボルト	$N = A_1 \times B_1 - L$ $= (1.5 + 0.5(筋かい補正値)) \times 0.8(すみ柱) - 0.4 = 1.2$ 　　　　　　　　　　　　　　　→　羽子板ボルト
②	通し柱なので金物不要（ただし、通し柱と胴差しの仕口には、羽子板ボルト等を設ける）	
③	イ　短ほぞ差しまたはかすがい打ち	$N = A_1 \times B_1 - L$ $= (1.5 + (-0.5)(筋かい補正値)) \times 0.5 - 0.6 = -0.1$ 　　　　　　　　　　→　短ほぞ差し　または　かすがい打ち
④	イ　短ほぞ差しまたはかすがい打ち	③と同じ
⑤	通し柱なので金物不要（②と同じ）	
⑥	リ　25kN用ホールダウン金物（S-HD25等）	$N = A_1 \times B_1 + A_2 \times B_2 - L$ $= 3 \times 0.8(すみ柱) + (1.5 + 0.5(筋かい補正値)) \times 0.8(すみ柱) - 1.0 = 3.0$ 　　　　　　　　　　　→　20kN用ホールダウン金物
⑦	ニ　羽子板ボルトまたは短ざく金物	$N = A_1 \times B_1 + A_2 \times B_2 - L$ $= 3 \times 0.5 + (1.5 + (-0.5)(筋かい補正値)) \times 0.5 - 1.6 = 0.4$ 　　　　　　　→　長ほぞ差しこみ栓打ち　または　かど金物（CP・L）
⑧	ニ　羽子板ボルト	⑦と同じ 　　　　　　　　→　長ほぞ差しこみ栓打ち　または　かど金物（CP・L）
⑨	ニ　羽子板ボルトまたは短ざく金物	$N = A_1 \times B_1 + A_2 \times B_2 - L$ $= 3 \times 0.5 + (1.5 + 0.5(筋かい補正値)) \times 0.5 - 1.6 = 0.9$ 　　　　　　　→　かど金物（CP・T）　または　山形プレート（VP）
⑩	ニ　羽子板ボルト	⑨と同じ 　　　　　　　→　かど金物（CP・T）　または　山形プレート（VP）
⑪	ニ　羽子板ボルトまたは短ざく金物	$N = A_1 \times B_1 + A_2 \times B_2 - L$ $= (3 - 2 + 0.5(筋かい補正値)) \times 0.5 + (1.5 + (-0.5)(筋かい補正値)) \times 0.5 - 1.6 = -0.35$ 　　　　　　　　　　→　短ほぞ差し　または　かすがい打ち
⑫	ニ　羽子板ボルト	⑪と同じ 　　　　　　　　　　→　短ほぞ差し　または　かすがい打ち

⑬	ロ	長ほぞ差しこみ栓打ち またはかど金物	$N = A_1 \times B_1 + A_2 \times B_2 - L = 0 \times 0.5 + 0 \times 0.5 - 1.6 = -1.6$ →　短ほぞ差し　または　かすがい打ち
⑭	ロ	長ほぞ差しこみ栓打ち またはかど金物	⑬と同じ →　短ほぞ差し　または　かすがい打ち
⑮	ト	15kN用ホールダウン金物 （S-HD15等）	$N = A_1 \times B_1 + A_2 \times B_2 - L$ 　$= (2 + 0.5(筋かい補正値)) \times 0.8(出隅柱) + 0 \times 0.8 - 1.0 = 1.0$ →　かど金物（CP・T）　または　山形プレート（VP）
⑯	ト	15kN用ホールダウン金物 （S-HD15等）	⑮と同じ →　かど金物（CP・T）　または　山形プレート（VP）

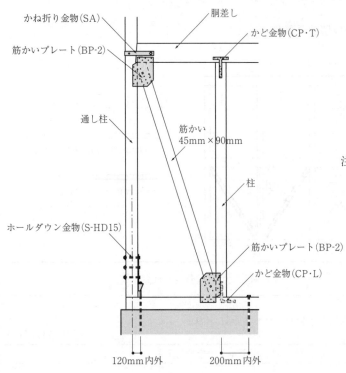

注）継手・仕口の接合金物の組合せについて
　　参考図の接合方法は一例を示したものであり、
　　継手・仕口の接合金物は、本章5.2.2（耐力壁
　　となる軸組の柱と横架材の仕口）における各
　　部位ごとの特記によるものとする。

参考図5.2.2-3　筋かいを用いた耐力壁の各端部における接合方法の例

5.2.3 耐力壁でない軸組の柱と横架材の仕口

1. 柱の端部と横架材との仕口（すみ柱と土台の仕口は除く。）は、次のいずれかによる。
   - イ. ☐柱の上下端とも短ほぞ差しとし、山形プレートを当てくぎ打ちとする。
   - ロ. ☐柱の上下端とも短ほぞ差しとし、かど金物を当てくぎ打ちとする。
   - ハ. ☐柱の上下端とも長ほぞ差しとし、こみ栓打ちとする。
   - ニ. ☐柱の上下端とも短ほぞ差しとし、ひら金物を当てくぎ打ちとする。
   - ホ. ☐柱の上下端とも短ほぞ差しとし、かすがい打ちとする。
   - ヘ. ☐イ、ロ、ハ、ニ又はホと同等以上の緊結が保たれる方法で、特記による。
2. すみ柱と土台との仕口は、次のいずれかによる。
   - イ. ☐扇ほぞ差し又は短ほぞ差しとし、かど金物を当てくぎ打ちとする。
   - ロ. ☐長ほぞ差しとし、こみ栓打ちとする。
   - ハ. ☐扇ほぞ差し又は短ほぞ差しとし、かすがい打ちとする。
   - ニ. ☐扇ほぞ差し又は短ほぞ差しとし、ホールダウン金物を用いて緊結する。
   - ホ. ☐土台木口とすみ柱との取合いを落しありとする場合は、かど金物を両面に当てくぎ打ちとする。
   - ヘ. ☐イ、ロ、ハ、ニ又はホと同等以上の緊結が保たれる方法で、特記による。

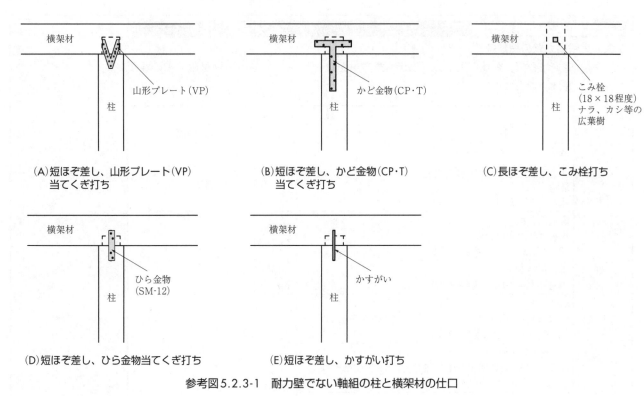

（A）短ほぞ差し、山形プレート（VP）
当てくぎ打ち

（B）短ほぞ差し、かど金物（CP・T）
当てくぎ打ち

（C）長ほぞ差し、こみ栓打ち

（D）短ほぞ差し、ひら金物当てくぎ打ち

（E）短ほぞ差し、かすがい打ち

参考図5.2.3-1　耐力壁でない軸組の柱と横架材の仕口

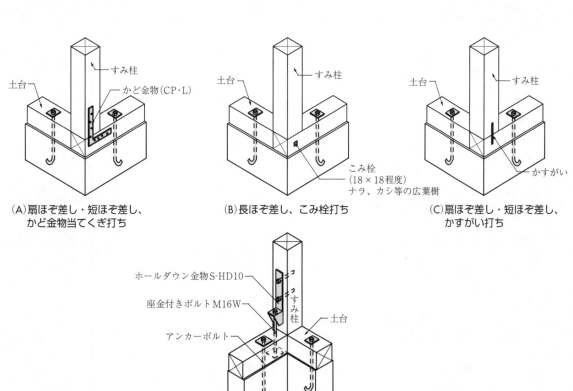

（A）扇ほぞ差し・短ほぞ差し、
かど金物当てくぎ打ち

（B）長ほぞ差し、こみ栓打ち

（C）扇ほぞ差し・短ほぞ差し、
かすがい打ち

（D）ホールダウン金物による緊結

参考図5.2.3-2　耐力壁でない軸組のすみ柱と土台の仕口

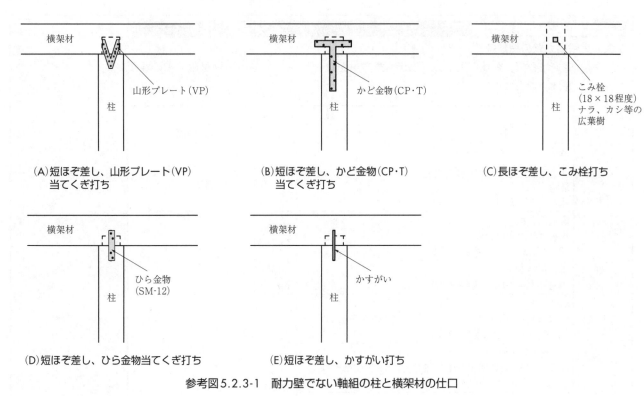

第Ⅱ章

5
躯体工事
木造工事

5.3 大壁造の面材耐力壁

5.3.1 大壁耐力壁の種類等

1. 構造用合板、各種ボード類（以下「構造用面材」という。）による面材耐力壁の種類等は、下表による。

耐　力　壁　の　種　類				倍率
材　料	断　面	くぎ	くぎの間隔	
構造用パーティクルボード （JIS A 5908-2015に規定するもの）	－	N50 NZ50	外周部分7.5cm以下 その他の部分15cm以下	4.3
構造用MDF （JIS A 5905-2014に規定するもの）				
構造用合板 化粧ばり構造用合板 （合板のJASに規定する特類であるもの）	厚さ9mm以上	CN50 CNZ50	外周部分7.5cm以下 その他の部分15cm以下	3.7
構造用パネル （構造用パネルのJASに規定するもの）		N50 NZ50		
構造用合板 化粧ばり構造用合板 （合板のJASに規定する特類であるもの）	厚さ7.5mm以上	N50 NZ50	15cm以下	2.5
パーティクルボード （JIS A 5908-1994に適合するもので曲げ強さによる区分が8タイプ以外のもの）	厚さ12mm以上			
構造用パーティクルボード （JIS A 5908-2015に規定するもの）	－			
構造用MDF （JIS A 5905-2014に規定するもの）				
構造用パネル （構造用パネルのJASに規定するもの）				
ハードボード （JIS A 5907-1977に定める450又は350のもの）	厚さ5mm以上	N50 NZ50		2.0
硬質木片セメント板 （JIS A 5417-1985に定める0.9Cであるもの）				
構造用せっこうボードA種 （JIS A 6901-2005に定めるもので、屋外に面する壁以外に用いる場合に限る）	厚さ12mm以上	GNF40 GNC40		1.7
構造用せっこうボードB種 （JIS A 6901-2005に定めるもので、屋外に面する壁以外に用いる場合に限る）				1.2
せっこうボード 強化せっこうボード （JIS A 6901-2005に定めるもので、屋外に面する壁以外に用いる場合に限る）				0.9
シージングボード （JIS A 5905-1979に定めるシージングインシュレーションボードに限る）		SN40	外周部分10cm以下 その他の部分20cm以下	1.0
ラスシート （JIS A 5524-1977に定めるもの）	角波亜鉛鉄板部分 厚さ0.4mm以上 メタルラス部分厚さ 0.6mm以上	N38	15cm以下	1.0

注1) 断面寸法15mm×45mm以上の胴縁を、310mm以内の間隔で、柱及び間柱並びにはり、けた、土台その他の横架材にN50くぎで打ち付け、その上に上表の構造用面材をN32くぎで間隔150mm以内に平打ちした場合の壁倍率は、すべて0.5とする。

2) 面材耐力壁、土塗り壁、木ずり又は筋かいと併用する場合は、それぞれの壁の倍率を加算することができる。ただし、加算した場合の壁の倍率は、5倍を限度とする。

2. 構造用面材のホルムアルデヒドの発散量に関する品質については、特記による。

5.3.2 工法一般

1. 構造用面材は、柱、間柱及び土台、はり、けた、その他の横架材に、確実にくぎで留め付ける。
2. 1階及び2階部の上下同位置に構造用面材の耐力壁を設ける場合は、胴差し部において、構造用面材相互間に原則として、6mm以上のあきを設ける。
3. 構造用面材は横張り又は縦張りとする場合で、やむを得ずはり、柱等以外で継ぐ場合は、間柱及び胴縁等の断面は、45mm×100mm以上とする。

5.3.3 構造用面材の張り方

1. 構造用合板及び化粧ばり構造用合板の張り方は、3'×9'版（910mm×2,730mm）を縦張りとする。やむを得ず3'×6'版（910mm×1,820mm）を用いる場合は、縦張り又は横張りとする。
2. 構造用パーティクルボード及びパーティクルボードの張り方は、3'×9'版（910mm×2,730mm）又は3'×10'版（910mm×3,030mm）を縦張りとし、胴差し部分以外の継目部分は、2〜3mmの間隔をあける。
3. 構造用MDFの張り方は、パーティクルボードと同様とする。
4. 構造用パネルの張り方は、パーティクルボードと同様とする。
5. ハードボードの張り方は、パーティクルボードと同様とする。
6. 硬質木片セメント板の張り方は、壁軸組に防水テープを張るか又は壁全面に防水紙を張り、その上から3'×9'版（910mm×2,730mm）を縦張りとする。
7. 構造用せっこうボードA種・B種、せっこうボード及び強化せっこうボードの張り方は、3'×8'版（910mm×2,420mm）、又は3'×9'版（910mm×2,730mm）を縦張りとし、やむを得ず3'×6'版（910mm×1,820mm）を用いる場合は、縦張り又は横張りとする。
8. シージングボードの張り方は、構造用合板と同様とする。
9. ラスシートの張り方は、3'×8'版（910mm×2,420mm）又は3'×9'版（910mm×2,730mm）の縦張りとし、土台から壁上端部まで張り付ける。ラスシートの施工にあたっては、次の点に留意する。
   - イ．見切りの各部には、水切り、雨押えを設ける。
   - ロ．継目は、横重ね代を1山重ねとし、縦重ね代を30mm以上とする。なお、鉄板は鉄板で、ラスはラスで重ねる。
   - ハ．開口部等でラスシートを切り抜く場合は、事前に鉄板を短く、ラスを長くなるよう切断し、巻き込む。

5.3.4 床勝ちとなる大壁耐力壁の仕様

床勝ちとなる大壁耐力壁の仕様は、以下による。
1. 床勝ちとなる大壁耐力壁の種類等は、次表による。

耐力壁の種類				受け材			倍率
材　料	断　面	くぎ	くぎの間隔	大きさ	くぎ	くぎの間隔	
構造用パーティクルボード (JIS A 5908-2015に規定するもの)	－	N50 NZ50	外周部分 7.5cm以下 その他の部分 15cm以下	厚さ 30mm以上 幅 60mm以上		12cm以下	4.3
構造用MDF (JIS A 5905-2014に規定するもの)							
構造用合板 化粧ばり構造用合板 (合板のJASに規定する特類であるもの)	厚さ 9mm以上	CN50 CNZ50					3.7
構造用パネル (構造用パネルのJASに規定するもの)							
構造用合板 化粧ばり構造用合板 (合板のJASに規定する特類であるもの)	厚さ 7.5mm以上	N50 NZ50	15cm以下	厚さ 30mm以上 幅 40mm以上	N75	20cm以下	2.5
パーティクルボード (JIS A 5908-1994に適合するもので曲げ強さによる区分が8タイプ以外のもの)	厚さ 12mm以上						
構造用パネル (構造用パネルのJASに規定するもの)							
構造用パーティクルボード (JIS A 5908-2015に規定するもの)	－						
構造用MDF (JIS A 5905-2014に規定するもの)							
構造用せっこうボードA種 (JIS A 6901-2005に定めるもので、屋外に面する壁以外に用いる場合に限る)	厚さ 12mm以上	GNF40 GNC40				30cm以下	1.6
構造用せっこうボードB種 (JIS A 6901-2005に定めるもので、屋外に面する壁以外に用いる場合に限る)							1.0
せっこうボード 強化せっこうボード (JIS A 6901-2005に定めるもので、屋外に面する壁以外に用いる場合に限る)							0.9

注) 面材耐力壁、土塗り壁、木ずり又は筋かいと併用する場合は、それぞれの壁の倍率を加算することができる。ただし、加算した場合の壁の倍率は、5倍を限度とする。

2. 構造用面材のホルムアルデヒドの発散量に関する品質については、特記による。

3. 床勝ちとなる大壁耐力壁の工法は、以下による。

　イ. 受け材は、1の表にある大きさの木材とし、床下地板の上から土台、はり、けた、その他の横架材に、1の表のとおり、くぎで平打ちとする。

　ロ. 構造用面材は、柱、間柱及び土台、はり、けた、その他の横架材と受け材に、確実にくぎで留め付ける。その他の工法については、本章5.3.2 (工法一般) の2及び3による。　5.3.2の2・3 ☞105頁

　ハ. 構造用面材の張り方は、1に掲げる面材耐力壁の種類に応じて、本章5.3.3 (構造用面材の張り方)による。　5.3.3 ☞105頁

5.4 真壁造の面材耐力壁

5.4.1 真壁耐力壁の種類等

1. 構造用合板、各種ボード類（以下「構造用面材」という。）による真壁造の面材耐力壁は、受け材を用いる場合（受け材タイプ）と貫を用いる場合（貫タイプ）があり、その種類等は次表による。

   イ．受け材タイプ

耐力壁の種類				受け材			倍率
材　料	断　面	くぎ	くぎの間隔	大きさ	くぎ	くぎの間隔	
構造用パーティクルボード（JIS A 5908-2015に規定するもの）	－	N50 NZ50	外周部分 7.5cm以下 その他の部分 15cm以下			12cm以下	4.0
構造用MDF（JIS A 5905-2014に規定するもの）							
構造用合板 化粧ばり構造用合板（合板のJASに規定する特類であるもの）	厚さ 9mm以上	CN50 CNZ50				20cm以下	3.3
構造用パネル（構造用パネルのJASに規定するもの）							
構造用合板 化粧ばり構造用合板（合板のJASに規定する特類であるもの）	厚さ 7.5mm以上	N50 NZ50	15cm以下	厚さ 30mm以上 幅 40mm以上	N75	30cm以下	2.5
パーティクルボード（JIS A 5908-1994に適合するもので曲げ強さによる区分が8タイプ以外のもの）	厚さ 12mm以上						
構造用パネル（構造用パネルのJASに規定するもの）							
構造用パーティクルボード（JIS A 5908-2015に規定するもの）	－						
構造用MDF（JIS A5905-2014に規定するもの）							
せっこうラスボード（JIS A 6906-1983に適合するもの）	厚さ9mm以上でJIS A 6904-1976に定めるせっこうプラスターを15mm以上塗ったもの	GNF32 GNC32					1.5
構造用せっこうボードA種（JIS A 6901-2005に定めるもので、屋外に面する壁以外に用いる場合に限る）	厚さ 12mm以上	GNF40 GNC40					1.5
構造用せっこうボードB種（JIS A 6901-2005に定めるもので、屋外に面する壁以外に用いる場合に限る）							1.3
せっこうボード 強化せっこうボード（JIS A 6901-2005に定めるもので、屋外に面する壁以外に用いる場合に限る）							1.0

注）面材耐力壁、木ずり又は筋かいと併用する場合は、それぞれの壁の倍率を加算することができる。ただし、加算した場合の壁の倍率は、5倍を限度とする。

ロ．貫タイプ

耐力壁の種類					倍率
材　料	断　面	くぎ	くぎの間隔	
構造用合板 化粧ばり構造用合板 （合板のJASに規定する特類であるもの）	厚さ7.5mm以上	N50		1.5
パーティクルボード （JIS A 5908-1994に適合するもので曲げ強さによる区分が8タイプ以外のもの）	厚さ12mm以上			
構造用パネル （構造用パネルのJASに規定するもの）	－			
せっこうラスボード （JIS A 6906-1983に適合するもの）	厚さ9mm以上でJIS A 6904-1976に定めるせっこうプラスターを15mm以上塗ったもの	GNF32 GNC32	15cm以下	1.0
構造用せっこうボードA種 （JIS A 6901-2005に定めるもので、屋外に面する壁以外に用いる場合に限る）	厚さ12mm以上			0.8
構造用せっこうボードB種 （JIS A 6901-2005に定めるもので、屋外に面する壁以外に用いる場合に限る）				0.7
せっこうボード 強化せっこうボード （JIS A 6901-2005に定めるもので、屋外に面する壁以外に用いる場合に限る）				0.5

注）面材耐力壁、木ずり又は筋かいと併用する場合は、それぞれの壁の倍率を加算することができる。ただし、加算した場合の壁の倍率は、5倍を限度とする。

2. 構造用面材のホルムアルデヒドの発散量に関する品質については、特記による。

5.4.2 工法一般

1. 構造用面材の下地に、受け材を用いる場合は、次による。

　　イ．受け材は、本章5.4.1（真壁耐力壁の種類等）の1のイの表にある大きさの木材とする。 5.4.1の1　☞107頁

　　ロ．受け材は、柱及び土台、はり、けた、その他横架材に、本章5.4.1（真壁耐力壁の種類等）の1のイの表のとおり、くぎで平打ちとする。 5.4.1の1　☞107頁

　　ハ．構造用面材は、受け材並びに間柱及び胴つなぎ等に留め付ける。

　　ニ．構造用面材を受け材以外で継ぐ場合は、間柱又は胴つなぎ等の断面は、45mm×65mm以上とする。

2. 構造用面材の下地に、貫を用いる場合は、次による。

　　イ．貫は、15mm×90mm以上とする。

　　ロ．貫は、5本以上設ける。

　　ハ．最上段の貫とその直上の横架材との間隔、及び最下段の貫とその直下の横架材との間隔は、おおむね30cm以下とし、その他の貫の間隔は61cm以下とする。

　　ニ．貫を柱に差し通す場合は、両面からくさび締め又はくぎ打ちとする。

　　ホ．貫の継手は、おおむね柱心で突付けとする。

　　ヘ．柱との仕口は、柱の径の1/2程度差し込み、くさび締め又はくぎ打ちとする。

　　ト．構造用面材は、貫に確実にくぎで留め付ける。

　　チ．構造用面材を継ぐ場合は、貫上で行う。

5.4.3 構造用面材

1. 受け材を用いた構造用面材の張り方は、次による。

　　イ．構造用合板、化粧ばり構造用合板、構造用パーティクルボード、パーティクルボード、構造用MDF及び構造用パネルの張り方は、3'×9'版（910mm×

2,730mm）を縦張りとする。やむを得ず3'×6'版（910mm×1,820mm）を用いる場合は、縦張りまたは横張りとする。

ロ．せっこうラスボードの張り方は、3'×8'版（910mm×2,420mm）を縦張りとし、やむを得ず3'×6'版（910mm×1,820mm）を用いる場合は、縦張り又は横張りとする。その上にせっこうプラスターを塗る場合は、本章9.4（せっこうプラスター塗り）による。　9.4 ☞236頁

ハ．構造用せっこうボードA種、構造用せっこうボードB種、せっこうボード及び強化せっこうボードの張り方は、3'×8'版（910mm×2,420mm）を縦張りとし、やむを得ず3'×6'版（910mm×1,820mm）を用いる場合は、縦張り又は横張りとする。

2. 貫を用いた構造用面材の張り方は、次による。

イ．構造用合板、化粧ばり構造用合板、パーティクルボード及び構造用パネルの張り方は、原則として横張りとする。

ロ．せっこうラスボードの張り方は、原則として横張りとする。その上にせっこうプラスターを用いる場合は、本章9.4（せっこうプラスター塗り）による。　9.4 ☞236頁

ハ．構造用せっこうボードA種、構造用せっこうボードB種、せっこうボード及び強化せっこうボードの張り方は、原則として横張りとする。

関係法令

大壁造の面材耐力壁

昭和56年建設省告示第1100号「建築基準法施行令第46条第4項表1（1）項から（7）項までに掲げる軸組と同等以上の耐力を有する軸組及び当該軸組に係る倍率の数値」によって、各種ボード類による耐力壁（面材耐力壁）の種類とその仕様が示された。当該告示は、平成30年3月26日に改正され、壁倍率が3倍を超える仕様が追加された。張り方は、軸組に直接張る方法と胴縁を介して張る方法とがあるが、いずれの場合も、胴差し、はり、けた及び土台等の横架材に確実に留め付けられなければ、大壁造の耐力壁として認められない。したがって、室内面に使用する場合は、一般に床あるいは天井部分で面材が切れてしまうため、耐力壁としての倍率が設定できないこととなるので注意を要する。なお、床勝ちとなる面材耐力壁で、本章5.3.4（床勝ちとなる大壁耐力壁の仕様）によるものは、耐力壁としての倍率を設定できる。くぎの打ち方等については、仕様書に示したとおりである。

また、これらの面材耐力壁と従来の筋かい耐力壁等を併用する場合の壁倍率は、5倍を限度として、両者を加算することができる。

なお、その他の軸組については、同告示第1第9号により、国土交通大臣により認められた軸組によることとなっており、さらに壁倍率については同告示第2第7号により、国土交通大臣が個別に定めた数値を用いることになっている。本章5.3.1（大壁耐力壁の種類等）の1の表以外の材料でも、同告示に定めるもの及び国土交通大臣が個別に認定したものがある。

真壁造の面材耐力壁

昭和56年建設省告示第1100号においては、真壁造の面材耐力壁として、大別すると受け材タイプと貫タイプが規定されている。平成30年3月26日の告示改正により、受け材タイプについては、壁倍率が3倍を超える仕様が追加された。

受け材タイプに使用する構造用面材は、軸組全体にわたってすき間なく設けなければならない。張らない部分を残した面材耐力壁は、耐力壁としての倍率が設定できないので注意を要する。また、くぎの打ち方等については、真壁造の仕様書に示したとおりである。

なお、その他の軸組については、同告示第1第9号により、国土交通大臣により認められた軸組によることとなっており、さらに壁倍率については同告示第2第7号により、国土交通大臣が個別に定めた数値を用いることになっている。また、受け材タイプ及び貫タイプとも、本章5.4.1（真壁耐力壁の種類等）の表以外の材料でも、同告示に定めるもの及び国土交通大臣が個別に設定したものがある。

貫タイプに使用する構造用面材の場合は、最上段の貫とその直上の横架材との間及び最下段の貫とその直下の横架材との間は、構造用面材を張らない部分を設けてもよいこととしている。これは室内面に使用する場合、一般に床あるいは天井部分で面材が切れてしまうために、従来、耐力壁として倍率が算定できなかったものを、貫タイプの場合に限り、倍率の設定を行えるようにしたものである。この場合、貫の配置は最上段の貫とその直上の横架材との間隔及び最下段の貫とその直下の横架材との間隔はおおむね30cm以下とし、その他の貫は61cm以下の間隔で、構造用

—109—

面材の下地としてバランスのよい配置をしなければならない。なお、くぎの打ち方等については、真壁造の仕様に示したとおりである。

　また、これらの面材耐力壁と従来の筋かい耐力壁等とを併用する場合の壁倍率は、5倍を限度として、両者を加算することができることとなっている。

土塗り壁、面格子壁、落とし込み板壁等の耐力壁

　軸組の壁倍率は昭和56年建設省告示第1100号において定められているが、平成15年の同告示改正により、「土塗り壁」、「面格子壁」、「落とし込み板壁」のうち、一定の仕様を満足するものについて、壁倍率が規定された。さらに、平成29年の同告示改正においては、「土塗りの垂れ壁」及び「土塗りの垂れ壁と腰壁」を設けた軸組のうち、一定の仕様を満足するものについても、壁倍率の規定が追加された。また、平成29年の改正においては、「落とし込み板壁」に関して、従来の壁倍率0.6の仕様に加えて、壁倍率が2.5または3.0である仕様が追加された。

▌用　語▐▐▐

構造用パネル

　構造用パネルとは、北米において開発された面材(ウェハーボード及びOSB(オリエンテッドストランドボード))で、低質木材資源をチップ化し、接着剤を使って熱圧成形して作られたもので、資源の有効利用の観点から合理的かつ効率的な材料である。

　この構造用パネルの使用を可能にすることは、市場開放のためのアクションプログラム及び日米林産物MOSS協議において日米間で合意された事項であり、これらの材料については、構造用パネルのJAS(昭和62年農林水産省告示第360号)として規格が制定されている。

　これらの材料は、木材小片にフェノール系接着剤等を用い、熱圧成形によって単層または多層構造に成形されたものである。製造は完全自動化工程で、品質は安定し強度的にも優れている。

▌留意事項▐▐▐

構造計画のポイント

　耐力壁は、壁量とともに、配置についても適切に計画しなければ、建物全体として期待どおりの耐震性が発揮されない場合があることに留意する(付録3「耐震上留意したい構造計画のポイント」の「ポイント1　壁量を十分に確保する」及び「ポイント2　壁をバランス良く配置する」参照)。

耐力壁に用いる材料の品質

　耐力壁に用いる材料のJIS規格番号及び標題は、昭和56年建設省告示第1100号で定めているJIS規格番号及び標題を記載している。

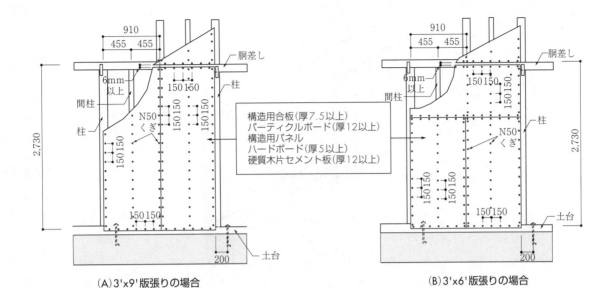

(A) 3'x9'版張りの場合　　　　　　　　　　　(B) 3'x6'版張りの場合

注1) アンカーボルトの位置は、柱心より200mm以内とし、なるべく耐力壁の外側に設けたほうがよい。

2) 構造用合板等の面材を用いた一体の耐力壁の場合、その両端の柱の上下端部を補強金物やこみ栓打ちなどにより、横架材(土台、胴差し等)に緊結する。緊結方法の選定は、平成12年建設省告示第1460号に従う(本章5.2.2(耐力壁となる軸組の柱と横架材の仕口)参照)。

この際、特に補強金物を使用する場合、面材の下や上から補強金物を使用すると、面材が浮いてしまったり、補強金物が下地材や仕上材のじゃまになるため、施工上の工夫を行うことが必要である。

右図は、大壁造の面材耐力壁において、面材の四隅を切り欠いて、山形プレート(VP)を柱と横架材に直接くぎ打ちする施工方法の例である。この場合、切り欠いた部分によって、隅部のくぎ1本をくぎ打ちできないため、図のように近傍に増し打ちすることが必要である。

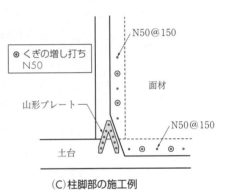

(C) 柱脚部の施工例

参考図 5.3.3　大壁耐力壁における構造用面材の張り方(倍率2.5または2.0の場合)

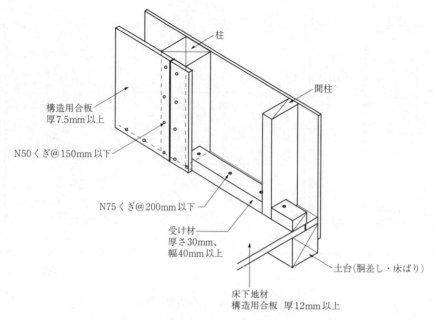

構造用合板
厚7.5mm以上

N50くぎ@150mm以下

N75くぎ@200mm以下

受け材
厚さ30mm、
幅40mm以上

柱

間柱

土台(胴差し・床ばり)

床下地材
構造用合板　厚12mm以上

（A）構造用合板による壁倍率2.5の片側床勝ち仕様の例

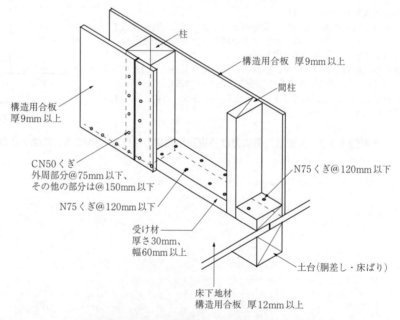

構造用合板
厚9mm以上

CN50くぎ
外周部分@75mm以下、
その他の部分は@150mm以下

N75くぎ@120mm以下

受け材
厚さ30mm、
幅60mm以上

柱

構造用合板　厚9mm以上

間柱

N75くぎ@120mm以下

土台(胴差し・床ばり)

床下地材
構造用合板　厚12mm以上

（B）構造用合板による壁倍率3.7の仕様の例

参考図5.3.4　床勝ちとなる大壁耐力壁の下端部の接合方法の例

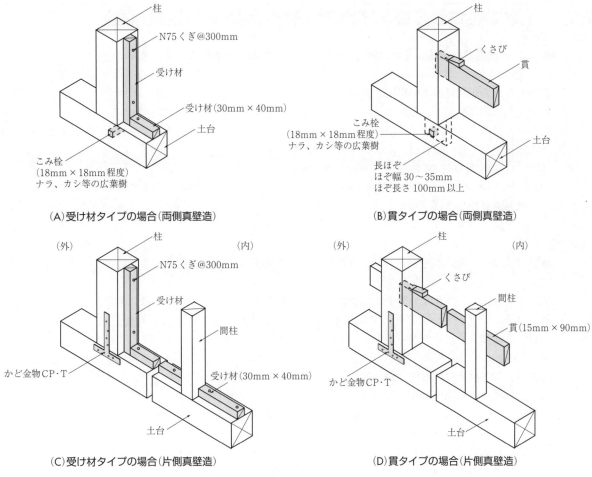

（A）受け材タイプの場合（両側真壁造）

（B）貫タイプの場合（両側真壁造）

（C）受け材タイプの場合（片側真壁造）

（D）貫タイプの場合（片側真壁造）

※柱と土台の仕口については、告示に定める留付け方法によること（上図は平屋建で壁倍率2.5倍以下の場合の例）。
　面材を両面に張る場合、受け材の寸法及び受け材を留め付けるくぎの間隔は、壁倍率に応じて適切なものとする（壁倍率が5倍となる場合の例：受け材の寸法30mm×60mm程度、くぎの間隔@120mm程度）。

参考図5.4　構造用面材を用いた真壁造における柱上下端部の接合方法の例

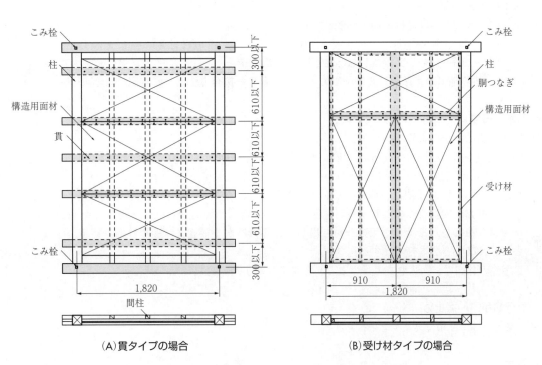

（A）貫タイプの場合

（B）受け材タイプの場合

参考図5.4.3　真壁造における構造用面材の張り方

5.5 小屋組

5.5.1 一般事項

小屋組は、屋根形状、屋根ふき材の種類に応じて、屋根勾配、軒の出などを考慮するものとし、次による。

1. 屋根形状は、雨仕舞のよい形状とする。
2. 屋根勾配は、屋根ふき材と流れ長さに適した勾配を確保し、かつ、1/10以上とする。
3. 軒の出及びけらばの出は、外壁を本章8.4.1（一般事項）の1による壁体内通気を可能とする構造としない場合は、次のいずれかによる。 8.4.1の1 ☞208頁

   イ．□軒の出及びけらばの出を60cm以上とする。

   ロ．□軒の出及びけらばの出を30cm以上とし、かつ、外壁には雨水の浸入を防止する有効な仕上げを施す。

5.5.2 小屋ばり

1. 断面寸法は、荷重の状態、スパン及びはり間隔等を勘案して適切なものとし、特記による。
2. 末口135mm以上の丸太の継手は、受け材上で台持ち継ぎとし、下木にだぼ2本を植え込み、かすがい両面打ちとするか又は六角ボルト2本締めとする。受け材当たりは渡りあごとし、手ちがいかすがい打ちとする。
3. 末口135mm未満の丸太の継手は、受け材上でやりちがいとし、六角ボルト2本締めとする。受け材当たりは渡りあごとし、手ちがいかすがい打ちとする。
4. 製材又は構造用集成材（製材等）を用いる場合の継手は、柱より持ち出し、追掛け大栓継ぎとする。又ははりせいが120mm程度のものは、大材を持ち出し腰掛けかま継ぎとし、短ざく金物両面当て、六角ボルト締めとする。
5. 軒げた又は敷げたとの仕口は、かぶとあり掛け又は渡りあごとし、いずれも羽子板ボルト締めとする。また、上端ぞろえとする場合の仕口は、大入れあり掛けとし、羽子板ボルト締めとする。

5.5.3 小屋束

1. 断面寸法は、90mm×90mmを標準とする。ただし、多雪区域においては105mm×105mmを標準とする。
2. 上部・下部の仕口は、次のいずれかとする。

   イ．□短ほぞ差しとし、コーナー金物CP・ZS当て、四角穴付きタッピンねじSTS・C65打ち、又はこれらと同等以上の接合方法とする。

   ロ．□建設地での基準風速及び強風の実況に配慮した接合方法とし、特記による。

5.5.4 むな木・母屋

1. 断面寸法は、次による。

   イ．母屋の断面寸法は、90mm×90mm以上とする。ただし、多雪区域においては、105mm×105mmを標準とする。

   ロ．むな木の断面寸法は、母屋の断面寸法以上とし、たる木当たりの欠き込み等を考慮して適切なものとし、特記する。

2. 継手は、束の位置を避け、束より持ち出して、腰掛けかま継ぎ又は腰掛けあり継ぎとし、N75くぎ2本打ちとする。
3. T字部の仕口は、大入れあり掛けとし、上端よりかすがい打ちとする。

5.5.5 けた行筋かい・振止め

束に添え付け、N50くぎ2本を平打ちする。

5.5.6 たる木

1. 断面寸法は、荷重の状態、軒の出等を勘案して、適切なものとし、特記による。

2. 継手は乱に配置し、むな木、母屋及び軒げたへの留付けは、次のいずれかとする。
　イ. □ むな木、母屋及び軒げたへくら金物SS当て、太めくぎZN40打ち、又はこれらと同等以上の接合方法とする。
　ロ. □ 建設地での基準風速及び強風の実況に配慮した接合方法とし、特記による。
3. かわら棒ぶき屋根の場合のたる木間隔は、かわら棒の留付け幅と同一とする。

5.5.7 火打ちばり

小屋組の火打ちばりは、床組の火打ちばりと同様とし、本章5.8.7（火打ちばりによる床組の補強方法）による。　　　　5.8.7　☞119頁

用　語

和式小屋組

　構造的には主として、鉛直荷重（屋根の荷重）を負担し、母屋からの荷重を垂直材（束）が水平材（はり）に伝えてゆく。小屋ばりには、従来はわん曲した丸太材を用いることが多かったが、現在では、製材や構造用集成材等を用いることが多い。

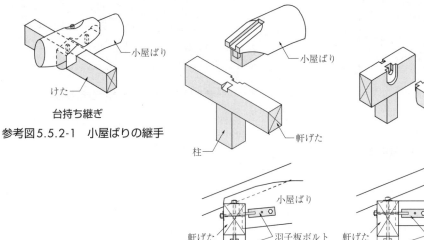

台持ち継ぎ

参考図5.5.2-1　小屋ばりの継手

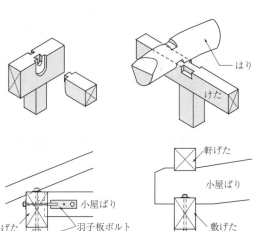

かぶとあり掛け　　　　大入れあり掛け　　　　渡りあご

注）羽子板ボルトについては、施工性を考えて、軒げたとはり、軒げたと柱を一定間隔ごとに交互に緊結する。

参考図5.5.2-2　小屋ばりと軒げたとの仕口

施工方法

基準風速等に応じた木造小屋組の接合方法について

　近年の台風や強風により、戸建住宅の屋根に大きな被害が発生した事例が確認されている。こうした事態を踏まえ、国土交通省では、「屋根ふき材、外装材及び屋外に面する帳壁の構造方法」（昭和46年建設省告示第109号）を改正した（令和4年1月1日施行）。

　また、耐風性能に配慮した小屋組の接合方法については、建築基準法ほか関係法令を補完する目的で基準風速等に応じた木造小屋組の接続方法が、公益財団法人日本住宅・木材技術センターにより示された。基準風速や金物の種類等に応じた接合方法を付録8に示したので、参考にされたい。

十分な軒の出の確保

外壁における雨漏りやそれに伴う木部の腐朽などへの対策としては、外壁への雨がかりを可能な限り少なくすることも重要な事項のうちの一つである。雨がかり防止のためには、軒の出及びけらばの出を十分に確保することが有効である。

モルタル外壁仕上げについては、その性質上、小さなひび割れの発生まで完全になくすことは難しく、外壁内通気措置を施さない場合には、水分や湿気が雨漏りや腐朽の原因となる可能性が高いため、軒の出及びけらばの出を十分に確保して、雨がかりを少なくする対策が望まれる。

けた行筋かい

小屋組がけた行方向に倒れるのを防ぐため、小屋束をつなぐけた行方向の筋かいをいう。

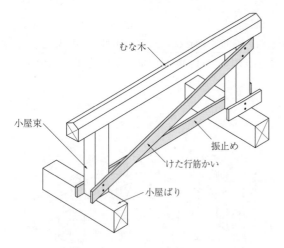

参考図5.5.5 けた行筋かい・振止め

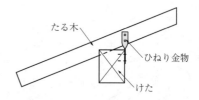

参考図5.5.6 たる木とひねり金物

5.6 屋根野地

5.6.1 ひき板野地板

1. ひき板の厚さは、9mm以上とする。
2. 継手は、板の登り約10枚ごとに乱継ぎとし、継手はたる木心で突付けとする。
3. 取付けは、たる木に添え付け、たる木当たりN38くぎ2本を平打ちとする。なお、板そばは、見えがくれの場合は添え付け、見えがかりの場合はすべり刃又は相じゃくりとする。

5.6.2 合板野地板

1. 合板の品質は、合板のJASに適合する構造用合板で、接着の程度1類、厚さ9mm以上のもの、又はこれと同等以上の性能を有するものとする。
2. 合板のホルムアルデヒドの発散量に関する品質については、特記による。
3. 取付けは、間隔150mm内外に受け材当たりN38くぎを平打ちする。

5.6.3 パーティクルボード野地板

1. パーティクルボードの品質は、JIS A 5908（パーティクルボード）に適合するもので、曲げ強さによる区分は13タイプ以上、耐水性による区分は耐水1又は耐水2のものとし、厚さ12mm以上とする。
2. パーティクルボードのホルムアルデヒドの発散量に関する品質については、特記による。
3. 取付けは、間隔150mm内外に、受け材当たりN50くぎを平打ちとし、継目部分は2～3mmのすき間をあける。なお、軒及び妻側の部分に使用する広小舞、登りよど、破風板等には木材を使用する。

5.6.4 構造用パネル野地板

1. 構造用パネルの品質は、構造用パネルのJASに適合するもの、又はこれと同等以上の性能を有するものとする。
2. 構造用パネルのホルムアルデヒドの発散量に関する品質については、特記による。
3. 取付けは、間隔150mm内外に、受け材当たりN50くぎを平打ちとし、継目部分はすき間をあける。なお、軒並びに妻側の部分に使用する広小舞、登りよど、破風板等には木材を使用する。

5.7 軒まわり・その他

5.7.1 鼻隠し

1. 継手の位置は、たる木心とし、次のいずれかにより、たる木当たりにくぎ打ちとする。
    - イ. ☐ 突付け継ぎ又はそぎ継ぎとする。
    - ロ. ☐ 厚木の場合は、隠し目違い入れとする。
2. 破風板との取合いは、突付けくぎ打ちとする。

5.7.2 破風板

継手の位置は、母屋心とし、次のいずれかにより、むな木、母屋及びけた当たりにくぎ打ちとする。
    - イ. ☐ そぎ継ぎ又は突付け継ぎとする。
    - ロ. ☐ 厚木の場合は、隠し目違い入れとする。

5.7.3 広小舞・登りよど

1. 広小舞の継手は、鼻隠しの継手の位置を避け、たる木心で突付け継ぎとし、たる木当たりくぎ打ちとする。
2. 登りよどの継手は、破風板の継手の位置を避け、母屋心で突付け継ぎとし、受け材当たりくぎ打ちとする。

3. 広小舞と登りよどの仕口は、大留めとし、くぎ打ちとする。
4. 広小舞及び登りよどの見えがかりの野地板との取合いは、相じゃくりとし、くぎ打ちとする。

5.7.4 面戸板
たる木相互間へはめ込み、くぎ打ちとする。

用　語

鼻隠し
軒先で、たる木の端を隠すためにつける長い横板。

破風板
屋根切妻の合掌形の板。

広小舞
軒先に沿って、たる木の上に取り付けた平たい横木。

面戸板
屋根裏板と軒げたの上のたる木の間にできるすき間を面戸といい、面戸をふさぐ板を面戸板という。

参考図 5.7.3　広小舞・登りよど

参考図 5.7.4　面戸板

5.8 床組

5.8.1 大引き
1. 断面寸法は、90mm×90mm以上とする。
2. 継手は、床束心から150mm内外持ち出し、相欠き継ぎのうえ、N75くぎ2本打ちとするか又は腰掛けあり継ぎとする。
3. 仕口は、次による。
　　イ. 土台との取合いは、大入れあり掛け、腰掛け又は乗せ掛けとし、いずれもN75くぎ2本斜め打ちとする。
　　ロ. 柱との取合いは、添え木を柱に取り付けたのち、乗せ掛けとするか、柱に大入れとし、いずれもN75くぎ2本を斜め打ちとする。

5.8.2 床束
床束は、次のいずれかによる。
1. ☐木製床束とする場合は、次による。
　　イ. 断面寸法は、90mm×90mm以上とする。
　　ロ. 上部仕口は、次のいずれかによる。
　　　（イ）☐大引きに突付けとし、N75くぎを斜め打ちのうえ、ひら金物を当て、くぎ打ち又はかすがい打ちとする。
　　　（ロ）☐大引きへ一部びんた延ばしとし、N65くぎ2本を平打ちする。
　　　（ハ）☐大引きに目違いほぞ差しとし、N75くぎ2本を斜め打ちする。
　　ハ. 下部は、束石に突付けとし、根がらみを床束に添え付けくぎ打ちとする。
2. ☐プラスチック束とする場合は、特記による。
3. ☐鋼製束とする場合は、特記による。

5.8.3 根太掛け
1. 断面寸法は、24mm×90mm以上とする。
2. 継手は、柱心で突付け継ぎとし、N75くぎ2本を平打ちする。
3. 留付けは、柱、間柱当たりにN75くぎ2本を平打ちする。

5.8.4 根太
1. 断面寸法は、45mm×45mm以上とする。ただし、大引きあるいは2階床ばり間隔が900mm内外の場合は、45mm×60mm以上とする。また、大引きあるいは2階床ばり間隔が1,800mm内外の場合は、45mm×105mm以上とする。

2. 根太間隔は、畳床の場合は450mm内外とし、その他の場合は300mm内外とする。
3. 継手は、受け材心で突付け継ぎとし、N90くぎを平打ちする。
4. はり又は大引きとの取合いは、置渡しとし、N75くぎ2本斜め打ちとする。ただし、根太のせいが90mm以上の場合は、大入れ又は渡りあご掛けとし、N75くぎ2本を斜め打ちする。
5. 床組に根太を用いない場合は、特記による。特記によらない場合は、本章5.8.8（構造用面材による床組の補強方法）の5による。

5.8.8の5　☞120頁

5.8.5 2階床ばり

1. 断面寸法は、荷重の状態、スパン、はり間隔等を勘案して適切なものとし、特記による。
2. 継手は、次のいずれかによる。
    イ. ☐受け材上で大材を下にして台持ち継ぎとし、六角ボルト2本締めとする。
    ロ. ☐上木先端部が受け材心より150mm内外になるように、下木を持ち出し、追掛け大栓継ぎとする。
    ハ. ☐上木先端部が受け材心より150mm内外になるように、下木を持ち出し上端をそろえ、腰掛けかま継ぎとし、短ざく金物両面当て、六角ボルト締めくぎ打ちとする。
3. 仕口は、次のいずれかによる。
    イ. ☐柱との取合いは、かたぎ大入れ短ほぞ差しとし、羽子板ボルト締め又は箱金物ボルト締めとする。
    ロ. ☐T字取合いは大入れあり掛けとし、羽子板ボルト締めとする。
    ハ. ☐受け材が横架材の場合は、受け材との取合いは、渡りあご掛けとする。

5.8.6 火打材

床組面（及び小屋組面）には、床組を補強する火打材を設けるものとする。火打材は、火打ちばり又は構造用面材とする。なお、構造用面材は床下地合板と兼用することができるものとする。

5.8.7 火打ちばりによる床組の補強方法

火打ちばりによる床組の補強方法は、次のいずれかによる。
1. ☐木製火打ちとする場合は、次による。
    イ. 断面寸法は、90mm×90mm以上とする。
    ロ. はり・胴差し・けた等との仕口は、かたぎ大入れとし、六角ボルト締めとする。ただし、はり・胴差し・けた等の上端又は下端に取り付ける場合は、渡りあご又はすべりあごとし、いずれも六角ボルト締めとする。
2. ☐鋼製火打ちとする場合は、特記による。

5.8.8 構造用面材による床組の補強方法

構造用面材による床組の補強方法は、次による。
1. 断面寸法105mm×105mm以上の床ばりを、1,820mm内外の間隔で、張り間方向又はけた行方向に配置する。
2. 床ばり、胴差しと柱の仕口、床ばりと胴差しの仕口は、金物、ボルトを用いて緊結して補強する。
3. 根太を設けた床組とし、根太と床ばり及び胴差しの上端高さが同じ場合の取合いは、次による。
    イ. 根太の断面寸法は、45mm×105mm以上とする。ただし、床ばりの間隔を910mm内外とする場合は、根太の断面寸法を45mm×60mm以上とする。
    ロ. 根太の間隔は、500mm以下とする。
    ハ. 根太は、床ばり・胴差しに大入れ落し込み、N75くぎ2本斜め打ちとするか、又は根太受け金物等を用いて床ばり・胴差しに留め付ける。

ニ. 床下地板の品質は、次のいずれかによる。
　（イ）□JASに適合する構造用合板で、種類1類、厚さ12mm以上であるもの。
　（ロ）□パーティクルボードのJISに適合するもので、曲げ強さは13タイプ以上、
　　　　耐水性は耐水1又は耐水2で、厚さ15mm以上であるもの。
　（ハ）□JASに適合する構造用パネルであるもの。
ホ. 床下地板の張り方は、床下地板の長手方向を根太と直交させ、かつ、千鳥張り
　　とし、胴差し及び床ばりに20mm以上のせてくぎ打ちする。床下地板は、根太
　　等の受け材上で突付け継ぎとする。
ヘ. 床下地板のくぎ打ちは、床下地板をN50くぎを用い、くぎ打ち間隔150mm以
　　下で、根太、床ばり、胴差し及び受け材に平打ちして固定する。

4. 根太を設けた床組とし、根太と床ばり及び胴差しの上端高さが異なる場合の取合い
　は、次による。
　イ. 根太の断面寸法は、45mm×105mm以上とする。ただし、床ばりの間隔を
　　　910mm内外とする場合は、根太の断面寸法を45mm×60mm以上とする。
　ロ. 根太の間隔は、340mm以下とする。
　ハ. 床ばりなどに直交する根太は渡りあごかけとし、N75くぎ2本斜め打ちとする。
　　　また、根太に直交する床ばり及び胴差しの際には、根太と同寸以上の受け材を
　　　設ける。際根太及び受け材は、床ばり又は胴差しに、N90くぎで間隔250mm
　　　以内に千鳥に平打ちする。
　ニ. 床下地板の品質及び張り方は、3のニ及びホによる。
　ホ. 床下地板のくぎ打ちは、床下地板をN50くぎを用い、くぎ打ち間隔150mm以
　　　下で、根太、際根太及び受け材に平打ちして固定する

5. 根太を用いない床組とし、直接、床下地板を床ばり又は胴差しに留め付ける場合の
　取合いは、次による。
　イ. 下地板の品質は、合板のJASに適合する構造用合板で厚さは24mm以上とする。
　ロ. 下地板は、その四周囲を床ばり又は胴差しに直接留め付ける。N75くぎを用い、
　　　間隔150mm以下で平打ちして固定する。
　ハ. 床下地板にさね加工を施した構造用合板を用いる場合は、床ばり又は胴差しに、
　　　構造用合板の短辺の外周部分に各1列、その間に1列以上になるように、N75く
　　　ぎを用いて150mm以下の間隔で平打ちして固定する（はり等の横架材の間隔が
　　　1m以下の場合に限る。）。

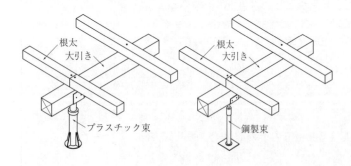

参考図5.8　床組

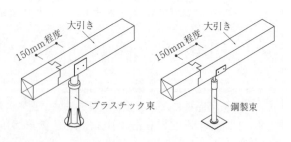

参考図5.8.1　大引きの継手

用 語

根がらみ
　床は、移動荷重や多少の衝撃荷重を受けるため、束が束石から浮き上がったり、移動したりするおそれがあるので、
これらを防止するのが目的である。

接合金物
　床ばりの継手に用いられるボルトなどの接合金物は、地震や風圧によって生ずるはりの軸方向引張力に抵抗させる
ため、材相互の連結を確実にするのが主な目的である。

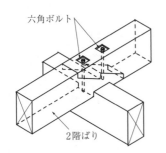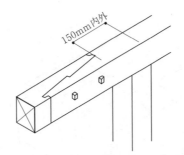

参考図5.8.5-1　2階床ばりの継手

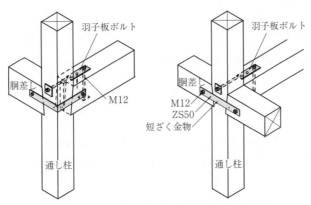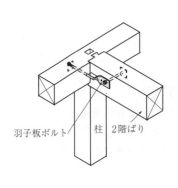

参考図5.8.5-2　通し柱と2階床ばりとの取合い　　　　参考図5.8.5-3　T字接合

関係法令

火打ちばり

火打ちばりは、骨組（はり、胴差し等の横架材）の接合部を固める目的で用い、耐震上、防風上有効である。建築基準法施行令第46条第3項では「床組及び小屋ばり組には木板その他これに類するものを国土交通大臣が定める基準に従って打ち付け、小屋組には振れ止めを設けなければならない。ただし、国土交通大臣が定める基準に従った構造計算によって構造耐力上安全であることが確かめられた場合においては、この限りでない。」と定められている。この規定を受け、平成28年国土交通省告示第691号において「床組及び小屋ばり組の隅角に火打ち材を使用すること」が、選択肢として定められている。

火打材

建築物に作用する地震力、風圧力などの水平力は、屋根面、小屋面、床面等のいわゆる水平構面によって耐力壁等の垂直構面に分配され、最終的に地盤に伝達される。水平構面の剛性や耐力が不十分であると、水平構面が変形して部分的に変形が過大になったり、水平構面の破壊を生じたりする。したがって、架構の構成方法のいかんを問わず、床組面、小屋組面などいわゆる水平構面には、隅角部に火打材を設けて一体化を図る必要がある。

床組等の仕様については、本章5.8.8（構造用面材による床組の補強方法）に示した剛床仕様のほか、住宅の品質確保の促進等に関する法律第3条第1項に規定する評価方法基準第5 1-1（3）ホ③に準拠する本仕様書のⅢ-3.4（床組等）を参考に、仕様を決定する方法等がある。パーティクルボードや構造用合板をくぎ打ちする場合も、火打材とみなすことができる（付録3「耐震上留意したい構造計画のポイント」の「ポイント4 水平構面を固める」参照）。

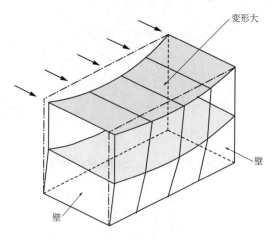

参考図5.8-2 水平構面の剛性が不十分な建築物

床根太間の断熱材の施工

　床の断熱材を床根太間に充填する際にあたっては、断熱材の厚さによっては、床根太のせいを高くすることが必要となるので注意を要する。また、床根太間に施工しやすいようにあらかじめ加工し、根太寸法よりも大きな厚さを確保できるようにした断熱材もあるので、適宜活用することができる。

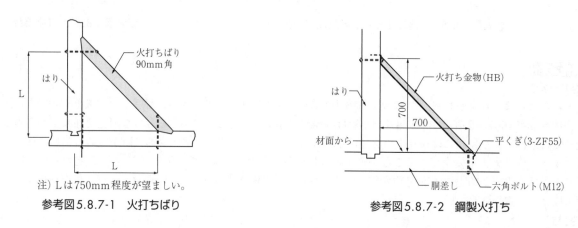

注) Lは750mm程度が望ましい。

参考図5.8.7-1　火打ちばり

参考図5.8.7-2　鋼製火打ち

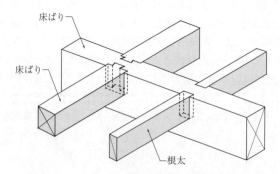

参考図5.8.8-1　床組の補強方法（床ばりの取付け）

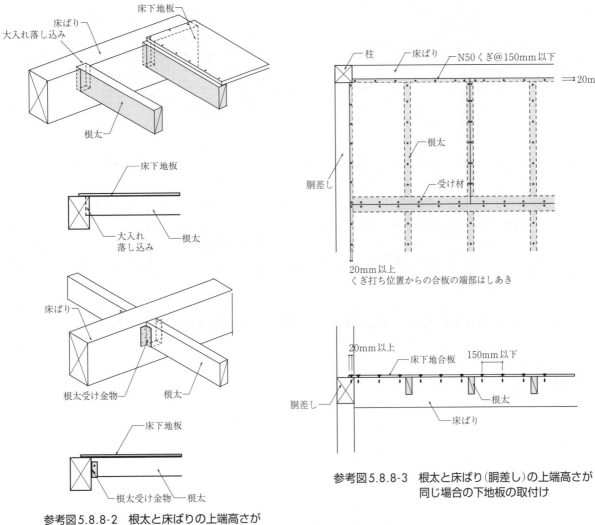

参考図 5.8.8-2　根太と床ばりの上端高さが
同じ場合の根太の取付け

参考図 5.8.8-3　根太と床ばり（胴差し）の上端高さが
同じ場合の下地板の取付け

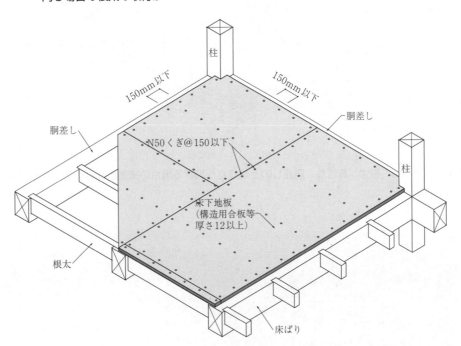

参考図 5.8.8-4　根太、床ばり、胴差しの上端高さが同じ場合の構造用面材による床組補強例

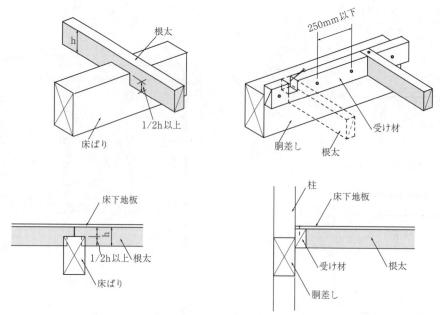

参考図 5.8.8-5　根太、床ばり、胴差しの上端高さが異なる場合の根太の取付け例

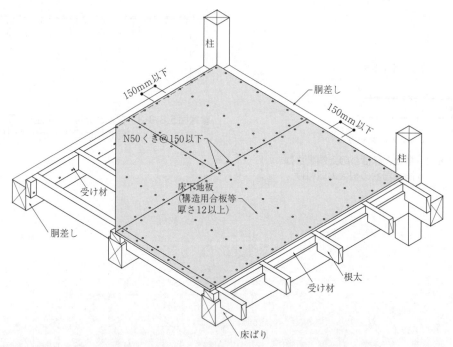

参考図 5.8.8-6　根太、床ばり、胴差しの上端高さが異なる場合の構造用面材による床組補強例

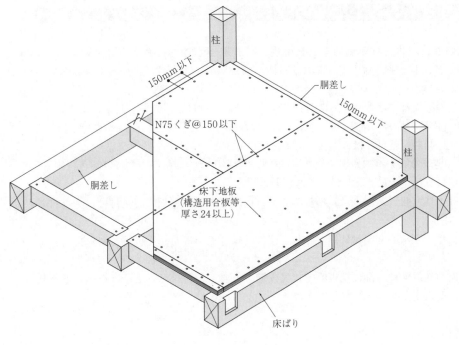

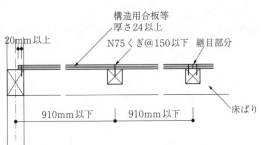

参考図5.8.8-7　根太を用いない床組補強例

5.9 ひさし

5.9.1 陸ひさし

1. 型板の取付けは、柱の側面を15mm程度欠き取ったのち、型板を柱にはめ込み、N65くぎ5本を平打ちする。なお、間柱へは、型板を添え付け、N65くぎ5本を平打ちする。
2. 鼻隠しの上端は、ひさし勾配に削る。継手及取付けは、次のいずれかによる。
   - イ. ☐化粧の場合の継手は、型板心で相欠き継ぎとし、すみは下端を見付け留め3枚に組む。留付けは、型板に添え付け、くぎ頭つぶし打ちとする。
   - ロ. ☐見えがくれ（モルタル塗り等）の場合の継手は、型板心で突付け継ぎとする。留付けは型板に添え付け、くぎ打ちとする。
3. 広小舞を取り付ける場合は、型板心で突付け継ぎとし、型板に添え付け、くぎ打ちとする。
4. 野地板は、型板心で突付け継ぎとし、留付けは、板そばを添え付け、型板当たりくぎ打ちとする。
5. 化粧天井板継手は、乱に型板心で相欠き継ぎとし、留付けは、板そばを相じゃくりとし、型板当たりくぎ打ちとする。

5.9.2 腕木ひさし

1. 腕木と柱の仕口は、次のいずれかによる。
   - イ. ☐柱へ下げかまほぞ差しとし、上端よりくさび締めのうえ、くさび抜け止めくぎ打ちとする。
   - ロ. ☐柱へ短ほぞ差しとし、上端より斜めくぎ打ちとする。
2. 出しげたは　腕木に渡りあご掛け、隠しくぎ打ちとする。
3. たる木掛けは　上端をひさし勾配に削り、たる木彫りをして、柱に欠き込み、くぎ打ちとする。
4. 広小舞は　化粧野地板との取合いを板じゃくりとし、すみを大留めとする。また、たる木に添え付け、くぎ打ちとする。
5. ひさし板は、そば相じゃくりとし、たる木当たりくぎ打ちとする。

5.10 バルコニー

5.10.1 跳出しバルコニー

跳出しバルコニーの仕様は、次による。

1. 跳出しバルコニーの外壁心からの跳出し長さは、おおむね1m以下とし、これを超える場合は、特記による。
2. 跳出しばりの断面寸法は、荷重の状態、跳出し長さ、はり間隔を勘案して適切なものとし、特記による。
3. 跳出し長さは、屋内側の床ばりスパンの1/2以下とし、先端部分はつなぎばりで固定する。
4. 跳出しばりの継手、仕口は、次の方法とする。
   - イ. 跳出しばりには、原則として継手は設けてはならない。
   - ロ. 仕口は、屋内については、本章5.8.5（2階床ばり）による。 5.8.5　☞119頁
   - ハ. 胴差しとの取合いは、乗せ掛け又は渡りあご掛け、羽子板ボルト締めとする。
   - ニ. 跳出しばりとつなぎばりのT字取合いは、羽子板ボルト締めとする。
   - ホ. イからニによらない場合は、特記による。
5. 根太の断面寸法、受けばりへの取合いは、本章5.8.4（根太）の1から4により、2階根太と同じとする。 5.8.4の1～4　☞118頁
6. FRP塗膜防水仕上げの下地板張りは、次による。
   - イ. 下地板はJASに適合する普通合板の1類、構造用合板の1類若しくは特類、又は構造用パネルとする。
   - ロ. 下地板を受ける根太間隔が350mm以下では、下地板は厚さ12mmを2枚張り

とする。
ハ．下地板を受ける根太間隔が500mm以下では、下地板は厚さ15mmと12mmの2枚張りとする。
ニ．専用の勾配付き断熱材を用いる場合は、下地板は厚さ12mmを1枚張りとする。
ホ．イからニによらない場合の下地板張りは、特記による。
7. 下地板は1/50以上の勾配を設け、溝部分では1/200以上の勾配を設ける。2枚以上重ねる場合は、継目が重ならないようにし、目違い、段差及び不陸が生じないようにする。
8. バルコニーの立上り壁の仕様は、両面を外壁外側の仕様とし、外壁内通気を行う場合、本章8.4（外壁内通気措置）による。これによらない場合は、特記による。　　8.4 ☞208頁

5.10.2 その他のバルコニー

方づえ式バルコニー、既製金物等によるバルコニー又はルーフバルコニー等は、特記による。

用語

腕木ひさし

柱から腕木を伸ばし、出しげたを載せ、その上に板を載せて金属板でふいたものが一般的である。

施工方法

陸ひさし

柱または間柱の側面に型板を取り付ける。型板が垂れ下がらないよう、大くぎで十分に打ち付ける。次に野地板の上に金属板を張り、軒裏は軒天井を張って仕上げる。この方法は軽い、出の少ないものに用いる。

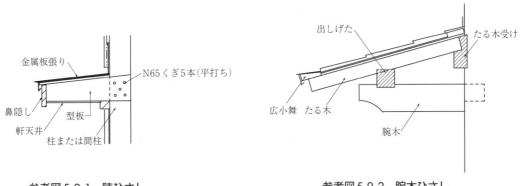

参考図5.9.1　陸ひさし　　　　　　　　参考図5.9.2　腕木ひさし

留意事項

バルコニーの構造躯体と防水下地板

バルコニー形式には、跳出し式、方づえ式、既製品を用いるもの、ルーフバルコニーなどさまざまな形式がある。バルコニーの構造は、バルコニー形式に応じて、積載荷重によるたわみなどが生じないよう留意する必要がある。

特に、ルーフバルコニーの場合は、下階への雨漏りが懸念されるため、たわみにより防水層の破断や欠損が生じないよう、強固に設計することが望ましい。

また、バルコニーの水勾配が両方向となる場合の下地板の頂部継目部分は、防水上の弱点となりやすいので、適切に目地処理を施す。

なお、バルコニー下地板に一定の防火性能が求められる場合は、防火性能の高い防水下地板の使用を検討する必要がある。

跳出しバルコニーの支持方法

　バルコニーを設ける壁面は、一般に外部環境が良好な向きであることが多く、その下階にも開口部が設けられる傾向にある。そのため、バルコニーの跳出しばりは開口部の上に掛け渡すけたばりが支える構造になることが多い。

　特に、上下階の開口部の位置が異なり、柱の位置がずれる場合は、跳出しバルコニーを支えるけたばりは、上階の柱が受け持つ屋根荷重、上階の壁荷重および跳出しバルコニーの荷重の合計の荷重を受け持つこととなる。

　このように、跳出しバルコニー直下のけたばりは構造的に厳しい条件となることがあるため、けたばりの断面寸法を確保し、下階柱間隔を抑制するなど、けたばりのたわみの発生に伴うバルコニーの防水不良を予防することが重要である。

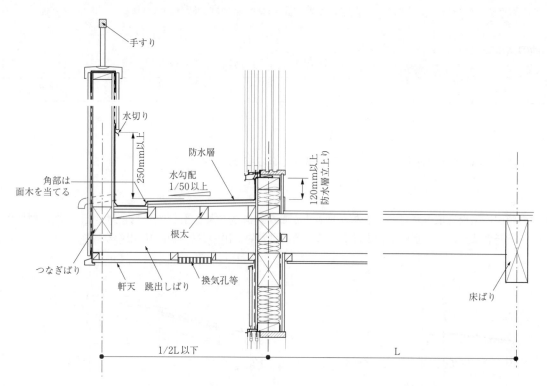

参考図5.10　跳出しバルコニーの取合いの例

5.11 住戸間の界壁

　連続建ての住戸間の界壁の仕様は、本章17.1.5（界壁）による。

17.1.5　☞276頁

6. 屋根工事

6.1 屋根工事一般

6.1.1 適用

1. 屋根の下ぶきは、本章6.2（下ぶき）による。 6.2 ☞129頁
2. 屋根ふき工事は、屋根ふき材の種類に応じて、本章6.3（金属板ぶき）以降の各項による。ただし、建築基準法に基づき構造計算を行う場合の仕様は、特記による。 6.3 ☞133頁

6.2 下ぶき

6.2.1 材料

1. アスファルトルーフィングは、改質アスファルトルーフィング又はJIS A 6005(アスファルトルーフィングフェルト)に適合するアスファルトルーフィング940以上とする。
2. 合成高分子系ルーフィングは、JIS A 6008(合成高分子系ルーフィングシート)に適合するものとし、種類は特記による。
3. 透湿ルーフィングは、JIS A 6111(透湿防水シート)に適合する屋根用透湿防水シートとし、施工方法は製造者の仕様に従う。

6.2.2 工法

1. アスファルトルーフィングのふき方は、次による。
   - イ. 野地面上に軒先と平行に敷き込むものとし、上下（流れ方向）は100mm以上、左右（長手方向）は200mm以上重ね合わせる。
   - ロ. 留付けは、重ね合せ部は間隔300mm内外に、その他は要所をステープルなどで留め付ける。
   - ハ. むね部においては、250mm以上の左右折り掛けとし、むね頂部から左右へ一枚ものを増張りする。
   - ニ. 谷部においては、谷底から左右へ一枚ものを先張りし、その上に下ぶき材を左右に重ね合わせ、谷底から250mm以上のばす。
   - ホ. 軒先においては、軒先水切り金物の上に重ね、両面接着防水テープで密着させる。これらによらない場合は、特記による。
   - ヘ. 壁面との取合い部においては、壁面に沿って250mm以上、かつ雨押え上端より50mm以上立ち上げる。
   - ト. むね板（あおり板）、かわら棒及び桟木などは、張り包まない。
   - チ. しわ又はゆるみが生じないように、十分注意して張り上げる。
2. 合成高分子系ルーフィング等のふき方は、各製造所の仕様によることとし、特記による。
3. 屋根まわりの雨漏りの発生しやすい箇所では、1のハ及びニによる増張りのほか、本章6.9（各屋根ふき材の水切り・雨押え）による適切な下ぶきの補強を行う。 6.9 ☞149頁

関係法令

屋根ふき材等の構造安全性に係る法令の適用

　屋根ふき材等の外装材の構造安全性に係る建築基準法の規定は、いわゆる仕様規定と構造計算規定からなる。仕様規定については、同法施行令第39条第2項及び同条に基づく昭和46年建設省告示第109号で規定されており、すべての建築物の屋根ふき材、外装材及び屋外に面する帳壁に適用される。また、構造計算規定は、同法第20条で規定された建築物を対象として、具体的な計算方法は同法施行令第82条の4に基づき、平成12年建設省告示第1458号及び施行令第82条の5に基づく平成12年建設省告示第1457号第11に規定されている（次表参照）。

　なお、本仕様書の内容は、前者の仕様規定に基づくものであるため、構造計算を行う建築物の場合は、別途、構造計算により安全性が確認された仕様とすることが必要である。この他、限界耐力計算等による構造計算の方法もある。

	法令（告示）の適用	
	仕様規定	構造計算規定
		平成12年建設省告示第1458号
構造計算による構造安全性の確認を行う場合	昭和46年建設省告示第109号	
構造計算を行わない場合		

用語

下ぶき

　屋根ふき材料の下地とし、結露水や湿気を防ぐために使われるもので、アスファルトルーフィングぶきなどがある。

アスファルトルーフィング

　有機天然繊維を主原料とした原紙にアスファルトを浸透、被覆し、表裏面に鉱物質粉末を付着させたもの。単位面積質量による種類は、アスファルトルーフィング1500（従来の1巻35kg相当）、アスファルトルーフィング940（従来の1巻22kg相当）がある。

改質アスファルトルーフィング

　アスファルトに合成ゴムや合成樹脂を混合して、アスファルトの低温性状や高温性状を改良した改質アスファルトを使用したルーフィングである。一般ルーフィングタイプ、複層基材タイプ及び粘着層付きタイプがある。なお、改質アスファルトルーフィングの品質として、一般社団法人日本防水材料協会が推奨するARK規格04^{s}-03がある。

合成高分子系ルーフィング

　合成ゴムや合成樹脂を主原料とした成形シート、あるいはこれに異種材料を塗布または積層したもの。長さや幅は、アスファルトルーフィングに似たものが多い。

ステープル

　ステープルは、屋根下ぶき材、外壁の防水紙、ラス等を留め付けるために用いられるコの字型の接合具で、手打ちのできるものと機械打ちしなければならないものがある。なお、屋根下ぶき材を留め付けるためのステープルの足長さは、16mm程度とする。

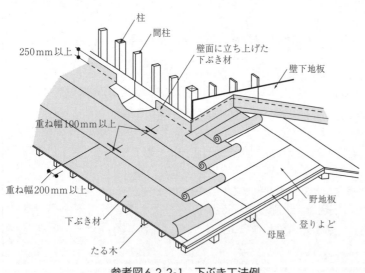

参考図6.2.2-1　下ぶき工法例

下ぶき工法例

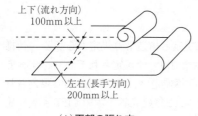

(A)平部の張り方

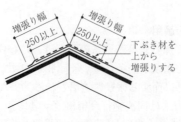

(B)むね部の張り方

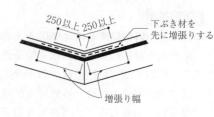

(C)谷部の張り方

参考図6.2.2-2　下ぶき材の各部位の張り方例

軒先、壁取合い部の先張り防水措置

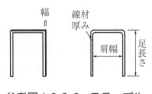

参考図6.2.2-3　ステープル

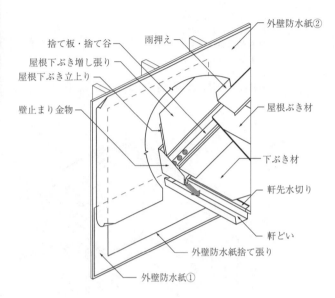

参考図6.2.2-4　軒先と壁の取合い部の張り方

留意事項 ||||

屋根まわりにおいて雨漏りの発生しやすい箇所

　雨漏りの発生しやすい箇所は、屋根の各部おさまり部分や屋根と外壁の取合い部分など、屋根の構成が切り替わる部分である。具体的には、参考図6.2.2-5に示す①谷部、②けらば部、③軒先と壁の取合い部、④下屋根と壁の取合い部、⑤むね違い部、⑥トップライトまわり、⑦片流れ屋根むね部及び⑧片流れ屋根むね部軒裏と外壁の取合い部である。

　これらの部分からの漏水は顕在化するまで長期間かかることがあり、その間に躯体の腐朽が生じ耐久性の低下につながりやすい。そのため、①から⑧の各部の防水について、次の留意事項に配慮することにより漏水の発生をできる限り少なくすることが望ましい。

（屋根まわりの防水に係る留意事項）

①谷部は、参考図6.2.2-2の(C)(谷部の張り方)に従い下ぶきを張り、参考図6.3.10(谷ぶき)の谷どいを適切に施工したうえで、屋根材をふく。

②けらば部は、かわらぶきの場合は登りよどをけらばに沿って取り付け、ルーフィングを登りよどにはりかけておさめる。その他のふき方の場合は各屋根ふき材メーカー等の施工マニュアルに基づき、適切におさめる。

③軒先と壁の取合い部は、参考図6.2.2-4(軒先と壁の取合い部の張り方)にならい、ルーフィング上を流れ落ちた雨水が壁に伝わらず壁止まり金物を通って軒どいに流れるように施工する。万が一、雨水が壁止まり金物に流れない場合でも、外壁防水紙の裏側に回らないよう外壁防水紙または改質アスファルト系防水シートなどを捨て張りしておく。

④下屋根と壁の取合い部は、かわらぶきの場合は本章6.4(粘土がわらぶき)、金属板ぶきの場合は参考図6.3.8-1(水上部分と壁との取合い)及び参考図6.3.8-2(流れ方向の壁との取合い)にならって施工する。

⑤むね違い部は、大きい屋根のけらばに小さい屋根のむねが交差するため、下ぶきを入念に張ったうえで、かわらぶきの場合は袖がわらとむねがわらのおさめ方、住宅屋根用化粧スレートぶき及び金属板ぶきの場合はけらば水切とむね包みのおさめ方を注意して施工する。

⑥トップライトまわりは、製造所の仕様に基づき施工する。

⑦片流れむね頂部は雨当たりが強く、鼻隠し板上の野地板露出部から雨水が浸入しやすい。浸入した雨水は野地板裏面を伝わって室内側に入り込むおそれがあるため、屋根下ぶき材を、むね包み下地材の下端まで張り下げるな

どの対応が望ましい。

⑧片流れむね頂部軒裏は逆勾配となるため、風により軒裏にも雨水が当たりやすく、その雨水は軒裏から壁面へ流れる。頂部軒先では水切り措置を入念に行い、軒裏や壁に伝わる水を減らす工夫が必要となる。また、できるだけ軒の出を確保するとともに、軒裏と外壁の取合い部の防水措置を入念に施す。

①谷部
②けらば部
③軒先と壁の取合い部
④下屋根と壁の取合い部
⑤むね違い部
⑥トップライトまわり
⑦片流れ屋根むね部
⑧片流れ屋根むね部軒裏と外壁の取合い部

※屋根ふき材の留付けに用いる緊結くぎ等が、下ぶき材を貫通する部分から浸水した事例もあるため、注意する必要がある。緊結くぎ等が下ぶき材を貫通しないためには、背の高い下地材（桟木）を用いるなどの方法がある。

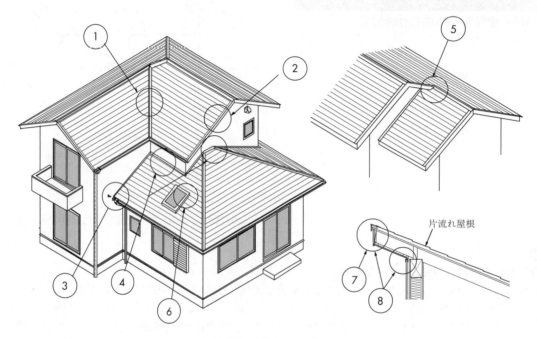

参考図6.2.2-5　雨漏りの発生しやすい箇所

太陽光発電システム設置・施工について

太陽光発電システムは普及が進んでいるところであるが、以下の点に留意して適切に設計・施工することが重要である。

①重量のある太陽光パネルを屋根面に設置するため、躯体の強度が耐えられるか、強風時に耐えられるかなど、構造上の確認を行う。

②雨がかりとなる屋根面に設置するため、雨漏りしないよう設計・施工する。屋根下地やルーフィングに穴を開けた場合は適切に防水措置を施すとともに、配線等による躯体貫通部には有効な防水措置を施す。

③太陽電池モジュール上は雪が滑落しやすいため、隣地への落雪が予想される場合は雪止めの設置を行う。

④太陽電池モジュールから太陽光が反射することによって近隣トラブルが発生しないか、近隣状況や太陽光パネルを設置する方向・角度などに十分留意して設計を行う。

⑤太陽電池モジュールの設置形態のうち、鋼板等なし型（裏面に鋼板がない太陽電池モジュールをルーフィング上に設置するタイプ）は、野地板への延焼につながる可能性が考えられることから、設置形態については十分に検討し、設置形態が不明の場合は製造メーカーに確認する。

また、さまざまな形状、おさまりがあるため、太陽光発電システムメーカー等のマニュアルを参考に適切な設置、施工を行うことが重要である。

浸入雨水による屋根下地の劣化軽減対策

屋根ふき材のすき間から入った雨水を内部に滞留させず、野地板等の劣化を防ぐためには、桟木類と下ぶき材の間に排水・通気用の縦桟木（流し桟木）を設置する方法（通気下地屋根構法）により工夫することなどが考えられる。このような方法による場合は、土ぼこり等がたまらないよう一定の排水断面を確保する必要がある。通気下地屋根構法は、

通気の確保に加え、下ぶき材表面での雨水の滞留を減らすことができ、また、屋根ふき材の緊結くぎを下ぶき材に届かせないようにすることで下ぶき材を貫通するくぎ穴数を減らし、野地板への雨水の浸入をより抑制する効果が期待される。一方、屋根ふき材が十分に固定されるように、緊結する桟木類の品質、寸法、固定方法等に留意する必要があり、また、桟木類が二重、三重となることから、手間・コストが増加することとなる。

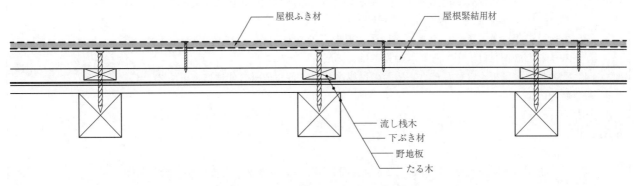

参考図6.2.2-6　通気下地屋根構法の概念図

調査データ

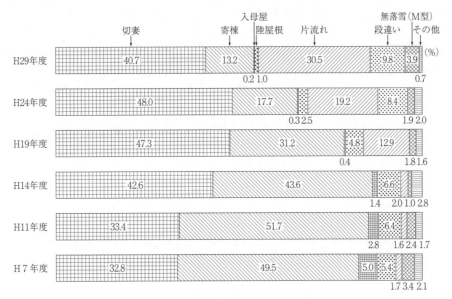

屋根の形状

※平成19年度以前の調査では、「段違い」の選択肢を設けていなかった。

［フラット35住宅仕様実態調査（住宅金融支援機構）］

6.3 金属板ぶき

6.3.1 材料

1. 金属板の品質は、次のいずれかの規格に適合するもの、又はこれらと同等以上の性能を有するものとする。

   イ．☐ JIS G 3312（塗装溶融亜鉛めっき鋼板及び鋼帯）の屋根用

   ロ．☐ JIS G 3318（塗装溶融亜鉛－5％アルミニウム合金めっき鋼板及び鋼帯）の屋根用

   ハ．☐ JIS G 3321（溶融55％アルミニウム－亜鉛合金めっき鋼板及び鋼帯）の屋根用

   ニ．☐ JIS G 3322（塗装溶融55％アルミニウム－亜鉛合金めっき鋼板及び鋼帯）の屋根用

   ホ．☐ JIS G 3320（塗装ステンレス鋼板及び鋼帯）の屋根用

   ヘ．☐ JIS K 6744（ポリ塩化ビニル被覆金属板及び金属帯）の屋根用

ト．□ JIS H 3100（銅及び銅合金の板並びに条）の屋根用

2. 金属板の板厚は、次のいずれかによる。

イ．□ふき板の板厚は、0.35mm以上とする。塗装ステンレス鋼板及び銅及び銅合金の板及び条を用いる場合は、0.3mm以上とする。

ロ．□谷の部分の板厚及びそのつり子等の部分の板厚は、0.4mm以上の厚さとする。

ハ．□その他の部分の板厚は、特記による。

3. 留付けに用いるくぎは、ふき板と同系材料のものを使用し、長さは32mm以上、つり子などの留付けに用いるくぎの長さは、45mm以上とする。

4. その他の金属板ふき材及び雪止め等の付属金具は、各製造所の仕様によるものとし、特記による。

6.3.2 加工

1. 金属板の折り曲げは、次による。

イ．加工は、原則として機械加工とし、塗膜に損傷やはく離が生じないよう折り曲げる。

ロ．塗膜の損傷部分の補修については、各製造所の仕様による。

2. 金属板の接合は、次による。

イ．一重はぜ（こはぜ又は平はぜともいう。）のはぜ幅は、上はぜ12mm程度、下はぜ15mm程度とする。

ロ．二重はぜ（巻はぜともいう。）1折り目のはぜはイと同様とし、2折り目は上下はぜ同寸とする。

ハ．リベット接合に用いるリベットは、鋼又はステンレスリベットとし、径は3mm以上、間隔は30mm以下とする。

ニ．はんだ接合に用いるはんだは、JIS Z 3282（はんだ－化学成分及び形状）に定められたもの、又はこれと同等以上の性能を有するものとし、接合両面を十分に清掃し、接合後は助剤を完全に除去する。

3. 金属板の留付けは、つり子、通しつり子又は通し付け子によるものとし、次による。

イ．つり子は、幅30mm、長さ70〜80mm内外とし、くぎ打ちとする。

ロ．通しつり子の各部分の寸法は、特記による。

ハ．通し付け子は、長さ900mm内外とし、継手は突付け、両端及びその中間を間隔200mm内外にくぎ打ちとし、通りよく取り付ける。

ニ．くぎ打ちのくぎ頭は、すべてシーリング処理を行う。

6.3.3 心木ありかわら棒ぶき

1. 銅板以外の板による屋根一般部分は、次による。

イ．かわら棒の間隔は、350mm又は450mmを標準とする。ただし、強風地域では実状に応じて間隔を狭くする。

ロ．心木は、下ぶきの上からたる木にくぎ留めする。

ハ．心木を留めるくぎは、たる木に40mm以上打ち込むものとする。留付け間隔は、軒先、けらば及びむね付近では300mm以内、その他の部分は600mm以内とする。

ニ．溝板及びかわら棒包み板（キャップともいう。）は、全長通しぶきを標準とする。ただし、溝板又はかわら棒包み板に継手を設ける場合は、二重はぜ継ぎとする。

ホ．溝板の両耳は、かわら棒の心木の高さまで立ち上げたうえ、かわら棒包み板をかぶせ、かわら棒包み板の上から心木側面にくぎ留めとする。

ヘ．ホに用いるくぎの長さは、38mm以上とする。くぎ打ち間隔は、軒先、けらば及びむね付近では200mm以内、その他の部分は450mm以内とする。

ト．特殊工法によるものは、各製造所の仕様によるものとし、特記による。

2. 銅板による屋根一般部分は、次による。

イ．かわら棒の間隔は、320mm及び365mmを標準とする。ただし、強風地域では

実状に応じて間隔を狭くする。

ロ．心木は、下ぶきの上からたる木にくぎ留めする。

ハ．心木を留めるくぎは、たる木に40mm以上打ち込むものとする。留付け間隔は、軒先、けらば及びむね付近では300mm以内、その他の部分は600mm以内とする。

ニ．溝板及びかわら棒包み板（キャップともいう。）は、全長通しぶきを標準とする。ただし、溝板又はかわら棒包み板に継手を設ける場合は、二重はぜ継ぎとする。板厚は0.35mm以上とする。

ホ．溝板の両耳は、15mm程度のはぜを設け、かわら棒の心木の高さまで立ち上げる。

ヘ．つり子は屋根と同材とし、長さ60mm、幅30mm程度のものを心木の両側に長さ32mm以上のステンレス鋼くぎで留め付ける。つり子は、溝板のはぜに確実に掛け合わせる。

ト．つり子間隔は、軒先、けらば及びむね付近では150mm以内、その他の部分では300mm以内とする。

チ．特殊工法によるものは、各製造所の仕様によるものとし、特記による。

6.3.4 心木なしかわら棒ぶき

銅板以外の板による屋根一般部分は、次による。

イ．かわら棒の間隔は、350mm又は450mmを標準とする。ただし、強風地域では実状に応じて間隔を狭くする。

ロ．溝板及びかわら棒包み板は、全長通しぶきを標準とする。

ハ．溝板を所定の位置に並べたあと、通しつり子を溝板相互間にはめ込み、亜鉛めっき座金付きくぎで、野地板を通してたる木に留め付ける。

ニ．ハに用いるくぎは、40mm以上打ち込める長さのものを用いる。くぎ打ち間隔は、軒先、けらば及びむね付近では200mm以内、その他の部分では400mm以内とする。

ホ．かわら棒包み板の留付けは、通しつり子になじみよくはめ込み、通しつり子及び溝板につかみ込み、二重はぜとし、はぜ締め機などにより、均一かつ十分に締め付ける。

ヘ．特殊工法によるものは、各製造所の仕様によるものとし、特記による。

6.3.5 一文字ぶき

1. 銅板以外の板による屋根一般部分は、次による。

イ．ふき板の寸法は、224mm×914mmの大きさに切断して使用することを標準とする。ただし、強風地域では実状に応じて、ふき板の大きさを小さくする。

ロ．ふき板の四周は一重はぜとする。下はぜは18mm、上はぜは15mm程度とする。

ハ．つり子は、ふき板と同じ材で、幅30mm、長さ70mmとする。

ニ．つり子は、野地板に打ち留めとする。取付け箇所は、ふき板1枚につき2箇所以上とする。

ホ．隣り合ったふき板は、一重はぜ継手とし、千鳥に設ける。

2. 銅板による屋根一般部分は、次による。

イ．ふき板の寸法は、銅板を182.5mm×606mmの大きさに切断して使用することを標準とする。ただし、強風地域では実状に応じて、ふき板の大きさを小さくする。

ロ．ふき板の四周は一重はぜとする。下はぜは18mm、上はぜは15mm程度とする。

ハ．つり子は、ふき板と同じ材で、幅30mm、長さ70mmとする。

ニ．つり子は、野地板にくぎ留めとする。取付け箇所は、ふき板1枚につき2箇所以上とする。

ホ．隣り合ったふき板は、一重はぜ継手とし、千鳥に設ける。

6.3.6 段ぶき（横ぶき）

段ぶきの工法は、各製造所の仕様によるものとし、特記による。ただし、使用する工法は、公的試験機関又はそれに準ずる試験機関で、JIS A 1414-3（建築用パネルの性能試験方法−第3部：温湿度・水分に対する試験）に定められた水密試験を行った結果、異常が認められなかったものとする。

6.3.7 むね部分

1. 銅板以外の板による、心木ありかわら棒ぶきのむね部分の工法は、次による。
   - イ．溝板端部は、八千代折りとし、心木の高さまで立ち上げ、水返しをつける。
   - ロ．むね板は、心木にくぎ留めとする。
   - ハ．むね包み板は、むね板寸法に折り合わせて、かわら棒部分ではかわら棒上端まで、また溝板部分では、溝板底部まで折り下げる。この場合、それぞれの先端は、あだ折りとし、20mm程度を屋根面へ沿わせて折り曲げる。
   - ニ．むね包み板の継手は、一重はぜ継ぎとする。
   - ホ．むね包み板は、むね板の両側面に長さ32mm以上のくぎを用いて、間隔300mm内外に留め付ける。
   - ヘ．通し付け子は、かわら棒部分ではかわら棒上端まで、また、溝板部分では溝板底部まで折り下げる。この場合、それぞれの先端は、あだ折りとし、20mm程度を屋根面へ沿わせて折り曲げる。
   - ト．通し付け子は、むね板の両側面に長さ32mm程度のくぎで、間隔300mm内外に留め付ける。
   - チ．通し付け子を用いる場合のむね包みは、通し付け子の上耳にこはぜ掛けとする。
2. 銅板による心木ありかわら棒ぶきのむね部分の工法は、次による。
   - イ．溝板端部は、八千代折りとし、心木の高さまで立ち上げ、水返しをつける。
   - ロ．むね板は、心木に打ち留めとする。
   - ハ．通し付け子は、かわら棒部分ではかわら棒上端まで、また、溝板部分では溝板底部まで折り下げる。この場合、それぞれの先端は、あだ折りとし、20mm程度を屋根面に沿わせて折り曲げる。
   - ニ．通し付け子は、むね板の両側面に長さ25mm程度のくぎで、間隔300mm以下に留め付ける。
   - ホ．むね包み板は、通し付け子の上耳にはぜ掛けとする。
3. 銅板以外の板による、心木なしかわら棒ぶきのむね部分の工法は、次による。
   - イ．溝板端部は、八千代折りにして、むね板受け材の高さまで立ち上げ、水返しをつける。
   - ロ．むね板は、むね板受け材にくぎ留めする。
   - ハ．むね包み板は、1のハ、ニ及びホによる。
   - ニ．通し付け子を用いる場合は、1のヘ、ト及びチによる。
4. 銅板以外の板による一文字ぶきのむね部分の工法は、次による。
   - イ．むね板（あおり板）は、野地板を通してたる木にくぎ留めする。
   - ロ．通し付け子は、1のトによる。
   - ハ．平ぶき板の上耳は、通し付け子に沿わせてむね板（あおり板）の高さまで立ち上げる。
   - ニ．むね包み板は、ふき板のはぜ通し付け子の上耳を合わせてこはぜ掛けとする。
5. 銅板による一文字ぶきのむね部分の工法は、次による。
   - イ．むね板（あおり板）は、野地板を通してたる木にくぎ留めする。
   - ロ．つり子は一般部分と同じものを使用し、むね板の側面に屋根一般部分と同じ間隔に、長さ25mm程度のくぎ留めとする。
   - ハ．むね板に接するふき板は、上端をむね板の厚さだけ立ち上げ、はぜをつける。つり子は、はぜに十分掛ける。
   - ニ．むね包み板は、ふき板のはぜにはぜ掛けして留める。

6.3.8 壁との取合い

1. 心木ありかわら棒ぶき及び心木なしかわら棒ぶきの壁との取合いの工法は、次による。

 イ．水上部分の壁際に取り付く雨押え受け材は、かわら棒と同じ高さの部分（木材）をたる木にくぎ留めする。

 ロ．水上部分の溝板端部は、八千代折りとし、心木又は雨押え受け材の高さまで立ち上げ、水返しをつける。

 ハ．水上部分の壁際に取り付く雨押え板は、心木又は雨押え受け材にくぎ留めとする。

 ニ．流れ方向の壁際に取り付く雨押え受け材は、かわら棒と同じ高さの部材（木材）をたる木にくぎ留めする。

 ホ．流れ方向の壁際部分の溝板は、雨押え受け材の高さまで立ち上げはぜをつける。

 ヘ．つり子は、ふき板と同じ板材で、長さ60mm、幅30mmとし、間隔は、銅板の場合は300mm程度、銅板以外の場合は450mm程度に、くぎ留めする。

 ト．つり子を留めるくぎの長さは、銅板の場合は25mm以上、銅板以外の場合は、32mm程度とする。

 チ．銅板以外の板の水上部分及び流れ方向の壁際の雨押え包み板は、上端を壁に沿って120mm以上立ち上げ、先端をあだ折りし、壁下地に450mm程度の間隔でくぎ留めとする。

 リ．雨押え包み板は、雨押え板寸法に折り合わせて、かわら棒部分ではかわら棒上端まで、また、溝板部分では溝板底部まで折り下げる。この場合、それぞれの先端はあだ折りとし、20mm程度を屋根面に沿わせて折り曲げる。

 ヌ．雨押え包みは、雨押え板の側面に、長さ32mm程度のくぎで、間隔450mm程度に留め付ける。

 ル．銅板の水上部分及び流れ方向の壁際の雨押え包み板は、上端を壁に沿って60mm以上立ち上げ、先端をあだ折りとする。あだ折り部分は、つり子留めとする。

 ヲ．つり子は、幅30mm、長さ60mmのものを、長さ25mm程度のくぎで、間隔300mm程度に留め付ける。

 ワ．通し付け子は、かわら棒部分ではかわら棒上端まで、また、溝板部分では溝板底部まで折り下げる。この場合、それぞれの先端は、あだ折りとし、20mm程度屋根面に沿わせて折り曲げる。

 カ．通し付け子は、雨押え板の側面に長さ25mm程度のくぎで、間隔300mm程度に留め付ける。

 ヨ．雨押え包みの下端は、通し付け子の上耳にはぜ掛けとして留め付ける。

2. 一文字ぶきの壁との取合いの工法は、次による。

 イ．水上部分の壁際に取り付く雨押え受け材は、40mm×40mm以上の部材（木材）を、野地板を通してたる木にくぎ留めする。

 ロ．雨押え受け材に接するふき板は、雨押え受け材の高さまで立ち上げ、先端にはぜを作る。

 ハ．雨押え包み板の上端部分の留め方は、1のヘ及びトによる。

 ニ．雨押え包み板が銅板以外の場合は、1のチ、リ及びヌによる。

 ホ．雨押え包み板が銅板の場合は、1のル、ヲ、ワ及びカによる。

6.3.9 軒先・けらば

1. 銅板による一文字ぶき以外の軒先及びけらばの工法は、次による。

 イ．唐草は、広小舞または登りよどの端部にくぎ留めとする。くぎの長さは32mm以上とし、間隔は300mm程度とする。

 ロ．唐草は、捨て部分を80mm以上とし、下げ部分の下端は、広小舞または登りよどの下端より10mm以上あける。

 ハ．唐草の継手は、端部を各々あだ折りしたものを、長さ60mm以上に重ね合わせ、

くぎ留めする。
  ニ．溝板及びふき板の軒先部分及びけらば部分は、下部に折り返し、唐草にこはぜ
     掛けとする。
2. 心木ありかわら棒ぶき及び心木なしかわら棒ぶきのけらば部分は、ふき板の上面
   から鋼板片の座金を付けたけらば留めくぎを用いて、間隔300mm以内にたる木へ
   40mm以上打ち込んで留め付ける。
3. 心木ありかわら棒ぶきのかわら棒の木口包みは、桟鼻仕舞とする。桟鼻は、心木の
   木口面にくぎ留めし、溝板の両耳部分及びかわら棒包み板の端部を、桟鼻につかみ
   込ませる。
4. 心木なしかわら棒ぶきのかわら棒の木口包みは、桟鼻仕舞とする。桟鼻は、通しつ
   り子の先端部に差し込み、溝板の両耳部分及びかわら棒包み板の端部を、桟鼻につ
   かみ込ませる。
5. 一文字ぶきの軒先及びけらばの工法は、1による。
6. 銅板による一文字ぶきの軒先及びけらばの工法は、次による。
  イ．通し付け子を広小舞または登りよどの端部にくぎ留めとする。くぎの長さは
     25mm程度とし、間隔は300mm程度とする。
  ロ．通し付け子は、すて部分を60mm以上とし、下げ部分の長さは、広小舞または
     登りよどの下端より10mm以上あける。
  ハ．唐草は、通し付け子の下がり部分の長さとし、上下端に、各々反対方向に15
     mm程度のはぜを付ける。なお、唐草の下端はぜは、通し付け子につかみ込ん
     で留める。
  ニ．ふき板の端部は、唐草の端部にはぜ掛けしておさめる。

6.3.10 谷ぶき

谷ぶきは、次による。
  イ．谷ぶき板は、ふき板と同種の板を用いて全長通しぶきとし、底を谷形に折り
     曲げ、両耳2段はぜとし、野地板につり子留めとする。また、同材を捨て板と
     して用いるか、又はアスファルトルーフィングの増しぶきを行う。
  ロ．つり子は、幅30mmの長さ70mm程度のものを間隔300mm程度に、長さ32
     mm程度のくぎ留めとする。
  ハ．軒先は、唐草に乗せ掛け、軒どい内に落とし曲げる。
  ニ．むね際は、むね板（あおり板）下で立ち上げ、水返しをつける。
  ホ．谷がむね部分で、両側からつき合う場合は、谷ぶき板を峠でつかみ合わせるか、
     馬乗り掛けはぜ継ぎとする。
  ヘ．屋根のふき板又は溝板は、谷縁で谷ぶき板の二重はぜ部分につかみ込んでおさ
     める。

用　語

塗装溶融亜鉛めっき鋼板

　塗装溶融亜鉛めっき鋼板は、一般にカラー亜鉛鉄板等というもので、平板とコイルがある。これは溶融亜鉛めっき鋼板の表面をリン酸化成処理をし、熱硬化性合成樹脂塗料を両面または片面（裏面はサービスコート）に焼付けしたもの。
　塗膜の耐久性は3種類あるが、屋根用は2類（2ベーク、2コート）以上を使用する。塗膜はアルカリに弱い。

塗装溶融亜鉛－5%アルミニウム合金めっき鋼板

　塗装溶融亜鉛－5%アルミニウム合金めっき鋼板は、塗膜の耐久性は塗装溶融亜鉛めっき鋼板と同じであるが、原板の耐食性、加工性及び塗装性は溶融亜鉛めっき鋼板に比べて優れている。

溶融55%アルミニウム－亜鉛合金めっき鋼板

　溶融55%アルミニウム－亜鉛合金めっき鋼板は、鋼板の表面に質量比でアルミニウム55%、亜鉛43.4%、シリコン1.6%の合金めっきを施している。アルミニウムの特性（耐食性、加工性、耐酸性、耐熱性、耐反射性）と亜鉛の特性（犠牲防触作用）を兼ね備えている。アルカリには弱い。無塗装のまま使用されることが多い。

一般に「ガルバリウム鋼板」と呼ばれ、近年、屋根ふき材としての使用が増えている。

塗装溶融55%アルミニウム-亜鉛合金めっき鋼板

　塗装溶融55%アルミニウム-亜鉛合金めっき鋼板は、溶融55%アルミニウム-亜鉛合金めっき鋼板に塗装溶融亜鉛めっき鋼板と同じ塗膜処理をしたもの。

ポリ塩化ビニル被覆金属板

　ポリ塩化ビニル被覆金属板は、通称「塩ビ鋼板」といわれているもので、溶融亜鉛めっき鋼板を原板として、ポリ塩化ビニル樹脂を塗布または積層（貼付け）したもので、耐食性、耐アルカリ性、耐塩水性に優れているので、工業地帯や海岸地帯などの使用に適している。

塗装ステンレス鋼板

　塗装ステンレス鋼板は、ステンレス鋼板（屋根用はSUS304、SUS316）に塗装溶融亜鉛めっき鋼板と同種の塗料を塗装したものである。ステンレス鋼板は耐食性に優れ、さびにくい。鋼、銅、アルミニウムに比べて強度が大きく、衝撃に強い。耐熱性、高温耐火性に優れている。熱伝導率が比較的小さく、熱膨張率もアルミニウムより小さい。

銅及び銅合金の板並びに条

　銅板は、昔から社寺建築の屋根に用いられてきた材料であり、耐久性、加工性に優れている。とりわけ加工性は鋼板に比較して軟らかいため、屋根工事でも複雑な形をしたものに、最もその特徴を表している。JISでは、いろいろな材種を規定しているが、屋根に最も適しているのは、リン脱酸銅板である。また近年では、人工的に緑青をつけることも行われるようになった。

金属板ぶき

　金属板ぶきの屋根は、軽量性、雨仕舞及び耐候性の点では優れているが、断熱性、遮音性で難点があるので、屋根下地あるいは屋根裏に断熱材及び遮音材を入れて施工する必要がある。

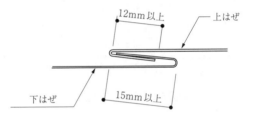

注）雨水の毛細管現象を防ぐために、はぜの折り返し寸法に十分注意する必要がある。

参考図6.3.2-1　はぜの名称及び折り返し幅

つり子（吊り子）

　金属板で屋根をふくとき、板を留めるために用いる小さな短ざく形の金物。

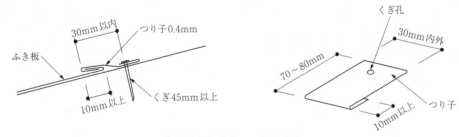

参考図6.3.2-2　つり子止め

かわら棒ぶき

　かわら棒ぶきには、心木ありかわら棒ぶき、心木なしかわら棒ぶきがあり、長尺（コイル）の材料を使ってふくため、板の継目がないので、雨漏りのおそれが少なく、緩勾配の屋根でもふくことができる。なお、金属板ぶき工法のうち銅板によるものについては、一般社団法人日本金属屋根協会及び一般社団法人日本鋼構造協会発行の「鋼板製屋根構法標準」を参考にするとよい。

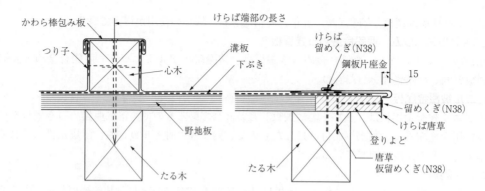

参考図6.3.3-1　かわら棒ぶきの工法（心木ありの場合）

かわら棒の位置

　心木ありかわら棒ぶきの場合、かわら棒（心木）が乾燥や湿気吸収を繰り返すことにより位置の変化、ねじれなどが生じ、雨漏りの原因となる。

　また、長尺の板を使用するので、強風の場合、一部の欠陥が屋根全体に及び被害が大きくなるので、かわら棒とたる木の位置は一致させて、確実に留めくぎをたる木に打ち込むことが必要である。かわら棒の間隔は、強風地域では350mm以下にすることが必要である。

　なお、銅板を用いる場合は、鋼板よりさらにかわら棒の間隔を小さくしなければならない。

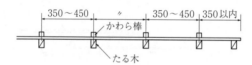

参考図6.3.3-2　かわら棒の位置

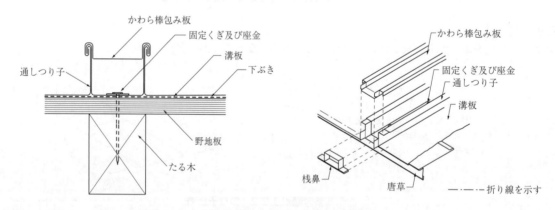

参考図6.3.4　かわら棒ぶきの工法（心木なしの場合）

一文字ぶき

　平板ぶきの代表的な屋根ふき工法の名称で、別名「あやめぶき」ともいう。鋼板や銅板を長方形に板取りして、横の継手が一の字につながるよう、軒先からむねに向かって、左右のいずれかの一方からふく工法である。

　この工法は、耐風性にやや難点があるので、なるべく一枚のふき板の寸法を小さくして、単位面積当たりのつり子による留付け数を増やすことが必要である。

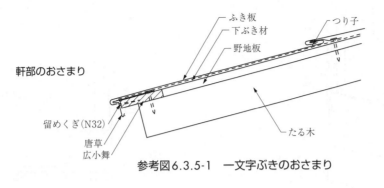

軒部のおさまり

参考図6.3.5-1　一文字ぶきのおさまり

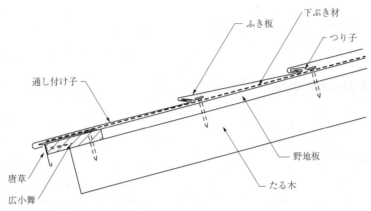

参考図6.3.5-2　銅板による一文字ぶき

段ぶき

　段ぶきは通称「横ぶき」ともいわれており、古くからある一文字ぶきの応用として軽微な屋根に用いられてきた。一文字ぶきのやや平板的な仕上がりに対し、流れ方向の接合部を段状にして、材質に厚みをもたせた意匠に仕上がる。

　最近は、長尺板による段ぶきが大量に用いられている。これらの工法中には、風に弱いと思われるもの、雨漏りのおそれがあるものまで多種多様である。したがって、新しい工法による段ぶきを使用する場合は、本仕様書の主旨に沿って、十分にその性能を確認する必要がある。

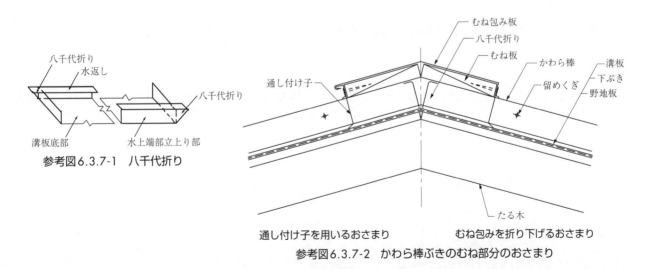

参考図6.3.7-1　八千代折り

通し付け子を用いるおさまり　　　むね包みを折り下げるおさまり

参考図6.3.7-2　かわら棒ぶきのむね部分のおさまり

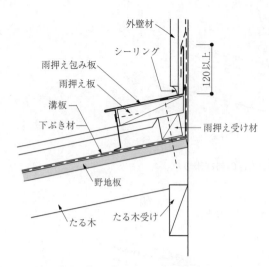

参考図6.3.8-1 水上部分と壁との取合い

参考図6.3.8-2 流れ方向の壁との取合い

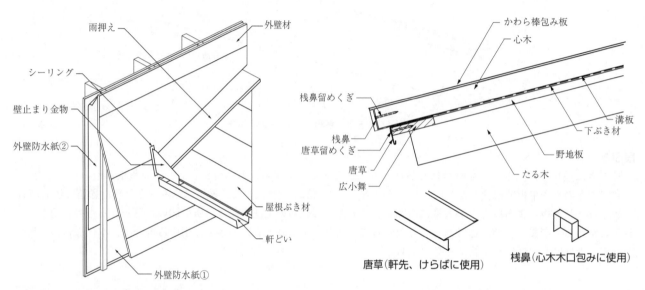

参考図6.3.8-3 壁止まり軒先と外壁の取合い部の施工例

参考図6.3.9 軒部のおさまり

唐草(軒先、けらばに使用)

桟鼻(心木木口包みに使用)

谷ぶき

　谷ぶきは、入隅にできるものと、「際谷」と称して壁際で一種のといの役目を果たすものとがある。いずれの場合も雨漏りを防ぐため、一枚の板で端から端まで設ける必要がある。また下ぶきを谷ぶき部分に、さらに一枚増しぶきするのもよい。

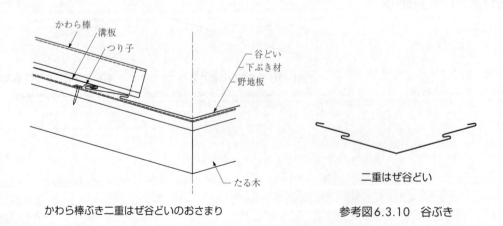

かわら棒ぶき二重はぜ谷どいのおさまり

二重はぜ谷どい

参考図6.3.10 谷ぶき

6.4 粘土がわらぶき

6.4.1 材料

1. 粘土がわらの品質は、JIS A 5208（粘土がわら）-1996に適合するもの、又はこれと同等以上の性能を有するものとし、形状及び製法による種類は特記による。なお、役物その他はでき合い形で、いずれも留付け穴付きとする。
2. 雪止めがわら等、特殊なかわらとする場合は、特記による。
3. くぎ及び緊結線は、次表による。

	種類・長さ(mm)・径(mm)
くぎ	ステンレス（長さ55〜、径2.4内外）
ねじ	ステンレス（長さ45〜）
緊結線	銅（径1.0以上）・ステンレス（径0.9以上）

6.4.2 一般工法

1. ふき方は、次による。
   - イ．かわらの働き寸法を正確に測定し、袖がわら、軒がわら及び桟がわらを、地割りに従い目通り正しくむねまでふき上げる。
   - ロ．軒がわら、袖がわらの出寸法を正確にそろえ、下端線を通りよく仕上げる。
   - ハ．のしがわらの工法は、特記による。特記のない場合は、本むね3段以上、すみむね2段以上とし、良質のふき土又はモルタルで積み上げる。ただし、7寸丸かんむりがわら（直径210mm内外）を用いる場合は、のしがわらを省く。
   - ニ．むね面戸及び水切り面戸部分の構成は、面戸材を使用するか、しっくい塗りとし、下から2段目ののしがわら外面端部より15mm以上内側となるよう施工する。
   - ホ．雪止めがわら等による場合は、特記による。
2. 留付け（緊結）は、次による。
   - イ．軒がわら（J形の軒がわら又はS形若しくはF形の桟がわら）は、くぎ又はねじ（以下この項において「くぎ等」という。）3本以上で下地に緊結する。
   - ロ．袖がわらは、3本以上のくぎ等で下地に緊結する。
   - ハ．むねは、下地に緊結した金物（山形金物等）に芯材を取り付け、ねじで当該芯材に緊結する。
   - ニ．イからハ以外の平部の屋根の部分は、かわらの種類や基準風速に応じ、次表に掲げる緊結方法とする。

基準風速V₀ かわらの種類	30 m/s	32〜36 m/s	38〜46 m/s
F形		くぎ等2本で緊結	（使用不可）
J形			
防災がわら（J形、S形、F形）	くぎ等1本で緊結		

   - ホ．むね積みは、のしがわらを互いに緊結線で緊結し、かんむりがわら又は丸がわらを次のいずれかにより固定する。また、むね部において、割付けを目的に一部を切断して用いるかわらは、くぎ又は緊結線で固定するか接着する。
     - （イ）鉄筋コーチボルト及び横鉄筋を用い、のしがわら相互の緊結線を横鉄筋に緊結する。
     - （ロ）むね補強用金物に取り付けたむね補強用芯材に、くぎ、ねじ又は緊結線で留め付ける。
   - ヘ．洋形がわらのむね施工で、かんむりがわらを施工する場合は、ふき土を詰め、むね補強金物に取り付けたむね補強用芯材に、くぎ等で留め付ける。
   - ト．鬼がわらは、その重量に耐えられるよう入念に緊結する。

1. 谷ぶき板は、銅板、ステンレス板、塗装溶融亜鉛めっき鋼板又は溶融55％アルミニウム－亜鉛めっき鋼板を用い、全長通しぶきとする。ただし、全長通しぶきができない場合は特記による。底を谷形に折り、両端は、両側谷縁桟に立ち上げ、段付けとし、くぎ打ち又はつり子留めとする。

2. 谷ぶきの軒先及びむね際は、次による。
    イ. 付け子又は捨て板に引っ掛け、軒どい内に折り下げ、むね際は、築地むね覆い下などに立ち上げ、深く差し込み、いずれも耳を折り返し、くぎ打ち又はつり子留めとする。
    ロ. 谷が両側からつき合う場合は、ふき板を峠でつかみ合わせるか、馬乗り掛けにする。

3. 流れ方向の壁際に設ける捨て谷は、谷ぶき板を雨押え板下端まで立ち上げ、間隔600mm内外にくぎ留めする。谷ぶき板の谷縁側は、1による。

4. 水上部分の壁面と取り合う場合で、雨押え包み板を立ち上げる場合は、本章6.3.8（壁との取合い）の1のロ及びチに準ずる。　　6.3.8の1 ☞137頁

用　語

かわら緊結用くぎまたはねじ

かわらをかわら桟木に留め付けるためのくぎまたはねじは、各部位で求められる耐力を十分に有するものを使用する。この観点で、「屋根ふき材、外装材及び屋外に面する帳壁の構造方法を定める件」（昭和46年建設省告示第109号）では、容易に抜け出ないように加工されたものを使用することとされている。2021年に策定された『瓦屋根標準設計・施工ガイドライン』（監修：国土交通省国土技術政策総合研究所・国立研究開発法人建築研究所、発行：一般社団法人全日本瓦工事業連盟等）では、容易に抜け出せないように加工されたくぎまたはねじの例として、呼び径が2.3mm以上のスクリュー回転止め加工くぎ、リングくぎ、コーススレッドねじを挙げている。

ステンレス鋼製スクリュー回転止め加工くぎ　　ステンレス鋼製リングくぎ　　ステンレス鋼製ねじ（コーススレッドねじ）

参考図6.4.1-1　かわら緊結用くぎまたはねじの例

粘土がわら

粘土を主原料として混練、成形し焼成したもので、J形粘土がわら、S形粘土がわら、F形粘土がわらの3種類に大別される。また、焼成方法により、釉薬がわら、いぶしがわら及び無釉薬がわら（素焼きがわらを含む。）に分類される。さらに、各形状の桟がわらには、地震や強風対策用に、突起やフックで隣接するかわらどうしを相互に組み合わせたものがあり、一般に「防災がわら」と呼ばれる。

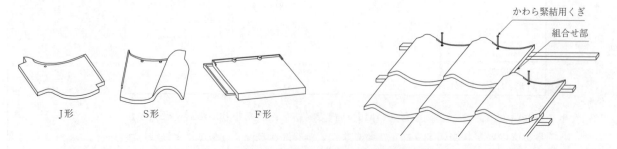

J形　　S形　　F形

かわら緊結用くぎ
組合せ部

参考図6.4.1-2　粘土がわらの形状の種類　　　　**参考図6.4.2-1　J形の桟がわらの緊結例**

なお、役物には、軒がわら、袖がわら、のしがわら、かんむり（「がんぶり」ともいう。）がわらなどがある。

関係法令

粘土がわら等のふき方と留付け

かわらのふき方には、土ぶき工法、引掛け桟工法、直ぶき工法があり、それぞれの地域の気候、特性に合わせて施工されている。建築基準法の性能規定化等を背景として、関連の業界では、より耐震性及び耐風性に配慮した施工方法が提案されたり、一体形のむねがわらが製造される等の動きがある。

一例として、一般社団法人全日本瓦工事業連盟等より発行された「瓦屋根標準設計・施工ガイドライン」（監修：独立行政法人建築研究所）では、法令に準拠した構造性能を確認するための標準試験方法、構造計算規定への対応方法ならびに法令の仕様規定より優れた標準施工方法等が紹介されている。また同ガイドラインでは、ふき方の原則を建築基準法の構造計算規定に示された性能を有していることを適正な試験により確認した方法とすべきだとしており、むねがわらについても、水平加速度1G程度の地震力により落下しない工法を採用すべきだとしている。

令和元年房総半島台風を踏まえた強風対策として、「屋根ふき材、外装材及び屋外に面する帳壁の構造方法を定める件」（昭和46年建設省告示第109号）の一部が改正となった。この改正により、平成13年に策定された『瓦屋根標準設計・施工ガイドライン』（監修：独立行政法人建築研究所、発行：社団法人全日本瓦工事業連盟等）に準拠した方法が、耐震性および耐風性が確保された緊結方法として告示に位置づけられた。

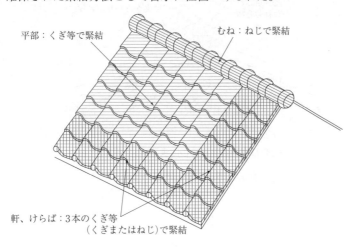

平部：くぎ等で緊結　　むね：ねじで緊結

軒、けらば：3本のくぎ等
（くぎまたはねじ）で緊結

参考図6.4.2-2　部位別のかわらの緊結方法

施工方法

屋根勾配が急な場合

屋根勾配が5寸を超える急勾配の場合は、かわらのくぎの打ち増しを行う。

雪止めがわら

雪止めがわらは、屋根上からの落雪を防止する目的で、桟がわらに混ぜて施工するもので、積雪深さに応じてその使用量と位置を決定する。

のしがわらの積み重ね

のしがわらを積み重ねる際は、本むね7段以下、すみむね5段以下を原則とする。それ以上の段数を積む場合、重量がさらに増えていくため、のしむね積みだけでなく、建物全体の耐震性を考えての設計が必要となる。

かわらの割付け

屋根面に対するかわらの割付けは、半端が出ないように考慮して行うものとし、割付けに伴って軒、妻の出の修正が必要となる場合は、設計者との協議に基づいて行うものとする。

また、本むね・すみむねまわりなどで、切断して用いるかわらにくぎ打ち用の孔がない場合は、孔あけ加工等を行い、固定できるようにする。

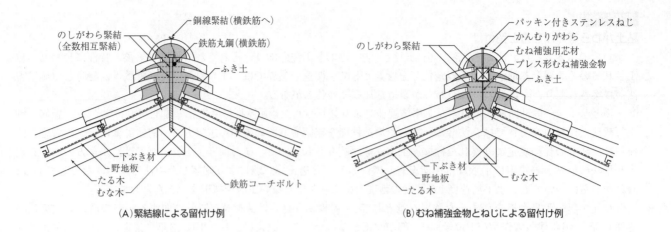

（A）緊結線による留付け例

（B）むね補強金物とねじによる留付け例

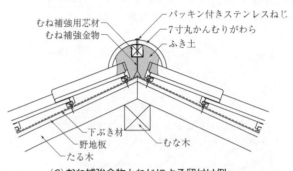

（C）むね補強金物とねじによる留付け例

参考図6.4.2-3　むねのおさまり

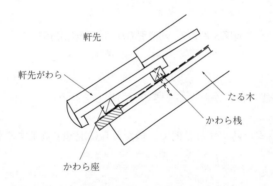

参考図6.4.2-4　軒先の留付け

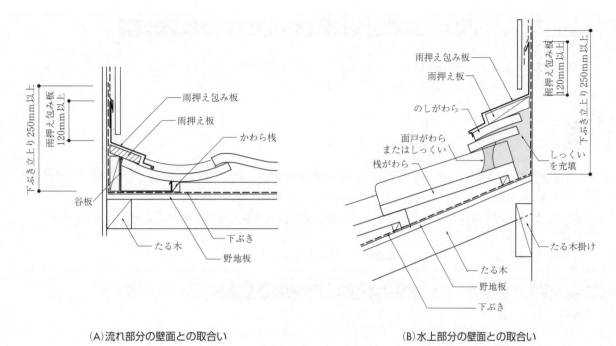

（A）流れ部分の壁面との取合い　　　　　　　　　　（B）水上部分の壁面との取合い

参考図6.4.3　粘土がわらぶきの壁との取合い

6.5 プレスセメントがわらぶき

6.5.1 材料

1. プレスセメントがわらの品質は、JIS A 5402（プレスセメントがわら）に適合するもの、又はこれと同等以上の性能を有するものとする。なお、役物その他は出来合い形とし、いずれも留付け穴付きとする。

2. くぎ及び緊結線は、本章6.4.1（材料）の3による。

6.4.1の3　☞143頁

6.5.2 工法

プレスセメントがわらの工法は、本章6.4（粘土がわらぶき）による。

6.4.　☞143頁

6.5.3 谷ぶき及び壁との取合い

本章6.4.3（谷ぶき及び壁との取合い）による。

6.4.3　☞144頁

用 語

プレスセメントがわら

セメントに細骨材を混和し、加圧成形したもので、平形、平S形、和形、S形、平板及び波形桟がわらに分類される。

6.6 住宅屋根用化粧スレートぶき

6.6.1 材料

住宅屋根用化粧スレートの品質は、JIS A 5423（住宅屋根用化粧スレート）に適合するもの、又はこれと同等以上の性能を有するものとする。

6.6.2 工法

屋根用化粧スレートによる屋根一般部分は、次による。

- イ．ふき板の切断及び孔あけは、押切りカッターによる。
- ロ．ふき足及び重ねの長さは、JIS A 5423（住宅屋根用化粧スレート）の規定による。
- ハ．ふき板は、1枚ごとに所定の位置に専用くぎで野地板に留め付ける。
- ニ．強風地域や特に対風耐力を必要とする場合は、接着剤若しくはくぎによる増し留めを行うものとし、特記による。
- ホ．特殊工法によるものは、各製造所の仕様によるものとし、特記による。

6.7 アスファルトシングルぶき

6.7.1 材料

1. アスファルトシングルは、品質及び性能が明示されたものとし、特記による。
2. くぎは、各アスファルトシングル専用のくぎとし、材質および形状は、各製造所の仕様による。
3. 接着剤は、各アスファルトシングル専用の接着剤とし、材質及び品質は各製造所の仕様による。

6.7.2 工法

1. アスファルトシングルは、1枚ごとに所定の位置に各専用くぎで野地板に留め付け、重ね部分は各専用接着剤を用いる。
2. 軒先は、軒先水切りの先端から半分程度ひかえた位置まで下ぶき材を張り付け、アスファルトシングルは軒先水切りの先端まで張り付ける。
3. 強風地域等においては、接着剤若しくはくぎによる増し留めを行うものとし、特記による。
4. 特殊工法によるものは、各製造所の仕様によるものとし、特記による。

用　語

住宅屋根用化粧スレート

住宅屋根用化粧スレートは、主としてセメント、けい酸質原料、石綿以外の繊維質原料、混和材料などを用いて加圧、成形したもので、主として野地板の上にふかれる。外表面に彩色したり、小さいしわ状の凹凸をつけたものがある。

アスファルトシングル

主としてガラス繊維を原料とした基材にアスファルトを含浸、塗布し、表面は比較的粒子の粗い顔料等で焼付け塗装した鉱物質粒子または天然砕石など、意匠と主層の保護を目的とした材料でおおい、裏面は鉱物質細粒などを散着した砂付きルーフィングを一定形状に裁断したものとする。

留意事項

アスファルトシングルの品質及び接着性能

アスファルトシングルは、防水性、耐風圧性、耐久性、防火性等について、品質の確かなものを選択する。また、施工性向上の観点や飛散防止など性能確保の観点から、あらかじめシングルのタブ上部等に接着剤が塗布されている商品が多いが、その接着性能が著しく低い商品を使用すると、台風などの突風によって剥がれなどが発生する可能性が高まるので、特に注意が必要である。なお、アスファルトシングルの品質として、一般社団法人日本防水材料協会が推奨するARK規格17ᴿ-02がある。

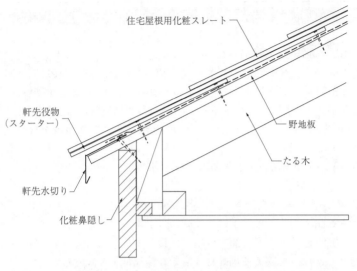

参考図6.6.2　住宅屋根用化粧スレートぶきのおさまり

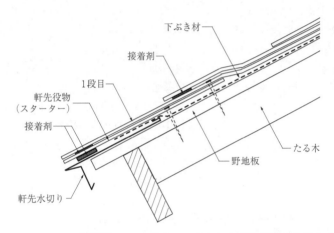

参考図6.7.2　アスファルトシングルぶきのおさまり

6.8 各屋根ふき材のむね・壁との取合い・軒先・けらば及び谷ぶき

6.8.1 材料

むね、壁との取合い、軒先、けらば及び谷ぶきなどの各部分で特殊なものは、各製造所の仕様によるものとし、特記による。

なお、これらの部分で金属板を用いる場合は、本章6.3.1（材料）によるものとし、厚さは0.35mm以上とする。

6.3.1 ☞133頁

6.8.2 工法

1. 所要の寸法形状に加工したものを、要所くぎ留め、シーリング処理を行う。
2. 壁際の立上げは、壁に沿って60mm以上とする。
3. 特殊工法による場合は、各製造所の仕様によるものとし、特記による。

6.9 各屋根ふき材の水切り・雨押え

6.9.1 材料

材料は本章6.3.1（材料）によるものとし、厚さは0.35mmとする。

6.3.1 ☞133頁

6.9.2 工法

1. 所要寸法に裁ち、板端はすべて折り返し、要所にくぎ打ちシーリング処理とする。
2. 壁際立上りは、下地材裏に60mm以上立ち上げ、雨仕舞よく施工する。

6.10 各屋根ふき材のとい

6.10.1 材料

1. といに用いる硬質塩化ビニル雨どいの品質は、特記による。
2. といに用いる金属板の品質は、本章6.3.1（材料）に定めるものとする。なお、このうち塗装溶融亜鉛めっき鋼板については、同規格中の屋根用（記号R）又は建築外板用（記号A）、ポリ塩化ビニル（塩化ビニル樹脂）金属積層板については、同規格中の高耐食耐候性外装用（A種）又は一般外装用（B種）とし、塗装ステンレス鋼板を含め、いずれも両面塗装品とする。　6.3.1　☞133頁
3. 板厚は、特記のないかぎり0.35mm以上とする。

6.10.2 硬質塩化ビニル雨どい

1. 軒どいの工法は、次による。
   - イ．軒どいは、専用の継手を用い、接着剤を併用して接合する。接合した軒どいの長さは10m以内とし、10mを超える場合は、有効な伸縮継手を設ける。
   - ロ．軒どいの受け金物は、軒どいに合った形状寸法のものを間隔600mm内外に、たる木又は鼻隠しに取り付ける。受け金物の鉄部は、溶融亜鉛めっきを行う。
   - ハ．軒どいの取付けの勾配は、1/200以上とする。
   - ニ．軒どいは、伸縮を妨げない程度に受け金物に緊結する。
   - ホ．特殊工法によるものは、各製造所の仕様によるものとし、特記による。
2. 竪どいの工法は、次による。
   - イ．竪どいは、専用の継手を用い、接着剤を併用して接合する。
   - ロ．竪どいの受け金物は、竪どいに合った形状寸法のものを間隔900mm以下に取り付ける。受け金物は、ステンレス製又は鉄部に溶融亜鉛めっき（ドブ漬）を行ったものとする。
   - ハ．竪どいには、各受け金物ごとに、といと同質材で下がり止めを取り付ける。下がり止めを使わない場合は、受け金物の径をといの径とほぼ同寸にして締め付ける。
   - ニ．竪どいが曲がる場合は、専用の部品を用いる。工法はイによる。
   - ホ．特殊工法を用いる場合は、製造所の仕様によるものとし、特記による。
3. あんこう、じょうご及び呼びどいの工法は、次による。
   - イ．あんこうを用いる場合は、各製造所の仕様によるものとし、特記による。
   - ロ．じょうごと呼びどいの組合せの場合は、軒どいと竪どいに合ったじょうごとし、呼びどいは竪どいと同じ形状寸法のものを用いる。なお、取付け方法は2による。

6.10.3 金属板どい

1. 軒どいの工法は、次による。
   - イ．軒どいは、所要寸法に加工し、丸どいの場合は、両端を耳巻きする。
   - ロ．継手は、耳巻き部分の心線を相手側に差し込み、30mm程度重ね合わせる。
   - ハ．出隅、入隅の場合は、重ね15mm程度とし、他はロによって行う。
   - ニ．小口せき板は、軒どいの形状寸法に切り出した板の下辺部分を10mm程度折り返し、軒どい内部に添え付けしてはんだ付けとする。また、しぼり（菊しぼりともいう。）によることができる。
   - ホ．軒どいの受け金物は、軒どいに合った形状寸法のものを間隔600mm程度に、たる木または鼻隠しに取り付ける。受け金物は、ステンレス製、又は鉄部に溶融亜鉛めっき（ドブ漬）を行ったものとする。
   - ヘ．軒どいの勾配は、1/200以上とする。
   - ト．軒どいは、銅線又はステンレス線で受け金物に堅固に緊結する。
   - チ．特殊工法によるものは、特記による。
2. 竪どいの工法は、次による。
   - イ．竪どいは、所要の形状寸法に加工する。はぎ目は5mm以上の一重はぜ掛け

とし、はぜの外れ止めを行う。

ロ．竪どいの継手は、上どい下どいにといの直径、又は角どいではその短辺の寸法程度を差し込む。この場合、といのはぎ目をそろえ、継手ははんだ付けする。

ハ．竪どい受け金物は、竪どいに合った形状寸法のものを間隔1,200mm以下に取り付ける。受け金物は、ステンレス製、又は鉄部に溶融亜鉛めっき（ドブ漬）を行ったものとする。

ニ．竪どいには、1本につき2箇所以上ずれ止めをつける。ずれ止めは、竪どいと同材で作り、はんだ付けで取り付ける。

ホ．竪どいが曲がる場合は、竪どいを角度に合わせて端部を加工し、差し込み止める。

ヘ．特殊工法によるものは、特記による。

3．あんこう、ます及び呼びどいの工法は、次による。

イ．あんこうは、背・腹及び胴板により、角形に組み合わせる。はぎ目は10mm程度のダクトはぜとし、はんだ付けする。

ロ．取付けは、上部は軒どいの両耳につみかけ、下部は、竪どいに差し込んで取り付ける。

ハ．ますは、あんこうに準じて作り、呼びどいは、竪どいにならって作る。ますの落口を、呼びどいに差し込み、はんだ付けする。取付けは、イによる。

4．はいどい（流しどい）の工法は、次による。

イ．はいどいは角形とし、軒どいに準じて作る。軒先部分は、軒どい内に曲げ下げる。両端部分は長さ250mm程度のふち板を、中間部には幅25mm以上のつなぎ板をといの両耳に掛け、はんだ付けする。

ロ．取付けは、屋根材面に留め付けた銅線、又はステンレス鋼線により緊結して留める。

ハ．長さ2m以下の軽微なはいどいの場合は、竪どいを用いてもよいものとし、特記による。

ニ．特殊工法によるものは、特記による。

6.10.4 雨水の処理

竪どいの下部は、落しどいとし、排水管に落とし込むか、又はコンクリート製のとい受けを据え付ける。この場合、竪どい周囲から塵芥や土砂が入らないようにする。

用 語

硬質塩化ビニル雨どい

硬質塩化ビニル雨どいは、さびや腐食を生じないこと、酸アルカリに侵されないこと、電気絶縁性があること、難燃軽量であることなどの利点があり、施工も簡単であるが、温度変化による変形、剛性が低い。また、北海道のような気温の低い地域で、低温による強度低下などの欠点もある。

しかし、この製品には、形状や色彩など多くの種類がそろっており、意匠性に富んでいる。

金属板とい

塗装溶融亜鉛めっき鋼板やポリ塩化ビニル（塩化ビニル樹脂）金属積層板及び塗装ステンレス鋼板は、といの寿命を延ばすばかりでなく、塗装の手間を省く経済性も考えられるので、両面塗装品を使用する必要がある。

また、接合をはんだ付けした場合、必ず各製造所の仕様による補修塗装を行うこと。

通常、といは、常時水はけが悪く、さらに塵芥や土砂が堆積しやすいため、屋根よりも腐食の進行が早い。したがって、とい材は屋根材より板厚の厚いものか、またはめっき量の多い板を用いる必要がある。

銅板は、耐久性・耐食性ともに優れており、さらに加工性が非常に優れている。あんこうをはじめ、といの各部分で細かい加工が可能で、意匠性が豊かである。

軒どい

屋根からの雨水を軒先で受けるといで、竪どいに向かって水勾配1/80〜1/200程度に取り付ける。形状は通常、半円型または角型で、丸どいの深さは直径1/2を標準とする。

金属製の丸どいの両耳は、亜鉛めっき鋼線または黄銅線の直径3mm程度のものを巻き込み、耳巻きとしている。

通常、軒どいは、水上で屋根材の軒先部分に可能な限り近づけて設け、また軒先の先端部よりとい幅の半分以上が

外側になるよう設ける。しかし多雪地域では、全体にやや低く、さらに外壁側にひかえて設ける。これは、落雪時の被害を避けるための処置である。

竪どい

軒どいから、あんこうか呼びどいを経て、雨水を垂直に壁に沿って地上に導くといである。

竪どいは、なるべく直管とすることがよく、曲がりが多くなると流水の抵抗が増すため、流量の低下をきたす。この場合は、といの断面積を大きくする必要がある。

あんこう、ます、呼びどい

あんこうは、ます（硬質塩化ビニル雨どいでは、「じょうご」と呼んでいる。）と呼びどいを一体とし、意匠性をもたせたものであり、両者とも機能的には同一のものである。

あんこうは通常、角型とし、竪どいの接合部分で丸にすることが多い。

あんこうやます（じょうごも含む。）は、その取付け部分で軒どいの温度伸縮を吸収させることが多い。この場合は、あんこうまたはますの左右近接した箇所に、軒どい受け金物を設けなければならない。

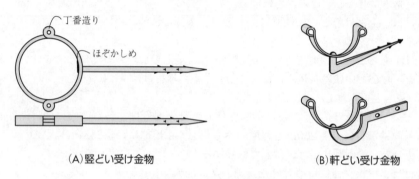

（A）竪どい受け金物　　　　　　　　　　　　（B）軒どい受け金物

参考図6.10　とい受け金物

7.断熱及び省エネ設備工事

7-1.断熱工事（断熱等性能等級4）

7-1.1 一般事項

7-1.1.1 総則

1. 断熱工事（断熱等性能等級4）に適合する住宅の仕様は、この項による。ただし、これによらない場合は、本章7-3（建築物エネルギー消費性能基準）に適合する仕様とする。 7-3 ☞203頁

2. 本項におけるアンダーライン「＿＿＿」の付された項目事項は、断熱工事（断熱等性能等級4）に係る仕様であるため、当該部分の仕様以外とする場合は、住宅金融支援機構の認めたものとする。

7-1.1.2 適用

1. 地域の区分は、巻末付録9（地域の区分一覧表）による。 付録9 ☞438頁

2. ☐断熱等性能等級4に適合する仕様を計算により決定する場合、以下のイ及びロを満たすものとする。

    イ．外皮平均熱貫流率及び冷房期の平均日射熱取得率は、以下の表に掲げる数値以下を満たすものとし、その仕様は特記による。

	地 域 の 区 分							
	1地域	2地域	3地域	4地域	5地域	6地域	7地域	8地域
外皮平均熱貫流率 （W/(m²·K)）	0.46	0.46	0.56	0.75	0.87	0.87	0.87	—
冷房期の 平均日射熱取得率	—				3.0	2.8	2.7	6.7

    ロ．結露の発生を防止する対策については、本章7-1.1.2（適用）の3のへによる。 7-1.1.2の3 ☞153頁

3. ☐断熱等性能等級4に適合する仕様を仕様により決定する場合、以下のイからへまでを満たすものとする。

    イ．断熱工事の施工部位は、本章7-1.2（施工部位）による。 7-1.2 ☞156頁

    ロ．各部位の断熱性能は、本章7-1.3（断熱性能）による。 7-1.3 ☞159頁

    ハ．開口部の断熱性能は、本章7-1.7（開口部の断熱性能）による。 7-1.7 ☞194頁

    ニ．開口部の日射遮蔽措置は、本章7-1.8（開口部の日射遮蔽措置）による。 7-1.8 ☞197頁

    ホ．気密工事は、充填断熱工法又は繊維系断熱材を用いた外張断熱工法による場合は本章7-1.5、発泡プラスチック系断熱材を用いた外張断熱工法による場合は本章7-1.6による。 7-1.5 ☞181頁
7-1.6 ☞190頁

    ヘ．防湿材の施工、通気層の設置及び防風層の設置は、本章7-1.4.3（防湿材の施工）の2、本章7-1.4.7（壁の施工）の5及び6、本章7-1.4.9（屋根の施工）の2及び3による。 7-1.4.3の2 ☞168頁
7-1.4.7の5·6
☞169頁
7-1.4.9の2·3
☞170頁

7-1.1.3 断熱材

1. 断熱材の品質は、JISの制定のあるものはこの規格に適合したもので、原則としてJISマーク表示品とする。

2. 断熱材の形状及び種類は、下表による。なお、これ以外の断熱材を使用する場合は、性能及び生産品質が確かめられたものに限るものとする。

形　状	種　　類	
	材　種	材　料　名
フェルト状断熱材	無機繊維系断熱材	グラスウール断熱材 ロックウール断熱材
ボード状断熱材	無機繊維系断熱材	グラスウール断熱材 ロックウール断熱材
	有機繊維断熱材	木質繊維断熱材 ポリエステル繊維断熱材 建材畳床
	発泡プラスチック系断熱材	ビーズ法ポリスチレンフォーム断熱材 押出法ポリスチレンフォーム断熱材 硬質ウレタンフォーム断熱材 ポリエチレンフォーム断熱材 フェノールフォーム断熱材
吹込み用断熱材	無機繊維系断熱材	吹込み用グラスウール断熱材 吹込み用ロックウール断熱材
	木質繊維系断熱材	吹込み用セルローズファイバー
現場発泡断熱材	発泡プラスチック系断熱材	建築物断熱用吹付け硬質ウレタンフォーム

3. 断熱材のホルムアルデヒドの発散量に関する品質については、特記による。

7-1.1.4 構造材及び主要な下地材

断熱構造部を構成する構造材(柱、はり、横架材等)及び主要な下地材(間柱、床根太等)には、含水率20%以下の乾燥した材料を用いる。

7-1.1.5 断熱材の保管・取扱い

1. 断熱材が雨などによって濡れることがないよう十分配慮する。
2. 無機繊維系断熱材については、断熱材の上に重量物を載せないように十分注意する。
3. 発泡プラスチック系断熱材については、火気に十分注意する。

7-1.1.6 養生

1. 断熱工事終了後、後続の工事によって断熱材及び防湿材が損傷を受けないよう、必要に応じて養生を行う。
2. 施工中、屋外に面する断熱材は、雨水による濡れ、あるいは直射日光による劣化などにより損傷を受けないよう、必要に応じてシート類で養生する。

7-1.1.7 注意事項

1. 断熱工事は、他種工事との関連に十分留意し、確実な施工に最も適した時期に実施する。
2. 使用する断熱材、防湿材の種類に応じ、工具、作業衣などをあらかじめ準備する。

■ 用 語 ■

断熱工事に関する基準(断熱等性能等級4)

「住宅の品質確保の促進等に関する法律」における日本住宅性能表示基準及び評価方法基準(以下「性能表示基準」という。)の「断熱等性能等級4」には、性能基準と仕様基準が定められている。

外皮等

外気等(外気または外気に通じる床裏、小屋裏、天井裏等をいう。)に接する天井(小屋裏または天井裏が外気に通じていない場合には、屋根)、壁、床(土間床等を含む。)及び開口部をいう。また、共同住宅等における界壁、界床についても外皮として取り扱うため、注意が必要である。

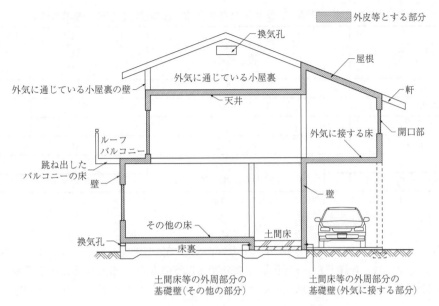

外皮等とする部分

参考図7-1.1　外皮等となる部分

断熱材の種類

(1)　無機繊維系断熱材

　　ガラス原料や高炉スラグ等を溶かして繊維状にしたもの。原料が無機質のため、不燃性が高い。施工にあたっては、透湿性があるため防湿層付きの製品を使用するか、別に防湿材等を室内側に施工して、防湿層を設ける必要がある。

(2)　発泡プラスチック系断熱材

　　プラスチックを発泡させたもので、板状製品と施工現場で発泡して用いるものとがある。吸水性が少なく、断熱性に優れているが、燃焼性にやや難があるので、内装下地材にせっこうボード等の不燃材を使用することが望ましい。また、発泡剤として、フロンを使用しているもの（フロン品）と使用していないもの（ノンフロン品）があるが、地球温暖化防止の観点より、ノンフロン品を使用することが望ましい。

(3)　有機繊維断熱材

　　有機繊維断熱材には、木質繊維断熱材とポリエステル断熱材がある。木質繊維断熱材は、主に木材などの植物繊維を成形したものであり、ポリエステル断熱材は、廃ペットボトルなどのポリエステルを溶融して繊維状にし、成形したものである。

優良断熱材認証制度

　JIS規格の有無やJIS規格への適合にかかわらず、一般社団法人日本建材・住宅設備産業協会が断熱材の製品性能（試験品質）と品質管理体制（生産品質）を審査し、性能表示値が適正であることを認証する制度である。認証された断熱材には、当該製品の熱抵抗値を明示した「優良断熱材認証（EI）マーク」が表示される。

地域の区分

　住宅の省エネルギー基準においては、各地域の標準暖房度日（D18-18）を勘案し、全国を気候条件に応じて8つの地域に市区町村を区分している。

共同住宅等

　本章では複合建築物の住宅部分も含むとしており、具体的には共同建て住宅、連続建て住宅、重ね建て住宅及び一戸建店舗等併用住宅の住宅部分を指す。

留意事項

住宅の省エネルギー基準・日本性能表示基準とフラット35技術基準の関係

　住宅の省エネルギー性能に関する技術基準には、「エネルギーの使用の合理化及び非化石エネルギーへの転換等に関する法律」（省エネ法）に基づく基準（昭和55年告示による基準、平成4年告示による基準及び平成11年告示による基準）、「建築物のエネルギー消費性能の向上に関する法律」（建築物省エネ法）に基づく基準（平成28年告示による基準）、「都市の低炭素化の促進に関する法律」（エコまち法）に基づく基準等がある。

　また、「住宅の品質確保の促進等に関する法律」（品確法）に基づく「日本住宅性能表示基準」では、住宅の省エネルギー性能に関係する性能表示事項として、「断熱等性能等級」及び「一次エネルギー消費量等級」が定められている。

　住宅の省エネルギー性能に関する各基準及び日本住宅性能表示基準に基づく等級とフラット35の技術基準との関係は、おおむね次表のとおりとなる。

表7-1.1　住宅の省エネルギー基準・フラット35技術基準・日本住宅性能表示基準の関係

住宅の省エネルギー基準		フラット35における技術基準		日本住宅性能表示基準[1]	
				断熱等性能等級	一次エネルギー消費量等級
昭和55年告示(旧省エネ基準)	≒	－	≒	等級2	－
平成4年告示(新省エネ基準)	≒	－	≒	等級3	－
平成11年告示(次世代省エネ基準)	－	－	－	－	－
平成28年告示(建築物省エネ法)	≒	融資要件	=	等級4	等級4
認定低炭素住宅基準(エコまち法)	=	フラット35S(金利Aプラン)(省エネルギー性)	≒	等級5	等級6
性能向上計画認定住宅(建築物省エネ法)	=		≒	等級5	等級6

1) 品確法に基づく住宅性能評価を受けた住宅、もしくは同法に基づく住宅型式性能認定を受けた住宅は、その等級に応じて該当するフラット35技術基準に適合することとなる。

乾燥材の使用

　木材の乾燥収縮により、防湿フィルムに応力がかかり、すき間が生じて気密性能が低下しないよう、柱・はり等の主要軸組構成材や根太・間柱材には、乾燥した材料(重量含水率20%以下のもの)を使用することが重要である。なお、製材のJAS規格の構造用製材では、含水率15%以下のものを「D15」、含水率20%以下のものを「D20」と表示することとなっている。

7-1.2 施工部位

7-1.2.1 断熱構造とする部分

　断熱工事の施工部位は、次による。ただし、本章7-1.2.2(断熱構造としなくてもよい部分)については、断熱構造としなくてもよい。 　　7-1.2.2 ☞156頁

　　イ．住宅の屋根(小屋裏又は天井裏が外気に通じていない場合)、又は屋根の直下の天井(小屋裏又は天井裏が外気に通じている場合)

　　ロ．外気に接する壁

　　ハ．外気に接する床及びその他の床(床下換気孔等により外気と通じている床)

　　ニ．外気に接する土間床等の外周部分の基礎壁及びその他の土間床等の外周部分の基礎壁(床下換気孔等により外気と通じている床裏と接する土間床等の基礎壁)

7-1.2.2 断熱構造としなくてもよい部分

　本章7-1.2.1(断熱構造とする部分)にかかわらず、断熱構造としなくてもよい部分は、次による。 　　7-1.2.1 ☞156頁

　　イ．居住区画に面する部位が断熱構造となっている物置、車庫その他これに類する区画の外気に接する部位

　　ロ．外気に通じる床裏、小屋裏又は天井裏の壁で外気に接するもの

　　ハ．断熱構造となっている外壁から突き出した軒、袖壁、ベランダ、その他これらに類するもの

　　ニ．玄関土間、勝手口土間及び玄関土間又は勝手口土間につながる非居室の土間部分

　　ホ．床下換気孔等により外気に通じている場合で、バスユニットの裏面に断熱材が貼り付けられている、又は吹き付けられていることにより、断熱構造になっている浴室下部の土間床部分

▌用　語▐

土間床等

　地盤面をコンクリートその他これに類する材料でおおった床または基礎断熱とした場合の床裏が外気に通じない床をいう。

▌留意事項▐

断熱構造とする部分

　住宅の断熱の基本は、居住空間を断熱材で包み込むことである。このため、外気に接している天井(または屋根)、壁、床に断熱材を施工し、開口部に断熱に配慮した建具を用いる必要がある。

小屋裏（下屋を含む）における断熱材は、外気に通じる小屋裏換気孔が設けられている場合は天井に、それ以外の場合は屋根に施工する。壁における断熱材は、壁体の中または壁体の外に施工することとなるが、壁体の中に入りきらない場合は、入りきらない断熱材相当分を壁体の外に付加して施工することが必要である。床を土間床等とする場合、その外周部に断熱工事を行わなければならない。

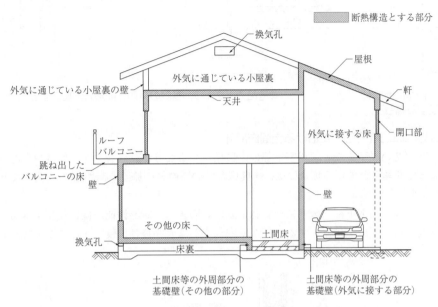

参考図7-1.2.1-1　断熱構造とする部分

断熱構造としなくてもよい部分

本章7-1.2.2（断熱構造としなくてもよい部分）のイは、居住部分との境界が断熱施工されている車庫等において、その外壁部には断熱が必要ないことを示す。ロは、小屋裏換気が行われている場合の妻小屋などには、断熱の必要はないことを示す。ハは、直接居住部分に影響しない部分である。

ニは、断熱材の施工が望ましいが、施工手間や意匠上の観点から断熱材の施工が困難となる場合が多く、住宅全体に占める熱損失量は影響が少ない部分であることから、断熱材の施工を省略できる。なお、ニは、玄関土間、勝手口土間及び玄関土間または勝手口土間につながる非居室の土間部分について、面積にかかわらず適用することができる。

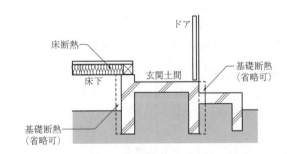

参考図7-1.2.2-1　玄関土間等における断熱施工を省略する場合

施工方法

土間床等の外周部

土間床等の外周部に施工する断熱材は、基礎の外側、内側または両面に、地盤面に垂直に施工する必要がある。また、断熱材は、基礎底盤上端から基礎天端まで連続して施工する。

ただし、べた基礎または防蟻用のコンクリートが全面に施工されているような場合で、基礎の内側に断熱材を施工する場合には、コンクリートの折り返し部分までの断熱施工で構わない。

なお、地中に埋めた断熱材は、一般的にシロアリの被害を受けやすいため、蟻害を防ぐよう基礎の形状や断熱材の施工位置等を工夫する必要がある（本章3.4（基礎断熱工事）施工方法（断熱材の施工位置）参照）。

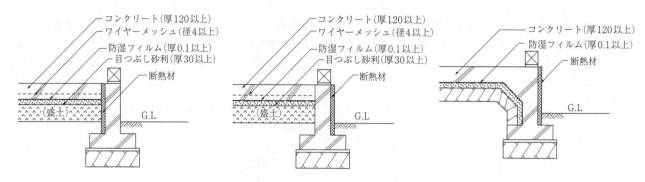

参考図7-1.2.1-2　基礎の内側に断熱材を施工する場合

参考図7-1.2.1-3　基礎の外側に断熱材を施工する場合

「断熱構造となっているバスユニット下部」における土間床部分

バスユニット型の浴槽及び洗い場下部など、浴室下部の床に相当する部分が、ウレタン吹付けや発泡プラスチック系断熱材成形板などによって断熱されている場合には、土間床部分の断熱材の施工（基礎断熱）を省略できる。この場合の断熱材の種類・厚さは問わない。

断熱構造となっているバスユニット下部の床下に換気孔を設ける場合は、断熱性能の確保及び結露防止のため、気密補助材を設置し、換気孔を通じて床下に流入する外気が壁内部または天井裏等に侵入することを防ぐことが重要である。

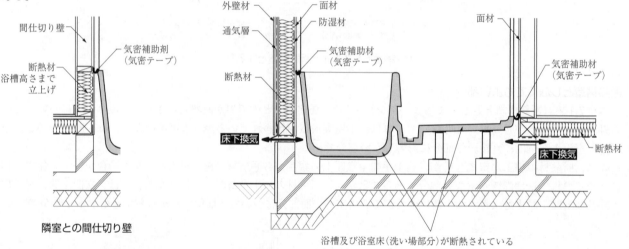

隣室との間仕切り壁

浴槽及び浴室床（洗い場部分）が断熱されている

参考図7-1.2.2-2　断熱構造となっているバスユニット下部の施工例

バスユニット外周部の気密補助材の施工について

断熱構造となっているバスユニット外周部における気密補助材の設置方法の一つとして、次の方法がある。

① 浴室室内側に、せっこうボード等の面材を設置する。

② バスユニット防水パンを設置する。

③ 当該面材と防水パンとのすき間を、気密テープにより処理する。その際、バスユニット上部の施工に支障がないよう注意し、気密テープを張り付ける。

④ バスユニットの隣室間仕切り壁部分は断熱材を浴槽高さ（バス腰壁部）まで立ち上げ、バスユニット周囲の断熱部分にすき間が生じないように気密テープにより処理する。

なお、浴室室内側に面材を設置しない場合は、気密補助材の施工が難しくなるため注意が必要である。

バスユニット下部の床等における断熱材施工

バスユニット下部の床やバリアフリー化のために和室床を、洋室と同じレベルに仕上げる場合は、この部分で断熱や防湿欠損が生じやすいので、施工には注意を要する。バスユニット下部の床及び壁は、あらかじめ断熱・防湿施工を行ってからユニットを搬入するか、この部分を基礎断熱とする等の工夫が必要である。バスユニット床下を基礎断熱（内側）とし、べた基礎または鉄筋により基礎と一体となった土間コンクリートを施工する場合、基礎内側の垂直断熱材は、べた基礎または土間コンクリートの上端から基礎天端まで施工することとする。あわせて、べた基礎または土間コンクリート部に水平断熱補強を行うことが望ましい。

また、基礎断熱とする部分は、基礎天端と土台との間に気密材または気密補助材を施工すること等により、すき間

が生じないようにする。隣室間との基礎部分に点検等の開口部を設ける場合は、断熱構造とした蓋を取り付ける。

なお、基礎内側の断熱材の熱抵抗値または厚さは、本章7-1.3.3によることとする。ただし、耐久性基準が適用される場合（省令準耐火構造としない場合など）は、床下結露防止の観点から、本章3.4.4を勘案し、数値を決定する必要がある。

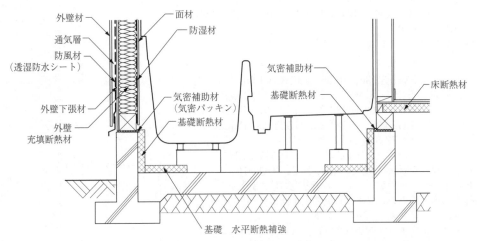

注）床断熱の住宅で、バスユニット床下を基礎断熱とする場合、バスユニットの下部は屋内空間となるため、土台と基礎天端間には気密補助材等を用いてすき間が生じないようにする。

参考図7-1.2.2-3　床断熱の住宅でバスユニット床下を基礎断熱とする場合の断熱施工例

7-1.3 断熱性能

7-1.3.1 一般事項

断熱材の熱抵抗値又は厚さは、この項による。

7-1.3.2 断熱材の種類

断熱材は、下表に掲げる種類の断熱材又は下表の熱伝導率を有する断熱材とする。

記号別の断熱材の種類と規格

記号		断熱材の種類	λ：熱伝導率 $(W/(m\cdot K))$
A	A-1	吹込み用グラスウール 　（LFGW1052、LFGW1352、LFGW1852） 木質繊維断熱材 　（ファイバーボード1種1号、2号、2種1号A、2種2号A） 建材畳床（Ⅲ形）	$\lambda = 0.052 \sim 0.051$
	A-2	グラスウール断熱材 　通常品(10-50、10-49、10-48) 　高性能品(HG10-47、HG10-46) 吹込み用ロックウール(LFRW2547、LFRW3046) 建材畳床(K、N形)	$\lambda = 0.050 \sim 0.046$
B		グラスウール断熱材 　通常品(12-45、12-44、16-45、16-44、20-42、20-41) 　高性能品(HG10-45、HG10-44、HG10-43、HG12-43、 　　　　　 HG12-42、HG12-41) ロックウール断熱材(LA、LB、LC) ビーズ法ポリスチレンフォーム断熱材4号 ポリエチレンフォーム断熱材1種1号、2号 木質繊維断熱材（ファイバーボード2種1号B、2種2号B）	$\lambda = 0.045 \sim 0.041$
C	C-1	グラスウール断熱材 　通常品(20-40) 木質繊維断熱材 　（ファイバーマット、ファイバーボード2種1号C、2種2号C）	$\lambda = 0.040 \sim 0.039$

	C-1	吹込み用グラスウール 　（LFGW2040、LFGW3240、LFGW3540） ロックウール断熱材(LD) 押出法ポリスチレンフォーム断熱材1種b(A) 吹込み用セルローズファイバー 　（LFCF2540、LFCF4040、LFCF4540、LFCF5040、 　　LFCF5540） 吹付け硬質ウレタンフォーム断熱材A種3	$\lambda = 0.040 \sim 0.039$
C	C-2	グラスウール断熱材 　通常品(24-38、32-36、40-36、48-35、64-35) 　高性能品(HG14-38、HG14-37、HG16-38、HG16-37、 　　　　　HG16-36、HG20-38、HG20-37、HG20-36、 　　　　　HG20-35、HG24-36、HG24-35、HG28-35、 　　　　　HG32-35) 吹込み用グラスウール(LFGW2238、LFGW3238) ロックウール断熱材(MA、MB、MC、HA、HB) ビーズ法ポリスチレンフォーム断熱材2号、3号 押出法ポリスチレンフォーム断熱材1種b(B、C) ポリエチレンフォーム断熱材2種 フェノールフォーム断熱材2種1号(AI、AII)、 　　　　　　　　　　　　3種1号(AI、AII) 吹込み用ロックウール(LFRW6038)	$\lambda = 0.038 \sim 0.035$
D		グラスウール断熱材 　通常品(80-33、96-33) 　高性能品(HG20-34、HG24-34、HG24-33、HG28-34、 　　　　　HG28-33、HG32-34、HG32-33、HG36-34、 　　　　　HG36-33、HG36-32、HG36-31、HG38-34、 　　　　　HG38-33、HG38-32、HG38-31、HG40-34、 　　　　　HG40-33、HG40-32、HG48-33、HG48-32、 　　　　　HG48-31) ロックウール断熱材(HC) ビーズ法ポリスチレンフォーム断熱材1号 押出法ポリスチレンフォーム断熱材2種b(A、B、C) フェノールフォーム断熱材2種2号(AI、AII) 硬質ウレタンフォーム断熱材1種1号(I、II) ポリエチレンフォーム断熱材3種 吹付け硬質ウレタンフォーム断熱材A種1、2	$\lambda = 0.034 \sim 0.029$
E		押出法ポリスチレンフォーム断熱材 　スキン層なし3種a(A、B、C)、3種b(A、B、C) 　スキン層付き3種a(AI、AII、BI、BII、CI、CII)、 　　　　　　　3種b(AI、AII、BI、BII、CI、CII) 硬質ウレタンフォーム断熱材 　1種2号(I、II)、3号(I、II)、 　2種1号(AI、AII)、2号(AI、AII、BI、BII)、 　3種1号(AI、AII、BI、BII、CI、CII、DI、DII)、 　3種2号(AI、AII、BI、BII、CI、CII、DI、DII) フェノールフォーム断熱材2種3号(AI、AII) 吹付け硬質ウレタンフォーム断熱材A種1H、2H	$\lambda = 0.028 \sim 0.023$
F		押出法ポリスチレンフォーム断熱材 　スキン層なし3種a(D、E)、3種b(D、E) 　スキン層付き3種a(DI、DII、EI、EII)、 　　　　　　　3種b(DI、DII、EI、EII) 硬質ウレタンフォーム断熱材2種 　1号(BI、BII、CI、CII、DI、DII、EI、EII)、 　2号(CI、CII、DI、DII、EI、EII、FI、FII) フェノールフォーム断熱材1種 　1号(AI、AII、BI、BII、CI、CII、DI、DII、EI、EII)、 　2号(AI、AII、BI、BII、CI、CII、DI、DII、EI、EII)、 　3号(AI、AII、BI、BII、CI、CII、DI、DII、EI、EII)	$\lambda = 0.022$以下

7-1.3.3 一戸建ての住宅における断熱材の熱抵抗値又は厚さ

一戸建ての住宅における断熱材の熱抵抗値又は厚さは、地域の区分、施工部位、断熱材の種類及び断熱材の施工方法に応じ、次の早見表に掲げる数値以上とする。(「必要な熱抵抗値」の単位はm²·K/W)

【早見表の活用にあたっての注意】

1. 以下の早見表の断熱材の厚さは、断熱材の各グループのうち、熱伝導率の最大値を用いて算出した厚さを5mm単位で切り上げたものである。したがって、使用する断熱材によっては、必要厚さを早見表に掲げる数値よりも低い値とすることが可能であり、この場合の断熱材の種類・厚さは特記する。

2. 部位(屋根又は天井、壁、床)によって異なる断熱材の施工方法(充填断熱工法、外張断熱工法又は内張断熱工法)を採用する場合には、当該施工方法に該当するそれぞれの熱抵抗値又は厚さを適用する。

3. 「土間床等の外周部分の基礎壁」の断熱材厚さは、当該基礎壁の外側、内側又は両側に、地盤面に垂直に施工される断熱材の厚さを示す。なお、断熱材の垂直方向の深さは、基礎底盤上端から基礎天端まで、又はこれと同等以上の断熱性能を確保できるものとすること。

1. 1地域及び2地域に建設する充填断熱工法の一戸建ての住宅における断熱材の熱抵抗値又は必要厚さは、次による。

部位	断熱材の厚さ	必要な熱抵抗値	断熱材の種類・厚さ(単位:mm)							
			A-1	A-2	B	C-1	C-2	D	E	F
屋根又は天井	屋　根	6.6	345	330	300	265	255	225	185	150
	天　井	5.7	300	285	260	230	220	195	160	130
壁		3.3	175	165	150	135	130	115	95	75
床	外気に接する部分	5.2	275	260	235	210	200	180	150	115
	その他の部分	3.3	175	165	150	135	130	115	95	75
土間床等の外周部分の基礎壁	外気に接する部分	3.5	185	175	160	140	135	120	100	80
	その他の部分	1.2	65	60	55	50	50	45	35	30

2. 1地域及び2地域に建設する外張断熱工法又は内張断熱工法の一戸建ての住宅における断熱材の熱抵抗値又は必要厚さは、次による。

部位	断熱材の厚さ	必要な熱抵抗値	断熱材の種類・厚さ(単位:mm)							
			A-1	A-2	B	C-1	C-2	D	E	F
屋根又は天井		5.7	300	285	260	230	220	195	160	130
壁		2.9	155	145	135	120	115	100	85	65
床	外気に接する部分	3.8	200	190	175	155	145	130	110	85
	その他の部分	–	–	–	–	–	–	–	–	–
土間床等の外周部分の基礎壁	外気に接する部分	3.5	185	175	160	140	135	120	100	80
	その他の部分	1.2	65	60	55	50	50	45	35	30

3. 3地域に建設する充填断熱工法の一戸建ての住宅における断熱材の熱抵抗値又は必要厚さは、次による。

部位	断熱材の厚さ	必要な熱抵抗値	断熱材の種類・厚さ(単位:mm)							
			A-1	A-2	B	C-1	C-2	D	E	F
屋根又は天井	屋　根	4.6	240	230	210	185	175	160	130	105
	天　井	4.0	210	200	180	160	155	140	115	90
壁		2.2	115	110	100	90	85	75	65	50
床	外気に接する部分	5.2	275	260	235	210	200	180	150	115
	その他の部分	3.3	175	165	150	135	130	115	95	75
土間床等の外周部分の基礎壁	外気に接する部分	3.5	185	175	160	140	135	120	100	80
	その他の部分	1.2	65	60	55	50	50	45	35	30

4. 3地域に建設する外張断熱工法又は内張断熱工法の一戸建ての住宅における断熱材の熱抵抗値又は必要厚さは、次による。

部位＼断熱材の厚さ		必要な熱抵抗値	断熱材の種類・厚さ（単位：mm）							
			A-1	A-2	B	C-1	C-2	D	E	F
屋根又は天井		4.0	210	200	180	160	155	140	115	90
壁		1.7	90	85	80	70	65	60	50	40
床	外気に接する部分	3.8	200	190	175	155	145	130	110	85
	その他の部分	–	–	–	–	–	–	–	–	–
土間床等の外周部分の基礎壁	外気に接する部分	3.5	185	175	160	140	135	120	100	80
	その他の部分	1.2	65	60	55	50	50	45	35	30

5. 4地域、5地域、6地域及び7地域に建設する充填断熱工法の一戸建ての住宅における断熱材の熱抵抗値又は必要厚さは、次による。

部位＼断熱材の厚さ		必要な熱抵抗値	断熱材の種類・厚さ（単位：mm）							
			A-1	A-2	B	C-1	C-2	D	E	F
屋根又は天井	屋根	4.6	240	230	210	185	175	160	130	105
	天井	4.0	210	200	180	160	155	140	115	90
壁		2.2	115	110	100	90	85	75	65	50
床	外気に接する部分	3.3	175	165	150	135	130	115	95	75
	その他の部分	2.2	115	110	100	90	85	75	65	50
土間床等の外周部分の基礎壁	外気に接する部分	1.7	90	85	80	70	65	60	50	40
	その他の部分	0.5	30	25	25	20	20	20	15	15

6. 4地域、5地域、6地域及び7地域に建設する外張断熱工法又は内張断熱工法の一戸建ての住宅における断熱材の熱抵抗値又は必要厚さは、次による。

部位＼断熱材の厚さ		必要な熱抵抗値	断熱材の種類・厚さ（単位：mm）							
			A-1	A-2	B	C-1	C-2	D	E	F
屋根又は天井		4.0	210	200	180	160	155	140	115	90
壁		1.7	90	85	80	70	65	60	50	40
床	外気に接する部分	2.5	130	125	115	100	95	85	70	55
	その他の部分	–	–	–	–	–	–	–	–	–
土間床等の外周部分の基礎壁	外気に接する部分	1.7	90	85	80	70	65	60	50	40
	その他の部分	0.5	30	25	25	20	20	20	15	15

7. 8地域に建設する充填断熱工法の一戸建ての住宅における断熱材の熱抵抗値又は必要厚さは、次による。

部位＼断熱材の厚さ		必要な熱抵抗値	断熱材の種類・厚さ（単位：mm）							
			A-1	A-2	B	C-1	C-2	D	E	F
屋根又は天井	屋根	0.96	50	50	45	40	40	35	30	25
	天井	0.78	45	40	40	35	30	30	25	20
壁		–	–	–	–	–	–	–	–	–
床	外気に接する部分	–	–	–	–	–	–	–	–	–
	その他の部分	–	–	–	–	–	–	–	–	–
土間床等の外周部分の基礎壁	外気に接する部分	–	–	–	–	–	–	–	–	–
	その他の部分	–	–	–	–	–	–	–	–	–

8. 8地域に建設する外張断熱工法又は内張断熱工法の一戸建ての住宅における断熱材の熱抵抗値又は必要厚さは、次による。

部位	断熱材の厚さ	必要な熱抵抗値	断熱材の種類・厚さ（単位：mm）							
			A-1	A-2	B	C-1	C-2	D	E	F
屋根又は天井		0.78	45	40	40	35	30	30	25	20
壁		－	－	－	－	－	－	－	－	－
床	外気に接する部分	－	－	－	－	－	－	－	－	－
	その他の部分	－	－	－	－	－	－	－	－	－
土間床等の外周部分の基礎壁	外気に接する部分	－	－	－	－	－	－	－	－	－
	その他の部分	－	－	－	－	－	－	－	－	－

7-1.3.4 共同住宅等における断熱材の熱抵抗値又は厚さ

共同住宅等（複合建築物の住宅部分を含む。以下本章において同じ。）における断熱材の熱抵抗値又は厚さは、地域の区分、施工部位、断熱材の種類及び断熱材の施工方法に応じ、次の早見表に掲げる数値以上とする。（「必要な熱抵抗値」の単位はm²·K/W）

【早見表の活用にあたっての注意】

1. 以下の早見表の断熱材の厚さは、断熱材の各グループのうち、熱伝導率の最大値を用いて算出した厚さを5mm単位で切り上げたものである。したがって、使用する断熱材によっては、必要厚さを早見表に掲げる数値よりも低い値とすることが可能であり、この場合の断熱材の種類・厚さは特記する。

2. 部位（屋根又は天井、壁、床）によって異なる断熱材の施工方法（充填断熱工法、外張断熱工法又は内張断熱工法）を採用する場合には、当該施工方法に該当するそれぞれの熱抵抗値又は厚さを適用する。

3. 「土間床等の外周部分の基礎壁」の断熱材厚さは、当該基礎壁の外側、内側又は両側に、地盤面に垂直に施工される断熱材の厚さを示す。なお、断熱材の垂直方向の深さは、基礎底盤上端から基礎天端まで、又はこれと同等以上の断熱性能を確保できるものとすること。

1. 1地域及び2地域に建設する充填断熱工法の共同住宅等における断熱材の熱抵抗値又は必要厚さは、次による。

部位	断熱材の厚さ	必要な熱抵抗値	断熱材の種類・厚さ（単位：mm）							
			A-1	A-2	B	C-1	C-2	D	E	F
屋根又は天井	屋根	2.9	155	145	135	120	115	100	85	65
	天井	2.3	120	115	105	95	90	80	65	55
壁		2.5	130	125	115	100	95	85	70	55
床	外気に接する部分	3.4	180	170	155	140	130	120	100	75
	その他の部分	2.1	110	105	95	85	80	75	60	50
土間床等の外周部分の基礎壁	外気に接する部分	1.2	65	60	55	50	50	45	35	30
	その他の部分	0.4	25	20	20	20	20	15	15	10

2. 1地域及び2地域に建設する外張断熱工法又は内張断熱工法の共同住宅等における断熱材の熱抵抗値又は必要厚さは、次による。

部位	断熱材の厚さ	必要な熱抵抗値	断熱材の種類・厚さ（単位：mm）							
			A-1	A-2	B	C-1	C-2	D	E	F
屋根又は天井		2.5	130	125	115	100	95	85	70	55
壁		2.2	115	110	100	90	85	75	65	50
床	外気に接する部分	3.1	165	155	140	125	120	110	90	70
	その他の部分	－	－	－	－	－	－	－	－	－
土間床等の外周部分の基礎壁	外気に接する部分	1.2	65	60	55	50	50	45	35	30
	その他の部分	0.4	25	20	20	20	20	15	15	10

3. <u>3地域に建設する充填断熱工法の共同住宅等における断熱材の熱抵抗値又は必要厚さは、次による。</u>

部位　　断熱材の厚さ		必要な熱抵抗値	断熱材の種類・厚さ（単位：mm）							
			A-1	A-2	B	C-1	C-2	D	E	F
屋根又は天井	屋　根	2.0	105	100	90	80	80	70	60	45
	天　井	1.6	85	80	75	65	65	55	45	40
壁		1.8	95	90	85	75	70	65	55	40
床	外気に接する部分	2.9	155	145	135	120	115	100	85	65
	その他の部分	1.7	90	85	80	70	65	60	50	40
土間床等の外周部分の基礎壁	外気に接する部分	0.6	35	30	30	25	25	25	20	15
	その他の部分	0.1	10	5	5	5	5	5	5	5

4. <u>3地域に建設する外張断熱工法又は内張断熱工法の共同住宅等における断熱材の熱抵抗値又は必要厚さは、次による。</u>

部位　　断熱材の厚さ		必要な熱抵抗値	断熱材の種類・厚さ（単位：mm）							
			A-1	A-2	B	C-1	C-2	D	E	F
屋根又は天井		1.7	90	85	80	70	65	60	50	40
壁		1.6	85	80	75	65	65	55	45	40
床	外気に接する部分	2.6	140	130	120	105	100	90	75	60
	その他の部分	−	−	−	−	−	−	−	−	−
土間床等の外周部分の基礎壁	外気に接する部分	0.6	35	30	30	25	25	25	20	15
	その他の部分	0.1	10	5	5	5	5	5	5	5

5. <u>4地域に建設する充填断熱工法の共同住宅等における断熱材の熱抵抗値又は必要厚さは、次による。</u>

部位　　断熱材の厚さ		必要な熱抵抗値	断熱材の種類・厚さ（単位：mm）							
			A-1	A-2	B	C-1	C-2	D	E	F
屋根又は天井	屋　根	1.4	75	70	65	60	55	50	40	35
	天　井	1.1	60	55	50	45	45	40	35	25
壁		1.1	60	55	50	45	45	40	35	25
床	外気に接する部分	2.9	155	145	135	120	115	100	85	65
	その他の部分	1.7	90	85	80	70	65	60	50	40
土間床等の外周部分の基礎壁	外気に接する部分	0.6	35	30	30	25	25	25	20	15
	その他の部分	0.1	10	5	5	5	5	5	5	5

6. <u>4地域に建設する外張断熱工法又は内張断熱工法の共同住宅等における断熱材の熱抵抗値又は必要厚さは、次による。</u>

部位　　断熱材の厚さ		必要な熱抵抗値	断熱材の種類・厚さ（単位：mm）							
			A-1	A-2	B	C-1	C-2	D	E	F
屋根又は天井		1.2	65	60	55	50	50	45	35	30
壁		1.0	55	50	45	40	40	35	30	25
床	外気に接する部分	2.6	140	130	120	105	100	90	75	60
	その他の部分	−	−	−	−	−	−	−	−	−
土間床等の外周部分の基礎壁	外気に接する部分	0.6	35	30	30	25	25	25	20	15
	その他の部分	0.1	10	5	5	5	5	5	5	5

7. 5地域、6地域及び7地域に建設する充填断熱工法の共同住宅等における断熱材の熱抵抗値又は必要厚さは、次による。

部位	断熱材の厚さ	必要な熱抵抗値	断熱材の種類・厚さ（単位：mm）							
			A-1	A-2	B	C-1	C-2	D	E	F
屋根又は天井	屋根	1.1	60	55	50	45	45	40	35	25
	天井	0.9	50	45	45	40	35	35	30	20
壁		1.1	60	55	50	45	45	40	35	25
床	外気に接する部分	2.9	155	145	135	120	115	100	85	65
	その他の部分	1.7	90	85	80	70	65	60	50	40
土間床等の外周部分の基礎壁	外気に接する部分	0.6	35	30	30	25	25	25	20	15
	その他の部分	0.1	10	5	5	5	5	5	5	5

8. 5地域、6地域及び7地域に建設する外張断熱工法又は内張断熱工法の共同住宅等における断熱材の熱抵抗値又は必要厚さは、次による。

部位	断熱材の厚さ	必要な熱抵抗値	断熱材の種類・厚さ（単位：mm）							
			A-1	A-2	B	C-1	C-2	D	E	F
屋根又は天井		1.0	55	50	45	40	40	35	30	25
壁		1.0	55	50	45	40	40	35	30	25
床	外気に接する部分	2.6	140	130	120	105	100	90	75	60
	その他の部分	－	－	－	－	－	－	－	－	－
土間床等の外周部分の基礎壁	外気に接する部分	0.6	35	30	30	25	25	25	20	15
	その他の部分	0.1	10	5	5	5	5	5	5	5

9. 8地域に建設する充填断熱工法の共同住宅等における断熱材の熱抵抗値又は必要厚さは、次による。

部位	断熱材の厚さ	必要な熱抵抗値	断熱材の種類・厚さ（単位：mm）							
			A-1	A-2	B	C-1	C-2	D	E	F
屋根又は天井	屋根	1.0	55	50	45	40	40	35	30	25
	天井	0.8	45	40	40	35	35	30	25	20
壁		－	－	－	－	－	－	－	－	－
床	外気に接する部分	－	－	－	－	－	－	－	－	－
	その他の部分	－	－	－	－	－	－	－	－	－
土間床等の外周部分の基礎壁	外気に接する部分	－	－	－	－	－	－	－	－	－
	その他の部分	－	－	－	－	－	－	－	－	－

10. 8地域に建設する外張断熱工法又は内張断熱工法の共同住宅等における断熱材の熱抵抗値又は必要厚さは、次による。

部位	断熱材の厚さ	必要な熱抵抗値	断熱材の種類・厚さ（単位：mm）							
			A-1	A-2	B	C-1	C-2	D	E	F
屋根又は天井		0.9	50	45	45	40	35	35	30	20
壁		－	－	－	－	－	－	－	－	－
床	外気に接する部分	－	－	－	－	－	－	－	－	－
	その他の部分	－	－	－	－	－	－	－	－	－
土間床等の外周部分の基礎壁	外気に接する部分	－	－	－	－	－	－	－	－	－
	その他の部分	－	－	－	－	－	－	－	－	－

7-1.3.5 断熱材の厚さの特例

床の「外気に接する部分」のうち、住宅の床面積の合計の5%以下の部分については、本章7-1.3.3（一戸建ての住宅における断熱材の熱抵抗値又は厚さ）及び本章7-1.3.4（共同住

7-1.3.3 ☞161頁
7-1.3.4 ☞163頁

用 語 ‖‖

充填断熱工法と外張断熱工法

木造住宅の断熱施工方法を大別すると、

① 充填断熱工法：柱などの構造部材間の空間に、断熱材を詰め込み断熱する工法

② 外張断熱工法：柱などの構造部材の外気側に断熱材を張り付けていく工法（屋根または天井、外壁、外気に接する床において適用）

の2つに分類されるが、本項では、それぞれに対応した熱抵抗値を規定しており、躯体もすっぽりおおう外張断熱工法のほうが、必要な断熱材の厚さは少なくなっている。

なお、早見表において、柱などの構造部材間におさまらない数値が示されている箇所については、充填断熱を行ったうえに、さらに足りない厚さ相当分の断熱材を外張りすることが必要となる（この場合、断熱材の厚さの適用や気密工事においては、「充填断熱工法」の仕様を適用することとなる）。

留意事項 ‖‖

断熱材の早見表について

本仕様書で示す断熱材の厚さの早見表は、フラット35の断熱基準において規定されている断熱材の熱抵抗値（性能表示基準と同一）に適合する断熱材の種類、厚さを選択することが容易にできるように作成しているものである。したがって、選択した断熱材の熱伝導率によっては、表に記載される厚さよりも薄い厚さでも定められた熱抵抗値に適合させることが可能となる場合がある。

熱抵抗値（断熱材の厚さ）は、柱、間柱や横架材などの熱を通しやすい部位を考慮して決められている。このため、原則としてこのような部位に断熱材を施工することを前提とはしていないが、熱的弱点となる部分であるため、実際には断熱材を施工することが望ましい。

本仕様書で示す材料以外の断熱材を使用する場合や、異なる種類の断熱材を併用する等の際には、本仕様書に示す断熱材の厚さによらず、熱抵抗の値により断熱材の厚さを求めるか、もしくは各部位の熱貫流率（壁、天井、建具などの各部位ごとの室内からの熱の逃げやすさ）を計算により求め、定められた数値以下とする必要がある。この場合、断熱材の種類と厚さは、本仕様書には示していないので、各部位の断面構成も含めて特記しなければならない。

熱貫流率の計算にあたっては、熱橋（金属等の構造部材等、断熱性能が劣る部分）により貫流する熱量等を勘案する必要がある。この熱貫流率を用いる方法は、断熱材以外の素材の熱性能を含めて評価する際に有効である。

また、上記とは別に住宅全体のいわゆる「性能基準」として、外皮平均熱貫流率[1]の基準を定めており、これらの基準に適合させる場合も熱貫流率による場合と同様、断熱材の種類と厚さ等を特記しなければならない。

1）外皮平均熱貫流率：内外の温度差1度当たりの総熱損失量（換気による熱損失を除く）を外皮等（外気等（外気または外気に通じる床裏、小屋裏、天井裏等をいう）に接する天井（小屋裏または天井裏が外気に通じていない場合にあっては屋根）、壁、床及び開口部等をいう）面積の合計で除した値。

JIS A 9521に基づく断熱材の熱抵抗値の表示について

JIS A 9521は、建築用断熱材を規定するものとして2014年に改正された。これにより、製品の熱性能が熱伝導率で規定されることになったほか、従来から利用されていた熱抵抗値を、熱伝導率とともに併記する表示へと変更された。

表示される熱抵抗値の算出に用いる厚さは、製品に許容される最小厚さを用いることとなったため、消費者にとっては安全側となるよう配慮された一方、使用する断熱材によっては熱抵抗値が小さく表示される場合がある。したがって、使用する断熱材にその断熱材の熱抵抗値が表示されている場合は、本仕様書に記載している断熱材の早見表に記載している、各部位に必要な熱抵抗値に適合することを確認する必要がある。

表示される熱抵抗値の例	
断熱材A 熱伝導率 $\lambda = 0.04\,\mathrm{W/(m \cdot K)}$ 呼び厚さ $d = 90\,\mathrm{mm}$ 呼び厚さに対する許容差 $+5.0\,\mathrm{mm}$、$-3.0\,\mathrm{mm}$	・熱抵抗値の算出に用いる厚さは、製品に許容される最小厚さを用いる。 　（この事例の場合、$d = 87\,\mathrm{mm}$ として算出する） ・熱抵抗値 $R = d \, / \, \lambda = 0.087 \, / \, 0.04 = 2.175$ 　∴ **表示される熱抵抗値 R は　2.2 m²·K/W** 　　（小数点2位以下を四捨五入）

断熱材の厚さ

充填断熱工法の断熱材の厚さは、軸組の厚さ以下とする。繊維系断熱材においても、無理に押しつぶさないようにしなければならない。適切な厚さの断熱材を施工し、厚さが不足する場合は、外皮平均熱貫流率の基準による方法を考慮する。

断熱材の特例

　断熱工事（断熱等性能等級4）においては、本章7-1.3.5を除き、断熱材の厚さの特例（部位の基準に満たない箇所が生じた場合に他の部位の断熱強化で補完できる規定（いわゆるトレードオフ規定））はない。

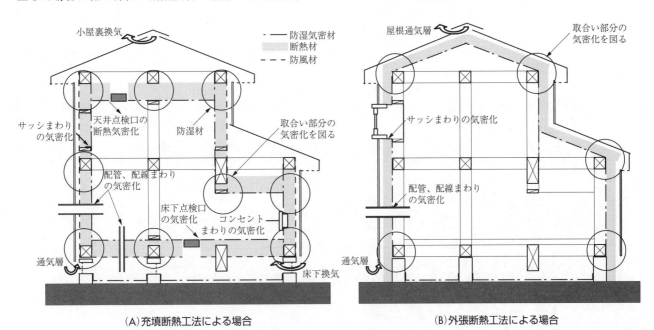

（A）充填断熱工法による場合　　　　　　　　　　（B）外張断熱工法による場合

参考図7-1.3　断熱の施工方法

施工方法

中間階床の横架材部分

　寒冷地である1地域及び2地域では、中間階における外気に接するはり、胴差し等の横架材部分が、局所的に熱の移動が大きい箇所となることから、断熱材を施工することが望ましい。

7-1.4 断熱材等の施工

7-1.4.1 断熱材の加工

　1. 切断などの材料の加工は、清掃した平たんな面上で、定規等を用い正確に行う。
　2. 加工の際、材料に損傷を与えないように注意する。
　3. ロールになったフェルト状断熱材を切断する場合は、はめ込む木枠の内のり寸法より5〜10mm大きく切断する。
　4. ボード状断熱材は、専用工具を用いて、内のり寸法にあわせて正確に切断する。

7-1.4.2 断熱材の施工

　1. 断熱材は、すき間なく施工する。
　2. 断熱材を充填する場合は、周囲の木枠との間及び室内側下地材との間に、すき間が生じないよう均一にはめ込む。
　3. 充填工法の場合は、フェルト状、ボード状又は吹込み用断熱材を、根太や間柱などの木枠の間にはめ込み、又は天井の上に敷き込むことにより取り付ける。
　4. ボード状断熱材を充填する場合、すき間が生じたときは、現場発泡断熱材などで適切に補修する。
　5. ボード状断熱材又はフェルト状断熱材を柱、間柱、たる木、軒げた、野地板等の外側に張り付ける（外張りする）場合は、断熱材の突付け部を、柱などの下地がある部分にあわせ、すき間が生じないようにくぎ留めする。
　6. 耳付きの防湿層を備えたフェルト状断熱材を施工する場合は、耳を木枠の室内側見付け面に、間隔200mm内外でステープル留めとする。
　7. 住宅の次に掲げる部位では、おさまりと施工に特に注意し、断熱材及び防湿材にすき間が生じないようにする。

イ．外壁と天井又は屋根との取合い部

　　ロ．外壁と床との取合い部

　　ハ．間仕切り壁と天井又は屋根及び床との取合い部

　　ニ．下屋の小屋裏の天井と壁の取合い部

　8．上記以外の取付けを行う場合は、特記による。

7-1.4.3 防湿材の施工

1. 防湿材は、次のいずれかに該当するもの、又はこれらと同等以上の透湿抵抗を有するものとする。

　　イ．☐ JIS A 6930（住宅用プラスチック系防湿フィルム）に適合するもの

　　ロ．☐ JIS Z 1702（包装用ポリエチレンフィルム）に適合するもので、厚さ0.05mm以上のもの

　　ハ．☐ JIS K 6781（農業用ポリエチレンフィルム）に適合するもので、厚さ0.05mm以上のもの

2. グラスウール、ロックウール、セルローズファイバー等の繊維系断熱材及びJIS A 9526に規定する吹付け硬質ウレタンフォームA種3、その他これらに類する透湿抵抗の小さい断熱材（以下「繊維系断熱材等」という。）を使用する場合は、外気等に接する部分に防湿材等を室内側に施工して防湿層を設ける。ただし、次のいずれかの場合は、当該部位について防湿層の設置を省略することができる。

　　イ．土塗り壁の外側に断熱層がある場合

　　ロ．床断熱において、断熱材下側が床下に露出する場合、又は湿気の排出を妨げない構成となっている場合

　　ハ．建設地の地域の区分が8地域の場合

　　ニ．断熱層が単一の材料で均質に施工され、透湿抵抗比（断熱層の外気側表面より室内側に施工される材料の透湿抵抗の合計値を、断熱層の外気側表面より外気側に施工される材料の透湿抵抗の合計値で除した値）が次の値以上である場合

　　　（イ）1地域、2地域及び3地域で、壁は5、屋根又は天井は6

　　　（ロ）4地域で、壁は3、屋根又は天井は4

　　　（ハ）5地域、6地域及び7地域で、壁は2、屋根又は天井は3

　　ホ．イからニと同等以上の結露の発生の防止に有効な措置を講ずる場合は、特記による。

3. 防湿材の施工は、次のいずれかによる。

　　イ．☐防湿材は、幅広の長尺シートを用い、連続させ、すき間のできないように施工する。また、継目は下地材のあるところで30mm以上重ね合わせる。

　　ロ．☐イによらず耳付きの防湿材を備えたフェルト状断熱材を用いる場合は、防湿材を室内側に向けて施工する。なお、防湿材の継目は、すき間が生じないよう十分突き付け施工する。すき間が生じた場合は、1に掲げる防湿材に、アルミテープ等の防湿テープで補修する。

4. 防湿材は、電気配線や設備配管などにより破られないよう注意して施工する。万一、防湿材が破れた場合は、アルミテープ等の防湿テープで補修する。

7-1.4.4 防風材の施工

1. 防風材は、通気層を通る外気が断熱層に侵入することを防止する材料とし、十分な強度及び透湿性を有するもので、次のいずれか、又はこれらと同等以上の強度及び透湿性を有するものとする。

　　イ．JIS A 6111（透湿防水シート）に適合するシート

　　ロ．合板

　　ハ．シージングボード

　　ニ．火山性ガラス質複層板、MDF、構造用パネル（OSB）等の面材

　　ホ．付加断熱材として使用される発泡プラスチック系断熱材、ボード状繊維系断熱

材

ヘ. 付属防湿層付き断熱の外気側シート

2. 繊維系断熱材等を屋根・外壁の断熱に用い、通気層がある場合は、防風材を断熱層の屋外側に施工して防風層を設ける。

3. 防風材は、すき間のないように施工する。

4. シート状防風材は、通気層の厚さを確保するため、ふくらまないように施工する。

7-1.4.5 基礎の施工

基礎断熱の場合の基礎の施工は、次による。

1. 床下空間を有する基礎断熱工法とする場合又は土間コンクリート床の場合、断熱位置は、基礎の外側、内側又は両側のいずれかとする。

2. 断熱材は吸水性が小さい材料を用い、原則として基礎底盤上端から基礎天端まで打込み工法により施工する。

3. 断熱材の継目は、すき間ができないように施工する。型枠脱型後、すき間が生じているときは、現場発泡断熱材などで補修する。

4. 基礎の屋外側に設ける断熱材は、外気に接しないよう、外装仕上げを行う。

5. 基礎天端と土台との間には、すき間が生じないようにする。

6. 床下防湿及び防蟻措置は、本章3.4.5（床下防湿・防蟻措置）による。　　3.4.5 ☞54頁

7. ポーチ、テラス、ベランダ等の取合い部分で断熱欠損が生じないよう施工する。

7-1.4.6 床の施工

床断熱の場合の床の施工は、次による。

1. 最下階の床及び外気に接する床の断熱材の施工にあたっては、施工後、有害なたるみ、ずれ、屋内側の材料との間にすき間が生じないよう、原則として受け材を設ける。

2. 床下の換気は、本章3.3.11（床下換気）による。　　3.3.11 ☞41頁

3. 地面からの水蒸気の発生を防ぐため、本章3.3.15（床下防湿）による床下防湿工事を　　3.3.15 ☞41頁
行う。

4. 土間コンクリート床は、本章3.3.5（土間コンクリート床）による。　　3.3.5 ☞39頁

7-1.4.7 壁の施工

1. 断熱材の施工にあたっては、長期間経過してもずり落ちないよう施工する。

2. 断熱材は、原則として、土台からけたにすき間なくはめ込むか、又は外張りとする。

3. 断熱材は、筋かい、配管部分にすき間ができないように注意して施工する。

4. 配管部は、管の防露措置を行うとともに、断熱材は配管の屋外側に施工する。

5. 断熱層の屋外側に通気層を設け、壁内結露を防止する構造とする。通気層の施工は、　　8.4 ☞208頁
本章8.4（外壁内通気措置）による。ただし、次のいずれかに該当する場合は、通気層を設置しないことができる。

　イ. 1地域及び2地域以外で、防湿層にJIS A 6930（住宅用プラスチック系防湿フィルム）を用いる場合

　ロ. 1地域及び2地域以外で、防湿層が0.082m²·s·Pa/ng以上の透湿抵抗を有する場合

　ハ. 1地域及び2地域以外で、断熱層の外気側にALCパネル又はこれと同等以上の断熱性及び吸湿性を有する材料を用い、防湿層が0.019m²·s·Pa/ng以上の透湿抵抗を有する場合

　ニ. 断熱層が単一の材料で均質に施工され、透湿抵抗比が次の値以上である場合
　　　（イ）1地域、2地域及び3地域は5
　　　（ロ）4地域は3
　　　（ハ）5地域、6地域及び7地域は2

　ホ. 建設地の地域の区分が8地域の場合

　ヘ. イからホと同等以上の結露の発生の防止に有効な措置を講ずる場合は、特記に

よる。

6. 断熱層の屋外側に通気層を設け、かつ、繊維系断熱材等を使用する場合には、断熱材と通気層の間に、本章7-1.4.4(防風材の施工)の1による防風層を設ける。　　　　　　　　　　　　　　　　　7-1.4.4の1 ☞168頁

7-1.4.8 天井の施工

天井断熱の場合の天井の施工は、次による。

1. 天井の断熱材は、天井と外壁との取合い部、間仕切り壁との交差部、吊り木周囲の部分で、すき間が生じないよう注意して天井全面に施工する。
2. 天井の断熱材は、野縁と野縁間、又は野縁をまたいで天井全面に敷き込む。
3. 天井の断熱材により小屋裏換気経路がふさがれないように注意して施工する。
4. 小屋裏換気については、本章8.9(小屋裏換気)による。　　　　　　　　　　　　8.9 ☞215頁
5. 埋込み照明器具(ダウンライト)を使用する場合には、器具を断熱材でおおうことができるS形ダウンライト等を使用し、グラスウール、ロックウール等の不燃性のフェルト状断熱材(S_B形を使用する場合は吹込み用断熱材でも可)を連続して施工し、断熱層を設ける。

7-1.4.9 屋根の施工

1. 屋根断熱の場合の屋根の施工は、次による。
   イ. 断熱材を屋根のたる木間に施工する場合は、施工後、有害なたるみ、ずれ、すき間などが生じないよう、原則として受け材を設ける。
   ロ. 断熱材を屋根のたる木の屋外側に取り付ける場合は、屋根と外壁の取合い部で、断熱材のすき間が生じないよう注意して施工する。
   ハ. 屋根断熱の入排気のための通気孔を設ける。
2. 断熱材の外側には、通気層を設ける。ただし、次のいずれかに該当する場合は、通気層を設置しないことができる。
   イ. 1地域及び2地域以外で、防湿層にJIS A 6930(住宅用プラスチック系防湿フィルム)を用いる場合
   ロ. 1地域及び2地域以外で、防湿層が0.082㎡·s·Pa/ng以上の透湿抵抗を有する場合
   ハ. 1地域及び2地域以外で、断熱層の外気側にALCパネル又はこれと同等以上の断熱性及び吸湿性を有する材料を用い、防湿層が0.019㎡·s·Pa/ng以上の透湿抵抗を有する場合
   ニ. 断熱層が単一の材料で均質に施工され、透湿抵抗比が次の値以上である場合
   　(イ)1地域、2地域及び3地域は6
   　(ロ)4地域は4
   　(ハ)5地域、6地域及び7地域は3
   ホ. 建設地の地域の区分が8地域の場合
   ヘ. イからホと同等以上の結露の発生の防止に有効な措置を講ずる場合は、特記による。
3. 断熱層の屋外側に通気層を設け、かつ、繊維系断熱材等を使用する場合には、断熱材と通気層の間に、本章7-1.4.4(防風材の施工)の1による防風層を設ける。　　　7-1.4.4の1 ☞168頁
4. 埋込み照明器具(ダウンライト)を使用する場合には、器具を断熱材でおおうことができるS形ダウンライト等を使用し、グラスウール、ロックウール等の不燃性のフェルト状断熱材(S_B形を使用する場合は吹込み用断熱材でも可)を連続して施工し、断熱層を設ける。

7-1.4.10 気流止め

1. 屋根又は天井と壁及び壁と床との取合い部においては、外気が室内に流入しないよう、当該取合い部に気流止めを設ける等、有効な措置を講じる。
2. 間仕切り壁と天井又は床との取合い部において、間仕切り壁の内部の空間が天井裏

> 又は床裏に対し開放されている場合にあっては、当該取合い部に気流止めを設ける。
> 3. 外壁の内部の空間が、天井裏又は床裏に対し開放されている住宅の当該外壁に充填断熱工法により断熱施工する場合にあっては、当該外壁の上下端部と床、天井又は屋根との取合い部に気流止めを設ける。

用語

断熱材と断熱層

断熱材は、本章7-1.1.3（断熱材）に示す材料のことをいい、断熱層は本章7-1.4.2（断熱材の施工）に従って、連続的にすき間なく断熱材が施工された層のことをいう。

防湿材と防湿層

防湿材は、住宅用プラスチック系防湿フィルムなど本章7-1.4.3（防湿材の施工）の1に示す材料のことをいい、防湿層は、防湿材の継目を下地のあるところで重ね合わせることなど、本章7-1.4.3（防湿材の施工）の3に従って、連続的にすき間ができないように防湿材が施工された層のことをいう。

防風材と防風層

繊維系断熱材のすぐ室外側に通気層を設ける場合は、通気及び雨水によって断熱材の性能が損なわれないように、適切な防風層を設ける。このような防風層に用いる防風材は、雨水及び外気が室内側にある断熱層の内部に入るのを防ぐための材料であり、すき間が生じないような適切な施工が必要である。また、その材質としては、気密性と防水性、施工に必要な強度、及び室内から漏れた湿気や断熱層内の湿気を防風層の外側に放散するために、十分な透湿性を有することなどが必要である。

防風材としては、上記の性能を有するものとして、本章7-1.4.4（防風材の施工）に示すJIS A 6111（透湿防水シート）に適合するシート状防風材や透湿性の高いシージングボード等が使用できる。防風材にシートを用いる場合には、できるだけ幅広の長尺シートを用い、継目は100mm以上重ねて、柱材等に留め付けることとし、配線・配管等の貫通部は、気密テープ等で補修する。このように、防風材を連続的にすき間ができないように施工された層のことを防風層という。また、シート状防風材が、室内側の繊維系断熱材によってふくらんで通気層をふさぐと、その部分が結露しやすくなるので、ふくらまないように注意することが必要である。

壁内結露

壁内の結露は、断熱材の断熱性能及び木材の耐久性能の低下を生じさせる原因の一つとされているため、壁内に侵入した水蒸気を、外気等に放出させるための措置を講ずることが重要である。この外壁内通気措置については、本章8.4（外壁内通気措置）の解説を参照すること。なお、このことは屋根で断熱を行う場合にも同様である。

留意事項

防湿層、通気層の重要性

室内の湿った空気が躯体に浸入し内部結露が発生すると、断熱材の性能を低下させるだけでなく、木部の腐朽の原因にもなる。

繊維系断熱材等の透湿抵抗の小さい断熱材を使用する場合は、室内側に防湿層を設けて湿気の浸入を防ぐとともに、屋外側には通気層を設置して浸入した湿気を屋外へ排出することが重要である。

なお、外装材の破損等により浸入した雨水を排出するため、繊維系以外の断熱材を使用する場合でも通気層は重要な役割を果たす。加えて、繊維系断熱材を使用する場合は、通気層を通る外気や雨水の断熱材への浸入を防止するため、通気層と断熱材との間に防風材を設ける必要がある。

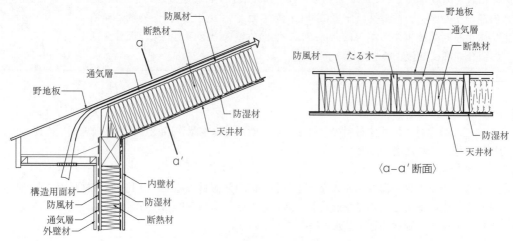

（A）たる木内部で通気層を確保する場合（充填）の施工例

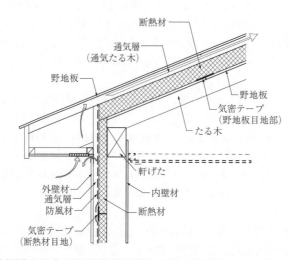

（B）通気たる木を設け通気層を確保する場合（外張り）の施工例

参考図7-1.4.9-1　屋根断熱の場合の通気層の設置例

内部結露計算

透湿抵抗比が一定の値以上である場合と同様に防湿層、通気層の設置を省略することができるものとして、内部結露計算により結露域が生じないことを確認する方法がある。一次元・定常で内部結露計算を行う場合、室内条件は「温度：15℃、湿度：60%」、外気条件は「温度：建設地の最寒月の平均気温（℃）、湿度：70%」として計算するなど、一定の条件に基づいて計算する必要がある。

透湿抵抗比等による防湿層の省略

無機繊維系断熱材または木質繊維系断熱材、その他これらに類する透湿抵抗の小さい断熱材を用いた場合には、断熱層の室内側に防湿層を設けなければならないが、防湿材の施工が困難で、透湿抵抗比の値が本章7-1.4.3（防湿材の施工）の2のニに示す値以上の場合は、防湿層の設置を省略することができる。防露性能確認のための透湿抵抗比は、巻末付録12（透湿抵抗比による防露性能の確認方法）に示す計算式、適用範囲、計算条件等に基づき算出する。

なお、標準的な仕様を示すものではないので本仕様書本文には記載していないが、部位の一般部の層構成及び内外温湿度条件に応じた一次元の定常計算により層構成内部で結露域が生じないことが確認できれば、結露発生の防止に有効な措置が講じられていると判断できるため、本章7-1.4.3（防湿材の施工）の2のイ～ニと同様に防湿層の設置を省略することができる。

防湿材端部の処理

防湿材の端部は、防湿層を連続させるため、せっこうボード、合板、乾燥木材等で押さえる。

防湿材端部の押えが不十分で、室内の空気が防湿材のすき間から直接断熱層へ流入した場合、防湿材設置の効果が著しく低下することとなる。多量の湿気を含んだ空気が断熱層へ直接流入すると、断熱材内部の空気層に含まれる湿気が多くなり断熱性能を低下させる。また、断熱層内で結露水が発生した場合、柱や土台などの木部を腐朽させる危

険性が大きく高まる。

　特に、寒冷地においては、壁体内結露のリスクがより高まるため、防湿材端部の入念な処理が不可欠である。

防腐処理胴縁の施工

　通気層を確保するために用いる胴縁は、原則として乾燥材とする。乾燥材ではなく腐腐処理された胴縁を使用する場合は、使用している薬剤と透湿防水シートの組合せが適切でない場合に透湿防水シートの性能を低下させることがあるため、施工中は胴縁を濡らさないようにし、胴縁の施工後は速やかに外装材を施工するよう留意する。

気流止めの施工

　外壁及び間仕切り壁の上下端部では、壁の内部空間が、床下や小屋裏などに開放されている場合が多い。この場合、床下から壁体内部を通じて小屋裏へ至る気流が発生し、住宅の断熱性能を低下させることとなる。このような気流の発生を防止するためには、壁の上下端部に、気密性に優れた材料を用いて「気流止め」を設置する必要がある。気流止めには、乾燥木材、合板、シート状防湿材などを使用する。

施工方法

防湿材の施工

　壁体内結露の発生は、断熱性能及び耐久性能を損なうおそれがある。結露の発生を防止するために、湿気を通しやすい断熱材（透湿抵抗の小さい断熱材）を施工する場合は、防湿層を設置することとしている。寒冷地においては、冬季に室内の湿気が壁体内に侵入する可能性が比較的高いことから、例えば繊維系断熱材を用いる場合は耳付き断熱材の施工による防湿層の設置だけではなく、断熱材とは別張りの防湿材等を室内側に施工して防湿層を設けることが望ましい。

　一方、防湿層の施工を要さない透湿抵抗の大きい断熱材には、次表のものがある。

　なお、プラスチック系断熱材の多くが透湿抵抗の大きい断熱材となるが、建築物断熱用吹付けウレタンフォームＡ種3に該当する断熱材は、透湿抵抗の小さい断熱材となるので防湿層の施工が必要となる。

　また、以下の場合には、透湿抵抗の小さい断熱材を用いる場合であっても、当該部位について、防湿層を設置しなくてもよいこととしている。

① 土塗り壁の外側に断熱層がある場合
② 床断熱で、断熱材下側が床下に露出する場合または湿気の排出を妨げない構成となっている場合
③ 防湿層の施工が困難で、透湿抵抗比により防露性能が確認された場合

表7-1.4.3　透湿抵抗の大きい断熱材

断 熱 材 の 種 類		備考
プラスチック系断熱材	ビーズ法ポリスチレンフォーム断熱材1号	1)
	ビーズ法ポリスチレンフォーム断熱材2号	
	ビーズ法ポリスチレンフォーム断熱材3号	
	ビーズ法ポリスチレンフォーム断熱材4号	
	押出法ポリスチレンフォーム断熱材1種b（スキン層なし）	
	押出法ポリスチレンフォーム断熱材2種b（スキン層なし）	
	押出法ポリスチレンフォーム断熱材3種a（スキン層なし）、3種b（スキン層なし）	
	押出法ポリスチレンフォーム断熱材3種a（スキン層あり）、3種b（スキン層あり）	
	硬質ウレタンフォーム断熱材1種1号	
	硬質ウレタンフォーム断熱材1種2号	
	硬質ウレタンフォーム断熱材1種3号	
	硬質ウレタンフォーム断熱材2種1号	
	硬質ウレタンフォーム断熱材2種2号	
	硬質ウレタンフォーム断熱材3種1号	
	硬質ウレタンフォーム断熱材3種2号	
	ポリエチレンフォーム断熱材1種1号	
	ポリエチレンフォーム断熱材1種2号	
	ポリエチレンフォーム断熱材2種	
	ポリエチレンフォーム断熱材3種	

プラスチック系断熱材	フェノールフォーム断熱材1種1号	1)
	フェノールフォーム断熱材1種2号	
	フェノールフォーム断熱材1種3号	
	フェノールフォーム断熱材2種1号	
	フェノールフォーム断熱材2種2号	
	フェノールフォーム断熱材2種3号	
	フェノールフォーム断熱材3種1号	
	建築物断熱用吹付け硬質ウレタンフォームＡ種1	2)
	建築物断熱用吹付け硬質ウレタンフォームＡ種1H	

注1) JIS A 9521：2022に基づく表記名
2) JIS A 9526：2017に基づく表記名

断熱材等の施工

　高い省エネルギー性能を確保するための本仕様においては、壁内結露を防止するために、構造材等に乾燥材を用いるとともに、外壁及び屋根に通気層を設け、外壁内部、屋根内部に侵入した水蒸気を外気等に放出させるための措置を講じておくことが重要となる。

現場発泡断熱材の施工

　外壁内通気措置を施してウレタン等現場発泡断熱材を施工する際、透湿防水シートに直接断熱材を吹き付けると、透湿防水シートが通気層側にふくらみ通気を阻害するおそれがある。現場発泡断熱材を吹き付ける場合は、面材等を用いて通気層の厚さを低減させないように施工する。

　現場発泡断熱材は、厚さ調整時に表面スキン層が削られて防湿性能が損なわれることのないよう、複数回に分けて吹き付け、断熱材内部にスキン層を形成させる。

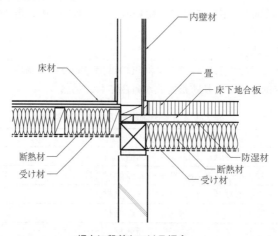

根太に段差をつける場合
参考図7-1.4.6-1　バリアフリー床における断熱施工例

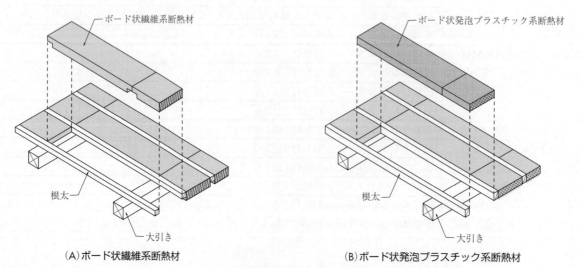

（A)ボード状繊維系断熱材　　　　　　　　　（B)ボード状発泡プラスチック系断熱材

参考図7-1.4.6-2　床の断熱材施工例（断熱材を大引きに渡す場合）

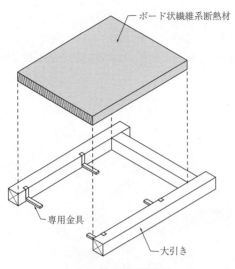

（A）ボード状繊維系断熱材

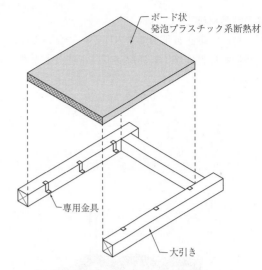

（B）ボード状発泡プラスチック系断熱材

参考図7-1.4.6-3　床の断熱材施工例（断熱材を受け金物を用いて取り付ける場合）

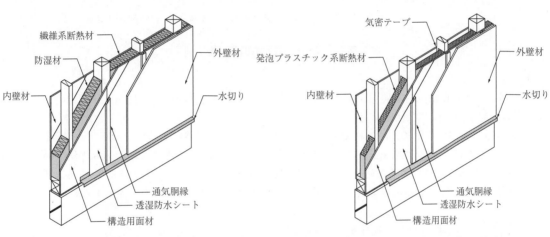

（A）繊維系断熱材の充填断熱

（B）発泡プラスチック系断熱材の充填断熱

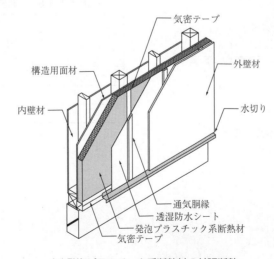

（C）発泡プラスチック系断熱材の外張断熱

参考図7-1.4.7　壁の断熱材施工例

天井の断熱材施工

断熱材は、継ぎ目部分ですき間が生じないよう、テープで張り合わせるか、十分に突き付けて設置する。

天井の断熱材の施工にあたっては、けた上断熱（本章参考図7-1.6.3（A）（a）参照）とすることで施工が容易となる場合がある。

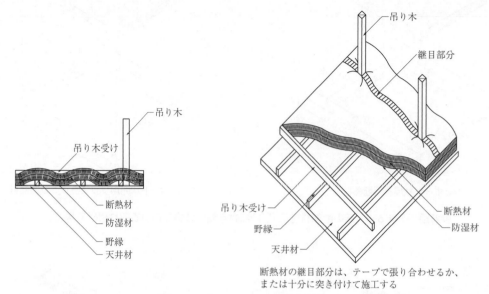

断熱材の継目部分は、テープで張り合わせるか、または十分に突き付けて施工する

参考図7-1.4.8-1　天井の断熱材施工例

ダウンライト

ダウンライトは、一般社団法人日本照明工業会において埋込み形照明器具の規格（JIL5002）を定めている。M形とS形があり、天井、屋根断熱材とも仕様規定を設けている。

M形は天井裏に熱を放出するため、断熱材でおおうことができない。天井に断熱材を施工する場合は、S形を使用する。S形ダウンライトは、天井吹込み工法による断熱材及びフェルト状断熱材による敷込み工法のいずれにも対応するS$_B$形と、フェルト状断熱材による敷込み工法にのみ対応するS$_G$形・S$_{GI}$形に分けられる。なお、断熱材でおおうため、断熱材の密度や厚さ等による制限を設け、表中の断熱材の熱抵抗値以下のものを使用する。

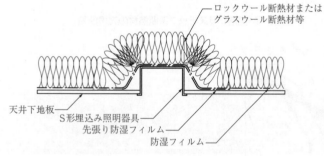

参考図7-1.4.8-2　S形ダウンライト

表7-1.4.8　S形ダウンライトの断熱材の施工

S形ダウンライトの種類	使用断熱材の形状		断熱材の熱抵抗値（m²·K/W）
	吹込み用断熱材	フェルト状断熱材	
S$_B$形	○	○	6.6以下
S$_{GI}$形	×	○	6.6以下
S$_G$形	×	○	4.8以下

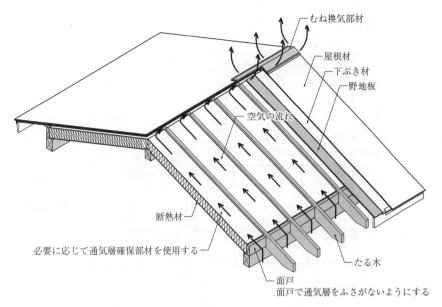

参考図7-1.4.9-1　屋根断熱の屋根通気の施工例1

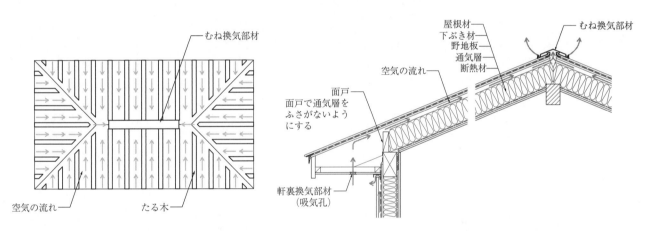

参考図7-1.4.9-2　屋根断熱の屋根通気の施工例2

参考図7-1.4.9-3　屋根断熱の屋根通気層

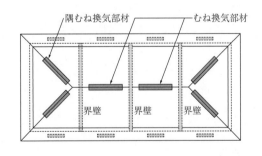

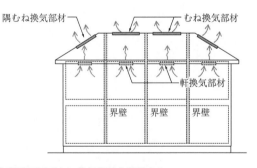

※小屋裏に界壁がある場合は、結露が生じないよう界壁区画ごとに換気部材を設置する。

参考図7-1.4.9-4　小屋裏に界壁が存在する場合のむね換気の施工例

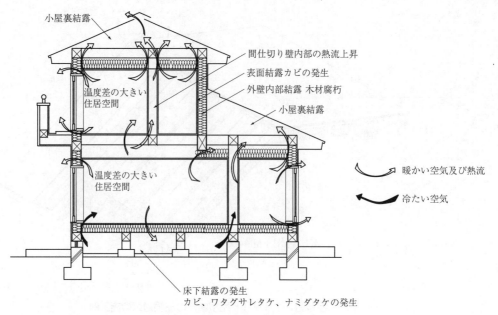

小屋裏結露

間仕切り壁内部の熱流上昇

表面結露カビの発生

外壁内部結露 木材腐朽

小屋裏結露

温度差の大きい
住居空間

温度差の大きい
住居空間

暖かい空気及び熱流

冷たい空気

床下結露の発生
カビ、ワタグサレタケ、ナミダタケの発生

参考図7-1.4.10-1　断熱材のすき間が生じやすい箇所

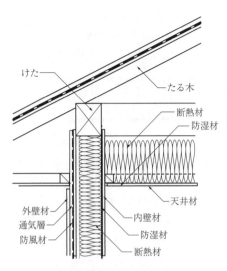

（A）外壁と天井との取合い部
（外壁部に充填する場合）

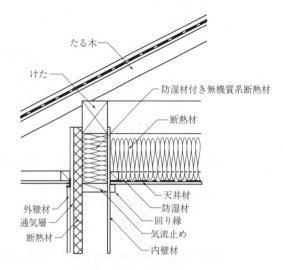

（B）外壁と天井との取合い部
（外壁部を外張りとする場合）

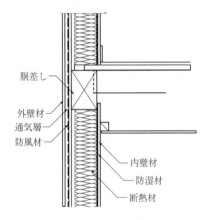

（C）外壁と胴差しの取合い部

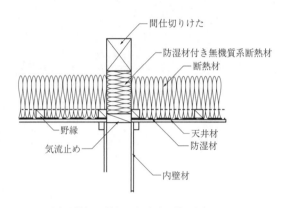

（D）間仕切り壁部の気流止め施工例
（間仕切り壁と天井との取合い部）

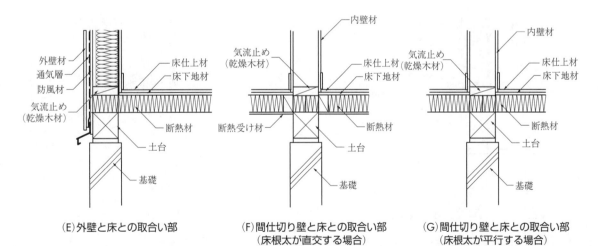

（E）外壁と床との取合い部　　（F）間仕切り壁と床との取合い部　　（G）間仕切り壁と床との取合い部
　　　　　　　　　　　　　　　（床根太が直交する場合）　　　　　　（床根太が平行する場合）

参考図7-1.4.10-2　取合い部の断熱材施工例①

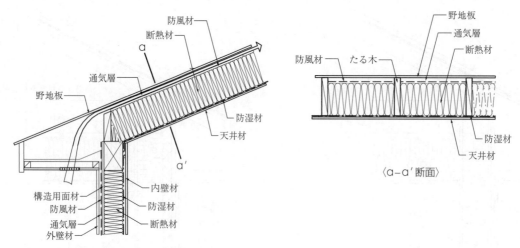

防風材
断熱材
a
通気層
野地板

防湿材
天井材

野地板
通気層
断熱材
防風材
たる木

防湿材
天井材

〈a-a'断面〉

a'

構造用面材
防風材
通気層
外壁材

内壁材
防湿材
断熱材

（A）たる木内部で通気層を確保する場合（充填）の施工例

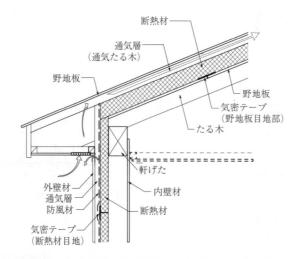

断熱材
通気層
（通気たる木）
野地板

野地板
気密テープ
（野地板目地部）
たる木

軒げた

外壁材
通気層
防風材

内壁材
断熱材

気密テープ
（断熱材目地）

（B）通気たる木を設け通気層を確保する場合（外張り）の施工例

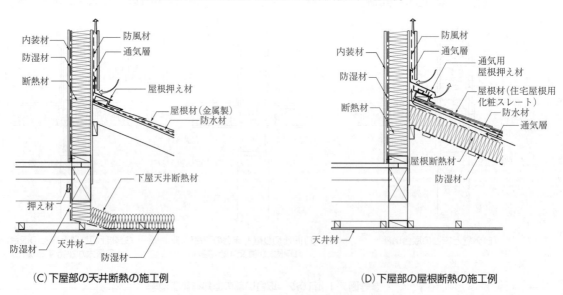

内装材
防湿材
断熱材

防風材
通気層

屋根押え材

屋根材（金属製）
防水材

押え材

下屋天井断熱材

防湿材
天井材
防湿材

（C）下屋部の天井断熱の施工例

内装材
防湿材
断熱材

防風材
通気層

通気用
屋根押え材

屋根材（住宅屋根用
化粧スレート）
防水材
通気層

屋根断熱材
防湿材

天井材

（D）下屋部の屋根断熱の施工例

参考図7-1.4.10-3　取合い部の断熱材施工例②
（外壁部と屋根との取合い部例）

7-1.5 気密工事（充填断熱工法又は繊維系断熱材を用いた外張断熱工法による場合）

7-1.5.1 一般事項

充填断熱工法又は繊維系断熱材を用いた外張断熱工法による気密工事は、この項による。

7-1.5.2 材料・工法一般

1. 気密工事に使用する気密材の種類及び品質は、次のとおりとする。ただし、1地域、2地域及び3地域において建設する場合の気密材はイ、ハ、ホ、トの材、又はこれと同等以上の気密性、強度、耐久性を有する材料とする。

   イ. 住宅用プラスチック系防湿フィルム（JIS A 6930（住宅用プラスチック系防湿フィルム））又はこれと同等以上の気密性を有するもの

   ロ. 透湿防水シート（JIS A 6111（透湿防水シート））又はこれと同等以上の気密性を有するもの

   ハ. 合板、せっこうボード、構造用パネル（JAS）又はこれと同等以上の気密性を有するもの

   ニ. 発泡プラスチック断熱材（JIS A 9521）、建築物断熱用吹付け硬質ウレタンフォーム（JIS A 9526）又はこれと同等以上の気密性を有するもの

   ホ. 乾燥木材等

   ヘ. 金属部材

   ト. コンクリート部材

2. 気密工事に使用する防湿フィルムは、JIS A 6930（住宅用プラスチック系防湿フィルム）に適合するもの、又はこれと同等以上の防湿性、強度及び耐久性を有するものとする。また、寸法は所定の重ね寸法が確保できるものとし、できるだけ幅広の長尺フィルムを用いる。

3. 防湿フィルムは連続させ、すき間のできないように施工する。また、継目は下地材のある部分で30mm以上重ね合わせ、その部分を合板、せっこうボード、乾燥した木材等で挟みつける。

4. 気密層の連続性を確保するため、気密材の継目の生じる部分に使用する気密補助材には、以下の材料その他これらに類する材料を用いる。

   イ. 気密テープ（ブチル系テープ、アスファルト系テープ等、気密性又は水密性のあるものとし、経年によって粘着性を失わないもの）

   ロ. 気密パッキン材（気密性のあるものとし、経年によって弾力性を失わないもの）

   ハ. 現場発泡断熱材（高い気密性を有するもの）

   ニ. シーリング材（経年によって弾性と付着力を失わないもの）

7-1.5.3 壁、床、天井（又は屋根）の施工

1. 防湿フィルムは、継目を縦、横とも下地材のある部分で30mm以上重ね合わせ、留め付ける。

2. 留付けはステープルを用い、継目部分は200～300mm程度の間隔に、その他の箇所は要所に行い、たるみ、しわのないように張る。

3. 防湿フィルムの端部は、下地材のある部分で気密テープを用いて留め付けるか、木材等で挟みつけくぎ留めする。

4. 真壁の柱部分、中間階床の横架材に乾燥木材（含水率20％以下のものをいう。以下同じ。）を使用した場合には、その部分に防湿フィルムを張らないことができる。

5. 床に防湿フィルムを張らない場合は、次による。

   イ. 床下地板に構造用合板、構造用パネル、パーティクルボード等（「床合板等」という。以下同じ。）を用いる。

   ロ. 床合板等の継目は、気密補助材で処理するか実加工品を使用、または床合板等を下地材がある部分で突き合わせて、その突合せ部をくぎで留め付ける。

   ハ. 繊維系断熱材を用いる場合は、断熱材下部を床下に開放するか、又は湿気の排出を妨げない受け材により施工する。

7-1.5.4 壁、床、天井（又は屋根）の取合い部等の施工

1. 防湿フィルムは、屋根又は天井と壁、壁と床の取合い部、壁の隅角部で、これを構成する各部位が外気等に接する部分においては、下地材のある部分で30mm以上重ね合わせる。

2. 留付けはステープルを用い、継目部分は200〜300mm程度の間隔に、その他の箇所は要所に行い、たるみ、しわのないように張る。

3. 最下階の床と外壁の取合い部は、次のいずれかとする。

   イ．☐最下階の床と取り合う外壁部に、先張りの防湿フィルムを土台まで連続させ、気密テープによるか、木材等で挟みつけくぎ留めする。床の防湿フィルムは、外壁部にまわり込ませ、外壁部の防湿フィルム及び先張りの防湿フィルムと下地材のある部分で、30mm以上重ね合わせる。

   ロ．☐床合板等を土台に直接くぎ留めし、床及び外壁の防湿フィルムは、下地材のある部分で、30mm以上重ね合わせるか、床合板等に気密補助材等を用いて留め付ける。

   ハ．☐取合い部の外壁内に木材の気流止めを設け、床及び外壁の防湿フィルムは、下地材のある部分で30mm以上重ね合わせる。

   ニ．☐本章7-1.5.3（壁、床、天井（又は屋根）の施工）の5により、床に防湿フィルムを張らない場合には、上記イ、ロ又はハに準じて施工を行い、床合板等と外壁の防湿フィルムとを気密補助材を用いて連続させる。 7-1.5.3の5 ☞181頁

   ホ．☐床合板を気密材とする場合は、床合板等に気密補助材を用いて留め付ける。

4. その他の階の床と外壁の取合い部は、次のいずれかによる。

   イ．☐その他の階の床と取り合う外壁部に、先張りの防湿フィルムを張る。先張り防湿フィルムと、はり等の横架材との取合いは、先張りの防湿フィルムを切り開き、フィルムの切り開き部分を留め代として、はり又は胴差し等の横架材にテープを併用して留め付ける。外壁断熱材施工後に、外壁の防湿フィルムは先張りの防湿フィルムと下地材のある部分で、30mm以上重ね合わせる。

   ロ．☐下階の外壁の防湿フィルムを胴差し（乾燥木材に限る。）に留め付け、上階の外壁の防湿フィルムは、胴差しに直接くぎ留めされた床合板等に気密補助材を用いて留め付ける。なお、胴差しを配線等が貫通する場合は、その部分ですき間が生じないよう気密補助材を施工する。

5. 屋根の直下の天井（又は屋根）と外壁の取合い部は、次のいずれかによる。

   イ．☐外壁の防湿フィルムを、けたまで連続させ留め付ける。防湿フィルムのけたへの留付けは、気密テープによるか、木材等で挟みつけくぎ留めする。また、天井の防湿フィルムは、下地材のある部分で30mm以上重ね合わせる。

   ロ．☐屋根の直下の天井（又は屋根）と取り合う外壁部に、先張りの防湿フィルムをけたまで連続させ留め付ける。天井（又は屋根）の防湿フィルムは、外壁部にまわり込ませ、外壁部の防湿フィルム及び先張りの防湿フィルムと下地材のある部分で、30mm以上重ね合わせる。

   ハ．☐取合い部の外壁内に木材の気流止めを設け、屋根の直下の天井（又は屋根）及び外壁の防湿フィルムは、下地材のある部分で30mm以上重ね合わせる。

6. 外壁と間仕切り壁の取合い部は、次のいずれかによる。

   イ．☐外壁の防湿フィルムを留め付けてから、間仕切り壁を取り付ける。この部分で防湿フィルムを継ぐ場合は、下地材のある部分で30mm以上重ね合わせる。

   ロ．☐外壁の間仕切り壁が取り付く部分に、先張りの防湿フィルムを張る。この場合、外壁の防湿フィルムは先張りの防湿フィルムに下地材のある部分で、30mm以上重ね合わせる。

   ハ．☐外壁の防湿フィルム端部を、間仕切り壁が外壁に取り付く部分にある間柱（乾燥木材に限る。）に、本章7-1.5.3（壁、床、天井（又は屋根）の施工）の3により留め付ける。 7-1.5.3の3 ☞181頁

7. 最下階の床と間仕切り壁の取合い部は、次のいずれかによる。

イ．☐最下階の床の防湿フィルムを張る場合は、防湿フィルムを留め付けてから、間仕切り壁を取り付ける。この部分で防湿フィルムを継ぐ場合は、下地材のある部分で30mm以上重ね合わせる。

ロ．☐最下階の床の間仕切り壁が取り付く部分に、先張りの防湿フィルムを張る。この場合、最下階の床の防湿フィルムは、先張りの防湿フィルムに下地材のある部分で30mm以上重ね合わせる。

ハ．☐本章7-1.5.3（壁、床、天井（又は屋根）の施工）の5により床を施工したのち、間仕切り壁を施工する。 7-1.5.3の5 ☞181頁

ニ．☐床の防湿フィルム端部を床に取り付く部分の間仕切り壁下地材（乾燥木材に限る。）に、本章7-1.5.3（壁、床、天井（又は屋根）の施工）の3により留め付ける。 7-1.5.3の3 ☞181頁

8. 屋根の直下の天井（又は屋根）と間仕切り壁の取合い部は、次のいずれかによる。

イ．☐屋根の直下の天井（又は屋根）の防湿フィルムを留め付けてから、間仕切り壁を取り付ける。この部分で防湿フィルムを継ぐ場合は、下地材のある部分で30mm以上重ね合わせる。

ロ．☐屋根の直下の天井（又は屋根）の間仕切り壁が取り付く部分に、先張りの防湿フィルムを張る。この場合、屋根の直下の天井の防湿フィルムは、先張りの防湿フィルムに下地材のある部分で、30mm以上重ね合わせる。

ハ．☐天井の防湿フィルム端部を、天井に取り付く部分の間仕切り壁下地材（乾燥木材に限る。）に、本章7-1.5.3（壁、床、天井（又は屋根）の施工）の3により留め付ける。 7-1.5.3の3 ☞181頁

9. 下屋部分の床、天井、外壁の取合い部は、次による。

イ．☐その他の階の床と外壁の取合い部は、4による。

ロ．☐下屋部分の天井の防湿フィルムは、胴差しに留め付けた防湿フィルムと連続させるか、下地材のある部分で30mm以上重ね合わせる。

7-1.5.5 ボード状繊維系断熱材を用いた外張断熱工法による場合

ボード状繊維系断熱材を用いた、外張断熱工法による場合の防湿フィルムの施工は、次による。

イ．防湿フィルムは、縦横とも柱・間柱・下地材・たる木又は野地板などの外側（断熱材の内側）に施工し、その取合い部は下地材のある部分で30mm以上重ね合わせ、留め付ける。

ロ．防湿フィルムは屋根と外壁部、外壁部と床の取合い部、外壁の隅角部などの取合い部では、下地材のある部分で30mm以上重ね合わせ、留め付ける。

ハ．留付けはステープルを用い、継目部分は200～300mm程度の間隔に、たるみ、しわのないように張る。

7-1.5.6 基礎断熱部の取合い

基礎を断熱し、基礎部分を気密層とする場合には、土台と基礎の間に気密材又は気密補助材を施工すること等により、当該部分にすき間が生じないようにする。なお、基礎断熱とした場合は、最下階の床には気密層を施工しない。

7-1.5.7 細部の気密処理（1地域、2地域及び3地域において建設する場合）

1. 構造材が防湿フィルムを貫通する部分は、フィルムと構造材を気密テープ等で留め付ける。

2. 開口部等のまわりの施工は、次による。

イ．開口部まわりは、サッシ枠取付け部で結露が生じないよう、構造材や防湿フィルムとサッシ枠のすき間を気密補助材で処理する。

ロ．床下及び小屋裏等の点検口まわりは、防湿フィルムを点検口の枠材に、気密テープなどによって留め付ける。

ハ．断熱構造とする部分に用いる床下及び小屋裏点検口は、気密性の高い構造とする。

3. 設備配管まわりの施工は、次による。
　　　イ．設備配管又は配線により外壁、天井、床の防湿フィルムが切れる部分は、貫通する外壁、天井、床のそれぞれの防湿フィルムを切り開き、切り開いた部分を留め代とし、設備配管又は配線に気密テープで留め付けるなど、気密層が連続するよう処理する。
　　　ロ．電気配線のコンセント、スイッチボックスのまわりの施工は、次のいずれかとし、外壁、天井、床のそれぞれの防湿フィルムと気密テープで留め付ける。
　　　　（イ）□気密措置が講じられた専用のボックスを使用する。
　　　　（ロ）□コンセント、スイッチボックスのまわりを防湿フィルムでくるむ。

7-1.5.8 注意事項

1. 4地域、5地域、6地域、7地域及び8地域に建設する場合であっても、細部の気密処理の施工に十分注意する。
2. 燃焼系の暖房器具又は給湯機器を設置する場合には、密閉型又は屋外設置型の機器が設置できるように計画する。

用　語

気密材と気密層

　気密材は、住宅用プラスチック系防湿フィルム、透湿防水シートなど、本章7-1.5.2（材料・工法一般）の1及び2に示す材料のことをいい、気密層は、気密材、気密補助材等を用いて、本章7-1.5.2（材料・工法一般）の3及び4に従って連続的にすき間ができないように施工される層のことをいう。

気密住宅

　本章7-1.5（気密工事（充填断熱工法又は繊維系断熱材を用いた外張断熱工法による場合））及び7-1.6（気密工事（発泡プラスチック系断熱材を用いた外張断熱工法による場合））でいう気密住宅とは、床面積1m²当たり相当すき間面積が5.0cm²以下の住宅をいう（1～3地域の場合は、2.0cm²以下）。

　気密住宅とし、すき間面積を減らすことで、不必要な換気を減らし、熱損失を少なくするとともに、機械などにより給気と排気の経路を明確にした計画的な換気を行うことができる（計画換気）。気密住宅は、こういった計画換気を前提に造られるものであり、計画換気を行わない場合、換気量が不足し、室内の空気が汚染され危険である。

　このため、気密住宅では計画換気の実施が必要不可欠であり、また、それにより初めてその性能が発揮され、良好な居住環境をつくりだすことができる。

防湿フィルム

　気密工事に用いる防湿フィルムには、JIS A 6930（住宅用プラスチック系防湿フィルム）に適合するもの、または同等の性能を有する防湿層用に開発された材料の使用が望ましい。このような材料は、防湿層の剛性が高いとともに、防湿層の平面保持がよく、仕上材で防湿層を押さえたとき、重ね部分の気密精度が向上し、施工も容易になる。

気密テープ

　気密テープには、ブチルゴム系、アスファルト系またはアクリル系の防湿性のあるテープで、経年によって粘着性を失わないものを使用する。

気密パッキン材

　気密パッキン材には、ゴム成形のものかアスファルト含浸のフォーム状のもの、あるいはポリエチレンフォームを使用する。

現場発泡断熱材

　気密材として用いる現場発泡断熱材には防露対策上、透湿抵抗の大きい材料を使用する。建築物断熱用吹付け硬質ウレタンフォームA種3は、透湿抵抗の小さい断熱材に該当するため、気密材として使用できない。

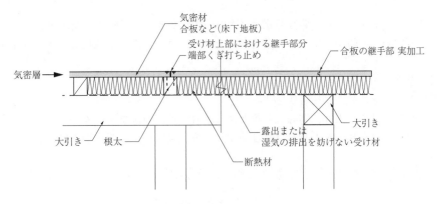

（A）根太間に断熱材を設ける場合

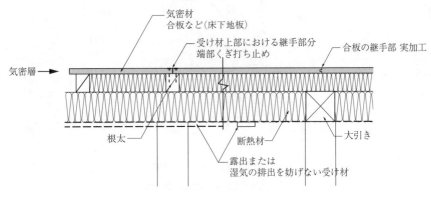

（B）根太・大引き間に断熱材を設ける施工例

注）合板等による気密層施工を行う場合で、合板継手部分は受け材上部でくぎ打ち、または実加工とする場合には、気密テープを用いなくてもよい。

参考図7-1.5.3　防湿フィルムの施工を必要としない床の施工例

留意事項

断熱材と気密材の施工

断熱材と気密材とは、密着させて施工することが望ましいが、やむを得ず断熱材と気密材を密着せずに施工する場合は、①断熱層の連続性の確保、②気密層の連続性の確保、③適切な防露措置（防湿層、通気層、防風層、気流止めなどの対策）を満足させながら適切に施工することが必要である。

暖冷房、給湯機器、通風計画等に関する配慮

気密性を高めることを前提とした断熱等性能等級4の仕様においては、暖冷房、給湯機器、通風等に関して、次の点について配慮して計画することが望ましい。

①暖冷房設備を設置する場合には、当該設備の能力は、対象となる室の暖冷房負荷に応じたものとすることとし、部分負荷効率（定格出力100％未満の出力時の機器の効率をいう。）の高いものを選定する。

②暖房機器及び給湯機器（以下「暖房機器等」という。）であって燃焼系のものを設置する場合には、室内空気汚染を抑制するため、原則として密閉型または屋外設置型の暖房機器等が設置できる設計をする。なお、半密閉型の暖房機器等の使用を前提とする場合にあっては、局所換気装置使用時に室内が過度の減圧状態になることにより排ガスの逆流が生じることのないように、換気装置と連動する給気口を設置する等の措置を講じる。

③連続暖房、部分または間欠暖房等の、居住者の要求に応じた使い方を可能とする暖冷房設備の設計を行う。

④夏期及び中間期の外気が快適な場合には、通風により室内の快適性を確保するため、各室に方位の異なる開口部を設けるよう努める。なお、防虫、防犯等に配慮した開口部材の活用、外部からの視線を遮るための植栽の配置等について検討を行う。

施工方法

軸組構成材、下地材

軸組構成材及び下地材には、木材の乾燥収縮により防湿層が破損しないよう、すべて乾燥した材料を使用することが望ましい。

壁・床・天井の施工

防湿フィルムは、継目を縦、横とも下地材のある部分で30mm以上重ね合わせ、その部分を合板、せっこうボード、乾燥した木材等で挟みつける。防湿フィルムの留付けは、ステープルを用い、継目にそって200～300mm程度の間

隔で下地材に留め付け、防湿フィルムの継目部分は、次のいずれかとし、気密性を確保する。

①内装下地材等をくぎ留めし、防湿フィルムの継目部分を挟みつける。内装下地材等に木を使用する場合、乾燥した材料を使用する。

②防湿フィルム相互をテープで貼り合わせる。

③防湿フィルム相互をコーキングにより取り付ける。

　最上階の和室の天井を、目透し天井、竿縁天井等とする場合には、防湿フィルムが連続するように留意する。また、間仕切り壁の下地材の施工は天井、床の断熱材及び防湿層の施工後に行い、間仕切り壁において防湿フィルムが連続するようにおさめる。

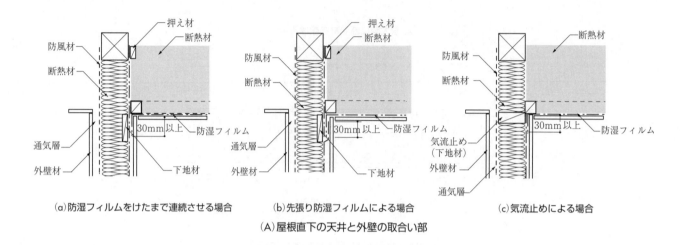

（a）防湿フィルムをけたまで連続させる場合　　（b）先張り防湿フィルムによる場合　　（c）気流止めによる場合

（A）屋根直下の天井と外壁の取合い部

（a）先張り防湿フィルムがある場合　　（b）先張り防湿フィルムがない場合

（B）中間階の床と外壁の取合い部

参考図7-1.5.4　壁、床、天井（または屋根）の取合い部の施工例①

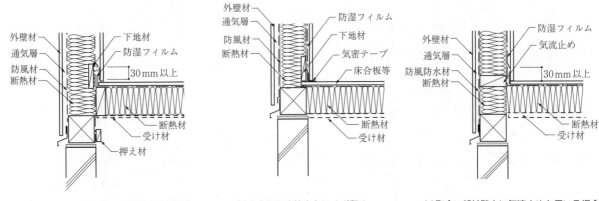

（a）先張り防湿フィルムを土台まで連続させる場合　　（b）床合板を直接土台にくぎ留め　　（c）取合い部外壁内に気流止めを用いる場合

（C）最下階の床と外壁の取合い部

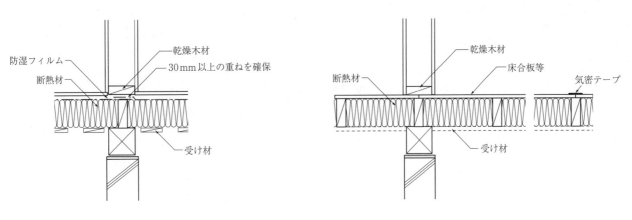

（a）防湿フィルムを床下に先張りする場合　　　　　　　（b）床合板等による場合

（D）最下階の床と間仕切り壁の取合い部

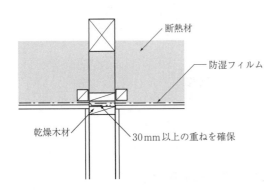

（E）屋根直下の天井と間仕切り壁の取合い部

参考図7-1.5.4　壁、床、天井（または屋根）の取合い部の施工例②

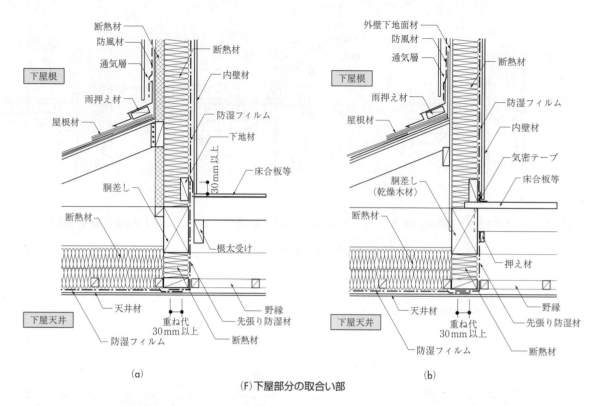

（F）下屋部分の取合い部

参考図7-1.5.4　壁、床、天井（または屋根）の取合い部の施工例③

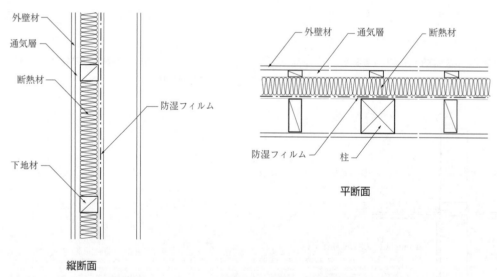

縦断面

平断面

参考図7-1.5.5　ボード状繊維系断熱材の外張断熱工法の場合

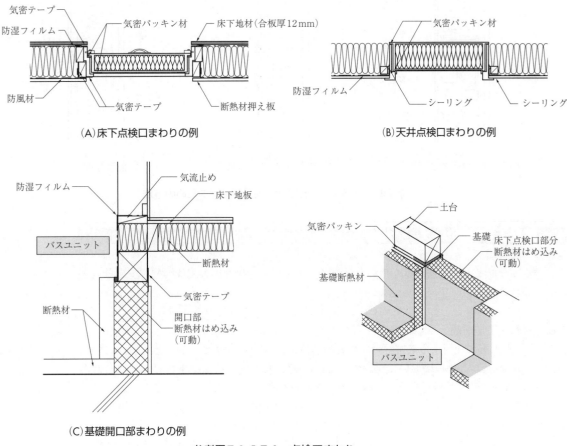

（A）床下点検口まわりの例

（B）天井点検口まわりの例

（C）基礎開口部まわりの例

参考図7-1.5.7-1　点検口まわり

開口部、設備配管等まわりの施工（1～3地域で建設する場合）

開口部、設備配管等のまわりは、木材の乾燥収縮等により、長期的にすき間が生じないようなおさまりとする。外壁の防湿フィルムは、開口部枠にコーキング材、テープ等により留め付ける。

給湯、給水管は、なるべく間仕切り壁や中間階ふところ部分に設け、防湿フィルムの貫通部が極力少なくなるようにする。やむを得ず配管、配線等が防湿フィルムを貫通する場合は、配管、配線まわりにすき間が生じないよう、テープ、コーキング材等を施工する。防湿層の施工後に設備機器、設備配管等を施工する場合、防湿層が破損しないよう施工管理を行う。

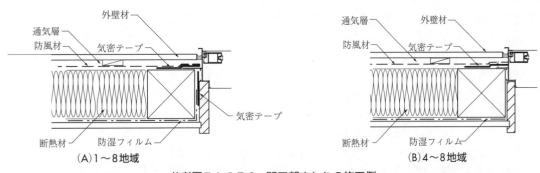

（A）1～8地域

（B）4～8地域

参考図7-1.5.7-2　開口部まわりの施工例

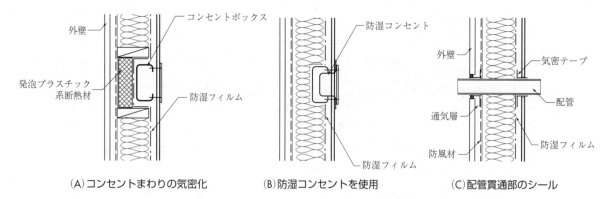

（A）コンセントまわりの気密化 　　（B）防湿コンセントを使用 　　（C）配管貫通部のシール

参考図7-1.5.7-3　気密層の連続性を保つための方法

7-1.6 気密工事（発泡プラスチック系断熱材を用いた外張断熱工法による場合）

7-1.6.1 一般事項

発泡プラスチック系断熱材を用いた外張断熱工法による場合の各部位の気密工事は、この項による。

7-1.6.2 材料・工法一般

1. 気密工事に使用する気密材の種類及び品質は、次のとおりとする。ただし、1地域、2地域及び3地域において建設する場合の気密材はイ、ハ、ホ、トの材、又はこれと同等以上の気密性、強度、耐久性を有する材料とする。
    - イ．住宅用プラスチック系防湿フィルム（JIS A 6930（住宅用プラスチック系防湿フィルム））又はこれと同等以上の気密性を有するもの
    - ロ．透湿防水シート（JIS A 6111（透湿防水シート））又はこれと同等以上の気密性を有するもの
    - ハ．合板、せっこうボード、構造用パネル（JAS）又はこれと同等以上の気密性を有するもの
    - ニ．発泡プラスチック断熱材（JIS A 9521）、建築物断熱用吹付け硬質ウレタンフォーム（JIS A 9526）又はこれと同等以上の気密性を有するもの
    - ホ．乾燥木材等
    - ヘ．金属部材
    - ト．コンクリート部材
2. 気密工事に使用する防湿フィルムは、JIS A 6930（住宅用プラスチック系防湿フィルム）に適合するもの、又はこれと同等以上の防湿性、強度及び耐久性を有するものとする。また、寸法は所定の重ね寸法が確保できるものとし、できるだけ幅広の長尺フィルムを用いる。
3. 気密工事に使用する透湿防水シートは、JIS A 6111（透湿防水シート）に適合するもの、又はこれと同等以上の気密性、強度及び耐久性を有するものとする。また、寸法は所定の重ね寸法が確保できるものとし、できるだけ幅広の長尺フィルムを用いる。ただし、1地域、2地域及び3地域においては使用しない。
4. 防湿フィルムは連続させ、すき間のできないように施工する。また、継目は下地材のある部分で30mm以上重ね合わせ、その部分を合板、せっこうボード、乾燥した木材、発泡プラスチック系断熱材等で挟みつける。
5. 気密層の連続性を確保するため、板状の気密材の相互の継目又はその他の材料との継目は、本章7-1.5.2（材料・工法一般）の4に掲げる気密補助材を施工する。 7-1.5.2の4 ☞181頁

7-1.6.3 壁、屋根及びその取合い部の施工

1. 1地域、2地域及び3地域において建設する場合の壁、屋根及びその取合い部の施工は、次のいずれかとする。
    - イ．□発泡プラスチック系断熱材の屋内側に、防湿フィルムを張る。

　　ロ．□発泡プラスチック系断熱材の屋内側に、構造用合板など通気性の低い乾燥した面材を張る。
　　ハ．□発泡プラスチック系断熱材の屋外側に、透湿防水シートを張る。
2. 4地域、5地域、6地域、7地域及び8地域において建設する場合の壁、屋根及びその取合い部の施工は、次のいずれかとする。
　　イ．□発泡プラスチック系断熱材の屋内側に、防湿フィルムを張る。
　　ロ．□発泡プラスチック系断熱材の屋内側に、構造用合板など通気性の低い乾燥した面材を張る。
　　ハ．□発泡プラスチック系断熱材の屋外側に、透湿防水シートを張る。
　　ニ．□外張断熱に用いた発泡プラスチック系断熱材の継目を、気密補助材を用いてすき間が生じないように施工する。
　　ホ．□2層以上の発泡プラスチック系断熱材の継目が重ならないように張る。
3. 屋根と壁の取合い部及び壁の隅角部においては、気密補助材を利用して、すき間が生じないようにする。
4. 外壁を発泡プラスチック系断熱材を用いた外張断熱工法とし、床又は天井を充填断熱工法とする場合には、床、天井の施工は本章7-1.5.3（壁、床、天井（又は屋根）の施工）により、床と外壁、天井と外壁との取合い部の施工は本章7-1.5.4（壁、床、天井（又は屋根）の取合い部等の施工）による。 7-1.5.3　☞181頁
7-1.5.4　☞182頁
5. 屋根を発泡プラスチック系断熱材を用いた外張断熱工法とし、外壁を充填断熱工法とする場合には、外壁の施工は本章7-1.5.3（壁、床、天井（又は屋根）の施工）により、屋根と外壁との取合い部の施工は本章7-1.5.4（壁、床、天井（又は屋根）の取合い部等の施工）による。 7-1.5.3　☞181頁
7-1.5.4　☞182頁

7-1.6.4 基礎断熱部の取合い等

基礎断熱部の取合い、細部の気密処理、注意事項については、それぞれ本章7-1.5.6（基礎断熱部の取合い）、本章7-1.5.7（細部の気密処理（1地域、2地域及び3地域において建設する場合））及び本章7-1.5.8（注意事項）による。 7-1.5.6　☞183頁
7-1.5.7　☞183頁
7-1.5.8　☞184頁

施工方法

気密工事

　発泡プラスチック系断熱材を用いた外張断熱工法においては、防湿フィルムを用いた気密工事のほかに、断熱材の継目を適切に処理することによって気密性を確保する仕様や、断熱材の外側に透湿防水シートを用いて気密性を確保する仕様等がある。
　なお、住宅瑕疵担保責任保険における外壁に係る設計施工基準では、通気構法とする場合、原則として透湿防水シートを使用することとなっている。このため、防水の観点から、透湿防水シート以外の部材を防水紙として使用できない場合がある。

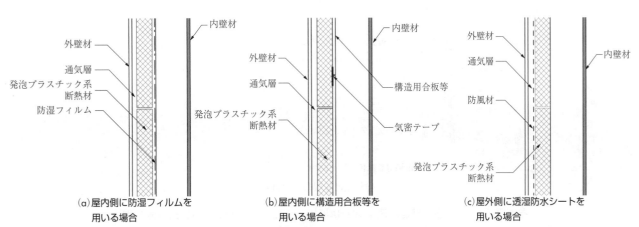

（A）1～3地域の場合（相当すき間面積　2.0cm²/m²以下）

参考図7-1.6.1　発泡プラスチック系断熱材外張工法の場合の気密仕様の例①

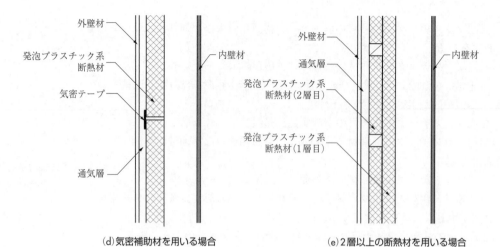

(d)気密補助材を用いる場合　　　　(e)2層以上の断熱材を用いる場合

(B)4～8地域の場合(相当すき間面積　5.0cm²/m²以下、2.0cm²/m²超)

参考図7-1.6.1　発泡プラスチック系断熱材外張工法の場合の気密仕様の例②

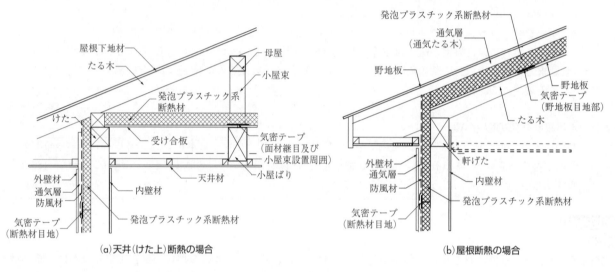

(a)天井(けた上)断熱の場合　　　　　　　(b)屋根断熱の場合

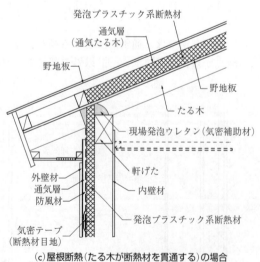

(c)屋根断熱(たる木が断熱材を貫通する)の場合

(A)外壁と屋根の取合い部

参考図7-1.6.3　壁、基礎、天井(または屋根)、開口部まわりの取合い部の施工例①

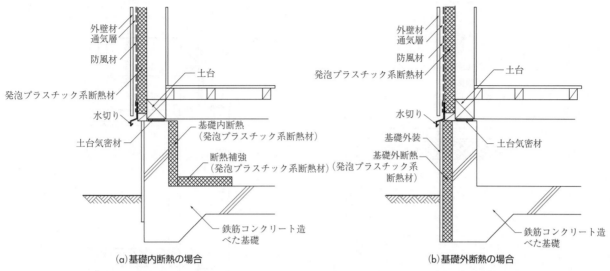

注）基礎外断熱の場合は、地中に埋めた断熱材がシロアリの被害を受けやすいため、本工法はシロアリの被害が比較的少ない地域（北海道、青森県、岩手県、秋田県、宮城県、山形県、福島県、新潟県、富山県、石川県及び福井県）においてのみ採用を検討する。

(B-1) 外壁と基礎の取合い部

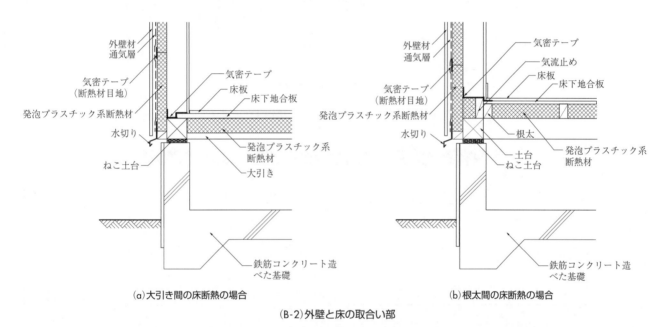

(B-2) 外壁と床の取合い部

参考図7-1.6.3　壁、基礎、天井（または屋根）、開口部まわりの取合い部の施工例②

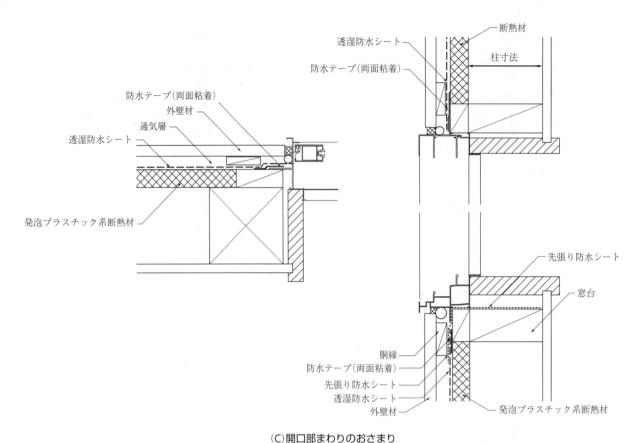

防水テープ(両面粘着)
外壁材
通気層
透湿防水シート
発泡プラスチック系断熱材

断熱材
透湿防水シート
防水テープ(両面粘着)
柱寸法

先張り防水シート
窓台

胴縁
防水テープ(両面粘着)
先張り防水シート
透湿防水シート
外壁材
発泡プラスチック系断熱材

(C)開口部まわりのおさまり

参考図7-1.6.3　壁、基礎、天井(または屋根)、開口部まわりの取合い部の施工例③

7-1.7 開口部の断熱性能

7-1.7.1 開口部建具の種類

1. 開口部の断熱の仕様は、地域の区分に応じ、下表の熱貫流率を満たすものとする。

地域の区分	熱貫流率(W/(m²·K))
1・2・3地域	2.3以下
4地域	3.5以下
5・6・7地域	4.7以下
8地域	

2. 窓の合計面積が住宅の床面積の2%以下となるものについては、前記1によらず施工することができる。

7-1.7.2 開口部の気密性

開口部に用いる建具は、地域の区分に応じ、次の気密性能の等級に該当するものとする。

　イ．1地域、2地域及び3地域における開口部は、JIS A 4706(サッシ)に定める気密性等級「A-4」を満たすもの

　ロ．4地域、5地域、6地域、7地域及び8地域における開口部は、JIS A 4706(サッシ)に定める気密性等級「A-3」又は「A-4」を満たすもの

7-1.7.3 注意事項

1. 建具の重量によって、窓台、まぐさ等の建具取付け部に、有害な変形が生じないような配慮をする。

2. 建具の取付け部においては、漏水及び構造材の腐杇を防止するために、すき間が生じないようにする。

用　語

窓

サッシ枠及びガラス等で構成された出入りを前提としない開口部(掃き出し窓、ガラスブロックを含む。)をいう。

ドア

出入りを前提とした戸及び扉の総称をいう。ただし、ドアに組み込まれたガラスが当該ドア面積の大部分でないものはガラスがないものとして見なすこととし、ドア面積の大部分がガラスである場合は窓として取り扱うこととする。

框ドア

出入りを前提としたドアの一種で、周囲に枠をつくり、その枠を仕口によって組み立てたドアをいう。ただし、框ドアに組み込まれたガラスが当該框ドア面積の大部分でないものは、ガラスがないものとして見なすことができる。

引戸

引き形式の出入りを前提とした框ドアまたはドアをいう。

単板ガラス

一枚の板ガラスにより構成されるガラスをいう。

複層ガラス

複数枚の板ガラスにより構成されるガラスをいう。

ガス

アルゴンガスまたは熱伝導率がこれと同等以下のものをいう。

低放射膜

ガラス表面に銀、酸化スズ等を成膜することでガラス表面の放射率を下げ、放射熱伝達を抑制する薄膜をいう。

低放射複層ガラス

2枚の板ガラスと1つの中空層からなるものであり、1枚以上の板ガラスに低放射膜を中空層に面するように使用しているものをいう。

低放射三層複層ガラス

3枚の板ガラス（JIS R 3202 に定めるフロート板ガラス及び磨き板ガラス、JIS R 3203 に定める型板ガラス、JIS R 3204 に定める網入板ガラス及び線入板ガラス、JIS R 3206 に定める強化ガラス、JIS R 3222 に定める倍強度ガラス、JIS R 3208 に定める熱線吸収板ガラス、JIS R 3221 に定める熱線反射ガラス及び JIS R 3205 に定める合わせガラスをいい、それらの板ガラスに表面加工による光学的な拡散性をもたせたもの（刷りガラス、フロスト加工またはタペストリー加工)を含む。以下同じ。）と2つの中空層からなるものであり、1枚以上の板ガラスに低放射膜を中空層に面するように使用しているものをいう（ただし、同一中空層に複数の低放射膜が面するものを除く）。

遮熱複層ガラス

室外側のガラス1枚に熱線反射ガラスまたは熱線吸収板ガラスを使用して、日射熱取得率を低減した複層ガラスをいい、「熱線反射ガラス1種」、「熱線反射ガラス2種」及び「熱線反射ガラス3種」とは、JIS R 3221に定める日射遮蔽性の区分によるものをいい、「熱線吸収板ガラス2種」とは、JIS R 3208に定める日射熱取得率の区分によるものをいう。

木又はプラスチックと金属の複合材料製

屋外側の建具の大半に金属、屋内側の建具の大半に、木またはプラスチックを使用した構造をいう。

金属製

アルミニウム合金等の金属で構成された構造のものであり、枠等の一部にプラスチック等を使用した構造のものを含む。

単板ガラス2枚を組み合わせたもの

中間部にブラインドが設置されたものを含むものとする。

金属製熱遮断構造

金属製の建具で、その枠または框等の中間部をプラスチック等の断熱性を有する材料で接続した構造をいう。

断熱積層構造

木製表裏面材の中間に断熱材を密実に充填した構造をいう。

高断熱フラッシュ構造扉

金属製表裏面材の中間に断熱材を密実に充填し、辺縁部を熱遮断構造とした扉のうち、扉厚さ60mm以上のものをいう。

断熱フラッシュ構造扉

金属製表裏面材の中間に断熱材を密実に充填し、辺縁部を熱遮断構造とした扉をいう。

フラッシュ構造扉

金属製表裏面材の中間に断熱材を充塡した構造の扉をいう。

ハニカムフラッシュ構造扉

金属製表裏面材の中間の密閉空気層を、紙製または水酸化アルミニウム製の仕切り材で細分化した構造の扉をいう。

留意事項

開口部の断熱性能

断熱等性能等級4の基準に適合する住宅とする場合には、断熱性能の高い開口部とする必要があり、各断熱地域の区分ごとに本章7-1.7.1（開口部建具の種類）の1に掲げる熱貫流率を満たすものとする必要がある。その具体的な仕様は、付録10「「建具とガラスの組合せ」による開口部の熱貫流率」に掲げる仕様表から選択することができる。

なお、開口部の熱貫流率が試験等によって確認された建具についても、地域の区分ごとに定められた必要性能に応じて用いることが可能である。

床面積の合計の2%以下の窓の断熱性能

すべての窓において、本章7-1.7.1（開口部建具の種類）の1に基づく仕様とすることが望ましいが、浴室・トイレ等の小窓や、階段部分の採光用の小窓など、複層ガラス建具のラインナップの少ない部位では、コストや意匠上・機能上の要因から、性能を満足する建具を採用することが困難な場合がある。この場合、住宅全体に占める熱損失量において影響が少ない範囲（床面積の合計の2%以下の窓）について、本章7-1.7.1（開口部建具の種類）の1によらず施工することができる。

なお、当該窓が2つ以上の場合においては、その合計面積が床面積の合計の2%以下の場合に本ルールの対象となり、各々の窓面積が対象ではない。

開口部建具

開口部建具とは、窓（サッシ枠及びガラス等で構成された出入りを前提としない開口部建具。掃き出し窓、ガラスブロック、出窓、天窓を含む。）、及びドア（出入りを前提とした戸及び扉の総称。）をいう。ドアに組み込まれたガラスが、当該ドア面積の大部分でないものはガラスがないものとして見なすこととし、ドア面積の大部分がガラスである場合は窓として取り扱うこととする。

開口部建具の断熱性能の確認方法を大きく分けると、次のように分類される。

① メーカーのカタログに記載された熱貫流率の値を確認する

② 以下のいずれかの方法により求められた熱貫流率の値による

イ JIS A 4710（建具の断熱性試験方法）

ロ JIS A 1492（出窓及び天窓の断熱性試験方法）

ハ JIS A 2102-1（窓及びドアの熱性能－熱貫流率の計算－第1部：一般）及びJIS A 2102-2（窓及びドアの熱性能－熱貫流率の計算－第2部：フレームの数値計算方法）に規定される断熱性能計算方法

ニ ISO 10077-1（Thermal performance of windows, doors and shutters － Calculation of thermal transmittance － Part 1：General）に規定される断熱性能計算方法

ホ ISO 10077-2（Thermal performance of windows, doors and shutters － Calculation of thermal transmittance － Part 2：Numerical method for frames）に規定される断熱性能計算方法

ヘ ISO 15099（Thermal performance of windows, doors and shading devices － Detailed calculations）に規定される断熱性能計算方法

開口部に二重、三重のサッシ（ドア）を使用する場合は、内側ほど気密性が高いものを、外側ほど断熱性が高いものを使用することが、サッシ（ドア）の間（風除室を含む。）の結露を防ぐ上で重要である。

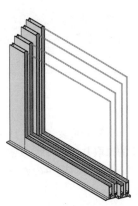

（A）二重構造建具

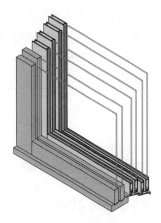

（B）三重構造建具

（C）複層ガラス入り建具

ガラスの間に乾燥空気を入れ密閉し、断熱効果
を高めた複層ガラスをはめ込んだ一重の建具

（D）単体ガラス入り建具と複層ガラス入り建具の二重構造

参考図7-1.7.1　開口部建具の種類

7-1.8 開口部の日射遮蔽措置

7-1.8.1 一戸建ての住宅における開口部の日射遮蔽措置

1. 5地域、6地域及び7地域における住宅の開口部（全方位）は、日射遮蔽措置を講じた次のいずれかとする。
   - イ. ☐ 開口部の日射熱取得率が0.59以下であるもの
   - ロ. ☐ ガラスの日射熱取得率が0.73以下であるもの
   - ハ. ☐ 付属部材を設けるもの
   - ニ. ☐ ひさし、軒等を設けるもの
2. 8地域における住宅の開口部（全方位）は、日射遮蔽措置を講じた次のいずれかとする。
   - イ. ☐ 開口部の日射熱取得率が0.53以下であるもの
   - ロ. ☐ ガラスの日射熱取得率が0.66以下であるもの
   - ハ. ☐ 付属部材を設けるもの
   - ニ. ☐ ひさし、軒等を設けるもの

7-1.8.2 共同住宅等における開口部の日射遮蔽措置

1. 8地域における住宅の開口部（北±22.5度の方向以外）は、日射遮蔽措置を講じた次のいずれかとする。
   - イ. ☐ 開口部の日射熱取得率が0.52以下であるもの
   - ロ. ☐ ガラスの日射熱取得率が0.65以下であるもの
   - ハ. ☐ 付属部材を設けるもの
   - ニ. ☐ ひさし、軒等を設けるもの

7-1.8.3 小窓等における日射遮蔽措置

開口部(開口部の面積の大部分が透明材料であるもの。また、天窓は除く。)の合計面積が、住宅の床面積の4%以下となるものについては、本章7-1.8.1及び7-1.8.2によらず施工することができる。

7-1.8.1 ☞197頁
7-1.8.2 ☞197頁

用 語

付属部材

紙障子、外付けブラインド(窓の直近外側に設置され、金属製スラット等の可変により日射調整機能を有するブラインド)その他これらと同等以上の日射遮蔽性能を有し開口部に建築的に取り付けるものをいう。なお、レースカーテン、内付けブラインドなど着脱が容易な部材は、付属部材とならない。また、厚手のカーテンや雨戸も、窓本来の採光性や透視性を確保できないため、付属部材として扱うことはできない。

ひさし、軒等

室外の窓上部に取り付けられるもので、オーバーハング型日除けともいう。ひさし、軒のほかに、窓の直上階に設置されるバルコニーや共同住宅の共用廊下などがある。また「ひさし、軒等」として認められるオーバーハング型日除けは、下図のように、外壁面からの出寸法が窓下端から日除けの下端までの高さ寸法の0.3倍以上のものをいう。

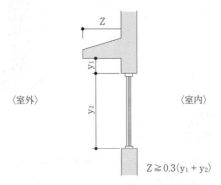

参考図7-1.8　ひさしによる日射の遮蔽

留意事項

開口部の日射遮蔽措置

開口部の日射遮蔽措置に関する基準を満たすためには、窓の日射熱取得率が、地域の区分ごとに定められた基準値を下回っていることが必要となる。

基準を満たすためには、窓本体の遮熱性能を高める方法と、窓の内外に日除けを設置する方法、さらに両者を組み合わせた方法がある。基準の対象となるのは窓(掃き出し窓及び框ドア(戸が四周の框材と面積の大部分を占めるガラスで構成されるドア)を含む。)であり、ドアなどの窓以外の開口部は含まれない。

なお、窓の日射熱取得率は、メーカーのカタログ等から確認すること。

床面積の合計の4%までの窓の日射遮蔽措置

すべての窓において、本章7-1.8.1または7-1.8.2に基づく仕様とすることが望ましいが、浴室・トイレ等の小窓などで、日射遮蔽のための付属部材設置が困難な場合にあっては、住宅全体に占める日射遮蔽性能において影響が少ない範囲(床面積の合計の4%以下の窓)について、本章7-1.8.1及び7-1.8.2によらず施工することができる。

なお、当該窓が2つ以上の場合においては、その合計面積が床面積の合計の4%以下の場合に本ルールの対象となり、各々の窓面積が対象ではない。また、天窓は、本ルールの対象外である。

7-2.省エネルギー設備工事(一次エネルギー消費量等級4)

7-2.1 一般事項

7-2.1.1 総則

1. 省エネルギー設備工事(一次エネルギー消費量等級4)に適合する住宅の仕様は、この項による。ただし、これによらない場合は、本章7-3(建築物エネルギー消費性能基準)に適合する仕様とする。　7-3 ☞203頁

2. 本項におけるアンダーライン「＿＿＿」の付された項目事項は、省エネルギー設備工事(一次エネルギー消費量等級4)に係る仕様であるため、当該部分の仕様以外とする場合は、住宅金融支援機構の認めたものとする。

7-2.1.2 適用

本項の適用となる住宅は、次の1又は2のいずれかを満たすものとする。

1. □一次エネルギー消費量等級4に適合する仕様を計算により決定する場合、住宅の品質確保の促進等に関する法律(平成11年法律第81号)に基づく評価方法基準(平成13年国土交通省告示第1347号)第5の5-2の一次エネルギー消費量等級4に規定されている対策が講じられていることとし、「住宅に関する省エネルギー基準に準拠したプログラム(https://house.app.lowenergy.jp/)」等を用いて、巻末付録9(地域の区分一覧表)の地域の区分及び床面積等に応じて算定した対象住宅の一次エネルギー消費量が基準一次エネルギー消費量を上回らないことを確認したものとし、その仕様は特記による。　付録9 ☞438頁

2. □一次エネルギー消費量等級4に適合する仕様を仕様により決定する場合、以下のイからへまでを満たすものとする。

   イ. 基準一次エネルギー消費量及び住宅の一次エネルギー消費量の算出における地域の区分は、巻末付録9(地域の区分一覧表)による。　付録9 ☞438頁

   ロ. 暖房設備は、本章7-2.2(暖房設備)による。　7-2.2 ☞199頁

   ハ. 冷房設備は、本章7-2.3(冷房設備)による。　7-2.3 ☞200頁

   ニ. 換気設備は、本章7-2.4(換気設備)による。　7-2.4 ☞200頁

   ホ. 給湯設備は、本章7-2.5(給湯設備)による。　7-2.5 ☞200頁

   ヘ. 照明設備は、本章7-2.6(照明設備)による。　7-2.6 ☞201頁

7-2.2 暖房設備

1. 1地域、2地域、3地域又は4地域における暖房方式及び暖房設備は、次のいずれかによる。

   イ. □単位住戸全体を暖房する方式とする場合、暖房設備はダクト式セントラル空調機でヒートポンプ式熱源とする。

   ロ. 居室のみを暖房する方式とする場合、暖房設備は次のいずれかによる。

   (イ)□温水暖房用パネルラジエーターで配管に断熱被覆があるものとし、熱源は石油熱源機で、熱効率が83.0%以上であるもの

   (ロ)□温水暖房用パネルラジエーターで配管に断熱被覆があるものとし、熱源はガス熱源機で、熱効率が78.9%以上であるもの

   (ハ)□温水暖房用パネルラジエーターで配管に断熱被覆があるものとし、熱源は電気ヒートポンプ熱源機で、フロン系冷媒に限るもの

   (ニ)□FF暖房機で熱効率が86.0%以上であるもの

   (ホ)□エネルギー消費効率の区分が(い)又は(ろ)のルームエアコンディショナー

   ハ. □新築時に設備を設置しない。

2. 5地域、6地域又は7地域における暖房方式及び暖房設備は、次のいずれかによる。
　イ. ☐単位住戸全体を暖房する方式とする場合、暖房設備はダクト式セントラル空調機でヒートポンプ式熱源とする。
　ロ. 居室のみを暖房する方式とする場合、暖房設備は次のいずれかによる。
　　（イ）☐温水暖房用パネルラジエーターで配管に断熱被覆があるものとし、熱源は石油熱源機で、熱効率が87.8%以上であるもの
　　（ロ）☐温水暖房用パネルラジエーターで配管に断熱被覆があるものとし、熱源はガス熱源機で、熱効率が82.5%以上であるもの
　　（ハ）☐温水暖房用パネルラジエーターで配管に断熱被覆があるものとし、熱源は電気ヒートポンプ熱源機で、フロン系冷媒に限るもの
　　（ニ）☐エネルギー消費効率の区分が（い）又は（ろ）のルームエアコンディショナー
　ハ. ☐新築時に設備を設置しない。

7-2.3 冷房設備

冷房方式及び冷房設備は、次のいずれかによる。
1. ☐単位住戸全体を冷房する方式とする場合、冷房設備はダクト式セントラル空調機でヒートポンプ式熱源とする。
2. ☐居室のみを冷房する方式とする場合、冷房設備はエネルギー消費効率の区分が（い）又は（ろ）のルームエアコンディショナーとする。
3. ☐新築時に設備を設置しない。

7-2.4 換気設備

換気設備は、次のいずれかによる。
1. ☐比消費電力（熱交換換気設備を採用する場合は、比消費電力を有効換気量率で除した値）が0.3 W/(m³/h)以下の換気設備
2. ☐内径75mm以上のダクトを使用したダクト式第一種換気設備（熱交換換気設備なし）（DC（直流）モーター採用）
3. ☐内径75mm以上のダクトを使用したダクト式第二種換気設備
4. ☐内径75mm以上のダクトを使用したダクト式第三種換気設備
5. ☐壁付け式第二種換気設備
6. ☐壁付け式第三種換気設備

7-2.5 給湯設備

1. 1地域、2地域、3地域又は4地域における給湯設備は、次のいずれかによる。
　イ. ☐石油給湯機で、モード熱効率が81.3%以上であるもの
　ロ. ☐潜熱回収型の石油熱源機（エコフィール）
　ハ. ☐ガス給湯機で、モード熱効率が83.7%以上であるもの
　ニ. ☐潜熱回収型のガス熱源機（エコジョーズ）（1地域を除く。）
　ホ. ☐電気ヒートポンプ給湯機（CO_2冷媒に限る。）で、年間給湯保温効率又は年間給湯効率が1地域において3.5以上、2地域において3.2以上、3地域において3.0以上、4地域において2.9以上のもの
　ヘ. ☐電気ヒートポンプ給湯機（エコキュート）（3地域、4地域に限る。）
2. 5地域、6地域又は7地域における給湯設備は、次のいずれかによる。
　イ. ☐石油給湯機で、モード熱効率が77.8%以上であるもの
　ロ. ☐潜熱回収型の石油熱源機（エコフィール）
　ハ. ☐ガス給湯機で、モード熱効率が78.2%以上であるもの
　ニ. ☐潜熱回収型のガス熱源機（エコジョーズ）
　ホ. ☐電気ヒートポンプ熱源機（CO_2冷媒に限る。）（エコキュート）

7-2.6 照明設備

非居室に設置する全ての照明設備は、次のいずれかによる。

1. ☐ LEDを設置する。
2. ☐ 蛍光灯を設置する。

用語

居室

居室は、主たる居室とその他の居室に分けられる。

主たる居室とは、就寝を除き、日常生活上在室時間が長い居室等（居間・食事室・キッチンなど）をいう。その他居室とは、主たる居室以外の居室（寝室・こども室・和室など）をいう。

非居室

浴室・トイレ・洗面所等の居室以外をいう。

ダクト式セントラル空調機

ヒートポンプ式熱源機等により空調された空気をダクトにより住戸内の居室等へ供給し、住戸内のすべての居室及び非居室を空調するように計画された、暖房及び冷房のいずれか、またはその両方を行う空調システムをいう。

断熱被覆

温水暖房の熱源機と放熱器をつなぐ配管に断熱材を被覆する措置のこと。断熱材の種類・厚さは問わないが、熱源機から放熱器までをすべて断熱する。

パネルラジエーター

温水暖房における放熱器の一種であり、外部から配管を通じて温水の供給を受けて暖房を行う機器。室内に露出する表面板そのものが熱交換部を形成し、自然対流及び放射の双方によって放熱する形式のもので、窓際の設置に適した暖房器具である。ファン・モーターなどの回転部分がないので、運転音がなく静かである。

FF暖房機

ガスまたは灯油を燃料とし、燃焼熱を利用して室内の空気を暖める燃焼機器で、強制吸排気型のストーブのこと。燃焼に必要な空気を屋外から取り入れ、燃焼排気も屋外に排出するため、室内の空気を汚さない。

壁付け式換気設備

1台の換気設備に合計1m未満のダクトしか使用していないもので、外壁に設置するパイプ用ファン等。

ダクト式換気設備

1台の換気設備に合計1m以上のダクトを使用しているもの。

第一種換気設備

給気と排気の双方のために送風機を用いるもの。

第二種換気設備

給気のみのために送風機を用いるもの。

第三種換気設備

排気のみのために送風機を用いるもの。

熱交換換気設備

換気システムの中に熱回収装置を有し、排気に含まれる熱量を給気に与えることにより空調負荷の低減を行う換気設備のこと。

ダクト及び電動機の種別

ダクトの内径が75mm以上であるか未満であるか、及び電動機が交流電動機であるか直流電動機であるかの区別である。

潜熱回収型給湯機

ガス・石油を燃料とする機器において、排気中の潜熱回収を行うことで高効率を達成する方式。通常は、ほとんどが瞬間式である。従来型より効率が高く、ガス・石油ともに熱効率（連続給湯効率）は95%程度である。

電気ヒートポンプ給湯機

空気の熱を利用した電気ヒートポンプにより加熱する給湯機のこと。

留意事項

住宅に関する省エネルギー基準に準拠したプログラムについて

住宅・建築物の省エネルギー基準及び低炭素建築物の認定基準に基づく住宅の一次エネルギー消費量の算定に用いる「住宅に関する省エネルギー基準に準拠したプログラム」に関する最新情報については、「建築物のエネルギー消費性能に関する技術情報Webサイト」(https://www.kenken.go.jp/becc/index.html)を参照すること。

省エネルギー設備工事に関する基準（一次エネルギー消費量等級4）に適合する仕様

性能表示基準の「一次エネルギー消費量等級4」には、性能基準と仕様基準が定められている。

性能基準による場合は、一次エネルギー消費量の算定にあたり外皮の断熱性能（外皮平均熱貫流率・日射熱取得率）を確認する必要がある。一方、仕様基準による場合は、一次エネルギー消費量の算定に代えて、「住宅部分の外壁、窓等を通しての熱の損失の防止に関する基準及び一次エネルギー消費量に関する基準（平成28年国土交通省告示第266号）」の2に掲げる設備等の基準に適合する仕様とする必要がある。

評価対象住宅の一次エネルギー消費量の基準適合性確認方法

評価対象住宅の一次エネルギー消費量の基準への適合性の確認方法は、次に示す図のとおり、評価対象住宅の地域の区分、床面積などに応じて算定した設計一次エネルギー消費量が、所定の基準一次エネルギー消費量を上回らないことを確認することによる。

具体的には、本項7-2.1.2に示す「住宅に関する省エネルギー基準に準拠したプログラム」などを用い、暖冷房、換気等の各エネルギー消費量の総和（＝設計一次エネルギー消費量）が、基準一次エネルギー消費量を上回らないことを確認する。

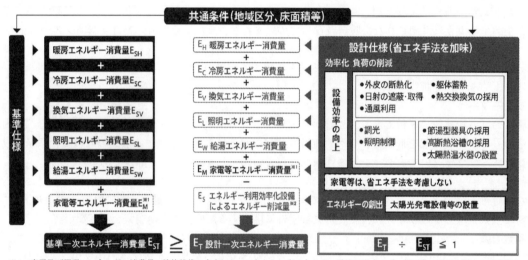

※1 家電及び調理のエネルギー消費量。建築設備に含まれないことから、省エネルギー手法は考慮せず、床面積に応じた同一の標準値を設計一次エネルギー消費量及び基準一次エネルギー消費量の両方に使用する。
※2 太陽光発電設備及びコージェネレーション設備により発電されたエネルギー量が該当する。

住宅に関する省エネルギー基準に準拠したプログラム

住宅に関する省エネルギー基準に準拠したプログラムは、「建築物のエネルギー消費性能に関する技術情報Webサイト」（https://www.kenken.go.jp/becc/index.html）にて公開されている。

(1) 基準一次エネルギー消費量及び設計一次エネルギー消費量の算定

評価対象住宅の基準一次エネルギー消費量及び設計一次エネルギー消費量を算定することができる。

(2) 入力データ及び算定結果の出力

住宅ごとに入力したデータと一次エネルギー消費量の算定結果をPDFファイルとして出力することができる。

一次エネルギー消費量算定結果

住宅に関する省エネルギー基準に準拠したプログラム

7-3. 建築物エネルギー消費性能基準

7-3.1 一般事項

7-3.1.1 総則

1. フラット35における省エネルギー性に関する基準のうち、建築物エネルギー消費性能基準(建築物のエネルギー消費性能の向上に関する法律(平成27年法律第53号)(通称 建築物省エネ法)第2条第3号に定める基準)及び結露の発生を防止する対策に関する基準に適合する仕様は、この項による。

2. 本項におけるアンダーライン「＿＿＿＿」の付された項目事項は、建築物エネルギー消費性能基準及び結露の発生を防止する対策に関する基準に係る仕様であるため、当該部分の仕様以外とする場合は、住宅金融支援機構の認めたものとする。

7-3.1.2 適用

1. 地域の区分は、巻末付録9(地域の区分一覧表)による。

   付録9 ☞438頁

2. 本項の適用となる住宅は、次のイからハまでを満たすものとする。

   イ. 外皮性能は、次のいずれかによる。ただし、これによらない場合は、建築物エネルギー消費性能基準等を定める省令(平成28年経済産業省・国土交通省令第1号)の第1条第1項第二号のイの(2)の規定に適合する仕様とする。

      (イ) ☐ 計算により決定する場合は、本章7-1.1.2(適用)の2のイによる。

      7-1.1.2の2 ☞153頁

      (ロ) ☐ 仕様により決定する場合は、本章7-1.1.2(適用)の3のイからニによる。

      7-1.1.2の3 ☞153頁

   ロ. 一次エネルギー消費量は、次のいずれかによる。ただし、これによらない場合は、建築物エネルギー消費性能基準等を定める省令(平成28年経済産業省・国土交通省令第1号)の第1条第1項第二号のロの(2)の規定に適合する仕様とする。

      (イ) ☐ 計算により決定する場合は、本章7-2.1.2(適用)の1による。

      7-2.1.2の1 ☞199頁

      (ロ) ☐ 仕様により決定する場合は、本章7-2.1.2(適用)の2による。

      7-2.1.2の2 ☞199頁

   ハ. 結露の発生を防止する対策は、本章7-3.2(防湿材の施工)による。

      7-3.2 ☞203頁

7-3.2 防湿材の施工

1. グラスウール、ロックウール、セルローズファイバー等の繊維系断熱材及びJIS A 9526に規定する吹付け硬質ウレタンフォームA種3、その他これらに類する透湿抵抗の小さい断熱材を使用する場合は、外気等に接する部分に防湿材等を室内側に施工して防湿層を設ける。ただし、次のいずれかの場合は、当該部位について防湿層の設置を省略することができる。

   イ. 土塗り壁の外側に断熱層がある場合

   ロ. 床断熱において、断熱材下側が床下に露出する場合、又は湿気の排出を妨げない構成となっている場合

   ハ. 建設地の地域の区分が8地域の場合

   ニ. 断熱層が単一の材料で均質に施工され、透湿抵抗比(断熱層の外気側表面より室内側に施工される材料の透湿抵抗の合計値を、断熱層の外気側表面より外気側に施工される材料の透湿抵抗の合計値で除した値)が次の値以上である場合

      (イ) 1地域、2地域及び3地域で、壁は4、屋根又は天井は5

      (ロ) 4地域で、壁は2、屋根又は天井は3

      (ハ) 5地域、6地域及び7地域で、壁は2、屋根又は天井は2

   ホ. イからニと同等以上の結露の発生の防止に有効な措置を講ずる場合は、特記による。

8.1 床板張り

8.1.1 ひき板下地板

1. ひき板の厚さは、12mm以上とする。
2. 板そば及び継手は突付けとし、根太当たりN50くぎ2本を平打ちする。

8.1.2 合板下地板

1. 合板の品質は、合板のJASに適合する構造用合板の種類1類、厚さ12mm以上のもの、又はこれと同等以上の性能を有するものとする。
2. 張り方は、板の長手方向が根太と直交するように張り、根太心で突き付け、くぎ間隔は根太当たり150mm内外で、N50くぎを平打ちする。

8.1.3 パーティクルボード下地板

1. パーティクルボードの品質は、JIS A 5908（パーティクルボード）に適合し、曲げ強さによる区分が13タイプ以上、耐水性による区分が耐水1又は耐水2で厚さ15mm以上のもの、又はこれらと同等以上の性能を有するものとする。
2. 張り方は、本章5.6.3（パーティクルボード野地板）による。 5.6.3 ☞117頁

8.1.4 構造用パネル下地板

1. 構造用パネルの品質は、構造用パネルのJASに適合するもの、又はこれと同等以上の性能を有するものとする。
2. 張り方は、本章5.6.4（構造用パネル野地板）による。 5.6.4 ☞117頁

8.1.5 二重床下地板

1. 荒板張りは、本章8.1.1（ひき板下地板）から8.1.4（構造用パネル下地板）による。 8.1.1～8.1.4
☞204頁
2. 荒板張りの上に施工する合板の品質は、特記による。
3. 張り方は、突付け張りとし、四周を間隔150mm内外でくぎ打ちする。はぎ目は、サンドペーパー掛けとし、目違い払いとする。

8.1.6 普通床板

1. 板厚は15mm以上とし、板そばは相じゃくり又は本ざねじゃくりとする。
2. 相じゃくりとする場合の継手は、受け材心で突き付け、N50くぎを平打ちする。
3. 本ざねじゃくりとする場合の張り方は、本章8.1.7（フローリング）の2のイによる。 8.1.7の2 ☞204頁

8.1.7 フローリング

1. フローリングの品質及び種類は、特記による。特記がない場合は、フローリングのJASに適合する複合フローリングとする。
2. 張り方は、次による。
   イ．複合フローリングを根太に直接張る場合は、くぎ、接着剤を併用し、根太に直角に張る。板そば木口は本ざね継ぎ、敷居付きは小穴入れ、根太当たりは雄実上から隠しくぎ打ちとする。
   ロ．直張りをする場合は、下地をよく清掃したのち、エポキシ樹脂系の接着剤又はウレタン樹脂系の接着剤を下地全面に均等に塗布し、入念に張り込む。

8.1.8 養生等

1. 張り上げたのちは、厚手の紙を用いて、よごれや損傷を防ぎ、雨などがかからないよう入念に養生する。
2. 下地材の継目と仕上材の継目が重ならないようにする。

施工方法 ‖‖‖

フローリングボード

　下張りなしで施工する場合は、フローリングの表裏とも直接大気にさらされ、湿度条件も異なるので、床の反り上がりなどを防ぐ対策として、根太間隔は適度に狭くする。場合によっては、スクリューくぎなどを使用することもある。

　フローリングの床への張付けに用いる接着剤には、トルエンやキシレンの発生の原因となる有機溶剤の含有の少ないウレタン樹脂系接着剤等の利用が有効である。

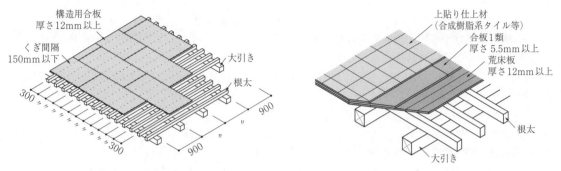

参考図8.1.2　構造用合板下地板　　　　　　　参考図8.1.5　二重床下地板

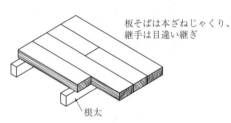

参考図8.1.6-1　普通床板（縁甲板）

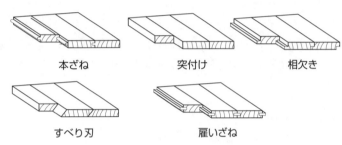

参考図8.1.6-2　普通床板（縁甲板）

8.2 敷居・かもい・その他

8.2.1 敷居

　1. 敷居と柱との接合は、一方は横ほぞ差し又は目違い入れとし、他方は横栓打ちとする。
　2. 敷居下端と下地材との間に、間隔450mm内外にかい木を入れ、くぎ掘りのうえ、くぎ打ちする。
　3. 雨がかりは、上端を水返しじゃくりのうえ、水垂れ勾配をつけ、外部下端に水切りじゃくりをつける。

8.2.2 縁框

　1. 柱に渡りあご掛けとし、継手は柱心で目違い継ぎとする。
　2. 縁框の柱への取付けは、隠しくぎ打ちのうえ、下端から目かすがい打ちとする。

8.2.3 かもい、むめ

　かもい及びむめの柱への取付けは、一方は横ほぞ差し、他方はすり込みとし、上端よりくぎ2本打ち、若しくは集成材とする場合は突付けとし、隠しくぎ打ちとする。

8.2.4 付けかもい、畳寄せ

　1. 付けかもいは、一方は短ほぞ差し、他方はすり込みとし隠しくぎ打ち、又は両方たたき締め、突付けとし隠しくぎ打ち若しくは柱間に切り込み、隠しくぎ打ちとする。
　2. 畳寄せは、柱間に切り込み、隠しくぎ打ちとする。

8.2.5 つり束

1. つり束の下部は、2枚ほぞ差しとし、隠しくぎ打ち又は目かすがい2本をほぞ穴に仕込み打ちとする。
2. 上部のはり又はけたとの取合いは、長ほぞ差しとし、こみ栓打ち又はかすがい両面打ち、又は平ほぞ差しかすがい両面打ちとする。

8.2.6 なげし

1. なげしと柱との取合いは、えり輪欠きとし、間隔450mm以内にくぎ掘りをして、かもい又は付けかもいに隠しくぎ打ちとする。
2. 入隅部分は、下端留め目違い入れとする。

8.2.7 窓、出入口

1. 開き戸の場合のたて枠は、戸当たりじゃくり又は戸当たり押縁を添え付け、木ねじ又は接着剤で留め付ける。
2. 外部引違いの場合のたて枠は、建付け溝じゃくりとする。
3. 開き戸の場合の上下枠は、戸当たりじゃくりとする。雨がかり箇所のくつずり上端は、水返しじゃくりとし、水垂れ勾配をつける。また、外部下端にも水切りじゃくりをつける。
4. たて枠と上下枠との取付けは、上下ともえり輪入れとし、くぎ2本打ちとする。雨がかり箇所の下部は、傾斜付きほぞ差しとし、くぎ2本打ちとする。
5. 枠の取付けは、両端及び間隔450mm内外にかい木をし、かい木位置で柱などにくぎ打ちする。

8.2.8 がくぶち

がくぶちは枠に添え付け、隅の見付けは大留めとし、両端及び間隔450mm内外に隠しくぎ打ちとする。

8.2.9 幅木

1. 継手は、柱心で目違い継ぎ又は突付け継ぎとし、出隅及び入隅は大留めとする。
2. 幅木の取付けは、床に小穴入れ又は添え付けとし、隠しくぎ打ちとする。

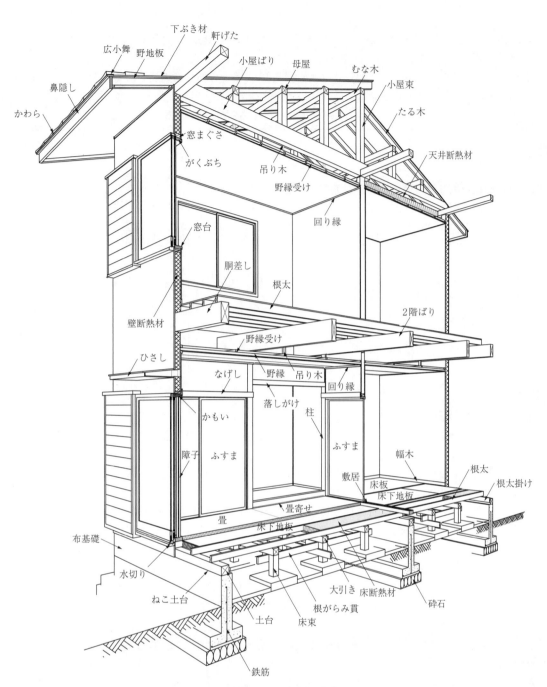

参考図8.2 各部の名称

8.3 内外壁下地

8.3.1 胴縁

1. 耐力壁の下地とする場合の胴縁の間隔等は、本章5.3.1（大壁耐力壁の種類等）に適合 するものとする。 5.3.1 ☞104頁

2. 非耐力壁の下地とする場合の胴縁の間隔は、450mm以内とし、受け材にくぎで留め 付ける。

8.3.2 左官下地

1. 木ずりとする場合は、本章5.1.11（木ずり）に準ずる。 5.1.11 ☞89頁

2. せっこうボードとする場合は、次による。

　　イ．せっこうボード、またはせっこうラスボードの品質は、JIS A 6901（せっこう ボード製品）に適合するもの、又はこれと同等以上の性能を有するものとし、 厚さ9.5mm以上とする。

ロ．継手は受け材心で突付け継ぎとし、受け材当たり間隔100mm内外で、GNF40
　　　　くぎ又はCNC40くぎを平打ちする。
　3．構造用合板、各種ボード類の下地張りは、本章5.3（大壁造の面材耐力壁）に準ずる。　5.3　☞104頁
　4．木毛セメント板張りとする場合は、本章8.11（内壁のせっこうボード張り・その他の　8.11　☞218頁
　　　ボード張り）に準ずる。なお、木毛セメント板は、厚さ15mmで中細木毛とする。

用　語

胴　縁

　板壁、羽目などの板を取り付けるために、柱及び間柱に
横に打ち付けた幅の狭い板。

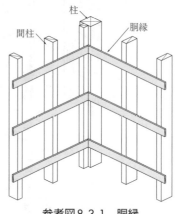

参考図8.3.1　胴縁

留意事項

間取りの変更しやすさへの配慮

　将来的な間取り変更工事を想定して、あらかじめ床・壁・天井の下地等の撤去を最小限とするよう配慮しておくことが望ましい。

　例えば、設計段階で、将来間取りを変更する際に考えられるプランを複数想定し、耐力壁としない壁のうち、容易に撤去できる間仕切り壁を仕込んでおくとよい。

　新設する間仕切り壁には、従来から、可動間仕切り壁（または簡易に取付け可能な間仕切り壁）を用いる方法はあるが、おさまり部分の意匠性や床の振動が間仕切り壁に伝わることによる壁掛け物の落下の危険性があるなど、いくつかの課題も指摘されている。

　間取りの変更を通常の間仕切り壁の新設で対応する場合は、コスト削減のため、あらかじめ受け材を設置するとよい。

　なお、間取りが変わることにより、天井照明やスイッチの位置も移設することになるため、想定できる箇所には電気配線を後から通すことができるよう配線用配管を組み込んでおくことも重要である。

8.4 外壁内通気措置

8.4.1 一般事項

　外壁における通気措置は、次のいずれかによる。
　1．□外壁内に通気層を設け、壁体内通気を可能とする構造とする。
　　　イ．防風防水材は、JIS A 6111（透湿防水シート）に適合する透湿防水シート等、気
　　　　　密性と防水性及び湿気を放散するに十分な透湿性を有する材料とする。
　　　ロ．通気層に用いる胴縁は、原則として乾燥材とする。
　　　ハ．通気層の構造は、次のいずれかによる。
　　　　（イ）□土台水切り部から軒天井見切り縁又は軒裏通気孔に通気できる構造
　　　　（ロ）□土台水切り部から天井裏を経由し、小屋裏換気孔に通気できる構造
　　　ニ．外壁仕上材及びその下地工法、土台水切り、見切り縁などは、外壁内通気に支
　　　　　障ないものとし、特記による。
　2．□外壁材を板張りとし、直接通気を可能とする構造とする場合は、次による。
　　　イ．防風防水材は、JIS A 6111（透湿防水シート）に適合する透湿防水シート等、気
　　　　　密性と防水性及び湿気を放散するに十分な透湿性を有する材料とする。
　　　ロ．外壁板張りは、本章8.5（外壁板張り）とし、水蒸気の放出が可能な構造とする。　8.5　☞211頁
　　　ハ．外壁材を板張りとする場合の軒の出は、本章5.5.1（一般事項）の3のイ又はロに　5.5.1の3　☞114頁
　　　　　よるものとする。

3. □ 1又は2によらない場合は、特記による。

8.4.2 工法

本章8.4.1(一般事項)の1により、外壁内に通気層を設け、壁体内通気を可能とする場合 の工法は、次による。

8.4.1の1 ☞208頁

1. 防風防水材の施工は開口部まわり、外壁上下端部及び取合い部分の雨水処理、水切り取付け等の必要な先工事の終了後に行う。

2. 防風防水材は、下方向から上方向によろい状に張り上げ、重ね幅は上下方向90mm、左右方向150mm以上とし、たるみ、しわのないように張る。開口部まわりの処理は、本章11.1(外部建具及び止水)による。留付けはステープルで、継目部分は300mm 間隔、その他の箇所は要所に行う。

11.1 ☞248頁

3. 通気胴縁は厚さ15mm以上、幅45mm以上で、外壁材留付けに適切な幅とし、かつ外壁仕上材及び下地材の重量を躯体に伝達できるものとする。なお、外壁材を張る方向により縦胴縁、又は横胴縁のいずれかを用いる。

　イ．縦胴縁とする場合は、仕上材継目部、壁の出隅部及び入隅部では、通気胴縁の幅を90mm以上とする。開口部周囲は、建具枠周囲の通気が可能なように、30mm程度のすき間を設ける。なお、上下端部は雨仕舞よくおさめる。

　ロ．横胴縁とする場合は、仕上材継目部、壁の出隅部及び入隅部では、通気胴縁の幅を90mm以上とし、胴縁端部及び長さ1,820mm内外に30mm程度の通気のあきを設ける。

4. 胴縁を用いない外壁内通気措置は、特記による。

調査データ

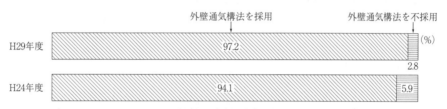

外壁通気の有無

［フラット35住宅仕様実態調査（住宅金融支援機構）］

留意事項

外壁内通気措置と防水

　住宅の外壁については、乾式または湿式いずれの仕上方法の場合であっても、外壁内通気措置を施すことが防水上も有効である。

　外壁内通気措置とした場合には万一、外装仕上材の継目等から外壁内に雨水が浸入しても、浸入した雨水や湿気が通気層を通じて屋外に排出されて滞留しにくいため、木部の腐朽を防止する機能を有する。

　一方、モルタル仕上げラス直張り工法など外壁内通気措置を施さない場合は、雨水や湿気が雨漏りや腐朽の原因となる可能性が高いため、軒の出及びけらばの出を十分に確保し、外壁への雨がかりを少なくする対策が望まれる。

防腐処理胴縁の施工

　通気層を確保するために用いる胴縁は、原則として乾燥材とする。乾燥材ではなく防腐処理された胴縁を使用する場合は、使用している薬剤と透湿防水シートの組合せが適切でない場合に透湿防水シートの性能を低下させることがあるため、施工中は胴縁を濡らさないようにし、胴縁の施工後は速やかに外装材を施工するよう留意する。

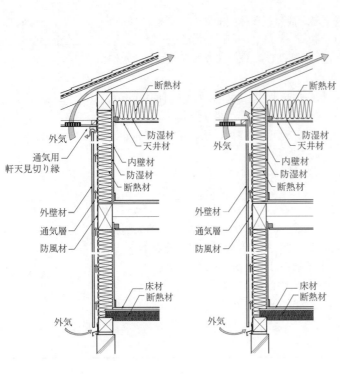

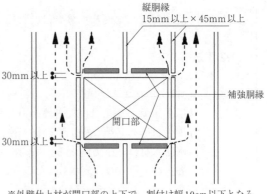

縦胴縁
15mm以上×45mm以上

30mm以上

補強胴縁

開口部

30mm以上

※外壁仕上材が開口部の上下で、割付け幅10cm以下となる
　場合は、補強胴縁を取り付ける。

（C）縦胴縁を用いた開口部まわり施工例

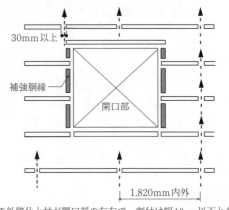

30mm以上

補強胴縁

開口部

1,820mm内外

※外壁仕上材が開口部の左右で、割付け幅10cm以下となる
　場合は、補強胴縁を取り付ける。

（D）横胴縁を用いた開口部まわり施工例

（A）軒天見切り縁に通気する構造　　（B）小屋裏換気孔に通気する構造

留意事項
1. 図（B）の構造とする場合は、小屋裏に浸入する水蒸気量が図（A）より大きくなるため、小屋裏換
　気が適切に作用するよう特に注意する。
2. 防風防水材の下端部分がめくれあがり、壁体内に気流が流入しないよう留意すること。

参考図8.4.1　外壁に通気層を設け壁体内通気を可能とする構造

現場発泡断熱材及び繊維系断熱材の施工

　外壁内通気措置を施してウレタン等現場発泡断熱材を施工する際、透湿防水シートに直接断熱材を吹き付けると、透湿防水シートが通気層側にふくらみ通気を阻害するおそれがある。また、繊維系断熱材を施工する場合も、断熱材の押込みにより通気層の空間がふさがれるおそれがある。面材等を用いる等して通気層の厚さを低減させないように施工する。

用　語

壁内結露

　壁内の結露は、断熱材内に浸入した水蒸気を含んだ空気が外気等に抜けず、断熱材内に滞留した場合に、外気温の影響で冷やされることによって発生する。壁内の結露は、断熱材の断熱性能及び木材の耐久性能の低下を生じさせる原因の一つとされている。

　水蒸気の浸入の要因としては、次のようなことが考えられる。

　①防湿層の施工不良による、室内空気の侵入

　②乾燥が不十分な木材の使用や工事中に雨水に濡れた木材の使用による、木材からの水蒸気の発生

　つまり、結露を防止するためには、断熱材をすき間なく、かつ防湿材を壁全面に設け、室内の空気が壁内に侵入することを防ぐとともに、壁内の十分な乾燥度合いを確認して工事を進めることが重要である。

　しかし、防湿材の施工を入念に行っても、水蒸気を含んだ空気が壁内に浸入するのを完全に防ぐことは難しい。このため、壁内に浸入した水蒸気を外気等に放出させるため、次のような措置が必要となる。

　①断熱材の屋外側には、上下部が外気等に通じている通気層を設ける。なお、断熱材（無機繊維系）が通気層を流れる冷気流に直接面する場合は、必要に応じてその表面に水蒸気の放出を妨げない適当な防風のための層を設ける。

　②断熱材の屋外側は、水蒸気の放出が可能な材料または工法とする。

このような層に用いる防風防水材は、雨水及び外気が室内側にある断熱層の内部に浸入するのを防ぐための材料であり、すき間が生じないような適切な施工が必要である。またその材質としては、気密性と防水性、施工に必要な強度及び室内から漏れた湿気や断熱層内の湿気を防風層の外側に放散するために、十分な透湿性を有することなどが必要である。

防風防水材としては、上記の性能を有するものとして、JIS A 6111（透湿防水シート）に適合するシート状のものや透湿性の大きいシージングボード等が使用できる。

8.5 外壁板張り

8.5.1 たて羽目張り

1. 板そばは、本ざねじゃくり、幅割合せとする。継手は、受け材心で相欠き、乱継ぎとする。
2. 取付けは、受け材当たりに通りよく、つぶし頭くぎ打ち又はしんちゅうくぎ打ちとする。

8.5.2 よろい下見板張り

1. 板幅をそろえ、羽重ねは20mm内外とする。
2. 継手は、受け材心で相欠き、乱継ぎとする。取付けは、受け材当たりに通りよく、つぶし頭くぎ打ち又はしんちゅうくぎ打ちとする。

8.5.3 押縁下見板張り

1. 板幅をそろえ、羽重ねは20mm内外とする。板の取付けは、羽重ね下ごとに受け材当たりくぎ打ちとする。
2. 板の継手は、柱心で突付けとする。
3. 押縁は羽刻みを行い、受け材当たりくぎ打ちとする。かど及び出入口の際の押縁は、厚手の下見板を木口隠しじゃくりしたものとする。押縁の継手は、羽重ね位置でそぎ継ぎとする。

8.5.4 雨押え

1. 雨押えの継手は、柱心で突付け継ぎとし、出隅及び入隅は大留めとする。
2. 雨押えの取付けは、柱及び間柱へ欠き込み、くぎ打ちとする。

8.5.5 見切り縁

見切り縁の継手は、柱心で目違い継ぎとし、出隅及び入隅は大留めとし、受け材当たりくぎ打ちとする。

用　語

たて羽目張り

壁面の保護と装飾を兼ねて板類を張ったものを「羽目」といい、たてに張った羽目を「たて羽目」という。

下見板張り

横板を張って外壁を仕上げる方法をいう。よろい下見(なんきん下見)、押縁下見などがある。

雨押え

壁下見板の境など、雨水が建物の内部に入らないようにするため取り付けた板。

見切り縁

壁などで、仕上材料が異なる境のおさまりに入れる細い木。

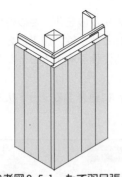

参考図8.5.1　たて羽目張り
（本ざねじゃくり張り）

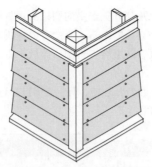

参考図8.5.2　よろい下見板張り
（なんきん下見板張り）

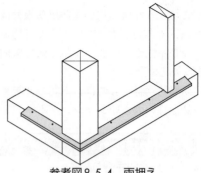

参考図8.5.4　雨押え

施工方法

外壁を板張りとする場合の防水材

　胴縁を用いて外壁材を取り付ける場合は、胴縁と柱、間柱との間に透湿防水シートを設置する。

　胴縁を用いずに構造用面材等に外壁材を直張りする場合は、胴縁を用いる場合に比べて壁体内の湿気を屋外に排出しづらく、くぎ穴からの雨水浸入にいっそう留意する必要があるため、防水材はアスファルトフェルト430を設置する。アスファルトフェルトであっても、くぎ穴止水性に劣るアスファルトフェルト17kgなどは使用しない。

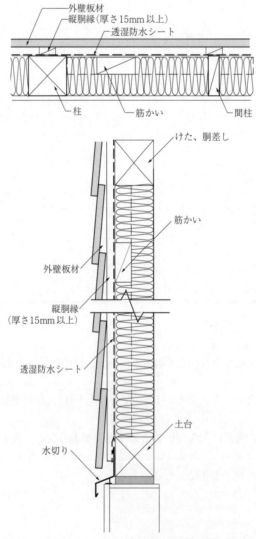

参考図8.5　外壁板張りの下地工法例（筋かい耐力壁の場合）

縦胴縁による通気層の確保

　外壁材を、よろい下見板張りなどにより横板を張って仕上げる場合、柱、間柱等に外壁材を直張りすると通気層が確保できないため、柱、間柱等に沿って胴縁を縦使いとした「縦胴縁」を取り付けて通気層を確保する。

8.6 窯業系サイディング張り

8.6.1 材料

1. 窯業系サイディング材は、JIS A 5422（窯業系サイディング）に適合するもの、又はこれらと同等以上の性能を有するものとする。
2. シーリング材は、JIS A 5758（建築用シーリング材）に適合するもの、又はこれと同等以上の性能を有するものとする。
3. ジョイナー、防水テープ等は、各製造所の指定する材料とする。

8.6.2 工法

1. 窯業系サイディング張りは、壁体内通気を可能とする構造とし、本章8.4.1（一般事項）の1及び本章8.4.2（工法）による。これによらない場合は、特記による。　8.4.1の1 ☞208頁　8.4.2 ☞209頁
2. サイディング材の取付けは、目地通りよく、不陸、目違い等のないように行う。
3. サイディングと土台水切り等の取合いは、10mm程度のすき間をあける。
4. 開口部まわりの防水処理は、防水テープ等により補強するものとし、本章11.1（外部建具及び止水）による。　11.1 ☞248頁
5. 窯業系サイディング材の留付け材料及び留付け方法は、各サイディング製造所の仕様によるものとし、特記による。
6. 水切り及び雨押えの取付けは、本章6.9（各屋根ふき材の水切り・雨押え）による。　6.9 ☞149頁
7. その他の工法は、各製造所の仕様によることとし、特記による。

留意事項

シーリング材について

　シーリング材は、住宅の外壁を構成するサイディングやガラス・サッシなどの各種部材間の水密性・気密性を確保する目的で使用される防水材料である。

　外装材に設置されたシーリング材は、太陽光、風、雨水、地震、温湿度などの外部の影響を直接受ける厳しい環境にさらされる。このため、長期にわたりその性能が維持されるよう、主に以下の点に留意する必要がある。

① 耐久性・耐候性が高い材料を選択する。
② 施工にあたり被着面を清掃したうえで、設置先の目地部分の動きにできるだけ追従できるように2面接着とする（3面接着を避ける）。
③ 施工後は、日常的に点検を行うよう配慮する。また、シーリング材の剥離や切れの発生等を確認した場合は、速やかに補修・交換を実施する。

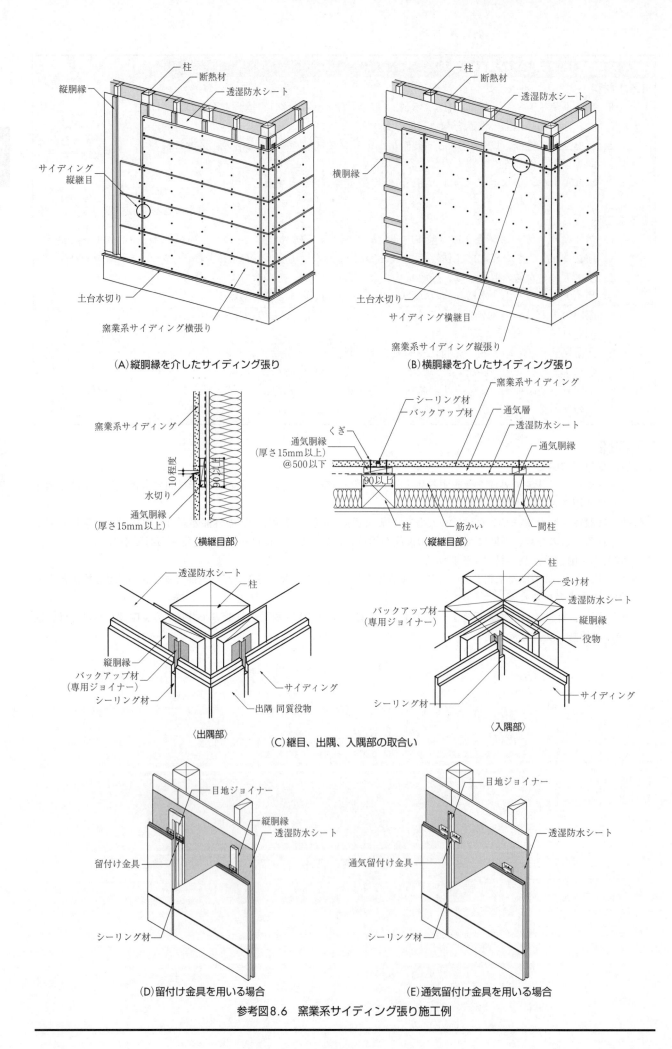

（A）縦胴縁を介したサイディング張り

（B）横胴縁を介したサイディング張り

〈横継目部〉

〈縦継目部〉

〈出隅部〉

〈入隅部〉

（C）継目、出隅、入隅部の取合い

（D）留付け金具を用いる場合

（E）通気留付け金具を用いる場合

参考図8.6　窯業系サイディング張り施工例

8.7 金属サイディング等張り

8.7.1 材料

金属サイディング等の品質は、JIS A 6711（複合金属サイディング）に適合するもの、JIS G 3312（塗装溶融亜鉛めっき鋼板及び鋼帯）に適合するもの、又はこれと同等以上の性能を有するもので建築用外板用とする。

8.7.2 工法

1. 金属サイディング等張りは、壁体内通気を可能とする構造とし、本章8.4.1（一般事項）の1及び本章8.4.2（工法）による。これによらない場合は、特記による。
2. 金属サイディング等の留付け材料及び留付け方法は、各製造所の仕様によるものとし、特記による。

8.4.1の1 ☞208頁
8.4.2 ☞209頁

8.8 開口部まわりのシーリング処理

8.8.1 材料

シーリング材は、JIS A 5758（建築用シーリング材）に適合するもの、又はこれと同等以上の性能を有するものとする。

8.8.2 工法

1. シーリング材の充填は、原則として、吹付けなどの仕上げ前に行う。なお、仕上げ後にシーリング材を充填する場合は、シーリング材被着面に塗料等がかからないよう養生するとともに、シーリング材の施工にあたっては、目地周囲にシーリング材がはみ出さないようテープなどで十分養生する。
2. プライマーを塗布したのち、製造所の指定する時間放置し、指で乾燥を確認しながらシーリング材を速やかに充填する。
3. シーリング目地は、ワーキングジョイントとし、2面接着とする。目地底にボンドブレーカーを設けるなどして、3面接着を避ける。

8.9 小屋裏換気

8.9.1 小屋裏換気

小屋裏空間が生じる場合の小屋裏換気は、次の1及び2による。ただし、天井面ではなく屋根面に断熱材を施工する場合（屋根断熱）は、小屋裏換気孔は設置しないこととする。屋根断熱の場合の屋根の施工は、7-1.4.9（屋根の施工）による。

7-1.4.9 ☞170頁

1. 小屋裏換気孔は、独立した小屋裏ごとに2箇所以上、換気に有効な位置に設ける。
2. 換気孔の有効換気面積等は、次のいずれかによる。
    - イ. ☐両妻壁にそれぞれ換気孔（吸排気両用）を設ける場合は、換気孔をできるだけ上部に設けることとし、換気孔の面積の合計は、天井面積の1/300以上とする。
    - ロ. ☐軒裏に換気孔（吸排気両用）を設ける場合は、換気孔の面積の合計を天井面積の1/250以上とする。
    - ハ. ☐軒裏又は小屋裏の壁のうち、屋外に面するものに吸気孔を、小屋裏の壁に排気孔を、垂直距離で900mm以上離して設ける場合は、それぞれの換気孔の面積を天井面積の1/900以上とする。
    - ニ. ☐排気筒その他の器具を用いた排気孔は、できるだけ小屋裏頂部に設けることとし、排気孔の面積は天井面積の1/1,600以上とする。また、軒裏又は小屋裏の壁のうち、屋外に面するものに設ける吸気孔の面積は、天井面積の1/900以上とする。
    - ホ. ☐軒裏又は小屋裏の壁のうち、屋外に面するものに吸気孔を設け、かつ、むね部に排気孔を設ける場合は、吸気孔の面積を天井面積の1/900以上とし、排気孔の面積を天井面積の1/1,600以上とする。

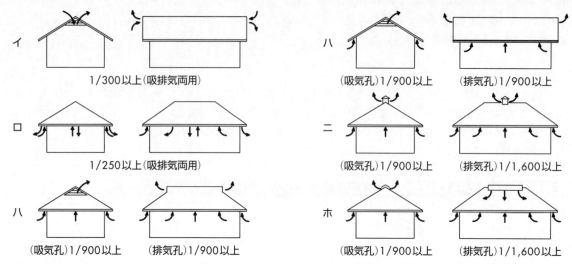

＊片流れ屋根のけらば軒裏に一様に有孔板を設置する場合は、けらば軒裏に1/250以上（吸排気両用）確保すればよい。

参考図8.9.1-1　小屋裏換気孔の設置例

留意事項

むね部に設ける排気孔の面積

　むね部に排気孔を設けて小屋裏換気を行う場合において、排気孔となるむね換気部材の孔（開口部）の形状が複雑で、見付けの開口面積を求めることが難しい場合は、測定により求めた「相当有効開口面積」によることができる。

下屋部分等の小屋裏換気

　小屋裏換気孔は、独立した小屋裏ごとに設ける必要がある。下屋がある場合は、当該下屋にある小屋裏部分についても所定の小屋裏換気孔を設置する。ルーフバルコニー下が小屋裏空間となっている場合も、同様に小屋裏換気孔の設置が必要となる。

施工方法

屋根断熱とする場合の注意事項

　天井面ではなく、屋根面に断熱材を施工する場合には、小屋裏換気孔は要さないが、以下の点に注意が必要である。

(1) 屋根断熱を施しても、日射の輻射の影響を最も受けやすい空間で、室温が上昇する可能性がある。

(2) 室内湿度の最も集まりやすい空間で、屋根構成木材に対し結露による腐朽の可能性がある。

(3) 屋根内部の断熱材に、雨水や室内からの水蒸気によって結露が生ずる可能性がある。したがって、屋根内部に水分、水蒸気が滞留しないような措置を講じておく必要がある。

以上の理由から、耐久性上支障が出ないような次の措置を講じておくことが望まれる。

① 断熱材の外側には、通気層（厚さ30mm程度）を設け、必要に応じ断熱材と通気層の間に防風層を設ける（屋根断熱の場合の屋根の施工は、本章7-1.4.9（屋根の施工）、本章参考図8.9.1-2、3、4を参照）。

② 断熱材の室内側には、防湿材によって防湿層を施工する等、室内の水蒸気が屋根内部に浸入しないようにする。

③ 天井を張ることにより密閉した天井ふところがある場合には、屋根構成部材について点検が可能となるような点検口を設けておく。

④ 通気層の入口と出口を明確にし、通気層の経路に滞りがないよう連通させる。

⑤ 通気層が断熱材でふさがれないよう、特に繊維系断熱材を用いる場合には通気確保部材などを設置する。

⑥ 屋根通気層の空気の流れを滞りなくするためにはむね全体にむね換気部材を設けることが望ましいが、設計上全体に設置することができない場合は、屋根頂部の通気たる木を離すように設置し、頂部で横方向の連通を図り、むね換気部材まですべての空気が流れるよう考慮する。

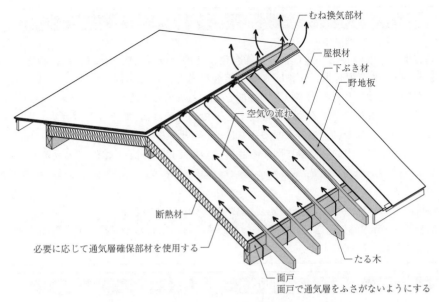

参考図8.9.1-2　屋根断熱の屋根通気の施工例1

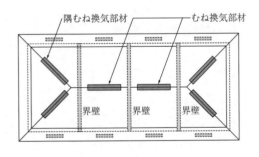

参考図8.9.1-3　屋根断熱の屋根通気の施工例2

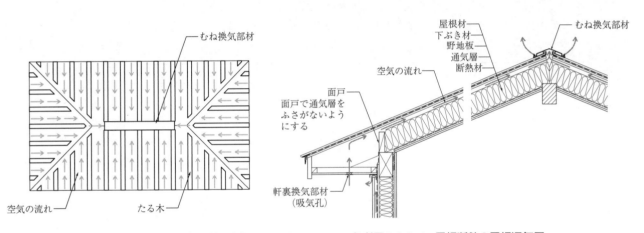

参考図8.9.1-4　屋根断熱の屋根通気層

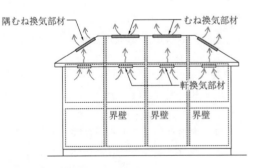

※小屋裏に界壁がある場合は、結露が生じないよう界壁区画ごとに換気部材を設置する。

参考図8.9.1-5　小屋裏に界壁が存在する場合のむね換気の施工例

8.10 内壁合板張り

8.10.1 材料

1. 合板の品質は、合板のJASに適合する普通合板、特殊合板（天然木化粧合板、特殊加工化粧合板）、構造用合板、化粧ばり構造用合板若しくは構造用パネルのJASに適合するもの、又はこれらと同等以上の性能を有するものとする。
2. 水がかり箇所又はこれに準ずる箇所に使用する合板の種類は、1類とする。
3. 普通合板を使用する場合、合板の表面の品質は、1等とする。
4. 合板のホルムアルデヒドの発散量に関する品質については、特記による。

8.10.2 工法

1. 合板の張付けは、目地通りよく、不陸、目違いなどのないように行う。
2. 留付けは、150mm内外にくぎ打ちする。なお、くぎ打ちに合わせて接着剤を併用する場合の留付けは、特記による。

8.11 内壁のせっこうボード張り・その他のボード張り

8.11.1 材料

1. せっこうボードの品質は、JIS A 6901（せっこうボード製品）の各種類に適合するもの、又はこれと同等以上の性能を有するものとする。
2. その他ボード類の品質は、次表に掲げるもの又はこれらと同等以上の性能を有するものとする。

材　種	規　格
インシュレーションボード	JIS A 5905（繊維板）の規格品
MDF	
HB	
吸音用軟質繊維板	JIS A 6301（吸音材料）の規格品
パーティクルボード	JIS A 5908（パーティクルボード）の規格品
化粧パーティクルボード	JIS A 5908（パーティクルボード）の規格品
木毛セメント板	JIS A 5404（木質系セメント板）の規格品
スレート	JIS A 5430（繊維強化セメント板）の規格品
けい酸カルシウム板（タイプ2）	
スラグせっこう板	

3. その他のボード類のホルムアルデヒドの発散量に関する品質については、特記による。
4. くぎ、木ねじ、接着剤及びパテなどは、各製造所の指定する材料とする。

8.11.2 工法

1. ボードの張付けは、次による。
   イ. ボードの張付けは、目地通りよく、不陸、目違いなどのないように行う。
   ロ. 下張りの上に張る場合は、主として接着剤を使用するが、必要に応じて、くぎ、木ねじを併用して張り付ける。
   ハ. 直張りの場合は、くぎ又は木ねじを使用して張り付け、必要に応じて接着剤を併用する。
   ニ. 下地へくぎ留めする場合は、くぎの間隔をボード周辺部については100mm内外とし、へりより10mm程度内側にくぎ打ちする。その他の中間部は、150mm内外の間隔とする。
   ホ. 硬質繊維板は、少なくとも24時間前に水打ちしたものを使用する。
   ヘ. 木毛セメント板張りの場合は、座金当てくぎ打ちとする。
2. 張り下地とする場合の張付けは、次による。
   イ. 紙又は布張り下地となるボード類の張付けは、継目は突付け張りとし、特に周囲の継目は、すき間及び目違いのないように張り付ける。原則として継目をジ

> ョイントテープなどで補強をし、継目、くぎ頭などはJIS A 6914（せっこうボード用目地処理材）に適合するもの、又はこれらと同等の性能を有するもので、パテかいをして平に仕上げる。
> ロ．防火材料面の不陸直しに使用するパテは、無機質のものとする。

用語

せっこうボード

せっこうを芯とし、両面をせっこうボード用原紙で被覆したもので、防火性能、遮音性能が高く、不燃材料または準不燃材料に認定されている。

せっこうボードは、特性、用途によって、次のように分類できる。

(1) せっこうボード……主に内装下地に用いられる標準品。

(2) シージングせっこうボード……防水処理を施したもので台所、洗面所等の湿潤な場所の内装材。

(3) 強化せっこうボード……芯のせっこうに無機質繊維材を混入し、防火性能を高めたもの。

(4) 構造用せっこうボード……強化せっこうボードの防火性能を保持しながら、くぎ側面抵抗を強化したもの。くぎ側面抵抗によって、A種及びB種がある。主に耐力壁用の面材として用いられる。

(5) せっこうラスボード……左官下地用で型押ラスボードがある。

(6) 化粧せっこうボード……着色、薄板張付けなど表面加工したもののほか、化粧ボード用原紙を利用したもの。内壁、間仕切り、天井の内装材。

(7) 不燃積層せっこうボード……表面に不燃性ボード用原紙を利用した厚さ9.5mmの不燃材料。

繊維板

繊維板は、植物繊維を主な原料として成形したもので、次のように分類される。

(1) インシュレーションボード

(イ)タタミボード……畳床用として主に使用されている。

(ロ)A級インシュレーションボード……比較的強度があり、断熱、吸音性は高い。主に断熱用として使用されている。

(ハ)シージングボード……A級インシュレーションボードをアスファルト処理したもので、主に外壁下地用として使用されている。

(2) MDF（ミディアムデンシティファイバーボードの略称）

近年、耐水性が向上し、内装材、床材、造作材として使用されている。普通MDFと構造用MDFに分かれる。

(3) HB（ハードファイバーボードの略称）

強度、高度、耐摩耗性が高い原板に、合成樹脂等塗料により耐候性を付与して、外壁用板としても使われる。

パーティクルボード

木材などの小片を主な原料とし、接着剤を用いて成形・熱圧した板。種類は、素地パーティクルボード、単板張りパーティクルボード、化粧パーティクルボード及び構造用パーティクルボードに区分され、さらに表裏面の状態、曲げ強さ、耐水性及びホルムアルデヒド放散量によって区分される。

木毛セメント板

木毛とセメントを用いて圧縮成形した板。難燃木毛セメント板と断熱木毛セメント板に分けられる。比重は0.4〜0.9、防火性能、断熱性、吸音性は高い。内外壁の下地及び仕上材、断熱材、吸音材として用いられる。

繊維強化セメント板

セメント、石灰質原料、けい酸質原料、スラグ、せっこう及び石綿以外の繊維を主原料として補強材、充填材などの混和材料または顔料を加えて強化した材料で、抄造方法によって製造される。防火性能、寸法安定性に優れており、軟質・中質の製品は内装材、中質・重質の製品は外装材として用いられる。

主原料の種類で、次のように分類される。

(1) スレート……セメント、石綿以外の繊維が主原料で、波板とボードの形状がある。波板は屋根、外装用が主で、ボードは内装用が多い。

(2) けい酸カルシウム板……石灰質原料、けい酸質原料及び石綿以外の繊維が主原料で、タイプ2が内装用である。

(3) スラグせっこう板……セメント、スラグ、せっこう及び石綿以外の繊維が主原料で、耐水性、難燃性があり、種類により内装用、外装用がある。

施工方法

水打ち

HBの含水率は、7〜8％と非常に低い。環境の湿度に応じて吸湿し、わずかではあるが膨張するので、そのまま施

工するとあばれる原因となる。このため「水打ち」して、あらかじめ膨張させた状態で留め付ける。

8.12 天井下地

8.12.1 野縁受け

1. 野縁受けの間隔は、900mm内外とし、野縁又は竿縁と交差する箇所でくぎ打ちする。
2. 継手の位置は、野縁交差箇所を避ける。継手は、突付け継ぎとし、両面添え木当てとするか、相添え継ぎとし、くぎ打ちとする。

8.12.2 野縁

1. 野縁の継手位置は、野縁受けとの交差箇所を避け、乱に配する。継手は、いすか継ぎ、くぎ打ち又は突付け継ぎ、添え木当てくぎ打ちとする。
2. 野縁の間隔は、竿縁天井の場合は450mmを標準とし、その他の天井の場合は、天井仕上材の各製造所の仕様による。
3. 塗り天井、打上げ天井などの野縁は、一方向に配置し、野縁受け下端に添え付け、くぎ打ちとする。

8.12.3 板野縁

1. 継手位置は、野縁の継手箇所を避け、乱に配する。継手は、受け材心で突付け継ぎとする。
2. 野縁は一方向に450mm内外に配置し、板野縁は間隔150mmを標準として、それぞれ野縁下端に添え付け、くぎ打ちとする。
3. 板野縁のホルムアルデヒドの発散量に関する品質については、特記による。

8.12.4 吊り木

1. 吊り木は、900mm内外に配置する。
2. 留付けは、下部は野縁受けに添え付け、くぎ打ちとする。上部は、吊り木受け、床ばり又は小屋ばりに添え付け、くぎ打ちとする。

8.12.5 吊り木受け

1. 吊り木受けは、900mm内外に配置する。
2. 小屋ばりに、なじみ欠きして乗せ掛け、かすがい打ち又はくぎ打ちとする。2階ばりなどには、受け木を打ち付け、これに乗せ掛け、かすがい打ち又はくぎ打ちとする。

用 語

野 縁

　天井板を取り付けるために用いる横木のことで、一般に構造体に吊り木受けを取り付け、それから吊り木を下げて野縁を吊り、これに天井材料を取り付ける。

野縁受け

　天井の野縁を取り付けるために、参考図8.12のように渡した細長い角材。

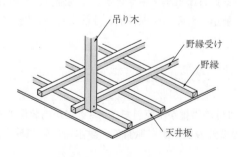

参考図8.12　天井下地

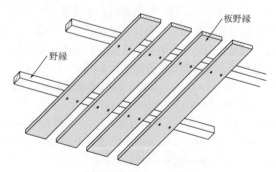

参考図8.12.3　板野縁

8.13 天井張り

8.13.1 打上げ天井

板そばは相じゃくりとし、幅割合せとする。継手は、受け材心で相欠きとし、つぶし頭くぎ打ちとする。

8.13.2 竿縁天井

1. 回り縁は、柱当たりえり輪欠きとし、受け材当たり要所にくさび飼い、隠しくぎ打ちとする。入隅は、下端留め目違い入れとし、出隅は大留めとする。
2. 竿縁は、回り縁へ大入れとし、隠しくぎ打ちとする。
3. 天井板は、羽重ね25mm内外に割合せとする。羽重ね裏は削り合せとし、竿縁及び回り縁当たりに隠しくぎ打ちとする。
4. 天井板のホルムアルデヒドの発散量に関する品質については、特記による。

8.13.3 目透し天井

1. 目透し天井に用いる天井板は、裏桟付き目透し用化粧合板とする。
2. 目透し用化粧合板のホルムアルデヒドの発散量に関する品質については、特記による。
3. 板幅割り配置のうえ、野縁に裏桟間隔900mm内外に取り付ける。

8.13.4 せっこうボード張り・その他のボード張り

天井のせっこうボード張り及びその他のボード張りは、本章8.11（内壁のせっこうボード張り・その他のボード張り）に準ずる。なお、材料の品質・種類は、特記による。　8.11 ☞218頁

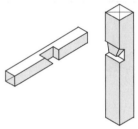

参考図8.13.2-1　回り縁柱当たり（えり輪欠き）　　　参考図8.13.2-2　回り縁隅（下端留め）

▌用　語▐▐▐

打上げ天井

天井下地を組んで、天井板などを下から打ち付ける工法の天井。

回り縁

天井と壁面との交わるところに取り付けた細長い横木。

竿縁天井

和風天井の一種で、天井回り縁を壁に沿って取り付け、これに竿縁と称する細木を45cm程度の間隔に並べて、次に天井板を竿縁にのせたもので、一般に竿縁の方向は、床の間と平行に取り付ける。

目透し天井

天井板を張る場合に、べたに張らずに、板そば間を透かして張った天井。

ロックウール吸音材

ロックウールは鉱滓を主原料として安山岩、玄武岩などの成分調整材を配合し、高温（1,500℃～1,600℃）で溶解、これを炉から落下させ高速回転ドラムまたは高圧蒸気で吹き飛ばし繊維化したもので、主に吸音材、断熱材、不燃材として利用される。内装材としては、主に表面化粧したロックウール吸音板が使われる。

8.14 階段

8.14.1 側げた階段

1. 側げた階段を用いる場合は、次による。

    イ. 側げたは、段板及び蹴込み板当たりを大入れ彫りとする。側げたと軸組との取合いは、柱及び胴差しその他を欠き取りとするか、相欠きとし、柱その他へ隠しくぎ打ちとする。

    ロ. 段板は下端に蹴込み板じゃくりをし、側げたに大入れとする。その後、下端からくさびを飼い、くさびが抜け落ちないようくぎ打ちする。

    ハ. 蹴込み板の取付けは、側げた及び上段板にはさみ込み、下段板に添え付け、くぎ打ちとし、上及び両端とも裏面よりくさびを飼い、くさびが抜け落ちないようくぎ打ちする。

    ニ. 親柱を設ける場合の下部は、受け材に長ほぞ差しとし、こみ栓打ち、隠しくぎ打ちとする。

    ホ. 親柱を設ける場合の手すりは、親柱へ大入れ短ほぞ差しとし、接着剤等を用いて堅固に取り付ける。手すり子は、上下とも短ほぞ差しとする。

2. 上記のホルムアルデヒドの発散量に関する品質については、特記による。

8.14.2 その他の階段

側げた階段以外の階段とする場合は、特記による。

8.14.3 階段手すり、すべり止め

階段には手すりを設けるとともに、必要に応じて、すべり止め等の措置を講ずる。

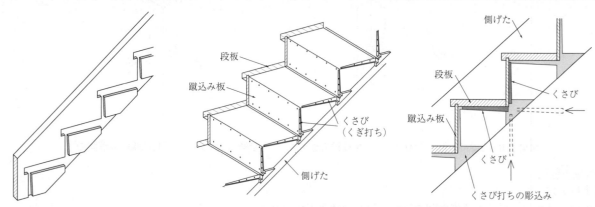

参考図8.14.1-1　側げた　　　　　　　　　　参考図8.14.1-2　段板及び蹴込み板

関係法令

階段手すり

　平成12年4月26日付で改正された建築基準法施行令第25条第1項において、「階段等の手すり等」について、次のように定められた。

・階段には、手すりを設けなければならない。

・階段及びその踊り場の両側（手すりが設けられた側を除く）には、側壁またはこれに代わるものを設けなければならない（いずれも、高さ1m以下の階段の部分には適用しない）。

8.15 バルコニーの床防水

8.15.1 バルコニー床をFRP塗膜防水仕上げとする床下地

バルコニー床をFRP塗膜防水仕上げとする床下地は、本章5.10.1（跳出しバルコニー）の6による。　　5.10.1の6　☞126頁

8.15.2 FRP塗膜防水

1. FRP塗膜防水は、ガラスマット補強材を2層以上としたものとする。仕様は、JASS 8に規定するL-FF又はこれと同等以上の防水性能を有するものとする。なお、防水層の上にモルタル等の仕上げを施す場合は、各製造所の保護仕様のものとする。

2. 防水層の立上り高さは、外部開口部の下端で120mm以上、それ以外の部分で250mm以上とする。

8.15.3 防水層立上りの建具まわり止水

1. サッシ取付けに対して防水工事があと施工となり、防水層を直接サッシ枠に重ねる場合は、次による。

   イ．防水層は、サッシ下枠及びたて枠のくぎ打ちフィンの幅全体をおおう。くぎ打ちフィン面は、十分目荒らしをし、プライマーを塗布して、塗りむら等が生じないように防水層を施工する。

   ロ．サッシ枠と防水層端部の取合い部には、シーリング処理を施す。サッシたて枠と防水層立上りの取合い部についても同様とする。

2. サッシ取付けに対して、防水工事がさき施工となり、防水層の立上げを窓台上端までとする場合は、次による。

   イ．防水層は、立上り下地板の上端部まで施工する。

   ロ．サッシたて枠と取り合う防水層端部には、シーリング処理を施す。

   ハ．防水層にサッシが取り付く範囲は、くぎ打ちフィンと防水層の間に、防水上有効なパッキング材等を挿入する。ただし、これによらない場合は、特記による。

3. サッシ取付けに対して、防水工事がさき施工となり、壁内側へ防水層を巻き込む場合は、次による。

   イ．防水層は、サッシ取付け部の窓台まで施工する。

   ロ．サッシ下枠が載る巻き込み防水層上面は、防水層の塗厚を均一とし、サッシ枠にゆがみが生じないよう施工する。

   ハ．防水層を柱の側面まで立ち上げる場合は、サッシたて枠の取付けに支障が生じない立上げ方とする。

   ニ．防水層にサッシが取り付く範囲は、サッシくぎ打ちフィンと防水層の間に、防水上有効なパッキング材等を挿入する。ただし、これによらない場合は、特記による。

4. 2及び3において、サッシたて枠が防水層に取り付く部分は、その上部の防水層がない部分との下地面の差により、サッシ枠にゆがみが生じないよう防水層の厚さを調整する。ただし、防水層の厚さによる調整としない場合は、特記による。

8.15.4 その他の防水工法

その他の防水工法は、各製造所の仕様によるものとし、特記による。

8.15.5 排水処理

1. 排水ドレンは、原則として複数箇所設置する。やむを得ず1箇所となる場合は、オーバーフロー管を設ける。

2. バルコニーの排水管は、原則として屋内を通らない経路とする。ただし、やむを得ず屋内を経由する場合は、適切な防水処理および結露防止措置を行い、点検口を設置する。

留意事項 ‖‖‖

FRP防水層とモルタルの関係

FRP防水層の表面にモルタルを仕上げ塗りする場合は、FRP防水層は表面保護仕様とする必要がある。防水層の表面を露出して仕上げる不飽和ポリエステル樹脂等によるFRP防水層は、アルカリ成分により侵される性質がある。そのため、FRP防水にモルタル塗りをする場合は、防食用ポリエステルや防食用ビニルエステルを用いるなど、FRP防水層をアルカリ成分より保護する仕様とする。

バルコニー床防水

バルコニーからの雨水浸入を防ぐため、次の事項に留意することが望まれる。

① バルコニーにはなるべく屋根を設けて、床面および防水立上り部分を雨がかりとしない。

② 防水下地板は、ゆがみや目違いによる防水層の破断が生じないように、堅固にする。

③ 床の勾配は十分にとり、バルコニーの奥行や幅が大きい場合は、なるべく排水溝を設ける。

④ 防水層の立上りは、所定の高さ以上を確保する。

⑤ 防水層の端部処理は、雨水浸入を防ぐため十分考慮されたおさまりとする。

⑥ サッシ枠にシーリング処理を行う場合は、十分な塗厚および重ね代を確保する。

⑦ 排水ドレンは複数設置を原則とし、防水のおさまりが十分考えられた製品を使用する。

⑧ オーバーフロー管は、最も低い防水層立上り上端より低い位置に設ける。また、オーバーフロー管の貫通部（両側）は、シーリング処理を行う。

なお、バルコニー防水に関係する仕様は、本章5.10（バルコニー）、本章8.15（バルコニーの床防水）、本章8.16（バルコニー手すり）、本章11.1（外部建具及び止水）に記載している。設計、施工にあたっては、関係する各項目の仕様を十分に考慮し、適切な仕様とする必要がある。

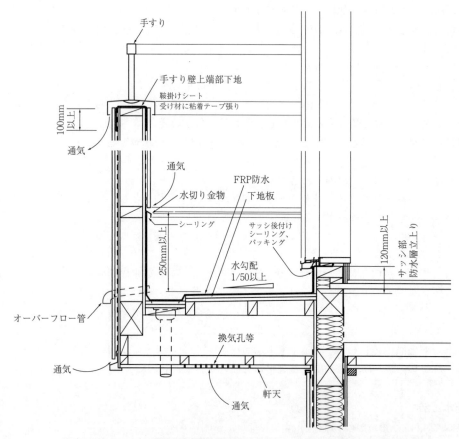

注1) バルコニー床下空間の湿気等を排出できるよう、バルコニーの軒天には換気孔を設ける。
また、手すり壁を設ける場合には、両側に通気層を設け、笠木部分で排気を可能にする。
2) オーバーフロー管は、最も低い防水層立上り上端より低い位置に設ける。

参考図8.15-1　バルコニー床防水例

適切なバルコニーの排水の確保

バルコニー床の排水不良またはドレンまわりの防水不良による漏水は、バルコニーの下地材のみではなく、下階居室の木部など建物本体の構造躯体の腐朽につながるおそれがある。

このような事故の発生を防ぐため、バルコニーの排水は次の点に注意して設計及び施工することが望まれる。

（バルコニー排水上の留意事項）

・排水ドレンは、なるべく竪型ドレンを用いる。やむを得ず横型ドレンを用いる場合は、ドレン排水口がバルコニー床面より下になるよう設置する。

・バルコニー直下が屋内である場合は、ドレンまわりの漏水や結露発生のおそれがあるため、竪型ドレンを用いて、バルコニー先端を下階外壁よりも外側に出す立面形状（オーバーハング）とする。

・ドレンは、木造用の部品を用い、防水種別に適合するものとする。

施工方法

サッシ下部の防水立上りおさまり

　サッシ下部の防水立上りおさまりは、サッシ取付けに対して、防水工事が「あと施工」となる場合と「さき施工」となる場合で異なる。

　防水工事が「あと施工」となる場合（参考図8.15-2 サッシ下部の防水立上りおさまり例（A））は、サッシと防水層またはシーリング材の剥離が生じた場合、雨水浸入の危険性が高まるので注意する。また、防水層がサッシたて枠端部に沿って立ち上がるため、サッシたて枠と防水層端部との取合い部のシーリング処理が重要となる。

　防水工事が「さき施工」となる場合（参考図8.15-2 サッシ下部の防水立上りおさまり例（B）及び（C））は、サッシの内側に防水層が施工されるため、防水性能は高まるが、サッシ固定用のくぎが防水層を打ち抜くため、防水上の欠点になりやすいので注意する。また、くぎ打ちによるFRP防水層の割れを防ぐため、あらかじめFRP防水層にくぎ打ちのための下穴をあけておくことが望ましい。なお、壁一般部の立上り防水層が、サッシたて枠と柱との間に挟み込まれるため、防水層の厚さがサッシ建込みに影響を及ぼさないよう注意する。

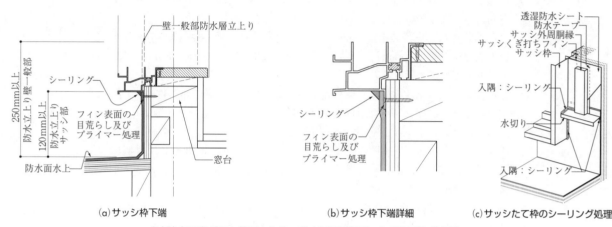

（a）サッシ枠下端　　　　（b）サッシ枠下端詳細　　　　（c）サッシたて枠のシーリング処理

（A）防水工事があと施工となり、防水層を直接サッシ枠に重ねる場合

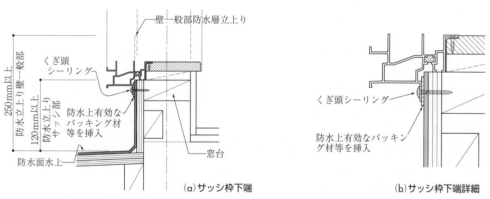

（a）サッシ枠下端　　　　（b）サッシ枠下端詳細

（B）防水工事がさき施工となり、防水層の立上げを窓台上端までとする場合

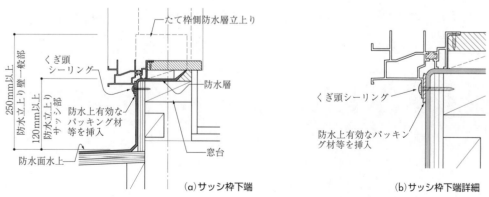

（a）サッシ枠下端　　　　（b）サッシ枠下端詳細

（C）防水工事がさき施工となり、壁内側へ防水層を巻き込む場合

参考図8.15-2　サッシ下部の防水立上りおさまり例

8.16 バルコニー手すり

8.16.1 手すり上部の防水

1. 手すりには、金属製の笠木を設ける。
2. 手すり壁の防水紙は、手すり壁に外壁内通気措置を施す場合は、本章8.4.1（一般事項）の1のイにより、手すり壁をモルタル下地ラス張り工法とする場合は、本章9.2.2（材料）の1による。手すり壁の上端に張る鞍掛けシートは、改質アスファルトルーフィング、先張り防水シート、鞍掛けシート又はこれと同等以上の性能を有するものとする。なお、先張り防水シート及び鞍掛けシートの品質としては、一般社団法人日本防水材料協会のJWMA規格A01がある。 8.4.1の1 ☞208頁 9.2.2の1 ☞229頁
3. 手すり壁の上端部は、次のいずれかによる。
   - イ．立ち上げた防水紙を手すり上端部まで張り上げる場合
     - （イ）手すり壁の外側及び内側の防水紙は、手すり壁上端位置まで張り上げる。
     - （ロ）手すり壁の上端部の下地は、幅100mm以上の両面粘着防水テープを長手方向に通し張りする。
     - （ハ）両面粘着防水テープの上に鞍掛けシートを長手方向に張り掛け、手すり壁の外側及び内側に100mm程度立ち下げる。鞍掛けシートの立下り部分は、ステープルで留め付ける。
     - （ニ）鞍掛けシートの上から笠木を留め付ける。笠木取付け金物（ホルダー）の固定用ねじと鞍掛けシートとの取合い部には、シーリングを充填する。
   - ロ．立ち上げた防水紙を手すり上端部で重ねる場合
     - （イ）手すり壁の外側及び内側の防水紙は、手すり壁上端からそれぞれ反対側に巻き込み、150mm以上立ち下げる。防水紙の立下り部分は、ステープル又は防水テープで留め付ける。
     - （ロ）鞍掛けシートは、手すり壁上端で折り曲げ、手すり壁の外側及び内側に100mm程度立ち下げる。鞍掛けシートの立下り部分は、ステープル又は防水テープで留め付ける。
     - （ハ）笠木を取り付ける位置の鞍掛けシートに両面防水テープを張り、防水テープの上から笠木を留め付ける。
4. 手すり壁と外壁との取合い部は、手すり壁の防水紙を外壁の防水紙の裏に差し込み、防水テープで有効に止水する。
5. 手すり壁に飾り窓（風窓）を設置する場合は、1から3に準ずる。

8.16.2 外壁内通気措置

手すり壁に外壁内通気措置を施す場合は、本章8.4（外壁内通気措置）による。 8.4 ☞208頁

8.16.3 笠木手すり

1. 笠木手すりは、支柱部分から笠木の内部に雨水が浸入しにくく、浸入した雨水は排出しやすい構造のものとする。
2. 笠木手すりは、熱応力等による伸縮に対して、止水材の破断等が生じにくい構造のものとする。

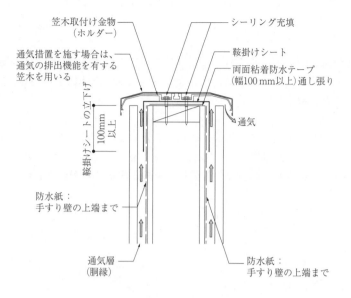

（A）立ち上げた防水紙を手すり上端部まで張り上げる場合

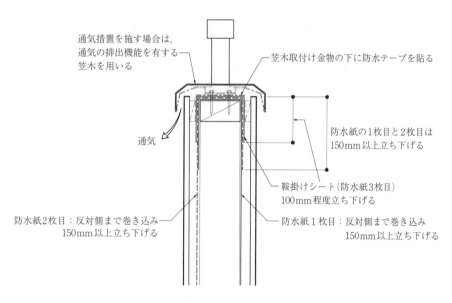

（B）立ち上げた防水紙を手すり上端部で重ねる場合

＊結露等が生じないよう、施工中に設置した養生材をとったうえで笠木を留め付けること。

参考図8.16-1　手すり上部の防水の例

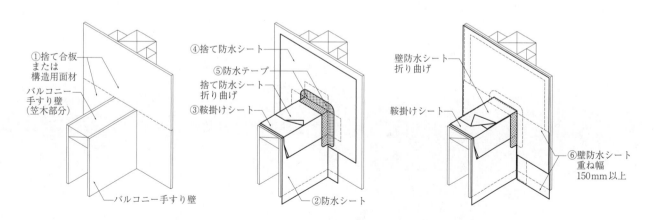

参考図8.16-2　手すりと外壁取合い部の防水紙のおさめ方の例

笠木の取付け方法

　バルコニー手すり壁の上端部について、くぎ打ちにより笠木を取り付ける場合は、くぎが防水紙を貫通することになり、雨水浸入の原因となりやすい。この場合は、十分なくぎ穴止水性を確保するため、笠木取付け金物の下部には、両面防水テープを使用することが望ましい。

防水テープ等の止水材料

　バルコニー手すりと壁面などが三方向から立体的に交わる部分（三面交点）はピンホールが生じやすく、雨水浸入の原因となりやすいため、防水テープまたは既製品の防水役物等を用いて確実に止水する。

　防水テープを使用する場合は、縮み戻りの少ない伸張性のものとすることが望ましい。

9. 左官工事

9.1 一般事項

9.1.1 下地工法

1. 外壁を湿式仕上げとする場合は、壁体内通気を可能とする構造とし、本章8.4.1（一般事項）の1及び本章8.4.2（工法）による。ただし、次のいずれかによる場合は、この限りではない。

8.4.1の1 ☞208頁
8.4.2 ☞209頁

   イ．軒の出及びけらばの出を60cm以上とする。
   ロ．軒の出及びけらばの出を30cm以上とし、かつ外壁には雨水の浸入を防止する有効な仕上げを施す。
2. 外壁を湿式仕上げとする場合は、下地をラス張りとする。ただし、平ラスは用いない。これによらない場合は、特記による。

9.1.2 下地処理

1. 下地は、塗付け直前によく清掃する。
2. コンクリート・コンクリートブロックなどの下地は、あらかじめ適度の水湿しを行う。
3. 木毛セメント板の下地は、継目の目透し部にモルタルを詰め込む。

9.1.3 養生

1. 施工にあたっては、近接する他の部材及び他の仕上げ面を汚損しないように紙張り、シート掛け、板おおいなどを行い、施工面以外の部分を保護する。
2. 塗り面の汚損や早期乾燥を防止するため、通風、日照を避けるよう外部開口部の建具には窓ガラスをはめるとともに、塗面には、シート掛け、散水などの措置をする。
3. 寒冷期には、暖かい日中を選んで施工するように努める。気温が2℃以下の場合及びモルタルが適度に硬化しないうちに2℃以下になるおそれのある場合は、作業を中止する。やむを得ず作業を行う場合は、板囲い、シートおおいなどを行うほか、必要に応じて採暖する。なお、工事監理者がいる場合には、その指示を受ける。

9.2 モルタル下地ラス張り工法

9.2.1 一般事項

1. モルタル下地ラス張りとする場合は、壁体内通気を可能とする構造とし、本章8.4.1（一般事項）の1及び本章8.4.2（工法）による。これによらない場合は、本章9.1.1（下地工法）の1のイ又はロによることとし、ラス張りは本章9.2.3（波形ラス張り）、本章9.2.5（ラスシート張り）又は本章9.2.6（特殊なラス張り）による。

8.4.1の1 ☞208頁
8.4.2 ☞209頁
9.1.1の1 ☞229頁
9.2.3、9.2.5、9.2.6
☞230頁

2. モルタル下地ラス張りは、胴縁の上に面材若しくはラス下地板等を設けてラス張りを行う場合（二層下地工法）は、本章9.2.3（波形ラス張り）による。また、面材若しくはラス下地板等を用いないで、胴縁の上に直接ラス張りを行う場合（単層下地工法）は、本章9.2.4（紙付きリブラス張り）による。

9.2.3 ☞230頁

9.2.4 ☞230頁

3. ラスを用いない工法の場合は、特記による。

9.2.2 材料

1. 防水紙は、JIS A 6005（アスファルトルーフィングフェルト）に適合するアスファルトフェルト430、改質アスファルトフェルト又はこれらと同等以上の性能を有するものとする。
2. 波形ラスの品質は、JIS A 5505（メタルラス）に適合するW700で、防錆処理をしたものとする。
3. 紙付きリブラスの品質は、JIS A 5505（メタルラス）に適合するリブラスCで防錆処理したものとする。
4. 特殊ラスの品質は、0.7kg/m²以上とし、防錆処理をしたもので、モルタルの塗厚が

十分確保できるような製品とする。

5. ラスシートの品質は、JIS A 5524（ラスシート（角波亜鉛鉄板ラス））に適合するもの
   でLS1（非耐力壁）、LS4（耐力壁）、又はこれと同等以上の性能を有するものとする。

6. ラスの取付け金物はステープルとし、JIS A 5556（工業用ステープル）に適合する
   L1019J（線厚0.6mm×線幅1.15mm×足長さ19mm以上）、又はこれと同等以上の
   性能を有するものとする。

7. ラスシートの取付け金物は、板厚0.3mm以上、径15mm以上の座金を付けたN38
   くぎとし、いずれも防錆処理したものとする。

9.2.3 波形ラス張り

1. 防水紙は、継目を縦、横とも90mm以上重ね合わせる。留付けはステープルを用い、
   継目部分は約300mm間隔に、その他の箇所は要所に行い、たるみ、しわのないよう
   に張る。ただし、軒裏の場合は、防水紙を省略する。

2. 波形ラスの継目は縦、横とも30mm以上重ね継ぐ。ラスの留付けは、ステープルで
   100mm以内に、ラスの浮き上がり、たるみのないよう下地板に千鳥に打ち留める。

3. 出隅及び入隅などの継目は、突付けとし、200mm幅の共材のラス（平ラスF450以上）
   を中央から90°に折り曲げ、上から張り重ねる。また開口部には、200mm×100mm
   の共材のラス（平ラスF450以上）を各コーナーにできる限り近づけて、斜めに二重
   張りとする。

4. シージングインシュレーションボードの上に張る場合の打留めは、特記による。

9.2.4 紙付きリブラス張り

1. 紙付きリブラスの張り方は、壁面ごとに下部から留付け上げ、横方向には千鳥状に
   張り、留め付ける。横方向の継目は30mm以上60mm以内に重ね、縦方向の継目は
   端部リブ山を重ね、開口端部では継目を設けない。

2. ラスの留付けは、T線以上の線径と足長さが25mm以上のステープルを用い、必ず
   胴縁下地の上ですべてのリブを留め付ける。

3. 出隅、入隅部は突合せとし、補強用平ラスを90°に曲げて下張りしたラスの上から固
   定する。

9.2.5 ラスシート張り

1. ラスシートLS1を使用する場合は、継目は1山重ね、受け材当たり（間柱又は胴縁等）
   に、本章9.2.2（材料）の7の座金付きN38くぎを間隔200mm以内に平打ちする。な
   お、ラスシートLS1のうち、板厚が0.19mmのものを使用する場合の受け材の間隔は、
   455mm以内とする。 9.2.2の7 ☞230頁

2. 張り方は、受け材が柱又は間柱の場合は横張り、胴縁の場合は縦張りとし、横張り、
   縦張りとも下部より上部へ向かって漏水しないよう入念に張り上げる。なお、斜め
   張りは行ってはならない。

3. ラスシートLS4を使用する場合は、本章5.3.3（構造用面材の張り方）の9による。 5.3.3の9 ☞105頁

9.2.6 特殊なラス張り

モルタル塗厚及び下地材等への保持が十分確保できるような製品とし、特記による。

用 語

モルタル下地ラス張り工法

モルタル塗り等の外壁湿式工法におけるラス下地は、JASS 15左官工事に示されるように、「直張りラスモルタル
下地」と「通気工法用ラスモルタル下地」がある。通気工法用ラスモルタル下地は、二層下地工法（通気胴縁の屋外側
に面材またはラス下地板を施工し、その上に直張りラスモルタル下地と同様の施工をする工法）と単層下地工法（通気
胴縁の屋外側に防水紙付きリブラスなどを張る工法）とがある。いずれの工法とも胴縁、ラス下地板または下地用面
材などは、地震の際にも脱落しないよう、接合具の種類、長さ、胴径や耐久性などに配慮して、適切な間隔で確実に

留め付ける必要がある。

特殊ラス

特殊ラスには、金属加工片面ラス、金属板穴あきラス、金属加工両面ラス、溶接した金網としたものに防水紙・クラフト紙などを裏打ちしたものなどが市販されている。

メタルラス

薄鋼板や溶融亜鉛めっき鋼板を材料として、常温引伸切断法で製造する。JISには平ラス、波形ラス、リブラス、こぶラスの4種類がある。ラスは、モルタルがラスの裏側にまで十分まわり込むことによって初めて補強効果が出て、ラスが腐食されにくくなる。したがって、ラスは防水紙との間に空隙ができるような製品で、亜鉛めっきなどの防錆処理を施した厚手のラスを用いることが、耐久性の向上からみて望ましい。

なお、外壁には、出隅、入隅部や開口部等の補強に使用する場合を除き、平ラスは使用しない。

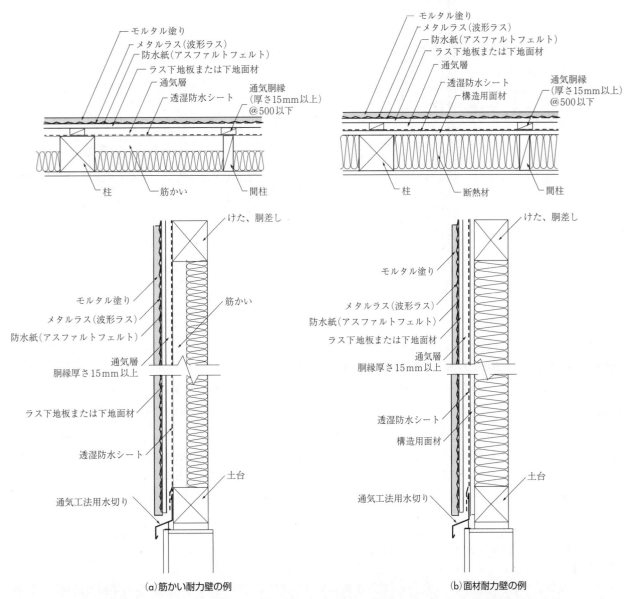

（a）筋かい耐力壁の例　　　　　　　　　（b）面材耐力壁の例

（A）通気用縦胴縁にラス下地板または下地面材を設け、防水紙及びラス張りとする場合の例（二層下地工法）

参考図9.2.1　モルタル下地ラス張り工法①

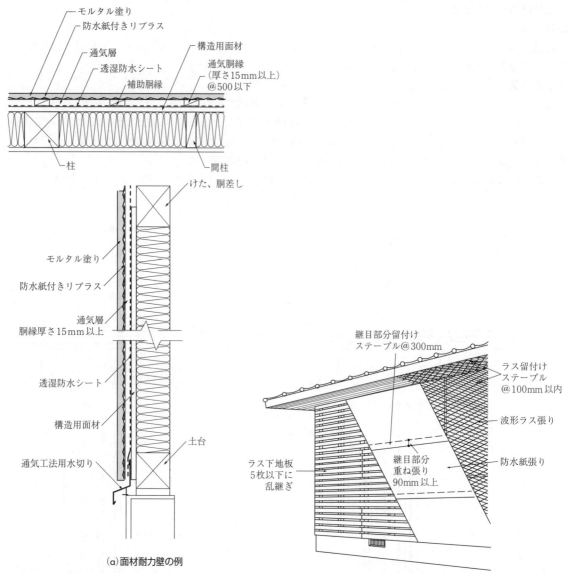

（a）面材耐力壁の例

（B）通気用縦胴縁に直接防水紙及びラス張りとする場合の例（単層下地工法）

参考図9.2.1　モルタル下地ラス張り工法②　　　　参考図9.2.3　波形ラス（メタルラス）張り工法

リブラス

外壁内通気構造用モルタル下地における単層下地工法に用いるリブラスの品質は、JIS A 5505（メタルラス）に適合するもの、またはこれと同等以上の品質のものとし、防水紙付きのものを用いる。胴縁にリブラスなどを留め付けて直接モルタル施工をする場合、モルタル塗込み時に胴縁の相互間でラスや防水紙が凹み、その内側にある通気層の断面が少なくなりやすい。たわみを少なくするためには、補助胴縁を設置するなどの配慮が必要である。

ラスシート

溶融亜鉛めっき鋼板を角波形に加工した面にメタルラスを溶接したもので、角波鉄板の山の高さとピッチ及び鉄板の幅で、LS1、LS2、LS3及びLS4の4つの種類がある。

ステープル

ステープルは、ラス、屋根下ぶき材、外壁の防水紙等を留め付けるために用いられる、コの字型の接合具である。ラスを留め付けるためのステープルは、機械打ちする必要がある。なお、ラスを留め付けるためのステープルは、波形ラスを留め付ける場合は1019J（足長さは19mm）以上、紙付きリブラスを留め付ける場合はT線以上の線径で、足長さを25mm以上とする必要がある。

アスファルトフェルト

有機天然繊維を主原料とした原紙に、アスファルトを浸透したもの。単位面積質量の呼びの種類により、アスファルトフェルト650、アスファルトフェルト430がある。

改質アスファルトフェルト

　アスファルトに合成ゴムや合成樹脂を混合して、アスファルトの低温性状や高温性状を改良した改質アスファルトを使用した防水フェルトである。なお、改質アスファルトフェルトの品質として、一般社団法人日本防水材料協会が推奨するARK規格14ᵂ-03がある。

留意事項

ラスシート張りの防湿措置

　ラスシートを使用して壁倍率1.0を得る場合、ラスシートを柱、間柱及び横架材に直張りするが、ラスシートに使用されている溶融亜鉛めっき鋼板は湿気を通さない材料であるため、室内側から壁体内部への湿気の浸入に特に気をつける必要がある。いったん湿気が浸入すると排出することが困難であり、柱などの木部の腐朽やラスシート自体の腐食を生じるおそれがある。そのため、外壁の室内側における防湿層の入念な施工、透湿抵抗の高い断熱材の使用などが必要となる。

　また、留付けには座金の付いた金物を使用し、耐力壁とする場合のラスシート(LS4)の張り方は縦張りとする。

9.3 モルタル塗り

9.3.1 材料

1. 普通ポルトランドセメント及び白色セメントの品質は、JIS R 5210（ポルトランドセメント）に適合するもの、又はこれと同等の性能を有するものとする。
2. 砂は、有害量の鉄分、塩分、泥土、塵芥及び有機物を含まない良質なものとする。
3. 水は、有害量の鉄分、塩分、硫黄分及び有機不純物などを含まない清浄なものとする。
4. 混和材として用いる消石灰の品質は、JIS A 6902（左官用消石灰）に適合するもの、又はこれと同等以上の性能を有するものとする。
5. ポルトランドセメントに骨材、混和材料又は顔料などを工場で配合したセメント類を用いる場合は、特記による。

9.3.2 調合

　モルタルの調合(容積比)は、下表を標準とする。

下　　地	塗付け箇所	下塗り・ラスこすり	むら直し・中塗り	上塗り
		セメント：砂	セメント：砂	セメント：砂：混和材
コンクリート コンクリートブロック	床	−	−	1：2
	内　壁	1：2	1：3	1：3：適量
	外　壁 その他	1：2	1：3	1：3：適量
メタルラス ラスシート	内　壁	1：3	1：3	1：3：適量
	天　井	1：2	1：3	1：3：適量
	外　壁 その他	1：3	1：3	1：3
木毛セメント板	内　壁	1：2	1：3	1：3：適量
	外　壁 その他	1：2	1：3	1：3

注1) 混和材(剤)は消石灰、ドロマイトプラスター、ポゾラン、合成樹脂などとする。
　2) ラスこすりには、必要であれば、すさ(つた)を混用してもよい。
　3) 適量とは、セメントに対する容積比で、無機質系の場合は20%以下、合成樹脂系の場合は0.1〜0.5%以下とし、各々製造所の仕様による。

9.3.3 塗厚

塗厚は、下表を標準とする。

下　地	塗付け箇所	塗　厚(mm)			
		下塗り・ラスこすり	むら直し	中塗り	上塗り
コンクリート　コンクリートブロック　木毛セメント板	床	－	－	－	25
	内　壁	6	0〜6	6	3
	外　壁　その他	6	0〜9	0〜6	6
メタルラス　ラスシート	内　壁	ラス面より1mm程度厚くする	0〜6	6	6
	天井・ひさし		－	0〜6	3
	外　壁　その他		0〜9	0〜9	6

9.3.4 壁塗り工法

1. 下塗り（ラスこすり）は、次による。
   - イ. こて圧を十分にかけてこすり塗りをし、塗厚はラスを被覆するようにし、こては下から上に塗り付ける。水引き加減を見て木ごてでならし、目立った空隙を残さない。下塗り面は、金ぐしの類で全面にわたり荒し目をつける。
   - ロ. 塗り付けた後、2週間以上できるだけ長期間放置して、次の塗付けにかかる。
2. むら直しは、次による。
   - イ. 下塗りは乾燥後、著しいひび割れがあれば、目塗りをし、下地面が平たんになっていない部分又は凹部は、つけ送りしつつむら直しを行い、金ぐしの類で荒し目をつける。
   - ロ. むら直しのあと、下塗りと同様の放置期間をおく。
3. 中塗りは、次による。
   定規ずりしながら、こて圧を十分にかけて平たんに塗り付ける。繰形部は型板を用い、隅、角、ちり回りは、中塗り前に定規ずりをする。
4. 上塗りは、次による。
   中塗りの硬化の程度を見計らい、隅、角及びちり回りに注意して、こて圧を十分に塗り付け、水引き程度を見てむらなく平たんに塗り上げる。なお、仕上げについては、特記による。

9.3.5 床塗り工法

床塗りは、次による。
   - イ. 床コンクリート面にモルタル塗りを施す場合は、コンクリート打込み後、なるべく早く取りかかる。
   - ロ. コンクリート打込み後、日数の経ったものは、純セメントペーストを十分に流し、ほうきの類でかきならした後、塗付けにかかる。なお、吸水調整材を使用する場合は、各製造所の仕様による。
   - ハ. 塗付けは、硬練りモルタルとし、水平、勾配など十分注意しながら定規ずりを行い、水引き具合を見ながら、こてで平滑に押さえ仕上げる。

9.3.6 防水モルタル

1. 材料は、本章9.3.1（材料）によるものとし、防水剤は製造所の特記による。
2. 調合は、各製造所の仕様による。
3. 塗厚は、20mmとする。
4. 工法は、次のとおりとする。
   - イ. 下地処理を行う。
   - ロ. 防水モルタルは、材料を正確に計量し、十分に練り混ぜる。

9.3.1 ☞233頁

ハ．下塗りは、水勾配等を考えて、金ごてで入念に塗り付け、荒し目をつける。
ニ．上塗りは、塗厚均等に、金ごてで入念に塗り付ける。

用 語

ラスこすり

メタルラス、ワイヤラスなどの下地に、モルタルなどを最初に塗り付けることである。ラスこすりは、ラスの厚さより1mm程度厚く塗り付ける。これ以上塗り付けるとモルタルがたれるので、実際には施工が難しい。

荒し目つけ

金ぐしの類による荒し目つけは、次の塗付けの付着を良くするために行う。

定規ずり

塗り面に付着したモルタルを平たんにするために、一般に狂いの少ない板のような走り定規を用いて行う。「引き定規」、「すべり定規」などともいう。簡易なものでは、注文して作った定規でなく、現場にある貫を用いることもある。正規のものは、厚さ1.2cm、幅3～5cm、長さ3.6mである。

型 板

「蛇腹型」とも呼ばれ、繰形部を一定の型におさめるために、定規ずりと同様に引きまわして用いる。複雑な凹凸が摩耗しないように、溶融亜鉛めっき鋼板を張り付けたものも用いられる。

定規塗り

ちり回り、ちり墨にならって、あらかじめ塗厚を決めるために行う塗り方である。ちり回りは、仕上がりの不陸が目で見てすぐわかるので、定規塗りで、これをきちんとしておくと美しい仕上げができやすい。

吸水調整材

吸水調整材は、「主としてコンクリートのような平たんな下地に対して、現場調合のセメントモルタルを塗り付ける左官工事において、下地の吸い込み調整や下地とのなじみを改善する目的で、下地に塗り付けられる材料」である。

なお吸水調整材を使用する場合は、セメントペーストを省略することができるが、日本建築仕上学会規格M-101（セメントモルタル塗り用吸水調整材の品質基準）に則り、品質の優れた材料を的確に選定して適正に施工することが望ましい。

留意事項

モルタル塗り施工

塗付けは、塗り壁の品質及び耐久性等に大きく影響を及ぼすため、建設業法に基づく建築施工管理技士の管理により、職業能力開発促進法に基づく技能士または左官基幹技能者が施工することが望ましい。

施工方法

砂の粒度

床塗り用及び中塗り用は荒目のものを、上塗り用及び薄塗り用は細目のものを用いるが、塗厚に支障がない限り、粒径の大きいものを用いたほうがよい。

容積比

　セメント：軽詰状態の単位容積の重量(1.2kg/ℓ)程度。
　砂　　　：表面乾燥飽水状態で軽装とした場合の単位容積重量。したがって、現場の砂が乾燥している場合は砂の量を減らし、湿った場合は増したほうがよい。

混和材（剤）

セメントは、コンクリートのためのJIS規格があって、左官用として用いるにはさまざまの性格上の弱点がある。例えば、モルタルは砂を多く配合すれば、収縮は少なくなるが作業性が悪くなり、強度も小さく表面もくずれやすい。また、セメントと水を多くすれば、作業性は良くなるが収縮が大きくなり、ひび割れを生じやすいといった点である。

セメントと砂と水との混合割合は、モルタルの性能を左右する。そこで、モルタルをセメント・砂のみで構成せず、それに適当な材料（もしくは薬剤）を混和して、左官としての使用目的に応じた使いやすい性格に変えようとして用いるものが混和材（剤）である。

混和材（剤）は、大別して消石灰、ドロマイトプラスターなどの無機質系のものと合成樹脂系のものがあり、近年は合成樹脂系が多く用いられる傾向にある。最も普及しているのは、MC（メチルセルローズ）とPVA（ポリビニルアルコールもしくはポバール）で、いずれも保水性や弾力性を高める目的で使われる。

既調合軽量セメントモルタル

既調合セメントモルタルは、普通ポルトランドセメントに無機質骨材、無機質軽量骨材、有機質軽量骨材、無機質混和剤、有機質混和剤等をJASS15M-102（既調合セメントモルタルの品質基準）に適合するように製造業者工場で調

合した製品であり、練り混ぜ時の重量が普通モルタルの1/2程度で、ひび割れが発生しにくい等の特徴をもつことから、木造住宅等の外壁モルタル塗りに多用されている。

　同材料を用いる場合の混練水量及び練り厚並びに同材料に合成樹脂エマルジョンを加える場合の仕様は、製造所の仕様により適切に調合・施工することが必要である。

　また、通常の砂モルタルとは異なるため、準耐火構造や防火構造として用いる場合は、建築基準法に基づき国土交通大臣の認定を受けたものとする必要がある。

　なお、同材料に係る塗厚及び塗り工法に関しては、日本建築仕上材工業会より施工の手引きが発行されているので参照されたい。

9.4 せっこうプラスター塗り

9.4.1 材料

1. せっこうプラスターの品質は、JIS A 6904（せっこうプラスター）に適合するもの、又はこれと同等以上の性能を有するものとし、種類は既調合プラスター及び現場調合プラスターとする。ただし、製造後6ヵ月以上経過したものは使用しない。
2. すさを混入する場合は、白毛すさで長さ30mm程度のものとする。

9.4.2 調合・塗厚

　調合(容積比)及び塗厚は、下表を標準とする。

下　　地	塗り層の種別	骨材配合比(容積比)				白毛すさ(g)、プラスター20kg当たり	塗厚(mm)
		せっこうプラスター		現場調合プラスター	砂		
		既調合プラスター					
		上塗り用	下塗り用				壁
コンクリート　コンクリートブロック　ラス　木毛セメント板	中塗り	–	1.0	–	2.0	200	8.0
	上塗り	1.0	–	–	–	–	3.0
せっこうラスボード	下塗り	–	注2	1.0	1.5	–	8.0
	中塗り	–	注2	1.0	2.0	–	6.0
	上塗り	1.0	–	–	–	–	3.0

注1）コンクリート下地、コンクリートブロック下地、ラス下地及び木毛セメント板下地は、むら直しまでモルタル塗りの仕様による。
　2）既調合プラスター（下塗り用）を使用する場合は、現場調合プラスターの塗厚欄のみ適用する。

9.4.3 コンクリート下地、コンクリートブロック下地、ラス下地及び木毛セメント板下地の場合の工法

1. 下塗り（ラスこすり）及びむら直しは、本章9.3.4（壁塗り工法）の1及び2による。　9.3.4の1・2 ☞234頁
2. 中塗りは、次による。
   - イ．セメントモルタルによる下塗りが完全に乾燥したのち、既調合プラスター下塗り用を練り上げ、一度薄くこすり塗りをしたのち、中塗りを行う。
   - ロ．水引き加減を見て、木ごてで打ち直しをしたのち、平たんに押さえる。
3. 上塗りは、次による。
   - イ．中塗りが半乾燥の時期に、既調合プラスター上塗り用を金ごてを用いて押さえるように平たんに塗り付ける。
   - ロ．水引き加減を見て、仕上げごてを用いてなで上げ、必要に応じて最後に水はけで仕上げる。

9.4.4 せっこうラスボード下地の場合の工法

1. 下塗りは、次による。
   - イ．せっこうラスボード下地の点検後、現場調合プラスターを一度下ごすり塗りし

たのち、平たんに塗り付ける。

ロ．水引き加減を見て、木ごてを用いてむら直しをする。

2．中塗り及び上塗りは、次による。

イ．下塗りの翌日後、中塗りを行う。

ロ．工法は、本章9.4.3（コンクリート下地、コンクリートブロック下地、ラス下地 9.4.3の2·3 ☞236頁
及び木毛セメント板下地の場合の工法）の2及び3に準ずる。

9.4.5 せっこうボード下地の場合の工法

既調合プラスターを使用し、調合及び工法等は製造所の仕様によることとし、特記による。

用 語

せっこうプラスター

焼せっこうを主原料とし、必要に応じてこれに混和剤及び増粘剤、凝結遅延剤などを混入したものであり、既調合プラスター及び現場調合プラスターの2種類がある。なお、現場調合プラスターは、せっこうラスボード（せっこうボードの表面を型押したボード）の表紙によく付着するように製造されたものである。

白毛すさ

マニラ麻（abaka）製品の使い古したものを短く切断して使用するもので、「白毛」と呼んでいるが、必ずしも白くないため下塗り、中塗り用として使用される。なお、すさは、き裂防止のために混入するものである。

せっこうラスボード

主原料はせっこうで、2枚のボード用原紙の間にせっこうが結晶状態で硬化している板で、JIS A 6901（せっこうボード製品）で規格が決められ、表面型押したものである。

水はけ

プラスター（せっこう、ドロマイトとも）をこて押えで仕上げたのちのつやを消すために使用する。ただし、塗装仕上げをする場合は、壁面に細かい気泡の生じるおそれがあるので使用すべきではない。毛は純白で長く、毛の部分の厚さの薄いものほどよい。筋かいはけは、ちり回りに使用し、平はけは、ちり回り以外の平面に使用する。

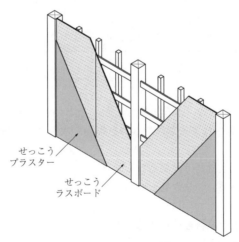

参考図9.4.4　せっこうラスボード下地とせっこうプラスター塗り

9.5 繊維壁塗り

9.5.1 材料

1. 繊維壁材の品質は、JIS A 6909（建築用仕上塗材）に適合するもの、又はこれと同等以上の性能を有するものとし、種類は内装水溶性樹脂系薄付け仕上塗材とする。ただし、耐湿性、耐アルカリ性又はカビ抵抗性を必要とする場合は、特記による。
2. 材料は、水に濡らさないよう保管し、製造後2年以上経過したものは使用しない。
3. 材料のホルムアルデヒドの発散量に関する品質については、特記による。

9.5.2 調合・混練等

1. 容器に指定量の水を入れ、合成樹脂エマルションを使用する場合は、これを混合したのち、製品包装の全量をよくほぐしながら加え、均一になるよう練り混ぜる。
2. 混練り方法及び混水量は、各製造所の仕様による。
3. 色変わりを防ぐため、繊維壁材は施工途中で不足することのないように準備する。

9.5.3 塗厚

こて塗り又は吹付けいずれの場合も、下地が見えない程度の塗厚に仕上げる。

9.5.4 工法

1. こて塗りの場合は、次による。
   - イ．塗付けの途中で繊維の固まりなどができたときは、これを取り除き、塗り見本の模様と等しくなるように塗り広げる。
   - ロ．仕上げは、水引き加減を見計らい、上質の仕上げごてを水平に通し、返しこてをせず、こてむらを取る。ただし、その際に押さえすぎないように注意する。
2. 吹付けの場合は、次による。
   - イ．スプレーガンノズルを下面に対して直角に保ち、模様むら、吹き継ぎむら及び吹き残しのないように注意して施工する。
   - ロ．スプレーガンの種類、ノズルの口径、吹付け圧、吹付け距離などの吹付け条件は、繊維壁材の種類によって異なるので、製造業者の指定による。
3. 施工は乾燥した日を選んで行い、仕上げ後は通風を与えてなるべく早く乾燥させる。

用 語

繊維壁材

パルプ・綿・化学繊維のような繊維状のもの、木粉・細砂・色土などの粒状のもの及びこれらを接着するための、のり材を主原料としたもので、工場で製造され包装されたものを現場で水を加えて練り混ぜて塗り付ける材料である。

繊維壁材の特色

(1)下塗り材、中塗り材はない。上塗り仕上材だけである。

(2)左官の塗材には、よごれやすいものが多い。しかしながら、繊維壁材はよごれにくい材料である。

(3)混練り、塗付けとも軽便である。

(4)仕上がり面がソフトな感じであり、また原料を選択することで、変化のある仕上げが自由にできる。

施工方法

繊維壁施工の要点

塗り下地面が隠れる程度に、できる限り薄くつけることが肝要で、厚づけすると材の中に含まれるのりが強くなり過ぎて、かえってはがれやすくなる。ちり回りは、特に薄く塗る。施工後はできるだけ早く乾燥させる。早く乾燥させると、のりの変質やカビの発生を防ぐ効果がある。

施工の範囲

繊維壁材は、内装材料であって、外装には不適当である。また、浴室、炊事場など湿気の多い箇所への使用も原則的に不適当である。

9.6 しっくい塗り

9.6.1 材料

1. 消石灰の品質は、JIS A 6902（左官用消石灰）に適合するもの、又はこれと同等以上の性能を有するものとする。
2. 砂、水及びすさは、本章9.3.1（材料）の2及び3並びに次による。
   9.3.1の2・3 ☞233頁
   イ. 上浜すさ、白毛すさの類とし、強じんで雑物のない乾燥十分なもの
   ロ. 長さは、150mm内外に切ったもの
3. のりは、角又の類、又は化学のりとする。
4. 顔料は、耐アルカリ性の無機質なもので、強い直射日光に対して著しく変色せず、金物をさびさせないものとする。

9.6.2 塗厚

塗厚は、特記がなければ、壁は15mm、天井は12mmを標準とする。

9.6.3 ラス下地の場合の工法

1. ラス下地に調合（容積比）1：3のセメントモルタルの下こすりをし、荒し目をつけ十分乾燥させる。
2. 乾燥後、その上にしっくいで一度薄くこすり塗りを施し、乾燥させる。
3. むら直しは、地むらなく行う。中塗りは、ちり回りを正確に行う。
4. 上塗りは、中塗りの水引き加減を見計らい、こて圧を十分に塗り上げる。

9.6.4 せっこうラスボード下地の場合の工法

下塗り、中塗り及び上塗りは、本章9.4.4（せっこうラスボード下地の場合の工法）に準ずる。
9.4.4 ☞236頁

用　語

しっくい塗り

　石灰・砂・のり・すさを主な材料として、これらを水でよく練って塗る、古くからある壁塗り工法である。わが国では、下塗りをモルタル塗りなどとし、中塗り、上塗りだけをしっくい塗りとする工法もしっくい塗りという。一方、下塗りから上塗りまですべてしっくいで塗るものは、明治以来の西洋風の塗り方であり普及している。砂は強度の維持と増量に、のりとすさは、作業性の向上とひびわれ防止に役立つためのものである。

角又（つのまた）

　紅藻類の「ツノマタ」属の総称で、これを干したものを煮てのりとするわけであるが、昔からしっくい壁の生命は、角又にあるといわれてきたように重要な関係にある。この効果は、接着性はもちろん必要ではあるが、それよりむしろ、独特の粘着力によるこてすべりの良さにあるといわれ、近年、工事のスピード化のために、次第に化学のりにその座をゆずってきてはいるものの、今なお使用されている。

9.7 土壁塗り

9.7.1 小舞下地

1. 材料は、次による。
   イ. 間渡し竹は、篠竹の丸竹（径12mm以上、3年以上の肉厚のもの）又は真竹の割竹（径40〜60mm、3年以上のものを4〜8個に割ったもの）とする。
   ロ. 小舞竹は、篠竹又は真竹で、いずれも割竹とする。
   ハ. 小舞縄は、しゅろ、あさ又はわら縄などとする。
2. 工法は、次による。
   イ. 間渡し竹は、篠竹の丸使い又は真竹の割竹使いとし、縦・横とも柱貫などの際より約60mm通し、間渡しは300mm内外とし、両端は彫り込み、貫当たりくぎ打ちとする。
   ロ. 小舞竹は、縦45mm、横35mm内外の間隔とし、間渡し竹当たりは必ず小舞縄

でからみ付ける。塗込み貫は、しのぎ削りに荒しを付し、上部はけた類に彫り込み、通し貫当たりにくぎ打ちとする。

　　ハ．特殊な小舞下地とする場合は、各製造所の仕様によることとし、特記する。

9.7.2 材料

1. 壁土は、良土（荒木田土の類）を用いる。
2. 下塗り及び裏返し塗り用壁土には、わらずさを混入した練り置きものを用いる。
3. むら直し及び中塗り用壁土には、細かい目のふるいを通過したものに、砂及びわらずさを適量混入した練り置きものを用いる。

9.7.3 工法

1. 下塗りは、小舞下地に十分すり込んだのち塗り付け、裏返し塗りをする。下塗りが十分乾燥したのち、むら直しをする。
2. 中塗りは、むら直しが十分乾燥したのち、むらなく塗り付け、平滑にこて押えする。
3. 上塗りは、中塗り乾燥後、繊維壁仕上げの場合は、本章9.5（繊維壁塗り）により、しっくい仕上げの場合は、本章9.6（しっくい塗り）により行う。その他の仕上げの場合は、特記による。

9.5 ☞238頁
9.6 ☞239頁

用　語

荒木田土

　壁土には、建設地に近い山土、田畑の土、川土などを採取して使用するならわしが各地方にあるが、特に関東の荒木田（今の東京都荒川区から埼玉県付近）の土は粘り、乾燥後の硬化状況が良いといわれ、壁土の代名詞となった。

荒壁裏返し

　荒壁土を通し貫側から通し、貫面と平らになるまで（小舞竹が隠れ、貫と水平になる厚さまで）塗り付け、裏側にはみ出した土を裏なでをし、荒壁がよく乾燥したのち（荒壁塗り後、少なくとも1週間以上置く）、裏側から軟らかい土で薄く塗ることをいう。

壁上塗り

　色土は、各地で産出し、それぞれ特色ある仕上げ用として使われている。なかでも関西は色土の資源に恵まれ、砂壁、大津壁、京壁などの特殊仕上げの技術が発達した。下表は、壁上塗りの構成である。

表9.7　壁上塗りの構成

呼　称		材料構成	備　考
大分類	小分類		
土物砂壁	のりごね	色土＋砂＋のり＋水	すさを若干添加する。
	のりさし	色土＋砂＋のり＋すさ＋水	のりごねに比しのりは少量。すさは紙すさを用いる。
	水ごね	色土＋砂＋すさ＋水	
砂　壁		色砂＋のり	
大津壁	並大津	色土＋消石灰＋すさ＋水	ドロマイトプラスターを混入すると塗りやすい。
	磨大津	同　　上	並大津より色土・すさを精選する。
しっくい	京ごね	消石灰＋のり＋すさ	室内仕上げ用。
	真ごね	消石灰＋のり＋すさ	土蔵や土塀の仕上げによい。

注1) 水ごね………主として西京壁で、みじんすさを入れ、水でこねる。
　2) のりさし……色土を水ごねし、これにみじんすさとのり液を入れ練り合わせる。
　3) のりごね……色土、砂、みじんすさを混入し、のり液で練り合わせる。中塗りとの密着はよい。

10.1 タイル張り

10.1.1 材料

1. 陶磁器質タイルの品質は、JIS A 5209（セラミックタイル）に適合するもの、又はこれと同等以上の性能を有するものとする。
2. 使用するタイルの形状、寸法、色合い、裏型などは、あらかじめ見本品を提出して、建築主又は工事監理者の承諾を受ける。
3. 下地モルタルは、現場調合とする場合は、本章9.3.2（調合）による。又、既調合モルタルを使用する場合は、製造所によるものとし、特記による。 9.3.2 ☞233頁
4. 接着剤の品質は、JIS A 5548（セラミックタイル張り内装用有機系接着剤）に適合するもの、又はこれと同等以上の性能を有するものとする。なお、内装工事に使用する接着剤のホルムアルデヒドの発散量に関する品質については、特記によることとし、トルエン、キシレンの放散が極力小さいものを使用する。有機溶剤系接着剤を使用する場合は、その使用量を最小限におさえ、十分に養生期間を設ける等の配慮をする。
5. 混和剤は、特記による。なお、工事監理者がいる場合は、その承認を受ける。

10.1.2 下地ごしらえ

1. 下地面はあらかじめ、本章9.2（モルタル下地ラス張り工法）に準じて厚さ10mm以上のモルタルを、木ごてを使用して押え塗りとする。 9.2 ☞229頁
2. 積上げ張りについては、不陸直し程度にモルタルを塗り、荒し目をつける。

10.1.3 床タイル張り工法

1. 床タイル及びモザイクタイルの場合は、砂とセメントを十分にから練りして、適度の湿りをもたせたモルタルを敷きならしたのち、セメントペーストを用いて張り付ける。
2. 張付けは、目地割りに基づき水糸を引き通しておき、隅、角、その他要所をおさえ、通りよく水勾配に注意して行う。
3. 化粧目地詰めは、モルタルが硬化した後に、目地部分を清掃したのちに行う。また、乾燥状態に応じて、適当な水湿しを行う。

10.1.4 壁タイル張り

1. 工法別の張付けモルタルの塗厚は、次表による。

工法別張付け用モルタルの塗厚

区 分		タ イ ル	モルタル塗厚(mm)
外装タイル張り	圧着張り（一枚張り）	小口平、二丁掛程度の大きさまで	4～6
	モザイクタイル張り	50mm二丁以下	3～5
内装タイル張り	積上げ張り（ダンゴ張り）	各種	15～40
	圧着張り 一枚張り	100mm 108mm 150mm 200mm	3～4
	圧着張り ユニット張り	150mm以下	3～4
	モザイクタイル張り	50mm二丁以下	3～5
	接着剤張り	300mm角以下	2～3

2. 積上げ張りは、次により行う。
   イ. 張付けの順序は、目地割りに基づき水糸を引き通しておき、窓、出入口まわり、隅、角などの役物を先に行う。
   ロ. 張付けは、タイル裏面に張付けモルタルをのせ、モルタルがすき間なく十分な

じむように、タイルを下地に押しつけ、通りよく平らに下部から上部へ張り上げる。

ハ. 張付けモルタルが十分でなく、すき間ができた場合は、モルタルを補充する。

ニ. 1日の張上げ高さは、1.2m程度までとする。

3. 圧着張りは、次により行う。

    イ. 張付けの順序は、2のイによる。なお、一般平壁部分は原則として、上部から下部へ張り進める。

    ロ. 張付けは、下地側に張付けモルタルをむらなく平らに塗り付け、直ちにタイルを張り付けて、タイルの周辺からモルタルが盛り上がるまで、木づちの類を用いてたたき締める。

4. モザイクタイル張りは、次により行う。

    イ. 張付けの順序は、3のイによる。

    ロ. 張付け用モルタルを塗り付けたのち、タイルを張り付け、モルタルが軟らかいうちに、縦、横及び目地の通りをそろえて、目地部分にモルタルが盛り上がるまで、木づちの類を用いてたたき締める。

    ハ. 表紙張りのモザイクタイルは、張付け後、時期を見計らい、水湿しをして紙をはがし、タイルの配列を直す。

5. 接着剤張りは、次により行う。

    イ. 接着剤張り下地面（中塗り）の乾燥期間は、夏季にあっては1週間以上、その他の季節にあっては2週間以上を原則とし、十分乾燥させる。

    ロ. 接着剤の塗布面積、塗布量、塗布後の放置時間等は、それぞれ各製造所の仕様によることとし、工事監理者がいる場合は、その承認を受ける。

    ハ. 接着剤の塗付けは、金ごてを用いて下地面に押し付けるように塗り広げ、くし目ごてでくし目をつける。

    ニ. タイルの張付けは、壁面上部からタイルをもみ込むようにして張り付け、木づちの類を用いて十分たたき押さえる。

    ホ. 目地直しは、張り付けたタイルが自由に動く間に行う。

10.1.5 養生等

1. 屋外施工の場合で、強い直射日光、風雨などにより、タイルの接着に悪影響を受けるおそれのある場合は、あらかじめシートでおおい養生する。

2. やむを得ず寒冷期に作業を行う場合は、板囲い、シートおおいなどを行うほか、必要に応じて採暖する。

3. タイル張り施工中及びモルタルの硬化中に、タイル張り面に振動や衝撃などが加わらないように十分注意する。

4. タイル張り終了後は、よごれを取り除く等、タイル表面の清掃を行う。やむを得ず清掃に酸類を用いる場合は、清掃前に十分水湿しをするとともに、清掃後は直ちに水洗いを行い、酸分が残らないようにする。

10.2 畳敷き

10.2.1 材料

畳（畳床及び畳表を含む。）の品質は、特記による。

10.2.2 工法

1. 畳ごしらえは、畳割りに正しく切り合わせる。縁幅は、表2目を標準とし、筋目通りよく、たるみなく縫い付ける。また、畳材には手掛けを付ける。

2. 敷込みは、敷居や畳寄せ部などで段違い、すき間が生じないよう、また不陸などがないように行う。

3. 縁なし畳は、特記による。

10.3 タフテッドカーペット敷き

10.3.1 材料

1. タフテッドカーペットは、次による。
   イ．品質及び種類は、特記による。
   ロ．風合い、色合いなどは、見本品を工事監理者に提出して承認を受ける。
2. 下敷き材は、特記による。
3. 取付け用付属品は、次による。
   イ．グリッパーの寸法は、下敷き材の厚さに相応したものとする。
   ロ．くぎ、木ねじなどは、黄銅又はステンレス製とする。
4. 接着剤は、使用する材料の製造所の指定するものとし、工事監理者がいる場合には、その承認を受ける。なお、内装工事に使用する接着剤のホルムアルデヒドの発散量に関する品質については、特記によることとし、トルエン、キシレンの放散が極力小さいものを使用する。有機溶剤系接着剤を使用する場合は、その使用量を最小限におさえ、十分に養生期間を設ける等の配慮をする。

10.3.2 工法

敷込みは、グリッパー工法又は全面接着工法とし、その適用は特記による。ただし、特記がなければグリッパー工法とする。

10.4 ビニル床タイル張り

10.4.1 材料

1. ビニル床タイルの品質は、特記による。
2. 接着剤の品質は、JIS A 5536（床仕上げ材用接着剤）に適合するもの、又は同等以上のものとし、工事監理者がいる場合には、その承認を受ける。なお、内装工事に使用する接着剤のホルムアルデヒドの発散量に関する品質については、特記によることとし、トルエン、キシレンの放散の量が極力小さいものを使用する。有機溶剤系接着剤を使用する場合は、その使用量を最小限におさえ、十分に養生期間を設ける等の配慮をする。

10.4.2 工法

1. 張付けは、次による。
   イ．接着剤を下地面全面に、くし目ごてを用いて塗布する。なお、必要に応じて、仕上材裏面にも塗布する。
   ロ．張り方は、不陸、目違い及びたるみ等のないよう、べた張りとする。
2. 張付け後、接着剤の硬化を見計らい、全面を水ぶき等で清掃したうえ、乾燥後は、水溶性ワックスなどを用いてつや出しを行う。

10.5 ビニル床シート張り

10.5.1 材料

1. ビニル床シートの品質は、特記による。
2. 接着剤の品質は、本章10.4.1（材料）の2による。 10.4.1の2 ☞243頁

10.5.2 工法

1. 仮敷きは、必要に応じて行うものとするが、施工にあたっては、割付けより長めに切り、巻きぐせが取れ、十分伸縮するまで敷き並べる。
2. 本敷き及び張付けは、次による。
   イ．はぎ目及び継手の位置は、各製造所の仕様による。なお、工事監理者がいる場合は、その承認を受ける。
   ロ．施工に先立ち、下地面の清掃を十分に行ったのち、はぎ目、継目、出入口際及び柱付きなどは、すき間のないように切り込みを行う。

ハ．接着剤を下地全面に平均に塗布するとともに、必要に応じて仕上材裏面にも塗布し、不陸、目違い及びたるみ等のないよう、べた張りとする。

ニ．やむを得ず寒冷期に施工する場合は、気温に応じて適切な養生を行う。

10.6 壁紙張り

10.6.1 材料

1. 壁紙の品質、種別は特記による。また、接着剤及びシーラーの品質、種類は、壁紙の製造所の指定するものとし、工事監理者がいる場合は、その承認を受ける。
2. 接着剤のホルムアルデヒドの発散量に関する品質については、特記による。

10.6.2 工法

1. 壁紙は、下地に直接又は袋張り（下地上、和紙を使う方法）とし、たるみや模様などのくい違いがないよう、裁ち合わせて張り付ける。
2. 押縁、ひもなどを使用する場合は、通りよく接着剤、くぎ等で留め付ける。

用 語

セラミックタイル

JIS A 5209に規定するセラミックタイルは、吸水率によりⅠ類、Ⅱ類、Ⅲ類に区分される。セラミックタイルの使用にあたっては、製造業者が、屋内壁、屋内床、浴室床、屋外壁及び屋外床の各部位について使用の適否を表示しているため、これに従って使用する。

圧着張り

最初に張付け用のモルタルを2m²位塗り付けておき、タイルをその上から張っていく、張りやすく効率がよい工法である。張り付ける直前に、タイルの裏側にモルタルを塗ってから張り付ける改良圧着張り工法もある。

モザイクタイル張り

モザイクタイルは、18mm×18mm程度の寸法の1枚タイルをユニットにして、300mm×300mm前後の寸法にしたタイルで、浴室の床をはじめ、水がかり部分に多く使われる。

接着剤張り

セメントモルタルを使わずに、合成樹脂系やゴム系の接着剤を下地に塗布し、くし目ごてでくし目を立てた後、タイルを張っていく工法である。

表10.1　タイル張り下地モルタル面の仕上げ程度例

工法の種類	仕上げの程度	下地面の精度
積上げ張り	木ごて押え金ぐし目引き	±3.0 mm
圧着張り	木ごて押え	±2.0 mm
モザイクタイル張り	木ごて押え	±1.5 mm
接着剤張り	金ごて押え	±1.0 mm

注) 塗り面の精度は、仕上がり面の基準に対し、長さ2mについて示す。

畳 床

JISは機械床の品質を規定し、畳床1枚の重量や縦横糸間面積及び縦糸の縫目間隔によって、特、1、2、3級品に分かれている。重量が大きく、糸間面積の小さいものほど上等品とされている。

なお化学床には、JIS A 5901（稲わら畳床及び稲わらサンドイッチ畳床）とJIS A 5914（建材畳床）がある。

表10.2-1　畳床の標準寸法 （単位：cm）

種類	長さ	幅	厚さ
100W	200	100	5
92W	184	92	5

畳の種類と大きさ

畳の大きさによる種類は、大別して、京間（きょうま）、三六間（さぶろくま）、五八間（ごはちま）の3種類がある。

表10.2-2　畳の種類と大きさ

名　称	大　き　さ
京間(本京間)	191cm×95.5cm （6.3尺×3.15尺）
三六間(中京間)	182cm×91cm （6.0尺×3.0尺）
五八間(いなか間)	176cm×88cm （5.8尺×2.9尺）

施工方法

タイル張りの注意点

タイルは重い材料なので、はく落などを起こすと人命に危険を与えるおそれがあるので、入念な施工によって、下地との接着を十分に行うことが重要である。また、タイルは1枚ごとに一定の間隔をとって張り上げ、その間隔（目地という）には、十分注意してセメントモルタルを詰め込む。そのモルタルの詰め込みが十分でないと、タイル側面で目地モルタルがはく離したり、目地にひび割れが入ったりして、その間隙から水が浸入して、次第に下地が腐朽したり、タイルがはがれたりする原因となる。

ビニル床タイルなど

ビニル床タイルは、合成樹脂系タイルのうちで、現在最も多く使われているもので、塩化ビニル樹脂を主原料としている。

ビニル床タイルに必要な性能は、歩行感覚、耐水性、耐摩耗性、耐荷重性、施工性などであるが、良い床をつくるには、上記の性能はもちろんのこと、下地をしっかりつくることが大切である。

なお、ビニル床タイル及び床シートの接着は、ビニル系床材用接着剤を用いて行うが、1階土間などでゴム系などのものを用いると完成後、接着剤のにじみ出、はがれ及びはらみの原因となるので、このような箇所は、エポキシ系及びウレタン系の接着剤が用いられる。

留意事項

接着剤の選択等について

接着剤には、トルエン、キシレンを溶剤として多く含有する有機溶剤系のものと、比較的含有量の少ない水性のエマルション系のものがある。ただし、エマルション系接着剤を水まわりや湿度の高い場所に利用すると、接着力に問題を生ずるおそれがあるので注意が必要である。

主な施工上の注意点は、以下のとおりである。

① 接着剤の塗布量は、説明書に記載された使用規定に基づいて、過不足ないように塗布する。

② 溶剤系接着剤を使用する場合、オープンタイム（接着剤の塗布から張付けまでの乾燥時間）が不足すると溶剤が残存して、施工後も溶剤臭が残ることがあるので、接着剤の使用規定に基づいてオープンタイムをとる必要がある。

③ 接着剤の施工中、施工後には換気を十分に行う。

④ 一般に有機溶剤は揮発しやすいため、施工直後から有機溶剤の放散が進むが、時間が経過するとその量は急激に少なくなる。したがって、施工から入居までは14日程度以上の期間を置く（換気が十分に行われていることが前提）。

内装材料等の記録

将来的な内装の変更工事を想定して、あらかじめ内装材料の規格、種別、施工要領等の情報を記録し、適切に保管しておくことが望ましい。

内装を変更する方法は、既存仕上げを撤去して新たな仕上げをする場合と、既存の仕上げを存置してその上に新たな仕上げをする場合がある。新築時の情報があれば、前者の場合は、新たな仕上げに必要な防火性能や耐水性能等の確認が容易になり、既存仕上げの処分方法が明確になる。また、後者の場合は、新たな仕上げとの適合性の確認が容易となる。

10.7 仕上塗材仕上げ

10.7.1 材料

1. 薄付け仕上塗材（セメントリシン、樹脂リシンなど）の品質は、JIS A 6909（建築用仕上塗材）に適合するもの、又はこれと同等以上の性能を有するものとし、種類は次表により特記する。

種　類	呼　び　名
内装セメント系薄付け仕上塗材	内装薄塗材C
内装消石灰・ドロマイトプラスター系薄付け仕上塗材	内装薄塗材L
外装けい酸質系薄付け仕上塗材	外装薄塗材Si
内装けい酸質系薄付け仕上塗材	内装薄塗材Si
外装合成樹脂エマルション系薄付け仕上塗材	外装薄塗材E
内装合成樹脂エマルション系薄付け仕上塗材	内装薄塗材E
可とう形外装合成樹脂エマルション系薄付け仕上塗材	可とう形外装薄塗材E
防水形外装合成樹脂エマルション系薄付け仕上塗材	防水形外装薄塗材E
外装合成樹脂溶液系薄付け仕上塗材	外装薄塗材S

2. 複層仕上塗材（吹付けタイルなど）の品質は、JIS A 6909（建築用仕上塗材）に適合するもの、又はこれと同等以上の性能を有するものとし、種類は次表により、特記する。

種　　類	呼　び　名
ポリマーセメント系複層仕上塗材	複層塗材CE
けい酸質系複層仕上塗材	複層塗材Si
合成樹脂エマルション系複層仕上塗材	複層塗材E
防水形合成樹脂エマルション系複層仕上塗材	防水形複層塗材E
反応硬化型合成樹脂エマルション系複層仕上塗材	複層塗材RE

3. 厚付け仕上塗材（吹付けスタッコなど）の品質は、JIS A 6909（建築用仕上塗材）に適合するもの、又はこれと同等以上の性能を有するものとし、種類は次表により特記する。

種　　類	呼　び　名
外装セメント系厚付け仕上塗材	外装厚塗材C
内装セメント系厚付け仕上塗材	内装厚塗材C
内装消石灰・ドロマイトプラスター系厚付け仕上塗材	内装厚塗材L
外装けい酸質系厚付け仕上塗材	外装厚塗材Si
内装けい酸質系厚付け仕上塗材	内装厚塗材Si
外装合成樹脂エマルション系厚付け仕上塗材	外装厚塗材E
内装合成樹脂エマルション系厚付け仕上塗材	内装厚塗材E

4. 上記のホルムアルデヒドの発散量に関する品質については、特記による。

10.7.2 下地処理
1. 下地面の乾燥期間は、次表による。

下地	モルタル面	ドロマイトプラスター面
乾燥期間	夏期　7日以上	14日以上
	冬期　14日以上	

2. 仕上塗材仕上げの下地処理は、次による。
   イ．モルタル及びプラスター下地などでき裂がある場合は、必要に応じてV形にはつり、仕上げに支障のないようモルタル又はJIS A 6916（建築用下地調整塗材）に適合するもの、又はこれと同等以上の性能を有するセメント系下地調整塗材などを充填し、14日程度放置する。
   ロ．モルタル及びプラスターなどの下地の場合は、補修箇所にサンダーがけを行い平滑にする。

10.7.3 工法
1. 工法は、吹付け、ローラー塗り又はこて塗りとし、特記による。
2. 練り混ぜ、塗付け等は、各製造所の仕様による。

10.7.4 注意事項及び養生
1. 仕上げ場所の気温が5℃未満又は湿度が85%以上の場合は、原則として、仕上げを行ってはならない。やむを得ず仕上げ塗りを行う場合は、板囲い、シートおおいなどを行うほか、必要に応じて採暖する。
2. 夏季に直射日光を受ける壁面に仕上げを行う場合は、急激な乾燥を防止するため、板囲い、シートおおいなどを行い、セメント系仕上塗材は、散水などの措置を講ずる。
3. 外部の仕上げ塗りは、降雨のおそれがある場合又は強風時には、原則として、仕上げを行ってはならない。
4. 仕上げ後、仕上げ面に変色、色むらが生じた場合は、その面の仕上げ直しを行う。

5. 仕上げ面の周辺及び取付け済みの部品などに、汚染や損傷を与えないように、養生
用の板又はテープなどにより保護する。

11.建具まわり工事

11.1 外部建具及び止水

11.1.1 材料

1. サッシは、JIS A 4706（サッシ）に適合するもの、又はこれと同等以上の品質と性能を有するものとする。
2. ドアは、JIS A 4702（ドアセット）に適合するもの、又はこれと同等以上の品質と性能を有するものとする。
3. 金属製雨戸の品質は、JIS A 4713（住宅用雨戸）に適合するもの、又はこれと同等以上の品質と性能を有するものとする。
4. 防火戸の指定は、特記による。なお、アルミ製建具の場合は、建築基準法に基づき指定を受けたものとする。
5. 金属製網戸の品質は、特記による。ただし、特記のない場合は、外面おさまり全可動式とし、網は合成樹脂製とする。
6. 外部建具に用いるガラスの品質及び種類は、特記による。

11.1.2 工法

建具の組立ては、各製造所の仕様によることとし、特記による。

用語 ‖‖‖

外部建具

外部建具とは、窓、ドア等、主に外壁に設置される開口部材の総称である。次の事項を考慮して適切に選択することが望ましい。

(1)建具の材質

窓（サッシ）の材質は、以前はアルミ製が主流であったが、近年の省エネルギーに対する意識の高まりから、プラスチック製やプラスチックと金属の複合材料製の使用が増加している。

(2)建具の構造

・窓（サッシ）の構造には、建具が一重構造のものと二重構造のものがある。また、使用するガラスの違いによって、複層ガラス用の建具と単板ガラス用の建具がある。また最近では、アルミ形材の中間部を樹脂材料でつないだ熱遮断構造サッシや、アルミ形材とプラスチック形材をかん合したアルミ樹脂複合構造サッシなどの断熱・防露構造サッシも供給されるようになってきている。

・ドアには、サッシと同様に、四周の框とガラスで構成されるもののほか、大部分が框組となっているもの及び表裏面材の中間部に、ハニカムや断熱材を充填した(断熱)フラッシュ構造のものもある。

(3)ガラスの種類

単板ガラスのほか、複層ガラスや合せガラスのように、ガラスを多層化することによって断熱性、防露性、遮熱性や防犯性を高めた高機能ガラスがある。複層ガラスには、中間空気層側のガラス表面に特殊金属膜コートを施して、断熱性能や遮熱性能の一層の向上を図った低放射複層ガラスもある。低放射複層ガラスには、コート面や皮膜材質の違いにより、高断熱タイプのものと断熱遮熱タイプのものがある。

建具の性能

外部建具に要求される主な性能には、次のものがある。地域、設置場所及び設計条件に応じて適宜用いる。

(1)耐風圧性

強風時に建具がどれくらいの風圧に耐えられるかを表す性能。JIS A 4706（サッシ）及びJIS A 4702（ドアセット）による。

(2)気密性

枠と戸のすき間からどれくらいの空気が漏れるかを表す性能。JIS A 4706（サッシ）及びJIS A 4702（ドアセット）による。

(3)水密性

風雨時に、建具枠を超えて室内側までの雨水の浸入をどれくらいの風圧まで防げるかを表す等級。JIS A 4706（サッシ）及びJIS A 4702（ドアセット）による。

（4）断熱性

　暖房を必要とする時期に、建具の外側への熱の移動をどれだけ抑えることができるかを表す性能。性能値は熱貫流率による。要求性能は、本仕様書各項の規定による。

（5）遮音性

　屋外から室内へ侵入する音、室内から屋外へ漏れる音をどれくらい遮ることができるかを表す性能。 JIS A 4706（サッシ）及びJIS A 4702（ドアセット）による。

（6）防火性

　建築基準法では、防火地域及び準防火地域に建設される建物の延焼のおそれのある部分に設置される外壁開口部は、防火戸とすることが要求される場合がある。

調査データ

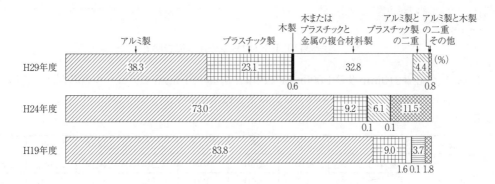

窓サッシ枠の材質

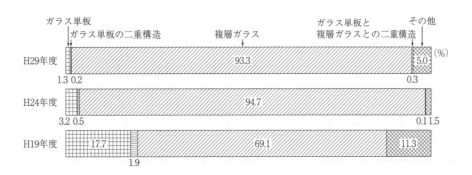

窓ガラスの種類

［フラット35住宅仕様実態調査（住宅金融支援機構）］

施工方法

サッシの形式・形状・標準寸法

（1）外部建具の取付け形式には、枠の大部分が取付け開口内におさまる内付けおさまり、枠の一部が取付け開口内にかかる半外付けおさまり、及び枠の大部分が取付け開口の外に持出しとなる外付けおさまりの3種類がある。

（2）外部建具を複層ガラス入り建具とする場合や二重建具とする場合は、建具の重量によって取付け開口部に有害な変形が生じるおそれがあるため、窓台及びまぐさ等には適切な断面の木材を用いるとともに、間柱を適切な間隔で配置する。

（3）外部建具の取付け部においては、漏水に起因する構造材及び下地材等の腐朽を防止するため、外部建具のくぎ打ちフィンと防水シートの間を防水テープ貼りする等の方法で処置することにより、水の浸入経路となるすき間が生じないようにする。

（4）サッシは、参考図11.1-1のように、たて枠のくぎ打ちフィンが上下枠のくぎ打ちフィン外縁部まで延び、フィン相互がシーリング処理されている製品を使用することが望ましい。たて枠のくぎ打ちフィンが上下枠のくぎ打ちフィン外縁部まで延びていない製品等の場合は、防水テープ貼りのわずかな不手際が雨水浸入を起こす原因になりやすい。

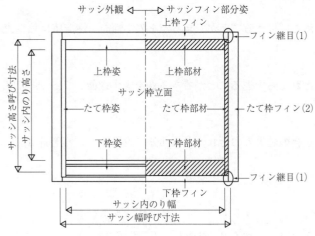

窓まわり防水おさまりに関わるサッシの注意点

① たて枠フィンが上下に延びるため、上下枠端部でたての継目が生じる。この継目の範囲及びフィンが取り合うコーナー部を、防水テープで十分に止水する必要がある。

② 一般にフィン幅は、上下枠フィンに比べてたて枠フィンのほうが幅が広い。たて枠に使う防水テープは、上下枠に使うものより1ランク幅広のテープを使う必要がある。

③ 輸入サッシは、一般にたて枠、上下枠ともフィン幅が国産のものに比べて広いため、使用する防水テープの幅に注意が必要である。

④ 樹脂サッシは、アルミサッシに比べてフィンが波を打つことが考えられるため、防水テープの選択と張り方を十分考慮する必要がある。

参考図11.1-1　サッシの止水について

(5) 標準寸法は、柱の心々910mm及び1,000mmを標準とする。910mmモジュールの場合は、建具製造所の仕様によることとし、1,000mmモジュールの場合は、以下を標準とする。

(6) 標準寸法・例 (1,000mmモジュール)

公称寸法		公称寸法		500	750	1,000	1,500	2,000	2,500	3,000	3,500
			基準寸法(W)	415	650	880	1,380	1,880	2,380	2,880	3,380
	基準寸法(h)		h＼W	365	600	830	1,330	1,830	2,330	2,830	3,330
300	375	300		○	○	○	○	○	－	－	－
500	575	500		○	○	○	○	○	－	－	－
700	775	700		○	○	○	○	○	－	－	－
900	975	900		○	○	○	○	○	○	○	－
1,100	1,175	1,100		○	○	○	○	○	○	○	－
1,300	1,375	1,300		○	○	○	○	○	○	○	－
1,500	1,575	1,500		○	○	○	○	○	○	○	－
1,800	1,830	1,800		－	－	○	－	○	○	○	○
2,000	2,030	2,000		－	－	○	－	○	○	○	○
2,200	2,230	2,200		－	－	○	－	○	○	○	○

（7） 寸法のおさえ方・例 （1,000mmモジュール）

　　イ．幅：柱心々寸法から120mm角柱分を引いて開口寸法とし、開口寸法から左右クリアランス（サッシ枠見付
　　　　け寸法を含む）を引いた内のり寸法（W）をサッシ寸法押えの基本とする。

　　　　ただし、柱心々寸法1,000mm未満の小窓は、上記の方式によらない。

　　ロ．高さ：サッシ枠室内側アングル「内⇔内」の内のり寸法（h）を、サッシ寸法押えの基本とする。

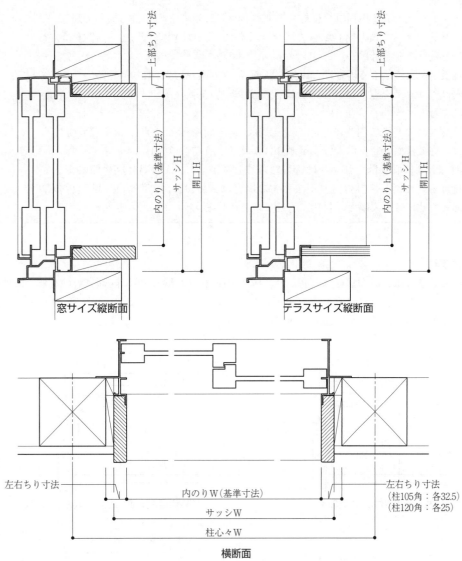

参考図11.1-2　サッシの寸法

11.1.3 サッシの取付け

1. サッシの取付けは、原則として、次のいずれかの方法による。ただし、これらによりがたい場合は、防水紙とサッシの取合い、サッシの取付け安定性、外壁仕上材の損傷防止等に考慮し、特記による。

   イ. 軸組の上に防風防水材を張る構造の場合は、柱、まぐさ、窓台等にサッシを堅固に取り付ける。

   ロ. ラス下地板、構造用面材等、柱の外側に板材又はボード類を張る構造の場合は、板材又はボード類と同じ厚さの面合せ材を張り、この上にサッシくぎ打ちフィンを被せて取り付ける。

   ハ. 外張断熱工法とする場合は、十分な断面寸法の面合せ材に取り付ける。

   ニ. 内付けサッシを取り付ける場合は、各サッシ製造所の指定する方法とし、特記による。

2. 前項ロ及びハで、枠の内側にもくぎ打ち又はねじ留めが必要なサッシを取り付ける場合は、柱又は面合せ材に十分な掛かり代が残るように取り付ける。

3. 外壁の入隅部に取り付くサッシは、おおむね150mm以上、入隅と反対側に寄せて取り付ける。ただし、外張断熱工法とする場合は、おおむね150mmに断熱材の厚さを加えた寸法分、入隅と反対側に寄せて取り付ける。

施工方法

サッシ取付けおさまり

　サッシ取付けのおさまりは、耐力壁仕様（筋かい、構造用面材）の違い、外壁内通気層の有無、断熱材の施工位置、外壁仕上材の種類等、その組合せにより構成方法が異なる。本章11.1.3（サッシの取付け）の1のイからハの取付け例を参考図11.1.3-1に示すので、これらを参考に適切なおさまりとなるように注意する。

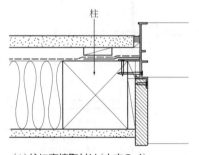

(A)柱に直接取付け(本文のイ)

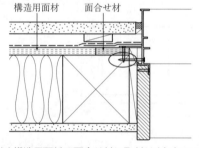

(B)構造用面材の面合せ材に取付け(本文のロ)

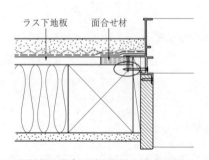

(C)ラス下地板の面合せ材に取付け(本文のロ)

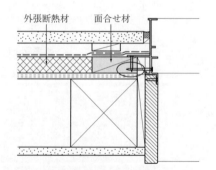

(D)外張断熱材の面合せ材に取付け(本文のハ)

注）図中⬭マークの箇所は、本文第2項の掛かり代に注意を要する部分を示す。

参考図11.1.3-1　サッシの取付けおさまり例（半外付けサッシの場合）

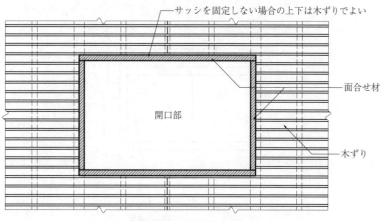

木ずり：開口部左右と上下に設置

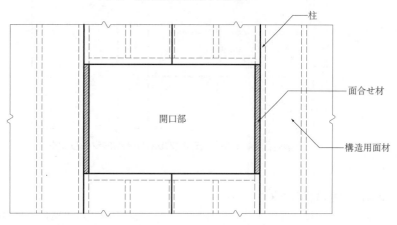

構造用面材（柱心で面材を継ぐ場合）：開口部左右に設置

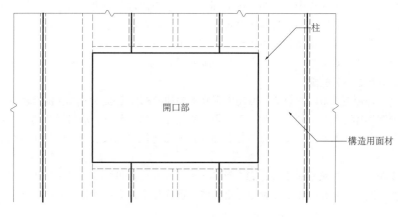

構造用面材（面材をコの字に切り欠く場合）：面合せ材の設置は不要

参考図11.1.3-2　面合せ材の設置例

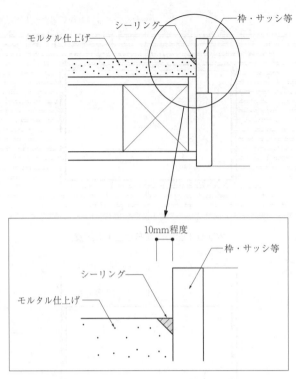

参考図11.1.3-3　モルタル塗り端部のシーリング

留意事項

外壁開口部まわりの防水と窓台等の耐久性

外壁面から構造躯体への漏水は、外壁仕上材の地震等による割れを除けば外壁仕上材の接合部、外壁と開口部材との取合い部から生じる。

特に、敷地の制約や意匠上の理由から開口部上部にひさしを設けない場合は、当該開口部に対して雨がかりが激しくなるため、開口部まわりの外壁の耐久性能の向上に留意する必要がある。

窓枠材が腐朽すると隣接する構造材に被害が拡大するおそれがあるため、窓枠材には耐腐朽性の高い樹種を用いること、窓まわりの雨水浸入対策を的確に行うことが重要である。

窓サッシの更新しやすさへの配慮

将来的な窓サッシの変更工事において、可能な限りその他の部位を壊さずに改良できるように配慮しておくとよい。

例えば、既存の窓外枠を残して新たなサッシに取り替えるには、サッシ取付け下地材を耐久性の高い木材とし、断面サイズに余裕をもたせておくことで、窓外枠ごと交換する方法と比較して外壁仕上げの撤去を最小限にとどめることが可能となる。

住宅の省エネルギー化の施策等を受け、窓ガラス・窓サッシを変更するリフォームがより重要となることが予想されることから、新築段階からこの変更に対応した仕様を選択しておくことが望ましい。

11.1.4 建具まわりの止水

1. 外壁開口部の窓台には、先張り防水シートを張る。窓台と柱の入隅部は、防水テープ又はサッシ枠材角部防水役物等を用いてすき間が生じないように止水処理を施す。

2. 先張り防水シートの品質基準は、次による。

   イ．サッシ開口部窓台に用いる先張り防水シートは、「日本防水材料協会規格　先張り防水シート及び鞍掛けシート JWMA-A01」又はこれと同等以上の性能を有するものとする。

   ロ．両面防水テープは、JIS A 6112（住宅用両面粘着防水テープ）の性能基準に準ずるものとする。

3. 前項の止水処理後、本章11.1.3（サッシの取付け）に基づきサッシを取り付ける。　11.1.3　☞252頁

4. サッシ周囲の防水テープは、サッシのたて枠と上枠に貼る。防水テープの貼り方は、両たて枠、上枠の順とする。防水テープの種類は、両面テープとする。

5. 防水テープの幅は、次のイ又はロとする。なお、通気構法等のサッシ外周胴縁が取

り付く場合は、サッシくぎ打ちフィンに外周胴縁が重ならない取付け方法で、防水テープの幅を決めるものとする。

    イ．サッシ外周胴縁が取り付かない場合は、くぎ打ちフィンの幅とテープが、下地材に十分粘着できる幅を足し合わせた幅以上の寸法とする。

    ロ．サッシ外周胴縁が取り付く場合は、くぎ打ちフィンの幅と外周胴縁の幅を足し合わせた幅以上の寸法とする。

6. 防風防水材の張り方は、先張り防水シートの裏に差し込み、開口部両側、開口部上部の順に張る。重ね合せ幅は、本章8.4.2（工法）の2による。   8.4.2の2 ☞209頁

7. サッシ外周胴縁は、防風防水材の施工後、くぎ打ちフィンに重ならないように取り付ける。

8. 乾式外壁仕上げは、サッシの周囲をシーリング処理する。

9. 内付けサッシの止水は、各サッシ製造所の指定する方法とし、特記による。

留意事項

防水テープ等の止水材料

外壁面、柱、サッシ窓台などが三方向から立体的に交わる部分（三面交点）はピンホールが生じやすく、雨水浸入の原因となりやすい。

このような不具合を防止するため、当該部位には、伸張性のある防水テープや三次元に成形された止水部材を使用することが望ましい。

施工方法

湿式外壁仕上げにおけるサッシ周囲のシーリング

湿式仕上げとする際、サッシ周囲にシーリングを行うことは少ないが、湿式壁施工時にサッシ周囲にシーリング目地を設け、硬化後にシーリング材を充填することが望ましい。

先張り防水シート張り

先張り防水シートは、サッシを取り付ける前に、窓台と両側の柱に掛かるように張る。シートの材質は、サッシ固定の安定性を考慮して改質アスファルト系のシートが用いられることが多い。窓台と柱の入隅部は、防水テープまたはサッシ枠材角部防水役物等を用いて止水する。なお、先張り防水シートの品質としては、一般社団法人日本防水材料協会が推奨するJWMA規格A01がある。

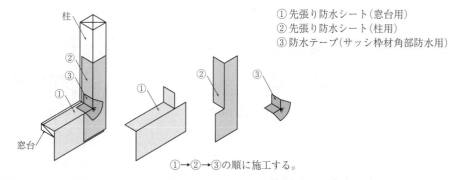

① 先張り防水シート（窓台用）
② 先張り防水シート（柱用）
③ 防水テープ（サッシ枠材角部防水用）

①→②→③の順に施工する。

参考図11.1.4-1　窓台用と柱部用の先張り防水シートを用いた張付け例

防水テープの貼り方

防水テープは、両面テープを用いて、サッシくぎ打ちフィンの根元を十分おおい、縦・横の防水テープ交差部にすき間が生じないように貼る。貼り方の順序は、下窓枠に先張り防水シートを施工し、サッシを取り付けた後、両たて枠、上枠の順に三周に貼る。上枠のテープから、たて枠のテープがはみ出さないように注意する。

防水テープは、専用ローラー等でしっかり押さえて貼るとともに、重ね貼り部は硬いヘラ等でしっかりと押さえ、段差部は特に注意して強く押さえて施工する。また、特に寒冷地で防水テープの粘着性が低下するものもあるので、注意する必要がある。

なお、下枠が下屋に接近するなどサッシの設置状況により吹き上げが予測される場合、または気密住宅のうち相当すき間面積が$2 \mathrm{cm}^2/\mathrm{m}^2$以下の気密住宅とする場合は、最初に下枠に貼り、続いて両たて枠、上枠の順に四周に貼る。

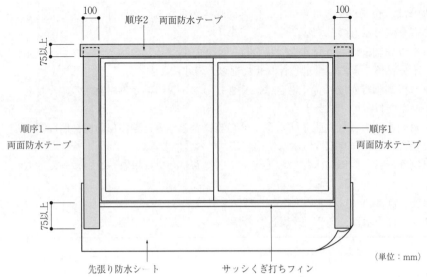

（単位：mm）

注）図中の防水テープの幅は、次の「サッシ外周胴縁が取り付く場合」の例を示す。

参考図11.1.4-2　サッシまわり防水テープの貼り方例

防水テープの幅

　防水テープの幅は、次の点を考慮し、適切な寸法のものを使用する。

　本章11.1.5の5のイ：サッシ外周胴縁が取り付かない場合の参考寸法

　くぎ打ちフィン全体をカバーし、かつ下地の面合せ材に粘着できる十分な幅を確保する。

・フィン幅25mm＋下地粘着幅25mm＝50mm　→　50mm幅以上の防水テープ
・フィン幅35mm＋下地粘着幅25mm＝60mm　→　60mm幅以上の防水テープ（75mm幅等）

　本章11.1.5の5のロ：サッシ外周胴縁が取り付く場合の参考寸法

　くぎ打ちフィンを避けて下地胴縁を留め付け、防水テープが下地胴縁の幅全体の下敷きとなる寸法（サッシ枠から下地胴縁の反対側まで）の幅を確保する。

・フィン幅25mm＋胴縁幅45mm＝70mm　→　70mm幅以上の防水テープ（75mm幅等）
・フィン幅35mm＋胴縁幅45mm＝80mm　→　80mm幅以上の防水テープ（100mm幅等）

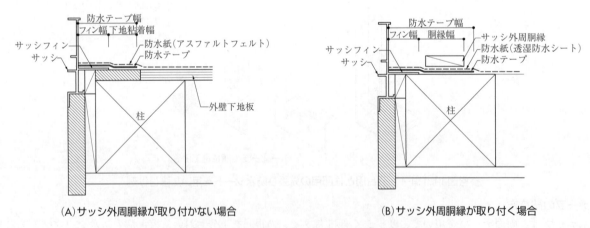

（A）サッシ外周胴縁が取り付かない場合　　　　　　（B）サッシ外周胴縁が取り付く場合

参考図11.1.4-3　防水テープの幅の選択例

11.1.5 モルタル塗り仕上げ外壁内通気構造のサッシまわり止水

　　モルタル塗り仕上げの外壁内通気構造とする場合、通気胴縁の上に施工するモルタル下
　地の種類に応じて、次のいずれかの止水処理を行う。

　　イ．□ラス下地板の場合は、サッシたて枠と取り合うラス下地板端部に、防水テー
　　　　プの下地材を取り付けた後、サッシの周囲に両面テープを下枠、両たて枠、上
　　　　枠の順に張り、防水紙を下から順に張り上げる。

ロ．☐ボード系下地の場合は、サッシの周囲に両面テープを下枠、両たて枠、上枠の順に張り、防水紙を下から順に張り上げる。

ハ．☐ラスなしボード（ラス網を必要としないモルタル下地専用のボード）類の場合は、特記による。

ニ．☐防水紙付きリブラス等を張る工法（単層下地工法）の場合は、各下地材製造所の仕様によることとし、特記による。

ホ．☐イからニによらない場合は、特記による。

施工方法

モルタル塗り仕上げ外壁内通気構造のサッシまわり止水

モルタル塗り仕上げ外壁内通気構造とする場合の、外側防水層におけるサッシまわり防水テープの貼り方は、モルタル下地の種類によって異なる。

参考図11.1.5-1のように、モルタル下地をラス下地板とする場合は、サッシたて枠に沿って張る防水テープの下地が目透しとなるため、テープ下地プレート等のテープ下地材を取り付けるなど、モルタル下地の種類に応じて適切な方法で止水する。

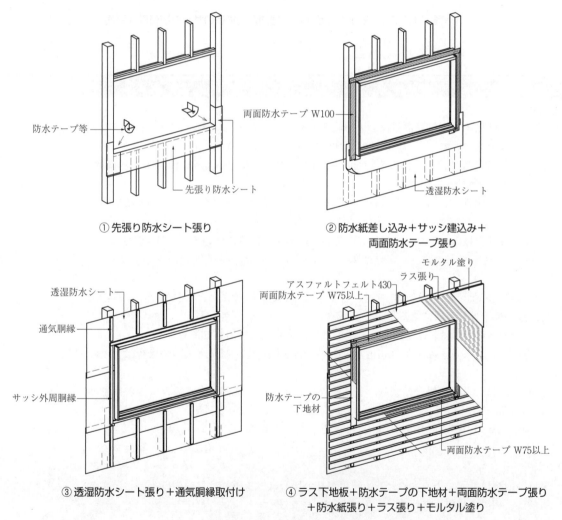

① 先張り防水シート張り

② 防水紙差し込み＋サッシ建込み＋両面防水テープ張り

③ 透湿防水シート張り＋通気胴縁取付け

④ ラス下地板＋防水テープの下地材＋両面防水テープ張り＋防水紙張り＋ラス張り＋モルタル塗り

・①～②の範囲は、外壁内通気構造としないラスモルタル塗りと共通（防水紙はアスファルトフェルトとする）
・①～③の範囲は、サイディング仕上げ（外壁内通気構造を含む）と共通
・①～④の範囲は、モルタル塗り仕上げ外壁内通気構造の施工手順（ラス下地板の場合）

参考図11.1.5-1　モルタル塗り仕上げ外壁内通気構造のサッシまわり止水の例（ラス下地板の場合）

防水テープの下地材

　ラス下地板を下地としてモルタル塗り仕上げの外壁内通気構造とする場合（本章11.1.5（モルタル塗り仕上げ外壁内通気構造のサッシまわり止水）のイは、サッシたて枠に沿って面合せ材を精度高く取り付けることが難しいため、ラス下地板の目透しをおおい防水テープの粘着性を高めるために、防水テープの下地材を取り付ける。材質は、木材等で、防水テープの粘着に適する表面とする。

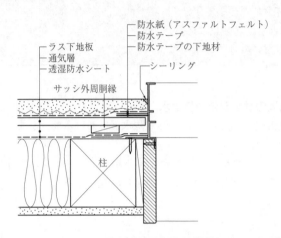

参考図11.1.5-2　モルタル仕上げ外壁内通気構造のサッシ取付け部平面

11.2 内部建具

11.2.1 材料

1. 建具に使用する木材の品質は、十分乾燥した心去り材とし、割れ、ゆがみなどの欠点のないものとする。木材以外の材料を用いる場合は、特記による。
2. 接着剤の品質は、特記による。ただし、雨露にさらされる箇所に使用する場合は、耐水性、耐候性に効果のあるものとする。
3. 合板の耐水性は、雨がかり及びこれに準ずる箇所に使用する場合は、JASに定める1類とし、その他は2類とする。
4. 建具及び合板のホルムアルデヒドの発散量に関する品質については、特記による。

11.2.2 工法

　建具の組立て及び取付けについては、各製造所の仕様によることとし、特記による。特記がない場合は、下記による。

1. 框及び桟の仕口は、ほぞ組又はだぼ組とし、接着剤を併用して密着する。
2. ほぞは、框の見込み厚が36mm以上の場合は2枚ほぞ、36mm未満の場合は1枚ほぞとする。
3. 打抜きほぞとする場合は割りくさび締めとし、打込みほぞとする場合は接着剤を使用する。
4. 雨がかりの引戸の召合せは、いんろうじゃくり又は雇いざねじゃくりとする。

11.2.3 障子

　用材の樹種は特記によるものとし、特記がない場合は、上下桟は框に短ほぞ差しとする。組子は、相欠きに組み合わせ、框及び桟にほぞ差しとする。

11.2.4 ふすま

　和ぶすまの部材種別及び周囲縁の仕上げは、特記による。

　量産ふすまは、各製造所の仕様によることとし、紙張り及び周囲縁等の仕様は、特記による。

11.2.5 内装ドア等
    1. 内装ドア
        イ. ユニット（枠付き）
            形状、寸法表面仕上げ及び色彩等は、特記による。
        ロ. リーフ（フラッシュ戸、框戸）
            種別、形状、寸法及び表面仕上げ等は、特記による。
    2. クロゼットドア
        仕様は、特記による。
    3. 浴室ドア
        仕様は、特記による。

用　語 |||

建具材料

　材料はヒノキ、ヒバ、スギ、ベイスギ、ベイマツ、スプルース、ノーブルファー、ラワンなどに及び、これらを用いた集成材が使われている。

　洋風建具は、一般に塗装が施されるが、和風建具は、ふすまなど一部の建具を除いてはほとんど塗装をせず、生地のままの仕上げが多いので、材料は特に良質のものが使用される。

　ヒノキ（特に木曽ヒノキ）及びスギ（特に秋田スギ）の心材（赤味）は、木理直通し、材色優雅であり、狂いや腐れを生ずることが少ないので、高級建具材として知られている。

新鳥の子

　鳥の子とは、がんぴ（ジンチョウゲ科の落葉灌木）と、こうぞ（クワ科の落葉灌木）を原料とした厚手の和紙で、本来は手すきである。これに絵などを描き、ふすま紙として最上紙とされた。

　「新鳥の子」と呼ぶものは、パルプを混ぜたもので、品質は前者より劣り、機械すきである。

カシュー塗り

　カシュー系塗料は、カシュー樹（ウルシ科）に生育するカシューナットの外殻に含まれている液を主原料として製造され、その乾燥塗膜は漆塗膜と類似した外観並びに性能をもち、漆系塗料として急速に発展した。

フラッシュ戸

　格子上の骨組の両面に合板を接着剤で張り合わせたもので、上下桟及び框は、戸の狂いを少なくするために、積層材（単層材を合成接着したものやMDF（ミディアムデンシティファイバーボード））を使用しているのが普通である。

11.3 建具金物

11.3.1 建具金物の品質
　建具金物は、形状、寸法が正しく、機構が円滑で表面に傷等の欠点のない良質なものとする。

11.3.2 丁番
　丁番の形式及び寸法は、建具の種類に応じたものとする。

11.3.3 戸車・レール
　戸車及びレールの形状は、建具の種類及び使用目的に応じたものとし、特記による。

11.3.4 錠前
    1. サムターン付きシリンダー面付き箱錠及びシリンダー彫込み箱錠は、特記による。
    2. 各住居玄関扉用及び勝手口の扉用の錠前は、特記による（用心鎖等の安全装置及びドアスコープを設ける。）。ただし、特記がない場合は、下記による。
        イ. サムシリンダー付きシリンダー面付き箱錠とする。シリンダー彫込み箱錠を使用する場合は、シリンダー本締錠（補助錠）を設け、二重ロックとする。この場合、シリンダー本締錠は、シリンダー彫込み箱錠と同一製造所の製品とする。
        ロ. 鍵は、扉1箇所につき3本を1組とする。

3. 便所の錠前は、特記による。ただし、特記がなければ下記による。
    内締錠（押しボタン式締錠、サムターン式空錠等で非常解錠装置付き）とし、ステンレス製とする。
4. 上記以外の建具用金物は、特記による。

建具金物の材質

　建具金物の材質は鉄、黄銅、砲金、ステンレスなどが用いられる。建具の使用勝手、使用具合の良し悪し、故障の有無などは直接、使用者に影響するので、建具金物は扉の重量、使用頻度、室の重要性など種々の条件にあった適当なもので、上質のものを選ぶことが大切である。

防犯性の高い建物部品について

　侵入手段の巧妙化に対処し、侵入犯罪を防止するためには、ドア、窓、シャッター等の防犯性能を高めることが重要である。

　平成14年11月に警視庁、国土交通省、経済産業省は、建物部品関連の民間団体とともに「防犯性の高い建物部品の開発・普及に関する官民合同会議」を設置した。同会議では、建物部品の防犯性能試験を行っており、侵入までに5分以上の時間を要するなど、一定の防犯性能があると評価した建物部品を掲載した「防犯性能の高い建物部品目録」を公表している。

　また、公益財団法人全国防犯協会連合会では、「防犯性の高い建物部品」目録検索システムを運営しており、2018年6月30日時点で17種類、3383品目が掲載されている。

12. 塗装工事

12.1 一般事項

12.1.1 材料

1. 塗料の品質は、すべてJISに適合したもの、又はこれと同等以上の性能を有するものとし、特記による。なお、内装工事に使用する塗料のホルムアルデヒドの発散量に関する品質については、特記によることとし、トルエン、キシレンの放散が極力小さいものを使用する。有機溶剤系塗料を使用する場合は、その使用量を最小限におさえ、十分に養生期間を設ける等の配慮をする。

2. マスチック塗材は、特記製造所の製品とし、種別及び仕上材塗りは、特記による。

12.1.2 塗り見本

あらかじめ塗り見本を提出し、建築主又は工事監理者の承認を受けるとともに、必要に応じて施工面に見本塗りを行う。

12.1.3 塗り工法一般

1. 塗料は、使用直前によくかき混ぜ、必要に応じて、こしわけを行う。

2. 研磨紙ずり及び水とぎが必要な場合は、付着物などの清掃後、パテかい、下塗り、中塗りなどのつど、仕上げの程度に適した研磨紙を用いて磨く。

3. 穴埋め及びパテかいを必要とする場合は、次による。

   イ. 穴埋めは、深い穴、大きなすき間などに、穴埋め用パテなどをへら又はこてを用いて押し込む。

   ロ. パテかいは、面の状況に応じて、面のくぼみ、すき間、目違いなどの部分に、パテをへら又はこてを用いて、なるべく薄く拾いつけてならす。

4. 塗り方は、塗料に適した工法とし、下記のいずれかによる。なお、色境、隅々などを乱さないよう十分注意し、区画線を明確に塗り分ける。

   イ. ☐はけ塗りは、塗料に適したはけを用いて、はけ目正しく一様に塗る。

   ロ. ☐吹付け塗りは、塗装用のスプレーガンを用いる。ガンの種類、口径及び空気圧は、用いる塗料の性状に応じて適切なものを選び、吹きむらのないように一様に吹き付ける。

   ハ. ☐ローラーブラシ塗りは、ローラーブラシを用いる。隅、ちり回りなどは、小ばけ又は専用のローラーを用い、全面が均一になるように塗る。

   ニ. ☐さび止め塗料塗りは、イ又はロによるほか、浸漬塗りとすることもできる。

12.1.4 素地ごしらえ

1. 木部の素地ごしらえは、塗面を傷つけないように注意し、よごれや付着物を水ぶきなどで除去したうえ、やに処理、節止め、穴埋めを行ったのち、研磨紙ずりを行う。

2. 鉄部及び亜鉛めっきの素地ごしらえは、スクレーパー、ワイヤーブラシなどを用いてよごれや付着物を除去し、溶剤ぶきを行って油類を除去したのち、鉄部はディスクサンダー、スクレーパー、ワイヤーブラシ、研磨紙ずりなどでさび落しを行う。

3. コンクリート、モルタル、プラスター面の素地ごしらえは、ブラシ、研磨紙、布などを用いてよごれや付着物を除去したうえ、穴埋め、パテかいを行ったのち、研磨紙ずりを行う。

4. せっこうボード、その他ボード面の素地ごしらえは、ブラシ、研磨紙、布などを用いてよごれや付着物を除去したうえ、パテかい、研磨紙ずりを行ったのち、全面にシーラーを塗布する。

5. 塗装にかかるまでに、素地を十分乾燥させる。

12.1.5 養生

工事中は、塗装面並びに塗装面以外の部分に、汚染や損傷を与えないように十分注意し、必要に応じて適正な養生を行う。

施工方法

やに処理、節止め

節、やに等の仕上げ塗膜に影響するものは、なるべく小刀で削り取る。削り取りができないときは、焼きごてで滲出させ溶剤でふき取り、セラックニスを2回塗っておく。

パテかい

大きな穴または傷は、素地に合ったパテ材を使い、へらでなすりつけるが、薄く何回もつけるほうがよい。

目止め

造作用ラワン材などの塗料の吸込みのはげしい木材には、との粉、灰墨などと合成樹脂ワニスを混ぜて目止め材とし、全面に一度塗って乾いた布でふき取り、塗料の付着の均一と木理の美装をはかる。

研磨紙ずり

塗面の平たん化と塗料の付着効果を上げるのに用いるが、素地ごしらえでは荒目のP120～P180程度を、下塗り後の調整にはP180～P240程度を、さらによい仕上げにはP320程度を用いて、順次細か目の研磨紙を用いていく。研磨紙ずりには、乾燥状態のまま研ぐからとぎと、水をつけながら研ぐ水とぎのほか、油とぎもある。

塗装方法

塗料の種類、必要な仕上がりの程度により、はけ塗り、吹付け塗り、ローラー塗りが用いられ、クリヤーラッカー仕上げには、たんぽ塗りも行われる。

建築塗装は、塗装環境のコントロールが不可能であり、かつ自然乾燥に頼るので、塗面の素地状態、気候条件に特に注意をはらう必要がある。

鉄部の塗装

鉄部の塗装は、防さびが主な目的である。対象となる部分は手すり、面格子、鉄柵、テラス、階段などで、通常これらは工場等でさび止め塗料が1回塗られたものが取り付けられる。

現場では、ほこり、よごれなどを取り除いてから、鉛・クロムフリーさび止めペイントの2回目を塗装する。その後、塗装には合成樹脂調合ペイントが使われ、2回塗りが普通である。

留意事項

見本塗り

小さい見本だけで決めてしまうと、実際塗り上げてから予想と違うことがある。また塗面の色は、乾燥すると塗りたての時の色より若干異なるので、色合せなどの場合は、できるだけ実際の塗装面に見本塗りを行い、十分に乾燥させてから色見本と比較するとよい。

塗料の性質等

コンクリート、モルタル、プラスターなどは、アルカリ性の強い下地なので、塗装後の塗膜がアルカリによってはがれたり、色が変わったりする欠陥が生じることが多い。そのため、下地はよく乾燥させて、アルカリ分が塗装に支障を及ぼさないようにしなければならない。一般には、乾燥は3週間以上必要とされているが、工事の都合で、それまで待てないこともかなり多い。その場合はアルカリに強い塗料を選んだり、シーラーを塗ったりして欠陥が生じないようにする。

モルタルやプラスターでは、こて押えの力がむらになりがちで、塗料の吸収が不均一になったり、表面にひび割れが生じたりする。

室内空気汚染の低減のための施工上の注意点

1) 必要以上に塗料を塗布しないようにすることが重要である。
2) 塗布後、入居までの間、十分な乾燥期間をとる。

12.2 工法

12.2.1 合成樹脂調合ペイント塗り

1. 合成樹脂調合ペイントの塗料は、JIS K 5516（合成樹脂調合ペイント）に適合するもの、又はこれと同等以上の性能を有するものとし、種類は特記による。特記がなければ、JIS K 5516（合成樹脂調合ペイント）の1種とする。
2. 木部は、下塗りとして合成樹脂調合ペイントを塗布し、パテかい、研磨紙ずりののち、中塗り及び上塗りを行う。
3. 鉄部及び亜鉛めっき面は、さび止め塗料塗り後、穴埋め、パテかい、研磨紙ずり又は水とぎ後、中塗り及び上塗りを行う。

12.2.2 合成樹脂エマルションペイント塗り

1. 合成樹脂エマルションペイント塗りは、下地がコンクリート、モルタル、プラスター、せっこうボード、その他のボードなどの面に適用する。
2. 合成樹脂エマルションペイントの塗料は、JIS K 5663（合成樹脂エマルションペイント及びシーラー）に適合するもの、又はこれと同等以上の性能を有するものとし、JIS規格品を使用する場合、屋内塗りには2種を、屋外や湿気を発生する場所には1種を使用する。
3. 合成樹脂エマルションペイント塗りは、2回塗り以上とする。

12.2.3 クリヤーラッカー塗り

木部のクリヤーラッカー塗りは、下塗りとしてウッドシーラーを塗布し、目止めを必要とする材料の場合は目止め塗りを行い、研磨紙ずり後、上塗りを行う。

12.2.4 油性ステイン塗り・油性ステイン合成樹脂ワニス塗り

1. 木部の油性ステイン塗りは、1回塗り以上とし、塗り残しやむらがないように塗る。
2. 油性ステイン合成樹脂ワニス塗りは、上記1ののち、合成樹脂ワニス塗りとする。

12.2.5 マスチック塗材塗り

1. マスチック塗材塗りは、マスチック塗材を特殊多孔質ハンドローラーを用いて、1回工程で塗膜を作る塗装工事に適用する。
2. 工具は、多孔質のハンドローラーとする。
3. マスチック塗材は、施工に先立ち、かくはん機を用いて十分かくはんする。
4. 塗付けは、下地に配り塗りを行い、次いでならし塗りをしたのち、ローラー転圧による1回塗り工程により仕上げる。塗り幅は、800mm前後を標準とし、塗り継ぎ部が目立たないように、むらなく塗り付ける。
5. パターンの不ぞろいは、同一時間内に追掛け塗りをし、むら直しを行って調整する。
6. 凸面処理仕上げは、パターン付けを行い、凸部が適度に硬化したのち、押えローラーを用いて、見本と同様になるように行う。

13. 給排水設備工事

13.1 一般事項

13.1.1 法令等の遵守

1. 上水道を引き込む場合及び給湯設備工事を行う場合は、次のいずれかによる。
   - イ. ☐ 水道事業者が定める諸規定の適用を受ける場合は、その規定による。
   - ロ. ☐ 水道事業者が定める諸規定の適用を受けない場合及び水道事業者の諸規定がない事項は、本章13.2（給水・給湯設備工事）による。 13.2 ☞264頁
2. 汚水管、雑排水管、雨水管等の工事を行う場合は、次のいずれかによる。
   - イ. ☐ 下水道法・条例その他の関係諸規定が適用される場合は、その規定による。
   - ロ. ☐ 下水道法・条例その他関係諸規定の適用を受けない場合及び諸規定に規定のない事項は、本章13.3（排水設備工事）による。 13.3 ☞264頁
3. 炊事室に設置される給排水配管及び給湯管が、仕上材等により隠されている場合には、配管設備を点検するために必要な開口部又は掃除口による清掃を行うために、必要な開口を当該仕上材等に設ける。

13.1.2 水圧試験等

1. 給水設備及び給湯設備の水圧試験は、特記による。
2. 器具取付け後に通水、通湯試験を行う。
3. 排水設備は、衛生器具等の取付け完了後に通水試験を行う。

13.2 給水・給湯設備工事

13.2.1 材料

1. 衛生設備設計図及び配管計画書に基づく各経路の管、継手、弁類及び給水栓の品質は、特記による。
2. 高温設定が可能な給湯器を使用する場合は、管及び継手の品質は、各製造所の仕様による。
3. 防露・保温材の品質は、特記による。

13.2.2 配管

配管の施工は、特記による。

13.2.3 その他

1. 給湯設備は、転倒・移動しないよう適切に設置する。
2. 給湯設備工事は、建築基準法、同法施行令、同法告示、同法に基づく条例その他関係法令に基づいて施工する。

13.3 排水設備工事

13.3.1 材料

衛生設備設計図及び配管計画書に基づく各経路の管及び継手の品質は、特記による。

13.3.2 配管

配管の施工は、特記による。

13.3.3 ます

1. ますの構造は、特記による。
2. ますの施工は、特記による。

留意事項

給排水設備の設計・施工

給排水設備の施工にあたっては、「空気調和・衛生設備工事標準仕様書」（空気調和・衛生工学会規格SHASE-S010）、「給排水衛生設備規準・同解説」（空気調和・衛生工学会規格SHASE-S206）及び「給排水設備技術基準・同解説2006年版」（一般財団法人日本建築センター）を参照すること。

（単位：mm）

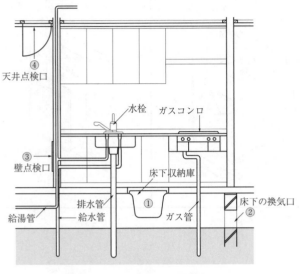

①	床下収納庫の開口を利用して、床下の点検ができる（間口寸法534×534）。
②	人が出入りできる換気口とし、すべての水まわりの床下へ行けるように設置（間口寸法540×280）。
③	壁点検口よりパイプスペース部の点検ができる。点検口位置は、配管継手の見える部分とする（開口寸法400×400）。
④	2階に台所や浴室等のための給排水管がある場合は、天井点検口により天井配管の点検が容易にできる（間口寸法450×450）。

その他の水まわり
・洗面まわりは、厨房まわりと同寸のおさまりとする。
・ボイラーまわりは、すべて露出配管で、天井で立ち上げる（天井に点検口）。

参考図13.1.1　点検口の位置例

将来の設備更新への備え

　将来的な住宅設備の更新工事を想定して、あらかじめ設備配管の更新や点検が容易となるよう配慮しておくことが望ましい。

　例えば、上下階の同じ位置に配管スペースを配置しておけば上下方向の配管の更新が容易になり、上階に設けた水まわりの近くに配管スペースを配置しておけば配管を更新する際に壁や天井を取り壊す範囲を少なくすることができる。

　また、横引き管の曲がり部分に天井点検口を設けることで不具合予防のための定期的な点検が容易になり、縦配管スペースの壁面ボードをねじ留めとすることで更新コストが低減できる。

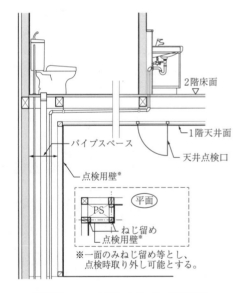

参考図13.4　配管スペースの確保例

関係法令

水道事業者の諸規定

　水道法（昭和32年6月15日法律第177号）に基づいて、各地方公共団体が条例を制定し、水道事業者となり、さらに施行規定を設けて給水工事に関して守らなければならない事項を定めているものをいう。

給湯設備（電気温水器、給湯ユニット等）の転倒防止対策

　大規模地震による給湯設備の転倒・移動による被害を防止するため、「建築設備の構造耐力上安全な構造方法を定める件」（平成12年建設省告示第1388号）が平成24年12月に改正された。

　この改正により、電気給湯機だけでなく、満水時の質量が15kgを超える給湯設備について、転倒防止等の措置の基準が明確化された。

　この告示では、①仕様を選択する（固定部位、設置場所、質量等に応じて所定のアンカーボルトの種類、本数により固定する）、②計算により安全上支障のないことを確認する、のいずれかの方法とすることを定めている。

　仕様を選択する場合、給湯設備の転倒防止対策は、給湯設備の、①底部を緊結、②上部及び底部（底部は質量60kg

を超える場合に緊結）を緊結、③側部を緊結、のいずれかによること。詳細は同告示を参照されたい。

なお、外壁に緊結した給湯設備が地震力などにより、外壁を毀損することのないよう、設置方法について留意する。

参考図13.2.3　給湯設備の転倒防止対策

①底部を緊結	②上部及び底部を緊結		③側部を緊結
	質量：60kg以下	質量：60kg超	

14.ガス設備工事・ガス機器等設置工事

14.1 一般事項

14.1.1 法令等の遵守

1. 都市ガス用設備工事は、ガス事業法、同施行令、同施行規則、ガス工作物の技術上の基準を定める省令、同告示、同解釈例、その他関係法令及びガス事業者が規定する供給約款、技術基準等に基づきガス事業者が設計、施工、検査を行う。

   都市ガス機器等設置工事は、ガス事業法、同施行令、同施行規則、特定ガス消費機器の設置工事の監督に関する法律、同施行令、同施行規則、消防法、ガス機器の設置基準及び実務指針（一般財団法人日本ガス機器検査協会発行）、その他関係法令に基づき施工する。

2. 液化石油ガス用設備工事・液化石油ガス機器等設置工事は、高圧ガス保安法、同法施行令、同法液化石油ガスの保安規則及び同規則関係基準、同法容器保安規則、液化石油ガスの保安の確保及び取引の適正化に関する法律、同法施行令、同法施行規則及び同規則関係基準、特定ガス消費機器の設置工事の監督に関する法律、同施行令、同施行規則、消防法、ガス機器の設置基準及び実務指針（一般財団法人日本ガス機器検査協会発行）、並びにその他関係法令に基づき施工する。なお、工事の施工にあたっては、液化石油ガス設備士（液化石油ガスの保安の確保及び取引の適正化に関する法律に規定する液化石油ガス設備士をいう。）が工事の施工、検査及び試験を行う。

3. 炊事室に設置されるガス配管が、仕上材等により隠されている場合には、配管設備を点検するために必要な開口部又は掃除口による清掃を行うために必要な開口を、当該仕上材等に設ける。

14.2 ガス設備工事

14.2.1 都市ガス設備の材料

管及び継手の品質は、特記による。

14.2.2 液化石油ガス設備の材料

管及び継手の品質は、特記による。

14.2.3 配管

配管の施工は、特記による。

14.2.4 ガス栓の取付け

ガス栓の取付けは、特記による。

14.3 ガス機器等

14.3.1 ガス機器

ガス機器は、特記による。

14.3.2 ガス漏れ警報器

ガス漏れ警報器は、特記による。

関係法令

ガス事業法と液化石油ガス法

ガスの供給方式には、導管によりガスを供給する方式と、ボンベ等で個別に供給する方式がある。前者のうち、簡易なガス発生設備によりガスを発生させ、一つの団地内におけるガスの供給地点の数が70以上のものを「簡易ガス事業」、その他を「一般ガス事業」といい、いずれもガス事業法の規制を受けている。

一方、液化石油ガスをボンベ等で一般消費者等に販売する事業を「液化石油ガス販売事業」といい、液化石油ガス

の保安の確保及び取引の適正化に関する法律の規制を受ける。ただし、ガス事業法の規制を受ける「一般都市ガス事業」及び「簡易ガス事業」は適用除外となっている。

留意事項 ‖‖

ガス機器の設置

ガス機器の設置にあたっては、「ガス機器の設置基準及び実務指針」（一般財団法人日本ガス機器検査協会）を参照すること。

15. 電気工事

15.1 一般事項

15.1.1 法令等の遵守

この工事は、電気事業法、電気設備に関する技術基準を定める省令、電気用品安全法、建築基準法、消防法、電気工事士法、その他関係法令、一般社団法人日本電気協会が定める内線規程及び各電力会社の供給規程に基づいて施工する。

15.1.2 試験

1. 電力設備工事の絶縁抵抗の試験は、配線の電線相互間、電線と大地間及び機器と大地間について、開閉器等で区切ることのできる区間ごとに測定し、絶縁抵抗値は、機器を含み2MΩ以上とする。
2. 弱電設備工事の絶縁抵抗の試験は、電線相互間及び電線と大地間について、1回路又は一系統ごとに測定し、絶縁抵抗値は機器を含み1MΩ以上とする。ただし、絶縁抵抗試験を行うのに不適当な部分は、これを除外して行う。
3. 絶縁抵抗測定試験が完了したあとは、必要な手順に従って通電のうえ、各種動作試験を行い、不都合な点のある場合は、適正な動作をするように調整する。
4. 接地抵抗測定試験の抵抗値は、D種接地工事では100Ω以下とし、C種接地工事では10Ω以下とする。

15.2 電力設備工事・弱電設備工事

15.2.1 器具及び材料

電気設計図に基づく各回路の器具及び材料は、特記による。

15.2.2 施工

電力設備・弱電設備の施工は、特記による。

16. 衛生設備工事・雑工事

16.1 衛生設備工事

1. 洗面器、手洗い器、大小便器、キッチンユニット、浴槽、バスユニット及び洗面化粧ユニットなどの品質は、特記による。
2. 混合水栓は、特記による。

16.2 浄化槽工事

16.2.1 一般事項

1. 浄化槽は、建築基準法施行令第32条（汚物処理性能に関する技術的基準）に適合するものとして、国土交通大臣が定めた構造方法（昭和55年建設省告示第1292号（屎尿浄化槽及び合併処理浄化槽の構造方法を定める件））によるもの、又は同大臣の認定を受けた合併処理浄化槽とし、かつ特定行政庁の定める取扱い要綱などによる。
2. 浄化槽の処理対象人員の算定方法は、JIS A 3302（建築物の用途別による屎尿浄化槽の処理対象人員算定基準）による。

16.2.2 設置工事

浄化槽の設置は、特記による。

16.3 便槽工事

便槽工事は、特記による。

関係法令

改良便槽

建築基準法施行令第30条で、建設地が公共団体の条例で指定された区域内であれば、改良便槽を設けることを義務付けできるとされている。改良便槽は、同施行令の第31条で規定しているものとする必要があるが、その特徴は100日以上貯溜できる点にある。し尿中のバクテリアは、およそ100日間堆積されていると、相剋作用によって無菌状態となることが実験上立証されて規定されたものである。

浄化槽の維持管理

浄化槽法（昭和58年5月18日法律第43号）の規定により、浄化槽の所有者には年1回、厚生労働大臣の指定する検査機関が実施する水質検査が義務付けられているほか、所定回数の保守点検や清掃も行う必要がある。

16.4 局所換気設備

16.4.1 一般事項

1. 台所などの火気使用室の換気設備及び浴室、洗面所、便所などの水蒸気・臭気が発生する部分の換気設備に係る事項は、この項による。
2. 炊事室、浴室及び便所には、機械換気設備又は換気のできる窓を設ける。
3. 局所換気設備の工事は、建築基準法、同法施行令、同法告示、同法に基づく条例その他関係法令及び一般社団法人日本電気協会が定める内線規程に基づいて施工する。

16.4.2 機器及び材料等

1. ダクト類及び継手類の品質は、特記による。
2. 換気扇及び関連部品は、特記による。
3. 換気設備は、衛生上有効な換気を確保するため、計算によって確かめられた換気風量を有するものとする。

16.4.3 施工

局所換気設備の施工は、特記による。

16.5 居室等の換気設備

16.5.1 一般事項

1. 居間、食堂、台所、寝室、個室、和室その他これらに類する目的のために継続的に使用する場所において、建材の仕上材や家具等からのホルムアルデヒドの発散に対処するために設置する換気設備は、特記による。
2. この工事は、建築基準法、同法施行令、同法告示、同法に基づく条例その他関係法令に基づいて施工する。

関係法令

建築基準法の規制（換気設備部分）の概要

1. 次のいずれかの換気設備の設置義務付け

a. 機械換気設備（b以外）	b. 空気を浄化して供給する方式の機械換気設備
○ 機械換気設備の一般的な技術基準（令第129条の2の5第2項）に適合すること。	
○ 住宅等の居室で、換気回数が毎時0.5回以上の換気量が確保できる有効換気量を有すること。	○ 住宅等の居室で、換気回数が毎時0.5回以上の有効換気量に相当する有効換気換算量を有することについて、告示基準に適合するものまたは大臣認定を受けたものとすること。
○ 給気機または排気機は、原則として、換気経路の全圧力損失を考慮して、計算により確かめられた能力を有するものであること。	
○ 居室の通常の使用時に、作動等の状態の保持に支障が生じないものであること（大風量の換気設備は、常時モードへの切り替え運転ができること）。	

※1つの機械換気設備が2以上の居室に係る場合の有効換気量は、それぞれの居室に必要な有効換気量の合計以上とすること。

2. 適用除外

外気に開放された開口部が、床面積当たり15cm²/m²以上である居室及び真壁造で、木製建具（通気が確保できるすき間あり）を使用した居室は換気設備が不要。ただし、木製建具を使用した真壁構造の住宅は、伝統的家屋を想定したものであり、現在住宅で用いられている通常の木製サッシを使用したものは、一定の性能を有することから該当しない。

16.6 雑工事

16.6.1 住宅用防災機器

住宅用防災機器は、特記による。

16.6.2 太陽光発電システム・太陽熱温水器等

太陽光発電システム・太陽熱温水器等は、特記による。

関係法令

住宅用防災機器

消防法（昭和23年法律第186号）により、すべての住宅に住宅用防災機器（住宅用防災警報器、住宅用防災報知設備）の設置が義務付けられている。この住宅用防災機器の設置及び維持の方法については、市町村条例で定めることとなっている。

17. 準耐火構造の住宅の仕様

17.1 45分準耐火構造の住宅の仕様

17.1.1 一般事項

1. 45分準耐火構造の住宅（建築基準法第2条第9号の3のイに該当する住宅をいう。）の防火仕様は、この項による。

   ただし、界壁及び界床を除く主要構造部の各部分を、耐火構造（建築基準法施行令（以下「令」という。）第107条に規定する構造をいう。）又は国土交通大臣の準耐火構造の認定（建築基準法第2条第7号の2及び令第112条第2項の規定に基づく認定をいう。）を受けたものとする場合には、この項によらず特記による。

2. 層間変形角が1/150以内であることを確認することとする。ただし、計算又は実験により、主要構造部が防火上有害な変形、き裂その他の損傷を生じないことが確認されている場合においては、この限りでない。

用　語

準耐火構造の住宅

　フラット35技術基準上の準耐火構造の住宅とは、主要構造部を準耐火構造としたもの、またはこれと同等の準耐火性能を有するものをいい、本仕様書では「省令準耐火構造の住宅（本仕様書18による仕様）」、「45分準耐火構造の住宅」及び「1時間準耐火構造の住宅」について、それぞれの仕様を示している。

(1)「省令準耐火構造の住宅」とは、建築基準法に基づく準耐火構造に準ずる防火性能を有する住宅として、勤労者財産形成促進法施行令第36条第2項及び第3項の基準を定める省令（平成19年厚生労働省・国土交通省令第1号）第1条第1項第1号ロ(2)に規定する住宅またはその部分の基準に適合する住宅をいう。木造軸組工法における省令準耐火構造の仕様は、本仕様書の本章18.1から18.12において具体的仕様を示している。このほかにも、省令準耐火構造として機構が承認した住宅及び工法を用いた住宅についても、省令準耐火構造の住宅となる。

(2)「45分準耐火構造の住宅」とは、主要構造部が建築基準法施行令第107条の2で定める準耐火性能に関する技術的基準に適合する住宅をいう。準耐火性能を満足するものについては、建築基準法第2条第7号の2に基づき、国土交通大臣が定めた構造方法を用いるものまたは国土交通大臣の認定を受けたものと規定されている。「国土交通大臣が定めた構造方法」とは、平成12年建設省告示第1358号「準耐火構造の構造方法を定める件」において定められており、本章17.1（45分準耐火構造の住宅の仕様）において、その一部について具体仕様を示している。

(3)「1時間準耐火構造の住宅」とは、建築基準法第2条第9号の3のイに該当するもののうち、壁、柱、床、はり及び屋根の軒裏の構造が、建築基準法施行令第112条第2項に該当する耐火性能（通常の火災時の加熱に1時間以上耐える性能）を有する住宅をいう。この性能を満足するものについては、国土交通大臣が定めた構造方法を用いるものまたは国土交通大臣の認定を受けたものと規定されている。「国土交通大臣が定めた構造方法」とは、令和元年国土交通省告示第195号「1時間準耐火基準に適合する主要構造部の構造方法を定める件」において定められており、本仕様書では特定準耐火構造に係る基準を除き、本章17.2（1時間準耐火構造の住宅の仕様）において、その一部について具体仕様を示している。

　なお、連続建て、重ね建ての場合の「界壁」および「界床」については、フラット35技術基準の区画に関する規定により、原則として耐火構造または1時間準耐火構造の壁または床とすることが必要となるので、留意すること。

17.1.2 外壁の耐力壁

17.1.2.1 外壁の耐力壁の室内に面する部分

1. 外壁の耐力壁の室内に面する部分の防火被覆は、次のいずれかとする。

   イ. ☐厚さ15mm以上のせっこうボード（強化せっこうボードを含む。以下同じ。）張り

   ロ. ☐厚さ12mm以上のせっこうボードの上に、厚さ9mm以上のせっこうボード張り

   ハ. ☐厚さ12mm以上のせっこうボードの上に、厚さ9mm以上の難燃合板張り

   ニ. ☐厚さ9mm以上のせっこうボードの上に、厚さ12mm以上のせっこうボード張り

ホ. ☐厚さ9mm以上の難燃合板の上に、厚さ12mm以上のせっこうボード張り
ヘ. ☐厚さ7mm以上のせっこうラスボードの上に、厚さ8mm以上のせっこうプラスター塗り

2. 1に掲げる材料の品質は、JISに適合するもの、又はこれらと同等以上の性能を有するものとする。

3. 防火被覆材の取付け方法は、次による。

イ. 防火被覆材は、柱、間柱その他の垂直部材及び土台、はり、胴差しその他の横架材に、長さ40mm以上のGNFくぎ、木ねじ、ステープル、タッピンねじ又はこれらに類する留め金具で確実に留め付ける。ただし、被覆材を2枚重ねて張る場合は、2枚目に張る防火被覆材は、1枚目の防火被覆材と目地が重ならないように割付け、長さ50mm以上の留め金具で留め付ける。

ロ. 留め金具の間隔は、防火被覆材の周辺部は150mm以下、中間部は200mm以下とする。なお、防火被覆材を面材耐力壁として使用するときの留め金具の間隔は、せっこうボードを使用する場合は周辺部及び中間部ともに150mm以下とし、せっこうボード以外の材料を使用する場合は特記による。

ハ. 防火被覆材は、目地部分及び取合い部分の裏面に当て木を設け、留め付ける。なお、間柱その他の構造材をもって当て木にかえることができる。

ニ. 当て木の断面寸法は、30mm×40mmを標準とする。

17.1.2.2 外壁の耐力壁の屋外に面する部分

1. 外壁の耐力壁の屋外に面する部分の防火被覆は、次のいずれかによる。

イ. ☐厚さ12mm以上のせっこうボードの上に金属板張り
ロ. ☐木毛セメント板又はせっこうボードの上に、厚さ15mm以上のモルタル又はしっくい塗り
ハ. ☐モルタルの上にタイルを張ったもので、その厚さの合計が25mm以上のもの
ニ. ☐セメント板又はかわらの上にモルタルを塗ったもので、その厚さの合計25mm以上のもの
ホ. ☐厚さ25mm以上のロックウール保温板の上に金属板張り

2. 1に掲げる材料の品質は、JISに適合するもの、又はこれと同等以上の性能を有するものとする。

3. 防火被覆材の取付け方法は、次による。

イ. 防火被覆材は、500mm以下の間隔で配置した柱、間柱その他の垂直部材及び土台、はり、胴差しその他の横架材に、長さ40mm以上のGNFくぎ、木ねじ、ステープル、タッピンねじ又はこれらに類する留め金具で確実に留め付ける。ただし、被覆材を2枚重ねて張る場合は、2枚目に張る防火被覆材は、1枚目の防火被覆材と目地が重ならないように割付け、長さ50mm以上の留め金具で留め付ける。

ロ. 留め金具の間隔は、防火被覆材の周辺部は150mm以下、中間部は200mm以下とする。なお、防火被覆材を面材耐力壁として使用するときの留め金具の間隔は、せっこうボードを使用する場合は周辺部及び中間部ともに150mm以下とし、せっこうボード以外の材料を使用する場合は特記による。

ハ. 防火被覆材は、目地部分及び取合い部分の裏面に当て木を設け、留め付ける。なお、間柱その他の構造材をもって当て木にかえることができる。

ニ. 当て木の断面寸法は、30mm×40mmを標準とする。

17.1.3 外壁の非耐力壁

17.1.3.1 外壁の非耐力壁の室内に面する部分

1. 外壁の非耐力壁の室内に面する部分の防火被覆は、次のいずれかによる。ただし、延焼のおそれのある部分については、本章17.1.2.1（外壁の耐力壁の室内に面する部分）の1による。

17.1.2.1の1
☞272頁

イ. ☐厚さ12mm以上のせっこうボード張り

ロ. ☐厚さ8mm以上のスラグせっこう系セメント板張り

2. 1に掲げる材料の品質は、JISに適合するもの、又はこれと同等以上の性能を有する
ものとする。

3. 防火被覆材の取付け方法は、本章17.1.2.1（外壁の耐力壁の室内に面する部分）の3
による。

17.1.2.1の3
☞273頁

17.1.3.2 外壁の非耐力壁の屋外に面する部分

1. 外壁の非耐力壁の屋外に面する部分の防火被覆は、本章17.1.2.2（外壁の耐力壁の屋
外に面する部分）の1による。

17.1.2.2の1
☞273頁

2. 1に掲げる材料の品質は、JISに適合するもの、又はこれと同等以上の性能を有する
ものとする。

3. 防火被覆の取付け方法は、本章17.1.2.2（外壁の耐力壁の屋外に面する部分）の3に
よる。

17.1.2.2の3
☞273頁

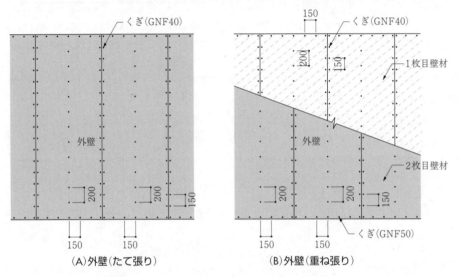

参考図17.1.2-1　外壁防火被覆材の留付け方法

留意事項 ‖‖‖

留め金具（ねじ）の利き足長さ

　木ねじ、タッピンねじまたはこれらに類するねじの長さは、防火被覆の厚さの合計より15mm以上長いものとする。

施工方法 ▐▐▐

防火被覆材の目地処理

　防火被覆材の目地部分は、防火被覆材の内部への炎の侵入を有効に防止できる構造とすることが必要であり、参考例として次の方法が考えられる。

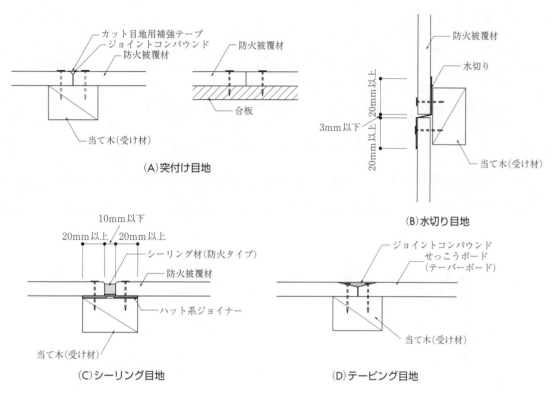

（A）突付け目地

（B）水切り目地

（C）シーリング目地

（D）テーピング目地

参考図17.1.2-2　防火被覆材の目地処理

防火被覆材の取合い部

　防火被覆材の取合い部は、防火被覆材の内部への炎の侵入を有効に防止できる構造とすることが必要であり、当て木等により有効に防火被覆材を補強することが重要である。

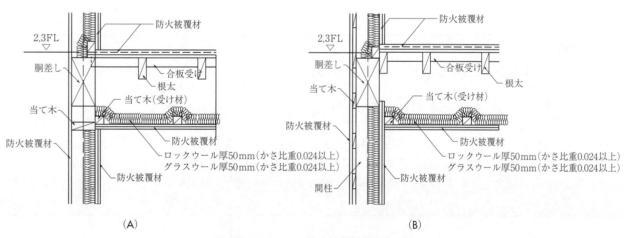

（A）　　　　　　　　　　　　　　　　　（B）

参考図17.1.2-3　防火被覆材の取合い部

17.1.4 界壁以外の内壁

1. 界壁以外の内壁の室内に面する部分の防火被覆は、次のいずれかとする。
   - イ. ☐厚さ15mm以上のせっこうボード（強化せっこうボードを含む。以下同じ。）張り
   - ロ. ☐厚さ12mm以上のせっこうボードの上に、厚さ9mm以上のせっこうボード張り
   - ハ. ☐厚さ12mm以上のせっこうボードの上に、厚さ9mm以上の難燃合板張り
   - ニ. ☐厚さ9mm以上のせっこうボードの上に、厚さ12mm以上のせっこうボード張り
   - ホ. ☐厚さ9mm以上の難燃合板の上に、厚さ12mm以上のせっこうボード張り
   - ヘ. ☐厚さ7mm以上のせっこうラスボードの上に、厚さ8mm以上のせっこうプラスター塗り
2. 1に掲げる材料の品質は、JISに適合するもの、又はこれらと同等以上の性能を有するものとする。
3. 防火被覆材の取付け方法は、本章17.1.2.1（外壁の耐力壁の室内に面する部分）の3による。 17.1.2.1の3 ☞273頁

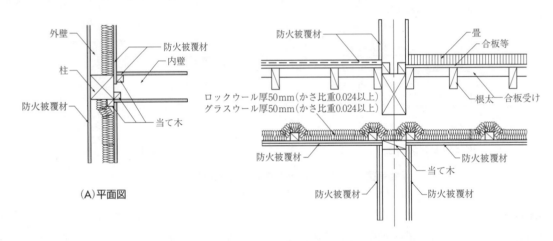

(A)平面図

参考図17.1.4　界壁以外の内壁　　(B)断面図

17.1.5 界壁

連続建ての住戸間の界壁の仕様は、次によることとし、小屋裏又は天井裏まで達せしめる。
1. 界壁の厚さ（仕上材料の厚さを含まないものとする。）を100mm以上とする。
2. 界壁の内部に厚さが25mm以上のグラスウール（かさ比重0.02以上）又は厚さが25mm以上のロックウール（かさ比重0.04以上）のいずれかを充填する。
3. 界壁の両面は、厚さが12mm以上のせっこうボードを2枚張りとする。
4. せっこうボードの留付けは、本章17.1.2.1（外壁の耐力壁の室内に面する部分）の3による。 17.1.2.1の3 ☞273頁

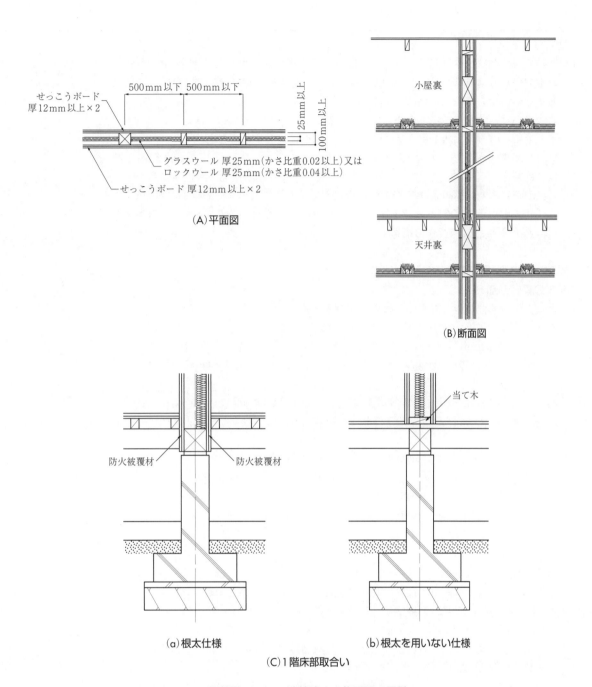

500mm以下 **500mm以下**

25mm以上

100mm以上

せっこうボード
厚12mm以上×2

グラスウール 厚25mm(かさ比重0.02以上)又は
ロックウール 厚25mm(かさ比重0.04以上)

せっこうボード 厚12mm以上×2

(A)平面図

小屋裏

天井裏

(B)断面図

防火被覆材

防火被覆材

当て木

(a)根太仕様

(b)根太を用いない仕様

(C)1階床部取合い

参考図17.1.5　連続建ての住戸間の界壁

17.1.6 柱

1. 柱の防火被覆は、本章17.1.4（界壁以外の内壁）に準ずる。ただし、本章17.1.2（外壁の耐力壁）又は本章17.1.4（界壁以外の内壁）に掲げる防火被覆を設けた壁の内部にあるものについては、これによらないことができる。

17.1.4 ☞276頁
17.1.2 ☞272頁
17.1.4 ☞276頁

2. 前号に掲げる防火被覆によらない場合は、次による。
   - イ．令第46条第2項第1号イ及びロに掲げる基準に適合するものとする。
   - ロ．昭和62年建設省告示第1902号（第2号の規定については、2.5cmを3.5cmと読み替えて適用する。）に基づき、通常の火災により建築物全体が容易に倒壊するおそれのない構造とする。この場合において、柱を接合する部分は、昭和62年建設省告示第1901号（第1号の規定については、2.5cmを3.5cmと読み替えて適用する。）に適合する構造とする。

17.1.7 界床以外の床（最下階の床を除く）

17.1.7.1 床の表側の部分

1. 床の表側の部分の防火被覆は、次のいずれかとする。
   - イ．☐ 畳敷きの床（ポリスチレンフォームの畳床を除く。）
   - ロ．☐ 厚さ12mm以上の構造用合板、構造用パネル、パーティクルボード又はデッキプレート（以下「合板等」という。）の上に、厚さ9mm以上のせっこうボード張り
   - ハ．☐ 厚さ12mm以上の合板等の上に、厚さ8mm以上の硬質木片セメント板張り
   - ニ．☐ 厚さ12mm以上の合板等の上に、厚さ9mm以上の軽量気泡コンクリート張り
   - ホ．☐ 厚さ12mm以上の合板等の上に、厚さ9mm以上のモルタル、コンクリート（軽量コンクリート及びシンダーコンクリートを含む。）敷き流し
   - ヘ．☐ 厚さ12mm以上の合板等の上に、厚さ9mm以上のせっこうを塗ったもの
   - ト．☐ 厚さ30mm以上の木材（木材で造られた荒床の厚さを含む。）

2. 1に掲げる材料の品質は、JIS若しくはJASに適合するもの、又はこれらと同等以上の性能を有するものとする。

17.1.7.2 床の裏側の部分又は直下の天井

1. 床の裏側の部分又は直下の天井の防火被覆は、次のいずれかとする。
   - イ．☐ 厚さ15mm以上の強化せっこうボード張り
   - ロ．☐ 厚さ12mm以上の強化せっこうボード張りとし、その裏側に厚さ50mm以上のロックウール（かさ比重0.024以上）又は厚さ50mm以上のグラスウール（かさ比重0.024以上）のいずれかを充填

2. 1に掲げる材料の品質は、JISに適合するもの、又はこれと同等以上の性能を有するものとする。

3. 防火被覆材の取付け方法は、次による。
   - イ．防火被覆材は、根太、野縁等の横架材に、長さ40mm以上のGNFくぎ、木ねじ、ステープル、タッピンねじ又はこれらに類する留め金具で確実に留め付ける。ただし、被覆材を2枚重ねて張る場合は、2枚目に張る防火被覆材は、1枚目の防火被覆材と目地が重ならないように割付け、長さ50mm以上の留め金具で留め付ける。
   - ロ．留め金具の間隔は、防火被覆材の周辺部は100mm以下、中間部は150mm以下とする。
   - ハ．防火被覆材の目地部分及び取合い部分は、その裏面に当て木を設ける。なお、根太、野縁等の横架材をもって当て木にかえることができる。
   - ニ．当て木の断面寸法は、30mm×40mmを標準とする。

17.1.8 界床

重ね建ての住戸間の界床の仕様は、次による。

17.1.8.1 床の表側の部分

1. 床の表側の部分の防火被覆は、次のいずれかとする。
   - イ．□畳敷きの床（ポリスチレンフォームの畳床を除く。）
   - ロ．□厚さ12mm以上の構造用合板、構造用パネル、パーティクルボード又はデッキプレート（以下「合板等」という。）の上に、厚さ12mm以上のせっこうボード張り
   - ハ．□厚さ12mm以上の合板等の上に、厚さ12mm以上の硬質木片セメント板張り
   - ニ．□厚さ12mm以上の合板等の上に、厚さ12mm以上の軽量気泡コンクリート板張り
   - ホ．□厚さ12mm以上の合板等の上に、厚さ12mm以上のモルタル、コンクリート（軽量コンクリート及びシンダーコンクリートを含む。）敷き流し
   - ヘ．□厚さ12mm以上の合板等の上に、厚さ12mm以上のせっこう敷き流し
   - ト．□厚さ40mm以上の木材（木材で造られた荒床の厚さを含む。）

2. 1に掲げる材料の品質は、JIS若しくはJASに適合するもの、又はこれらと同等以上の性能を有するものとする。

17.1.8.2 床の裏側の部分又は直下の天井

1. 床の裏側の部分又は直下の天井の防火被覆は、次のいずれかとする。
   - イ．□厚さ12mm以上のせっこうボードの上に、厚さ12mm以上のせっこうボード張りとし、その裏側に厚さ50mm以上のロックウール（かさ比重0.024以上）又は厚さ50mm以上のグラスウール（かさ比重0.024以上）のいずれかを充填
   - ロ．□厚さ12mm以上の強化せっこうボードの上に、厚さ12mm以上の強化せっこうボード張り
   - ハ．□厚さ15mm以上の強化せっこうボードの裏側に、厚さ50mm以上のロックウール（かさ比重0.024以上）又は厚さ50mm以上のグラスウール（かさ比重0.024以上）のいずれかを充填
   - ニ．□厚さ12mm以上の強化せっこうボードの上に、厚さ9mm以上のロックウール吸音板張り

2. 1に掲げる材料の品質は、JISに適合するもの、又はこれと同等以上の性能を有するものとする。

3. 防火被覆材の取付け方法は、本章17.1.7.2（床の裏側の部分又は直下の天井）の3による。
17.1.7.2の3
☞278頁

17.1.9 はり

1. はりの防火被覆は、本章17.1.7.2（床の裏側の部分又は直下の天井）に準ずる。ただし、本章17.1.7（界床以外の床（最下階の床を除く））に掲げる防火被覆を設けた床の内部にあるものについては、これによらないことができる。
17.1.7.2　☞278頁
17.1.7　☞278頁

2. 前号に掲げる防火被覆を行わない場合は、次による。
   - イ．令第46条第2項第1号イ及びロに掲げる基準に適合するものとする。
   - ロ．昭和62年建設省告示第1902号（第2号の規定については、2.5cmを3.5cmと読み替えて適用する。）に基づき、通常の火災により建築物全体が容易に倒壊するおそれのない構造とする。この場合において、はりを接合する部分は、昭和62年建設省告示第1901号（第1号の規定については、2.5cmを3.5cmと読み替えて適用する。）に適合する構造とする。

17.1.10 屋根・軒裏

1. 屋根（軒裏を除く。）の表側の部分は不燃材料で造り又はふき、屋根の裏側の部分又は屋根の直下の天井の防火被覆は、次のいずれかとする。
   - イ．□厚さ12mm以上の強化せっこうボード張り
   - ロ．□厚さ9mm以上のせっこうボード2枚張り
   - ハ．□厚さ12mm以上のせっこうボード張りとし、その裏側に厚さ50mm以上の

ロックウール(かさ比重0.024以上)又は厚さ50mm以上のグラスウール(かさ比重0.024以上)のいずれかを充填

ニ. ☐厚さ12mm以上の硬質木片セメント板張り

ホ. ☐厚さ20mm以上の鉄網モルタル塗り

ヘ. ☐繊維混入けい酸カルシウム板を2枚以上張ったもので、その厚さの合計が16mm以上のもの

ト. ☐本章17.1.2.2(外壁の耐力壁の屋外に面する部分)の1に掲げる防火被覆材 　17.1.2.2の1 ☞273頁

2. 軒裏(外壁によって小屋裏又は天井裏と防火上有効に遮られているものを除く。)の防火被覆は、次のいずれかとする。

イ. ☐厚さ12mm以上の硬質木片セメント板張り

ロ. ☐厚さ20mm以上の鉄網モルタル塗り

ハ. ☐繊維混入けい酸カルシウム板を2枚以上張ったもので、その厚さの合計が16mm以上のもの

ニ. ☐本章17.1.2.2(外壁の耐力壁の屋外に面する部分)の1に掲げる防火被覆材 　17.1.2.2の1 ☞273頁

3. 1及び2に掲げる材料の品質は、JISに適合するもの、又はこれと同等以上の性能を有するものとする。

4. 防火被覆材の取付け方法は、次による。

イ. 防火被覆材は、たる木、根太、野縁等の横架材に、長さ40mm以上のGNFくぎ、木ねじ、ステープル、タッピンねじ又はこれらに類する留め金具で確実に留め付ける。ただし、被覆材を2枚重ねて張る場合は、2枚目に張る防火被覆材は、1枚目の防火被覆材と目地が重ならないように割付け、長さ50mm以上の留め金具で留め付ける。

ロ. 留め金具の間隔は、防火被覆材の周辺部は100mm以下、中間部は150mm以下とする。

ハ. 防火被覆材の目地部分及び取合い部分は、その裏面に当て木を設ける。なお、たる木、根太、野縁等の横架材をもって当て木にかえることができる。

ニ. 当て木の断面寸法は、30mm×40mmを標準とする。

17.1.11 階段

階段を木材で造る場合は、段板及び段板を支えるけたは、次のいずれかとする。

イ. ☐厚さ6cm以上とする。

ロ. ☐厚さ3.5cm以上とし、段板の裏側を本章17.1.10(屋根・軒裏)の1のイからニ又はトの被覆材により被覆し、かつ、ささら桁の外側を本章17.1.3.1(外壁の非耐力壁の室内に面する部分)(屋外側の場合は、本章17.1.2.2(外壁の耐力壁の屋外に面する部分))の1の被覆材により被覆する。 　17.1.10の1 ☞279頁　17.1.3.1の1 ☞273頁　17.1.2.2の1 ☞273頁

ハ. ☐段板の裏側を本章17.1.7.2(床の裏側の部分又は直下の天井)の1の被覆材により被覆し、かつ、ささら桁の外側を本章17.1.4(界壁以外の内壁)(屋外側の場合は、本章17.1.2.2(外壁の耐力壁の屋外に面する部分))の1の被覆材により被覆する。 　17.1.7.2の1 ☞278頁　17.1.4の1 ☞276頁　17.1.2.2の1 ☞273頁

施工方法

床の表側の部分

床の表側の部分(床上部)の防火被覆については、所要の耐火性能のある被覆材を列記しているが、このうち畳敷きの床のように、仕上材としての仕様を兼ねているものと、下地材としての仕様を示しているものがある。

下地材としての仕様を示しているもののうち、本章17.1.7.1(床の表側の部分)のロ及びへのように、せっこうボードやせっこう敷き流しのままでは、せっこうが割れてしまう可能性があるため、この上に合板等を敷き、その上から仕上げを行うことが望ましい。

バスユニット上部の天井

床の裏側の部分または直下の天井の防火被覆は、バスユニット上部の天井（または直上の床の裏側）も必要である。バスユニット設置後は、防火被覆の施工が困難となるため、バスユニット設置前に防火被覆材等を施工することが望

ましい。

17.1.12 その他の措置

17.1.12.1 壁内部の措置

耐火構造以外の主要構造部である壁については、防火被覆の内部での火災伝播を有効に防止するため、次のいずれか又はこれらと同等以上のファイヤーストップ材を3m以内ごとに設ける。ただし、軒げた、はり、胴差し等の横架材がファイヤーストップ材としての機能を果たしている場合は、この限りでない。

- イ. ☐幅が柱等と同寸法以上、せいが3.5cm以上の木材
- ロ. ☐厚さ12mm以上のせっこうボード
- ハ. ☐厚さ8mm以上のスラグせっこう系セメント板
- ニ. ☐厚さ50mm以上のロックウール（かさ比重0.024以上）
- ホ. ☐厚さ50mm以上のグラスウール（かさ比重0.024以上）

17.1.12.2 壁と床等の接合部の措置

耐火構造以外の主要構造部である壁と床及び屋根の接合部、階段と床の接合部に、防火被覆の内部での火災伝播を有効に防止するために、ファイヤーストップ材を設ける。なお、ファイヤーストップ材の種類は、本章17.1.12.1（壁内部の措置）による。

17.1.12.1 ☞281頁

17.1.12.3 照明器具等の周辺の措置

防火被覆を施した壁、床又は天井に設ける照明器具、天井換気孔、コンセントボックス、スイッチボックスその他これらに類するものの周辺部には、防火上支障のない措置を講じる。

17.1.12.4 外壁の開口部

外壁の開口部に設ける建具は、特記による。

用 語 ▐▐▐

木質系セメント板（JIS A 5404）

木片とセメントを主原料として圧縮成形したものであり、硬質木片セメント板（記号：HF）及び普通木片セメント板（記号：NF）などがある。これらはJIS A 1321（建築物の内装材料及び工法の難燃性試験方法）に規定する難燃2級または3級に合格している。

繊維強化セメント板（JIS A 5430）

本章8.11（内壁のせっこうボード張り・その他のボード張り）の用語解説による。

17.2 1時間準耐火構造の住宅の仕様

17.2.1 一般事項

1. 1時間準耐火構造の住宅の防火性能は、この項による。ただし、主要構造部の各部分を耐火構造（建築基準法施行令（以下「令」という。）第107条に規定する耐火性能を有する構造をいう。）又は国土交通大臣の1時間準耐火構造の認定（令第112条第2項の規定に基づく認定をいう。）を受けたものとする場合は、この項によらず特記による。

2. 層間変形角が1/150以内であることを確認することとする。ただし、計算又は実験により、主要構造部が防火上有害な変形、き裂その他の損傷を生じないことが確認されている場合においては、この限りでない。

17.2.2 外壁の耐力壁

17.2.2.1 外壁の耐力壁の室内に面する部分

1. 外壁の耐力壁の室内に面する部分の防火被覆は、次のいずれかとする。

- イ. ☐厚さ12mm以上のせっこうボード（強化せっこうボードを含む。以下同じ。）の上に、厚さ12mm以上のせっこうボード張り
- ロ. ☐厚さ8mm以上のスラグせっこう系セメント板の上に、厚さ12mm以上のせっこうボード張り

ハ．☐厚さ16mm以上の強化せっこうボード張り

ニ．☐厚さ9mm以上の難燃合板の上に、厚さ12mm以上の強化せっこうボード張り

ホ．☐厚さ9mm以上のせっこうボードの上に、厚さ12mm以上の強化せっこうボード張り

ヘ．☐厚さ12mm以上の強化せっこうボードの上に、厚さ9mm以上の難燃合板張り

ト．☐厚さ12mm以上の強化せっこうボードの上に、厚さ9mm以上のせっこうボード張り

2. 1に掲げる材料の品質は、JISに適合するもの、又はこれらと同等以上の性能を有するものとする。

3. 防火被覆材の取付け方法は、本章17.1.2.1（外壁の耐力壁の室内に面する部分）の3による。 17.1.2.1の3
☞273頁

17.2.2.2 外壁の耐力壁の屋外に面する部分

1. 外壁の耐力壁の屋外に面する部分の防火被覆は、次のいずれかによる。

イ．☐厚さ18mm以上の硬質木片セメント板張り

ロ．☐厚さ20mm以上の鉄網モルタル塗り

2. 1に掲げる材料の品質は、JISに適合するもの、又はこれと同等以上の性能を有するものとする。

3. 防火被覆材の取付け方法は、本章17.1.2.2（外壁の耐力壁の屋外に面する部分）の3による。 17.1.2.2の3
☞273頁

17.2.3 外壁の非耐力壁

17.2.3.1 外壁の非耐力壁の室内に面する部分

1. 外壁の非耐力壁の室内に面する部分の防火被覆は、本章17.1.3.1（外壁の非耐力壁の室内に面する部分）の1（ただし書きを除く。）による。ただし、延焼のおそれのある部分については、本章17.2.2.1（外壁の耐力壁の室内に面する部分）の1による。 17.1.3.1の1
☞273頁

17.2.2.1の1
☞281頁

2. 1に掲げる材料の品質は、JISに適合するもの、又はこれと同等以上の性能を有するものとする。

3. 防火被覆材の取付け方法は、本章17.1.2.1（外壁の耐力壁の室内に面する部分）の3による。 17.1.2.1の3
☞273頁

17.2.3.2 外壁の非耐力壁の屋外に面する部分

1. 外壁の非耐力壁の屋外に面する部分の防火被覆は、本章17.1.2.2（外壁の耐力壁の屋外に面する部分）の1による。ただし、延焼のおそれのある部分については、次のいずれかによる。 17.1.2.2の1
☞273頁

イ．☐厚さ18mm以上の硬質木片セメント板張り

ロ．☐厚さ20mm以上の鉄網モルタル塗り

2. 1に掲げる材料の品質は、JISに適合するもの、又はこれと同等以上の性能を有するものとする。

3. 防火被覆材の取付け方法は、本章17.1.2.2（外壁の耐力壁の屋外に面する部分）の3による。 17.1.2.2の3
☞273頁

17.2.4 界壁以外の内壁

1. 界壁以外の内壁の室内に面する部分の防火被覆は、次のいずれかとする。

イ．☐厚さ12mm以上のせっこうボード（強化せっこうボードを含む。以下同じ。）の上に、厚さ12mm以上のせっこうボード張り

ロ．☐厚さ8mm以上のスラグせっこう系セメント板の上に、厚さ12mm以上のせっこうボード張り

ハ．☐厚さ16mm以上の強化せっこうボード張り

ニ．☐厚さ9mm以上の難燃合板の上に、厚さ12mm以上の強化せっこうボード張

ホ. ☐厚さ9mm以上のせっこうボードの上に、厚さ12mm以上の強化せっこうボード張り

ヘ. ☐厚さ12mm以上の強化せっこうボードの上に、厚さ9mm以上の難燃合板張り

ト. ☐厚さ12mm以上の強化せっこうボードの上に、厚さ9mm以上のせっこうボード張り

2. 1に掲げる材料の品質は、JISに適合するもの、又はこれらと同等以上の性能を有するものとする。

3. 防火被覆材の取付け方法は、本章17.1.2.1（外壁の耐力壁の室内に面する部分）の3による。 17.1.2.1の3 ☞273頁

17.2.5 界壁

連続建ての住戸間の界壁の仕様は、本章17.1.5（界壁）による。 17.1.5 ☞276頁

17.2.6 柱

1. 柱の防火被覆は、本章17.2.4（界壁以外の内壁）に準ずる。ただし、本章17.2.2（外壁の耐力壁）又は本章17.2.4（界壁以外の内壁）に掲げる防火被覆を設けた壁の内部にあるものについては、これによらないことができる。 17.2.4 ☞282頁
17.2.2 ☞281頁
17.2.4 ☞282頁

2. 前号に掲げる防火被覆を行わない場合は、次による。

イ. 令第46条第2項第1号イ及びロに掲げる基準に適合するものとする。

ロ. 昭和62年建設省告示第1902号（第2号の規定については、2.5cmを4.5cmと読み替えて適用する。）に基づき、通常の火災により建築物全体が容易に倒壊するおそれのない構造とする。この場合において、柱を接合する部分は、昭和62年建設省告示第1901号（第1号の規定については、2.5cmを4.5cmと読み替えて適用する。）に適合する構造とする。

17.2.7 界床以外の床（最下階の床を除く）

17.2.7.1 床の表側の部分

1. 床の表側の部分の防火被覆は、次のいずれかとする。

イ. ☐畳敷きの床（ポリスチレンフォームの畳床を除く。）

ロ. ☐厚さ12mm以上の構造用合板、構造用パネル、パーティクルボード又はデッキプレート（以下「合板等」という。）の上に、厚さ12mm以上のせっこうボード張り

ハ. ☐厚さ12mm以上の合板等の上に、厚さ12mm以上の硬質木片セメント板張り

ニ. ☐厚さ12mm以上の合板等の上に、厚さ12mm以上の軽量気泡コンクリート板張り

ホ. ☐厚さ12mm以上の合板等の上に、厚さ12mm以上のモルタル、コンクリート（軽量コンクリート及びシンダーコンクリートを含む。）敷き流し

ヘ. ☐厚さ12mm以上の合板等の上に、厚さ12mm以上のせっこう敷き流し

ト. ☐厚さ40mm以上の木材（木材で造られた荒床の厚さを含む。）

2. 1に掲げる材料の品質は、JIS若しくはJASに適合するもの、又はこれらと同等以上の性能を有するものとする。

17.2.7.2 床の裏側の部分又は直下の天井

1. 床の裏側の部分又は直下の天井の防火被覆は、次のいずれかとする。

イ. ☐厚さ12mm以上のせっこうボードの上に、厚さ12mm以上のせっこうボード張りとし、その裏側に厚さ50mm以上のロックウール（かさ比重0.024以上）又は厚さ50mm以上のグラスウール（かさ比重0.024以上）のいずれかを充填

ロ. ☐厚さ12mm以上の強化せっこうボードの上に、厚さ12mm以上の強化せっ

こうボード張り

   ハ．☐厚さ15mm以上の強化せっこうボードの裏側に、厚さ50mm以上のロックウール（かさ比重0.024以上）又は厚さ50mm以上のグラスウール（かさ比重0.024以上）のいずれかを充填

   ニ．☐厚さ12mm以上の強化せっこうボードの上に、厚さ9mm以上のロックウール吸音板張り

2. 1に掲げる材料の品質は、JISに適合するもの、又はこれと同等以上の性能を有するものとする。

3. 防火被覆材の取付け方法は、次による。

   イ．防火被覆材は、根太、野縁等の横架材に、長さ40mm以上のGNFくぎ、木ねじ、ステープル、タッピンねじ又はこれらに類する留め金具で確実に留め付ける。ただし、被覆材を2枚重ねて張る場合は、2枚目に張る防火被覆材は、1枚目の防火被覆材と目地が重ならないように割付け、長さ50mm以上の留め金具で留め付ける。

   ロ．留め金具の間隔は、防火被覆材の周辺部は100mm以下、中間部は150mm以下とする。

   ハ．防火被覆材の目地部分及び取合い部分は、その裏面に当て木を設ける。なお、根太、野縁等の横架材をもって当て木にかえることができる。

   ニ．当て木の断面寸法は、30mm×40mmを標準とする。

17.2.8 界床

重ね建ての住戸間の界床の仕様は、本章17.2.7（界床以外の床（最下階の床を除く））による。

17.2.7 ☞283頁

17.2.9 はり

1. はりの防火被覆は、本章17.2.7.2（床の裏側の部分又は直下の天井）に準ずる。ただし、本章17.2.7（界床以外の床（最下階の床を除く））に掲げる防火被覆を設けた床の内部にあるものについては、これらによらないことができる。

17.2.7.2 ☞283頁
17.2.7 ☞283頁

2. 前号に掲げる防火被覆を行わない場合は、次による。

   イ．令第46条第2項第1号イ及びロに掲げる基準に適合するものとする。

   ロ．昭和62年建設省告示第1902号（第2号の規定については、2.5cmを4.5cmと読み替えて適用する。）に基づき、通常の火災により建築物全体が容易に倒壊するおそれのない構造とする。この場合において、はりを接合する部分は、昭和62年建設省告示第1901号（第1号の規定については、2.5cmを4.5cmと読み替えて適用する。）に適合する構造とする。

17.2.10 屋根・軒裏

1. 屋根（軒裏を除く。）の表側の部分は不燃材料で造り又はふき、屋根の裏側の部分又は屋根の直下の天井の防火被覆は、次のいずれかとする。

   イ．☐厚さ12mm以上の強化せっこうボード張り

   ロ．☐厚さ9mm以上のせっこうボード2枚張り

   ハ．☐厚さ12mm以上のせっこうボード張りとし、その裏側に厚さ50mm以上のロックウール（かさ比重0.024以上）又は厚さ50mm以上のグラスウール（かさ比重0.024以上）のいずれかを充填

   ニ．☐厚さ12mm以上の硬質木片セメント板張り

   ホ．☐厚さ20mm以上の鉄網モルタル塗り

   ヘ．☐繊維混入けい酸カルシウム板を2枚以上張ったもので、その厚さの合計が16mm以上のもの

   ト．☐本章17.1.2.2（外壁の耐力壁の屋外に面する部分）の1に掲げる防火被覆材

17.1.2.2の1
☞273頁

2. 延焼のおそれのある部分にある軒裏（外壁によって小屋裏又は天井裏と防火上有効

—284—

に遮られている軒裏を除く。）の防火被覆は、次のいずれかとする。

    イ．☐厚さ15mm以上の強化せっこうボードの上に金属板を張ったもの

    ロ．☐厚さ18mm以上の硬質木片セメント板張り

    ハ．☐厚さ20mm以上の鉄網モルタル塗り

    ニ．☐繊維混入けい酸カルシウム板を2枚以上張ったもので、その厚さの合計が16mm以上のもの

3．軒裏（延焼のおそれのある部分にある軒裏及び外壁によって小屋裏又は天井裏と防火上有効に遮られている軒裏を除く。）の防火被覆は、次のいずれかとする。

    イ．☐厚さ12mm以上の硬質木片セメント板張り

    ロ．☐厚さ20mm以上の鉄網モルタル塗り

    ハ．☐繊維混入けい酸カルシウム板を2枚以上張ったもので、その厚さの合計が16mm以上のもの

    ニ．☐本章17.1.2.2（外壁の耐力壁の屋外に面する部分）の1に掲げる防火被覆材   17.1.2.2の1 ☞273頁

4．1から3に掲げる材料の品質は、JISに適合するもの、又はこれと同等以上の性能を有するものとする。

5．防火被覆材の取付け方法は、次による。

    イ．防火被覆材は、たる木、根太、野縁等の横架材に、長さ40mm以上のGNFくぎ、木ねじ、ステープル、タッピンねじ又はこれらに類する留め金具で確実に留め付ける。ただし、被覆材を2枚重ねて張る場合は、2枚目に張る防火被覆材は、1枚目の防火被覆材と目地が重ならないように割付け、長さ50mm以上の留め金具で留め付ける。

    ロ．留め金具の間隔は、防火被覆材の周辺部は100mm以下、中間部は150mm以下とする。

    ハ．防火被覆材の目地部分及び取合い部分は、その裏面に当て木を設ける。なお、たる木、根太、野縁等の横架材をもって当て木にかえることができる。

    ニ．当て木の断面寸法は、30mm×40mmを標準とする。

17.2.11 階段

階段を木材で造る場合は、段板及び段板を支えるけたは、本章17.1.11（階段）による。   17.1.11 ☞280頁

17.2.12 その他の措置

17.2.12.1 壁内部の措置

耐火構造以外の壁の内部の措置は、本章17.1.12.1（壁内部の措置）による。   17.1.12.1 ☞281頁

17.2.12.2 壁と床等の接合部の措置

耐火構造以外の主要構造部である壁と床及び屋根の接合部、並びに階段と床の接合部の防火措置は、本章17.1.12.2（壁と床等の接合部の措置）による。   17.1.12.2 ☞281頁

17.2.12.3 照明器具等の周辺の措置

防火被覆を施した壁、床又は天井に設ける照明器具、天井換気孔、コンセントボックス、スイッチボックスその他これらに類するものの周辺部の措置は、本章17.1.12.3（照明器具等の周辺の措置）による。   17.1.12.3 ☞281頁

17.2.12.4 外壁の開口部

外壁の開口部に設ける建具は、特記による。

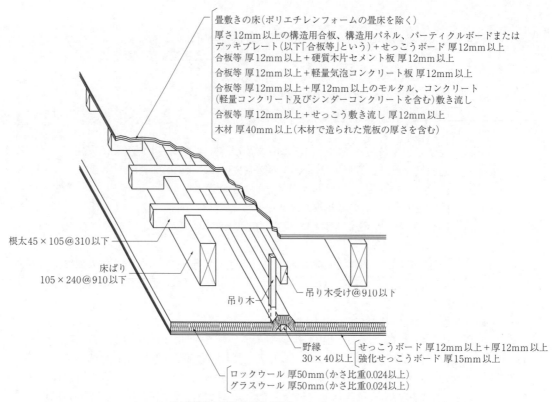

畳敷きの床(ポリエチレンフォームの畳床を除く)

厚さ12mm以上の構造用合板、構造用パネル、パーティクルボードまたは
デッキプレート(以下「合板等」という)+せっこうボード 厚12mm以上

合板等 厚12mm以上+硬質木片セメント板 厚12mm以上

合板等 厚12mm以上+軽量気泡コンクリート板 厚12mm以上

合板等 厚12mm以上+厚12mm以上のモルタル、コンクリート
(軽量コンクリート及びシンダーコンクリートを含む)敷き流し

合板等 厚12mm以上+せっこう敷き流し 厚12mm以上

木材 厚40mm以上(木材で造られた荒板の厚さを含む)

根太45×105@310以下

床ばり
105×240@910以下

吊り木

吊り木受け@910以下

野縁
30×40以上

せっこうボード 厚12mm以上+厚12mm以上
強化せっこうボード 厚15mm以上

ロックウール 厚50mm(かさ比重0.024以上)
グラスウール 厚50mm(かさ比重0.024以上)

(A)断熱材を天井内に敷く場合

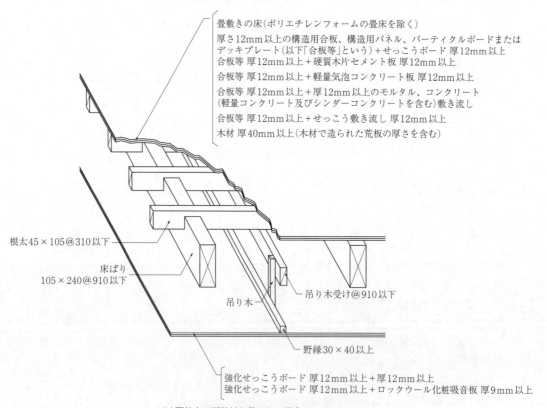

畳敷きの床(ポリエチレンフォームの畳床を除く)

厚さ12mm以上の構造用合板、構造用パネル、パーティクルボードまたは
デッキプレート(以下「合板等」という)+せっこうボード 厚12mm以上

合板等 厚12mm以上+硬質木片セメント板 厚12mm以上

合板等 厚12mm以上+軽量気泡コンクリート板 厚12mm以上

合板等 厚12mm以上+厚12mm以上のモルタル、コンクリート
(軽量コンクリート及びシンダーコンクリートを含む)敷き流し

合板等 厚12mm以上+せっこう敷き流し 厚12mm以上

木材 厚40mm以上(木材で造られた荒板の厚さを含む)

根太45×105@310以下

床ばり
105×240@910以下

吊り木

吊り木受け@910以下

野縁30×40以上

強化せっこうボード 厚12mm以上+厚12mm以上
強化せっこうボード 厚12mm以上+ロックウール化粧吸音板 厚9mm以上

(B)天井内に断熱材を敷かない場合

参考図17.2.7 界床以外の床(最下階の床を除く)

18.省令準耐火構造の住宅の仕様

18.1 一般事項

1. 省令準耐火構造の住宅の仕様は、この項による。
2. 本項のアンダーライン「＿＿＿＿」の部分は、省令準耐火構造の住宅の基準であるため、当該部分の材料又は仕様以外とする場合は、住宅金融支援機構の認めたものとする。
3. 本項は、すべての構造耐力上主要な部分の軸組材に、製材、集成材又は単板積層材を用いた住宅に適用する。ただし、18.12（その他）の6による鉄筋コンクリート造としたものについては、この限りではない。　18.12の6　☞301頁

■用　語■

省令準耐火構造

「省令準耐火構造」は、住宅金融支援機構の融資等に特有の構造で、省令で定める基準に適合する住宅*をいい、建築基準法で定める準耐火構造に準ずる防耐火性能をもつ構造として、以下のように定められている。なお、窓等の開口部、内部の建具（引戸、ドア）に関する規定はない。他の法令上の制約があれば、それに従うこと。

① 外壁及び軒裏が、建築基準法第2条第8号に規定する防火構造であること。
② 屋根が、建築基準法施行令第136条の2の2第1号及び第2号に掲げる技術的基準に適合するもの（不燃材料で造りまたはふく等）であること。
③ 天井及び壁の室内に面する部分が、通常の火災時の加熱に15分間以上耐える性能を有するものであること。
④ ①～③に定めるもののほか、住宅の各部分が、防火上支障のない構造であること。

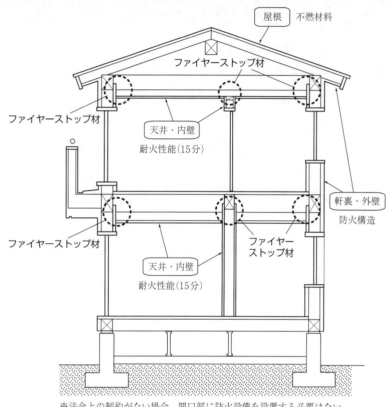

屋根　不燃材料
ファイヤーストップ材
ファイヤーストップ材
天井・内壁　耐火性能(15分)
軒裏・外壁　防火構造
ファイヤーストップ材
ファイヤーストップ材
天井・内壁　耐火性能(15分)

※法令上の制約がない場合、開口部に防火設備を設置する必要はない。
※界床以外の場合、床の仕上げに関する制約はない。

＊勤労者財産形成促進法施行令第36条第2項及び第3項の基準を定める省令（平成19年厚生労働省・国土交通省令第1号）第1条第1項第1号ロ（2）に規定する住宅又はその部分

■留意事項■

各室防火とファイヤーストップ材

　省令準耐火構造は、住宅を支える主要な構造部分を防火被覆するとともに、火災時に火炎が住宅全体に燃え広がることを一定時間抑止する「各室防火」の考えを取り入れている。

　各室防火では、住宅内の一部で出火しても容易に他の室へ延焼しないよう、各室の壁及び天井に防火被覆を設ける必要がある。加えて、防火被覆が破られて壁内部や天井裏に火炎が入った場合に、天井裏等を伝わって短時間で火炎が燃え広がることを防ぐファイヤーストップ材の設置が重要となる。

　ファイヤーストップ材は、壁内部及び天井裏において火炎の通り道をふさぐ必要があるため、「壁と壁との取合い部」、「床または天井と壁との取合い部（最下階を除く）」、「間仕切り壁上部と横架材または上階床面下部との間」にそれぞれ設置する。特に、間仕切り壁上部に設けるファイヤーストップ材の設置(303頁参照)を失念しないよう注意する。

　また、ファイヤーストップ材には、火炎を通すようなスリット等を設けてはならない。

■関連事項■

省令準耐火構造Q&A

　省令準耐火構造に関して、照会が多い内容を掲載したQ&Aを住宅金融支援機構のホームページに掲載している。

　省令準耐火構造Q&A　　https://www.flat35.com/tetsuduki/shinchiku/syourei.html

省令準耐火構造チェックリスト(一戸建て住宅用)

　省令準耐火構造の仕様をチェックリストにしてまとめたので、参考にされたい。

　このほか、連続した室をまとめて1室として取り扱う場合や下がり天井とする場合など、チェックリストに記載のない仕様については、本仕様書により確認すること。

基 準 項 目		基 準 の 概 要 等	確認欄 ☑	2023仕様書該当ページ(項目番号)	
屋根	屋　根	●屋根は次のいずれかとすること	☐	P290	18.2の1
		①不燃材料で造るか、または葺くこと			イ
		②準耐火構造(屋外に面する部分を準不燃材料で造ったものに限る)			ロ
		③耐火構造の屋外面に断熱材及び防水材を張ったもの			ハ
外壁・軒裏	外壁及び軒裏 ※外部の独立柱、外部に面するはりを含む	●防火構造とする	☐	P290	18.2の2 イ
内壁等	外壁の室内に面する部分の防火被覆 ※室内の独立柱を含む ※室内側の用途が、浴室(ユニットバスの場合を含む)、洗面脱衣室、便所、玄関、廊下、物置等の場合も防火被覆必要	●被覆材は次のいずれかとする(外壁(屋外側)が防火構造の認定を受けた場合緩和あり)	☐	P290	18.3の1
		①厚さ12mm以上のせっこうボード張り			イ
		②厚さ9.5mm以上のせっこうボード2枚張り			ロ
		③防火構造			ハ
	間仕切り壁の防火被覆 ※室内の独立柱を含む ※浴室(ユニットバスの場合を含む)、洗面脱衣室、便所、玄関、廊下、物置等も防火被覆必要	●被覆材の種類は次のいずれかとする	☐	P290	18.3の2
		①厚さ12mm以上のせっこうボード張り			イ
		②厚さ9mm以上のせっこうボード2枚張り			ロ
		③厚さ7mm以上のせっこうラスボード張りの上に厚さ8mm以上のプラスター塗り			ハ
		④防火構造			ニ
	壁の補助面材	●柱及び間柱と被覆材の間に補助面材を設ける場合は次のいずれかとし、いずれの場合も厚さ9mm以上とする(ただし、③のHBの厚さは、5mm以上とすることができる) ①構造用合板　　②構造用パネル　　③MDF・HB　　④パーティクルボード ⑤木質系セメント板で(準)不燃材料　　⑥パルプセメント板で(準)不燃材料 ⑦繊維強化セメント板で(準)不燃材料(スレート波板除く) ⑧火山性ガラス質複層板で(準)不燃材料　⑨せっこうボード製品で(準)不燃材料	☐	P291	18.3の3 イ〜リ
	内壁の防火被覆材の壁張り	●柱、間柱の間隔は500mm以下			18.7.1の4 18.7.2の4
		●当て木(天井−壁、床−壁、壁−壁との取合い部)の断面寸法は30mm×38mm以上または35mm×35mm以上 (補助面材を設ける場合はその厚さを含んでよい) (鋼製下地とする場合には、天井と壁の取合い部は鋼製ランナー(防火被覆材と接する部分の高さ40mm以上、幅30mm以上)とすることができる)		P297	18.7.1の5ロ 18.7.2の5
		●間柱(目地部分)の断面寸法は45mm×105mm以上 (補助面材を設ける場合はその厚さを含んでよい)			18.7.1の5イ 18.7.2の5
		●間柱(目地部分以外)の断面寸法は30mm×105mm以上 (補助面材を設ける場合はその厚さを含んでよい)			18.7.1の4 18.7.2の4
		●1枚張りの場合:以下の項目すべてを満たすこと (大臣認定を受けた耐力壁の場合の留付けに用いるくぎ等及び留付け方法+③でもよい)	☐		
		①柱、間柱その他の垂直部材及び土台、はり、胴差しその他横架材にGNF40、長さ40mm以上のステープル、長さ28mm以上の木ねじ、タッピンねじまたはこれらと同等以上の品質及び寸法の留め金具で留付け		P297	18.7.1の1
		②留め金具の間隔は、被覆材の外周部・中間部ともに150mm以下			18.7.1の2
		③目地部分及び取合い部分の裏面に当て木(目地部分に設ける場合は45mm×105mm以上)を設ける			18.7.1の3 18.7.1の5イ
		●2枚張りの場合:以下の項目すべてを満たすこと			
		①柱、間柱その他の垂直部材及び土台、はり、胴差しその他横架材に、1枚目の被覆材は、GNF40、長さ40mm以上のステープル、長さ28mm以上の木ねじ、タッピンねじまたはこれらに類する留め金具で、2枚目の被覆材は、GNF50、長さ50mm以上のステープル、長さ40mm以上の木ねじ、タッピンねじまたはこれらと同等以上の品質及び寸法の留め金具で留付け		P297	18.7.2の1

基準項目		基準の概要等	確認欄 ☑	2023仕様書該当ページ（項目番号）
内壁等	内壁の防火被覆材の壁張り	②留め金具の間隔は、1枚目の被覆材の外周部・中間部ともに150mm以下、2枚目の被覆材の外周部・中間部ともに200mm以下	□	P297　18.7.2の2
		③1枚目と2枚目の被覆材の目地が一致しないように配置　一致する場合は、当該部分の裏面に当て木(45mm×105mm以上)を設ける		18.7.2の3　18.7.2の5
天井等	上階に床がない部分の天井の防火被覆	●下地材料の種類は次のいずれかとする	□	P292　18.4.1の1
		①厚さ12mm以上のせっこうボード張り		イ
		②厚さ9mm以上のせっこうボード2枚張り		ロ
		③厚さ9mm以上のせっこうボード張りの上に厚さ9mm以上のロックウール化粧吸音板張り		ハ
	上階に床がある部分の天井の防火被覆　※地階の天井で下地が鉄筋コンクリート造のスラブでない部分を含む	●下地材料の種類は次のいずれかとする	□	P292　18.4.2の1
		①厚さ9mm以上のせっこうボード2枚張り		イ（イ）
		②厚さ9mm以上のせっこうボード張りの上に厚さ9mm以上のロックウール化粧吸音板張り		イ（ロ）
		③厚さ12mm以上の強化せっこうボード張り		ロ
	室内に面するはりの防火被覆	●室内に面するはりがある場合、下地材料の種類は次のいずれかとする	□	P300　18.10の1
		①厚さ9mm以上のせっこうボード2枚張り		イ
		②厚さ12mm以上の強化せっこうボード張り		ロ
	上階に床がある部分の天井の防火被覆材の目地処理（2枚張りは目地が一致する部分のみ）	●目地処理の方法は次の①〜③のいずれかを充填するか、④、⑤の当て木を設ける	□	P293　18.4.3の3
		①厚さ50mm以上のロックウール(かさ比重0.024以上)		イ
		②厚さ50mm以上のグラスウール(かさ比重0.024以上)		
		③厚さ100mm以上のグラスウール(かさ比重0.01以上)		
		④30mm×38mm以上または35mm×35mm以上の木材または鋼材		ロ
		⑤厚さ0.4mm×幅90mm以上の鋼板		
	天井及びはりの防火被覆材の留付け	●1枚張りの場合：以下の項目すべてを満たすこと	□	P299　18.8.1
		①根太、野縁等に、GNF40、長さ40mm以上のステープル、長さ28mm以上の木ねじ、タッピンねじまたはこれらと同等以上の品質及び寸法の留め金具で留付け　※はりの防火被覆は、はりに直接留め付けてもよい		1
		②留め金具の間隔は被覆材の外周部150mm以下、中間部200mm以下		2
		●2枚張りの場合：以下の項目すべてを満たすこと	□	P299　18.8.2
		①根太、野縁等に、1枚目の被覆材は、GNF40、長さ40mm以上のステープル、長さ28mm以上の木ねじ、タッピンねじまたはこれらと同等以上の品質及び寸法の留め金具で、2枚目の被覆材は、GNF50、長さ50mm以上のステープル、長さ40mm以上の木ねじ、タッピンねじまたはこれらと同等以上の品質及び寸法の留め金具で留付け　※はりの防火被覆は、はりに直接留め付けてもよい		1
		②留め金具の間隔は、1枚目の被覆材の外周部・中間部ともに300mm以下、2枚目の被覆材の外周部は150mm以下、中間部は200mm以下		2
その他	その他の防耐火上の措置	●防火被覆材の目地処理は防火上支障のないよう処理する	□	P301　18.12の1
		●防火被覆材を貫通して設備器具を取り付ける場合の措置：当該器具または当該器具の裏面を当該部分に空隙が生じないよう(準)不燃材料で造りまたは覆う		18.12の2
		●防火被覆材を貫通して木材を取り付ける場合の措置：防火被覆の貫通方向に30mm以上の厚さの木材を設置することができる。この場合の目地部分及び取合い部分には当て木(30mm以上×38mm以上または35mm×35mm以上の木材)を設ける		18.12の4
		●「床又は天井と壁」及び「壁と壁」との取合い部には、次のいずれかの材料によりファイヤーストップ措置を行う　※上階に床がある部分の天井は、天井内部における間仕切り壁と横架材との間にも次のいずれかのファイヤーストップ措置が必要		18.12の3
		①厚さ30mm以上の木材		イ
		②厚さ50mm以上のロックウール(かさ比重0.024以上)、厚さ50mm以上のグラスウール(かさ比重0.024以上)または厚さ100mm以上のグラスウール(かさ比重0.01以上)		ロ
		③厚さ12mm以上のせっこうボード		ハ

※上表における使用材料について、日本産業規格または日本農林規格の指定があるものは、それぞれの規格に適合するもの、またはこれらと同等以上の性能を有するものとする。

※「界壁」、「界床」の仕様に関しては上表に記載していない。連続建て、重ね建ての場合の「界壁」、「界床」の仕様は、本仕様書で確認すること。

18 省令準耐火構造

18.2 屋根、外壁及び軒裏

1. 屋根は、次のいずれかとする。
   - イ. ☐不燃材料（建築基準法第2条第9号に規定する不燃材料をいう。）で造るか、又はふく。
   - ロ. ☐準耐火構造（屋外に面する部分を準不燃材料で造ったものに限る。）とする。
   - ハ. ☐耐火構造（屋外に面する部分を準不燃材料で造ったもので、かつ、その勾配が水平面から30°以内のものに限る。）の屋外面に断熱材（ポリエチレンフォーム、ポリスチレンフォーム、硬質ポリウレタンフォームその他これらに類する材料を用いたもので、その厚さの合計が50mm以下のものに限る。）及び防水材（アスファルト防水工法、改質アスファルトシート防水工法、塩化ビニル樹脂系シート防水工法、ゴム系シート防水工法又は塗膜防水工法を用いたものに限る。）を張ったものとする。
   - ニ. ☐前各号に定めるもの以外の仕様とする場合は、建築基準法施行令第136条の2の2第1号及び第2号の規定に適合するものとして、国土交通大臣が認めるものとする。
2. 外壁及び軒裏は、次のいずれかとする。
   - イ. ☐防火構造（建築基準法第2条第8号に規定する構造をいう。以下同じ。）とする。
   - ロ. ☐建築基準法第2条第8号の規定に基づき国土交通大臣が認めるものとする。
3. 2に掲げる材料の品質は、JISに適合するもの、又はこれと同等以上の性能を有するものとする。

留意事項

省令準耐火構造の住宅の外壁の仕様

　省令準耐火構造の住宅では、外壁を建築基準法に定める防火構造とすることが必要である。平成12年の建築基準法改正による性能規定化以後、外壁を防火構造とする場合は、屋外側に加え、屋内側も一定の仕様とすることが必要となっている（例：屋内側に厚さ9.5mm以上のせっこうボード張り等）。さらに省令準耐火構造の住宅とする場合、壁の室内に面する部分については、15分以上の耐火性能を求めており、外壁を防火構造としただけでは、省令準耐火構造が求める外壁の室内側の防火被覆の仕様（例：厚さ12mm以上のせっこうボード張り等）を満たさない場合があるので注意が必要である。

　なお、外壁の室内に面する部分を防火構造とする場合には、室内側、屋外側の両面から防火構造の仕様を満たす必要がある。

軒裏換気の仕様

　軒裏については防火構造を求めているが、小屋裏換気のための換気部材に制限をしていない。したがって、軒裏に換気部材を設置した場合でも、そこにダンパーを設ける必要はない。また、防火構造の大臣認定を取得した不燃系ボードに小屋裏換気用の小さな孔を開けた有孔ボードを設置することも可能である。

18.3 界壁以外の部分の内壁

1. 外壁の室内に面する部分の防火被覆又は構造は、次のいずれかによる。ただし、外壁を防火構造の認定を受けたものとする場合は、2のロ又はハとすることができる。また、防火被覆材の取付け方法は、本章18.7（壁張り）による。　　18.7 ☞297頁
   - イ. ☐厚さ12mm以上のせっこうボード張り
   - ロ. ☐厚さ9.5mm以上のせっこうボード2枚張り
   - ハ. ☐防火構造
2. 1以外の室内に面する壁の防火被覆又は構造は、次のいずれかによる。防火被覆材の取付け方法は、本章18.7（壁張り）による。　　18.7 ☞297頁
   - イ. ☐厚さ12mm以上のせっこうボード張り
   - ロ. ☐厚さ9mm以上のせっこうボード2枚張り
   - ハ. ☐厚さ7mm以上のせっこうラスボード張りの上に、厚さ8mm以上のプラスター塗り

ニ. ☐ 防火構造

3. 柱及び間柱と1及び2の防火被覆材の間に面材(「補助面材」という。以下同じ。)を設ける場合は、次のいずれかとし、その厚さは9mm以上とする。ただし、ハのHBの厚さは、5mm以上とすることができる。

イ. ☐ 構造用合板
ロ. ☐ 構造用パネル
ハ. ☐ MDF(ミディアムデンシティファイバーボード)又はHB(ハードボード)
ニ. ☐ パーティクルボード
ホ. ☐ 木質系セメント板で、不燃材料又は準不燃材料であるもの
ヘ. ☐ パルプセメント板で、不燃材料又は準不燃材料であるもの
ト. ☐ 繊維強化セメント板で、不燃材料又は準不燃材料であるもの(ただしスレートの波板を除く。)
チ. ☐ 火山性ガラス質複層板で、不燃材料又は準不燃材料であるもの
リ. ☐ せっこうボード製品で、不燃材料又は準不燃材料であるもの

4. 1、2及び3に掲げる材料の品質は、JIS若しくはJASに適合するもの、又はこれと同等以上の性能を有するものとする。

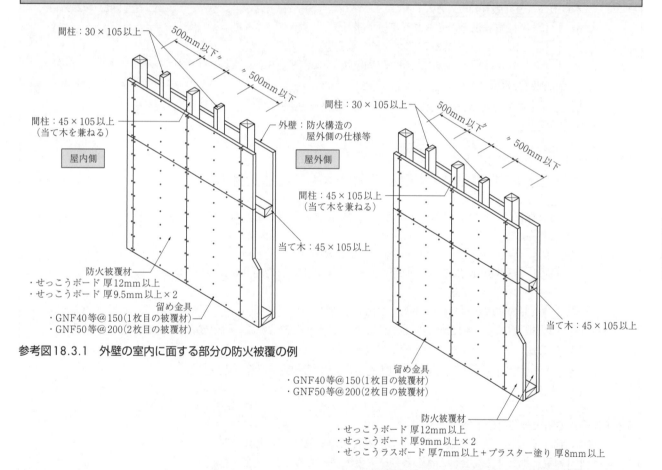

間柱:30×105以上
500mm以下
500mm以下
間柱:45×105以上
(当て木を兼ねる)
屋内側
外壁:防火構造の屋外側の仕様等

防火被覆材
・せっこうボード 厚12mm以上
・せっこうボード 厚9.5mm以上×2
留め金具
・GNF40等@150(1枚目の被覆材)
・GNF50等@200(2枚目の被覆材)

参考図18.3.1　外壁の室内に面する部分の防火被覆の例

間柱:30×105以上
500mm以下
500mm以下
屋外側
間柱:45×105以上
(当て木を兼ねる)
当て木:45×105以上
当て木:45×105以上

留め金具
・GNF40等@150(1枚目の被覆材)
・GNF50等@200(2枚目の被覆材)

防火被覆材
・せっこうボード 厚12mm以上
・せっこうボード 厚9mm以上×2
・せっこうラスボード 厚7mm以上+プラスター塗り 厚8mm以上

参考図18.3.2　間仕切り壁の防火被覆の例

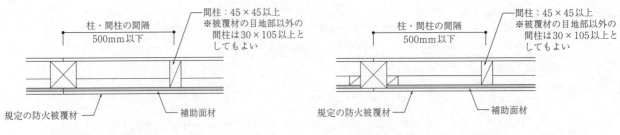

| （A）柱の上に補助面材を設ける場合 | （B）柱と補助面材の面を合わせる場合 |

参考図18.3.3　補助面材の配置の例

留意事項

ユニットバスを設置する浴室の天井や壁にも防火被覆が必要なので注意すること。

18.4 界床以外の部分の天井

18.4.1 上階に床がない部分の天井

1. 室内に面する天井の防火被覆は、次のいずれかとする。防火被覆材の取付け方法は、本章18.8（天井張り）による。

   イ．☐厚さ12mm以上のせっこうボード張り

   ロ．☐厚さ9mm以上のせっこうボード2枚張り

   ハ．☐厚さ9mm以上のせっこうボード張りの上に、厚さ9mm以上のロックウール化粧吸音板張り

2. 1に掲げる材料の品質は、JISに適合するもの、又はこれと同等以上の性能を有するものとする。

18.8　☞299頁

18.4.2 上階に床がある部分の天井

1. 室内に面する天井の防火被覆及びその取付け方法は、次のいずれかとする。

   イ．☐防火被覆2枚張りの場合

   防火被覆は、次のいずれかとする。防火被覆材の取付け方法は、本章18.8（天井張り）による。

   （イ）☐厚さ9mm以上のせっこうボード2枚張り

   （ロ）☐厚さ9mm以上のせっこうボード張りの上に、厚さ9mm以上のロックウール化粧吸音板張り

   ロ．☐天井の防火被覆の耐火性能を強化する場合

   防火被覆は、厚さ12mm以上の強化せっこうボードとする。防火被覆材の取付け方法は、本章18.8（天井張り）による。

2. 1に掲げる材料の品質は、JISに適合するもの、又はこれと同等以上の性能を有するものとする。

18.8　☞299頁

18.8　☞299頁

18.4.3 天井の防火被覆材の下地

室内に面する天井の防火被覆材の下地は、木製又は鋼製とし、次による。

1. ☐木製下地とする場合は、次の各号によるものとする。

   イ．野縁は30mm×38mm以上又は35mm×35mm以上の木材とし、340mm以下の間隔で野縁受けに取り付ける。

   ロ．野縁受けは30mm×38mm以上又は35mm×35mm以上の木材とし、1m以下の間隔で吊り木に取り付ける。

   ハ．吊り木は30mm×38mm以上又は35mm×35mm以上の木材とし、1m以下の間隔で吊り木受け又ははりに取り付ける。

2. ☐鋼製下地とする場合は、次の各号によるものとする。

   イ．野縁は、原材料が溶融亜鉛めっき鋼板（JISに規定するもので、両面等厚めっきの最小付着量表示記号Z12以上のもの）又はガルバリウム鋼板（JISに規定する

 もので、両面等厚めっきの最小付着量表示記号AZ120以上のもの)の角形鋼で、幅及び高さがともに40mm以上、厚さが0.4mm以上のものとし、340mm以下の間隔で野縁受けに取り付ける。

ロ．野縁受けの断面寸法は、〔－30×30×1.6又は〔－12×38×0.9とし、野縁のたわみが野縁受けの設置間隔の1/750以下となるよう取り付ける。

ハ．吊りボルト及び吊り金具の間隔は、1.5m以下とする。

3．□本章18.4.2（上階に床がある部分の天井）の1のロにより、天井の防火被覆材を1枚張りとする場合は、防火被覆材の裏面に、次のいずれかの措置を講ずる。 18.4.2の1 ☞292頁

イ．□厚さ50mm以上のロックウール（かさ比重0.024以上）、厚さ50mm以上のグラスウール（かさ比重0.024以上）、又は厚さ100mm以上のグラスウール（かさ比重0.01以上）のいずれかを充填する。

ロ．□天井の防火被覆材の目地部分には、野縁、野縁受け又は当て木を設ける。当て木は、30mm×38mm以上若しくは35mm×35mm以上の木材若しくは鋼材、又は厚さ0.4mm×幅90mm以上の鋼板とする。

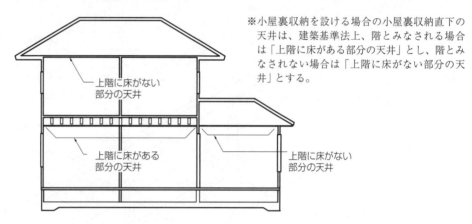

※小屋裏収納を設ける場合の小屋裏収納直下の天井は、建築基準法上、階とみなされる場合は「上階に床がある部分の天井」とし、階とみなされない場合は「上階に床がない部分の天井」とする。

上階に床がない部分の天井

上階に床がある部分の天井

上階に床がない部分の天井

参考図18.4　上階に床のある、なしの区分

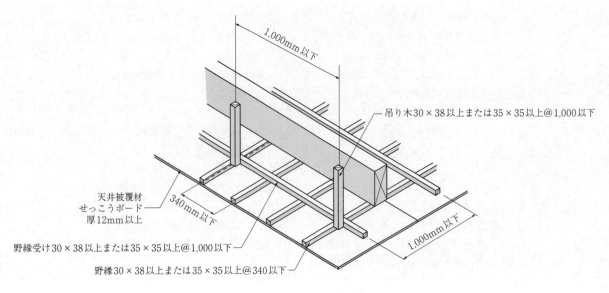

吊り木30×38以上または35×35以上@1,000以下

天井被覆材
せっこうボード
厚12mm以上

野縁受け30×38以上または35×35以上@1,000以下

野縁30×38以上または35×35以上@340以下

（A）せっこうボード1枚張り

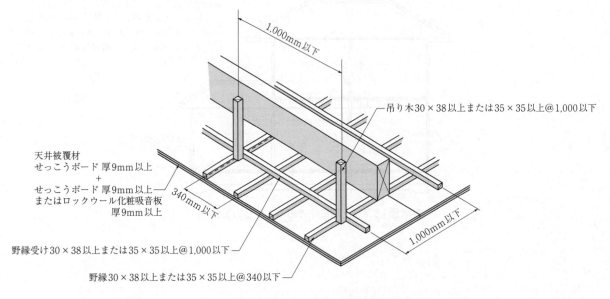

吊り木30×38以上または35×35以上@1,000以下

天井被覆材
せっこうボード 厚9mm以上
＋
せっこうボード 厚9mm以上
またはロックウール化粧吸音板
厚9mm以上

野縁受け30×38以上または35×35以上@1,000以下

野縁30×38以上または35×35以上@340以下

（B）せっこうボード2枚張り

参考図18.4.1　上階に床がない部分の天井（天井木製下地）

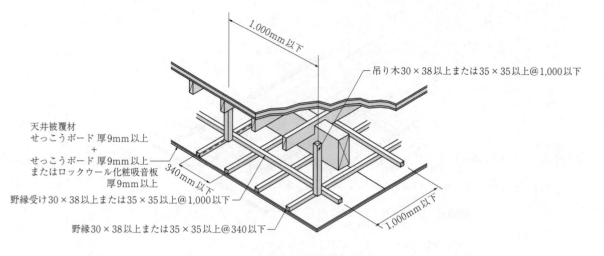

（A）せっこうボード2枚張り

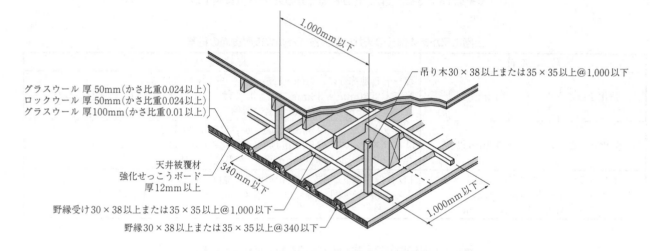

（B）強化せっこうボード1枚張り＋断熱材

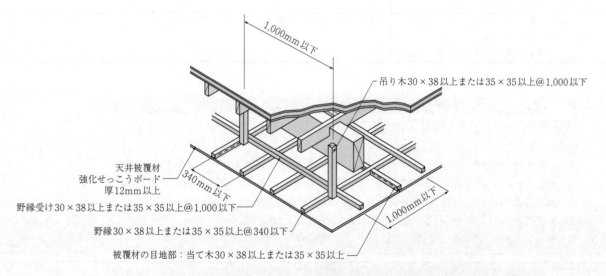

（C）強化せっこうボード1枚張り＋当て木等

参考図18.4.3-1　上階に床がある部分の天井（天井木製下地）

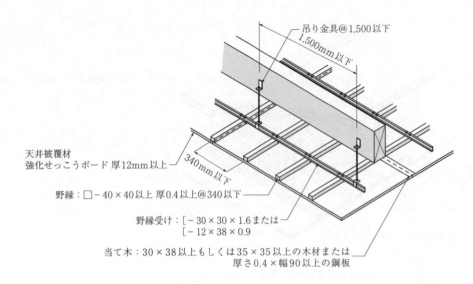

参考図18.4.3-2　上階に床がある部分の天井（天井鋼製下地）

上階に床がある部分の天井の防火被覆と防火被覆裏面の措置

防 火 被 覆	防 火 被 覆 裏 面
A. 強化せっこうボード　厚12mm以上	ボード目地部分に、野縁・野縁受け・当て木を設ける。 当て木は30mm×38mm以上もしくは35mm×35mm以上の木材・鋼材、または厚0.4mm×幅90mm以上の鋼板
B. 強化せっこうボード　厚12mm以上	①ロックウール　厚50mm以上（かさ比重0.024以上） ②グラスウール　厚50mm以上（かさ比重0.024以上） ③グラスウール　厚100mm以上（かさ比重0.01以上）
C. ①せっこうボード　厚9mm以上×2 　②せっこうボード　厚9mm以上 　　＋RW化粧吸音板　厚9mm以上	1枚目のボードと2枚目のボードの目地は一致させない。 やむを得ず一致する場合は、所定の断熱材または当て木を設ける。

上階に床がない部分の天井の防火被覆と防火被覆裏面の措置

防 火 被 覆	防 火 被 覆 裏 面
A. せっこうボード　厚12mm以上	不要
B. ①せっこうボード　厚9mm以上×2 　②せっこうボード　厚9mm以上 　　＋RW化粧吸音板　厚9mm以上	不要（1枚目のボードと2枚目のボードの目地は一致させないことが望ましい。）

18.5 界壁

連続建ての住戸間の界壁の仕様は次によるか、若しくは1時間準耐火構造の界壁とし、小屋裏又は天井裏まで達せしめる。
1. 界壁の厚さ（仕上げ材料の厚さを含まないものとする。）を100mm以上とする。
2. 界壁の内部に厚さが25mm以上のグラスウール（かさ比重0.02以上）又は厚さが25mm以上のロックウール（かさ比重0.04以上）のいずれかを充填する。
3. 界壁の両面は、厚さが12mm以上のせっこうボードを2枚張りとする。
4. せっこうボードの留付けは、本章18.7.3（界壁部留付け）による。　18.7.3 ☞298頁

18.6 界床

重ね建ての住戸間の界床の防火被覆及び構造は、本章17.2.7（界床以外の床（最下階の床を除く））による。　17.2.7 ☞283頁

18.7 壁張り

18.7.1　1枚張り

界壁以外の部分の室内に面する壁の防火被覆材を、1枚張りとする場合の下地及び留付けは、次による。

1. 防火被覆材は柱、間柱その他の垂直部材及び土台、はり、胴差しその他の横架材に、GNF40、長さ40mm以上のステープル、長さ28mm以上の木ねじ、タッピンねじ又はこれらと同等以上の品質及び寸法の留め金具で確実に留め付ける。ただし、国土交通大臣の認定を受けた耐力壁の場合の留付けに用いるくぎ等及び留付け方法は、特記による。

2. 留め金具の間隔は、防火被覆材の外周部及び中間部ともに150mm以下とする。ただし、本章18.7.1（1枚張り）の4により柱又は間柱を切り欠くことで留付けができない部分が生じる場合には、省略分を近傍に増し打ちする。
   18.7.1の4　☞297頁

3. 防火被覆材は、目地部分及び取合い部分の裏面に当て木を設け留め付ける。当て木は間柱その他の構造材のうち、当て木の断面寸法以上のものをもってかえることができる。なお、天井の防火被覆材の下地を鋼製下地とする場合には、天井と壁の取合い部に設ける鋼製ランナーを当て木とすることができる。

4. 柱及び間柱の間隔は500mm以下とし、間柱の断面寸法は30mm×105mm以上とする。やむを得ず、構造器具又は設備器具の設置により、柱又は間柱を切り欠く場合は、本項18.12（その他）の3のロに規定する断熱材により防火上支障のないよう処理する。
   18.12の3　☞301頁

5. 当て木の断面寸法は、次による。
   - イ．防火被覆材の目地部分に設ける場合は、45mm×105mm以上の木材とする。
   - ロ．床又は天井と壁の取合い部、壁と壁との取合い部に設ける場合は、次による。
     - （イ）木材及び角形鋼の場合は、30mm×38mm以上又は35mm×35mm以上とする。
     - （ロ）天井と壁の取合い部に設ける鋼製ランナーの場合は、防火被覆材と接する部分が高さ40mm以上、幅30mm以上とする。

6. 補助面材が設けられている部分については、補助面材の当て木又は間柱に接する部分を、当て木又は間柱の断面寸法に含まれるものとみなすことができる。

18.7.2　2枚張り

界壁以外の部分の室内に面する壁の防火被覆材を、2枚張りとする場合の下地及び留付けは、次による。

1. 防火被覆材は柱、間柱その他の垂直部材及び土台、はり、胴差しその他の横架材に、1枚目に張る防火被覆材（以下「1枚目ボード」という。）においては、GNF40、長さ40mm以上のステープル、長さ28mm以上の木ねじ、タッピンねじ又はこれらに類する留め金具で、2枚目に張る防火被覆材（以下「2枚目ボード」という。）においては、GNF50、長さ50mm以上のステープル、長さ40mm以上の木ねじ、タッピンねじ又はこれらと同等以上の品質及び寸法の留め金具で確実に留め付ける。

2. 留め金具の間隔は、1枚目ボードの外周部及び中間部はともに150mm以下、2枚目ボードの外周部及び中間部はともに200mm以下とする。ただし、本章18.7.2（2枚張り）の4により柱又は間柱を切り欠くことで留付けができない部分が生じる場合には、省略分を近傍に増し打ちする。
   18.7.2の4　☞297頁

3. 防火被覆材は、壁の外周部を除き、1枚目と2枚目ボードの目地が一致しないように配置する。やむを得ず目地が一致する場合は、当該部分の裏面に当て木を設ける。なお、間柱その他の構造材をもって当て木にかえることができる。

4. 柱、間柱の間隔及び間柱の断面寸法は、本章18.7.1（1枚張り）の4による。
   18.7.1の4　☞297頁

5. 当て木の断面寸法は、本章18.7.1（1枚張り）の5による。
   18.7.1の5　☞297頁

6. 補助面材を設ける場合は、本章18.7.1（1枚張り）の6による。
   18.7.1の6　☞297頁

18.7.3 界壁部留付け

界壁の部分の防火被覆材の留付けは、次による。

1. 防火被覆材は柱、間柱その他の垂直部材及び土台、はり、胴差しその他の横架材に、GNF40、長さ40mm以上の木ねじ、ステープル、タッピンねじ又はこれらと同等以上の品質及び寸法の留め金具で確実に留め付ける。ただし、2枚目に張るせっこうボードは、長さ50mm以上の留め金具で留め付ける。

2. 留め金具の間隔は、外周部は150mm以下、中間部は200mm以下とする。

3. 防火被覆材は、壁の外周部を除き1枚目と2枚目のボードの目地が一致しないように配置する。やむを得ず目地が一致する場合は、当該部分の裏面に当て木を設ける。なお、間柱その他の構造材をもって当て木にかえることができる。

4. 当て木の断面寸法は、30mm×38mm以上又は35mm×35mm以上の木材とする。

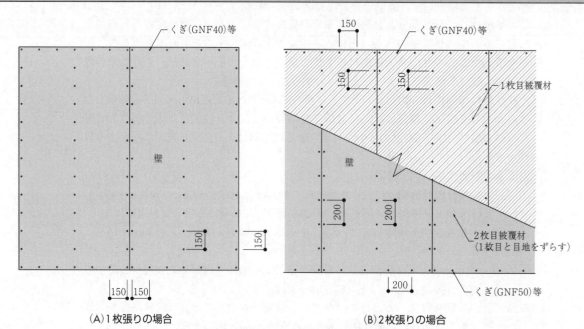

(A)1枚張りの場合 　　　　　　　　　　(B)2枚張りの場合

参考図18.7　室内側防火被覆材の留付け

壁(界壁以外)の留め金具の種類と長さ・留付け間隔

		留め金具の種類と長さ				留付け間隔	
		GNFくぎ	ステープル	木ねじ	タッピンねじ	外周部	中間部
壁 (界壁以外)	1枚張り	GNF40以上	40mm以上	28mm以上		150mm以内	
	2枚張り 1枚目	GNF40以上	40mm以上	28mm以上		150mm以内	
	2枚目	GNF50以上	50mm以上	40mm以上		200mm以内	

天井(界床以外)の留め金具の種類と長さ・留付け間隔

		留め金具の種類と長さ				留付け間隔	
		GNFくぎ	ステープル	木ねじ	タッピンねじ	外周部	中間部
天井 (界床以外)	1枚張り	GNF40以上	40mm以上	28mm以上		150mm以内	200mm以内
	2枚張り 1枚目	GNF40以上	40mm以上	28mm以上		300mm以内	
	2枚目	GNF50以上	50mm以上	40mm以上		150mm以内	200mm以内

18.8 天井張り

18.8.1　1枚張り

　界床以外の部分の室内に面する天井の防火被覆材を、1枚張りとする場合の留付けは、次の各号に適合するものとする。

1. 防火被覆材は根太、野縁等に、GNF40、長さ40mm以上のステープル、長さ28mm以上の木ねじ、タッピンねじ又はこれらと同等以上の品質及び寸法の留め金具で確実に留め付ける。
2. 留め金具の間隔は、外周部は150mm以下、中間部は200mm以下とする。

18.8.2　2枚張り

　界床以外の部分の室内に面する天井の防火被覆材を、2枚張りとする場合の留付けは、次による。

1. 防火被覆材は根太、野縁等に、1枚目ボードにおいては、GNF40、長さ40mm以上のステープル、長さ28mm以上の木ねじ、タッピンねじ又はこれらと同等以上の品質及び寸法の留め金具で、2枚目ボードにおいては、GNF50、長さ50mm以上のステープル、長さ40mm以上の木ねじ、タッピンねじ又はこれらと同等以上の品質及び寸法の留め金具で確実に留め付ける。
2. 留め金具の間隔は、1枚目ボードの外周部及び中間部はともに300mm以下、2枚目ボードの外周部は150mm以下、中間部は200mm以下とする。
3. 上階に床がある部分の天井における防火被覆材は、天井の外周部を除き1枚目と2枚目ボードの目地が一致しないように配置する。やむを得ず目地が一致する場合の当該部分の裏面の仕様は、本章18.4.3（天井の防火被覆材の下地）の3による。 18.4.3の3　☞293頁

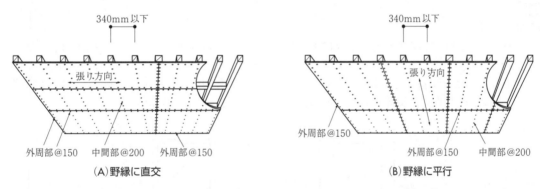

参考図18.8.1-1　上階に床がある部分の天井の防火被覆材の取付け方法（天井の防火被覆材の裏面に当て木を設ける場合）

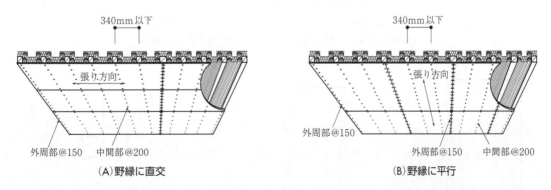

参考図18.8.1-2　上階に床がある部分の天井の防火被覆材の取付け方法（天井の防火被覆材の裏面に断熱材を充填する場合）

18.9 柱

柱の防火被覆は、屋外に面する部分にあっては、本章18.2（屋根、外壁及び軒裏）の2に、室内に面する部分にあっては、本章18.3（界壁以外の部分の内壁）及び本章18.5（界壁）のいずれかに準じる。ただし、本章18.2（屋根、外壁及び軒裏）の2、本章18.3（界壁以外の部分の内壁）及び本章18.5（界壁）に掲げる防火被覆を設けた壁の内部にあるものについては、これによらないことができる。

18.2の2　290頁
18.3　☞290頁
18.5　☞296頁
18.2の2　☞290頁
18.3　☞290頁
18.5　☞296頁

18.10 はり

1. はりの防火被覆は、屋外に面する部分にあっては、本章18.2（屋根、外壁及び軒裏）の2に準じ、室内に面する部分にあっては、次のいずれかとする。ただし、本章18.2（屋根、外壁及び軒裏）の2、本章18.3（界壁以外の部分の内壁）から本章18.6（界床）に掲げる防火被覆を設けた壁及び天井の内部にあるものについては、これによらないことができる。
   イ．☐厚さ9mm以上のせっこうボード2枚張り
   ロ．☐厚さ12mm以上の強化せっこうボード張り
2. 本章18.8（天井張り）は、はりの防火被覆の留付けを、前項のイ又はロとした場合に準用する。この場合において、同項中「根太、野縁等」とあるのは、「はり、根太、野縁等」と読み替えるものとする。

18.2の2　☞290頁

18.2の2　☞290頁
18.3　☞290頁
18.6　☞296頁

18.8　☞299頁

18.11 下がり天井

下がり天井（設備機器の設置その他の必要から天井面の一部を下げた部分をいう。）を設ける場合の防火被覆及び天井構成は、当該室の天井と同一とする。

留意事項

柱、はりの防火被覆

省令準耐火構造の住宅では、壁や天井を防火被覆することにより、軸組材に容易に着火しないようにすることが必要である。したがって、柱やはり等の構造材を現しとすることはできない。ただし、柱やはりに所定の防火被覆をした上から化粧材を張ることは差し支えない（その場合、法令上の内装制限に注意すること。）。また、建築基準法の準耐火構造において可能な「燃え代設計」は、省令準耐火構造の住宅では採用できない。

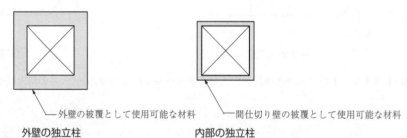

外壁の被覆として使用可能な材料　　間仕切り壁の被覆として使用可能な材料

外壁の独立柱　　　　　　　　内部の独立柱

参考図18.9　外部の独立柱と内部の独立柱の防火被覆例

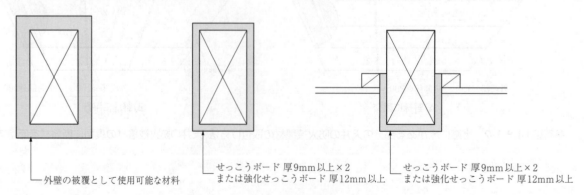

外壁の被覆として使用可能な材料

せっこうボード 厚9mm以上×2
または強化せっこうボード 厚12mm以上

せっこうボード 厚9mm以上×2
または強化せっこうボード 厚12mm以上

参考図18.10　はりの防火被覆例

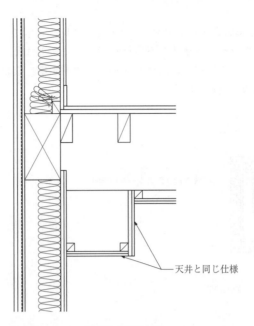

参考図18.11　下がり天井の例

18.12 その他

1. 壁及び天井の防火被覆の目地は、防火上支障のないよう処理する。

2. 壁又は天井の防火被覆を貫通して設備器具を取り付ける場合にあっては、当該器具又は当該器具の裏面を、当該部分に空隙が生じないよう不燃材料又は準不燃材料で造り又はおおうものとする。

3. 床又は天井と壁との取合い部、壁と壁との取合い部及び天井内部における間仕切り壁と横架材との間には、火炎が相互に貫通しないようファイヤーストップ材を設け、その材料は次のいずれかとする。ただし、上階に床が無い部分の天井の場合、天井内部における間仕切り壁と横架材との間のファイヤーストップ材を省略することができる。

   イ. ☐ 厚さ30mm以上の木材

   ロ. ☐ 厚さ50mm以上のロックウール（かさ比重0.024以上）、厚さ50mm以上のグラスウール（かさ比重0.024以上）、又は厚さ100mm以上のグラスウール（かさ比重0.01以上）

   ハ. ☐ 厚さ12mm以上のせっこうボード

4. 壁又は天井の防火被覆を部分的に貫通して木材を取り付ける場合、当該木材の寸法は、防火被覆を貫通する方向に30mm以上とする。なお、貫通する木材と防火被覆との目地部分及び取合い部分には、当て木を設ける。この場合の当て木は、断面寸法30mm×38mm以上又は35mm×35mm以上の木材とすることができる。

5. 本章18.3（界壁以外の部分の内壁）及び本章18.12（その他）の3の適用にあたっては、連続した室の面積の合計が10m²以内となる場合においては、火気を使用する室が含まれる場合を除き、それらをまとめて1室として取り扱うことができるものとする。
18.3　☞290頁
18.12の3　☞301頁

6. 外壁、界壁、界壁以外の部分の内壁、界床、界床以外の部分の天井、柱及びはりのうち、鉄筋コンクリート造によるものについては、本章18.2（屋根、外壁及び軒裏）から本章18.6（界床）、本章18.9（柱）及び本章18.10（はり）の規定は適用しない。
18.2　☞290頁
18.6　☞296頁
18.9　☞300頁
18.10　☞300頁

留意事項

壁または天井への設備器具の設置

　防火被覆を貫通して設備器具を取り付ける場合、壁・天井内に火炎が侵入しないよう、以下のいずれかの防火被覆を施す。

　① 当該器具の裏面をロックウール断熱材、グラスウール断熱材で被覆する。

　② 当該器具の裏面をせっこうボードや鋼製の枠で被覆する。

③コンセント差込み口以外の部分等について、金属製のプレート等により被覆した器具を使用する。

　換気ダクトについては、換気ダクト全体を不燃材料でつくりまたは覆う。換気ダクト全体を防火被覆または不燃材料としない場合は、換気ダクトの両端部に防火ダンパーを設置する。なお、どちらの場合でも、外壁のダクト開口部については、外壁の防火構造の規定に従う。

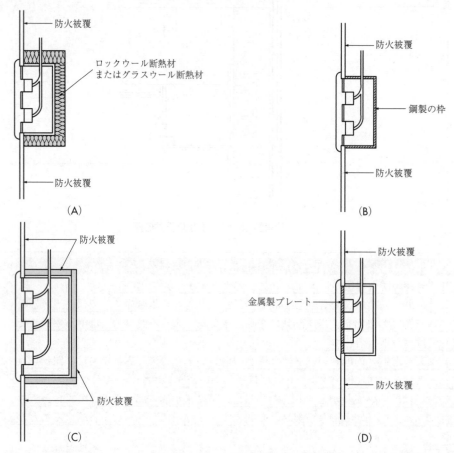

参考図18.12.2-1　設備器具の防火被覆例（コンセントボックス）

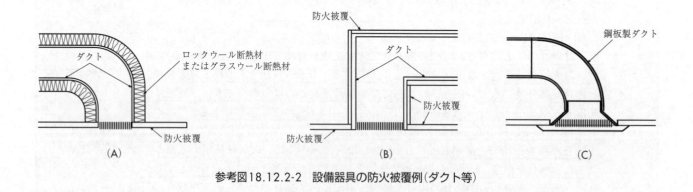

参考図18.12.2-2　設備器具の防火被覆例（ダクト等）

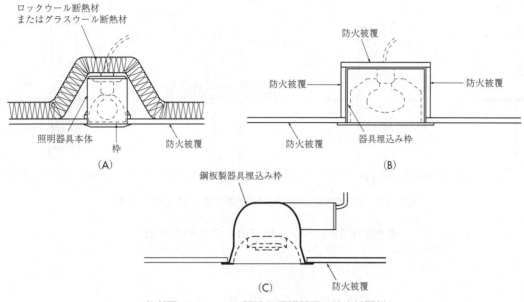

参考図18.12.2-3　埋込み照明器具の防火被覆例

留意事項

ファイヤーストップ材の設置

　火災時に防火被覆材が万一突破された場合においても壁や天井の内部を経由する火災拡大を最小限に抑えるため、以下の場所にはファイヤーストップ材を設ける。

①壁と壁との取合い部
②床または天井と壁との取合い部（最下階の床と壁との取合い部は省略可）
③天井内部における間仕切り壁と横架材との間（上階に床がない場合は省略可）

　なお③は、一方の天井ふところから、間仕切り壁と横架材との間をぬけて他方の天井ふところに火災が拡大するのを抑えるために設けるものである。

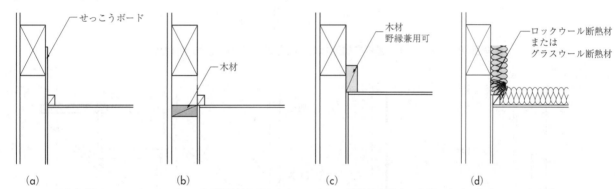

（本参考図はファイヤーストップの設置例を示したものであり、外壁防火構造の仕様の表示は省略しています。）

（A）天井と壁との取合い部

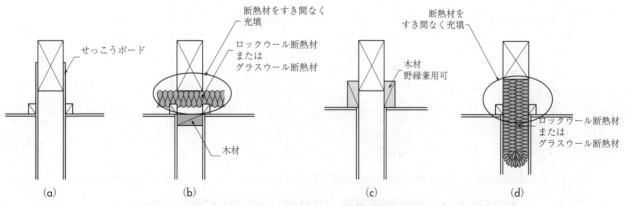

（B-1）天井と間仕切り壁との取合い部（上階に床がある部分の天井）

参考図18.12.3　ファイヤーストップの取合いの例①

（壁の防火被覆材留付けのための当て木が必要ですが、参考図18.12.3では表示を省略しています。）

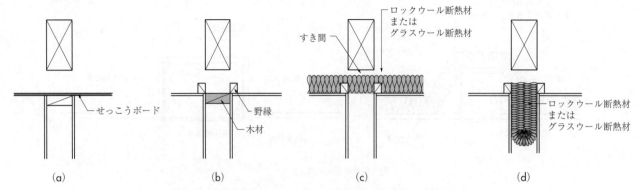

(B-2)天井と間仕切り壁との取合い部（上階に床がない部分の天井）

参考図18.12.3　ファイヤーストップの取合いの例②
（壁の防火被覆材留付けのための当て木が必要ですが、参考図18.12.3では表示を省略しています。）

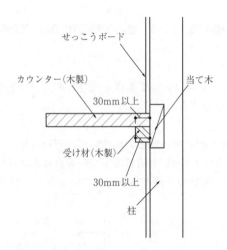

参考図18.12.4-1　防火被覆を貫通して木材を取り付ける場合の例（カウンター）

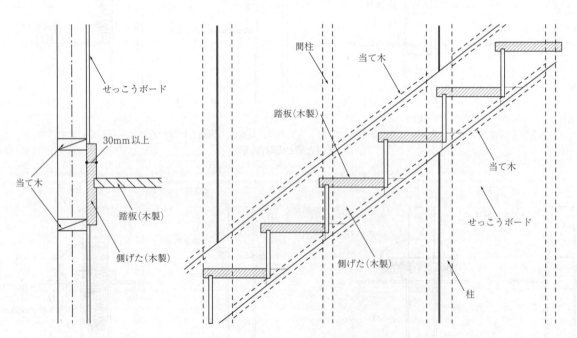

※踏板が木製であるため、踏板を側げたに取り付ける部分においても、貫通する方向に合計30mm以上の木材と見なせる。

参考図18.12.4-2　防火被覆を貫通して木材を取り付ける場合の例（階段の側げた）

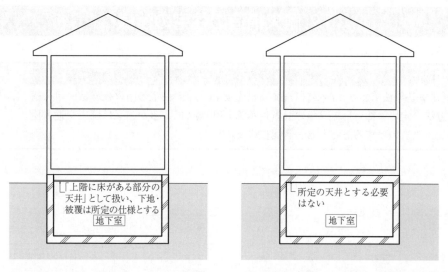

（A）地下室の直上にRC造スラブがない場合　　　（B）地下室の直上にRC造スラブがある場合

参考図18.12.6　地下室の直上スラブの有無による地下室天井の考え方

19.耐火構造の住宅の仕様

19.1 一般事項

　　耐火構造（建築基準法第2条第7号に該当する構造をいう。）の住宅の防火仕様は、耐火構造の構造方法を定める件（平成12年建設省告示第1399号）によるか、又は国土交通大臣の認定を受けたものとすることとし、特記による。

〔第Ⅲ章〕 フラット35S（金利Bプラン）工事仕様書

フラット35S（金利Bプラン）の技術基準^(※1)

フラット35S（金利Bプラン）をご利用いただく場合は、フラット35の技術基準に加えて、次表の1～4のいずれか1つ以上の基準を満たす住宅であることが必要です。

1	省エネルギー性	断熱等性能等級5以上の住宅 または 一次エネルギー消費量等級6の住宅
2	耐　　震　　性	耐震等級（構造躯体の倒壊等防止）2以上の住宅
3	バリアフリー性	高齢者等配慮対策等級3以上の住宅
4	耐久性・可変性	劣化対策等級3の住宅、かつ、維持管理対策等級2以上の住宅 （共同住宅等の場合は、一定の更新対策（※2）が必要）

※1 各技術基準（建築物エネルギー消費性能基準に適合する住宅を除く。）は、「住宅の品質確保の促進等に関する法律」に基づく住宅性能表示制度の性能等級等と同じです。なお、住宅性能評価書を取得しなくても、所定の物件検査に合格すれば、フラット35S（金利Bプラン）をご利用いただけます。

※2 一定の更新対策とは、躯体天井高の確保（2.5m以上）及び間取り変更の障害となる壁または柱がないことです。

注）以下のいずれかに該当する場合は、フラット35S及びフラット35維持保全型を利用できません。
・住宅の全部または一部が土砂災害特別警戒区域（通称：レッドゾーン）内に含まれる場合
・都市再生特別措置法（平成14年法律第22号）第88条第1項に基づく届出を行った場合において、同条第5項に基づく市町村長による公表の措置を受けたとき

フラット35S工事仕様書の使い方

(1)〔第Ⅱ章〕工事仕様書のフラット35の基準事項に加え、「1.　省エネルギー性に関する基準（断熱等性能等級5）に係る仕様」、「2.　省エネルギー性に関する基準（一次エネルギー消費量等級6）に係る仕様」、「3.　耐震住宅に関する基準（耐震等級（構造躯体の倒壊等防止）2）に係る仕様」、「4.　バリアフリー性に関する基準（高齢者等配慮対策等級3）に係る仕様」または「5.　耐久性・可変性に関する基準（劣化対策等級3及び維持管理対策等級2など）に係る仕様」によってください。

(2)本文のアンダーライン「＿＿＿＿」の部分は、基準に係る項目ですので、訂正するとフラット35Sが利用できない場合があります。
　なお、アンダーライン「＿＿＿＿」以外の仕様については、ご自分の工事内容に合わせて当該仕様部分を適宜添削するなどしてご使用ください。

1. 省エネルギー性に関する基準（断熱等性能等級5）に係る仕様

1.1 一般事項

1.1.1 総則

1. フラット35Sにおける省エネルギー性に関する基準のうち、断熱等性能等級5に適合する住宅の仕様は、この項による。

2. 本項におけるアンダーライン「＿＿＿」の付された項目事項は、フラット35Sにおける省エネルギー性に関する基準のうち、断熱等性能等級5に係る仕様であるため、当該部分の仕様以外とする場合は、住宅金融支援機構の認めたものとする。

1.1.2 適用

1. 地域の区分は、巻末付録9（地域の区分一覧表）による。 付録9 ☞438頁

2. ☐ 断熱等性能等級5に適合する仕様を計算により決定する場合、以下のイ及びロを満たすものとする。

  イ．外皮平均熱貫流率及び冷房期の平均日射熱取得率は、以下の表に掲げる数値以下を満たすものとし、その仕様は特記による。

	地 域 の 区 分							
	1地域	2地域	3地域	4地域	5地域	6地域	7地域	8地域
外皮平均熱貫流率 （W/(m²·K)）	0.4	0.4	0.5	0.6	0.6	0.6	0.6	—
冷房期の 平均日射熱取得率		—			3.0	2.8	2.7	6.7

  ロ．結露の発生を防止する対策については、本章1.1.2（適用）の3のへによる。 1.1.2の3 ☞309頁

3. ☐ 断熱等性能等級5に適合する仕様を仕様により決定する場合、以下のイからへまでを満たすものとする。

  イ．断熱工事の施工部位は、本章1.2（施工部位）による。 1.2 ☞310頁

  ロ．各部位の断熱性能は、本章1.3（断熱性能）による。 1.3 ☞311頁

  ハ．開口部の断熱性能は、本章1.7（開口部の断熱性能）による。 1.7 ☞327頁

  ニ．開口部の日射遮蔽措置は、本章1.8（開口部の日射遮蔽措置）による。 1.8 ☞328頁

  ホ．気密工事は、充填断熱工法又は繊維系断熱材を用いた外張断熱工法による場合は本章1.5、発泡プラスチック系断熱材を用いた外張断熱工法による場合は本章1.6による。 1.5 ☞323頁
1.6 ☞326頁

  ヘ．防湿材の施工、通気層の設置及び防風層の設置は、本章1.4.3（防湿材の施工）の2、本章1.4.7（壁の施工）の5及び6、本章1.4.9（屋根の施工）の2及び3による。 1.4.3の2 ☞318頁
1.4.7の5·6 ☞320頁
1.4.9の2·3 ☞320頁

1.1.3 断熱材

1. 断熱材の品質は、JISの制定のあるものはその規格に適合したもので、原則としてJISマーク表示品とする。

2. 断熱材の形状及び種類は、次表による。なお、これ以外の断熱材を使用する場合は、性能及び生産品質が確かめられたものとする。

形　状	種　　　　　類	
	材　種	材　料　名
フェルト状断熱材	無機繊維系断熱材	グラスウール断熱材
		ロックウール断熱材
ボード状断熱材	無機繊維系断熱材	グラスウール断熱材
		ロックウール断熱材
	有機繊維断熱材	木質繊維断熱材
		ポリエステル繊維断熱材
		建材畳床
	発泡プラスチック系断熱材	ビーズ法ポリスチレンフォーム断熱材
		押出法ポリスチレンフォーム断熱材
		硬質ウレタンフォーム断熱材
		ポリエチレンフォーム断熱材
		フェノールフォーム断熱材
吹込み用断熱材	無機繊維系断熱材	吹込み用グラスウール断熱材
		吹込み用ロックウール断熱材
	木質繊維系断熱材	吹込み用セルローズファイバー
現場発泡断熱材	発泡プラスチック系断熱材	建築物断熱用吹付け硬質ウレタンフォーム

3. 断熱材のホルムアルデヒドの発散量に関する品質については、特記による。

1.1.4 構造材及び主要な下地材
断熱構造部を構成する構造材（柱、はり、横架材等）及び主要な下地材（間柱、床根太等）には、含水率20％以下の乾燥した材料を用いる。

1.1.5 断熱材の保管・取扱い
1. 断熱材が雨などによって濡れることがないよう十分配慮する。
2. 無機繊維系断熱材については、断熱材の上に重量物を載せないように十分注意する。
3. 発泡プラスチック系断熱材については、火気に十分注意する。

1.1.6 養生
1. 断熱工事終了後、後続の工事によって断熱材及び防湿材が損傷を受けないよう、必要に応じて養生を行う。
2. 施工中、屋外に面する断熱材は、雨水による濡れ、あるいは直射日光による劣化などにより損傷を受けないよう、必要に応じてシート類で養生する。

1.1.7 注意事項
1. 断熱工事は、他種工事との関連に十分留意し、確実な施工に最も適した時期に実施する。
2. 使用する断熱材、防湿材の種類に応じ、工具、作業衣などをあらかじめ準備する。

詳細については、第Ⅱ章7-1.1を参照する。

1.2 施工部位
1.2.1 断熱構造とする部分
断熱工事の施工部位は、次による。ただし、本章1.2.2（断熱構造としなくてもよい部分）については、断熱構造としなくてもよい。

1.2.2 ☞311頁

　　イ．住宅の屋根（小屋裏又は天井裏が外気に通じていない場合）、又は屋根の直下の天井（小屋裏又は天井裏が外気に通じている場合）
　　ロ．外気に接する壁

　　ハ．外気に接する床及びその他の床（床下換気孔等により外気と通じている床）

　　ニ．外気に接する土間床等の外周部分の基礎壁及びその他の土間床等の外周部分の
　　　　基礎壁（床下換気孔等により外気と通じている床裏と接する土間床等の基礎壁）

1.2.2 断熱構造としなくてもよい部分

本章1.2.1（断熱構造とする部分）にかかわらず、断熱構造としなくてもよい部分は、次による。　　1.2.1 ☞310頁

　　イ．居住区画に面する部位が断熱構造となっている物置、車庫、その他これに類する区画の外気に接する部位

　　ロ．外気に通じる床裏、小屋裏又は天井裏の壁で外気に接するもの

　　ハ．断熱構造となっている外壁から突き出した軒、袖壁、ベランダ、その他これらに類するもの

　　ニ．玄関土間、勝手口土間及び玄関土間又は勝手口土間につながる非居室の土間部分

　　ホ．床下換気孔等により外気に通じている場合で、バスユニットの裏面に断熱材が貼り付けられている、又は吹き付けられていることにより、断熱構造になっている浴室下部における土間床部分

詳細については、第Ⅱ章7-1.2を参照する。

1.3 断熱性能

1.3.1 一般事項

断熱材の熱抵抗値又は厚さは、この項による。

1.3.2 断熱材の種類

断熱材は、表1.3.2に掲げる種類の断熱材又は同表の熱伝導率を有する断熱材とする。

表1.3.2　記号別の断熱材の種類と規格

記号		断 熱 材 の 種 類	λ：熱伝導率 (W/(m·K))
A	A-1	吹込み用グラスウール 　（LFGW1052、LFGW1352、LFGW1852） 木質繊維断熱材 　（ファイバーボード1種1号、2号、2種1号A、2種2号A） 建材畳床（Ⅲ形）	λ = 0.052～0.051
	A-2	グラスウール断熱材 　通常品（10-50、10-49、10-48） 　高性能品（HG10-47、HG10-46） 吹込み用ロックウール（LFRW2547、LFRW3046） 建材畳床（K、N形）	λ = 0.050～0.046
B		グラスウール断熱材 　通常品（12-45、12-44、16-45、16-44、20-42、20-41） 　高性能品（HG10-45、HG10-44、HG10-43、HG12-43、 　　　　　　HG12-42、HG12-41） ロックウール断熱材（LA、LB、LC） ビーズ法ポリスチレンフォーム断熱材4号 ポリエチレンフォーム断熱材1種1号、2号 木質繊維断熱材（ファイバーボード2種1号B、2種2号B）	λ = 0.045～0.041
C	C-1	グラスウール断熱材 　通常品（20-40） 木質繊維断熱材 　（ファイバーマット、ファイバーボード2種1号C、2種2号C） 吹込み用グラスウール 　（LFGW2040、LFGW3240、LFGW3540） ロックウール断熱材（LD）	λ = 0.040～0.039

C	C-1	押出法ポリスチレンフォーム断熱材1種b(A) 吹込み用セルローズファイバー 　（LFCF2540、LFCF4040、LFCF4540、LFCF5040、 　　LFCF5540) 吹付け硬質ウレタンフォーム断熱材A種3	λ = 0.040～0.039
	C-2	グラスウール断熱材 　通常品(24-38、32-36、40-36、48-35、64-35) 　高性能品(HG14-38、HG14-37、HG16-38、HG16-37、 　　　　　HG16-36、HG20-38、HG20-37、HG20-36、 　　　　　HG20-35、HG24-36、HG24-35、HG28-35、 　　　　　HG32-35) 吹込み用グラスウール(LFGW2238、LFGW3238) ロックウール断熱材(MA、MB、MC、HA、HB) ビーズ法ポリスチレンフォーム断熱材2号、3号 押出法ポリスチレンフォーム断熱材1種b(B、C) ポリエチレンフォーム断熱材2種 フェノールフォーム断熱材2種1号(AI、AⅡ)、 　　　　　　　　　　3種1号(AI、AⅡ) 吹込み用ロックウール(LFRW6038)	λ = 0.038～0.035
D		グラスウール断熱材 　通常品(80-33、96-33) 　高性能品(HG20-34、HG24-34、HG24-33、HG28-34、 　　　　　HG28-33、HG32-34、HG32-33、HG36-34、 　　　　　HG36-33、HG36-32、HG36-31、HG38-34、 　　　　　HG38-33、HG38-32、HG38-31、HG40-34、 　　　　　HG40-33、HG40-32、HG48-33、HG48-32、 　　　　　HG48-31) ロックウール断熱材(HC) ビーズ法ポリスチレンフォーム断熱材1号 押出法ポリスチレンフォーム断熱材2種b(A、B、C) フェノールフォーム断熱材2種2号(AI、AⅡ) 硬質ウレタンフォーム断熱材1種1号(I、Ⅱ) ポリエチレンフォーム断熱材3種 吹付け硬質ウレタンフォーム断熱材A種1、2	λ = 0.034～0.029
E		押出法ポリスチレンフォーム断熱材 　スキン層なし3種a(A、B、C)、3種b(A、B、C) 　スキン層付き3種a(AI、AⅡ、BI、BⅡ、CI、CⅡ)、 　　　　　　　3種b(AI、AⅡ、BI、BⅡ、CI、CⅡ) 硬質ウレタンフォーム断熱材 　1種2号(I、Ⅱ)、3号(I、Ⅱ)、 　2種1号(AI、AⅡ)、2号(AI、AⅡ、BI、BⅡ)、 　3種1号(AI、AⅡ、BI、BⅡ、CI、CⅡ、DI、DⅡ)、 　3種2号(AI、AⅡ、BI、BⅡ、CI、CⅡ、DI、DⅡ) フェノールフォーム断熱材2種3号(AI、AⅡ) 吹付け硬質ウレタンフォーム断熱材A種1H、2H	λ = 0.028～0.023
F		押出法ポリスチレンフォーム断熱材 　スキン層なし3種a(D、E)、3種b(D、E) 　スキン層付き3種a(DI、DⅡ、EI、EⅡ)、 　　　　　　　3種b(DI、DⅡ、EI、EⅡ) 硬質ウレタンフォーム断熱材2種 　1号(BI、BⅡ、CI、CⅡ、DI、DⅡ、EI、EⅡ)、 　2号(CI、CⅡ、DI、DⅡ、EI、EⅡ、FI、FⅡ) フェノールフォーム断熱材1種 　1号(AI、AⅡ、BI、BⅡ、CI、CⅡ、DI、DⅡ、EI、EⅡ)、 　2号(AI、AⅡ、BI、BⅡ、CI、CⅡ、DI、DⅡ、EI、EⅡ)、 　3号(AI、AⅡ、BI、BⅡ、CI、CⅡ、DI、DⅡ、EI、EⅡ)	λ = 0.022以下

1.3.3 一戸建ての住宅における断熱材の熱抵抗値又は厚さ

　　一戸建ての住宅における断熱材の熱抵抗値又は厚さは、地域の区分、施工部位、断熱材の種類及び断熱材の施工方法に応じ、次の早見表に掲げる数値以上とする。(「必要な熱

抵抗値」の単位はm²·K/W）

【早見表の活用にあたっての注意】

1. 以下の早見表の断熱材の厚さは、断熱材の各グループのうち、熱伝導率の最大値を用いて算出した厚さを5mm単位で切り上げたものである。したがって、使用する断熱材によっては、必要厚さを早見表に掲げる数値よりも低い値とすることが可能であり、この場合の断熱材の種類・厚さは特記する。

2. 部位（屋根又は天井、壁、床）によって異なる断熱材の施工方法（充填断熱工法、外張断熱工法又は内張断熱工法）を採用する場合には、当該施工方法に該当するそれぞれの熱抵抗値又は厚さを適用する。

3. 「土間床等の外周部分の基礎壁」の断熱材厚さは、当該基礎壁の外側、内側又は両側に、地盤面に垂直に施工される断熱材の厚さを示す。なお、断熱材の垂直方向の深さは、基礎底盤上端から基礎天端まで、又はこれと同等以上の断熱性能を確保できるものとすること。

1. 1地域及び2地域に建設する充填断熱工法の一戸建ての住宅における断熱材の熱抵抗値又は必要厚さは、次による。

部位	断熱材の厚さ	必要な熱抵抗値	A-1	A-2	B	C-1	C-2	D	E	F
屋根又は天井	屋　根	6.9	360	345	315	280	265	235	195	155
	天　井	5.7	300	285	260	230	220	195	160	130
壁		4.0	210	200	180	160	155	140	115	90
床	外気に接する部分	5.0	260	250	225	200	190	170	140	110
	その他の部分	3.3	175	165	150	135	130	115	95	75
土間床等の外周部分の基礎壁	外気に接する部分	3.5	185	175	160	140	135	120	100	80
	その他の部分	1.2	65	60	55	50	50	45	35	30

2. 1地域及び2地域に建設する外張断熱工法又は内張断熱工法の一戸建ての住宅における断熱材の熱抵抗値又は必要厚さは、次による。

部位	断熱材の厚さ	必要な熱抵抗値	A-1	A-2	B	C-1	C-2	D	E	F
屋根又は天井		6.3	330	315	285	255	240	215	180	140
壁		3.8	200	190	175	155	145	130	110	85
床	外気に接する部分	4.5	235	225	205	180	175	155	130	100
	その他の部分	−	−	−	−	−	−	−	−	−
土間床等の外周部分の基礎壁	外気に接する部分	3.5	185	175	160	140	135	120	100	80
	その他の部分	1.2	65	60	55	50	50	45	35	30

3. 3地域に建設する充填断熱工法の一戸建ての住宅における断熱材の熱抵抗値又は必要厚さは、次による。

部位	断熱材の厚さ	必要な熱抵抗値	A-1	A-2	B	C-1	C-2	D	E	F
屋根又は天井	屋　根	5.7	300	285	260	230	220	195	160	130
	天　井	4.4	230	220	200	180	170	150	125	100
壁		2.7	145	135	125	110	105	95	80	60
床	外気に接する部分	5.0	260	250	225	200	190	170	140	110
	その他の部分	3.3	175	165	150	135	130	115	95	75
土間床等の外周部分の基礎壁	外気に接する部分	3.5	185	175	160	140	135	120	100	80
	その他の部分	1.2	65	60	55	50	50	45	35	30

4. 3地域に建設する外張断熱工法又は内張断熱工法の一戸建ての住宅における断熱材の熱抵抗値又は必要厚さは、次による。

部位	断熱材の厚さ	必要な熱抵抗値	A-1	A-2	B	C-1	C-2	D	E	F
屋根又は天井		4.8	250	240	220	195	185	165	135	110
壁		2.3	120	115	105	95	90	80	65	55
床	外気に接する部分	4.5	235	225	205	180	175	155	130	100
	その他の部分	−	−	−	−	−	−	−	−	−
土間床等の外周部分の基礎壁	外気に接する部分	3.5	185	175	160	140	135	120	100	80
	その他の部分	1.2	65	60	55	50	50	45	35	30

5. 4地域、5地域、6地域及び7地域に建設する充填断熱工法の一戸建ての住宅における断熱材の熱抵抗値又は必要厚さは、次による。

部位	断熱材の厚さ	必要な熱抵抗値	A-1	A-2	B	C-1	C-2	D	E	F
屋根又は天井	屋根	5.7	300	285	260	230	220	195	160	130
	天井	4.4	230	220	200	180	170	150	125	100
壁		2.7	145	135	125	110	105	95	80	60
床	外気に接する部分	3.4	180	170	155	140	130	120	100	75
	その他の部分	2.2	115	110	100	90	85	75	65	50
土間床等の外周部分の基礎壁	外気に接する部分	1.7	90	85	80	70	65	60	50	40
	その他の部分	0.7	40	35	35	30	30	25	20	20

6. 4地域、5地域、6地域及び7地域に建設する外張断熱工法又は内張断熱工法の一戸建ての住宅における断熱材の熱抵抗値又は必要厚さは、次による。

部位	断熱材の厚さ	必要な熱抵抗値	A-1	A-2	B	C-1	C-2	D	E	F
屋根又は天井		4.8	250	240	220	195	185	165	135	110
壁		2.3	120	115	105	95	90	80	65	55
床	外気に接する部分	3.1	165	155	140	125	120	110	90	70
	その他の部分	−	−	−	−	−	−	−	−	−
土間床等の外周部分の基礎壁	外気に接する部分	1.7	90	85	80	70	65	60	50	40
	その他の部分	0.7	40	35	35	30	30	25	20	20

7. 8地域に建設する充填断熱工法の一戸建ての住宅における断熱材の熱抵抗値又は必要厚さは、次による。

部位	断熱材の厚さ	必要な熱抵抗値	A-1	A-2	B	C-1	C-2	D	E	F
屋根又は天井	屋根	1.0	55	50	45	40	40	35	30	25
	天井	0.8	45	40	40	35	35	30	25	20
壁		−	−	−	−	−	−	−	−	−
床	外気に接する部分	−	−	−	−	−	−	−	−	−
	その他の部分	−	−	−	−	−	−	−	−	−
土間床等の外周部分の基礎壁	外気に接する部分	−	−	−	−	−	−	−	−	−
	その他の部分	−	−	−	−	−	−	−	−	−

8. 8地域に建設する外張断熱工法又は内張断熱工法の一戸建ての住宅における断熱材の熱抵抗値又は必要厚さは、次による。

断熱材の厚さ 部位	必要な 熱抵抗値	断熱材の種類・厚さ（単位：mm）							
		A-1	A-2	B	C-1	C-2	D	E	F
屋根又は天井	0.9	50	45	45	40	35	35	30	20
壁	－	－	－	－	－	－	－	－	－
床　外気に接する部分	－	－	－	－	－	－	－	－	－
その他の部分	－	－	－	－	－	－	－	－	－
土間床等の外周 部分の基礎壁　外気に接する部分	－	－	－	－	－	－	－	－	－
その他の部分	－	－	－	－	－	－	－	－	－

1.3.4 共同住宅等における断熱材の熱抵抗値又は厚さ

共同住宅等（複合建築物の住宅部分を含む。以下本章において同じ。）における断熱材の熱抵抗値又は厚さは、地域の区分、施工部位、断熱材の種類及び断熱材の施工方法に応じ、次の早見表に掲げる数値以上とする。（「必要な熱抵抗値」の単位はm²・K/W）

【早見表の活用にあたっての注意】

1. 以下の早見表の断熱材の厚さは、断熱材の各グループのうち、熱伝導率の最大値を用いて算出した厚さを5mm単位で切り上げたものである。したがって、使用する断熱材によっては、必要厚さを早見表に掲げる数値よりも低い値とすることが可能であり、この場合の断熱材の種類・厚さは特記する。
2. 部位（屋根又は天井、壁、床）によって異なる断熱材の施工方法（充填断熱工法、外張断熱工法又は内張断熱工法）を採用する場合には、当該施工方法に該当するそれぞれの熱抵抗値又は厚さを適用する。
3. 「土間床等の外周部分の基礎壁」の断熱材厚さは、当該基礎壁の外側、内側又は両側に、地盤面に垂直に施工される断熱材の厚さを示す。なお、断熱材の垂直方向の深さは、基礎底盤上端から基礎天端まで、又はこれと同等以上の断熱性能を確保できるものとすること。

1. 1地域及び2地域に建設する充填断熱工法の共同住宅等における断熱材の熱抵抗値又は必要厚さは、次による。

断熱材の厚さ 部位		必要な 熱抵抗値	断熱材の種類・厚さ（単位：mm）							
			A-1	A-2	B	C-1	C-2	D	E	F
屋根又は天井	屋　根	4.4	230	220	200	180	170	150	125	100
	天　井	3.4	180	170	155	140	130	120	100	75
壁		2.5	130	125	115	100	95	85	70	55
床	外気に接する部分	3.4	180	170	155	140	130	120	100	75
	その他の部分	2.1	110	105	95	85	80	75	60	50
土間床等の外周 部分の基礎壁	外気に接する部分	1.2	65	60	55	50	50	45	35	30
	その他の部分	0.4	25	20	20	20	20	15	15	10

2. 1地域及び2地域に建設する外張断熱工法又は内張断熱工法の共同住宅等における断熱材の熱抵抗値又は必要厚さは、次による。

断熱材の厚さ 部位		必要な 熱抵抗値	断熱材の種類・厚さ（単位：mm）							
			A-1	A-2	B	C-1	C-2	D	E	F
屋根又は天井		3.7	195	185	170	150	145	130	105	85
壁		2.2	115	110	100	90	85	75	65	50
床	外気に接する部分	3.1	165	155	140	125	120	110	90	70
	その他の部分	－	－	－	－	－	－	－	－	－
土間床等の外周 部分の基礎壁	外気に接する部分	1.2	65	60	55	50	50	45	35	30
	その他の部分	0.4	25	20	20	20	20	15	15	10

3. 3地域に建設する充填断熱工法の共同住宅等における断熱材の熱抵抗値又は必要厚さは、次による。

部位 断熱材の厚さ		必要な熱抵抗値	断熱材の種類・厚さ（単位：mm）							
			A-1	A-2	B	C-1	C-2	D	E	F
屋根又は天井	屋　根	2.5	130	125	115	100	95	85	70	55
	天　井	2.0	105	100	90	80	80	70	60	45
壁		2.1	110	105	95	85	80	75	60	50
床	外気に接する部分	3.4	180	170	155	140	130	120	100	75
	その他の部分	2.1	110	105	95	85	80	75	60	50
土間床等の外周部分の基礎壁	外気に接する部分	1.0	55	50	45	40	40	35	30	25
	その他の部分	0.3	20	15	15	15	15	15	10	10

4. 3地域に建設する外張断熱工法又は内張断熱工法の共同住宅等における断熱材の熱抵抗値又は必要厚さは、次による。

部位 断熱材の厚さ		必要な熱抵抗値	断熱材の種類・厚さ（単位：mm）							
			A-1	A-2	B	C-1	C-2	D	E	F
屋根又は天井		2.1	110	105	95	85	80	75	60	50
壁		1.8	95	90	85	75	70	65	55	40
床	外気に接する部分	3.1	165	155	140	125	120	110	90	70
	その他の部分	－	－	－	－	－	－	－	－	－
土間床等の外周部分の基礎壁	外気に接する部分	1.0	55	50	45	40	40	35	30	25
	その他の部分	0.3	20	15	15	15	15	15	10	10

5. 4地域、5地域、6地域及び7地域に建設する充填断熱工法の共同住宅等における断熱材の熱抵抗値又は必要厚さは、次による。

部位 断熱材の厚さ		必要な熱抵抗値	断熱材の種類・厚さ（単位：mm）							
			A-1	A-2	B	C-1	C-2	D	E	F
屋根又は天井	屋　根	2.0	105	100	90	80	80	70	60	45
	天　井	1.6	85	80	75	65	65	55	45	40
壁		1.8	95	90	85	75	70	65	55	40
床	外気に接する部分	2.9	155	145	135	120	115	100	85	65
	その他の部分	1.7	90	85	80	70	65	60	50	40
土間床等の外周部分の基礎壁	外気に接する部分	0.6	35	30	30	25	25	25	20	15
	その他の部分	0.1	10	5	5	5	5	5	5	5

6. 4地域、5地域、6地域及び7地域に建設する外張断熱工法又は内張断熱工法の共同住宅等における断熱材の熱抵抗値又は必要厚さは、次による。

部位 断熱材の厚さ		必要な熱抵抗値	断熱材の種類・厚さ（単位：mm）							
			A-1	A-2	B	C-1	C-2	D	E	F
屋根又は天井		1.7	90	85	80	70	65	60	50	40
壁		1.6	85	80	75	65	65	55	45	40
床	外気に接する部分	2.6	140	130	120	105	100	90	75	60
	その他の部分	－	－	－	－	－	－	－	－	－
土間床等の外周部分の基礎壁	外気に接する部分	0.6	35	30	30	25	25	25	20	15
	その他の部分	0.1	10	5	5	5	5	5	5	5

7. 8地域に建設する充填断熱工法の共同住宅等における断熱材の熱抵抗値又は必要厚さは、次による。

部位／断熱材の厚さ		必要な熱抵抗値	断熱材の種類・厚さ（単位：mm）							
			A-1	A-2	B	C-1	C-2	D	E	F
屋根又は天井	屋 根	1.0	55	50	45	40	40	35	30	25
	天 井	0.8	45	40	40	35	35	30	25	20
壁		－	－	－	－	－	－	－	－	－
床	外気に接する部分	－	－	－	－	－	－	－	－	－
	その他の部分	－	－	－	－	－	－	－	－	－
土間床等の外周部分の基礎壁	外気に接する部分	－	－	－	－	－	－	－	－	－
	その他の部分	－	－	－	－	－	－	－	－	－

8. 8地域に建設する外張断熱工法又は内張断熱工法の共同住宅等における断熱材の熱抵抗値又は必要厚さは、次による。

部位／断熱材の厚さ		必要な熱抵抗値	断熱材の種類・厚さ（単位：mm）							
			A-1	A-2	B	C-1	C-2	D	E	F
屋根又は天井		0.9	50	45	45	40	35	35	30	20
壁		－	－	－	－	－	－	－	－	－
床	外気に接する部分	－	－	－	－	－	－	－	－	－
	その他の部分	－	－	－	－	－	－	－	－	－
土間床等の外周部分の基礎壁	外気に接する部分	－	－	－	－	－	－	－	－	－
	その他の部分	－	－	－	－	－	－	－	－	－

1.3.5 断熱材の厚さの特例

床の「外気に接する部分」のうち、住宅の床面積の合計の5%以下の部分については、本章1.3.3(一戸建ての住宅における断熱材の熱抵抗値又は厚さ)及び本章1.3.4(共同住宅等における断熱材の熱抵抗値又は厚さ)における早見表において、「その他の部分」とみなすことができる。

1.3.3 ☞312頁
1.3.4 ☞315頁

詳細については、第Ⅱ章7-1.3を参照する。

1.4 断熱材等の施工

1.4.1 断熱材の加工

1. 切断などの材料の加工は、清掃した平たんな面上で、定規等を用い正確に行う。
2. 加工の際、材料に損傷を与えないように注意する。
3. ロールになったフェルト状断熱材を切断する場合は、はめ込む木枠の内のり寸法より5〜10mm大きく切断する。
4. ボード状断熱材は、専用工具を用いて、内のり寸法にあわせて正確に切断する。

1.4.2 断熱材の施工

1. 断熱材は、すき間なく施工する。
2. 断熱材を充填する場合は、周囲の木枠との間及び室内側下地材との間に、すき間が生じないよう均一にはめ込む。
3. 充填工法の場合は、フェルト状、ボード状又は吹込み用断熱材を、根太や間柱などの木枠の間にはめ込み、又は天井の上に敷き込むことにより取り付ける。
4. ボード状断熱材を充填する場合、すき間が生じたときは、現場発泡断熱材などで適切に補修する。
5. ボード状断熱材又はフェルト状断熱材を柱、間柱、たる木、軒げた、野地板等の外側に張り付ける（外張りする）場合は、断熱材の突付け部を、柱などの下地がある部分にあわせ、すき間が生じないようにくぎ留めする。
6. 耳付きの防湿層を備えたフェルト状断熱材を施工する場合は、耳を木枠の室内側見付け面に、間隔200mm内外でステープル留めとする。。
7. 住宅の次に掲げる部位では、おさまりと施工に特に注意し、断熱材及び防湿材にすき間が生じないようにする。
    イ．外壁と天井又は屋根との取合い部
    ロ．外壁と床との取合い部
    ハ．間仕切り壁と天井又は屋根及び床との取合い部
    ニ．下屋の小屋裏の天井と壁の取合い部
8. 上記以外の取付けを行う場合は、特記による。

1.4.3 防湿材の施工

1. 防湿材は、次のいずれかに該当するもの、又はこれらと同等以上の透湿抵抗を有するものとする。
    イ．☐ JIS A 6930（住宅用プラスチック系防湿フィルム）に適合するもの
    ロ．☐ JIS Z 1702（包装用ポリエチレンフィルム）に適合するもので、厚さ0.05mm以上のもの
    ハ．☐ JIS K 6781（農業用ポリエチレンフィルム）に適合するもので、厚さ0.05mm以上のもの
2. グラスウール、ロックウール、セルローズファイバー等の繊維系断熱材及びJIS A 9526に規定する吹付け硬質ウレタンフォームA種3、その他これらに類する透湿抵抗の小さい断熱材（以下「繊維系断熱材等」という。）を使用する場合は、外気等に接する部分に防湿材等を室内側に施工して防湿層を設ける。ただし、次のいずれかの場合は、当該部位について防湿層の設置を省略することができる。
    イ．土塗り壁の外側に断熱層がある場合
    ロ．床断熱において、断熱材下側が床下に露出する場合、又は湿気の排出を妨げない構成となっている場合
    ハ．建設地の地域の区分が8地域の場合
    ニ．断熱層が単一の材料で均質に施工され、透湿抵抗比（断熱層の外気側表面より室内側に施工される材料の透湿抵抗の合計値を、断熱層の外気側表面より外気側に施工される材料の透湿抵抗の合計値で除した値）が次の値以上である場合
        （イ）1地域、2地域及び3地域で、壁は5、屋根又は天井は6

（ロ）4地域で、壁は3、屋根又は天井は4

（ハ）5地域、6地域及び7地域で、壁は2、屋根又は天井は3

ホ．イからニと同等以上の結露の発生の防止に有効な措置を講ずる場合は、特記による。

3．防湿材の施工は、次のいずれかによる。

イ．☐防湿材は、幅広の長尺シートを用い、連続させ、すき間のできないように施工する。また、継目は下地材のあるところで30mm以上重ね合わせる。

ロ．☐イによらず耳付きの防湿材を備えたフェルト状断熱材を用いる場合は、防湿材を室内側に向けて施工する。なお、防湿材の継目は、すき間が生じないよう十分突き付け施工する。すき間が生じた場合は、1の防湿材、アルミテープ等の防湿テープで補修する。

4．防湿材は、電気配線や設備配管などにより破られないよう注意して施工する。万一、防湿材が破れた場合は、アルミテープ等の防湿テープで補修する。

1.4.4 防風材の施工

1．防風材は、通気層を通る外気が断熱層に侵入することを防止する材料とし、十分な強度及び透湿性を有するもので、次のいずれか、又はこれらと同等以上の強度及び透湿性を有するものとする。

イ．JIS A 6111（透湿防水シート）に適合するシート

ロ．合板

ハ．シージングボード

ニ．火山性ガラス質複層板、MDF、構造用パネル（OSB）等の面材

ホ．付加断熱材として使用される発泡プラスチック系断熱材、ボード状繊維系断熱材

ヘ．付属防湿層付き断熱材の外気側シート

2．繊維系断熱材等を屋根・外壁の断熱に用い、通気層がある場合は、防風材を断熱層の屋外側に施工して防風層を設ける。

3．防風材は、すき間のないように施工する。

4．シート状防風材は、通気層の厚さを確保するため、ふくらまないように施工する。

1.4.5 基礎の施工

基礎断熱の場合の基礎の施工は、次による。

1．床下空間を有する基礎断熱工法とする場合又は土間コンクリート床の場合、断熱位置は、基礎の外側、内側又は両側のいずれかとする。

2．断熱材は吸水性が小さい材料を用い、原則として基礎底盤上端から基礎天端まで、打込み工法により施工する。

3．断熱材の継目は、すき間ができないように施工する。型枠脱型後、すき間が生じているときは、現場発泡断熱材などで補修する。

4．基礎の屋外側に設ける断熱材は、外気に接しないよう、外装仕上げを行う。

5．基礎天端と土台との間には、すき間が生じないようにする。

6．床下防湿及び防蟻措置は、Ⅱ-3.4.5（床下防湿・防蟻措置）による。 Ⅱ-3.4.5 ☞54頁

7．ポーチ、テラス、ベランダ等の取合い部分で、断熱欠損が生じないよう施工する。

1.4.6 床の施工

床断熱の場合の床の施工は、次による。

1．最下階の床及び外気に接する床の断熱材の施工にあたっては、施工後、有害なたるみ、ずれ、屋内側の材料との間にすき間が生じないよう、原則として受け材を設ける。

2．床下の換気は、Ⅱ-3.3.11（床下換気）による。 Ⅱ-3.3.11 ☞41頁

3．地面からの水蒸気の発生を防ぐため、Ⅱ-3.3.15（床下防湿）による床下防湿工事を行う。 Ⅱ-3.3.15 ☞41頁

4. 土間コンクリート床は、Ⅱ-3.3.5（土間コンクリート床）による。　　　　　　　　　Ⅱ-3.3.5　☞39頁

1.4.7 壁の施工

1. 断熱材の施工にあたっては、長期間経過してもずり落ちないよう施工する。
2. 断熱材は、原則として、土台からけたにすき間なくはめ込むか、又は外張りとする。
3. 断熱材は、筋かい、配管部分にすき間ができないように注意して施工する。
4. 配管部は、管の防露措置を行うとともに、断熱材は配管の屋外側に施工する。
5. 断熱層の屋外側に通気層を設け、壁内結露を防止する構造とする。通気層の施工は、　Ⅱ-8.4　☞208頁
   Ⅱ-8.4（外壁内通気措置）による。
   ただし、次のいずれかに該当する場合は、通気層を設置しないことができる。
   イ．1地域及び2地域以外で、防湿層にJIS A 6930（住宅用プラスチック系防湿フィ
   　　ルム）を用いる場合
   ロ．1地域及び2地域以外で、防湿層が0.082m^2・s・Pa/ng以上の透湿抵抗を有する
   　　場合
   ハ．1地域及び2地域以外で、断熱層の外気側にALCパネル又はこれと同等以上の
   　　断熱性及び吸湿性を有する材料を用い、防湿層が0.019m^2・s・Pa/ng以上の透
   　　湿抵抗を有する場合
   ニ．断熱層が単一の材料で均質に施工され、透湿抵抗比が次の値以上である場合
   　　（イ）1地域、2地域及び3地域は5
   　　（ロ）4地域は3
   　　（ハ）5地域、6地域及び7地域は2
   ホ．建設地の地域の区分が8地域の場合
   ヘ．イからホと同等以上の結露の発生の防止に有効な措置を講ずる場合は、特記に
   　　よる。
6. 断熱層の屋外側に通気層を設け、かつ、繊維系断熱材等を使用する場合には、断熱　　1.4.4の1　☞319頁
   材と通気層の間に、本章1.4.4（防風材の施工）の1による防風層を設ける。

1.4.8 天井の施工

天井断熱の場合の天井の施工は、次による。
1. 天井の断熱材は、天井と外壁との取合い部、間仕切り壁との交差部、吊り木周囲の
   部分ですき間が生じないよう注意して、天井全面に施工する。
2. 天井の断熱材は、野縁と野縁間、又は野縁をまたいで天井全面に敷き込む。
3. 天井の断熱材により小屋裏換気経路がふさがれないように注意して施工する。
4. 小屋裏換気については、Ⅱ-8.9（小屋裏換気）による。　　　　　　　　　　　　　Ⅱ-8.9　☞215頁
5. 埋込み照明器具（ダウンライト）を使用する場合には、器具を断熱材でおおうことが
   できるS形ダウンライト等を使用し、グラスウール、ロックウール等の不燃性のフ
   ェルト状断熱材（S$_B$形を使用する場合は吹込み用断熱材でも可）を連続して施工し、
   断熱層を設ける。

1.4.9 屋根の施工

1. 屋根断熱の場合の屋根の施工は、次による。
   イ．断熱材を屋根のたる木間に施工する場合は、施工後、有害なたるみ、ずれ、す
   　　き間などが生じないよう、原則として受け材を設ける。
   ロ．断熱材を屋根のたる木の屋外側に取り付ける場合は、屋根と外壁の取合い部で、
   　　断熱材のすき間が生じないよう注意して施工する。
   ハ．屋根断熱の入排気のための通気孔を設ける。
2. 断熱材の外側には、通気層を設ける。ただし、次のいずれかに該当する場合は、通
   気層を設置しないことができる。
   イ．1地域及び2地域以外で、防湿層にJIS A 6930（住宅用プラスチック系防湿フィ
   　　ルム）を用いる場合

　　ロ．1地域及び2地域以外で、防湿層が0.082m²·s·Pa/ng以上の透湿抵抗を有する
　　　場合
　　ハ．1地域及び2地域以外で、断熱層の外気側にALCパネル又はこれと同等以上の
　　　断熱性及び吸湿性を有する材料を用い、防湿層が0.019m²·s·Pa/ng以上の透湿
　　　抵抗を有する場合
　　ニ．断熱層が単一の材料で均質に施工され、透湿抵抗比が次の値以上である場合
　　　（イ）1地域、2地域及び3地域は6
　　　（ロ）4地域は4
　　　（ハ）5地域、6地域及び7地域は3
　　ホ．建設地の地域の区分が8地域の場合
　　ヘ．イからホと同等以上の結露の発生の防止に有効な措置を講ずる場合は、特記に
　　　よる。
　3．断熱層の屋外側に通気層を設け、かつ、繊維系断熱材等を使用する場合には、断熱
　　材と通気層の間に、本章1.4.4（防風材の施工）の1による防風層を設ける。　　　　　1.4.4の1　☞319頁
　4．埋込み照明器具（ダウンライト）を使用する場合には、器具を断熱材でおおうことが
　　できるS形ダウンライト等を使用し、グラスウール、ロックウール等の不燃性のフ
　　ェルト状断熱材（SB形を使用する場合は吹込み用断熱材でも可）を連続して施工し、
　　断熱層を設ける。

1.4.10 気流止め

　1．屋根又は天井と壁及び壁と床との取合い部においては、外気が室内に流入しないよ
　　う、当該取合い部に気流止めを設ける等、有効な措置を講じる。
　2．間仕切り壁と天井又は床との取合い部において、間仕切り壁の内部の空間が天井裏
　　又は床裏に対し開放されている場合にあっては、当該取合い部に気流止めを設ける。
　3．外壁の内部の空間が、天井裏又は床裏に対し開放されている住宅の当該外壁に充填
　　断熱工法により断熱施工する場合にあっては、当該外壁の上下端部と床、天井又は
　　屋根との取合い部に気流止めを設ける。

留意事項

壁の断熱施工―付加断熱工法

　　地域の区分に応じた断熱の施工において、充填断熱工法や外張断熱工法だけでは対応できない断熱性能が必要とな
る場合には、充填断熱工法と外張断熱工法あるいは内張断熱工法を併用する充填＋付加断熱工法とする必要がある。
　　充填断熱・付加断熱ともに繊維系断熱材あるいは発泡プラスチック系断熱材を使用する場合もあるが、充填断熱に
繊維系断熱材、付加断熱に発泡プラスチック系断熱材を使用するケースが多い。この組合せの場合は、以下の点に留
意する。
　①付加断熱工法について、充填断熱部分は充填工法、外張断熱部分は外張工法としたそれぞれの施工法による。
　②充填する繊維系断熱材の室内側には、本章1.4.3の1に記載している防湿材等を用いて防湿層を施工する。
　③躯体内部が室内側防湿層と躯体外側の透湿抵抗が高めの発泡プラスチック系断熱材に挟まれるため、軸組材や下
　　地面材等は乾燥材を用いる。
　④外張断熱材が発泡プラスチック系断熱材の場合に防風材（透湿防水シート）が不要となる場合があるが、施工の詳
　　細は断熱材メーカーに確認する。
　⑤充填断熱に繊維系断熱材を施工し、付加断熱に透湿性の低い発泡プラスチック系断熱材を施工する付加断熱工法
　　は、繊維系断熱材の内部結露が生じることがあるため、一次元定常結露計算などで結露の有無を確認する。
　⑥防火地域・準防火地域の場合の適用の可否や施工の詳細は、断熱材メーカーに確認する。

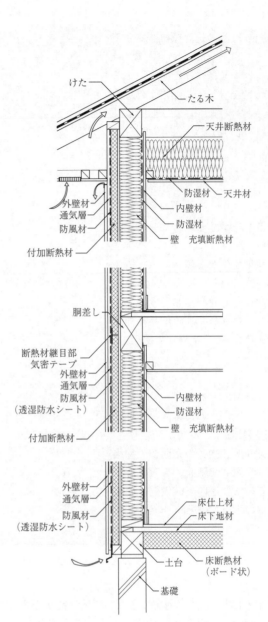

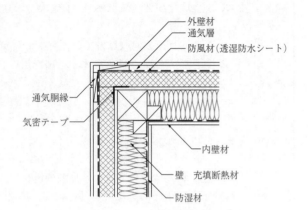

参考図1.4.7-2　付加断熱の施工例
（出隅部分）

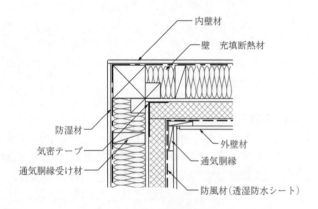

参考図1.4.7-3　付加断熱の施工例
（入隅部分）

参考図1.4.7-1　付加断熱の施工例

1.5 気密工事（充填断熱工法又は繊維系断熱材を用いた外張断熱工法による場合）

1.5.1 一般事項
充填断熱工法又は繊維系断熱材を用いた外張断熱工法による気密工事は、この項による。

1.5.2 材料・工法一般
1. 気密工事に使用する気密材の種類及び品質は、次のとおりとする。ただし、1地域、2地域及び3地域において建設する場合の気密材はイ、ハ、ホ、トの材、又はこれと同等以上の気密性、強度、耐久性を有する材料とする。
    - イ．住宅用プラスチック系防湿フィルム（JIS A 6930（住宅用プラスチック系防湿フィルム））又はこれと同等以上の気密性を有するもの
    - ロ．透湿防水シート（JIS A 6111（透湿防水シート））又はこれと同等以上の気密性を有するもの
    - ハ．合板、せっこうボード、構造用パネル（JAS）又はこれと同等以上の気密性を有するもの
    - ニ．発泡プラスチック断熱材（JIS A 9521）、建築物断熱用吹付け硬質ウレタンフォーム（JIS A 9526）又はこれと同等以上の気密性を有するもの
    - ホ．乾燥木材等
    - ヘ．金属部材
    - ト．コンクリート部材
2. 気密工事に使用する防湿フィルムは、JIS A 6930（住宅用プラスチック系防湿フィルム）に適合するもの、又はこれと同等以上の防湿性、強度及び耐久性を有するものとする。また、寸法は所定の重ね寸法が確保できるものとし、できるだけ幅広の長尺フィルムを用いる。
3. 防湿フィルムは連続させ、すき間のできないように施工する。また、継目は下地材のある部分で30mm以上重ね合わせ、その部分を合板、せっこうボード、乾燥した木材等で挟みつける。
4. 気密層の連続性を確保するため、気密材の継目の生じる部分に使用する気密補助材には、以下の材料その他これらに類する材料を用いる。
    - イ．気密テープ（ブチル系テープ、アスファルト系テープ等、気密性又は水密性のあるものとし、経年によって粘着性を失わないもの）
    - ロ．気密パッキン材（気密性のあるものとし、経年によって弾力性を失わないもの）
    - ハ．現場発泡断熱材（高い気密性を有するもの）
    - ニ．シーリング材（経年によって弾性と付着力を失わないもの）

1.5.3 壁、床、天井（又は屋根）の施工
1. 防湿フィルムは、継目を縦、横とも下地材のある部分で30mm以上重ね合わせ、留め付ける。
2. 留付けはステープルを用い、継目部分は200～300mm程度の間隔に、その他の箇所は要所に行い、たるみ、しわのないように張る。
3. 防湿フィルムの端部は、下地材のある部分で気密テープを用いて留め付けるか、木材等で挟みつけくぎ留めする。
4. 真壁の柱部分、中間階床の横架材に乾燥木材（含水率20%以下のものをいう。以下同じ。）を使用した場合には、その部分に防湿フィルムを張らないことができる。
5. 床に防湿フィルムを張らない場合は、次による。
    - イ．床下地板に構造用合板、構造用パネル、パーティクルボード等（「床合板等」という。以下同じ。）を用いる。
    - ロ．床合板等の継目は、気密補助材で処理するか実加工品を使用、または床合板等を下地材がある部分で突き合わせて、その突合せ部をくぎで留め付ける。
    - ハ．繊維系断熱材を用いる場合は、断熱材下部を床下に開放するか、又は湿気の排出を妨げない受け材により施工する。

1.5.4 壁、床、天井（又は屋根）の取合い部等の施工

1. 防湿フィルムは、屋根又は天井と壁、壁と床の取合い部、壁の隅角部で、これを構成する各部位が外気等に接する部分においては、下地材のある部分で30mm以上重ね合わせる。

2. 留付けはステープルを用い、継目部分は200〜300mm程度の間隔に、その他の箇所は要所に行い、たるみ、しわのないように張る。

3. 最下階の床と外壁の取合い部は、次のいずれかとする。

   イ. ☐ 最下階の床と取り合う外壁部に、先張りの防湿フィルムを土台まで連続させ、気密テープによるか、木材等で挟みつけくぎ留めする。床の防湿フィルムは、外壁部にまわり込ませ、外壁部の防湿フィルム及び先張りの防湿フィルムと下地材のある部分で、30mm以上重ね合わせる。

   ロ. ☐ 床合板等を土台に直接くぎ留めし、床及び外壁の防湿フィルムは、下地材のある部分で、30mm以上重ね合わせるか、床合板等に気密補助材等を用いて留め付ける。

   ハ. ☐ 取合い部の外壁内に木材の気流止めを設け、床及び外壁の防湿フィルムは、下地材のある部分で30mm以上重ね合わせる。

   ニ. ☐ 本章1.5.3（壁、床、天井（又は屋根）の施工）の5により、床に防湿フィルムを張らない場合には、上記イ、ロ又はハに準じて施工を行い、床合板等と外壁の防湿フィルムとを気密補助材を用いて連続させる。　1.5.3の5 ☞323頁

   ホ. ☐ 床合板を気密材とする場合は、床合板等に気密補助材を用いて留め付ける。

4. その他の階の床と外壁の取合い部は、次のいずれかによる。

   イ. ☐ その他の階の床と取り合う外壁部に、先張りの防湿フィルムを張る。先張り防湿フィルムと、はり等の横架材との取合いは、先張りの防湿フィルムを切り開き、フィルムの切り開き部分を留め代として、はり又は胴差し等の横架材にテープを併用して留め付ける。外壁断熱材施工後に、外壁の防湿フィルムは先張りの防湿フィルムと下地材のある部分で、30mm以上重ね合わせる。

   ロ. ☐ 下階の外壁の防湿フィルムを胴差し（乾燥木材に限る。）に留め付け、上階の外壁の防湿フィルムは、胴差しに直接くぎ留めされた床合板等に気密補助材を用いて留め付ける。なお、胴差しを配線等が貫通する場合は、その部分ですき間が生じないよう気密補助材を施工する。

5. 屋根の直下の天井（又は屋根）と外壁の取合い部は、次のいずれかによる。

   イ. ☐ 外壁の防湿フィルムを、けたまで連続させ留め付ける。防湿フィルムのけたへの留付けは、気密テープによるか、木材等で挟みつけくぎ留めする。また、天井の防湿フィルムは、下地材のある部分で30mm以上重ね合わせる。

   ロ. ☐ 屋根の直下の天井（又は屋根）と取り合う外壁部に、先張りの防湿フィルムをけたまで連続させ留め付ける。天井（又は屋根）の防湿フィルムは、外壁部にまわり込ませ、外壁部の防湿フィルム及び先張りの防湿フィルムと下地材のある部分で、30mm以上重ね合わせる。

   ハ. ☐ 取合い部の外壁内に木材の気流止めを設け、屋根の直下の天井（又は屋根）及び外壁の防湿フィルムは、下地材のある部分で30mm以上重ね合わせる。

6. 外壁と間仕切り壁の取合い部は、次のいずれかによる。

   イ. ☐ 外壁の防湿フィルムを留め付けてから、間仕切り壁を取り付ける。この部分で防湿フィルムを継ぐ場合は、下地材のある部分で30mm以上重ね合わせる。

   ロ. ☐ 外壁の間仕切り壁が取り付く部分に、先張りの防湿フィルムを張る。この場合、外壁の防湿フィルムは先張りの防湿フィルムに下地材のある部分で、30mm以上重ね合わせる。

   ハ. ☐ 外壁の防湿フィルム端部を、間仕切り壁が外壁に取り付く部分にある間柱（乾燥木材に限る。）に、本章1.5.3（壁、床、天井（又は屋根）の施工）の3により留め付ける。　1.5.3の3 ☞323頁

7. 最下階の床と間仕切り壁の取合い部は、次のいずれかによる。

イ．☐最下階の床の防湿フィルムを張る場合は、最下階の床の防湿フィルムを留め付けてから、間仕切り壁を取り付ける。この部分で防湿フィルムを継ぐ場合は、下地材のある部分で30mm以上重ね合わせる。

ロ．☐最下階の床の間仕切り壁が取り付く部分に、先張りの防湿フィルムを張る。この場合、最下階の床の防湿フィルムは、先張りの防湿フィルムに下地材のある部分で30mm以上重ね合わせる。

ハ．☐本章1.5.3（壁、床、天井（又は屋根）の施工）の5により床を施工したのち、間仕切り壁を施工する。　　1.5.3の5 ☞323頁

ニ．☐床の防湿フィルム端部を床に取り付く部分の間仕切り壁下地材（乾燥木材に限る。）に、本章1.5.3（壁、床、天井（又は屋根）の施工）の3により留め付ける。　　1.5.3の3 ☞323頁

8. 屋根の直下の天井（又は屋根）と間仕切り壁の取合い部は、次のいずれかによる。

イ．☐屋根の直下の天井（又は屋根）の防湿フィルムを留め付けてから、間仕切り壁を取り付ける。この部分で防湿フィルムを継ぐ場合は、下地材のある部分で30mm以上重ね合わせる。

ロ．☐屋根の直下の天井（又は屋根）の間仕切り壁が取り付く部分に、先張りの防湿フィルムを張る。この場合、屋根の直下の天井の防湿フィルムは、先張りの防湿フィルムに下地材のある部分で、30mm以上重ね合わせる。

ハ．☐天井の防湿フィルム端部を、天井に取り付く部分の間仕切り壁下地材（乾燥木材に限る。）に、本章1.5.3（壁、床、天井（又は屋根）の施工）の3により留め付ける。　　1.5.3の3 ☞323頁

9. 下屋部分の床、天井、外壁の取合い部は、次による。

イ．☐その他の階の床と外壁の取合い部は、4による。

ロ．☐下屋部分の天井の防湿フィルムは、胴差しに留め付けた防湿フィルムと連続させるか、下地材のある部分で30mm以上重ね合わせる。

1.5.5 ボード状繊維系断熱材を用いた外張断熱工法による場合

ボード状繊維系断熱材を用いた、外張断熱工法による場合の防湿フィルムの施工は、次による。

イ．防湿フィルムは、縦横とも柱・間柱・下地材・たる木又は野地板などの外側（断熱材の内側）に施工し、その取合い部は下地材のある部分で30mm以上重ね合わせ、留め付ける。

ロ．防湿フィルムは屋根と外壁部、外壁部と床の取合い部、外壁の隅角部などの取合い部では、下地材のある部分で30mm以上重ね合わせ、留め付ける。

ハ．留付けはステープルを用い、継目部分は200～300mm程度の間隔に、たるみ、しわのないように張る。

1.5.6 基礎断熱部の取合い

基礎を断熱し、基礎部分を気密層とする場合には、土台と基礎の間に気密材又は気密補助材を施工すること等により、当該部分にすき間が生じないようにする。なお、基礎断熱とした場合は、最下階の床には気密層を施工しない。

1.5.7 細部の気密処理（1地域、2地域及び3地域において建設する場合）

1. 構造材が防湿フィルムを貫通する部分は、フィルムと構造材を気密テープ等で留め付ける。

2. 開口部等のまわりの施工は、次による。

イ．開口部まわりは、サッシ枠取付け部で結露が生じないよう、構造材や防湿フィルムとサッシ枠のすき間を気密補助材で処理する。

ロ．床下及び小屋裏等の点検口まわりは、防湿フィルムを点検口の枠材に、気密テープなどによって留め付ける。

ハ．断熱構造とする部分に用いる床下及び小屋裏点検口は、気密性の高い構造とする。

3. 設備配管まわりの施工は、次による。

イ. 設備配管又は配線により外壁、天井、床の防湿フィルムが切れる部分は、貫通する外壁、天井、床のそれぞれの防湿フィルムを切り開き、切り開いた部分を留め代とし、設備配管又は配線に気密テープで留め付けるなど、気密層が連続するよう処理する。

ロ. 電気配線のコンセント、スイッチボックスのまわりの施工は、次のいずれかとし、外壁、天井、床のそれぞれの防湿フィルムと気密テープで留め付ける。

（イ）□気密措置が講じられた専用のボックスを使用する。

（ロ）□コンセント、スイッチボックスのまわりを防湿フィルムでくるむ。

1.5.8 注意事項

1. 4地域、5地域、6地域、7地域及び8地域に建設する場合であっても、細部の気密処理の施工に十分注意する。

2. 燃焼系の暖房器具又は給湯機器を設置する場合には、密閉型又は屋外設置型の機器が設置できるように計画する。

詳細については、第Ⅱ章7-1.5を参照する。

1.6 気密工事（発泡プラスチック系断熱材を用いた外張断熱工法による場合）

1.6.1 一般事項

発泡プラスチック系断熱材を用いた外張断熱工法による場合の各部位の気密工事は、この項による。

1.6.2 材料・工法一般

1. 気密工事に使用する気密材の種類及び品質は、次のとおりとする。ただし、1地域、2地域及び3地域において建設する場合の気密材はイ、ハ、ホ、トの材、又はこれと同等以上の気密性、強度、耐久性を有する材料とする。

イ. 住宅用プラスチック系防湿フィルム（JIS A 6930（住宅用プラスチック系防湿フィルム））又はこれと同等以上の気密性を有するもの

ロ. 透湿防水シート（JIS A 6111（透湿防水シート））又はこれと同等以上の気密性を有するもの

ハ. 合板、せっこうボード、構造用パネル（JAS）又はこれと同等以上の気密性を有するもの

ニ. 発泡プラスチック断熱材（JIS A 9521）、建築物断熱用吹付け硬質ウレタンフォーム（JIS A 9526）又はこれと同等以上の気密性を有するもの

ホ. 乾燥木材等

ヘ. 金属部材

ト. コンクリート部材

2. 気密工事に使用する防湿フィルムは、JIS A 6930（住宅用プラスチック系防湿フィルム）に適合するもの、又はこれと同等以上の防湿性、強度及び耐久性を有するものとする。また、寸法は所定の重ね寸法が確保できるものとし、できるだけ幅広の長尺フィルムを用いる。

3. 気密工事に使用する透湿防水シートは、JIS A 6111（透湿防水シート）に適合するもの、又はこれと同等以上の気密性、強度及び耐久性を有するものとする。また、寸法は所定の重ね寸法が確保できるものとし、できるだけ幅広の長尺フィルムを用いる。ただし、1地域、2地域及び3地域においては使用しない。

4. 防湿フィルムは連続させ、すき間のできないように施工する。また、継目は下地材のある部分で30mm以上重ね合わせ、その部分を合板、せっこうボード、乾燥した木材、発泡プラスチック系断熱材等で挟みつける。

5. 気密層の連続性を確保するため、板状の気密材の相互の継目又はその他の材料との

継目は、本章1.5.2（材料・工法一般）の4に掲げる気密補助材を施工する。　1.5.2の4　☞323頁

1.6.3 壁、屋根及びその取合い部の施工

1. 1地域、2地域及び3地域において建設する場合の壁、屋根及びその取合い部の施工は、次のいずれかとする。
    イ．☐ 発泡プラスチック系断熱材の屋内側に、防湿フィルムを張る。
    ロ．☐ 発泡プラスチック系断熱材の屋内側に、構造用合板など通気性の低い乾燥した面材を張る。
    ハ．☐ 発泡プラスチック系断熱材の屋外側に、透湿防水シートを張る。
2. 4地域、5地域、6地域、7地域及び8地域において建設する場合の壁、屋根及びその取合い部の施工は、次のいずれかとする。
    イ．☐ 発泡プラスチック系断熱材の屋内側に、防湿フィルムを張る。
    ロ．☐ 発泡プラスチック系断熱材の屋内側に、構造用合板など通気性の低い乾燥した面材を張る。
    ハ．☐ 発泡プラスチック系断熱材の屋外側に、透湿防水シートを張る。
    ニ．☐ 外張断熱に用いた発泡プラスチック系断熱材の継目を、気密補助材を用いてすき間が生じないように施工する。
    ホ．☐ 2層以上の発泡プラスチック系断熱材の継目が重ならないように張る。
3. 屋根と壁の取合い部及び壁の隅角部においては、気密補助材を利用して、すき間が生じないようにする。
4. 外壁を発泡プラスチック系断熱材を用いた外張断熱工法とし、床又は天井を充填断熱工法とする場合には、床、天井の施工は本章1.5.3（壁、床、天井（又は屋根）の施工）により、床と外壁、天井と外壁との取合い部の施工は本章1.5.4（壁、床、天井（又は屋根）の取合い部等の施工）による。　1.5.3　☞323頁　1.5.4　☞324頁
5. 屋根を発泡プラスチック系断熱材を用いた外張断熱工法とし、外壁を充填断熱工法とする場合には、外壁の施工は本章1.5.3（壁、床、天井（又は屋根）の施工）により、屋根と外壁との取合い部の施工は本章1.5.4（壁、床、天井（又は屋根）の取合い部等の施工）による。　1.5.3　☞323頁　1.5.4　☞324頁

1.6.4 基礎断熱部の取合い等

基礎断熱部の取合い、細部の気密処理、注意事項については、それぞれ本章1.5.6（基礎断熱部の取合い）、本章1.5.7（細部の気密処理（1地域、2地域及び3地域において建設する場合））及び本章1.5.8（注意事項）による。　1.5.6　☞325頁　1.5.7　☞325頁　1.5.8　☞326頁

詳細については、第Ⅱ章7-1.6を参照する。

1.7 開口部の断熱性能

1.7.1 開口部建具の種類

1. 開口部の断熱の仕様は、地域の区分及び建て方に応じ、下表の熱貫流率を満たすものとする。

地域の区分	熱貫流率（W/(m²·K)）	
	一戸建ての住宅	共同住宅等
1・2地域	1.9以下	1.9以下
3地域	1.9以下	2.3以下
4・5・6・7地域	2.3以下	2.9以下
8地域		

2. 窓の合計面積が住宅の床面積の2%以下となるものについては、前記1によらず施工することができる。

1.7.2 開口部の気密性

開口部に用いる建具は、地域の区分に応じ、次の気密性能の等級に該当するものとする。

イ．1地域、2地域及び3地域における開口部は、JIS A 4706(サッシ)に定める気密性等級「A-4」を満たすもの

ロ．4地域、5地域、6地域、7地域及び8地域における開口部は、JIS A 4706(サッシ)に定める気密性等級「A-3」又は「A-4」を満たすもの

1.7.3 注意事項

1. 建具の重量によって、窓台、まぐさ等の建具取付け部に、有害な変形が生じないような配慮をする。

2. 建具の取付け部においては、漏水及び構造材の腐朽を防止するために、すき間が生じないようにする。

詳細については、第Ⅱ章7-1.7を参照する。

1.8 開口部の日射遮蔽措置

1.8.1 一戸建ての住宅における開口部の日射遮蔽措置

1. 5地域、6地域及び7地域における住宅の開口部（全方位）は、日射遮蔽措置を講じた次のいずれかとする。

イ．☐開口部の日射熱取得率が0.59以下であるもの

ロ．☐ガラスの日射熱取得率が0.73以下であるもの

ハ．☐付属部材を設けるもの

ニ．☐ひさし、軒等を設けるもの

2. 8地域における住宅の開口部（全方位）は、日射遮蔽措置を講じた次のいずれかとする。

イ．☐開口部の日射熱取得率が0.53以下であるもの

ロ．☐ガラスの日射熱取得率が0.66以下であるもの

ハ．☐付属部材を設けるもの

ニ．☐ひさし、軒等を設けるもの

1.8.2 共同住宅等における開口部の日射遮蔽措置

1. 8地域における住宅の開口部（北±22.5度の方位以外）は、日射遮蔽措置を講じた次のいずれかとする。

イ．☐開口部の日射熱取得率が0.52以下であるもの

ロ．☐ガラスの日射熱取得率が0.65以下であるもの

ハ．☐付属部材を設けるもの

ニ．☐ひさし、軒等を設けるもの

1.8.3 小窓等における日射遮蔽措置

開口部（開口部の面積の大部分が透明材料であるもの。また、天窓は除く。）の合計面積が、住宅の床面積の4%以下となるものについては、本章1.8.1及び1.8.2によらず施工することができる。

1.8.1 ☞328頁
1.8.2 ☞328頁

詳細については、第Ⅱ章7-1.8を参照する。

2.省エネルギー性に関する基準(一次エネルギー消費量等級6)に係る仕様

2.1 一般事項

2.1.1 総則

1. フラット35Sにおける省エネルギー性に関する基準のうち、一次エネルギー消費量等級6に適合する住宅の仕様は、この項による。
2. 本項におけるアンダーライン「_____」の付された項目事項は、フラット35Sにおける省エネルギー性に関する基準のうち、一次エネルギー消費量等級6に係る仕様であるため、当該部分の仕様以外とする場合は、住宅金融支援機構の認めたものとする。

2.1.2 適用

本項の適用となる住宅は、次の1又は2のいずれかとする。

1. ☐ 一次エネルギー消費量等級6に適合する仕様を計算により決定する場合、住宅の品質確保の促進等に関する法律(平成11年法律第81号)に基づく評価方法基準(平成13年国土交通省告示第1347号)第5の5-2の一次エネルギー消費量等級6に規定されている対策が講じられていることとし、「住宅に関する省エネルギー基準に準拠したプログラム(https://house.app.lowenergy.jp/)」等を用いて、巻末付録9(地域の区分一覧表)の地域の区分及び床面積等に応じて算定した対象住宅の一次エネルギー消費量が基準一次エネルギー消費量を上回らないことを確認したものとし、その仕様は特記による。　　付録9 ☞438頁

2. ☐ 一次エネルギー消費量等級6に適合する仕様を仕様により決定する場合、以下のイからトまでを満たすものとする。
   - イ. 基準一次エネルギー消費量及び住宅の一次エネルギー消費量の算出における地域の区分は、巻末付録9(地域の区分一覧表)による。　　付録9 ☞438頁
   - ロ. 暖房設備は、Ⅲ-2.2(暖房設備)による。　　2.2 ☞331頁
   - ハ. 冷房設備は、Ⅲ-2.3(冷房設備)による。　　2.3 ☞331頁
   - ニ. 換気設備は、Ⅲ-2.4(換気設備)による。　　2.4 ☞331頁
   - ホ. 給湯設備は、Ⅲ-2.5(給湯設備)による。　　2.5 ☞331頁
   - ヘ. 照明設備は、Ⅲ-2.6(照明設備)による。　　2.6 ☞332頁
   - ト. 躯体の断熱性能は、本章2.7(躯体の断熱性能)による。　　2.7 ☞332頁

留意事項

住宅に関する省エネルギー基準に準拠したプログラムについて

住宅・建築物の省エネルギー基準及び低炭素建築物の認定基準に基づく住宅の一次エネルギー消費量の算定に用いる「住宅に関する省エネルギー基準に準拠したプログラム」に関する最新情報については、「建築物のエネルギー消費性能に関する技術情報Webサイト」(https://www.kenken.go.jp/becc/index.html)を参照すること。

省エネルギー性に関する基準(一次エネルギー消費量等級6)に適合する仕様

性能表示基準の「一次エネルギー消費量等級6」には、性能基準と仕様基準が定められている。

性能基準による場合は、一次エネルギー消費量の算定にあたり外皮の断熱性能(外皮平均熱貫流率・日射熱取得率)を確認する必要がある。一方、仕様基準による場合は、一次エネルギー消費量の算定に代えて断熱等性能等級5の仕様基準または性能基準、及び「住宅部分の外壁、窓等を通しての熱の損失の防止に関する誘導基準及び一次エネルギー消費量に関する誘導基準(令和4年国土交通省告示第1106号)」の2に掲げる設備等の基準に適合する仕様とする必要がある。

評価対象住宅の一次エネルギー消費量の基準適合性確認方法

評価対象住宅の一次エネルギー消費量の基準への適合性の確認方法は、次に示すの図のとおり、評価対象住宅の地域の区分、床面積などに応じて算定した設計一次エネルギー消費量が、所定の基準一次エネルギー消費量を上回らないことを確認することによる。

具体的には、本項2.1.2に示す「住宅に関する省エネルギー基準に準拠したプログラム」などを用い、暖冷房、換気等の各エネルギー消費量の総和(=設計一次エネルギー消費量)が、基準一次エネルギー消費量を上回らないことを確

認する。

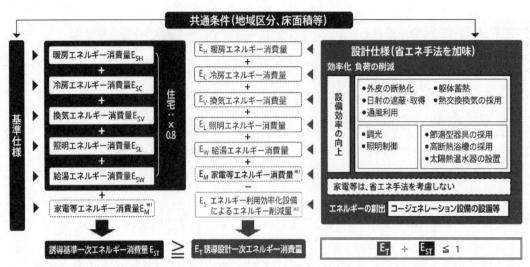

※1 家電及び調理のエネルギー消費量。建築設備に含まれないことから、省エネルギー手法は考慮せず、床面積に応じた同一の標準値を誘導設計一次エネルギー消費量及び誘導基準一次エネルギー消費量の両方に使用する。
※2 コージェネレーション設備により発電されたエネルギー量を含み、太陽光発電設備によるエネルギー量を含まない。

住宅に関する省エネルギー基準に準拠したプログラム

　住宅に関する省エネルギー基準に準拠したプログラムは、「建築物のエネルギー消費性能に関する技術情報Webサイト」(https://www.kenken.go.jp/becc/index.html)にて公開されている。

(1) 基準一次エネルギー消費量及び設計一次エネルギー消費量の算定

　評価対象住宅の基準一次エネルギー消費量及び設計一次エネルギー消費量を算定することができる。

(2) 入力データ及び算定結果の出力

　住宅ごとに入力したデータと一次エネルギー消費量の算定結果をPDFファイルとして出力することができる。

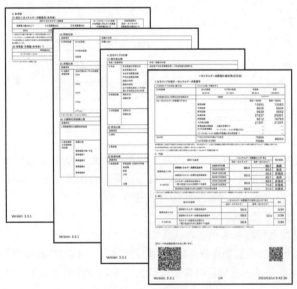

一次エネルギー消費量算定結果

住宅に関する省エネルギー基準に準拠したプログラム

2.2 暖房設備

1地域から7地域における暖房方式及び暖房設備は、次のいずれかによる。

1. ☐ 単位住戸全体を暖房する方式とする場合、暖房設備は熱交換換気設備を採用し、ダクト式セントラル空調機としたうえで、次の措置を講じる。
    - イ．ヒートポンプ式熱源とする
    - ロ．VAV方式を採用する
    - ハ．ダクトが通過する空間をすべて断熱区画内とする
2. ☐ 居室のみを暖房する方式とする場合、暖房設備は次のいずれかによる。
    - イ．☐ 温水暖房用パネルラジエーターで配管に断熱被覆があるものとし、熱源は潜熱回収型の石油熱源機（エコフィール）
    - ロ．☐ 温水暖房用パネルラジエーターで配管に断熱被覆があるものとし、熱源は潜熱回収型のガス熱源機（エコジョーズ）
    - ハ．☐ 温水暖房用パネルラジエーターで配管に断熱被覆があるものとし、熱源は電気ヒートポンプ熱源機（フロン系冷媒に限る。）
    - ニ．☐ エネルギー消費効率の区分が(い)のルームエアコンディショナー（1地域又は2地域にあっては、熱交換換気設備を採用する。）

2.3 冷房設備

冷房方式及び冷房設備は、次のいずれかによる。

1. ☐ 単位住戸全体を冷房する方式とする場合、冷房設備はダクト式セントラル空調機とし、次の措置を講じる。
    - イ．ヒートポンプ式熱源とする
    - ロ．VAV方式を採用する
    - ハ．ダクトが通過する空間をすべて断熱区画内とする
2. ☐ 居室のみを冷房する方式とする場合、冷房設備はエネルギー消費効率の区分が(い)のルームエアコンディショナーとする。

2.4 換気設備

換気設備は、次のいずれかによる。

1. ☐ 比消費電力が0.3W/(m³/h)以下の換気設備
2. ☐ 内径75mm以上のダクトを使用したダクト式第一種換気設備（DC（直流）モーター採用）
3. ☐ 内径75mm以上のダクトを使用したダクト式第二種換気設備
4. ☐ 内径75mm以上のダクトを使用したダクト式第三種換気設備
5. ☐ 壁付け式第二種換気設備
6. ☐ 壁付け式第三種換気設備
7. ☐ 熱交換換気設備（温度熱交換率70%以上）を採用し、全換気設備に内径75mm以上のダクトを使用した有効換気量が0.8以上のダクト式第一種換気設備（DC（直流）モーター採用）

2.5 給湯設備

1. 給湯設備は、次のいずれかによる。
    - イ．☐ 石油給湯機で、モード熱効率が84.9%以上であるもの（1～7地域に限る。）
    - ロ．☐ ガス給湯機で、モード熱効率が86.6%以上であるもの（1～7地域に限る。）
    - ハ．☐ 電気ヒートポンプ給湯機（CO_2冷媒に限る。）で、年間給湯保温効率又は年間給湯効率が3.3以上であるもの
2. 給湯設備は、次の措置を講じる。
    - イ．給湯機の配管は、ヘッダー方式とし、ヘッダー分岐後のすべての配管径を13A以下とする。
    - ロ．浴室シャワー水栓は、手元止水機構及び小流量吐水機構を有する節湯水栓とする。

ハ．高断熱浴槽を設置する。

2.6 照明設備
　すべての照明設備は、LEDとする。

2.7 躯体の断熱性能
　躯体及び開口部の断熱性能は、本章1（省エネルギー性に関する基準（断熱等性能等級5）に係る仕様）による。

1　☞309頁

3. 耐震住宅に関する基準（耐震等級（構造躯体の倒壊等防止）2）に係る仕様

3.1 一般事項

3.1.1 総則

1. フラット35Sにおける耐震住宅に関する基準（耐震等級（構造躯体の倒壊等防止）2）に適合する住宅の仕様は、この項による。
2. 本項におけるアンダーライン「＿＿＿」の付された項目事項は、フラット35Sにおける耐震住宅に関する基準（耐震等級（構造躯体の倒壊等防止）2）に係る仕様であるため、当該部分の仕様以外とする場合は、住宅金融支援機構の認めたものとする。

3.1.2 基本原則

限界耐力計算、保有水平耐力計算等、又は階数が2以下の木造の建築物における基準等により、住宅性能表示制度「耐震等級（構造躯体の倒壊等防止）2」以上の耐震性能を確保することとする。

3.1.3 構造計算等

1. 3階建の住宅は、建築基準法および住宅性能表示制度「耐震等級（構造躯体の倒壊等防止）」1-1（3）イ又はロに基づく構造計算により、構造耐力上の安全性を確認したうえで、仕様を決めるものとする。
2. 階数が2以下の住宅は、建築基準法および住宅性能表示制度「耐震等級（構造躯体の倒壊等防止）」1-1（3）イ又はロに基づく構造計算、若しくはホに基づく階数が2以下の木造建築物における壁量計算等により、構造耐力上の安全性を確認したうえで、仕様を決めるものとする。

用語

耐震住宅に関する基準（耐震等級（構造躯体の倒壊等防止）2）に係る仕様

「住宅の品質確保の促進等に関する法律」に基づく日本住宅性能表示基準及び評価方法基準（以下「性能表示基準」という。）の「耐震等級」のうち、本項では、「構造躯体の倒壊等防止」の「等級2」に対応した耐震性能を有した仕様を示しているものである。なお、各仕様を決定するに際し、前提条件として、以下①～③のいずれかの構造計算等を行うことが必要である。

① 性能表示制度「耐震等級（構造躯体の倒壊等防止）」1-1（3）イに基づく構造計算

建築基準法施行令第82条の5に規定する限界耐力計算による構造計算をいう。

② 性能表示制度「耐震等級（構造躯体の倒壊等防止）」1-1（3）ロに基づく構造計算

建築基準法施行令第3章第8節第1款の2及び4の規定による次のいずれかの構造計算をいう。なお、これらは一般的に、「保有水平耐力計算等」と呼ばれている。

　イ　保有水平耐力計算：許容応力度計算（令第82条第1号から第3号まで）＋層間変形角の計算（令第82条の2）＋保有水平耐力計算（令第82条の3）＋屋根ふき材等の計算（令第82条の4）

　ロ　許容応力度等計算：許容応力度計算＋層間変形角の計算＋屋根ふき材等の計算＋剛性率・偏心率等の計算（令第82条の6）

　ハ　許容応力度計算＋屋根ふき材等の計算

　※令第82条第4号（変形等による使用上の支障防止の確認の計算）及び、同第82条の4（屋根ふき材等の構造計算）は、建築基準法上の上記の各構造計算方法（ルート）には含まれるが、本評価方法基準上は除外されている。

③ 性能表示制度「耐震等級（構造躯体の倒壊等防止）」1-1（3）ホに基づく壁量計算等

性能表示制度において掲げる「階数が2以下の木造の建築物における基準」に定められる方法により、基準に適合していることを確認することをいう。なお、基準の内容は、簡単にまとめると、次のイ～への ようになる。

　イ　軸組の確認：存在壁量が、等級に応じた必要壁量を超えていることを確認する。

　ロ　耐力壁線の確認：耐力壁線間隔が、基準値以内であることを確認する。

　ハ　床組等の確認：床組、小屋組及び屋根面の存在床倍率が、必要床倍率を超えていることを確認する。

　ニ　接合部の確認：胴差と通し柱の接合方法が、基準に適合していること及び床組等の外周部の接合の存在接合

部倍率が、必要接合部倍率を超えていることを確認する。
ホ　横架材及び基礎の確認：鉛直荷重に対して横架材及び基礎が、水平荷重に対して基礎が適切に設計されていること(具体的には、あらかじめ設定されたスパン表または構造計算の結果に基づいていること。)を確認する。
ヘ　建築基準法施行令の関係諸規定に適合していることを確認する。

3.2 基礎

3.2.1 基礎

基礎の構造等は、Ⅱ-3.3 (基礎工事)による。

Ⅱ-3.3　☞39頁

3.3 耐力壁及び準耐力壁等

3.3.1 耐力壁

木造筋かい、木ずり、大壁造の面材耐力壁、真壁造の面材耐力壁の各仕様については、それぞれ、Ⅱ-5.1.9 (木造筋かい)、Ⅱ-5.1.11 (木ずり)、Ⅱ-5.3 (大壁造の面材耐力壁)、Ⅱ-5.4 (真壁造の面材耐力壁) による。

Ⅱ-5.1.9　☞89頁
Ⅱ-5.1.11　☞89頁
Ⅱ-5.3　☞104頁
Ⅱ-5.4　☞107頁

3.3.2 準耐力壁等

1.　木ずり準耐力壁等の仕様は、Ⅱ-5.1.11 (木ずり) による。

Ⅱ-5.1.11　☞89頁

2.　構造用合板、各種ボード類による面材準耐力壁等の種類等は、次表による。また、その構成方法は大壁方式とする。

面材準耐力壁の種類	材料	くぎ打ちの方法		倍率
		くぎの種類	くぎの間隔	
構造用合板	合板のJASに適合するもので、種類は特類とし、厚さは7.5mm以上とする。	N50	15cm以下	$2.5 \times 0.6 \times h/H$
構造用パネル	構造用パネルのJASに適合するもの。			
構造用MDF	JIS A 5905(繊維板)に適合するもの。			
パーティクルボード	JIS A 5908 (パーティクルボード)に適合するもので、種類は曲げ強さの区分が8タイプ以外のものとし、厚さは12mm以上とする。			
構造用パーティクルボード	JIS A 5908(パーティクルボード)に適合するもの。			
せっこうボード	JIS A 6901 (せっこうボード製品)に適合するもので、厚さは12mm以上とする。	GNF40またはGNC40	15cm以下	$0.9 \times 0.6 \times h/H$

※倍率において、h：木ずり若しくは面材が貼られている高さの合計
H：横架材間の内のり寸法

用 語

準耐力壁

性能表示基準において、存在壁量を求める際に、建築基準法で定められている耐力壁以外でも、長さを加えることが認められる軸組がある。それをこの仕様書においては、「準耐力壁」と呼ぶこととする。この準耐力壁は、以下のすべての条件に該当する必要がある。

・本章3.3.2 (準耐力壁等) で定められた材料を用いていること。
・木ずりまたは面材が、柱・間柱・たて枠材にくぎ打ちされていること。
・木ずりまたは面材が、受け材等を介することなく直接軸組に打ち付けられていること。
・最小幅が90cm以上であること。
・軸組に貼られた木ずりまたは面材の高さが、ひと続きで、横架材間内のり寸法の80%以上であること。

腰壁等

準耐力壁においては、横架材間内のり寸法に対する比率が一定以上必要だが、その比率に満たないこと以外は、準

耐力壁の基準を満たすもののうち、以下のすべての条件に該当する垂れ壁・腰壁を、この仕様書においては「腰壁等」と呼ぶこととする。

・軸組に貼られた木ずりまたは面材の高さが、ひと続きで、横架材間内のり寸法の80％未満しかないもの、およびその組合せ。

・両側に、同種の木ずりまたは面材の耐力壁または準耐力壁があること。

・ひと続きの木ずりまたは面材の高さが、36cm以上であること。

・ひと続きの木ずりまたは面材の横幅が、90cm以上かつ200cm以下であること。

準耐力壁等

準耐力壁または腰壁等を、この仕様書においては、「準耐力壁等」と呼ぶこととする。

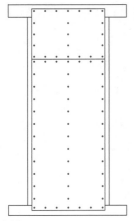

・構造用合板
・柱、横架材、間柱及び継目受け材にくぎ打ち

参考図3.3.1　建築基準法で定める耐力壁の例

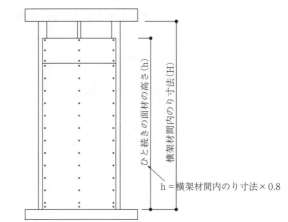

・構造用合板
・柱、間柱のみにくぎ打ち
・幅≧90cm
・ひと続きの面材の高さ(h)≧横架材間内のり寸法(H)×0.8

参考図3.3.2-1　準耐力壁の例

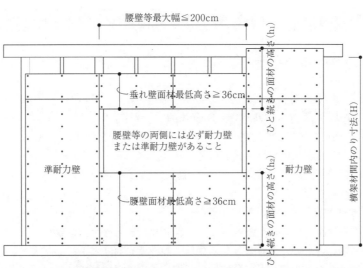

・構造用合板
・柱、間柱のみにくぎ打ち
・2m≧ひと続きの面材の幅≧0.9m
・ひと続きの面材の高さ≧0.36m
・h₁＋h₂＜H×0.8
・両側に耐力壁または準耐力壁

参考図3.3.2-2　腰壁等（垂れ壁・腰壁）の例

3.3.3 耐力壁線

各階の張り間方向及びけた行方向の耐力壁線の相互の間隔は、8m以下（各方向で筋かいを含まない壁、その他同等のじん性がある壁のみを用いている場合にあっては、12m以下とすることができる。）とする。

用 語

耐力壁線

耐力壁線とは、地震または風により建物上部から伝わってくる水平力を、建物下部に十分に伝達できるよう、一定量以上の存在壁量がある平面上の線（以下「通り」。）をいう。具体的には、次のイまたはロに該当するものをいう。

イ 各階、各方向の最外周壁線

ロ その通りの準耐力壁等を含む耐力壁の存在壁量：A、その通りの床の長さ：L

のとき A≧0.6L かつ A≧400cm以上

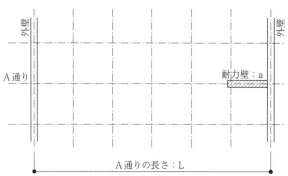

A通りが耐力壁線となるには、耐力壁aの準耐力壁を含む存在壁量が0.6L以上、かつ400cm以上でなければならない。

参考図3.3.3 耐力壁線とみなされる要件

3.4 床組等

3.4.1 床組

1. 床組は、II-5.8（床組）による。　　　　　　　　　　　　　　　　　　　　II-5.8 ☞118頁

2. 床面材は、下記のいずれかによる。

　　イ．☐ひき板床面材とする場合は、次による。

　　　　（イ）ひき板の厚さは12mm以上、幅180mm以上とする。

　　　　（ロ）継手は、板10枚ごとに乱継ぎとし、継手は根太心で突付けとする。

　　　　（ハ）取付け及び存在床倍率は、次表による。

　　　　（ニ）板そばは、見えがくれの場合は添え付け、見えがかりの場合はすべり刃又は相じゃくりとする。

　　ロ．☐合板床面材とする場合は、次による。

　　　　（イ）合板の品質は、合板のJASに適合する構造用合板（特類又は1類）で、厚さ12mm以上のもの、又はこれと同等以上の性能を有するものとする。

　　　　（ロ）合板のホルムアルデヒドの発散量に関する品質については、特記による。

　　　　（ハ）取付け及び存在床倍率は、次表による。

　　ハ．☐構造用パネル床面材とする場合は、次による。

　　　　（イ）構造用パネルの品質は、構造用パネルのJASに適合する構造用パネル（1級、2級又は3級のものに限る。）で、厚さ12mm以上のもの、又はこれと同等以上の性能を有するものとする。

　　　　（ロ）構造用パネルのホルムアルデヒドの発散量に関する品質については、特記による。

　　　　（ハ）取付けおよび存在床倍率は、次表により、継目部分はすき間をあける。

面材の種類	根太		くぎ打ちの方法		存在床倍率
	工法	間隔	くぎの種類	くぎの間隔	
イ 厚さ12mm以上、幅180mm以上のひき板	転ばし	340mm以下	N50	150mm	0.30
		500mm以下			0.20
	半欠き	340mm以下	N50	150mm	0.36
		500mm以下			0.24
	落し込み	340mm以下	N50	150mm	0.39
		500mm以下			0.26
ロ 厚さ12mm以上の構造用合板及びハ 厚さ12mm以上の構造用パネル	転ばし	340mm以下	N50	150mm	1.00
		500mm以下			0.70
	半欠き	340mm以下	N50	150mm	1.60
		500mm以下			1.12
	落し込み	340mm以下	N50	150mm	2.00
		500mm以下			1.40

※ただし、床組等に用いる材料の強度を考慮して計算により存在床倍率を求める場合にあっては、この限りではない。

ニ. ☐根太を用いず、直接、構造用合板を床ばり又は胴差しに留め付ける場合は、次による。

（イ）合板の品質は、合板のJASに適合する構造用合板（特類又は1類）で、厚さ24mm以上のもの、又はこれと同等以上の性能を有するものとする。

（ロ）合板のホルムアルデヒドの発散量に関する品質については、特記による。

（ハ）取付け及び存在床倍率は、下表による。

面材の種類	くぎ打ちの方法			存在床倍率
	くぎの種類	くぎの間隔	くぎ打ち箇所	
ニ 厚さ24mmの構造用合板	N75	150mm以下	川の字打ち	1.20
			4周打ち	3.00

※表中、くぎ打ち箇所を川の字打ちとする場合は、はり等の横架材の間隔が1m以下の場合に限る。
※床組等に用いる材料の強度を考慮して、計算により存在床倍率を求める場合にあっては、この限りではない。

3. 火打ちばりは、Ⅱ-5.8.7（火打ちばりによる床組の補強方法）により、その存在床倍率は下表による。

Ⅱ-5.8.7 ☞119頁

火打ち種類	平均負担面積	主たる横架材のせい*	存在床倍率
木製火打ち90mm×90mm以上及び鋼製火打ち	2.5m²以下	240mm以上	0.80
		150mm以上	0.60
		105mm以上	0.50
	3.3m²以下	240mm以上	0.48
		150mm以上	0.36
		105mm以上	0.30
	5.0m²以下	240mm以上	0.24
		150mm以上	0.18
		105mm以上	0.15

＊火打材に取り付くものをいう。

用 語

床組等

　耐力壁線で挟まれる床の床組または屋根の小屋組及び屋根面（1階にあっては、2階の床の床組または1階の屋根の小屋組及び屋根面を、2階にあっては、2階の屋根の小屋組及び屋根面）について、この仕様書においては「床組等」と呼ぶこととする。

平均負担面積

　火打ち1本当たりの負担面積を、耐力壁線で囲われた区画面積をその面積にある火打ちばりの本数で割った面積を、この仕様書においては「平均負担面積」と呼ぶこととする。

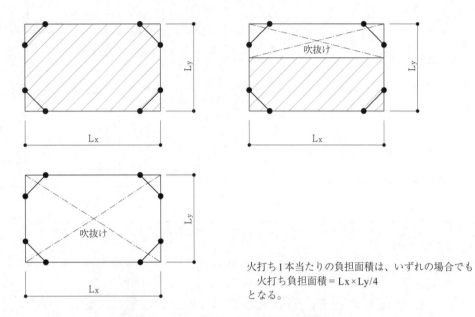

火打ち1本当たりの負担面積は、いずれの場合でも
　　火打ち負担面積 = Lx×Ly/4
となる。

参考図3.4.1-1　火打ちばりの平均負担面積

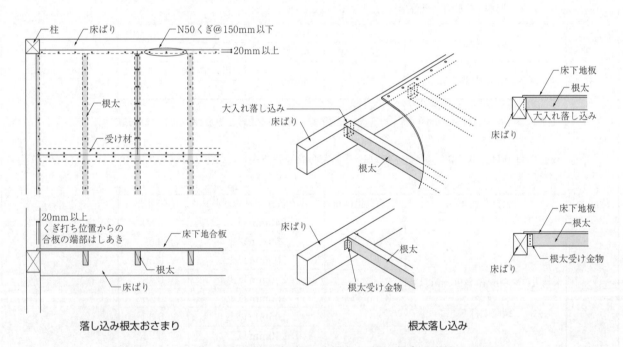

落し込み根太おさまり　　　　　　　　　　　　根太落し込み

参考図3.4.1-2　落し込み(根太と床ばりの上端高さが同じ場合)の根太のおさまり

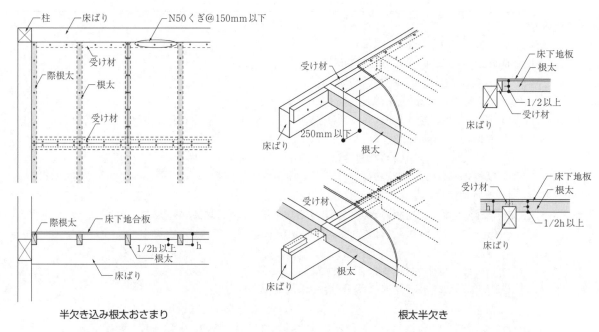

参考図3.4.1-3　半欠き（根太と床ばりの上端高さの差が、根太せいの1/2以下）の根太のおさまり

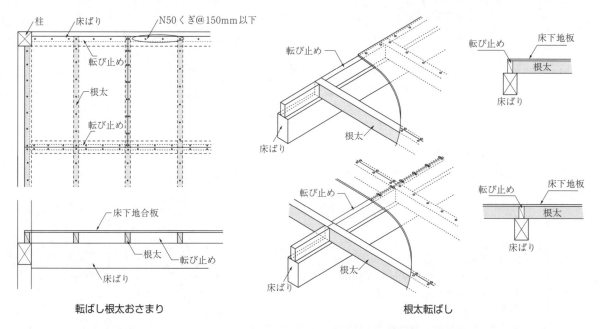

参考図3.4.1-4　転ばし（根太の下端と床ばりの上端高さが同じ場合）の根太のおさまり

3.4.2 屋根面

1. たる木は、Ⅱ-5.5.6（たる木）による。

Ⅱ-5.5.6　☞114頁

2. 屋根野地板は、下記のいずれかによる。

  イ．□ひき板野地板とする場合は、次による。

    （イ）ひき板の厚さは9mm以上、幅180mm以上とする。

    （ロ）継手は、板の登り10枚ごとに乱継ぎとし、継手はたる木心で突付けとする。

    （ハ）取付け及び存在床倍率は、下表による。

    （ニ）板そばは、見えがくれの場合は添え付け、見えがかりの場合はすべり刃又は相じゃくりとする。

  ロ．□合板野地板とする場合は、次による。

    （イ）合板の品質は、合板のJASに適合する構造用合板（特類又は1類）で、厚さ9mm以上のもの、又はこれと同等以上の性能を有するものとする。

    （ロ）合板のホルムアルデヒドの発散量に関する品質については、特記による。

    （ハ）取付け及び存在床倍率は、下表による。

  ハ．□構造用パネル野地板とする場合は、次による。

    （イ）構造用パネルの品質は、構造用パネルのJASに適合する構造用パネルで（1級、2級又は3級のものに限る。）厚さ9mm以上のもの、又はこれと同等以上の性能を有するものとする。

    （ロ）構造用パネルのホルムアルデヒドの発散量に関する品質については、特記による。

    （ハ）取付け及び存在床倍率は、下表による。

    （ニ）軒並びに妻側の部分に使用する広小舞、登りよど、破風板等には、木材を使用する。

| 面材の種類 | たる木 | | くぎ打ちの方法 | | 屋根勾配 | 存在床倍率 |
	工法	間隔	くぎの種類	くぎの間隔		
イ　厚さ9mm以上、幅180mm以上のひき板	転ばし	500mm以下	N50	150mm	矩勾配以下	0.10
					5寸勾配以下	0.20
					3寸勾配以下	0.20
ロ　厚さ9mm以上の構造用合板及び　ハ　厚さ9mm以上の構造用パネル	転ばし	500mm以下	N50	150mm	矩勾配以下	0.50
					5寸勾配以下	0.70
					3寸勾配以下	0.70

※ただし、屋根組等に用いる材料の強度を考慮して、計算により存在床倍率を求める場合にあっては、この限りではない。

3.4.3 小屋組（小屋床面）

  小屋組（小屋床面）を、存在床倍率を有する構造とする場合は、本章3.4.1（床組）による。

3.4.1　☞336頁

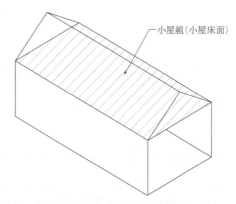

参考図3.4.3　小屋組（小屋床面）

3.5 接合部

3.5.1 金物の品質

接合部の金物の品質は、Ⅱ-4.1.6（諸金物）による。

Ⅱ-4.1.6　☞60頁

3.5.2 筋かい端部の仕口

筋かい端部における仕口は、Ⅱ-5.2.1（筋かい端部の仕口）による。

Ⅱ-5.2.1　☞92頁

3.5.3 柱脚・柱頭の仕口

軸組の柱の柱脚及び柱頭の仕口は、Ⅱ-5.2.2（耐力壁となる軸組の柱と横架材の仕口）による。

Ⅱ-5.2.2　☞92頁

3.5.4 胴差しと通し柱の仕口

胴差しの仕口の接合方法は、次に掲げるイからハの区分に応じ、それぞれ次に定めるもののいずれかとする。

- イ．☐胴差しを通し柱に継ぐ場合

  胴差しを通し柱にかたぎ大入れ短ほぞ差しとし、羽子板ボルト（厚さ3.2mmの鋼板添え板に径12mmのボルトを溶接した金物）を用い、胴差しに対して径12mmのボルト締め、通し柱に対して厚さ4.5mm、40mm角の角座金を介しナット締めしたもの。

- ロ．☐通し柱を挟んで胴差し相互を継ぐ場合

  胴差しを通し柱にかたぎ大入れ短ほぞ差しとし、短ざく金物（厚さ3.2mmの鋼板添え板）を用い、双方の胴差しに対しそれぞれ径12mmのボルト締めとしたもの。

- ハ．☐イ及びロの接合部の近傍に、断面寸法が90mm×90mm以上の筋かいが当たり、かつ、当該通し柱が出隅にあり、又は当該筋かいを含む軸組が外壁に直交して接する場合

  15kNホールダウン金物（厚さ3.2mmの鋼板添え板）を用い、胴差しに対して径12mmのボルト3本、通し柱に対して当該ホールダウン金物に止め付けた径16mmのボルトを介して緊結したもの。

3.5.5 下屋等の横架材の継手・仕口

床組等の建物外周部に接する部分の継手及び仕口のうち、次に掲げるものにあっては、以下の表のいずれかとし、計算により必要な耐力を確認する。

- イ．2階の外壁と接する1階の小屋組及び屋根面において、当該小屋組及び屋根面の2階の外壁側の両端の仕口
- ロ．耐力壁線までの距離が1.5mを超える位置にある入隅部分の床組等の仕口
- ハ．相互の間隔が4mを超える耐力壁線に挟まれる、床組等の中間にある胴差し及び軒げたの継手及び仕口

仕　様	継手及び仕口の構造方法	存在接合部倍率
長ほぞ差しこみ栓打ち L字型かど金物	長ほぞ差しこみ栓打ち（こみ栓にかた木を用いたものに限る。）としたもの、若しくは、かど金物（厚さ2.3mmのL字型の鋼板添え板）を用い、双方の部材にそれぞれ長さ6.5cmの太め鉄丸くぎを5本平打ちしたもの、又はこれと同等の接合方法としたもの	0.70
T字型かど金物 山形プレート	かど金物（厚さ2.3mmのT字型の鋼板添え板）を用い、双方の部材にそれぞれ長さ6.5cmの太め鉄丸くぎを5本平打ちしたもの、若しくは、山形プレート（厚さ2.3mmのV字型の鋼板添え板）を用い、双方の部材にそれぞれ長さ9.0cmの太め鉄丸くぎを4本平打ちとしたもの、又はこれらと同等の接合方法としたもの	1.00
羽子板ボルト 短ざく金物	羽子板ボルト（厚さ3.2mmの鋼板添え板に径12mmのボルトを溶接した金物）を用い、一方の部材に対して径12mmのボルト締め、他方の部材に対して厚さ4.5mm、40mm角の角座金を介してナット締めをしたもの、若しくは、短ざく金物（厚さ3.2mmの鋼板添え板）を用い、双方の部材に対してそれぞれ径12mmのボルト締めとしたもの、又はこれらと同等の接合方法としたもの	1.40
羽子板ボルト ＋ スクリューくぎ 短ざく金物 ＋ スクリューくぎ	羽子板ボルト（厚さ3.2mmの鋼板添え板に径12mmのボルトを溶接した金物）を用い、一方の部材に対して径12mmのボルト締め及び長さ50mm、径4.5mmのスクリューくぎ打ち、他方の部材に対して厚さ4.5mm、40mm角の角座金を介してナット締めしたもの、若しくは、短ざく金物（厚さ3.2mmの鋼板添え板）を用い、双方の部材に対して、それぞれ径12mmのボルト締め及び長さ50mm、径4.5mmのスクリューくぎ打ちとしたもの、又はこれらと同等の接合方法としたもの	1.60
10kN用ホールダウン金物（引寄せ金物）	ホールダウン金物（厚さ3.2mmの鋼板添え板）を用い、一方の部材に対して径12mmのボルト2本、他方の部材に対して当該ホールダウン金物に止め付けた径16mmのボルトを介して緊結したもの、又はこれと同等の接合方法としたもの	1.80
15kN用ホールダウン金物（引寄せ金物）	ホールダウン金物（厚さ3.2mmの鋼板添え板）を用い、一方の部材に対して径12mmのボルト3本、他方の部材に対して当該ホールダウン金物に止め付けた径16mmのボルトを介して緊結したもの、又はこれと同等の接合方法としたもの	2.80
20kN用ホールダウン金物（引寄せ金物）	ホールダウン金物（厚さ3.2mmの鋼板添え板）を用い、一方の部材に対して径12mmのボルト4本、他方の部材に対して当該ホールダウン金物に止め付けた径16mmのボルトを介して緊結したもの、又はこれと同等の接合方法としたもの	3.70
25kN用ホールダウン金物（引寄せ金物）	ホールダウン金物（厚さ3.2mmの鋼板添え板）を用い、一方の部材に対して径12mmのボルト5本、他方の部材に対して当該ホールダウン金物に止め付けた径16mmのボルトを介して緊結したもの、又はこれと同等の接合方法としたもの	4.70
15kN用ホールダウン金物（引寄せ金物）×2組	ホールダウン金物（厚さ3.2mmの鋼板添え板）を用い、一方の部材に対して径12mmのボルト3本、他方の部材に対して当該ホールダウン金物に止め付けた径16mmのボルトを介して緊結したものを2組用いたもの	5.60
腰掛けあり若しくは大入れあり掛け＋羽子板ボルト若しくは短ざく金物	双方の部材を腰掛けあり若しくは大入れあり掛けで接合し、羽子板ボルト（厚さ3.2mmの鋼板添え板に径12mmのボルトを溶接した金物）を用い、一方の部材に対して径12mmのボルト締め、他方の部材に対して厚さ4.5mm、40mm角の角座金を介してナット締めしたもの、若しくは双方の部材を腰掛けあり若しくは大入れあり掛けで接合し、短ざく金物（厚さ3.2mmの鋼板添え板）を用い、双方の部材に対してそれぞれ径12mmのボルト締めとしたもの、又はこれらと同等の接合方法としたもの	1.90

腰掛けあり 若しくは 大入れあり掛け ＋ 羽子板ボルト×2 若しくは 短ざく金物×2	双方の部材を腰掛けあり若しくは大入れあり掛けで接合し、羽子板ボルト（厚さ3.2mmの鋼板添え板に径12mmのボルトを溶接した金物）2個を用い、一方の部材に対して径12mmのボルト締め、他方の部材に対して2個の金物それぞれについて厚さ4.5mm、40mm角の角座金を介してナット締めしたもの、若しくは双方の部材を腰掛けあり若しくは大入れあり掛けで接合し、短ざく金物（厚さ3.2mmの鋼板添え板）2枚を用い、双方の部材に対してそれぞれ径12mmのボルト締めとしたもの	3.00

留意事項

接合部の確認を要する部分

　性能表示基準においては、建築基準法で定められている筋かい端部・柱頭・柱脚の接合部の確認のほか、胴差しと通し柱の接合部、および床・屋根の外周の横架材の接合部の確認が求められている。このうち、床・屋根の外周の横架材の接合部においては、横架材に取り付いている床・屋根の存在床倍率から、横架材にかかる引抜き力に応じた必要接合部倍率を求める必要がある。つまり、存在床倍率が大きいほど、より多くの接合部倍率が求められることになる。

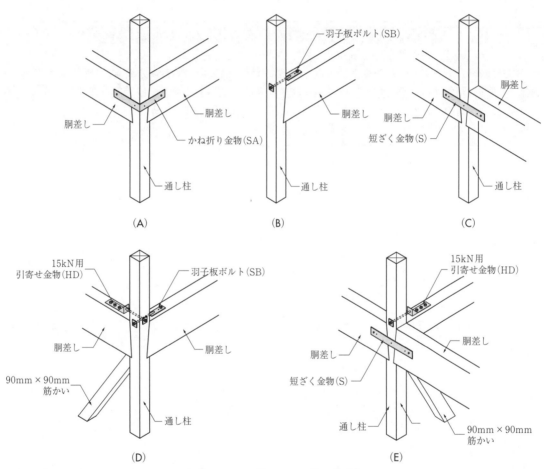

参考図3.5.4　胴差しと通し柱の接合部

下屋等の横架材接合部の確認箇所

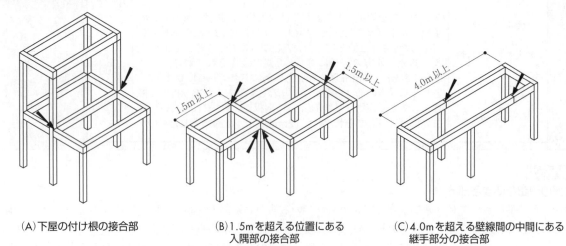

（A）下屋の付け根の接合部　　　（B）1.5mを超える位置にある　　　（C）4.0mを超える壁線間の中間にある
　　　　　　　　　　　　　　　　　　入隅部の接合部　　　　　　　　　　継手部分の接合部

参考図3.5.5　下屋の付け根の接合部

3.6 横架材及び基礎

　小屋組、床組、基礎その他の構造耐力上主要な部分の部材の種別、寸法、量及び間隔について
は、構造計算又はスパン表等により、常時又は積雪時に作用する固定荷重及び積
載荷重並びに積雪時に建築物に作用する積雪荷重による力が、上部構造及び基礎を通じ
て適切に力が地盤に伝わり、かつ、地震力及び風圧力に対し、上部構造から伝達される
引張力に対して、基礎の耐力が十分であることを確かめること。

4.バリアフリー性に関する基準（高齢者等配慮対策等級3）に係る仕様

4.1 一般事項
4.1.1 総則
1. フラット35Sにおけるバリアフリー性に関する基準（高齢者等配慮対策等級3）の技術基準に適合する住宅の仕様は、この項による。
2. 本項におけるアンダーライン「____」の付された項目事項は、フラット35Sにおけるバリアフリー性に関する基準（高齢者等配慮対策等級3）に係る仕様であるため、当該部分の仕様以外とする場合は、住宅金融支援機構の認めたものとする。
3. 「日常生活空間」とは、高齢者等の利用を想定する一の主たる玄関、便所、浴室、脱衣室、洗面所、寝室（以下「特定寝室」という。）、食事室及び特定寝室の存する階（接地階を除く。）にあるバルコニー、特定寝室の存する階にあるすべての居室並びにこれらを結ぶ一の主たる経路をいう。

留意事項
バリアフリー性に関する基準（高齢者等配慮対策等級3）に係る仕様

「住宅の品質確保の促進等に関する法律」（平成11年法律第81号）第3条第1項の規定に基づく「日本住宅性能表示基準」（平成13年国土交通省告示第1346号）においては、「高齢者等配慮対策等級（専用部分）」における新築住宅の各等級の水準は、下記のとおり定められている。本項は、このうちの「等級3」に対応した仕様を示している。

等　級	必　要　な　対　策
等級5	a 移動等に伴う転倒、転落等の防止に特に配慮した措置が講じられていること。 b 介助が必要となった場合を想定し、介助用車いす使用者が、基本生活行為を行うことを容易にすることに特に配慮した措置が講じられていること。
等級4	a 移動等に伴う転倒、転落等の防止に配慮した措置が講じられていること。 b 介助が必要になった場合を想定し、介助用車いす使用者が、基本生活行為を行うことを容易にすることに配慮した措置が講じられていること。
等級3	a 移動等に伴う転倒、転落等の防止のための基本的な措置が講じられていること。 b 介助が必要になった場合を想定し、介助用車いす使用者が、基本生活行為を行うことを容易にするための基本的な措置が講じられていること。
等級2	移動等に伴う転倒、転落等の防止のための基本的な措置が講じられていること。
等級1	移動等に伴う転倒、転落等の防止のための建築基準法に定める措置が講じられていること。

用語
移動等

水平移動、垂直移動、姿勢の変化及び寄りかかりの各行為をいう。

介助行為

介助用車いすの通行の補助、浴室における浴槽の出入り及び体の洗浄、寝室における介助用車いすからの便器への移乗、衣服の着脱及び排泄後の処理の各動作をいう。

基本生活行為

日常生活空間で行われる排泄、入浴、整容、就寝、食事、移動その他これらに伴う行為をいう。

4.2 部屋の配置
4.2.1 部屋の配置
特定寝室がある階には、便所を配置する。

用語
特定寝室

高齢者が利用する寝室及び高齢者がいない場合で、入居者が将来、高齢化した場合などに利用予定の居室をいう。

部屋の配置

　高齢期には身体機能が低下するため、特定寝室と便所、洗面所、居間、食事室等の日常生活に最低限必要な空間は、可能な限り同一階に配置することが望ましい。

　このうち、便所については、使用頻度が高齢期には多くなることや夜間の使用の安全性の点から、優先度が最も高いとされているため、最低限必要な基準として、特定寝室と便所の同一階設置を要件としている。

　なお、便所を複数設置する場合、最低1箇所が高齢者等の寝室と同一階に設置されていることが必要である。

4.3 住戸内の段差の解消

4.3.1 段差の解消

1. 日常生活空間内の床は、段差のない構造（仕上がり5mm以下の段差が生じるものを含む。以下同じ。）とする。ただし、次のイ〜ヘに掲げる部分にあっては、この限りでない。なお、ヘに掲げる部分に踏み段を設ける場合、踏み段は1段とし、奥行は300mm以上、幅は600mm以上で、踏み段とバルコニーの端との距離を1,200mm以上とする。ヘに掲げる部分以外に踏み段を設ける場合は、踏み段の奥行は300mm以上、幅は600mm以上とする。

   イ．玄関の出入口の段差で、くつずりと玄関外側の高低差を20mm以下とし、かつ、くつずりと玄関土間の高低差を5mm以下としたもの

   ロ．勝手口その他の屋外に面する開口部（玄関を除く。以下、本項において「勝手口等」という。）の出入口及び上がり框の段差

   ハ．玄関の上がり框の段差

   ニ．浴室の出入口の段差で、20mm以下の単純段差とする、又は浴室内外の高低差を120mm以下、またぎ高さを180mm以下とし、かつ手すりを設置したもの

   ホ．接地階を有する住宅のバルコニーの出入口の段差

   ヘ．接地階を有しない住宅のバルコニーの出入口の段差のうち、次の（イ）〜（ホ）に掲げる段差

   　（イ）180mm以下の単純段差

   　（ロ）250mm以下の単純段差とし、手すりを設置できるようにしたもの

   　（ハ）踏み段を設ける場合、360mm以下の単純段差とし、バルコニーと踏み段との段差及び踏み段と框との段差を180mm以下の単純段差としたもの

   　（ニ）屋内側及び屋外側の高さが180mm以下のまたぎ段差とし、手すりを設置できるようにしたもの

   　（ホ）踏み段を設ける場合、屋内側の高さが180mm以下で、屋外側の高さが360mm以下のまたぎ段差とし、バルコニーと踏み段との段差及び踏み段と框との段差を180mm以下の単純段差とし、手すりを設置できるようにしたもの

2. 日常生活空間内の居室の部分の床のうち、次のイ〜ホに掲げるすべてに適合するものとその他の部分の床との間には、300mm以上450mm以下の段差を設けることができるものとする。

   イ．介助用車いすの移動の妨げとならない位置にあること

   ロ．面積が3m²以上9m²（当該居室の面積が18m²以下の場合にあっては、当該面積の1/2）未満であること

   ハ．当該部分の面積の合計が、当該居室の面積の1/2未満であること

   ニ．間口（工事を伴わない撤去等により確保できる部分の長さを含む。）が1,500mm以上であること

   ホ．その他の部分の床より高い位置にあること

3. 日常生活空間外の床は、段差のない構造とする。ただし、次のイ〜ヘに掲げる部分にあっては、この限りではない。

   イ．玄関の出入口の段差

   ロ．玄関の上がり框の段差

　　ハ．勝手口等の出入口及び上がり框の段差
　　ニ．バルコニーの出入口の段差
　　ホ．浴室の出入口の段差
　　ヘ．室内又は室の部分の床とその他の部分の床の90mm以上の段差

4.3.2 床組
　　床組による和室と廊下・洋室等との段差の解消方法は、次のいずれかによる。
　　イ．□和室の廊下等に面する部分に添え束を設け、大引き及び根太等の上端を調整して、床仕上げ面の段差を解消する。
　　ロ．□廊下等の和室に面する部分の土台、大引き又ははりなどの横架材と根太の取合い部に、根太掛けを取り付け、根太等の上端を調整して、床仕上げ面の段差を解消する。
　　ハ．□その他、水平構面の剛性に十分配慮した方法で、特記による。

4.3.3 床板張り
　　洋室と廊下等との床仕上げ面の取合いは、次による。
　　イ．開き戸のくつずりには、戸当たりを設けないものとする。
　　ロ．出入口両側の床仕上材の厚さが異なる場合は、仕上材の下に調整材等を敷いて段差を解消するとともに、取合い部に床見切り枠等を設ける。

用　語

居室
　　居間、食事室及びその他の寝室等をいう。

留意事項

段差のない構造

　「段差のない構造」とは、和室と廊下、和室と洋室及び居室の出入口等に生じる段差を、仕上がり寸法で5mm以内におさめる構造をいう（参考図4.3.1-1参照）。仕上がり寸法で5mm以内の段差とするには、施工誤差等を考慮し、設計寸法ではより小さい段差としておくなどの配慮が必要である。

　住宅内の段差は、転倒による事故原因になるだけでなく、万一の車いすを使用した生活時にも障害になる部分である。

　住宅内の段差のうち、最も事故の原因となりやすいのは、和室と洋間・廊下との間に生じる数センチの段差である。この段差は確認しづらい段差であり、つまずく原因となりやすいため、あらかじめ解消しておくことが重要な対策となる。

参考図4.3.1-1　段差のない構造

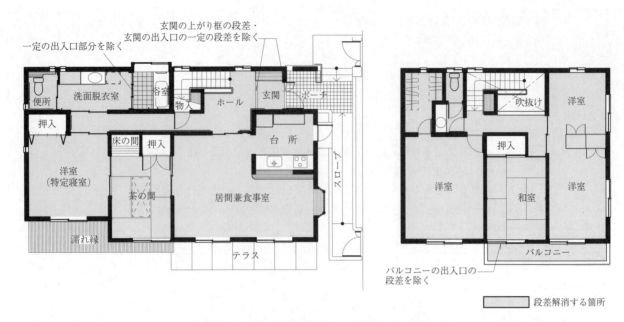

一定の出入口部分を除く

玄関の上がり框の段差・
玄関の出入口の一定の段差を除く

便所
洗面脱衣室
浴室
物
ホール
玄関
ポーチ

押入

床の間
押入
台所

洋室
（特定寝室）

茶の間
居間兼食事室

スロープ

濡れ縁

テラス

吹抜け
洋室

押入

洋室
和室
洋室

バルコニー

バルコニーの出入口の
段差を除く

段差解消する箇所

参考図4.3.1-2　一戸建住宅で段差解消する箇所の例

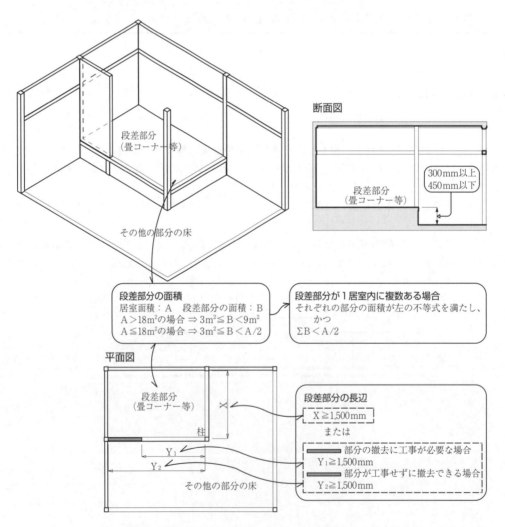

段差部分
（畳コーナー等）

その他の部分の床

断面図

段差部分
（畳コーナー等）

300mm以上
450mm以下

段差部分の面積
居室面積：A　段差部分の面積：B
A＞18m²の場合 ⇒ 3m²≦B＜9m²
A≦18m²の場合 ⇒ 3m²≦B＜A／2

段差部分が1居室内に複数ある場合
それぞれの部分の面積が左の不等式を満たし、
かつ
ΣB＜A／2

平面図

段差部分
（畳コーナー等）

柱

その他の部分の床

X

Y₁
Y₂

段差部分の長辺
X≧1,500mm
または
部分の撤去に工事が必要な場合
Y₁≧1,500mm
部分が工事せずに撤去できる場合
Y₂≧1,500mm

※本章4.3.1（段差の解消）の2にあるすべての条件（位置、面積、長辺等）に合致する畳
コーナー等については、車いすからの移動が容易である300〜450mmの段差を設
けることができることとしている。

参考図4.3.1-3　300mm以上450mm以下の段差を設けることができる場合

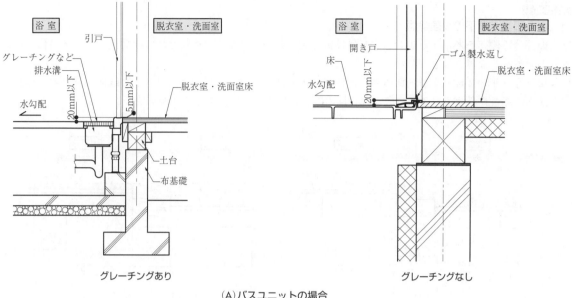

グレーチングあり　　　　　　　　　　　　　グレーチングなし

（A）バスユニットの場合

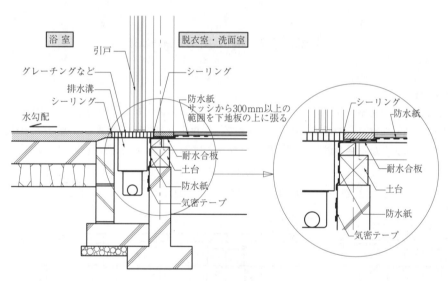

（B）従来浴室の場合

参考図4.3.1-4　浴室出入口段差を20mm以下とする施工例

床組による和室・廊下の段差解消

・ 出入口部分の段差を解消する場合、すり付け板を設けるのではなく、それぞれの床面をフラットに仕上げ、段差そのものを解消しなければならない。

・ 根太掛け等を用いて段差を解消する場合、住宅の耐震性に考慮し、根太と大引きまたは横架材との一体性を確保し、水平構面の剛性が確保されるように、部材間の緊結には十分に留意することが重要である。

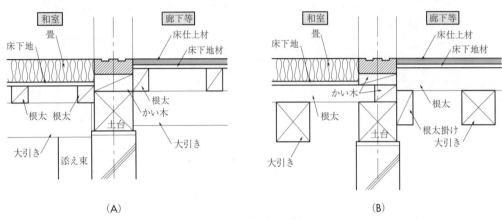

参考図4.3.2　床組による段差解消の例

洋室・廊下の段差解消

　開き戸等の出入口枠の段差を解消する場合、すり付け板等を設けるのではなく、それぞれの床面をフラットに仕上げ、段差そのものを解消しなければならない。したがって、床板張り材の厚さが異なる場合は、調整材などを設ける。また、床板張り材の方向が異なる場合は、見切り用の下枠を設けるなどの工夫を行う。

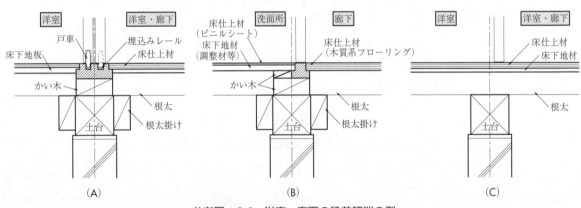

参考図4.3.3　洋室・廊下の段差解消の例

4.4 住戸内階段

4.4.1 住戸内階段の勾配

　住戸内階段の勾配及び踏み面と蹴上げの寸法は、次のイ、ロ及びハ（ただし、階段の曲がり部分で、その形状が、次の（イ）、（ロ）又は（ハ）に該当する部分については、この限りではない。）による。ただし、ホームエレベーターを設置する場合にあっては、この限りではない。

　　イ．階段の勾配（R/T）を、22/21以下とする。

　　ロ．踏み面（T）を195mm以上とする。

　　ハ．踏み面（T）と蹴上げ（R）の関係を、550mm≦T+2R≦650mmとする。

　　　〈イ、ロ及びハが緩和される曲がり部分〉

　　　（イ）90°曲がり部分が、下階床から上り3段以内となる場合で、その踏み面の狭

いほうの形状が、すべて30°以上となる回り階段の部分

（ロ）90°曲がり部分が、踊り場から上り3段以内となる場合で、その踏み面の狭いほうの形状が、すべて30°以上となる回り階段の部分

（ハ）180°曲がり部分が4段となる場合で、その踏み面の狭いほうの形状が60°、30°、30°及び60°の順となる回り階段の部分

4.4.2 住戸内階段の構造

1. 住戸内階段の形状は、直階段又は折れ階段とし、中間には踊り場を設ける。
2. 住戸内階段の蹴込みは、30mm以内とする。ただし、ホームエレベーターを設置する場合にあっては、この限りではない。

留意事項

階段の勾配・踏み面寸法・蹴上げ寸法

階段昇降は、加齢に伴う身体機能の低下の影響を最も顕著に受ける行為である。また、階段は転倒などの事故が起こった場合には、大けがになりやすい場所であるため、適切な形状・勾配・寸法とする。

階段の踏み面寸法及び蹴上げ寸法については、表4.4.1を参照のこと。なお、同表の寸法に合致しない場合は、仕様書本文に基づく計算によりチェックする必要がある。

階段の曲がり部分の踏み面寸法は、踏み板の狭い側の幅木側面から、それぞれ30cmの点を結ぶ距離とする。なお、上記仕様書本文（イ）から（ハ）に記された形状の曲がり部分を設ける場合、当該部分は階段の勾配、踏み面寸法及び蹴上げ寸法に係る基準によらないことができる。

表4.4.1　階段の勾配基準等に基づく踏み面寸法及び蹴上げ寸法早見表・グラフ

		蹴上げ寸法	
		基準寸法 （勾配：22/21以下）	推奨寸法* （勾配：6/7以下）
踏み面寸法	195mm	178〜204mm	−
	200mm	175〜209mm	−
	205mm	173〜214mm	173〜175mm
	210mm	170〜220mm	170〜180mm
	215mm	168〜217mm	168〜184mm
	220mm	165〜215mm	165〜188mm
	225mm	163〜212mm	163〜192mm
	230mm	160〜210mm	160〜197mm
	235mm	158〜207mm	158〜201mm
	240mm	155〜205mm	155〜205mm
	245mm	153〜202mm	153〜202mm
	250mm	150〜200mm	150〜200mm
	255mm	148〜197mm	148〜197mm
	260mm	145〜195mm	145〜195mm
	265mm	143〜192mm	143〜192mm
	270mm	140〜190mm	140〜190mm
	275mm	138〜187mm	138〜187mm
	280mm	135〜185mm	135〜185mm
	285mm	133〜182mm	133〜182mm
	290mm	130〜180mm	130〜180mm
	295mm	128〜177mm	128〜177mm
	300mm	125〜175mm	125〜175mm
	以 下 省 略		

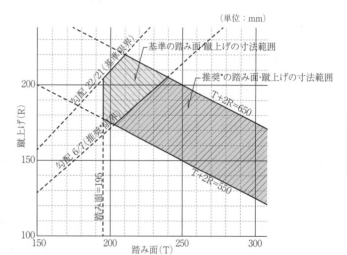

*推奨寸法は、性能評価基準の等級4（日常生活空間内に限る。）及び等級5に相当する。

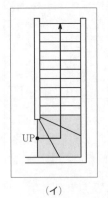
(イ)

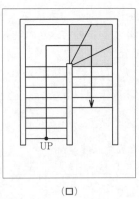
(ロ)

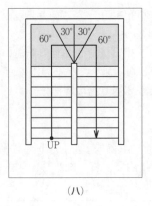
(ハ)

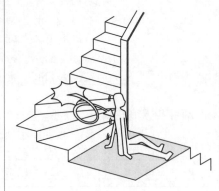

上図の階段曲がり部分については、万一その曲がり部分で転倒した場合にも、直下に床や踊り場があること等、一定の階段の安全性が確保されているため、踏み面寸法等の基準が緩和されている。
　(イ)　90°曲がり部分が、下階床から上り3段以内となる場合で、その踏み面の狭いほうの形状がすべて30°以上となる回り階段の部分
　(ロ)　90°曲がり部分が、踊り場から上り3段以内となる場合で、その踏み面の狭いほうの形状がすべて30°以上となる回り階段の部分
　(ハ)　180°曲がり部分が、4段となる場合で、その踏み面の狭いほうの形状が60°、30°、30°及び60°の順となる回り階段の部分

曲がり部分は踏み板の形状も変わり、足を踏み外しやすい危険な場所。踊り場があると万一の際、大けがの危険が少なくなる。

参考図4.4.1　階段に係る勾配・寸法規定が緩和される曲がり部分

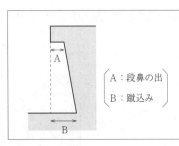
A：段鼻の出
B：蹴込み

60°～90°
テーパー角度

60°～90°
テーパー角度

足先の引っ掛けに配慮し、蹴込み寸法は30mm以内とする。また、段鼻を出さずテーパー(60°～90°)を設けた蹴込み板を設けることが望ましい。

参考図4.4.2-1　蹴込み部分の留意点

×

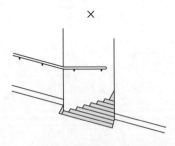
(a)最上段の通路等へのくい込み

×

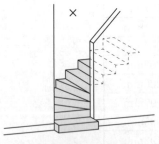
(b)最下段通路等への突出

○

2階の階段ホールに、アルコーブを設ける。見通しのよい廊下にしておく工夫も良い。手すりは、廊下の手すりと連続させる。

階段の一番上のステップが、廊下にくい込むと危険である。階段の一番下のステップが突出していると、つまずき、転倒の原因になる。

(A)危険な階段の例

(B)良い階段の例

参考図4.4.2-2　廊下等への突出の防止

4.5 手すり

4.5.1 手すりの設置箇所

1. 住戸内階段は、以下のとおりとする。

   イ. 住戸内階段には、手すりを設置する。

   ロ. 勾配が45°を超える場合(本章4.4.1(住戸内階段の勾配)のハ(イ)〜(ハ)のいずれ 4.4.1 ☞350頁
   かに該当する部分を除く。)にあっては、両側に手すりを設置する(ホームエレベー
   ター設置時は、この限りではない。)。

   ハ. 設置高さは、踏み面の先端からの高さ700mmから900mmの位置とする（ホー
   ムエレベーター設置時は、この限りではない。)。

   ニ. 階段の手すりを片側に設置する場合の設置箇所は、原則として、下階に向かっ
   て利用者の利き腕側に設置する。

2. 浴室は、以下のとおりとする。

   イ. 浴室には手すりを設置する。

   ロ. 日常生活空間内の浴室の手すりの設置は、用途に応じて、次の設置箇所及び種
   類を標準とする。

   (イ) ☐ 浴槽出入りのためのものを設置する。

   (ロ) ☐ 浴槽内における、立ち座り及び姿勢保持のためのL型手すり又は横手す
   りを、浴槽の側部壁面に設置する。

   (ハ) ☐ 浴室内外の移動時の歩行安定のための縦手すりを、出入口部の壁面に設
   置する。

   (ニ) ☐ 洗い場における立ち座り時の姿勢安定用は、縦手すりとし、洗い場の壁
   面に設置する。

   (ホ) ☐ 浴室内移動時の歩行安定用は横手すりとし、出入口から洗い場までの壁
   面に設置する。

3. 日常生活空間内の便所には、立ち座りのための手すりを設置する。

4. 日常生活空間内の玄関には、上がり框部の昇降及び靴の着脱のための手すりを設置
   するか、又は設置準備をする。

5. 日常生活空間内の脱衣室には、衣服の着脱のための手すりを設置するか、又は設置
   準備をする。

6. バルコニーには、転落防止のために、手すりを次のいずれかにより設置する。た
   だし、外部の地面、床等からの高さが1m以下の範囲、又は開閉できない窓その他
   転落のおそれのないものについては、この限りではない。

   イ. ☐ 腰壁その他、足がかりとなるおそれのある部分（以下、本項において「腰壁
   等」という。）の高さが650mm以上1,100mm未満の場合、床面から1,100mm
   以上の高さに達するように設置する。

   ロ. ☐ 腰壁等の高さが300mm以上650mm未満の場合、腰壁等から800mm以上の
   高さに達するように設置する。

   ハ. ☐ 腰壁等の高さが300mm未満の場合、床面から1,100mm以上の高さに達す
   るように設置する。

7. 2階以上の窓には、転落防止のための手すりを次のいずれかにより設置する。ただし、
   外部の地面、床等からの高さが1m以下の範囲、又は開閉できない窓その他転落の
   おそれのないものについては、この限りではない。

   イ. ☐ 窓台その他、足がかりとなるおそれのある部分（以下、本項において「窓台
   等」という。）の高さが650mm以上800mm未満の場合、床面から800mm（3階
   以上の窓は1,100mm）以上の高さに達するように設置する。

   ロ. ☐ 窓台等の高さが300mm以上650mm未満の場合、窓台等から800mm以上の
   高さに達するように設置する。

   ハ. ☐ 窓台等の高さが300mm未満の場合、床面から1,100mm以上の高さに達す
   るように設置する。

8. 廊下及び階段（高さ1m以下の階段を除く。）のうち、片側又は両側が壁となってい

ない部分には、開放されている側に転落防止のための手すりを次のいずれかにより設置する。ただし、外部の地面、床等からの高さが1m以下の範囲、又は開閉できない窓その他転落のおそれのないものについては、この限りではない。

イ．□腰壁等の高さが650mm以上800mm未満の場合、床面（階段にあっては踏み面の先端）から800mm以上の高さに達するように設置する。

ロ．□腰壁等の高さが650mm未満の場合、腰壁等から800mm以上の高さに達するように設置する。

9. 転落防止のための手すりの手すり子で、床面（階段にあっては踏み面の先端）及び腰壁等又は窓台等（腰壁等又は窓台等の高さが650mm未満の場合に限る。）からの高さが、800mm以内の部分に存するものの相互の間隔は、内のり寸法で110mm以下とする。

4.5.2 手すりの取付け等

1. 手すりの形状は、次による。

イ．手すりの直径は28〜40mmとし、断面形状は原則として円形とする。やむを得ず上部を平たんとする場合は、使用箇所を廊下及び階段に限る。

ロ．手すりの端部は、原則として、壁側又は下側に曲げる。

2. 手すりの取付けは、次による。

イ．柱に直接取り付けるか、又は補強した受け材等に取り付ける。

ロ．適切な支持間隔で取り付ける。

ハ．手すりと壁のあき寸法は、30〜50mmを標準とする。

ニ．持ち替えが生じる位置を除き、連続して手すりを使用するところでは、原則として手すりが途中で切れないように設置する。なお、持ち替えが生じる位置での手すり端部間距離は、400mm以下とする。

4.5.3 手すり取付け下地

1. 手すりの設置又は設置準備のための壁下地の補強方法は、次のいずれかによる。

イ．□手すり受け材による方法は、断面寸法35mm×105mm以上の受け材を平使いとして、柱等の軸組内に緊結する。

ロ．□構造用合板による方法は、厚さ12mm以上の構造用合板を柱等の軸組に緊結する。

2. 手すりの設置準備を行う場合の壁下地の補強範囲は、次による。

イ．縦手すり設置のための下地補強の場合は、長さ600mm以上の縦手すりの下端を、床面から750mm程度の位置に設置できる範囲とする。

ロ．横手すり設置のための下地補強の場合は、床面から600〜900mmの範囲で全面行うか、又は横手すり上端を床面から750mmの位置に設置できる範囲を補強し、かつ補強箇所を壁面にピンなどで示す。

関係法令

階段の有効幅員について

　高齢者等配慮対策等級3においては、階段の有効幅員の規定はないが、建築基準法では、75cm以上（直上階の居室の床面積が200m²を超える場合は120cm以上）と規定されている（建築基準法施行令第23条第1項）ので、手すりの設置にあたっては注意が必要である。ただし、手すりの幅のうち、片側につき10cm（両側に手すりが設けられている場合はそれぞれ10cm）を限度として、手すりがないものとして幅を算定することができる（建築基準法施行令第23条第3項）。

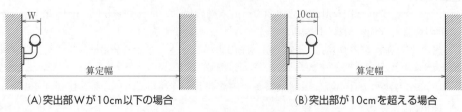

（A）突出部Ｗが10cm以下の場合　　　　（B）突出部が10cmを超える場合

参考図4.5-1　階段の有効幅員の算定方法

施工方法

手すり取付け下地補強

　手すりの設置準備のみを行う際には、下地補強箇所を図面に明示し、建物に施した下地補強箇所には、ピンやマークなどで位置がわかるようにしておく。

　また、壁の下地材料として、せっこうボードを使用する場合など、壁表面が繰り返し荷重に対して弱い場合は、合板などを用いて手すり支持箇所を部分的に補強する。なお、JIS A 6901による普通硬質せっこうボード、シージング硬質せっこうボードなどを用いることにより、せっこうボード表面の破断を防止する方法もある。

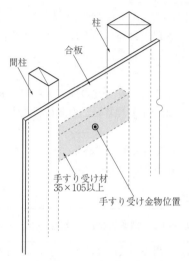

（A）横手すりの受け材設置の例

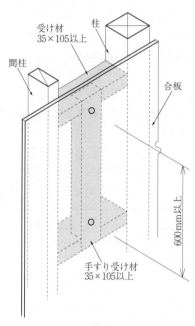

（B）縦手すりの受け材設置の例
（柱間の位置に縦手すりを設置する場合の例）

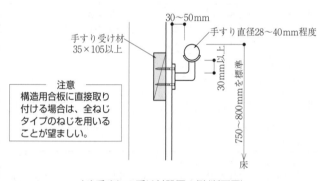

（C）手すりの受け材設置の例（断面図）

参考図4.5-2　手すり受け材の設置例

参考図4.5-3　手すり端部の曲げ処理

留意事項

手すり設置箇所別の留意事項

①共通事項

　・手すりの選定にあたっては、直径28～40mmの範囲内で、入居予定者に最も適した太さとする。

　・構造用合板のみを受け材として直接手すりを取り付ける場合で、ブラケットの座金が薄い場合にあっては、全ねじタイプの木ねじ（木ねじ全体にねじ切りがあるもの）を用いることが望ましい。

　・水平手すりの設置高さは、750～800mmを標準とし、入居予定者に最も適した高さとする。

　・水平手すりの端部は、壁側または下側に曲げることが望ましい（同様の効果がある、手すり端部で固定するタイプのブラケットとしてもよい。）。

②玄関（上がり框部）

　・靴を着脱する位置に、縦手すり等を設置する。なお、縦手すりの長さは、上端が肩ごしにくる程度とする。

③廊下

　・出入口建具等の部分を除き、原則として手すりは連続して設置する。

④階段

　・手すりの設置高さは、750～800mmを標準とする。

- 階段の片側のみに設置する場合は、原則として、下階に向かって利用者の利き腕側とする。
- 原則として、手すりは連続して設置する。
- 転倒を防止するため、上階の手すり端部は、最上段より水平に200mm以上のばすことが望ましい。

⑤便所
- 便器からの立上り、移動、安定の行為を補完するのに最も有効な手すりは、L型手すりである。また、手すりを設置する位置は、ペーパーホルダーなどとの位置関係に注意する必要がある。なお、ペーパーホルダーなどの設置位置については、原則として、JIS S 0026（高齢者・障害者配慮設計指針－公共トイレにおける便房内操作部の形状、色、配置及び器具の配置）を参考に、居住者の利用を考慮した位置とする。

⑥洗面所・脱衣室
- 高齢者が使用する浴室出入口の段差が20mmを超える場合、及びまたぎ段差になる場合は、脱衣室側と浴室側の両方に縦手すりを設置する。

⑦浴室
- 浴室内での移動、立ち座り、またぎ越し等の行為時に、姿勢保持を図ることは安全性の観点から特に重要であり、手すりの設置（または設置準備）は表4.5に示す設置箇所、用途及び種類を十分理解し、有効に機能するよう総合的に行う。
- イの手すりは、一般的に高齢者のみならず、同居家族にも利用されるので最も重要である。
- ロの手すりは、浴槽内の立ち座りのみでなく、万一の際の溺れ防止にも効果的である。

表4.5　浴室手すりの種類と目的

設置箇所	主要用途	手すりの種類	留意事項（標準的な設置位置・寸法）
イ．洗い場側の浴槽縁の鉛直線上の壁面	浴槽出入り(またぎ越し)時の姿勢安定	縦手すり	洗い場の立ち座り用との兼用は可能である。兼用の場合は、手すり下端を床から高くしないように注意する（床から下端600mm程度、長さ800mm以上）。
ロ．浴槽の側部壁面	浴槽内の立ち座り、及び姿勢保持	L型手すりまたは横手すり	立った時の姿勢保持のために、L型手すりが望ましい。横手すり部分が、浴槽ふたにぶつからない高さにする（浴槽の縁上端から手すり水平部上端まで100～200mm程度）。
ハ．出入口の把手側の壁面	浴室出入りの際の姿勢保持	縦手すり	脱衣室側にも、縦手すりを設置する。出入口段差がない場合でも、姿勢保持に有効である（床から下端750mm程度、長さ600mm以上）。
ニ．洗い場の壁面	洗い場の立ち座り	縦手すり	この手すりは、立ち座り専用のため、イの手すりがある場合でも設置することが望ましい（床から下端600mm程度、長さ800mm以上）。
ホ．出入口から洗い場までの壁面	浴室内での移動時の歩行安定	横手すり	利用者に最も適した高さとする。タオル掛けの代わりに、この手すりの設置を奨める（標準は、床から750mm程度）。

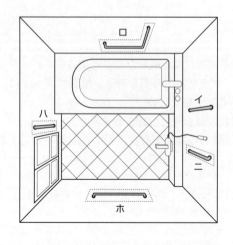

参考図4.5-4　浴室手すりの標準的な設置例

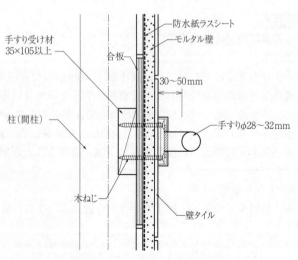

参考図4.5-5　浴室手すりの設置方法

転落防止のための手すり

　転落防止のための手すりは、安全性の確保のために設置するものであり、具体的には、①大人が寄りかかって乗り越えないこと、②子供がよじ登って乗り越えないこと、の2つの趣旨がある。これらを踏まえ、基準を満足するよう設置することはもちろんのこと、足がかりとなる部分の有無や居住者の体型等も勘案のうえ、適切に設計することが重要である。

(1)バルコニーの転落防止用手すりの例

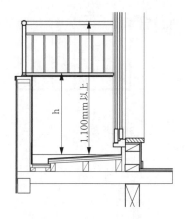
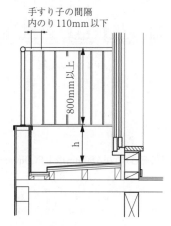
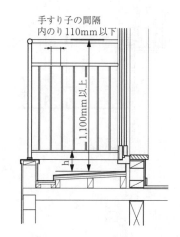

(A)腰壁等の高さ(h)が650mm以上1,100mm未満の場合

(B)腰壁等の高さ(h)が300mm以上650mm未満の場合

(C)腰壁等の高さ(h)が300mm未満の場合

参考図4.5-6　転落防止用手すり①

（2）2階以上の窓の転落防止用手すりの例

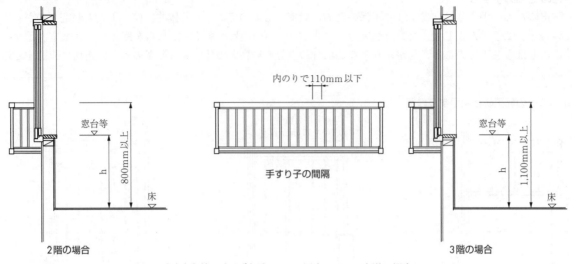

（A）窓台等の高さ（h）が650mm以上800mm未満の場合

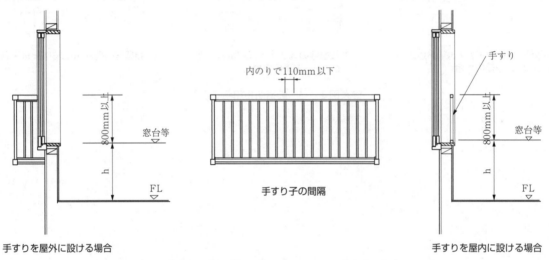

（B）窓台等の高さ（h）が300mm以上650mm未満の場合

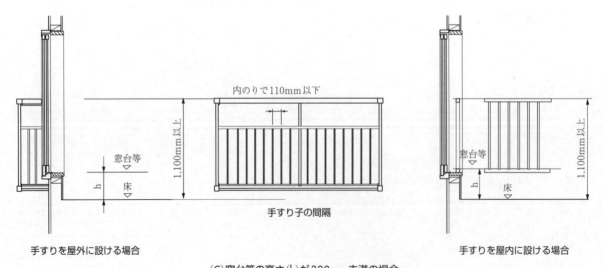

（C）窓台等の高さ（h）が300mm未満の場合

参考図4.5-6　転落防止用手すり②

(3)廊下及び階段(開放部分)転落防止用手すりの例

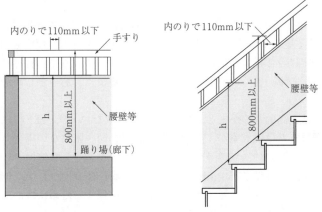

(A)腰壁等の高さ(h)が650mm以上800mm未満の場合

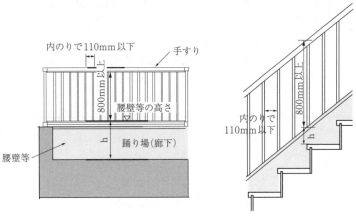

(B)腰壁等の高さ(h)が650mm未満の場合

参考図4.5-6　転落防止用手すり③

4.6 廊下及び出入口の幅員

4.6.1 廊下及び出入口の幅員の確保

1. 日常生活空間内の通路の有効な幅員は、780mm(柱等の箇所にあっては750mm)以上とする。

2. 出入口の幅員については、次による。

　イ. 日常生活空間内(浴室を除く。)の出入口の幅員は、次のいずれかに該当するものとする。

　　(イ) ☐ 出入口の有効幅員を750mm以上とする。

　　(ロ) ☐ やむを得ず将来の改造(構造耐力上主要な部分である柱又は壁の撤去、若しくは改造を要しないものに限る。)により出入口の幅を確保する場合は、開口部枠を取り外した開口の内のり(ラフ開口幅)を750mm以上とする(玄関を除く。)。

　ロ. 日常生活空間内の浴室の出入口の有効幅員は、600mm以上とする。

4.6.2 内壁下地

910mmモデュールによる大壁造の廊下において、廊下の有効幅員を780mm以上確保するための廊下両側の内壁の下地は、次のいずれかによる。

　イ. ☐ 胴縁を用いた内壁下地は、柱と胴縁の面が同一になるように間柱を欠き込み、柱に取り付けた受け材と間柱に胴縁をくぎ打ちし、下地板等を張る。

　ロ. ☐ その他の内壁下地は、柱等の軸組に構造用合板等の面材を直接軸組に張り付ける。

廊下の幅員の確保

　「廊下の幅員」とは、実際に通行できる有効幅員を指し、幅の計測にあたっては幅木、回り縁、コーナー保護材、建具枠、手すり及びビニルクロス、壁紙その他これらに類する仕上材については、ないものとして算出することができる。

　廊下の幅は、加齢に伴い一定に身体機能が低下したときに、手すりの設置や歩行補助具、介助用車いす（介助者が後ろから操作する室内用の小型の車いす）の使用等が円滑に行えるよう、あらかじめ最低限必要な幅を確保しておくことが必要である。

　当該廊下が2以上ある場合は、高齢者等が主として使用するものについて、廊下幅に係る基準の対象とすることができる。なお、食事室、洗面所または脱衣室が、高齢者等の寝室と同一階にない場合、これらがある階の当該箇所に至る廊下の幅員も780mm以上（柱の出ている部分については750mm以上）を確保する必要がある。

　廊下幅の780mmについては、開口幅の750mmとあわせて確保することにより、介助用車いすによる住宅内の移動を可能にする最低限必要な寸法が確保される。必要な廊下幅を確保するためには、部分的にモジュールの変更を行うなどにより、これらの幅員を確保することが必要な場合がある。

　なお、自走用車いすを使用する場合の廊下の有効幅員は、新築時に850mm以上（部分的に柱等が出ている箇所は800mm以上）にしておけば、この廊下を直進もしくは直角に曲がることができる。また、廊下に面している開口部を自走用車いすが通過するには、有効幅員がこれ以上を必要とすることになる。ただし、これらの有効幅員は、車いすの寸法や車いす使用者の操作能力によっても異なるから、実際に車いすを操作してもらい、必要寸法を実測することが望ましい。

(A)最低限必要な廊下幅員

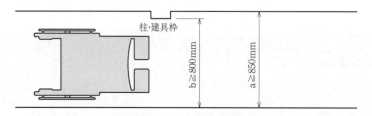

(B)自走用車いす使用に必要な直線部の廊下幅員

参考図4.6-1　廊下の有効幅員

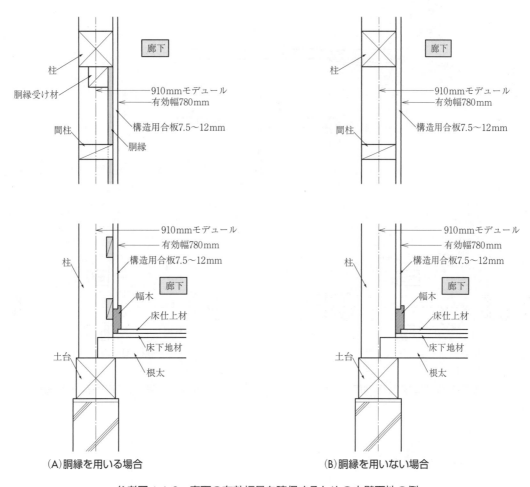

（A）胴縁を用いる場合　　　　　　　　　（B）胴縁を用いない場合

参考図4.6-2　廊下の有効幅員を確保するための内壁下地の例

出入口の有効幅員の確保

「出入口の有効幅員」とは、建具を開放したときに実際に通過できる幅を指し、開き戸の場合には、戸板の幅から建具の厚みを減じた寸法、引戸の場合には引き残しを勘案した通行上有効な幅員のことである。

(1)将来の改造による対応について

出入口幅については、やむを得ない場合に限り、将来の改造（構造耐力上主要な部分である柱または壁の撤去もしくは改造を要しないものに限る。）による対応を許容（玄関・浴室を除く。）しているが、この場合には、将来の改造後における出入口としての機能（寒気の遮断、視線の遮断、明かり漏れの防止等）を想定しておく必要がある。また、玄関・浴室については、防犯や水処理などの機能上、扉の撤去が不可能であると考え、将来の改造等による幅員確保（ラフ開口幅）は適用できないこととしている。

なお、将来の改造による対応は、あくまでやむを得ない場合に限ることとし、例えば、部分的なモジュールの変更等により通行上有効な幅員を確保することが望ましい。

(2)浴室出入口の幅員について

浴室の出入口は、入浴用車いす等を用いた介助入浴に支障のない幅を確保することが望ましい。

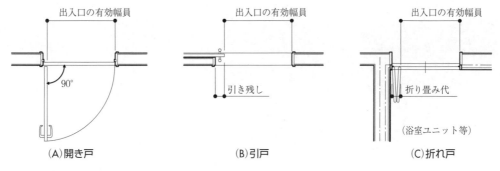

（A）開き戸　　　　　　　　　　（B）引戸　　　　　　　　　　（C）折れ戸

参考図4.6-3　出入口の有効幅員の計測方法

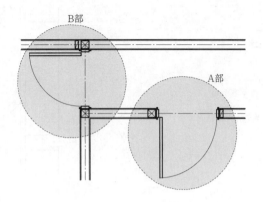

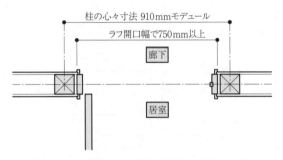

柱の心々寸法 910mmモデュール
ラフ開口幅で750mm以上
廊下
居室

（A）A部：やむを得ずラフ開口幅で将来対応をする例

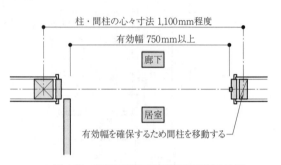

柱・間柱の心々寸法 1,100mm程度
有効幅 750mm以上
廊下
居室
有効幅を確保するため間柱を移動する

（B）A部：間柱の移動で有効幅を確保する例

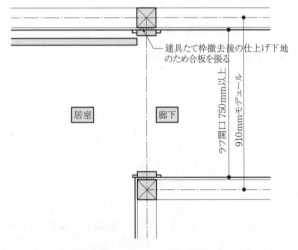

建具たて枠撤去後の仕上げ下地
のため合板を張る
居室
廊下
ラフ開口 750mm以上
910mmモデュール

（C）B部：やむを得ずラフ開口幅で将来対応をする例

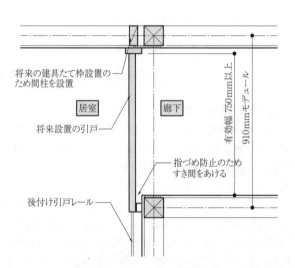

将来の建具たて枠設置の
ため間柱を設置
居室
将来設置の引戸
廊下
有効幅 750mm以上
910mmモデュール
指づめ防止のため
すき間をあける
後付け引戸レール

（D）B部：将来対応で引戸を設置する例

参考図 4.6-4　構造上重要な柱以外の間柱などを調整して開口幅を確保する場合の例

4.7 寝室、便所及び浴室

4.7.1 寝室、便所及び浴室の規模

1. 日常生活空間内の浴室は、短辺方向の内のり寸法を1,300mm以上、かつ有効面積(内のり寸法による面積)を2.0㎡以上とする。

2. 日常生活空間内の便所は、次のいずれかに掲げるものとし、かつ当該便所の便器を腰掛け式とする。

   イ. ☐ 長辺(軽微な改造により確保できる部分の長さを含む。)が内のり寸法で1,300mm以上であること。

   ロ. ☐ 便器の前方又は側方について、便器と壁の距離(ドアの開放により確保できる部分又は軽微な改造により確保できる部分の長さを含む。)が500mm以上であること。

3. 特定寝室の面積は、内のり寸法で9㎡以上とする。

留意事項

浴室等の規模

在宅での介助を行うためには、浴室についても、介助入浴が可能なスペースをあらかじめ確保しておくことが必要である。また便所についても、できる限り便器側方に介助スペースとなる部分を確保するか、将来軽微な改造により確保できるようにしておく。外形の小さい便器を利用すると、比較的容易に介助スペースを確保することができる。

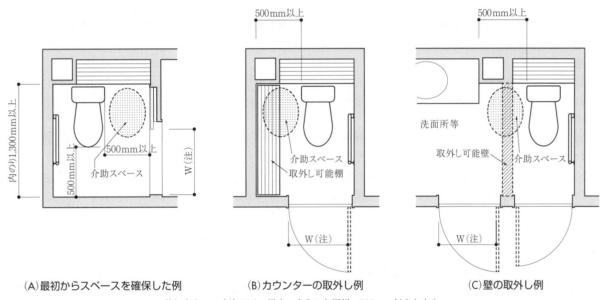

(A)最初からスペースを確保した例　　(B)カウンターの取外し例　　(C)壁の取外し例

注) 出入口の寸法Wは、居室の出入口と同様、750mm以上とする。

参考図4.7　便所の介助スペースの確保例

4.8 その他の配慮

4.8.1 温熱環境

居室、便所、洗面所・脱衣室及び居間・食事室には、暖房設備を設置する。ただし、設置しない場合は、設置できるように専用コンセントを設ける。

4.8.2 設備

1. キッチンシステム及び洗面器の水栓金具は、レバー式とする。

2. 浴室の水栓金具は、レバー付きダイヤル式とし、熱源器が出湯温度抑制型でない場合は、湯温調節式とする。

3. 室内灯のスイッチは、床面より900mmから1,200mmの間の高さとし、特記による。特記がない場合は、1,100mmとする。

4. 各室のコンセント(洗面化粧台等の設備機器用のものを除く。)のうち、抜き差しを繰り返して使用する箇所のものは、床面より400mmの高さとする。

4.8.3 床・壁等の仕上げ

1. 居室及び廊下の床は、乾燥時において滑りにくい仕上げとし、特記による。
2. 浴室、脱衣室、洗面所、便所及び台所の床は、水に濡れた状態でも滑りにくい仕上げとし、特記による。
3. 居室、廊下、脱衣室、洗面所及び便所の壁は、皮膚面に擦り傷が生じにくい仕上げとし、特記による。

4.8.4 屋外通路の高低差処理

玄関に通じる屋外通路の高低差処理は、傾斜路に本章4.4（住戸内階段）の階段を併設したものとする。　4.4　☞350頁

留意事項

その他の配慮事項

　長寿社会に対応した住宅設計を行うにあたり、本章4.2（部屋の配置）から本章4.7（寝室、便所及び浴室）のほか、本章4.8（その他の配慮）に示す次の事項にも配慮しておくことが望ましい。

(1)温熱環境

　高齢期には体温調整が難しくなり、住宅内の急激な温度変化に対応しずらくなるため、部屋単位の暖房ではなく、部屋間の温度差が少ない全室暖房が望ましい。また、居室以外でも脱衣行為を伴う浴室、脱衣室、便所等は、特に暖房に配慮する必要がある。

　このため、高齢者等の寝室を含めた各居室、便所、洗面所・脱衣室及び居間・食事室には、暖房設備を設置するか、または将来設置時の漏電防止のためアース付き専用コンセントを設ける。

　また、住宅内全体を均等な温熱環境に保つためには、住宅の断熱性能を高めることが望ましい。特に気密性の高い住宅では、室内空気汚染のおそれのある開放型暖房器具の使用を避けるとともに、計画的な換気を行うことがあわせて必要となる。

(2)設備

・水栓金具は、シングルレバー式など操作しやすいものとする。ただし、浴室の水栓金具は、不意の高温出湯を避けるため、レバー部分が短い形状のものにする。

・スイッチの設置高さは、居住者の身長にあわせて決定することが望ましい。器具の種類は、できるだけワイドスイッチや明かり付きスイッチ等を用いる。

・壁の下部に設けるコンセントのうち、日常的に抜き差しが多い箇所のものは、床面より400mm程度の高さに設置して、使いやすさに留意する。

・階段の照明は、足元が暗がりにならないように、上下階に設置するなど複数設置とし、上下階でON/OFFができる三路スイッチを使用する。

・ガス調理器具を設計時に組み込む場合は、立消え安全装置付きとし、天ぷら油等による火災を防止する機能などが設けられたものとする。

・炊事室の調理機器、または洗面所の洗面台は、作業動線の効率化、いす座または車いすを使用しての作業に配慮し、深さ120〜150mm程度の薄型とし、下部に膝入れスペースを設ける。

(3)床・壁等の仕上げ

　各床仕上材については、同じ材料であっても、乾燥時と湿潤時とでは表面の性状が異なるため、これを考慮した材料選定が重要である。湿潤時の防滑性にも考慮した表面性状としては、例えば「エンボス」や「粗面仕上げ」などがあるが、各空間ごとに次のような点に配慮をすることが必要である。

・玄　　　　関：水に濡れても滑りにくい床材とする。

・階　　　　段：踏み板に木製板等を用いる場合、できるだけノンスリップ材を踏み板上面がほぼ平たん（ノンスリップ厚3mm以下、かつ面取り）になるように取り付けたものが望ましいが、溝彫りによるノン

スリップ処理でも滑り止めの効果がある。

・洗面・脱衣室：耐水性があり、濡れても滑りにくく、水ぶき等の掃除がしやすい床材とする。
・浴　　　室：水に濡れても滑りにくい粗面仕上げの床材とする。
・便　　　所：耐水性があり、濡れても滑りにくく、水ぶき等の掃除がしやすい床材とする。

なお、壁の仕上材は、特に手すりをつかむ際に擦りやすいので、粗面で硬質のものは避ける必要がある。

(4)屋外通路の高低差処理

玄関に通じる屋外の通路に高低差がある場合には、階段のほかにスロープを設けることが望ましい。スロープが設けられない場合は、なるべく緩やかな階段にするように心がける。スロープの勾配は、1/12以下の緩やかなものが望ましい。

表4.8.3　床仕上材の種類と一般的な特徴及び使用上の留意点

床仕上材		歩きやすい	滑らない	歩行音がない	によごれにくい	掃除がしやすい	特性と高齢者の利用に対する注意事項
畳		○	◎	◎	×	△	・車いす(介助用車いす)の使用は、畳を傷めるので留意する。 ・仕上材が変わる見切り部分(敷居等)に段差を設けない。 ・敷居のよごれに注意する。
木質系床材	縁甲板(塗装品)	○	△	▲	△	○	・表面の仕上げは、滑りにくいものを選択する。 ・塗布するワックスにより滑りやすくなることがあるので、ワックスの選択に留意する。
	木質系フローリング	○	△	▲	△	○	
コルク系床材	コルクタイル	○	○	○	▲	○	・歩行感が良い。 ・よごれやすいので、張り替えを可能にする(予備を確保しておくとよい)。 ・表面処理塗装が多いと歩行感が低下し、滑りやすくなる。少ないとよごれやすくなる。 ・直射日光による退色は、改善されているものがある(コルク系フローリングは張り替えがしにくい)。
	コルク系フローリング	○	○	△	▲	○	
プラスチック系タイル床材	ビニル系タイル	○	▲	○	◎	◎	・耐水性、耐久性に優れたものが多く、水まわりに用いられる。 ・濡れても滑りにくいものを選択し、素足で歩行する部屋に用いる場合は、歩行感にも留意する。
プラスチック系シート床材	(発泡層なし)長尺塩ビシートインレイドシート	○	△	○	◎	◎	・耐水性、耐久性に優れ、歩行感も良いため、台所、洗面所、便所等の水まわりに使用されることが多い。 ・濡れても滑りにくいものを選択する。 ・耐久性を考慮して、表面の透明ビニル層が薄いものは避ける。 ・表面に凹凸があるものには、よごれを落としにくいものがあるので注意する。
	(発泡層あり)クッションフロア複合ビニルシート	◎	△	○	○	◎	
カーペット床材	長尺カーペット	◎	◎	◎	×	▲	・毛足の短いものを使用する。 ・防炎性、防汚性、耐摩耗性にも留意する。
	タイルカーペット	◎	◎	◎	▲	△	・滑りにくさ、歩行感、耐摩耗性に優れている。 ・防炎性、防汚性にも留意する。 ・取り替えが可能なので、予備を確保する。
磁器質・せっ器質タイル床材	施釉タイル	▲	×	▲	◎	◎	・浴室の場合は、モザイクタイルにして目地を細かくし、滑りに注意する。 ・施釉タイルは、濡れた場合に特に滑りやすいので、なるべく避ける。 ・無釉タイルには、表面が粗面のものや、ノンスリップ加工を施したものがあるので、これらを選定する。 ・玄関等で使うと砂等が残りやすい。
	無釉タイル	△	◎	▲	◎	◎	
モルタル塗り	モルタル金ごて仕上げ	△	△	▲	○	○	・泥がかぶさった状態で濡れると、滑りやすくなるので、土がかぶさりやすい場所での使用は注意する。
	モルタル木ごて仕上げ	△	△	▲	▲	△	・比較的粗面に仕上がる。 ・足を引きずる場合は、履き物の摩耗が激しい。
	モルタル刷毛引仕上げ	△	◎	▲	△	△	・ノンスリップ処理の状態に仕上げるため、スロープ等によく用いられる。 ・摩擦係数が高く、つまずきやすいため、防滑性を特に必要とする場合以外は避ける。

◎優れている　○やや優れている　△ふつう　▲やや劣る　×劣る

5.耐久性・可変性に関する基準(劣化対策等級3及び維持管理対策等級2など)に係る仕様

5.1 一般事項

5.1.1 総則

1. フラット35Sにおける耐久性・可変性に関する基準（劣化対策等級3及び維持管理対策等級2など）に適合する住宅の仕様は、この項による。
2. 本項において、アンダーライン「＿＿＿＿」の付された項目事項は、フラット35Sにおける耐久性・可変性に関する基準（劣化対策等級3及び維持管理対策等級2など）に係る仕様であるため、当該部分の仕様以外とする場合は、住宅金融支援機構の認めたものとする。

用 語

耐久性・可変性に関する基準(劣化対策等級3及び維持管理対策等級2など)に係る仕様

　本項では、「住宅の品質確保の促進等に関する法律」における日本住宅性能表示基準及び評価方法基準(以下「性能表示基準」という。) のうち、以下の基準に対応した仕様を示している。

①劣化対策等級3
②維持管理対策等級2等
③更新対策(住戸専用部)に準拠して定めた基準

5.2 基礎工事

1. 基礎工事において布基礎とする場合は、Ⅱ-3.3.2 (布基礎) の2による。
2. 基礎工事において、べた基礎又は基礎ぐいを用いる場合は、Ⅱ-3.3.3 (べた基礎・基礎ぐい) の2による。

Ⅱ-3.3.2の2
☞39頁
Ⅱ-3.3.3の2
☞39頁

5.3 床下換気

床下換気は、Ⅱ-3.3.11 (床下換気) の1による。

Ⅱ-3.3.11の1
☞41頁

5.4 床下防湿

床下防湿は、Ⅱ-3.3.15 (床下防湿) による。

Ⅱ-3.3.15 ☞41頁

5.5 木部の防腐・防蟻措置

5.5.1 土台の防腐・防蟻措置

土台の防腐・防蟻措置は、Ⅱ-4.3.1 (土台の防腐・防蟻措置) による。

Ⅱ-4.3.1 ☞80頁

5.5.2 外壁の軸組の防腐・防蟻措置

地面から高さが1m以内の外壁の軸組 (土台及び室内側に露出した部分を除く。) の防腐・防蟻措置 (北海道及び青森県にあっては防腐措置のみ。) は、次の1又は2による。

1. ☐ 次のイ及びロによる。
   　イ. 外壁の構造等は、次のいずれかによる。
   　　(イ) ☐ 外壁内に通気層を設け、壁体内通気を可能とする構造とし、特記による。
   　　　　特記のない場合は、Ⅱ-8.4 (外壁内通気措置) による。
   　　(ロ) ☐ 軒の出を90cm以上とし、かつ、柱が直接外気に接する構造 (真壁構造)
   　　　　とする。
   　ロ. 軸組の材料は、次のいずれかによる。
   　　(イ) ☐ 軸組は、製材又は集成材等 (次表に掲げるものをいう。以下、本項において同じ。) を用い、防腐及び防蟻に有効な薬剤を塗布、加圧注入、浸漬、若しくは吹き付けられたもの又は防腐及び防蟻に有効な接着剤が混入されたものとする。

Ⅱ-8.4 ☞208頁

化粧ばり構造用集成柱	集成材のJASに適合するもの
構造用集成材	集成材のJASに適合するもの
構造用単板積層材	単板積層材のJASに適合するもの
直交集成板	直交集成板のJASに適合するもの

(ロ) ☐断面寸法135mm×135mm以上の製材又は集成材等を用いる。

(ハ) ☐スギ、カラマツ、ダフリカカラマツ、クヌギ、ミズナラ、ベイマツ（ダグラスファー）、アピトン、ウェスタンラーチ、カプール、ケンパス、セランガンバツ、サイプレスパイン、ボンゴシ、イペ、ジャラ、タマラック又はパシフィックコーストイエローシーダーを用いた製材又はこれらにより構成される集成材等で、断面寸法120mm×120mm以上のものを用いる。

(ニ) ☐ヒノキ、ヒバ、ベイヒ、ベイヒバ、クリ、ケヤキ、ベイスギ、タイワンヒノキ、コウヤマキ、サワラ、ネズコ、イチイ、カヤ、ウェスタンレッドシーダー、インセンスシーダー又はセンペルセコイヤを用いた製材、若しくはこれらの樹種により構成された集成材等を用いる。

2. ☐JASに定める保存処理性能区分K3以上の防腐・防蟻処理材（JIS K 1570に規定する木材保存剤又はこれと同等の薬剤を用いたK3以上の薬剤の浸潤度及び吸収量を確保する工場処理その他これと同等の性能を有する処理を含む。）を用いる。

5.5.3 外壁下地材の防腐・防蟻措置

地面から高さが1m以内の木質系外壁下地材（室内側に露出した部分を除く。）の防腐・防蟻措置（北海道及び青森県にあっては防腐措置のみ。）は、次の1又は2による。

1. ☐次のイ及びロによる。

イ．外壁の構造等は、次のいずれかによる。

(イ) ☐外壁内に通気層を設け、壁体内通気を可能とする構造とし、特記による。特記のない場合は、Ⅱ-8.4（外壁内通気措置）による。 Ⅱ-8.4 ☞208頁

(ロ) ☐軒の出を90cm以上とし、かつ、柱が直接外気に接する構造（真壁構造）とする。

ロ．木質系外壁下地材の材料は、次のいずれかによる。

(イ) ☐外壁下地材には、製材・集成材等又は構造用合板等（次表に掲げるものをいう。）を用いるとともに、防腐及び防蟻に有効な薬剤を塗布、加圧注入、浸漬、若しくは吹き付けられたもの、又は防腐及び防蟻に有効な接着

構造用合板	合板のJASに適合するもの
構造用パネル	構造用パネルのJASに適合するもの
パーティクルボードのPタイプ	JIS A 5908
ミディアムデンシティファイバーボード(MDF)のPタイプ	JIS A 5905

剤が混入されたものとする。

(ロ) ☐ヒノキ、ヒバ、ベイヒ、ベイヒバ、クリ、ケヤキ、ベイスギ、タイワンヒノキ、コウヤマキ、サワラ、ネズコ、イチイ、カヤ、ウェスタンレッドシーダー、インセンスシーダー又はセンペルセコイヤを用いた製材、若しくはこれらの樹種により構成された集成材等を用いる。

2. ☐JASに定める保存処理性能区分K3以上の防腐・防蟻処理材（JIS K 1570に規定する木材保存剤又はこれと同等の薬剤を用いたK3以上の薬剤の浸潤度及び吸収量を確保する工場処理その他これと同等の性能を有する処理を含む。）を用いる。

5.6 床下地面の防蟻措置

床下地面の防蟻措置は、Ⅱ-4.4（床下地面の防蟻措置）による。ただし、基礎断熱工法を用いる場合は、Ⅱ-3.4.5（床下防湿・防蟻措置）による。 Ⅱ-4.4 ☞81頁 Ⅱ-3.4.5 ☞54頁

5.7 浴室等の防水措置

1. 浴室の壁の軸組等（木質の下地材・室内側に露出した部分を含む。）、床組（地上2階以上にある場合は下地材を含む。）及び天井は、次のいずれかの防水措置を行う。ただし、1階の浴室まわりをコンクリートブロック造の腰壁又は鉄筋コンクリート造の腰高布基礎とした部分は除く。
   - イ. ☐ JIS A 4416（住宅用浴室ユニット）に規定する浴室ユニットとする。
   - ロ. ☐ 浴室の壁の軸組等、床組及び天井に対して、防水上有効な仕上げを行う。
   - ハ. ☐ 浴室の壁の軸組等、床組及び天井に対して、本章5.5.2（外壁の軸組の防腐・防蟻措置）の1又は2及び本章5.5.3（外壁下地材の防腐・防蟻措置）の1又は2による防腐・防蟻措置を行う。　　5.5.2 ☞366頁　5.5.3 ☞367頁
2. 脱衣室の壁の軸組等（木質の下地材・室内側に露出した部分を含む。）及び床組（地上2階以上にある場合は下地材を含む。）は、次のいずれかの防水措置を行う。
   - イ. ☐ 脱衣室の壁の軸組等及び床組に対して、防水紙、ビニル壁紙、シージングせっこうボード、ビニル床シート又は耐水合板（普通合板1類、構造用合板特類又は1類）を用いる。
   - ロ. ☐ 脱衣室の壁の軸組等及び床組に対して、本章5.5.2（外壁の軸組の防腐・防蟻措置）の1又は2及び本章5.5.3（外壁下地材の防腐・防蟻措置）の1又は2による防腐・防蟻措置を行う。　　5.5.2 ☞366頁　5.5.3 ☞367頁

5.8 小屋裏換気

小屋裏換気は、Ⅱ-8.9（小屋裏換気）による。　　Ⅱ-8.9 ☞215頁

5.9 専用配管

専用配管は、次による。
1. 専用配管は、壁、柱、床、はり及び基礎の立上り部分を貫通する場合を除き、コンクリート内に埋め込まない。
2. 地中に埋設された専用配管の上には、コンクリート（建物の外部に存在する土間床コンクリート及び建物の構造躯体に影響を及ぼさないものは除く。）を打設しない。ただし、法令（条例を含む。）の規定により、凍結のおそれがあるとして配管を地中に埋設する場合は、打設することができる。
3. 専用の排水管（継手及びヘッダーを含む。）の内面が、排水管内の清掃に支障を及ぼさないように凹凸がなく、かつ当該排水管にたわみ、抜け、その他変形が生じないように設置する。

5.10 共用配管等

共同住宅等（共同建て、連続建て又は重ね建ての住宅をいう。以下同じ。）の共用配管等は、次による。
1. 共用配管は、壁、床、柱、はり又は基礎の立上り部分を貫通する場合を除き、コンクリート内に埋め込まない。
2. 地中に埋設された共用配管の上には、コンクリート（建物の外部に存在する土間床コンクリート及び建物の構造躯体に影響を及ぼさないものは除く。）を打設しない。ただし、法令の規定（条例を含む。）により、凍結のおそれがあるとして配管を地中に埋設する場合は、打設することができる。
3. 共用の排水管には、共用立管にあっては最上階又は屋上、最下階及び3階以内おきの中間階又は15m以内ごとに、横主管にあっては15m以内ごと、かつ、管の曲りが連続すること、管が合流すること等により管の清掃に支障が生じやすい部分がある場合にあっては支障なく清掃が行える位置に、掃除口が設けられていることとする。
4. 専用配管と共用配管の接合部及び共用配管のバルブ、又は排水管の掃除口が仕上材等により隠ぺいされている場合には、それらを点検するために必要な開口又は掃除

口による清掃を行うために必要な開口を設ける。

5. 共用の排水管（継手及びヘッダーを含む。）の内面が、排水管内の清掃に支障を及ぼさないように凹凸がなく、かつ当該排水管にたわみ、抜け、その他変形が生じないように設置する。

6. 専用配管は、他の住戸等の専用部分には設置しない。

5.11 更新対策（住戸専用部）

共同住宅等の場合は、次による。

1. 躯体天井高は、2,500mm以上とする。
2. 住戸内の構造躯体の壁又は柱は、間取りの変更の障害とならないように設ける。

用語

専用配管

専用配管とは、住宅内の排水管、給水管、給湯管及びガス管をいう。それぞれの専用配管の範囲は、住宅の種類に応じ、次のとおり。

	一戸建の住宅	共同住宅等
排水管	敷地内最終ますから設備機器との接続部までの配管	共用配管との接続部から設備機器との接続部までの住戸専用部の配管
給水管	水道のメーターから住戸内の給水栓または設備機器（給湯設備を含む。）と接続部までの配管	各住戸の水道メーター（メーターが設置されない場合は、共用配管との接続部）から専用部の給水栓または設備機器（給湯設備を含む。）との接続部までの配管
給湯管	給湯設備から住戸内の給湯栓または設備機器との接続部までの配管	給湯設備（専用部に給湯設備が設置されない場合は、各住戸の給湯のメーター（メーターが設置されない場合は、共用配管との接続部））から住戸内の給湯栓または設備機器との接続部までの配管
ガス管	ガスのメーターから住戸内のガス栓または設備機器との接続部までの配管	各住戸のガスメーター（メーターが設置されない場合にあっては、共用配管との接続部）から専用部のガス栓または設備機器との接続部までの配管

共用配管

共用配管とは、共同住宅等の共用の排水管、給水管、給湯管及びガス管をいう。それぞれの共用配管の範囲は、次のとおり。

排水管	専用配管との接続部から建物外部の最初のますまでの立管及び横主管
給水管	横主管から各住戸の水道のメーター（メーターが設置されない場合は、専用配管との接続部）までの立管及び共同住宅等の水平投影内に存する横主管(この範囲内にある受水槽、高置水槽等を除く。)
給湯管	共用の給湯設備から各住戸の給湯のメーター（メーターが設置されない場合は、専用配管との接続部）までの立管及び共同住宅等の水平投影内に存する横主管
ガス管	横主管から各住戸のガスのメーター（メーターが設置されない場合は、専用配管との接続部）までの立管及び共同住宅等の水平投影内に存する横主管

躯体の天井高

躯体の天井高とは、住戸専用部の構造躯体等の床版等に挟まれた空間の高さをいう。木造の場合は、住戸を規定する床組の床版（下地パネル）から上階の床組までの内のり寸法をいう。

スリーブ管のべた基礎への埋設

① 建物から屋外への排水は、基礎コンクリート打設前にスリーブ管を埋設する。

② スリーブ管は、内部に挿入した排水管が取り替えしやすいように、余裕ある管径とする。

③ スリーブ管は、基礎配筋をよけた位置に挿入し、鉄筋かぶり厚を損なわないようにする。

④ 基礎の外周取合い部では、排水管とスリーブ管とのすき間には、防蟻性のある材料（ルーフィング用コールタールピッチまたはゴム状の瀝青シール等）を充填する等、防蟻上有効な措置を施す。

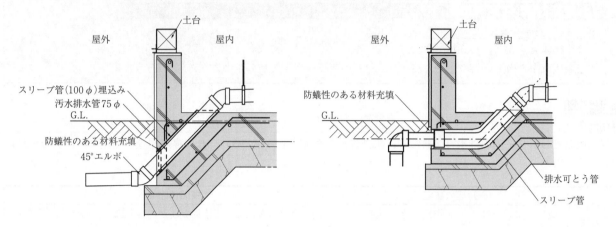

(A)スリーブ管埋込みによる排水管(VP)の貫通の例　　(B)内部に排水可とう管を用いたスリーブ管の埋込みの例

参考図5.9-1　べた基礎における専用配管の貫通

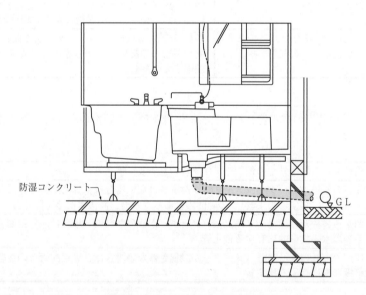

参考図5.9-2　浴室下部の配管方法

〔第Ⅳ章〕 フラット35S（金利Aプラン）工事仕様書

フラット35S（金利Aプラン）の技術基準^(※1)

フラット35S（金利Aプラン）をご利用いただく場合は、フラット35の技術基準に加えて、次表の1～4のいずれか1つ以上の基準を満たす住宅であることが必要です。

1 省エネルギー性	次のいずれかの住宅に適合すること ・断熱等性能等級5以上の住宅、かつ、一次エネルギー消費量等級6の住宅 ・認定低炭素住宅（※2） ・性能向上計画認定住宅（※3）
2 耐 震 性	耐震等級（構造躯体の倒壊等防止）3の住宅 　　　または 免震住宅（※4）
3 バリアフリー性	高齢者等配慮対策等級4以上の住宅
4 耐久性・可変性	長期優良住宅（※5）（※6）

※1 各技術基準（長期優良住宅を除く。）は、「住宅の品質確保の促進等に関する法律」に基づく住宅性能表示制度の性能等級と同じです。なお、住宅性能評価書を取得しなくても、所定の物件検査に合格すれば、フラット35S（金利Aプラン）をご利用いただけます。

※2 都市の低炭素化の促進に関する法律（平成24年法律第84号）の規定により低炭素建築物新築等計画が認定された住宅または、同法の規定により集約都市開発事業計画が認定された住宅です。

※3 建築物のエネルギー消費性能の向上に関する法律（平成27年法律第53号）（通称 建築物省エネ法）の規定により建築物エネルギー消費性能向上計画が認定された住宅です。

※4 免震住宅は、評価方法基準第5の1-3に適合しているものを対象とします。

※5 長期優良住宅の普及の促進に関する法律（平成20年法律第87号）の規定により長期優良住宅建築等計画が認定された住宅です。

※6 長期優良住宅の場合は、フラット35S（金利Aプラン）とフラット35維持保全型の基準に適合します。

注）　以下のいずれかに該当する場合は、フラット35S及びフラット35維持保全型を利用できません。
　　・住宅の全部または一部が土砂災害特別警戒区域（通称：レッドゾーン）内に含まれる場合
　　・都市再生特別措置法（平成14年法律第22号）第88条第1項に基づく届出を行った場合において、同条第5項に基づく市町村長による公表の措置を受けたとき

フラット35S工事仕様書の使い方

(1)〔第Ⅱ章〕工事仕様書のフラット35の基準事項に加え、「1. 省エネルギー性に関する基準（断熱等性能等級5かつ一次エネルギー消費量等級6）に係る仕様」、「2. 省エネルギー性に関する基準（認定低炭素住宅）に係る仕様」、「3. 省エネルギー性に関する基準（性能向上計画認定住宅（建築物省エネ法））に係る仕様」、「4. 耐震性に関する基準（耐震等級（構造躯体の倒壊等防止）3）に係る仕様」、「5. 免震住宅に関する基準（地震に対する構造躯体の倒壊等防止及び損傷防止）に係る仕様」、「6. バリアフリー性に関する基準（高齢者等配慮対策等級4）に係る仕様」または「7. 耐久性・可変性に関する基準（長期優良住宅）に係る仕様」によってください。

(2) 本文のアンダーライン「＿＿＿」の部分は、基準に係る項目ですので、訂正するとフラット35Sが利用できない場合があります。
　　なお、アンダーライン「＿＿＿」以外の仕様については、ご自分の工事内容に合わせて当該仕様部分を適宜添削するなどしてご使用ください。

1. 省エネルギー性に関する基準（断熱等性能等級5かつ一次エネルギー消費量等級6）に係る仕様

フラット35Sの省エネルギー性（断熱等性能等級5かつ一次エネルギー消費量等級6）に適合する住宅は、「1-1. 省エネルギー性に関する基準①（断熱等性能等級5）に係る仕様」かつ「1-2. 省エネルギー性に関する基準②（一次エネルギー消費量等級6）に係る仕様」であることとする。

1-1. 省エネルギー性に関する基準①（断熱等性能等級5）に係る仕様

1-1.1 一般事項

1-1.1.1 総則
1. フラット35Sにおける省エネルギー性に関する基準のうち、断熱等性能等級5に適合する住宅の仕様は、この項による。
2. 本項におけるアンダーライン「＿＿＿」の付された項目事項は、フラット35Sにおける省エネルギー性に関する基準のうち、断熱等性能等級5に係る仕様であるため、当該部分の仕様以外とする場合は、住宅金融支援機構の認めたものとする。

1-1.1.2 適用
1. 地域の区分は、巻末付録9（地域の区分一覧表）による。　　　　　　　付録9 ☞438頁
2. ☐断熱等性能等級5に適合する仕様を計算により決定する場合については、Ⅲ-1.1.2　Ⅲ-1.1.2の2（適用）の2による。　　　　　　　　　　　　　　　　　　　　　　　☞309頁
3. ☐断熱等性能等級5に適合する仕様を仕様により決定する場合については、Ⅲ-1.1.2　Ⅲ-1.1.2の3（適用）の3による。　　　　　　　　　　　　　　　　　　　　　　　☞309頁

1-1.1.3 断熱材
断熱材については、Ⅲ-1.1.3（断熱材）による。　　　　　　　　　　　　Ⅲ-1.1.3 ☞309頁

1-1.1.4 構造材及び主要な下地材
構造材及び主要な下地材については、Ⅲ-1.1.4（構造材及び主要な下地材）による。　Ⅲ-1.1.4 ☞310頁

1-1.1.5 断熱材の保管・取扱い
断熱材の保管・取扱いについては、Ⅲ-1.1.5（断熱材の保管・取扱い）による。　Ⅲ-1.1.5 ☞310頁

1-1.1.6 養生
養生については、Ⅲ-1.1.6（養生）による。　　　　　　　　　　　　　　Ⅲ-1.1.6 ☞310頁

1-1.1.7 注意事項
注意事項については、Ⅲ-1.1.7（注意事項）による。　　　　　　　　　　Ⅲ-1.1.7 ☞310頁

1-1.2 施工部位
施工部位については、Ⅲ-1.2（施工部位）による。　　　　　　　　　　　Ⅲ-1.2 ☞310頁

1-1.3 断熱性能
断熱性能については、Ⅲ-1.3（断熱性能）による。　　　　　　　　　　　Ⅲ-1.3 ☞311頁

1-1.4 断熱材等の施工
断熱材等の施工については、Ⅲ-1.4（断熱材等の施工）による。　　　　　Ⅲ-1.4 ☞318頁

1-1.5 気密工事（充填断熱工法又は繊維系断熱材を用いた外張断熱工法による場合）

気密工事（充填断熱工法又は繊維系断熱材を用いた外張断熱工法による場合）については、Ⅲ-1.5（気密工事（充填断熱工法又は繊維系断熱材を用いた外張断熱工法による場合））による。

Ⅲ-1.5 ☞323頁

1-1.6 気密工事（発泡プラスチック系断熱材を用いた外張断熱工法による場合）

気密工事（発泡プラスチック系断熱材を用いた外張断熱工法による場合）については、Ⅲ-1.6（気密工事（発泡プラスチック系断熱材を用いた外張断熱工法による場合））による。

Ⅲ-1.6 ☞326頁

1-1.7 開口部の断熱性能

開口部の断熱性能については、Ⅲ-1.7（開口部の断熱性能）による。

Ⅲ-1.7 ☞327頁

1-1.8 開口部の日射遮蔽措置

開口部の日射遮蔽措置については、Ⅲ 1.8（開口部の日射遮蔽措置）による。

Ⅲ 1.8 ☞328頁

1-1.9 その他

住宅の壁量、柱の小径、床組等、接合部、横架材及び基礎について、住宅の安全性が確保できるものとし、その仕様は特記による。

1.省エネルギー性に関する基準（断熱等性能等級5かつ一次エネルギー消費量等級6）に係る仕様

　フラット35Sの省エネルギー性（断熱等性能等級5かつ一次エネルギー消費量等級6）に適合する住宅は、「1-1.省エネルギー性に関する基準①（断熱等性能等級5）に係る仕様」かつ「1-2.省エネルギー性に関する基準②（一次エネルギー消費量等級6）に係る仕様」であることとする。

1-2.省エネルギー性に関する基準②（一次エネルギー消費量等級6）に係る仕様

1-2.1 一般事項

1-2.1.1 総則

1. フラット35Sにおける省エネルギー性に関する基準のうち、一次エネルギー消費量等級6に適合する住宅の仕様は、この項による。
2. 本項におけるアンダーライン「＿＿＿」の付された項目事項は、フラット35Sにおける省エネルギー性に関する基準のうち、一次エネルギー消費量等級6に係る仕様であるため、当該部分の仕様以外とする場合は、住宅金融支援機構の認めたものとする。

1-2.1.2 適用

　本項の適用となる住宅は、次の1又は2のいずれかを満たすものとする。

1. ☐一次エネルギー消費量等級6に適合する仕様を計算により決定する場合、住宅の品質確保の促進等に関する法律（平成11年法律第81号）に基づく評価方法基準（平成13年国土交通省告示第1347号）第5の5-2の一次エネルギー消費量等級6に規定されている対策が講じられていることとし、「住宅に関する省エネルギー基準に準拠したプログラム（https://house.app.lowenergy.jp/）」等を用いて、巻末付録9（地域の区分一覧表）の地域の区分及び床面積等に応じて算定した対象住宅の一次エネルギー消費量が基準一次エネルギー消費量を上回らないことを確認したものとし、その仕様は特記による。　　　　付録9 ☞438頁

2. ☐一次エネルギー消費量等級6に適合する仕様を仕様により決定する場合、以下のイからへまでを満たすものとする。

   イ. 基準一次エネルギー消費量及び住宅の一次エネルギー消費量の算出における地域の区分は、巻末付録9（地域の区分一覧表）による。　　付録9 ☞438頁
   ロ. 暖房設備は、Ⅲ-2.2（暖房設備）による。　　Ⅲ-2.2 ☞331頁
   ハ. 冷房設備は、Ⅲ-2.3（冷房設備）による。　　Ⅲ-2.3 ☞331頁
   ニ. 換気設備は、Ⅲ-2.4（換気設備）による。　　Ⅲ-2.4 ☞331頁
   ホ. 給湯設備は、Ⅲ-2.5（給湯設備）による。　　Ⅲ-2.5 ☞331頁
   へ. 照明設備は、Ⅲ-2.6（照明設備）による。　　Ⅲ-2.6 ☞332頁

2.省エネルギー性に関する基準（認定低炭素住宅）に係る仕様

2.1 一般事項

2.1.1 総則

1. フラット35Sにおける省エネルギー性に関する基準（認定低炭素住宅）に適合する住宅の仕様は、この項による。

2. 本項におけるアンダーライン「_____」の付された項目事項は、フラット35Sにおける省エネルギー性に関する基準「認定低炭素住宅」に係る仕様である。

2.1.2 基本原則

本項の適用となる住宅は、都市の低炭素化の促進に関する法律（平成24年法律第84号）の規定により認定の通知を受けた低炭素建築物新築等計画に基づき建築された住宅等であるものとする。

【低炭素建築物の認定基準に関する留意事項】

認定基準に関する最新情報等については、次のホームページを参照すること。

■ 建築物のエネルギー消費性能に関する技術情報（国立研究開発法人建築研究所）

　https://www.kenken.go.jp/becc/index.html

■ 認定申請手続、申請の手引き、Q&A等について（一般社団法人住宅性能評価・表示協会）

　https://www.hyoukakyoukai.or.jp/teitanso/index.php

解 説

認定低炭素住宅

　都市の低炭素化の促進に関する法律（平成24年法律第84号）の規定により、低炭素建築物新築等計画が認定された住宅又は、同法の規定により集約都市開発事業計画が認定された住宅をいう。

認定基準の概要

建築物に係るエネルギーの使用の合理化の一層の促進のために誘導すべき基準		
建築物省エネ法[※1]に規定するエネルギー消費性能に係る誘導基準[※2]を満たすこと	＋	建築物省エネ法[※1]に規定する外皮性能に関する誘導基準[※3]を満たすこと

[※1] 建築物のエネルギー消費性能の向上に関する法律（平成27年法律第53号）
[※2] 一次エネルギー消費量等級6と同程度
[※3] 断熱等性能等級5と同じ断熱性能基準

建築物の低炭素化の促進のために誘導すべきその他の基準

(1) 再生可能エネルギー利用設備が設けられていること
　　【戸建て住宅の場合】省エネ量＋創エネ量（再エネ）の合計が基準一次エネルギーの50％以上であること

(2) 以下の①〜⑨の1つ以上に該当すること

節水対策
　①節水機器の設置（次のいずれか）
　　　ア　節水便器　　　イ　節水水栓　　　ウ　食器用洗浄機
　②雨水、井水又は雑排水の利用設備の設置

エネルギーマネジメント
　③HEMS（ホームエネルギーマネジメントシステム）の設置
　④太陽光等の再生可能エネルギーを利用した発電設備及びそれと連系した定置型蓄電池の設置

ヒートアイランド対策
　⑤一定のヒートアイランド対策（緑化等）

建築物（躯体）の低炭素化
　⑥住宅性能表示：劣化対策等級3
　⑦木造住宅であること
　⑧高炉セメント又はフライアッシュセメントを構造耐力上主要な部分に使用

V2H充放電設備の設置
　⑨V2H充放電設備の設置（電気自動車に充電可能とする設備を含む。）

又は

標準的な建築物と比べて、低炭素化に資する建築物として所管行政庁が認めるもの

3. 省エネルギー性に関する基準(性能向上計画認定住宅(建築物省エネ法))に係る仕様

3.1 一般事項

3.1.1 総則

1. フラット35Sにおける省エネルギー性に関する基準(性能向上計画認定住宅(建築物省エネ法))に適合する住宅の仕様は、この項による。
2. 本項におけるアンダーライン「___」の付された項目事項は、フラット35Sにおける省エネルギー性に関する基準(性能向上計画認定住宅(建築物省エネ法))に係る仕様である。

3.1.2 適用

本項の適用となる住宅は、建築物のエネルギー消費性能の向上に関する法律(平成27年法律第53号)(通称 建築物省エネ法)の規定により建築物エネルギー消費性能向上計画の認定を受けた住宅であるものとする。

【性能向上計画認定住宅(建築物省エネ法)に関する留意事項】
認定基準に関する最新情報等については、次のホームページを参照すること。
■ 建築物省エネ法のページ(国土交通省)
　 https://www.mlit.go.jp/jutakukentiku/jutakukentiku_house_tk4_000103.html
■ 建築物のエネルギー消費性能に関する技術情報(国立研究開発法人建築研究所)
　 https://www.kenken.go.jp/becc/index.html

解 説

性能向上計画認定住宅(建築物省エネ法)

　建築物のエネルギー消費性能の向上に関する法律(平成27年法律第53号)(通称 建築物省エネ法)の規定により建築物エネルギー消費性能向上計画の認定を受けた住宅をいう。

認定基準の概要

建築物のエネルギー消費性能の向上の一層の促進のために誘導すべき基準		
建築物省エネ法[1]に規定するエネルギー消費性能に係る誘導基準[2]を満たすこと	＋	建築物省エネ法[1]に規定する外皮性能に関する誘導基準[3]を満たすこと

　　※1　建築物のエネルギー消費性能の向上に関する法律(平成27年法律第53号)
　　※2　一次エネルギー消費量等級6
　　※3　断熱等性能等級5と同じ断熱性能基準

4.耐震性に関する基準(耐震等級(構造躯体の倒壊等防止)3)に係る仕様

4.1 一般事項

4.1.1 総則

1. フラット35Sにおける耐震性に関する基準(耐震等級(構造躯体の倒壊等防止)3)に適合する住宅の仕様は、この項による。
2. 本項におけるアンダーライン「＿＿＿」の付された項目事項は、フラット35Sにおける耐震性に関する基準(耐震等級(構造躯体の倒壊等防止)3)に係る仕様であるため、当該部分の仕様以外とする場合は、住宅金融支援機構の認めたものとする。

4.1.2 基本原則

限界耐力計算、保有水平耐力計算等、又は階数が2以下の木造の建築物における基準等により、住宅性能表示制度「耐震等級(構造躯体の倒壊等防止)3」以上の耐震性能を確保することとする。

4.1.3 構造計算等

1. 3階建の住宅は、建築基準法および住宅性能表示制度「耐震等級(構造躯体の倒壊等防止)」1-1(3)イ又はロに基づく構造計算により、構造耐力上の安全性を確保したうえで、仕様を決めるものとする。
2. 階数が2以下の住宅は、建築基準法および住宅性能表示制度「耐震等級(構造躯体の倒壊等防止)」1-1(3)イ又はロに基づく構造計算、若しくはホに基づく階数が2以下の木造建築物における壁量計算等により、構造耐力上の安全性を確保したうえで、仕様を決めるものとする。

4.2 基礎

4.2.1 基礎の構造等

基礎の構造等は、Ⅲ-3.2(基礎)による。

Ⅲ-3.2 ☞334頁

4.3 耐力壁及び準耐力壁等

4.3.1 耐力壁

耐力壁は、Ⅲ-3.3.1(耐力壁)による。

Ⅲ-3.3.1 ☞334頁

4.3.2 準耐力壁等

準耐力壁は、Ⅲ-3.3.2(準耐力壁等)による。

Ⅲ-3.3.2 ☞334頁

4.3.3 耐力壁線

耐力壁線は、Ⅲ-3.3.3(耐力壁線)による。

Ⅲ-3.3.3 ☞336頁

4.4 床組等

4.4.1 床組

床組は、Ⅲ-3.4.1(床組)による。

Ⅲ-3.4.1 ☞336頁

4.4.2 屋根面

屋根面は、Ⅲ-3.4.2(屋根面)による。

Ⅲ-3.4.2 ☞340頁

4.4.3 小屋組(小屋床面)

小屋組は、Ⅲ-3.4.3(小屋組(小屋床面))による。

Ⅲ-3.4.3 ☞340頁

4.5 接合部

接合部は、Ⅲ-3.5（接合部）による。

Ⅲ-3.5 ☞341頁

4.6 横架材及び基礎

横架材及び基礎は、Ⅲ-3.6（横架材及び基礎）による。

Ⅲ-3.6 ☞344頁

5.免震住宅に関する基準（地震に対する構造躯体の倒壊等防止及び損傷防止）に係る仕様

5.1 一般事項

5.1.1 総則

1. フラット35Sにおける免震住宅に関する基準（地震に対する構造躯体の倒壊等防止及び損傷防止）に適合する住宅の仕様は、この項による。
2. 本項におけるアンダーライン「____」の付された項目事項は、フラット35Sにおける免震住宅に関する基準（地震に対する構造躯体の倒壊等防止及び損傷防止）に係る仕様であるため、当該部分の仕様以外とする場合は、住宅金融支援機構の認めたものとする。

用　語

免震住宅に関する基準（地震に対する構造躯体の倒壊等防止及び損傷防止）に係る仕様

　平成18年10月の「住宅の品質確保の促進等に関する法律」の改正により、同法に基づく日本住宅性能表示基準及び評価方法基準（以下「性能表示基準」という。）において「免震建築物」が位置づけられた。

　本項では、以下に示す免震建築物のうち、構造計算を要さない仕様について示しているものである。

免震建築物

　ここでいう免震建築物とは、免震層を配置した建築物であって、「免震建築物の構造方法に関する安全上必要な技術基準を定める等の件（平成12年建設省告示第2009号。以下「告示第2009号」という。）」の第2に規定されており、具体的には、以下の①～③のいずれかに適合するものをいう。

① 建築基準法第6条第1項第4号に定めるいわゆる四号建築物として、構造計算を要さず仕様規定に適合するもの

② 告示第2009号第6に規定する構造計算を行うほか、建築基準法施行令第36条第2項第2号に定める耐久性等関係規定（以下「耐久性等関係規定」という。）に適合するもの

③ 時刻歴応答解析により安全であることを確認し、構造方法等の認定を取得するほか、耐久性等関係規定に適合するもの

5.2 基礎

5.2.1 一般事項

1. 基礎の構造は、次のいずれかとする。
   - イ. ☐基礎ぐいを用いた構造
   - ロ. ☐べた基礎
2. 基礎の底部を第一種地盤又は第二種地盤（地震時に液状化するおそれのないものに限る。）に達するものとする。

5.2.2 基礎ぐい

基礎ぐいの構造は、次による。

1. 基礎ぐいは、構造耐力上安全に基礎ぐいの上部を支えるように配置する。
2. 基礎ぐいの構造は、次のいずれかによるか、又はこれらと同等以上の支持力を有するものとする。
   - イ. ☐場所打ちコンクリートぐいとする場合は、次による。
     - （イ）主筋として異形鉄筋を6本以上用い、帯筋と緊結する。
     - （ロ）主筋の断面積の合計のくい断面積に対する割合を0.4%以上とする。
   - ロ. ☐高強度プレストレストコンクリートぐいとする場合は、JIS A 5337（プレテンション方式遠心力高強度プレストレストコンクリートくい）-1995に適合するものとする。
   - ハ. ☐遠心力鉄筋コンクリートぐいとする場合は、JIS A 5310（遠心力鉄筋コンクリートくい）-1995に適合するものとする。
   - ニ. ☐鋼管ぐいとする場合は、くいの肉厚は6mm以上とし、かつ、くいの直径の1/100以上とする。

5.2.3 べた基礎

べた基礎の構造は、次による。

1. べた基礎の構造は、一体の鉄筋コンクリート構造（2以上の部材を組み合わせたもので、これらの部材相互を緊結したものを含む。）とする。
2. 基礎の底盤の厚さは、250mm以上とする。
3. 根入れ深さは、150mm以上とし、かつ建設地域の凍結深度よりも深いものとする。
4. 立上り部分の主筋はD13以上とし、立上り部分の上端に1本以上、かつ立上り部分の下部の底盤に2本以上配置し、それぞれ5及び6の補強筋と緊結する。
5. 立上り部分の補強筋は、D10以上のものを縦に配置し、その間隔は300mm以下とする。
6. 底盤の補強筋はD13以上、間隔は縦横に200mm以下とし、複配筋とする。

用 語

第一種地盤

岩盤、硬質砂れき層その他、主として第三紀以前の地層によって構成されているもの、又は地盤周期等について調査若しくは研究の結果に基づき、これと同程度の地盤周期を有すると認められるもの。

第二種地盤

第一種地盤及び第三種地盤（腐植土、泥土その他これらに類するもので大部分が構成されている沖積層で、一定の条件にあてはまるもの）以外のもの。

基礎ぐいに用いる材料の品質

基礎ぐいに用いる材料のJIS規格番号及び標題は、平成12年建設省告示第1347号「建築物の基礎の構造方法及び構造計算の基準を定める件」で定めているJIS規格番号及び標題を記載している。

5.3 免震層

免震層は、次による。

1. 免震層の上下の床版又はこれに類するものの間隔が、免震材料及び配管その他の建築設備の点検上支障ないものとする。
2. 上部構造に作用する荷重及び外力を、免震材料のみによって安全に下部構造に伝える構造とする。ただし、地震に対して安全上支障ないことを確かめた場合にあっては、暴風により生ずる免震層の著しい変位を防止するための措置に必要な部材を設けることができる。
3. 免震材料は、次による。
    - イ．検査及び点検を容易に行うことができる位置に設ける。
    - ロ．上部構造の構造耐力上主要な柱及び耐力壁に対し、つり合いよく配置する。
    - ハ．上部構造の最下階の床版その他これに類する上部構造の構造耐力上主要な部分及びべた基礎の底盤、又は下部構造の上端に設ける床版その他これらに類する下部構造の構造耐力上主要な部分に緊結する。
4. 免震層の設計限界変位は、350mm以上とする。
5. 上部構造の建築面積を支承材の総数で除した数値を15m²以下とする。
6. 次表の建築物の種類に応じて、それぞれ次による。
    - イ．免震層の降伏時に、各免震材料に生ずる水平力（単位：kN）の合計を建築面積で除した数値を、(1)の欄の数値以上、(2)の欄の数値以下とする。
    - ロ．免震層において、免震層の設計限界変位に相当する変位が生じているときに、各免震材料に生ずる水平力（単位：kN）の合計を建築面積で除した数値を、(3)の欄の数値以上、(4)の欄の数値以下とする。

建築物の種類		(1)	(2)	(3)	(4)
木造、鉄骨造その他これらに類する重量の小さな建築物	平屋建	0.22	0.36	0.72	1.09
	2階建	0.29	0.49	0.98	1.47
その他の建築物		0.34	0.58	1.17	1.75

7. 免震層の設計限界変位時の等価粘性減衰定数を20%以上とする。

■ 用 語 ‖‖

免震層

　免震材料を緊結した床版、またはこれに類するものにより挟まれた建築物の部分をいう。

免震材料

　建築材料のうち、建築物に作用する地震力を低減する機能を有するものとして支承材、減衰材または復元材に該当するものをいう。

①支承材

　免震材料の一つで、水平に設置され、主として建築物に作用する鉛直荷重を支持し、建築物の水平方向の変形性能を確保するもので、以下のようなものがある。

種　　類	材　　　　料
弾性系	積層ゴムその他これに類する弾性体
すべり系	四フッ化エチレンその他これに類するすべり材
転がり系	鋼球その他これに類する転がり材

②減衰材

　速度及び変形の程度に応じた減衰の作用により、上部構造の振動エネルギーを吸収するもので、以下のようなものがある。

種　　類	材　　　　料
弾塑性系	鉛材、鋼材その他これらに類する材料
流体系	作動油その他これに類する粘性体

③復元材

　変形の程度に応じた復元の作用により、建築物の周囲を調整するもの。

5.4 上部構造

　上部構造は、次による。

1. 上部構造の最下階の構造耐力上主要な部分である柱及び耐力壁の脚部並びに土台は、上部構造の最下階の床版その他これに類する部分に存在応力を伝えるよう緊結する。
2. 平面形状が、長方形その他これに類する整形な形状であり、張り間方向及びけた行方向の長さの数値の大きいほうの数値を小さいほうの数値で除した数値を4以下とする。
3. 立面形状を、長方形その他これに類する安定した形状とする。
4. 倉庫その他これに類する積載荷重の変動の大きな用途には供しない。
5. 上部構造と当該建築物の下部構造及び周囲の構造物その他の物件との水平距離は、上部構造の部分ごとに周囲に人の通行がある場合は、500mm以上とし、その他の場合は400mm以上とする。
6. 上部構造の最下階の床版は、厚さ180mm以上の一体の鉄筋コンクリート造とし、かつ、D13以上の異形鉄筋を縦横に200mm以下の間隔で複配筋として配置する。

5.5 下部構造

　下部構造（基礎を除く。）は、次による。

1. 一体の鉄筋コンクリート造とする。
2. 下部構造の上端に鉄筋コンクリート造の床版を設け、本章5.3（免震層）の3のハにより免震材料と緊結する場合は、当該床版の厚さは180mm以上とし、D13以上の異形鉄筋を縦横に200mm以下の間隔で複配筋として配置し、その周囲の構造耐力上主要な部分に、存在応力を伝えるよう緊結する。 5.3の3 ☞382頁
3. 階を設ける場合は、土圧がその全周にわたり一様に作用するようにする。
4. 免震建築物の周囲に、安全上支障のある空隙を生じさせないものとする。

5. 出入口その他の見やすい場所に、免震建築物であることその他必要な事項を表示する。
6. 暴風により生ずる免震層の著しい変位を防止するための措置を講じた場合は、構造耐力上安全であることを確かめる。
7. 必要がある場合は、積雪時に免震建築物の変位を妨げないような措置を講ずる。
8. 必要に応じて免震材料の交換を行うことができる構造とする。
9. 免震層に浸水するおそれのある場合は、基礎の底盤に排水口を設けるなど、免震材料の冠水を防止するための措置を講ずる。

用　語

上部構造

　免震建築物のうち、免震層より上に位置する建築物の部分をいう。

下部構造

　免震建築物のうち、免震層より下に位置する建築物の部分（基礎の立上り部分を含む。）をいう。

5.6 維持管理等に関する事項

　免震建築物の維持管理に関し、イ及びロについて明示することとし、特記による。
　　イ．免震材料等の維持管理に関する計画
　　ロ．実況に応じた敷地の管理に関する計画

留意事項

免震材料等の維持管理に関する計画、実況に応じた敷地の管理に関する計画

　免震建築物が地震に対して、設計時に想定した性能を保持するための計画で、定期点検及び臨時点検の頻度及び点検項目並びに点検の基準となる数値等が記載されていることが必要である。

6. バリアフリー性に関する基準（高齢者等配慮対策等級4）に係る仕様

6.1 一般事項

6.1.1 総則

1. フラット35Sにおけるバリアフリー性に関する基準（高齢者等配慮対策等級4）に適合する住宅の仕様は、この項による。
2. 本項におけるアンダーライン「＿＿＿」の付された項目事項は、フラット35S におけるバリアフリー性に関する基準（高齢者等配慮対策等級4）に係る仕様であるため、当該部分の仕様以外とする場合は、住宅金融支援機構の認めたものとする。
3. 「日常生活空間」とは、高齢者等の利用を想定する一の主たる玄関、便所、浴室、脱衣室、洗面所、寝室（以下「特定寝室」という。）、食事室及び特定寝室の存する階（接地階を除く。）にあるバルコニー、特定寝室の存する階にあるすべての居室並びにこれらを結ぶ一の主たる経路をいう。

6.2 部屋の配置

6.2.1 部屋の配置

部屋の配置は、次の1又は2のいずれかによる。
1. 特定寝室がある階には、便所及び浴室を配置する。
2. 次のイ又はロに適合するホームエレベーターを設置し、かつ特定寝室がある階に便所を配置する。
   イ. 出入口の有効幅員を750mm以上とする。
   ロ. 通路等から直進して入ることができるよう設置し、出入口の有効幅員を650mm以上とする。

6.3 住戸内の段差の解消

6.3.1 段差の解消

1. 日常生活空間内の床を、段差のない構造（仕上がりで5mm以下の段差が生じるものを含む。以下本項において同じ。）とする。ただし、次のイ〜ハに掲げる段差にあっては、この限りではない。
   イ. 玄関の出入口の段差で、くつずりと玄関外側の高低差を20mm以下とし、かつ、くつずりと玄関土間の高低差を5mm以下としたもの
   ロ. 勝手口その他屋外に面する開口（玄関を除く。以下、本項において「勝手口等」という。）の出入口及び上がり框の段差
   ハ. 浴室の出入口の段差で、20mm以下の単純段差
2. 日常生活空間内の玄関の上がり框については、1にかかわらず、次のイ〜ニまでに掲げる段差を設けることができるものとする。踏み段を設ける場合、踏み段は1段とし、奥行は300mm以上、幅は600mm以上とする。
   イ. 当該玄関が接地階以外にある場合の玄関の上がり框の段差で、110mm（踏み段を設ける場合は360mm）以下としたもの。
   ロ. 当該玄関が接地階にある場合の玄関の上がり框の段差で、180mm（踏み段を設ける場合は360mm）以下としたもの。
   ハ. 当該玄関が接地階以外にあり、踏み段を設ける場合、土間と踏み段との段差及び踏み段と上がり框の段差で、110mm以下としたもの。
   ニ. 当該玄関が接地階にあり、踏み段を設ける場合、土間と踏み段との段差及び踏み段と上がり框の段差で、180mm以下としたもの。
3. 日常生活空間内の居室の部分の床のうち、次のイ〜ホのすべてに適合するものとその他の部分の床との間には、1にかかわらず、300mm以上450mm以下の段差を設けることができるものとする。
   イ. 介助用車いすの移動の妨げとならない位置であること

ロ. 面積が3m²以上9m²（当該居室の面積が18m²以下の場合、当該面積の1/2）未満であること

ハ. 当該部分の面積の合計が、当該居室の面積の1/2未満であること

ニ. 間口（工事を伴わない撤去等により確保できる部分の長さを含む。）が1,500mm以上であること

ホ. その他の部分の床より高い位置にあること

4. 接地階を有する住宅の日常生活空間内のバルコニーの出入口には、次のイ〜ホに掲げる段差を設けることができるものとする。踏み段を設ける場合、踏み段は1段とし、奥行は300mm以上、幅は600mm以上、かつ、当該踏み段とバルコニーの端との距離を1,200mm以上とする（以下、本項において踏み段については同じ。）。

イ. 180mm以下の単純段差

ロ. 250mm以下の単純段差（手すりを設置した場合に限る。）

ハ. 踏み段を設ける場合、360mm以下の単純段差とし、バルコニーと踏み段との段差及び踏み段と框との段差を、180mm以下の単純段差としたもの

ニ. 屋内側及び屋外側の高さが、180mm以下のまたぎ段差（手すりを設置した場合に限る。）

ホ. 踏み段を設ける場合、屋内側の高さが180mm以下で、屋外側の高さが360mm以下のまたぎ段差とし、バルコニーと踏み段との段差及び踏み段と框との段差を、180mm以下の単純段差としたもの（手すりを設置した場合に限る。）

5. 接地階を有しない住宅の日常生活空間内のバルコニーの出入口には、次のイ又はロに掲げる段差を設けることができるものとする。

イ. 180mm以下の単純段差

ロ. 踏み段を設ける場合、360mm以下の単純段差とし、バルコニーと踏み段との段差及び踏み段と框との段差を、180mm以下の単純段差としたもの

6. 日常生活空間外の床を、段差のない構造とする。ただし、次のイ〜ヘに掲げる段差にあっては、この限りではない。

イ. 玄関の出入口の段差

ロ. 玄関の上がり框の段差

ハ. 勝手口等の出入口及び上がり框の段差

ニ. バルコニーの出入口の段差

ホ. 浴室の出入口の段差

ヘ. 室内又は室の部分の床とその他の部分の床の90mm以上の段差

6.3.2 床組

床組は、Ⅲ-4.3.2（床組）による。

Ⅲ-4.3.2 ☞347頁

6.3.3 床板張り

床板張りは、Ⅲ-4.3.3（床板張り）による。

Ⅲ-4.3.3 ☞347頁

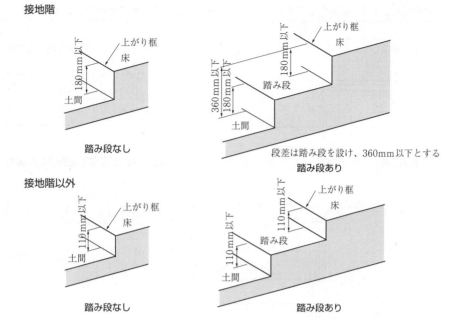

参考図6.3.1-1 玄関の上がり框に設けることができる段差

用語

接地階

　地上階のうち、最も低い位置に存する階をいう。接地階では、通気確保等への配慮から、床下空間を設けるなど、敷地面から45cm以上床レベルを上げるのが一般的である。このため、例えば、接地階以外に存する玄関の上がり框に設けることのできる段差は110mm以下となっているが、接地階に存する玄関の上がり框には、180mm以下の段差を設けることが可能となっている。

参考図6.3.1-2 単純段差とまたぎ段差

工事を伴わない撤去等

　丁番のところからドアをそのまま外すなど、ねじをドライバーで外す程度の作業による撤去等をいう。

軽微な改造

　ドアとドア外枠を取り去るなど、一定の工事を伴う程度の作業をいう。ただし、構造躯体に影響を及ぼすような、例えば、柱を一部欠き取り通行幅を確保するなどの工事は、「軽微な改造」とは見なさない。

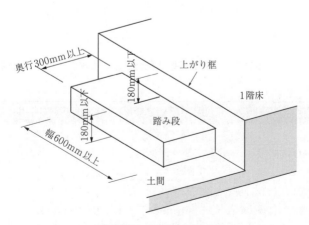

参考図6.3.1-3 踏み段

参考図6.3.1-4　日常生活空間内のバルコニー出入口に設けることができる段差の例

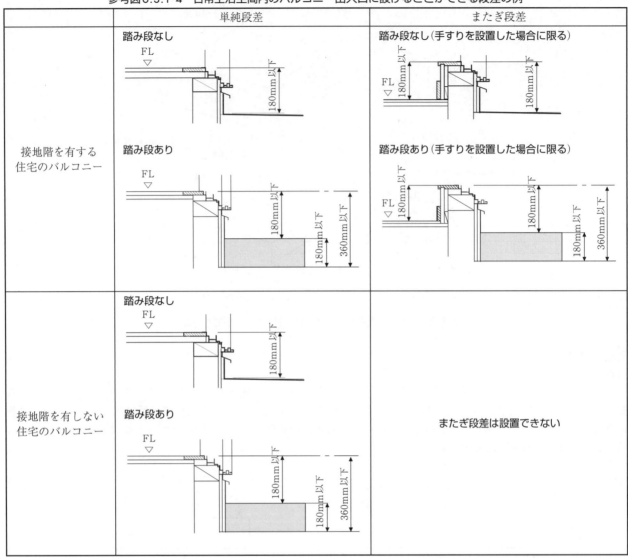

	単純段差	またぎ段差
接地階を有する住宅のバルコニー	踏み段なし 踏み段あり	踏み段なし（手すりを設置した場合に限る） 踏み段あり（手すりを設置した場合に限る）
接地階を有しない住宅のバルコニー	踏み段なし 踏み段あり	またぎ段差は設置できない

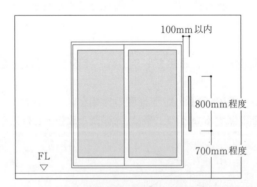

参考図6.3.1-5　バルコニー出入口の段差部分に設ける縦手すりの設置例（室内側）

6.4 住戸内階段

6.4.1 住戸内階段の勾配

1. 日常生活空間内の住戸内階段の勾配及び踏み面と蹴上げの寸法は、次のイ及びロによる。ただし、ホームエレベーターが設置されている場合は、2による。

　　イ．階段の勾配（R/T）を、6/7以下とする。

　　ロ．踏み面（T）と蹴上げ（R）の関係を、$550mm \leqq T+2R \leqq 650mm$とする。

2. 日常生活空間外の住戸内階段及び日常生活空間内の住戸内階段（ホームエレベータ

ーが設置されている場合に限る。）の勾配及び踏み面と蹴上げの寸法は、次のイ〜ハによる。ただし、階段の曲がり部分について、その形状が、Ⅲ-4.4.1（住戸内階段の勾配）のハ(イ)、（ロ）又は（ハ）に該当する場合は、この限りではない。

Ⅲ-4.4.1 ☞350頁

イ．階段の勾配(R/T)を、22/21以下とする。

ロ．踏み面(T)を195mm以上とする。

ハ．踏み面(T)と蹴上げ(R)の関係を、550mm≦T+2R≦650mmとする。

6.4.2 住戸内階段の構造

1. 住戸内階段の形状は、直階段又は折れ階段とし、中間には踊り場を設ける。
2. 日常生活空間内の住戸内階段は、回り階段等、安全上問題があると考えられる形式とせず、かつ最上段の通路等へのくい込み部分及び最下段の通路等への突出部分を設けない。ただし、ホームエレベーターが設置されている場合にあっては、この限りではない。
3. 住戸内階段の蹴込みは、次のイ及びロによる。ただし、ホームエレベーターが設置されている場合にあっては、この限りではない。
   イ．日常生活空間内の住戸内階段の蹴込みは30mm以下とし、蹴込み板を設ける。
   ロ．日常生活空間外の住戸内階段の蹴込みは、30mm以下とする。

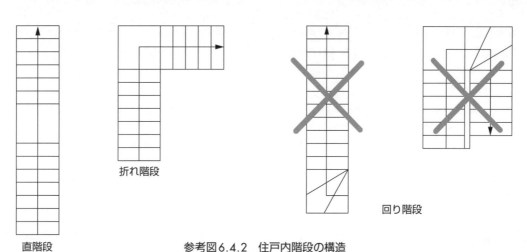

直階段　　　　折れ階段　　　　　回り階段

参考図6.4.2　住戸内階段の構造

6.5 手すり

6.5.1 手すりの設置箇所

1. 住戸内階段については、次のイ〜ハによる。
   イ．住戸内階段には、手すりを設置する。
   ロ．勾配が45°を超える場合にあっては、両側に手すりを設置する（ホームエレベーターが設けられており、又は当該階段が日常生活空間外にあり、かつ、Ⅲ-4.4.1（住戸内階段の勾配）のイ〜ハ及びⅢ-4.4.2（住戸内階段の構造）の2に掲げる基準に適合している場合を除く。）。

   Ⅲ-4.4.1 ☞350頁
   Ⅲ-4.4.2 ☞351頁

   ハ．設置高さは、踏み面の先端からの高さを700mmから900mmの位置とする。
2. 日常生活空間内の浴室には、浴槽出入りのための手すりを設置する。
3. 日常生活空間内の便所には、立ち座りのための手すりを設置する。
4. 日常生活空間内の玄関には、上がり框部の昇降及び靴の着脱のための手すりを設置する。
5. 日常生活空間内の脱衣室には、衣服の着脱のための手すりを設置する。
6. バルコニーには、転落防止のための手すりを、次のイ〜ハのいずれかにより設置する。ただし、外部の地面、床等からの高さが1m以下の範囲又は開閉できない窓、その他転落のおそれのないものについては、この限りではない。

イ． ☐腰壁その他足がかりとなるおそれのある部分（以下、本項において「腰壁等」という。）の高さが、650mm以上1,100mm未満の場合、床面から1,100mm以上の高さに達するように設置する。

ロ． ☐腰壁等の高さが300mm以上650mm未満の場合、腰壁等から800mm以上の高さに達するように設置する。

ハ． ☐腰壁等の高さが300mm未満の場合、床面から1,100mm以上の高さに達するように設置する。

7. 2階以上の窓には、転落防止のための手すりを、次のイ～ハのいずれかにより設置する。ただし、外部の地面、床等からの高さが1m以下の範囲又は開閉できない窓、その他転落のおそれのないものについては、この限りではない。

イ． ☐窓台その他足がかりとなるおそれのある部分（以下、本項において「窓台等」という。）の高さが、650mm以上800mm未満の場合、床面から800mm（3階以上の窓は1,100mm）以上の高さに達するように設置する。

ロ． ☐窓台等の高さが300mm以上650mm未満の場合、窓台等から800mm以上の高さに達するように設置する。

ハ． ☐窓台等の高さが300mm未満の場合、床面から1,100mm以上の高さに達するように設置する。

8. 廊下及び階段（高さ1m以下の階段を除く。）のうち、片側又は両側が壁となっていない部分には、開放されている側に転落防止のための手すりを、次のイ又はロのいずれかにより設置する。ただし、外部の地面、床等からの高さが1m以下の範囲又は開閉できない窓、その他転落のおそれのないものについては、この限りではない。

イ． ☐腰壁等の高さが650mm以上800mm未満の場合、床面（階段にあっては踏み面の先端）から800mm以上の高さに達するように設置する。

ロ． ☐腰壁等の高さが650mm未満の場合、腰壁等から800mm以上の高さに達するように設置する。

9. 転落防止のための手すりの手すり子で、床面（階段にあっては踏み面の先端）及び腰壁等又は窓台等（腰壁等又は窓台等の高さが、650mm未満の場合に限る。）からの高さが、800mm以内の部分に存するものの相互の間隔は、内のり寸法で110mm以下とする。

6.5.2 手すりの取付け等

手すりの取付け等は、Ⅲ-4.5.2（手すりの取付け等）による。　　　Ⅲ-4.5.2 ☞354頁

6.5.3 手すりの取付け下地

手すりの取付け下地は、Ⅲ-4.5.3（手すり取付け下地）による。　　　Ⅲ-4.5.3 ☞354頁

6.6 廊下及び出入口の幅員

6.6.1 廊下及び出入口の幅員の確保

1. 日常生活空間内の通路の有効な幅員は、780mm（柱等の箇所にあっては750mm）以上とする。

2. ホームエレベーター（出入口の有効幅員が750mm以上（通路等から直進して入ることができる場合は、650mm以上）のものに限る。）を設置する場合にあっては、当該ホームエレベーターと日常生活空間とを結ぶ経路内の通路の有効な幅員は、780mm（柱等の箇所にあっては750mm）以上とする。

3. 出入口の幅員については、次による。

イ． 浴室を除く日常生活空間内の出入口の有効幅員（玄関以外の出入口については、工事を伴わない撤去等により確保できる部分の長さを含む。）は、750mm以上とする。

ロ． 日常生活空間内の浴室の出入口の有効幅員は、650mm以上とする。

6.6.2 内壁下地

内壁下地は、Ⅲ-4.6.2（内壁下地）による。

Ⅲ-4.6.2　☞359頁

6.7 寝室、便所及び浴室

6.7.1 寝室、便所及び浴室の規模

1. 特定寝室の面積は、内のり寸法で12m²以上とする。
2. 日常生活空間内の便所は腰掛け式とし、その規模は、次のイ又はロのいずれかによる。
   - イ. ☐ 短辺（軽微な改造により確保できる部分の長さを含む。）を、内のり寸法で1,100mm以上とし、長辺（軽微な改造により確保できる部分の長さを含む。）を内のり寸法で1,300mm以上とする。
   - ロ. ☐ 便器の前方及び側方について、便器と壁との距離（ドアの開放により確保できる部分又は軽微な改造により確保できる部分の長さを含む。）を500mm以上とする。
3. 日常生活空間内の浴室は、短辺を内のり寸法で1,400mm以上とし、面積を内のり寸法で2.5m²以上とする。

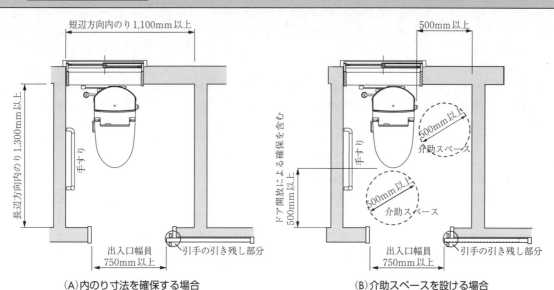

（A）内のり寸法を確保する場合　　　　（B）介助スペースを設ける場合

注）介助スペースは、便器の前方及び側方の2箇所について確保することが必要。

参考図6.7.1　便所の規模

6.8 その他の配慮

6.8.1 温熱環境

温熱環境については、Ⅲ-4.8.1（温熱環境）による。

Ⅲ-4.8.1　☞363頁

6.8.2 設備

設備については、Ⅲ-4.8.2（設備）による。

Ⅲ-4.8.2　☞363頁

6.8.3 床・壁等の仕上げ

床・壁等の仕上げについては、Ⅲ-4.8.3（床・壁等の仕上げ）による。

Ⅲ-4.8.3　☞364頁

6.8.4 屋外通路の高低差処理

屋外通路の高低差処理については、Ⅲ-4.8.4（屋外通路の高低差処理）による。

Ⅲ-4.8.4　☞364頁

7. 耐久性・可変性に関する基準(長期優良住宅)の仕様

7.1 一般事項

7.1.1 総則

1. フラット35Sにおける耐久性・可変性に関する基準(長期優良住宅)に適合する住宅の仕様は、この項による。
2. 本項において、アンダーライン「____」が付された項目事項は、フラット35Sにおける耐久性・可変性に関する基準に係る仕様であるため、当該部分の仕様以外とする場合は、長期優良住宅の認定を取得できる仕様とする。

7.1.2 適用

1. 本項の適用となる住宅は、長期優良住宅の普及の促進に関する法律(平成20年法律第87号)第7条の規定により認定の通知を受けた長期優良住宅建築等計画に基づき建築された住宅であるものとする。
2. 構造躯体等の劣化対策は、本章7.2(構造躯体等の劣化対策)による。 7.2 ☞393頁
3. 耐震性は、本章7.3.2.1(基本原則)及び本章7.3.2.2(構造計算等)、又は本章7.3.3(免震)による。 7.3.2.1 ☞395頁
7.3.2.2 ☞395頁
7.3.3 ☞396頁
4. 可変性は、本章7.4(可変性)による。 7.4 ☞396頁
5. 維持管理・更新の容易性は、本章7.5(維持管理・更新の容易性)による。 7.5 ☞397頁
6. 省エネルギー対策は、本章7.6(省エネルギー対策)による。 7.6 ☞400頁
7. 維持保全計画等については、本章7.7(その他)による。 7.7 ☞400頁

用 語 |||

耐久性・可変性に関する基準(長期優良住宅)の仕様

長期優良住宅の普及の促進に関する法律(以下「長期優良住宅法」という。)が平成20年12月に公布され、平成21年6月に施行された。フラット35Sの耐久性・可変性(長期優良住宅)に関する基準に適合させるためには、長期優良住宅法により認定の通知を受けた長期優良住宅建築等計画に基づき建設された住宅でなければならない。

本項では、認定の条件を満たす技術基準に対応した仕様を掲載している。

表7-1　長期優良住宅の認定基準(概要)

性能項目等	概　要
構造躯体等の劣化対策	劣化対策等級3に適合することに加え、次の①及び②の措置を講じること。 ①床下及び小屋裏の点検口を設置　②点検のため床下空間の一定の高さを確保
可変性	【共同建て・連続建て・重ね建てに適用】 躯体天井高(住戸専用部の構造躯体等の床版等に挟まれた空間)が2.65m以上あること
維持管理・更新の容易性	次の①及び②に適合すること。 ①維持管理対策等級(専用配管、共用配管):等級3(ただし、ガス管を除く等の運用規定あり) ②更新対策等級(共用排水管):等級3
耐震性	次の①または②のいずれかとする。 ①耐震等級(構造躯体の倒壊等防止)2以上(壁量基準による場合は、耐震等級(構造躯体の倒壊等防止)3)に適合すること(ただし、限界耐力計算による場合は追加規定あり) ②免震建築物(住宅性能表示基準で定める免震建築物)であること
バリアフリー性能	【共同住宅等の共用部分に適用】 高齢者等配慮対策等級(共用部分)3に適合すること(ただし、手すり、段差及び高低差に係る基準については適用しない)
省エネルギー性能	断熱等性能等級5以上かつ一次エネルギー消費量等級6に適合すること。
維持保全計画	①建築後の住宅の維持保全の期間が、30年以上であること ②構造耐力上主要な部分、給排水管等について、仕様、点検の項目及び予定時期が指定されたものであること ③②に掲げる部分の点検の予定時期が、それぞれ点検または更新から10年を超えないものであること ④点検結果を踏まえ、必要に応じて、調査、修繕または改良を行うこととされていること ⑤地震時及び台風時の臨時点検を実施することとされていること ⑥住宅の劣化状況に応じて、維持保全の方法について見直しを行うこととされていること ⑦長期優良住宅建築等計画に変更があった場合に、必要に応じて維持保全の方法の変更をすることとされていること
まちなみ・景観への配慮	良好な景観の形成その他の地域における居住環境の維持及び向上に配慮されたものであること。
住戸床面積	住戸の少なくとも一の階の床面積は40m²以上であること(階段部分を除く面積) 【一戸建】75m²以上(所管行政庁が55m²を下回らない範囲内で別に定める場合はその面積) 【共同建て・連続建て・重ね建て】40m²以上(所管行政庁が40m²を下回らない範囲内で別に定める場合はその面積)

具体的な内容は、長期優良住宅の普及の促進に関する法律、同施行令、同施行規則及び平成21年国土交通省告示第209号「長期使用構造等とするための措置及び維持保全の方法の基準」を確認すること。

7.2 構造躯体等の劣化対策

7.2.1 基礎工事

1. 基礎工事において布基礎とする場合は、Ⅱ-3.3.2(布基礎)の2による。
2. 基礎工事において、べた基礎又は基礎ぐいを用いる場合は、Ⅱ-3.3.3(べた基礎・基礎ぐい)の2による。

Ⅱ-3.3.2の2
☞39頁
Ⅱ-3.3.3の2
☞39頁

7.2.2 床下地面の防蟻措置

床下地面の防蟻措置は、Ⅱ-4.4(床下地面の防蟻措置)による。ただし、基礎断熱工法を用いる場合は、Ⅱ-3.4.5(床下防湿・防蟻措置)による。

Ⅱ-4.4　☞81頁
Ⅱ-3.4.5　☞54頁

7.2.3 床下換気

床下換気は、Ⅱ-3.3.11(床下換気)の1による。

Ⅱ-3.3.11の1
☞41頁

7.2.4 床下防湿

床下防湿は、Ⅱ-3.3.15(床下防湿)による。

Ⅱ-3.3.15　☞41頁

7.2.5 点検口の設置

1. 区分された床下空間(人通口等により接続されている場合は、接続されている床下空間を一の部分とみなす。)ごとに点検口を設ける。

2. 区分された小屋裏空間（人通口等により接続されている場合は、接続されている小屋裏空間を一の小屋裏空間とみなす。）ごとに点検口を設ける。

7.2.6 床下空間高さ

床下空間の有効高さを330mm以上とする。ただし、浴室の床下等当該床下空間の有効高さを、330mm未満とすることがやむを得ないと認められる部分で、当該部分の点検を行うことができ、かつ当該部分以外の床下空間の点検に支障をきたさない場合にあっては、この限りでない。

7.2.7 木部の防腐・防蟻措置

7.2.7.1 土台の防腐・防蟻措置

土台の防腐・防蟻措置は、Ⅱ-4.3.1（土台の防腐・防蟻措置）による。　　　　　Ⅱ-4.3.1　☞80頁

7.2.7.2 外壁の軸組の防腐・防蟻措置

地面から高さが1m以内の外壁の軸組（土台及び室内側に露出した部分を除く。）の防腐・防蟻措置（北海道及び青森県にあっては防腐措置のみ。）は、Ⅲ-5.5.2（外壁の軸組の防腐・防蟻措置）による。　　　　　Ⅲ-5.5.2　☞366頁

7.2.7.3 外壁下地材の防腐・防蟻措置

地面から高さが1m以内の木質系外壁下地材（土台及び室内側に露出した部分を除く。）の防腐・防蟻措置（北海道及び青森県にあっては防腐措置のみ。）は、Ⅲ-5.5.3（外壁下地材の防腐・防蟻措置）による。　　　　　Ⅲ-5.5.3　☞367頁

7.2.8 浴室等の防水措置

浴室及び脱衣室の壁の軸組等（室内に露出した部分を含む。）及び床組（浴室又は脱衣室が地上2階以上の階にある場合は、下地材を含む。）並びに浴室の天井の防水措置については、Ⅲ-5.7（浴室等の防水措置）による。　　　　　Ⅲ-5.7　☞368頁

7.2.9 小屋裏換気

小屋裏換気は、Ⅱ-8.9（小屋裏換気）による。　　　　　Ⅱ-8.9　☞215頁

用 語

構造躯体等の劣化対策

　長期優良住宅の構造躯体等の劣化対策については、長期優良住宅が数世代にわたって使用されることを想定していることを踏まえ、構造躯体等について、住宅性能表示制度の劣化対策等級の最高等級である等級3に適合する対策（通常想定される自然条件及び維持管理条件の下における住宅が限界状態に至るまでの期間が3世代以上となるための必要な対策）に加えて、さらなる追加対策を講じることを求めている。このような措置を講じ、建築後に適切に維持管理を行っていくことで、数世代にわたって使用継続が可能となることを期待しようとするものである。

留意事項

床下空間の有効高さ

　床下空間の有効高さとは、コンクリート等の上端から床下空間の高さで、最も低い部分の高さとする。基準では、床下空間の点検を行うための有効高さとして、330mm以上を求めている。ただし、以下に掲げる場合はこの限りでない。

① 取外しが可能な断熱材等の非構造部材を施工した場合

　当該非構造部材を取り外すことで、点検のために有効な空間として活用できる場合には、当該非構造部材を取り除いたものとして算定できる。

② 浴室の床下のように、一般に著しく床が低くなることがやむを得ない部分

　床下空間の点検ができ、かつ床下空間以外の部分の点検に支障をきたさない場合は、適用除外とすることができる。また、タイル張り等の在来浴室や玄関等の土間部分で、床下空間が存在しない、モルタル等で充填されている場合は、適用除外とする。

③ 大引きの直下等の局部的な部材が突出している部分で、有効高さ330mmを確保できない部分

　当該部分または他の床下空間の点検に支障をきたさない限り、突出した部材を除いて有効高さを算定してよい。こ

の際、突出部分があるために、人通口等としてみなすことができる空間が確保できない場合は、空間として連続した床下空間であっても、当該突出部分により仕切られた2つの空間を移動することができないものとみなす。

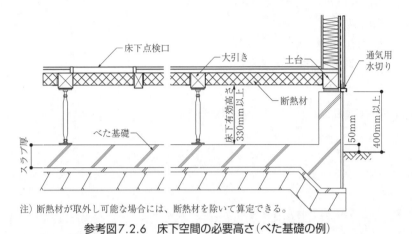

注）断熱材が取外し可能な場合には、断熱材を除いて算定できる。

参考図7.2.6　床下空間の必要高さ（べた基礎の例）

7.3 耐震性

7.3.1 一般事項

耐震性に関する仕様は、本章7.3.2（耐震）又は本章7.3.3（免震）のいずれかによる。

7.3.2 ☞395頁
7.3.3 ☞396頁

7.3.2 耐震

7.3.2.1 基本原則

階数が2以下の木造の建築物における基準、保有水平耐力計算等又は限界耐力計算等により、住宅性能表示制度「耐震等級（構造躯体の倒壊等防止）2」以上（階数が2以下の木造の建築物の基準（壁量規定等）の場合は「耐震等級（構造躯体の倒壊等防止）」3）の耐震性能を確保することとする。ただし、限界耐力計算による場合は、次のいずれかによる。

　イ．□限界耐力計算の基準に適合していること。ただし、地上部分の各階の安全限界変形（建築基準法施行令第82条の5第5号イに規定する安全限界変形をいう。以下同じ。）の当該階の高さに対する割合が、木造である階にあっては、それぞれ1/40以下とすること。

　ロ．□木造の建築物にあっては、各階の変形（平成12年建設省告示第1457号第9の建築物に生じる水平力と当該水平力により建築物に生ずる変位の関係を満たすものとする。）について、各階の安全限界変形をそれぞれ75％以下とした変形を当該各階の安全限界変形と読み替えて、限界耐力計算の基準に適合すること。

　ハ．□住宅性能表示制度「耐震等級（構造躯体の倒壊等防止）2又は3」の基準に適合すること。ただし、建築基準法施行令第82条の5第5号ハの表に規定するGsの数値（大地震時の地盤増幅）については、平成12年建設省告示第1457号第10第1項の規定により計算し、地上部分の各階の安全限界変形の当該階の高さに対する割合が、木造である階にあっては、それぞれ1/30以下とすること。

7.3.2.2 構造計算等

1. 3階建の住宅は、建築基準法及び住宅性能表示制度「耐震等級（構造躯体の倒壊等防止）」1-1（3）イ又はロに基づく構造計算により、構造耐力上の安全性を確保したうえで、仕様を決めるものとする。

2. 階数が2以下の住宅は、建築基準法及び住宅性能表示制度「耐震等級（構造躯体の倒壊等防止）」1-1（3）イ又はロに基づく構造計算、若しくはホに基づく階数が2以下の木造建築物における壁量計算等により、構造耐力上の安全性を確保したうえで、仕様を決めるものとする。なお、屋根を金属板、石板、木板等の軽い材料でふいた階数が2以下の木造建築物における壁量計算等において、住宅で屋根に太陽光発電設備又は太陽熱利用給湯設備等を設ける場合は、仕様にかかわらず重い屋根（建築基準法施行令第43条第1項の表の（一）又は（三）に掲げる建築物の項）とみなす。

7.3.2.3 基礎の構造等

基礎の構造等は、Ⅲ-3.2（基礎）による。 Ⅲ-3.2 ☞334頁

7.3.2.4 耐力壁及び準耐力壁等

1. 耐力壁は、Ⅲ-3.3.1（耐力壁）による。 Ⅲ-3.3.1 ☞334頁
2. 準耐力壁は、Ⅲ-3.3.2（準耐力壁等）による。 Ⅲ-3.3.2 ☞334頁
3. 耐力壁線は、Ⅲ-3.3.3（耐力壁線）による。 Ⅲ-3.3.3 ☞336頁

7.3.2.5 床組等

1. 床組は、Ⅲ-3.4.1（床組）による。 Ⅲ-3.4.1 ☞336頁
2. 屋根面は、Ⅲ-3.4.2（屋根面）による。 Ⅲ-3.4.2 ☞340頁
3. 小屋組は、Ⅲ-3.4.3（小屋組（小屋床面））による。 Ⅲ-3.4.3 ☞340頁

7.3.2.6 接合部

接合部は、Ⅲ-3.5（接合部）による。 Ⅲ-3.5 ☞341頁

7.3.2.7 横架材及び基礎

横架材及び基礎は、Ⅲ-3.6（横架材及び基礎）による。 Ⅲ-3.6 ☞344頁

7.3.3 免震

7.3.3.1 基礎の構造

基礎の構造は、本章5.2.1（一般事項）による。 5.2.1 ☞381頁

7.3.3.2 基礎ぐい

基礎ぐいは、本章5.2.2（基礎ぐい）による。 5.2.2 ☞381頁

7.3.3.3 べた基礎

べた基礎は、本章5.2.3（べた基礎）による。 5.2.3 ☞382頁

7.3.3.4 免震層

免震層は、本章5.3（免震層）による。 5.3 ☞382頁

7.3.3.5 上部構造

上部構造は、本章5.4（上部構造）による。 5.4 ☞383頁

7.3.3.6 下部構造

下部構造は、本章5.5（下部構造）による。 5.5 ☞383頁

7.3.3.7 維持管理等に関する事項

免震建築物の維持管理等に関する事項は、本章5.6（維持管理等に関する事項）による。 5.6 ☞384頁

7.4 可変性

7.4.1 躯体天井高

連続建て及び重ね建ての躯体天井高は、2,650mm以上とする。

用　語

太陽熱利用給湯設備

太陽熱を利用することで給湯熱負荷の一部をまかなう設備の総称。太陽熱温水器とソーラーシステムに大別される。太陽熱温水器は集熱器と貯湯タンクが一体となっているのに対し、ソーラーシステムは集熱器と貯湯タンクが分離している。

可変性

長期優良住宅認定基準の可変性では、構造躯体（スケルトン）はそのままに、間取り変更を含め内装（インフィル）を更新できることが求められる。躯体天井高は、住戸専用部の構造躯体等の床版等に挟まれた空間の高さであり、木造住宅では、住戸を規定する床組の床版（下地パネル）から上階の床組までの内のり寸法が躯体天井高となる。

長期優良住宅では、間取りの変更（を含めた住戸専用部の可変性）を一定の範囲内で実現するために、居室の天井高を2,400mm以上確保し、かつ、配管、配線用のスペースとして、二重床、二重天井を設けることができる高さとして、2,650mm以上と設定されている。

(A)構造躯体高さが同一の場合

(B)構造躯体高さが異なる場合

参考図7.4.1　躯体天井高さの測り方の例

7.5 維持管理・更新の容易性

7.5.1 適用

本章7.5.3（共用配管（ガス管を除く））及び本章7.5.4（共用排水管）は、共同住宅等に適用する。

7.5.3 ☞397頁
7.5.4 ☞398頁

7.5.2 専用配管（ガス管を除く）

専用配管は、次による。

1. 専用配管は、壁、柱、床、はり及び基礎の立上り部分を貫通する場合を除き、コンクリート内に埋め込まない。
2. 地中に埋設された専用配管の上には、コンクリート（建物の外部に存する土間床コンクリート及び建物の構造躯体に影響を及ばさないものは除く。）を打設しない。ただし、法令（条例を含む。）の規定により、凍結のおそれがあるとして配管を地中に埋設する場合は、打設することができる。
3. 専用の排水管（継手及びヘッダーを含む。）の内面が、排水管内の清掃に支障を及ぼさないように凹凸がなく、かつ当該排水管にたわみ、抜けその他変形が生じないように設置する。
4. 専用の排水管には、掃除口を設置するか、又は清掃が可能な措置を講じたトラップを設置すること。ただし、便所の排水管が当該便所に隣接する排水ます又は共用立管に接続する場合は、この限りでない。
5. 設備機器と専用配管の接合部並びに専用配管のバルブ及びヘッダー（以下「主要接合部等」という。）、又は排水管の掃除口を仕上材等により隠ぺいする場合には、主要接合部等を点検するために必要な開口、又は清掃を行うために必要な開口を当該仕上材等に設ける。
6. 共同住宅等にあっては、住戸の専用配管を他住戸等の専用部分に設置しない。

7.5.3 共用配管（ガス管を除く）

共同住宅等の共用配管等は、次による。

1. 共用配管は、壁、柱、床、はり又は基礎の立上り部分を貫通する場合を除き、コンクリート内に埋め込まない。
2. 地中に埋設された共用配管の上には、コンクリート（建物の外部に存する土間床コンクリート及び建物の構造躯体に影響を及ばさないものは除く。）を打設しない。ただし、法令（条例を含む。）の規定により、凍結のおそれがあるとして配管を地中に埋設する場合は、打設することができる。
3. 共用の排水管には、共用立管にあっては最上階又は屋上、最下階及び3階以内おきの中間階又は15m以内ごとに、横主管にあっては15m以内ごと、かつ、管の曲りが連続すること、管が合流すること等により管の清掃に支障が生じやすい部分がある場合にあっては支障なく清掃が行える位置に、清掃口が設けられていることと

する。

4. 専用配管と共用配管の接合部及び共用配管のバルブ（以下「主要接合部等」という。）、又は排水管の掃除口を仕上材等で隠ぺいする場合には、主要接合部等を点検するために必要な開口、又は掃除口による清掃を行うために必要な開口を設ける。

5. 共用の排水管（継手及びヘッダーを含む。）の内面が、排水管内の清掃に支障を及ぼさないように凹凸がなく、かつ当該排水管にたわみ、抜けその他変形が生じないように設置する。

6. 横主管を設置する場合においては、当該配管はピット若しくは1階床下空間内、又はピロティ等の共用部分に設け、かつ人通口その他当該配管に人が到達できる経路（専用部分に立ち入らないで到達できるものとする。）を設ける。

7. 共用配管の設置は、次のいずれかとする。
   イ. ☐専用部分に立ち入らないで補修できる位置（共用部分、住棟外周部、バルコニーその他これに類する部分をいう。）に露出して設ける。
   ロ. ☐専用部分に立ち入らないで補修が行える開口を持つパイプスペース内に設ける。
   ハ. ☐区画された竪穴であるパイプスペース内に設置し、維持管理の円滑な実施のために必要な措置を講じる。

7.5.4 共用排水管
共同住宅等の共用排水管は、次による。

1. 共用排水管は、壁、柱、床、はり又は基礎の立上り部分を貫通する場合を除き、コンクリート内に埋め込まない。

2. 地中に埋設された共用排水管の上には、コンクリート（建物の外部に存在する土間床コンクリート及び建物に影響を及ばさないものは除く。）を打設しない。ただし、法令（条例を含む。）の規定により、凍結のおそれがあるとして配管を地中に埋設する場合は、打設することができる。

3. 横主管を設置する場合においては、当該排水管はピット若しくは1階床下空間内、又はピロティ等の共用部分に設け、かつ人通口その他当該配管に人が到達できる経路（専用部分に立ち入らないで到達できるものに限り、共用部分の仕上材等の軽微な除去を伴い到達できるものを含む。）を設ける。

4. 共用排水管の設置は、次のいずれかとする。
   イ. ☐専用部分に立ち入らないで更新できる位置（共用部分、住棟外周部、バルコニー、その他これに類するものをいう。）に露出して設ける。
   ロ. ☐専用部分に立ち入らないで更新が行えるよう、パイプスペース内に設ける（共用部分の仕上材等の軽微な除去を伴い、更新できる場合を含む。）。
   ハ. ☐パイプスペース（間仕切り等で独立した区画となっているもの。）内に設置し、維持管理の円滑な実施のために必要な措置を講じる。

5. 共用排水管は、次のイ又はロのいずれかの更新措置を講じたものとする。
   イ. ☐将来、既存の位置に新たな排水管を設置する場合の措置は、次による。
      （イ）共用排水管の切断工事を軽減する措置を講じ、かつ共用排水管がコンクリートの床等を貫通する部分に、共用排水管の撤去の際のはつり工事を軽減する措置を講じる。
      （ロ）排水管の接続替えを容易に行うための措置を講じる。
      （ハ）共用排水管の撤去、接続替えその他更新のための空間を確保する。
   ロ. ☐将来、新たな共用排水管を設置する場合の措置は、次による。
      （イ）共用排水管の近傍等に、別に新たな共用排水管を設置することができる空間、スリーブ等を設ける。
      （ロ）イの（ロ）及び（ハ）による。

用 語

維持管理・更新の容易性

　長期優良住宅の維持管理・更新の容易性に係る基準では、耐用年数が構造躯体に比べて、比較的短い設備配管の維持管理及び更新を適切に実施することが、住宅を長期に使用するために特に重要となるため、設備配管の維持管理及び更新を容易に行えるようにするための対策について、原則として住宅性能表示基準における最高等級に適合することを求めている。

　比較的頻度の高い日常的な維持管理である点検・清掃については、点検口及び掃除口を設ける等、構造躯体・仕上材ともに影響を及ぼすことなく（傷めずに）行えるようにするための対応を求めている。また補修については、点検・清掃に比べて頻度が少ないこと等を考慮し、仕上材への影響防止は要求せず、構造躯体に影響を及ぼさない対策を行うことを求めている。

　なお、ガス管は適用除外となっているが、ガス管についても、長期に使用する観点から、点検等を容易に行えるように措置しておくことが望ましい。

共同住宅等

　長期優良住宅認定基準における共同住宅等とは、一戸建専用住宅以外の住宅をいい、具体的には共同建て住宅、連続建て住宅、重ね建て住宅及び一戸建店舗等併用住宅を指す。

留意事項

排水管の設置方法

　専用の排水管の内面は、清掃に支障を及ぼすような凹凸がないものを使用する。管内部に凹凸があるフレキシブル管（ジャバラ管）は、凹凸によって滞留物が溜まったり、清掃時にスネークワイヤーなどの清掃治具がつっかえたりするので使用しない。

　また、管同士を接続する場合は、同規格のもの同士を使用する。肉厚の異なる管同士を接合させると、配管内に高低差が生じ、滞留物が発生するおそれがあるため使用しない。

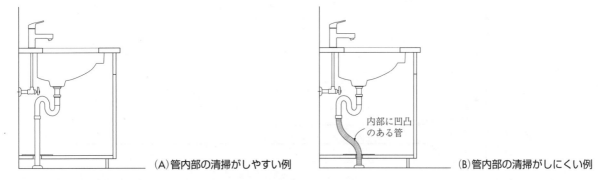

（A）管内部の清掃がしやすい例　　　　　（B）管内部の清掃がしにくい例

　清掃に支障を及ぼすような、内部に凹凸がある管は使用しない。
　配管や排水の自重でたわまないよう、ねじ接合、接着接合、メカニカル接合等により配管を緊結しておく。

参考図7.5.2-1　排水管の接続（洗面化粧ユニットの例）

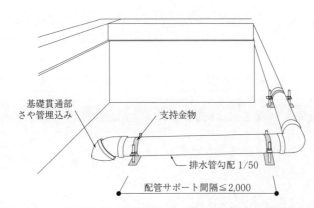

　当該排水管のたわみ、抜けその他変形が生じないように、横引き配管の接合部近傍、その他2m程度以内に配管支持金物を設ける。

参考図7.5.2-2　排水管の接合部及び支持金物の例

点検をするために必要な開口

　「設備機器と専用配管の接合部」とは、水まわり各所（台所、浴室、洗面所、洗濯機置場、便所）に設置する水栓類、排水トラップ、器具給水管等と配管工事により設置される給水管、給湯管または排水管との接合部が該当する。接合部等が隠れてしまう場合には、点検が可能な開口（または掃除口からの清掃のための開口）を設けることとする。

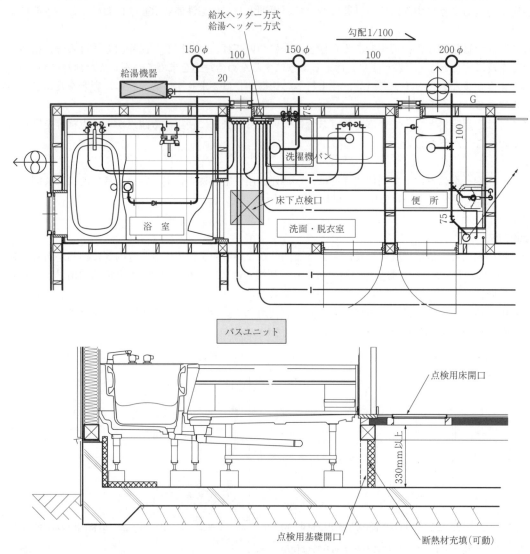

　排水管等の床下接合部点検用として、脱衣室床面に点検用開口を設けるとよい。
　また、バスユニットの排水トラップ内の点検は、一般にはトラップを分解することにより点検可能である。

参考図7.5.2-3　浴室、洗面・脱衣室まわり給排水配管と床下点検口位置の例

7.6 省エネルギー対策

　省エネルギー対策は、Ⅲ-1（省エネルギー性に関する基準（断熱等性能等級5）に係る仕様）　　Ⅲ-1　☞309頁
及びⅢ-2（省エネルギー性に関する基準（一次エネルギー消費量等級6）に係る仕様）によ　　Ⅲ-2　☞329頁
る。

7.7 その他

7.7.1 維持保全の期間

　建築後の住宅の維持保全の期間は、30年以上とする。

7.7.2 維持保全計画

　長期優良住宅建築等計画には、次の事項が定められていること。

　　イ．構造耐力上主要な部分、雨水の浸入を防止する部分及び給水又は排水の設備に
　　　ついて、点検の対象となる部分の仕様に応じた点検の項目及び時期を定める。

ロ．イの点検の時期が、それぞれ住宅の建築の完了又は直近の点検、修繕若しくは改良から10年を超えないものとする。

ハ．点検の結果を踏まえ、必要に応じて、調査、修繕又は改良を行うこと。

ニ．地震時及び台風時に、臨時点検を実施すること。

ホ．住宅の劣化状況に応じて、維持保全の方法について見直しを行うこと。

ヘ．長期優良住宅建築等計画の変更があった場合に、必要に応じて維持保全の方法を変更すること。

7.7.3 まちなみ・景観への配慮

良好な景観の形成その他の地域における居住環境の維持及び向上に配慮するものとする。なお、地区計画、景観計画、条例等によるまちなみ等の計画、建築協定、景観協定等の区域内にある場合は、これらの内容に適合させることとする。

7.7.4 住戸床面積

1. 住戸床面積は、次による。

   イ．一戸建住宅は、床面積の合計を75m²以上とする。ただし、国土交通省令に基づき所管行政庁が55m²を下回らない範囲内で別に面積を定める場合には、その面積以上とする。

   ロ．共同住宅等は、一戸の床面積の合計を40m²以上とする。ただし、国土交通省令に基づき所管行政庁が40m²を下回らない範囲内で別に面積を定める場合には、その面積以上とする。

2. 住戸床面積は、住戸の少なくとも一の階の床面積が、40m²以上（階段部分の面積を除く。）であるものとする。

留意事項

まちなみ・景観への配慮

住宅は、都市やまちなみの重要な構成要素であり、将来にわたってまちなみの一部を形成することから、周囲のまちなみとの調和が重要である。長期優良住宅では、地区計画、景観計画や建築協定等との調和など、まちなみ、まちづくりに配慮することとしている。

各計画や協定、その他条例等に関しては、各市町村により異なる。詳細は各市町村まで確認されたい。

階段部分の面積

住戸床面積算出時の階段部分の面積の算出方法については、以下のとおりとする。

① 階段部分の面積は、水平投影面積とする。壁のある部分は、壁心による面積とする。

② 階段の下を便所、収納等や自由に行き来できる空間など、居住スペースとして利用できる場合は、階段部分の面積の30%を限度に、当該面積を階段部分の面積から除くことができる。

③ エレベーターについては、階段部分とみなし、着床階においては面積に算入しない。

維持保全及び適時の点検の必要性

住宅を長期に使用するためには、建築時において確保する耐久性とともに、住宅を引き渡した後に計画的に点検を行い、適切に補修及び改修等を行うことが重要である。

長い年月が経つと、住宅の各部位や設備は劣化・陳腐化するため、必要に応じて各部位を点検し、補修や交換をすることが求められる。住宅の長期使用のためには、このような点検等を計画的かつ予防保全的に実施することが有効である。住宅の各部位の耐用年数の観点からは、10年経過した段階で点検をする必要がないと想定されるものも含まれているが、偶発的に劣化する場合も含めて、住宅全体を定期的に点検することが必要と考えられる。

特に、雨水の浸入を防止する部分について適切に維持管理することは、長期に躯体を維持していくうえで重要である。

長期優良住宅建築等計画において定める維持保全計画の例を、次に示す。なお、使用する材料、建築物の立地（地域、環境条件）や仕様材料により劣化の速度が異なるので、次に示す点検時期等はあくまで目安として計画に活用されたい。

表7.7.2　維持保全の方法(維持保全計画)の例(一戸建の住宅)

維持保全計画書(30年間)

点検時期(竣工から)　□点検・補修　■定期的手入れ　○取替え検討

点検部位		主な点検項目	3年	5年	6年	7年	10年	12年	14年	15年	18年	20年	21年	24年	25年	27年	30年	臨時	定期的な手入れ等の内容	更新・取替えの時期、内容
構造躯体	基礎 / コンクリート基礎立上り	ひび割れ、欠損、沈下、換気孔のふさがり、さび、蟻道等	□				□			□		□			□		□	★		建て替え時に更新
	土台 / 土台	基礎からのずれ・浮き、断面欠損、腐朽・蟻害等	□	■			□■			□■		□■			□■		□■	★	5年ごとに、対象部分の防腐・防蟻処理	建て替え時に更新
	床組 / 大引き、床束、根太	腐朽・蟻害、傾斜、たわみ、床鳴り、振動等	□	■			□■			□■		□■○			□■		□■		5年ごとに、対象部分の防腐・防蟻処理	20年で全面取替えを検討
	軸組 / 柱、間柱、筋かい、胴差し	傾斜、断面欠損、腐朽・蟻害等				□						□					□	★		建て替え時に更新
	小屋組 / たる木、母屋、むな木、小屋束	雨漏り等の跡、小屋組の接合部の割れ					□					□					□	★		建て替え時に更新
屋根・外壁・開口部等	屋根 / かわらぶき	ずれ、はがれ、浮き、割れ、雨漏り、変形等	□				□					□○					□			20年で全面ふき替えを検討
	外壁 / 窯業系サイディング壁	割れ、欠損、はがれ、腐朽、蟻害、シーリング材の破断等	□■		□■			□■		□■○	□■		□■	□■		□■	□■○	★	7～8年で再塗装	15年で全面取替えを検討
	雨どい / 雨どい	破損、詰まり、はずれ、ひび、軒どいの垂れ下がり	□			□○	□		□○		□		○	□			□			7年で全面取替えを検討
	軒裏 / 軒裏天井	腐朽、雨漏り、はがれ、たわみ、ひび割れ	□		□		□		□			□○		□			□○	★		15年で全面取替えを検討
	開口部 / 屋外に面する開口部	建物周囲のすき間、建具の開閉不良等	□				□					□○					□	★		20年で全面取替えを検討
設備	配管設備 / 給水管	漏水、赤水、給水流水の不足等	□				□					□○		□			□		水漏れは、ただちに補修	20年で全面取替えを検討
	配管設備 / 排水管	漏水、排水の滞留	□				□					□○		□			□		水漏れは、ただちに補修	20年で全面取替えを検討

留意事項等:
1. ★は地震時や台風時の後、当該点検の時期にかかわらず臨時点検を行うものとする。
2. 各点検の結果を踏まえ、必要に応じて、調査、修繕または改良を行うものとする。
3. 各点検において、劣化の状況等に応じて、適宜維持管理の方法について見直すものとする。
4. 長期優良住宅建築等計画に変更があった場合、必要に応じて維持保全の方法の変更を行うものとする。

※「長期優良住宅に係る認定基準技術解説」(監修:国土交通省住宅局住宅生産課・国土交通省国土技術政策総合研究所・独立行政法人建築研究所、発行:一般財団法人ベターリビング・一般社団法人住宅性能評価・表示協会)をもとに、住宅金融支援機構が作成

〔第Ⅴ章〕 フラット35S(ZEH)工事仕様書

1. 省エネルギー性に関する基準(ZEH)に係る仕様

フラット35S（ZEH）の技術基準

　フラット35S（ZEH）をご利用いただく場合は、フラット35の技術基準に加えて、次に掲げる建て方に応じて次表のいずれかの区分の基準及び適用条件を満たす住宅であることが必要です。

■一戸建ての住宅の場合の基準

	区　分	断熱等性能	一次エネルギー消費量（対省エネ基準※1）		適用条件
			再生可能エネルギーを除く※2	再生可能エネルギーを含む※3	
一戸建ての住宅	『ZEH』	強化外皮基準【断熱等性能等級5】相当※4	▲20%以上	▲100%以上	－
	Nearly ZEH			▲75%以上▲100%未満	寒冷地 低日射地域 多雪地域
	ZEH Oriented			（再生可能エネルギーの導入は必要ない）	都市部狭小地※5 多雪地域

※1 省エネ基準とは、建築物のエネルギー消費性能の向上に関する法律（平成27年法律第53号）（通称 建築物省エネ法）第2条第3号に定める建築物エネルギー消費性能基準を表します。
※2 コージェネレーション設備による発電分のうち自家消費分は含めることができます。
※3 発電設備における余剰売電分も含めることができます。
※4 本仕様書のⅢ-1.1.2（適用）の2のイの基準を満たす必要があります。
※5 都市部狭小地の場合であっても、Nearly ZEHの断熱等性能及び一次エネルギー消費量の基準に適合するときは、Nearly ZEHの対象になります。

■一戸建ての住宅以外（共同建て、重ね建てまたは連続建て）の場合の基準

	区　分	断熱等性能	一次エネルギー消費量（対省エネ基準※1）		適用条件（住宅用途の階層数）
		全住戸で以下を達成	共用部を含む住棟全体で以下を達成		
			再生可能エネルギーを除く※2	再生可能エネルギーを含む※3	
一戸建ての住宅以外	『ZEH-M』	強化外皮基準【断熱等性能等級5】相当※4	▲20%以上	▲100%以上	－
	Nearly ZEH-M			▲75%以上▲100%未満	
	ZEH-M Ready			▲50%以上▲75%未満	4層以上
	ZEH-M Oriented			（再生可能エネルギーの導入は必要ない）	6層以上

※1 省エネ基準とは、建築物のエネルギー消費性能の向上に関する法律（平成27年法律第53号）（通称 建築物省エネ法）第2条第3号に定める建築物エネルギー消費性能基準を表します。
※2 コージェネレーション設備による発電分のうち自家消費分は含めることができます。
※3 発電設備における余剰売電分も含めることができます。
※4 本仕様書のⅢ-1.1.2（適用）の2のイの基準を満たす必要があります。

■適用条件

寒冷地	地域区分※1が1または2の地域の住宅
低日射地域	年間の日射地域区分※2がA1またはA2の地域の住宅
多雪地域	建築基準法施行令第86条第1項に規定する垂直積雪量が100cm以上に該当する地域の住宅
都市部狭小地	北側斜線制限の対象となる用途地域等（第一種及び第二種低層住居専用地域、第一種及び第二種中高層住居専用地域並びに地方自治体の条例において北側斜線制限が定められている地域）であって、敷地面積が85m²未満の土地にある住宅（住宅が平屋建ての場合を除く。）
住宅用途の階層数	住宅用途部分が床面積の半分以上を占める階層の数（地階を含む。）

※1 付録9に定める地域区分
※2 一次エネルギー消費量の計算において用いられる、水平面全天日射量の年間積算値を指標として日本全国を日射の少ない地域から多い地域まで5地域に分類した地域区分

注）以下のいずれかに該当する場合は、フラット35S及びフラット35維持保全型を利用できません。
・住宅の全部または一部が土砂災害特別警戒区域（通称：レッドゾーン）内に含まれる場合
・都市再生特別措置法（平成14年法律第22号）第88条第1項に基づく届出を行った場合において、同条第5項に基づく市町村長による公表の措置を受けたとき

フラット35S工事仕様書の使い方

(1)〔第Ⅱ章〕工事仕様書のフラット35の基準事項に加え、「1. 省エネルギー性に関する基準（ZEH）に係る仕様」によってください。

(2) 本文のアンダーライン「＿＿＿」の部分は、基準に係る項目ですので、訂正するとフラット35Sが利用できない場合があります。
　　なお、アンダーライン「＿＿＿」以外の仕様については、ご自分の工事内容に合わせて当該仕様部分を適宜添削するなどしてご使用ください。

1.省エネルギー性に関する基準(ZEH)に係る仕様

1.1 一般事項

1.1.1 総則

1. フラット35Sにおける省エネルギー性に関する基準(ZEH)に適合する住宅の仕様は、この項による。
2. 本項におけるアンダーライン「＿＿＿」の付された項目事項は、フラット35Sにおける省エネルギー性に関する基準(ZEH)に係る仕様であるため、当該部分の仕様以外とする場合は、住宅金融支援機構の認めたものとする。

1.1.2 適用

1. 本項の適用となる住宅は、一戸建ての住宅の場合は次による。
    イ. ☐『ZEH』とする場合は、以下の(イ)から(ニ)のすべてを満たすものとする。
    　(イ) 外皮平均熱貫流率及び平均日射熱取得率が巻末付録9(地域の区分一覧表)の地域の区分に応じて、次表に定める数値以下であること。　　付録9 ☞438頁

	地　域　の　区　分							
	1	2	3	4	5	6	7	8
外皮平均熱貫流率 (W/(m²·K))	0.4	0.4	0.5	0.6	0.6	0.6	0.6	—
平均日射熱取得率	—	—	—	—	3.0	2.8	2.7	6.7

    　(ロ) 再生可能エネルギー等を除き、巻末付録9(地域の区分一覧表)の地域の区分及び床面積等に応じて算定した対象住宅の基準一次エネルギー消費量から20%以上の一次エネルギー消費量が削減されることを「住宅に関する省エネルギー基準に準拠したプログラム(https://house.app.lowenergy.jp/)」等を用いて確認したものであること。　　付録9 ☞438頁
    　(ハ) 再生可能エネルギーを導入した住宅であること。
    　(ニ) 再生可能エネルギー等を加えて、巻末付録9(地域の区分一覧表)の地域の区分及び床面積等に応じて算定した対象住宅の基準一次エネルギー消費量から100%以上の一次エネルギー消費量が削減されることを「住宅に関する省エネルギー基準に準拠したプログラム(https://house.app.lowenergy.jp/)」等を用いて確認したものであること。　　付録9 ☞438頁
    ロ. ☐Nearly ZEHとする場合は、以下の(イ)及び(ロ)のすべてを満たすものとする。
    　(イ) イの(イ)から(ハ)のすべてを満たすこと。
    　(ロ) 再生可能エネルギー等を加えて、巻末付録9(地域の区分一覧表)の地域の区分及び床面積等に応じて算定した対象住宅の基準一次エネルギー消費量から75%以上100%未満の一次エネルギー消費量が削減されることを「住宅に関する省エネルギー基準に準拠したプログラム(https://house.app.lowenergy.jp/)」等を用いて確認したものであること。　　付録9 ☞438頁
    ハ. ☐ZEH Orientedとする場合は、イの(イ)及び(ロ)を満たしたものであること。
2. 本項の適用となる住宅は、一戸建て以外の住宅の場合は次による。
    イ. ☐『ZEH-M』とする場合は、以下の(イ)から(ニ)のすべてを満たすものとする。
    　(イ) すべての住戸について、外皮平均熱貫流率及び平均日射熱取得率が巻末付録9(地域の区分一覧表)の地域の区分に応じて、次表に定める数値以下であること。　　付録9 ☞438頁

	地　域　の　区　分							
	1	2	3	4	5	6	7	8
外皮平均熱貫流率 (W/(m²·K))	0.4	0.4	0.5	0.6	0.6	0.6	0.6	—
平均日射熱取得率	—	—	—	—	3.0	2.8	2.7	6.7

（ロ）再生可能エネルギー等を除き、共用部を含む当該住棟全体で、巻末付録9（地域の区分一覧表）の地域の区分及び床面積等に応じて算定した対象住宅の基準一次エネルギー消費量から20%以上の一次エネルギー消費量が削減されることを「住宅に関する省エネルギー基準に準拠したプログラム（https://house.app.lowenergy.jp/）」等を用いて確認したものであること。 　付録9　☞438頁

（ハ）再生可能エネルギーを導入した住宅であること。

（ニ）再生可能エネルギー等を加えて、共用部を含む当該住棟全体で、巻末付録9（地域の区分一覧表）の地域の区分及び床面積等に応じて算定した対象住宅の基準一次エネルギー消費量から100%以上の一次エネルギー消費量が削減されることを「住宅に関する省エネルギー基準に準拠したプログラム（https://house.app.lowenergy.jp/）」等を用いて確認したものであること。 　付録9　☞438頁

ロ．☐ Nearly ZEH-Mとする場合は（イ）及び（ロ）のすべてを満たすものとする。

（イ）イの（イ）から（ハ）のすべてを満たすこと。

（ロ）再生可能エネルギー等を加えて、共用部を含む当該住棟全体で、巻末付録9（地域の区分一覧表）の地域の区分及び床面積等に応じて算定した対象住宅の基準一次エネルギー消費量から75%以上100%未満の一次エネルギー消費量が削減されることを「住宅に関する省エネルギー基準に準拠したプログラム（https://house.app.lowenergy.jp/）」等を用いて確認したものであること。 　付録9　☞438頁

3．1又は2を満たす仕様は、特記による。

4．住宅の壁量、柱の小径、床組等、接合部、横架材及び基礎について、住宅の安全性が確保できるものとし、その仕様は特記による。

用語

ZEH（ネット・ゼロ・エネルギー・ハウス）

　外皮の断熱性能等を大幅に向上させるとともに、高効率な設備システムの導入により、室内環境の質を維持しつつ大幅な省エネルギーを実現したうえで、再生可能エネルギー等を導入することにより、年間の一次エネルギー消費量の収支がゼロとすることを目指した住宅をいう。

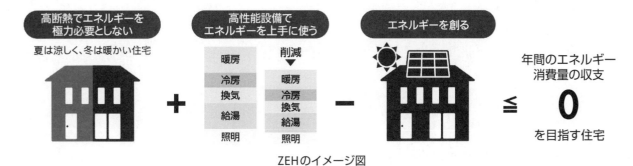

ZEHのイメージ図

BELS評価書

　BELS[1] 評価（建築物省エネルギー性能表示制度）は、建築物のエネルギー消費性能の向上に関する法律（建築物省エネ法）第7条に基づく「建築物のエネルギー消費性能の表示に関する指針（ガイドライン）」ならびに一般社団法人住宅性能評価・表示協会が定めた「BELS評価業務実施指針」及び「BELS評価業務方法書」に基づき、建築物の省エネルギー性能を評価するものである。

　フラット35S（ZEH）を利用する場合は、原則として、竣工現場検査・適合証明申請時までに、BELS評価書を提出する[2][3]。

1）BELS（ベルス）とは、Building-Housing Energy-efficiency Labeling Systemの略称。
2）ZEH OrientedまたはZEH-M Orientedを利用する場合で、かつ、BELS評価書を提出しない場合は、設計内容説明書、計算書等を提出し、設計検査を受ける必要がある。共同建てにおいては、各住戸及び共用部分に係る設計内容説明書、一次エネルギー消費量計算プログラムの帳票等が必要となる。
3）BELS評価書の提出後に、評価内容に影響する設計変更が生じた場合、当該書類の再提出が必要となる。

BELS評価書の例

付　録

1. 保険への加入義務又は保証金の供託義務

　平成19年に制定された「特定住宅瑕疵責任の履行の確保等に関する法律（住宅瑕疵担保履行法）」により、新築住宅（工事完了から1年以内の住宅で、人が住んだことのないもの）の請負人である建設業者及び売主である宅建業者（以下「売主等」という。）に、「保険への加入」または「保証金の供託」による瑕疵担保責任の履行のための資力確保措置が義務付けられている。

「保険への加入」について

　新築住宅の売主等が、国土交通大臣の指定する保険法人との間で保険解約を締結し、瑕疵が判明した場合、その補修費用等が保険金によりてん補される制度である。保険への加入は所定の条件を満たす必要がある。売主等が倒産していて補修が行えない場合等は、発注者や買主は、保険法人に直接保険金を請求することができる。

「保証金の供託」について

　引き渡した新築住宅に瑕疵が判明した場合、売主等が自ら補修するのが原則であるが、倒産などにより補修が困難になった場合に備えて、現金や有価証券等を法務局等の供託所に預け置く制度である。

　供託された保証金は、一定の条件を満たした時に、新築住宅の発注者や売主からの請求により必要な金額が還付される。

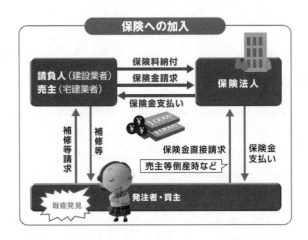

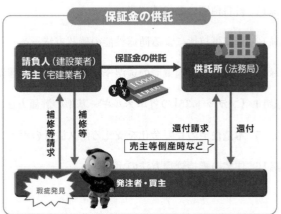

2. 対象となる瑕疵担保責任の範囲

　住宅瑕疵担保履行法では、構造耐力上主要な部分及び雨水の浸入を防止する部分に関する10年間の瑕疵担保責任を対象としている。

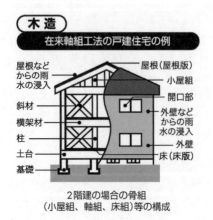

3. 義務付けの対象となる事業者

売主等に資力確保措置が義務付けられるのは、所有者となる発注者または売主（宅建業者を除く）に新築住宅を引き渡す場合である。代表的なケースは、次のとおり。

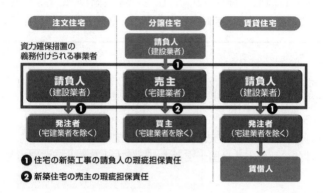

4. 保険契約の締結状況及び保証金の供託の届出義務

建設業者は許可を受けた国土交通大臣または都道府県知事に、宅建業者は免許を受けた国土交通大臣または都道府県知事に対して、年2回の基準日（3月31日と9月30日）における保険契約の締結及び保証金の供託状況を届け出なければならない。

この届出を行わない場合、基準日から50日目以降、新築住宅の請負契約や売買契約を新たに締結することはできなくなる。

5. 施行日と引渡しの時期

法律のうち、保険法人の指定及び紛争処理に関する規定は平成20年4月1日から、資力確保措置の義務付けに関する規定は平成21年10月1日から、それぞれ施行されている。

新築住宅の売主等は、平成21年10月1日以後は、各基準日（毎年3月31日と9月30日）において、その基準日前10年間に引き渡した新築住宅の戸数に応じて資力確保措置を講じておく必要がある。

なお、経過措置として、平成21年10月1日の施行日から10年を経過するまでの間は、施行日から各基準日までの間に引き渡した新築住宅の戸数に応じて資力確保措置を講じておけばよいとされている。

6. 保険申込みの時期

保険加入には、基礎や躯体などの工事中に保険法人の検査を受ける必要があるため、着工前に申し込む必要がある。引渡しが平成21年10月1日以降の住宅は、あらかじめ保険を申し込んでおくことが必要である。また、工期の延長や売れ残りにより、引渡し時期がずれ込む可能性も考慮しておくことをおすすめしている。

7. 保険契約を締結した住宅の紛争処理

住宅瑕疵担保責任保険が付された住宅において、請負人・売主と、発注者・買主との間で紛争が生じた場合、指定住宅紛争処理機関（弁護士会）による紛争処理手続き（あっせん、調停または仲裁）を利用することができる。

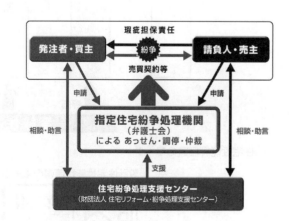

住宅性能表示制度は、平成12年4月1日に施行された「住宅の品質確保の促進等に関する法律」に基づき、同年10月から本格的に運用が開始された制度である。本制度の主なポイントは、次のとおりである。

1. 任意の制度

　共通ルールに基づいて性能を表示するかどうか、第三者機関に評価を依頼するかどうかについては、住宅を取得しようとする者、住宅生産者、販売者などの任意の選択に委ねられる。

2. 2つの共通ルールが定められる

　性能を表示するための共通ルールは、国土交通大臣が日本住宅性能表示基準として定め（平成13年国土交通省告示第1346号）、また、性能の評価方法は国土交通省が評価方法基準として定めている（平成13年国土交通省告示第1347号）。

3. 第三者機関の評価

　客観的な評価を実施する第三者機関が「登録住宅性能評価機関」として国土交通大臣から登録されており、登録機関は、申請に基づき、評価方法基準に従って住宅の性能評価を行い、その結果を住宅性能評価書として交付する。

4. 住宅性能評価書の請負契約書への活用

　住宅性能評価書やその写しを、新築住宅の請負契約書や売買契約書に添付すると、住宅性能評価書の記載内容を契約したものとみなされる。

5. 迅速な紛争処理

　建設住宅性能評価書（施工段階と完成段階の検査を経た評価結果をまとめたもの）が交付された住宅については、裁判によらず住宅の紛争を円滑・迅速に処理するための機関として、国土交通大臣が指定する指定住宅紛争処理機関に紛争処理を申請することができる。

上記2の「日本住宅性能表示基準」で取り上げられている性能表示事項は、次の10の分野に区分される。

①構造の安定	④維持管理・更新への配慮	⑦光・視環境	⑩防犯
②火災時の安全	⑤温熱環境	⑧音環境	
③劣化の軽減	⑥空気環境	⑨高齢者等への配慮	

○住宅性能表示制度による性能評価の流れ

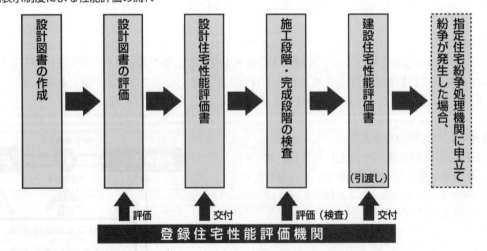

○住宅性能評価書のマーク

設計住宅性能評価書のマーク

建設住宅性能評価書のマーク

　以下は、平成7年の阪神・淡路大震災における木造住宅等の被害状況を調査した「木造住宅等震災調査委員会」の指摘事項などを中心に、在来軸組工法による一戸建の木造住宅を設計する際の耐震上の主な留意点をまとめたものである。

　平成28年熊本地震においても、機構が融資住宅の被害状況を調査したところ、半壊以上となった住宅では、南面に大きな開口部があり耐力壁が少ない事例や、木部の蟻害が確認された事例が報告されている。

　以下に記載しているポイントを参照し、地震時の被害をできるだけ小さくする計画とすることが望まれる。

ポイント1　壁量を十分に確保する
・建築基準法施行令第46条の必要壁量を満足すること。
・土ぶきの屋根や土塗り壁など、屋根や壁が特に重い場合は、必要壁量を割り増すことが望ましい。
・2階のバルコニーが重い場合には、バルコニー面積の1/2程度を床面積に算入して、必要壁量を算出するほうが望ましい。
・雪の多い地域は、積雪荷重を見込んで、壁量を割り増すことが望ましい。

ポイント2　壁をバランス良く配置する（図1参照）
・四分割法（平成12年建設省告示第1352号）により、壁配置を確認する。
・隅角部には、L字形に耐力壁を配置することが望ましい。
・大きな凹凸のあるプランの場合、各矩形ごとに上記の壁配置ルールを満足させることが望ましい。

ポイント3　上下階の力の伝達が明快な軸組とする（図2・3参照）
・上下階の柱・耐力壁の位置は、できるだけ一致させる。
・2階のすみ柱は、できるだけ1階の柱の直上に設ける。
・部分2階の2階外壁面直下には、できるだけ耐力壁線を設ける。
・下屋やオーバーハングの水平構面を固める工夫を行う。
・屋根面から2階耐力壁に力が伝達するように、小屋筋かいなどを設ける。

ポイント4　水平構面を固める（図4・5参照）
・大きな空間はできるだけ避け、耐力壁線相互の間隔はできるだけ小さくする。
・床面や屋根面は、構造用合板などでできるだけ剛に固める。
・耐力壁の内側、火打材の近く、吹抜け周囲には、横架材に継手を設けないようにする。
・凹凸の多い屋根や外壁はできるだけ避け、水平構面を連続させる。
・大きな吹抜けや外周三面に接する吹抜けは、できるだけ避ける。設ける場合には、吹抜け空間の周辺を耐力壁で囲むようにする。

ポイント5　接合部の緊結を十分に行う（図6・7参照）
・筋かい端部接合部は、平成12年建設省告示第1460号を満足すること。
・柱頭・柱脚接合部は、平成12年建設省告示第1460号を満足すること。
・すみ柱の柱脚部等の大きな引抜き力が加わるところの引寄せ金物は、基礎までしっかり緊結する。
・1階耐力壁の両端20cm以内に、アンカーボルトを設ける。
・柱と胴差しの接合部や床ばりなどの横架材相互の接合部は、羽子板ボルト等でしっかり緊結する。

ポイント6　基礎を丈夫にする
・基礎の構造は、平成12年建設省告示第1347号に従って、鉄筋コンクリート造の布基礎、またはべた基礎とする。
・基礎の断面寸法、配筋は、平成12年建設省告示第1347号を満足するものとし、シングル配筋またはダブル配筋とする。
・布基礎の底盤幅は、平成12年建設省告示第1347号に従って、地耐力の小さい地盤ほど大きくする。
・耐力壁線直下には、布基礎、または基礎立上りを設ける。
・布基礎の配置は、連続した長方形とし、半島型等の分断された形状は避ける。

ポイント7 木部の腐朽を避け、耐久性を高める措置を施す

・床下の換気を十分に行い、床下地盤面には防湿措置を施すことが望ましい。
・土台には、耐久性の高い樹種を用いるか、防腐・防蟻処理材を使用する。
・基礎を高くするなどして、土台等の木部に雨水がかかりにくいように工夫する。
・軒の出、けらばの出を確保するとともに、屋根と外壁との取合い部からの雨水の浸入防止措置を行う。
・壁体内に浸入した雨水や湿気を排出するよう、外壁には通気層を設ける。
・外壁の入隅部、開口部まわり、及びバルコニーの付け根などの防水措置を十分に行う。
・結露しやすい箇所は、通気できるようにし、軒天井や小屋裏には換気孔を設ける。

ポイント8 家具の転倒を防ぐ（図8参照）

・固定のための金具は、L型金物と木ねじを用いる。
・固定のための金具の受け材は、壁下地の柱、間柱、胴縁等とする。
・家具の幅や置きたい場所によって、受け材の位置がうまく合わない場合は、横木を設けて固定する。

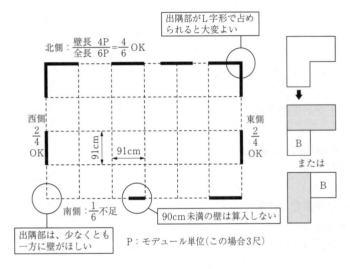

バランス良く壁を配置するための目安として、外周壁は四面とも1/4以上を耐力壁とすることが望ましい。
また、不整形な平面の場合は、左図のように長方形ゾーンに分割して、同様の検討を行うことが望ましい。

図1　バランスの良い壁配置の目安

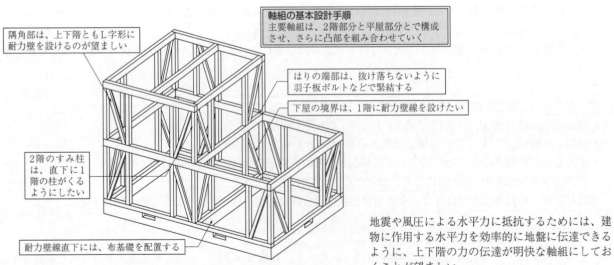

地震や風圧による水平力に抵抗するためには、建物に作用する水平力を効率的に地盤に伝達できるように、上下階の力の伝達が明快な軸組にしておくことが望ましい。

図2　上下階の力の伝達が明快な軸組

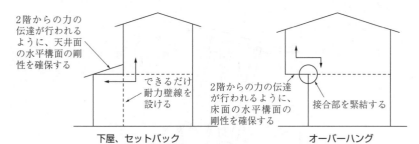

2階からの力の伝達が行われるように、天井面の水平構面の剛性を確保する

できるだけ耐力壁線を設ける

2階からの力の伝達が行われるように、床面の水平構面の剛性を確保する

接合部を緊結する

下屋、セットバック　　　　　オーバーハング

耐力壁がずれるときは、面剛性をはかる

下屋・セットバックやオーバーハングがある場合は、当該部分の水平構面の剛性を確保するようにしたい。
特に、下屋の境界には、できるだけ耐力壁線を設けることが望ましい。

図3　下屋・オーバーハングの水平構面

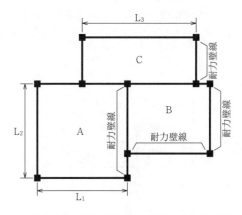

図4　耐力壁線相互の間隔と囲まれる面積の目安

耐力壁線相互の間隔や耐力壁線で囲まれる空間の面積は、間取り計画との兼ね合いも考慮しながら、あまり大きくなり過ぎないように配慮することが望ましい。
目安として、床を構造用合板で施工することを前提にした場合、耐力壁線相互の間隔（左図L_1、L_2、L_3）については8m程度以下、耐力壁線で囲まれる面積（左図A、B、C）については40m²程度以下となるようにしたい。

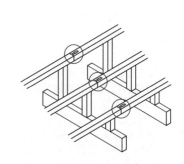
① 継手位置をそろえる

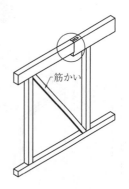
② 筋かいの近傍で継ぐ

（A）適切に金物で補強すれば採用できる継手の例

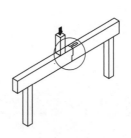
① 曲げを受けるはり中央部

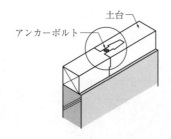
② アンカーボルト取付け部

③ 火打ちばり仕口部

（B）避けたい継手位置の例

図5　できれば避けたい継手の例

図6　転倒しやすい建物のすみ柱

間口に比べて背の高いプロポーションの建物は、水平力を受けた場合に転倒しやすい傾向にあるため、特にすみ柱と土台を十分に緊結しておくことが望ましい。

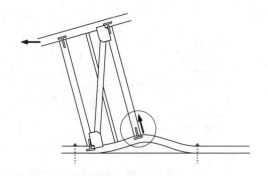

図7　1階耐力壁まわりのアンカーボルト

端部をしっかり緊結した耐力壁の両端の近傍には、土台が浮き上がらないようにアンカーボルトを埋設し、基礎と土台を緊結しておくことが望ましい。

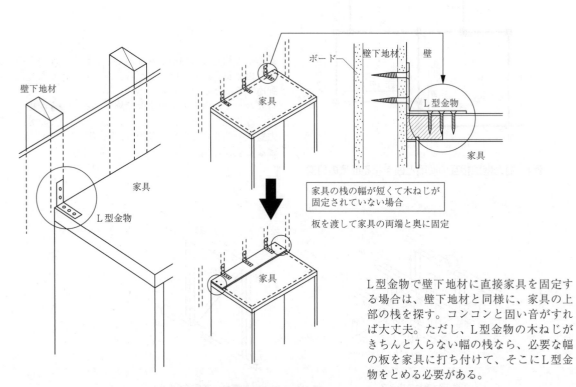

家具の桟の幅が短くて木ねじが固定されていない場合

板を渡して家具の両端と奥に固定

L型金物で壁下地材に直接家具を固定する場合は、壁下地材と同様に、家具の上部の桟を探す。コンコンと固い音がすれば大丈夫。ただし、L型金物の木ねじがきちんと入らない幅の桟なら、必要な幅の板を家具に打ち付けて、そこにL型金物をとめる必要がある。

図8　家具の固定方法の例

筋かいを入れた壁や構造用合板等を打ち付けた壁は、耐力壁として機能し、地震力及び風圧力によって建物に生じる水平力に抵抗する役割を担っている。建築基準法施行令第46条第4項においては、張り間方向及びけた行方向のそれぞれについて、地震力及び風圧力に抵抗するために必要な耐力壁の量を規定している。

■壁量計算の手順

ステップ1　見付け面積の計算（各階、各方向ごとに算出）

　風圧力に対する必要壁量を算出するため、各階ごとに、張り間方向、けた行方向のそれぞれについて、見付け面積を求める。面積の求め方は、あくまでも垂直投影面積であることに注意する必要がある。また、単純にその垂直投影面積を求めるのではなく、各階の床面の高さから1.35m以下の部分を除いた面積を求める。

ステップ2　必要壁量の計算（地震力：各階ごとに算出、風圧力：各階、各方向ごとに算出）

　地震力に対する必要壁量及び風圧力に対する必要壁量をそれぞれ求める。

① 地震力に対する必要壁量（各階ごとに算出）

　屋根の重さ、階数、各階の床面積から、次式により各階の必要壁量を算出する。地震力は風圧力と異なり、張り間方向、けた行方向の区別はないので、各階ごとに必要壁量を求める。

　　　　必要壁量＝床面積×地震力に対する床面積当たりの必要壁量

表1　地震力に対する床面積当たりの必要壁量

屋 根 の 種 類	床面積当たりの必要壁量（単位：m/m²）		
	平　屋	2 階 建	
		1階	2階
軽い屋根（金属板、スレートぶきなど）	0.11	0.29	0.15
重い屋根（土蔵造、かわらぶきなど）	0.15	0.33	0.21

② 風圧力に対する必要壁量（各階、各方向ごとに算出）

　区域、建物立面の見付け面積から、次式により必要壁量を算出する。風圧力は、張り間方向、けた行方向によって異なるため、各階ごとに、張り間方向、けた行方向のそれぞれについて必要壁量を求める。

　　　　必要壁量＝見付け面積×風圧力に対する見付け面積当たりの必要壁量

表2　風圧力に対する見付け面積当たりの必要壁量

区 　　　 域	見付け面積当たりの必要壁量（単位：m/m²）
特定行政庁が特に強い風が吹くとして定めた区域	0.5〜0.75の間で特定行政庁が定めた値
その他の区域	0.5

ステップ3　必要壁量の確認（各階、各方向ごとに算出）

　ステップ2で求めた地震力に対する必要壁量と風圧力に対する必要壁量を比較し、大きいほうを必要壁量として採用する。

　　　　必要壁量＝（地震力に対する必要壁量と風圧力に対する必要壁量）の大きいほう

ステップ4　存在壁量の計算（各階、各方向ごとに算出）

　耐力壁の長さ、壁倍率から、次式により各階ごとに、張り間方向、けた行方向のそれぞれについて存在壁量を求める。

　　　　存在壁量＝耐力壁の長さ×壁倍率

判定（各階、各方向ごとに算出）

　各階ごとに、張り間方向、けた行方向のそれぞれについて、存在壁量と必要壁量を比較し、すべて存在壁量≧必要壁量となっているか確認する。いずれか1つでも、存在壁量＜必要壁量となっている場合は、不適となる。

　不適となった場合は、耐力壁の長さや壁倍率などを含めて、設計を見直す必要がある。

■壁量計算の計算例

> ### モデルプラン概要
> ・床面積は、各階とも66.24m²
> ・総2階建の在来木造住宅
> ・耐力壁の種類は、壁倍率1.5と2の2種類
> ・屋根ふき材は、かわら（重い屋根）
> ・特定行政庁が、特に強い風が吹くとして定めた区域以外の区域

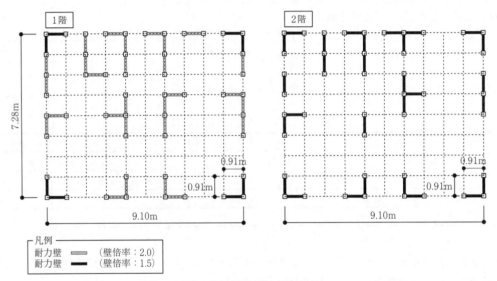

図1　平面形と耐力壁の位置

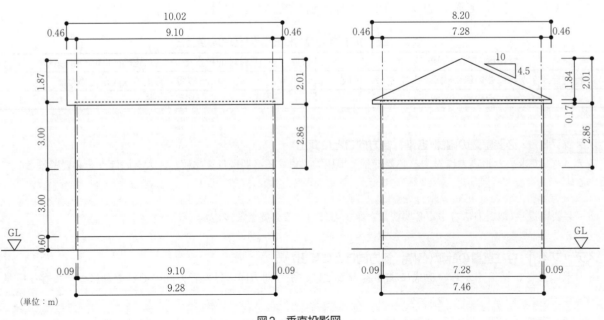

図2　垂直投影図

ステップ1 見付け面積の計算（各階、各方向ごとに算出）

　風圧力に対する必要壁量を算出するため、各階ごとに、張り間方向、けた行方向のそれぞれについて、見付け面積を求める。面積の求め方は、あくまでも垂直投影面積（建物の外郭線で囲まれた面積）であることに注意する必要がある。また、単純にその垂直投影面積を求めるのではなく、各階の床面の高さから1.35m以下の部分を除いた面積を求める（小数点以下第3位切り上げ）。

・張り間方向の見付け面積

2階風圧力算定用：$\{(2.86\text{m} - 1.35\text{m}) \times 9.28\text{m}\} + \{2.01\text{m} \times 10.02\text{m}\} ≒ 34.16\text{m}^2$

（2階見付け高　除く高さ　けた行長さ　屋根部分の高さ　屋根底辺の長さ）

1階風圧力算定用：$\{(3.00\text{m} - 1.35\text{m} + 2.86\text{m}) \times 9.28\text{m}\} + \{2.01\text{m} \times 10.02\text{m}\} ≒ 62.00\text{m}^2$

（1階階高　除く高さ　2階見付け高　けた行長さ　屋根部分の高さ　屋根底辺の長さ）

・けた行方向の見付け面積

2階風圧力算定用：$\{(2.86\text{m} - 1.35\text{m}) \times 7.46\text{m}\} + \{(0.17\text{m} \times 8.20\text{m}) + (1.84\text{m} \times 8.20\text{m} \times 1/2)\} ≒ 20.21\text{m}^2$

（2階見付け高　除く高さ　張り間長さ　屋根垂直部高さ　屋根底辺の長さ　屋根勾配部高さ　屋根底辺の長さ）

1階風圧力算定用：$\{(3.00\text{m} - 1.35\text{m} + 2.86\text{m}) \times 7.46\text{m}\} + \{(0.17\text{m} \times 8.20\text{m}) + (1.84\text{m} \times 8.20\text{m} \times 1/2)\}$
$≒ 42.59\text{m}^2$

（1階階高　除く高さ　2階見付け高　張り間長さ　屋根垂直部高さ　屋根底辺の長さ　屋根勾配部高さ　屋根底辺の長さ）

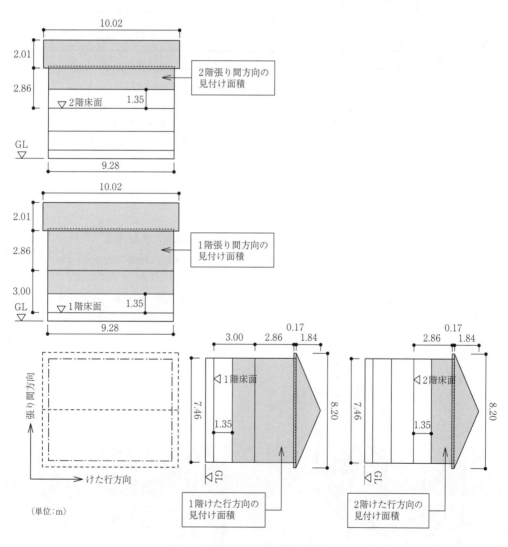

図3　各階、各方向の垂直投影図

必要壁量の計算（地震力：各階ごとに算出、風圧力：各階、各方向ごとに算出）

地震力に対する必要壁量及び、風圧力に対する必要壁量をそれぞれ求める（小数点以下第3位切り上げ）。

①地震力に対する必要壁量の計算（各階ごとに算出）

屋根の重さ、階数、各階の床面積から、次式により各階の必要壁量を算出する。地震力は風圧力と異なり、張り間方向、けた行方向の区別はないので、各階ごとに必要壁量を求める。

モデルプランの場合、屋根ふき材がかわらなので重い屋根となり、1階の床面積当たりの必要壁量は0.33 m/m²、2階は0.21m/m²となる。

必要壁量＝床面積×地震力に対する床面積当たりの必要壁量

2階：<u>66.24m²</u> × <u>0.21m/m²</u> ≒ 13.92m
   2階床面積　表3で選択した係数

1階：<u>66.24m²</u> × <u>0.33m/m²</u> ≒ 21.86m
   1階床面積　表3で選択した係数

表3　地震力に対する床面積当たりの必要壁量

屋 根 の 種 類	床面積当たりの必要壁量（単位：m/m²）		
	平 屋	2階建	
		1階	2階
軽い屋根（金属板、スレートぶきなど）	0.11	0.29	0.15
重い屋根（土蔵造、かわらぶきなど）	0.15	0.33	0.21

②風圧力に対する必要壁量の計算（各階、各方向ごとに算出）

区域、建物立面の見付け面積から、次式により必要壁量を算出する。風圧力は、張り間方向、けた行方向によって異なるため、各階ごとに、張り間方向、けた行方向のそれぞれについて必要壁量を求める。

モデルプランの場合、特定行政庁が特に強い風が吹くとして定めた区域以外の区域であることから、見付け面積当たりの必要壁量は0.5 m/m²となる。

必要壁量＝見付け面積×風圧力に対する見付け面積当たりの必要壁量

・張り間方向の必要壁量

2階：<u>34.16m²</u> × <u>0.5m/m²</u> ≒ 17.08 m
 2階見付け面積　表4で選択した係数

1階：<u>62.00m²</u> × <u>0.5m/m²</u> ≒ 31.00 m
 1階見付け面積　表4で選択した係数

・けた行方向の必要壁量

2階：<u>20.21m²</u> × <u>0.5m/m²</u> ≒ 10.11 m
 2階見付け面積　表4で選択した係数

1階：<u>42.59m²</u> × <u>0.5m/m²</u> ≒ 21.30 m
 1階見付け面積　表4で選択した係数

張り間方向の見付け面積

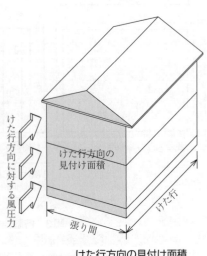

けた行方向の見付け面積

図4　張り間方向とけた行方向の見付け面積

表4　風圧力に対する見付け面積当たりの必要壁量

区　　域	見付け面積当たりの必要壁量（単位：m/m²）
特定行政庁が特に強い風が吹くとして定めた区域	0.5〜0.75の間で特定行政庁が定めた値
その他の区域	0.5

ステップ3　必要壁量の確認（各階、各方向ごとに算出）

　各階ごとに、張り間方向、けた行方向のそれぞれについて、地震力に対する必要壁量と風圧力に対する必要壁量のどちらか大きいほうを、この建物の必要壁量として採用する。

　モデルプランの場合、張り間方向は、風圧力に対する必要壁量を採用する。また、けた行方向は、地震力に対する必要壁量を採用する。

表5　必要壁量の確認

方　　向	階	必要壁量（m）		
		風圧力	記　号	地震力
張り間方向	2階	17.08	>	13.92
	1階	31.00	>	21.86
けた行方向	2階	10.11	<	13.92
	1階	21.30	<	21.86

ステップ4　存在壁量の計算（各階、各方向ごとに算出）

　耐力壁の長さ、壁倍率から、次式により各階ごとに、張り間方向、けた行方向のそれぞれについて存在壁量を求める。

　　　存在壁量＝耐力壁の長さ×壁倍率

・張り間方向の必要壁量

　2階の耐力壁は、壁倍率1.5が18枚、1階の耐力壁は、壁倍率2が18枚、壁倍率1.5が4枚

　　　耐力壁1枚の長さ　　　　壁倍率
　2階：0.91m × 18枚 × 1.5 = 24.57m

　　　耐力壁1枚の長さ　　　　壁倍率　耐力壁1枚の長さ　　　　壁倍率
　1階：0.91m × 18枚 × 2.0 + 0.91m × 4枚 × 1.5 = 38.22m

・けた行方向の存在壁量

　2階の耐力壁は、壁倍率1.5が11枚、1階の耐力壁は、壁倍率2が10枚、壁倍率1.5が4枚

　　　耐力壁1枚の長さ　　　　壁倍率
　2階：0.91m × 11枚 × 1.5 = 15.015m

　　　耐力壁1枚の長さ　　　　壁倍率　耐力壁1枚の長さ　　　　壁倍率
　1階：0.91m × 10枚 × 2.0 + 0.91m × 4枚 × 1.5 = 23.66 m

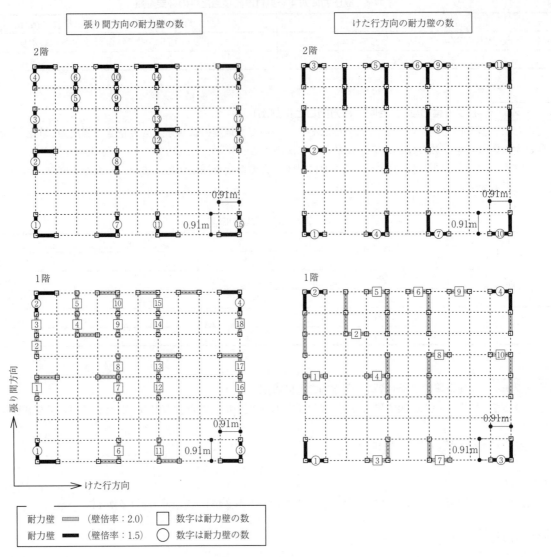

張り間方向の耐力壁の数　　　　けた行方向の耐力壁の数

耐力壁 ▭▭ （壁倍率：2.0）　☐ 数字は耐力壁の数
耐力壁 ▬▬ （壁倍率：1.5）　◯ 数字は耐力壁の数

図5　各階、各方向の耐力壁の数

ステップ5　判定

　存在壁量が、最も大きな必要壁量を上回っているかどうか、各階ごとに、張り間方向、けた行方向のそれぞれについて確認する。モデルプランの場合、すべての各階、各方向で必要壁量よりも存在壁量が大きいことが判明したので、この建物の耐力壁の量は、建築基準法の壁量規定を満たしていることになる。

　　　　存在壁量≧必要壁量

表6　判定結果

方　　向	階	存在壁量(m)	記　号	必要壁量(m)	判　定
張り間方向	2階	24.57	>	17.08	OK
	1階	38.22	>	31.00	
けた行方向	2階	15.015	>	13.92	OK
	1階	23.66	>	21.86	

ここで、存在壁量が必要壁量を満たさないという結果が出たら、耐力壁の長さや壁倍率などを含めて設計を見直す必要がある。

| 付録5 | 軸組のつり合いのよい配置について（平成12年建設省告示第1352号に基づく軸組の配置基準の解説） |

耐力壁の量が、住宅全体で必要となる壁量を満たしていても、その配置が「つり合いよく」配置されず、ある方向に偏っていると、地震力等の水平力が作用した際に、構造的なねじれが生じ、建物が大きく変形したり倒壊する危険性が高くなる。

従来から建築基準法施行令第46条においては、「各階の張り間方向及びけた行方向に、それぞれ壁を設け又は筋かいを入れた軸組を釣合いよく配置しなければならない。」と規定されているが、阪神・淡路大震災においては、軸組（耐力壁）が極端に偏っていたために倒壊してしまった事例が見られ、軸組を 「つり合いよく」 配置することの重要性が再認識された。

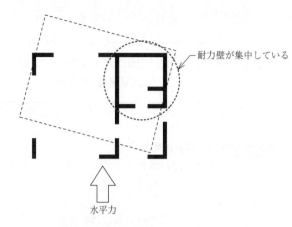

耐力壁が集中している

水平力

図1　建物のねじれ

平成12年6月1日施行の改正建築基準法においては、新たに軸組（耐力壁）をつり合いよく配置させることを目的とした基準（平成12年建設省告示第1352号「木造建築物の軸組の設置の基準を定める件」）が規定された。これが四分割法である。

これにより、軸組（耐力壁）の配置については、従来からの住宅全体の総量規定に適合することに加え、原則として＊、本告示に定める具体的な軸組の配置基準に適合することが必要となる。

＊別途、偏心率が0.3以下であることを確認した場合は、配置基準に従う必要はない。

■四分割法の計算手順

ステップ1　平面の四分割

各階ごとに、張り間方向、けた行方向のそれぞれに対して、平面を四分割し、それぞれ両端から1/4の部分（側端部分）の床面積を算定する。

ステップ2　側端部分の必要壁量の算出（各階、各方向ごとに算出）

各階ごとに、張り間方向、けた行方向のそれぞれについて、側端部分の床面積に対する必要壁量を、次式により求める。

側端部分の床面積に乗じる係数は、「地震力に対する床面積当たりの必要壁量」である。

側端部分の必要壁量＝側端部分の床面積×地震力に対する床面積当たりの必要壁量＊

＊床面積に乗じる数値の選択にあたっては、住宅全体の階数にかかわらず、側端部分ごとに独立して扱う。

表1　地震力に対する床面積当たりの必要壁量

屋 根 の 種 類	床面積当たりの必要壁量（単位：m/m²）		
	平 屋	2 階 建	
		1階	2階
軽い屋根（金属板、スレートぶきなど）	0.11	0.29	0.15
重い屋根（土蔵造、かわらぶきなど）	0.15	0.33	0.21

ステップ3　側端部分の存在壁量の算出（各階、各方向ごとに算出）

各階ごとに、張り間方向、けた行方向のそれぞれについて、次式により側端部分の存在壁量を求める。

側端部分の存在壁量＝側端部分の耐力壁の長さ×壁倍率

ステップ4　壁量充足率の算出（各階、各方向ごとに算出）

側端部分のそれぞれについて、次式により壁量充足率を求める。

壁量充足率＝側端部分の存在壁量／側端部分の必要壁量

> **壁量充足率がいずれも1を超えている場合は、基準を満たします。**
> **（以降の検討は不要）**

ステップ5　壁率比の算出

　ステップ4で求めたいずれかの壁量充足率が、1以下の場合には、各階ごとに、張り間方向、けた行方向のそれぞれについて、次式により壁率比を求める。

壁率比＝壁量充足率の小さいほう／壁量充足率の大きいほう

> **壁率比が0.5以上であれば、基準を満たします。**

■四分割法の計算例

　この計算例では、1階部分についてのみ検討しているが、実際は2階部分についても同様の検討が必要となるので注意が必要である。

> **モデルプラン概要**
> ・床面積は、各階とも 66.24m²
> ・総2階建の在来木造住宅
> ・耐力壁の種類は、壁倍率1.5 と 2 の2種類

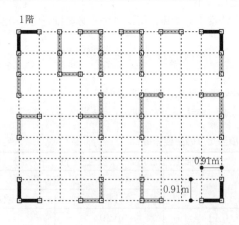
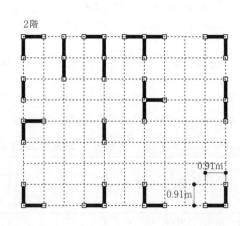

凡例
耐力壁 ━━━（壁倍率：2.0）
耐力壁 ━━━（壁倍率：1.5）

図2　平面形と耐力壁の位置

ステップ1　平面の四分割

　各階ごとに、張り間方向、けた行方向のそれぞれに対して、平面を四分割し、それぞれ両端から1/4の部分（側端部分）の床面積を算定する。

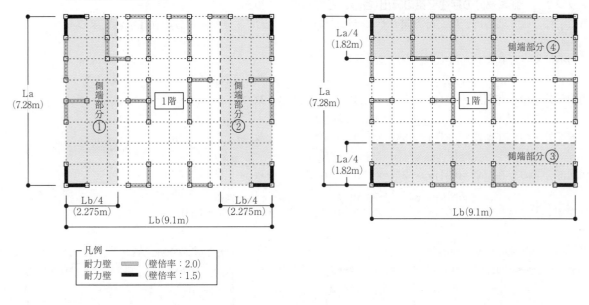

張り間方向の耐力壁の数　　　　　　けた行方向の耐力壁の数

凡例
耐力壁 ▬▬ (壁倍率：2.0)
耐力壁 ▬▬ (壁倍率：1.5)

図3　1階の側端部分(①〜④)

$$\text{側端部分①の面積}=\overset{Lb/4}{2.275\text{m}}\times\overset{La}{7.28\text{m}}=16.562\text{m}^2$$

$$\text{側端部分②の面積}=\overset{Lb/4}{2.275\text{m}}\times\overset{La}{7.28\text{m}}=16.562\text{m}^2$$

$$\text{側端部分③の面積}=\overset{La/4}{1.82\text{m}}\times\overset{Lb}{9.1\text{m}}=16.562\text{m}^2$$

$$\text{側端部分④の面積}=\overset{La/4}{1.82\text{m}}\times\overset{Lb}{9.1\text{m}}=16.562\text{m}^2$$

ステップ2　側端部分の必要壁量の算出(各階、各方向ごとに算出)

　各階ごとに、張り間方向、けた行方向それぞれについて、側端部分の床面積に対する必要壁量を次式により求める(小数点以下第3位切り上げ)。

　モデルプランの場合、屋根ふき材がかわらなので重い屋根となり、1階の床面積当たりの必要壁量は0.33m/m²となる。

　　側端部分の必要壁量＝側端部分の床面積×地震力に対する床面積当たりの必要壁量

$$\text{側端部分①の必要壁量}=\overset{\text{側端部分①の床面積}}{16.562\text{m}^2}\times\overset{\text{表2で選択した係数}}{0.33\text{m/m}^2}=5.47\text{m}$$

$$\text{側端部分②の必要壁量}=\overset{\text{側端部分②の床面積}}{16.562\text{m}^2}\times\overset{\text{表2で選択した係数}}{0.33\text{m/m}^2}=5.47\text{m}$$

$$\text{側端部分③の必要壁量}=\overset{\text{側端部分③の床面積}}{16.562\text{m}^2}\times\overset{\text{表2で選択した係数}}{0.33\text{m/m}^2}=5.47\text{m}$$

$$\text{側端部分④の必要壁量}=\overset{\text{側端部分④の床面積}}{16.562\text{m}^2}\times\overset{\text{表2で選択した係数}}{0.33\text{m/m}^2}=5.47\text{m}$$

表2　地震力に対する床面積当たりの必要壁量

屋根の種類	床面積当たりの必要壁量(単位：m/m²)		
	平屋	2階建	
		1階	2階
軽い屋根(金属板、スレートぶきなど)	0.11	0.29	0.15
重い屋根(土蔵造、かわらぶきなど)	0.15	0.33	0.21

側端部分の存在壁量の算出(各階、各方向ごとに算出)

各階ごとに、張り間方向、けた行方向のそれぞれについて、次式により側端部分の存在壁量を求める。

側端部分の存在壁量＝側端部分の耐力壁の長さ×壁倍率

耐力壁1枚長さ　　　　　壁倍率 耐力壁1枚長さ　　　　壁倍率
側端部分①の存在壁量＝0.91m × 5枚 × 2.0 ＋ 0.91m × 2枚 × 1.5 ＝ 11.83m

耐力壁1枚長さ　　　　　壁倍率 耐力壁1枚長さ　　　　壁倍率
側端部分②の存在壁量＝0.91m × 3枚 × 2.0 ＋ 0.91m × 2枚 × 1.5 ＝ 8.19m

耐力壁1枚長さ　　　　　壁倍率 耐力壁1枚長さ　　　　壁倍率
側端部分③の存在壁量＝0.91m × 2枚 × 2.0 ＋ 0.91m × 2枚 × 1.5 ＝ 6.37 m

耐力壁1枚長さ　　　　　壁倍率 耐力壁1枚長さ　　　　壁倍率
側端部分④の存在壁量＝0.91m × 4枚 × 2.0 ＋ 0.91m × 2枚 × 1.5 ＝ 10.01m

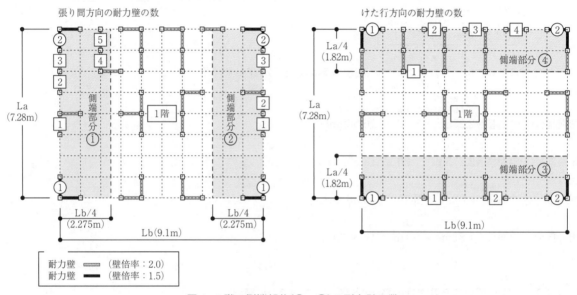

図4　1階の側端部分(①〜④)の耐力壁の数

壁量充足率の算出(各階、各方向ごとに算出)

各側端部分の壁量がどの程度満たされているか、次式により壁量充足率を求める(小数点以下第3位切り捨て)。

壁量充足率＝側端部分の存在壁量／側端部分の必要壁量＞1

表3　壁量充足率の判定

側端部分			存在壁量(m)(A)	必要壁量(m)(B)	壁量充足率(C＝A/B)
1階	張り間方向	①	11.83	5.47	2.16
		②	8.19	5.47	1.49
	けた行方向	③	6.37	5.47	1.16
		④	10.01	5.47	1.82

壁量充足率は、いずれも1を超えていることから、基準を満たす。

次の各階、各方面の壁率比の算出は不要だが、参考までに判定結果を示す。

| ステップ5 | 壁率比の算出（各階、各方向ごとに算出） |

　各階の側端部分の左右（①と②）及び上下（③と④）に配置された耐力壁のバランス（壁率比）を求め、壁率比が0.5以上であれば基準を満たす。ステップ4で求めた壁量充足率を使って、次式により壁率比を求めると、表4のようになる（小数点以下第3位切り捨て）。

　　壁率比＝（壁量充足率の小さいほう／壁量充足率の大きいほう）≧0.5

表4　壁率比の判定

側端部分			壁量充足率(C)		壁率比 D/E	判定
			小さいほうの数値(D)	大きいほうの数値(E)		
1階	張り間方向	①	1.49	2.16	0.68	OK
		②				
	けた行方向	③	1.16	1.82	0.63	OK
		④				

> 各階、各方向のすべての壁率比が0.5以上であることから、基準を満たす。

　なお、ここでは1階張り間方向、1階けた行方向のみを計算例として示しているが、同様の方法で、2階張り間方向、2階けた行方向についても計算する必要があるので注意が必要である。

Zマーク表示金物の耐力性能一覧表

1. 接合金物（接合具：太めくぎ、ラグスクリューまたは六角ボルト）

表1　短期許容耐力表（kN）

名　称	記　号	短期許容耐力			接　合　具
		ベイマツ類*1	ヒノキ類*2	スギ類*3	
柱脚金物	PB-33	11.3	10.4	10.0	六角ボルトM12（1本）
	PB-42	22.7	20.8	20.0	六角ボルトM12（2本）
ひら金物	SM-12	1.7	1.5	1.3	太めくぎZN65（4本）
	SM-40	4.3	3.8	3.4	太めくぎZN65（12本）
ひねり金物	ST-9	1.7	1.5	1.3	太めくぎZN40（4本）
	ST-12	1.7	1.5	1.3	
	ST-15	2.5	2.3	2.0	太めくぎZN40（6本）
折り曲げ金物	SF	2.5	2.3	2.0	
くら金物	SS	5.1	4.6	4.0	
羽子板ボルト	SB・F	5.6	5.2	5.0	六角ボルトM12（1本）スクリューくぎZS50（1本）
	SB・E				
	SB・F2	5.6	5.2	5.0	六角ボルトM12（1本）
	SB・E2				
羽子板パイプ	SP・E	5.6	5.2	5.0	六角ボルトM12（1本）スクリューくぎZS50（1本）
	SP・E2	5.6	5.2	5.0	六角ボルトM12（1本）
かど金物	CP・L	4.3	3.8	3.4	太めくぎZN65（10本）
	CP・T				
山形プレート	VP	5.0	4.5	3.9	太めくぎZN90（8本）
	VP2	5.1	4.6	4.0	太めくぎZN65（12本）
短ざく金物	S	5.6	5.2	5.0	六角ボルトM12（2本）スクリューくぎZS50（3本）
かね折り金物	SA				六角ボルトM12（2本）スクリューくぎZS50（2本）
かすがい	C-120	1.2	1.1	1.0	
	C-150				
手違いかすがい	CC-120				
	CC-150				
引寄せ金物	HD-B10	11.3	10.4	10.0	六角ボルトM12（2本）又はラグスクリューLS12（2本）
	S-HD10				
	HD-B15	17.0	15.6	15.0	六角ボルトM12（3本）又はラグスクリューLS12（3本）
	S-HD15				
	HD-B20	22.7	20.8	20.0	六角ボルトM12（4本）又はラグスクリューLS12（4本）
	S-HD20				
	HD-B25	28.4	26.0	25.0	六角ボルトM12（5本）又はラグスクリューLS12（5本）
	S-HD25				
	HD-N5	7.5	6.8	5.8	太めくぎZN90（6本）
	HD-N10	12.6	11.4	9.8	太めくぎZN90（10本）
	HD-N15	20.1	18.2	15.6	太めくぎZN90（16本）
	HD-N20	22.6	20.5	17.6	太めくぎZN90（20本）
	HD-N25	29.4	26.6	22.9	太めくぎZN90（26本）

注1）耐力の算出方法は、一般社団法人日本建築学会発行『木構造計算規準・同解説』（1988）による。

2）座金を使用する場合は、角座金W4.5×40以上とする。

3）*1　ベイマツ類：ベイマツ、クロマツ、アカマツ、カラマツ、ツガ、リュウキュウマツ

＊2　ヒノキ類：ヒノキ、ベイツガ、ベイヒ、ヒバ、モミ、アスナロ

＊3　ス　ギ類：スギ、ベイスギ、トドマツ、エゾマツ、ベニマツ、スプルース

これらの樹種分類は、密度ベースで整理した一般社団法人日本建築学会基準の趣旨を援用して整理している。

2. 接合金物（接合具：タッピンねじ、六角ボルトまたはドリフトピン）

表2　短期許容耐力表（kN）

名　称	記　号	短期許容耐力				番号	特性値	接　合　具
		すみ柱		すみ柱以外				
		ベイマツ類[*1]、ヒノキ類[*2]、スギ類[*3]						
ひら金物	SM-15S	すみ柱以外			4.1	①		柱：タッピンねじSTS・C65（2本） 横架材：タッピンねじSTS・C65（2本）
コーナー金物	CP・ZS	横架材へ直打ち	すみ柱		8.8	②		柱：タッピンねじSTS・C65（3本） 横架材：タッピンねじSTS・HC90（3本）
			すみ柱以外		9.6	③		
		床板（28mm以下）の上から	すみ柱		8.0	④		
			すみ柱以外		8.3	⑤		
羽子板パイプ	SP・ES	すみ柱			9.5	⑥		六角ボルトM12（1本） タッピンねじSTS・C65（3本）
		すみ柱以外			11.5	⑦		
羽子板ボルト	SB・FS	すみ柱以外			12.6	⑧		タッピンねじSTS・C65（3本）
	SB・ES				10.8	⑨		
短ざく金物	S・S	10.0				⑩		タッピンねじSTS・C65（8本）
かね折り金物	SA・S	8.2				⑪		タッピンねじSTS・C65（10本）

注1) 耐力の算出方法は、公益財団法人日本住宅・木材技術センター接合金物試験法規格及び公益財団法人日本住宅・木材技術センター発行「木造軸組工法住宅の許容応力度設計（2008年版）」による。
　2) 座金を使用する場合は、角座金W6.0×60または丸座RW6.0×68以上とする。
　3) ＊1、＊2、＊3については、表1の注3)を参照のこと。

表3　短期許容耐力一覧表（kN）

名　称	記　号	短期許容耐力		特性値番号		備　考
		ベイマツ類[*1]・ヒノキ類[*2]	スギ類[*3]			
引寄せ金物	HD-S6	16.1		⑫		柱：105×105mm以上 タッピンねじSTS・HC90
	HD-S8	21.6		⑬		
	HD-S12	37.2		⑭		
	HD-S14	42.8		⑮		
	HD-8S10	51.8	－	⑯		柱：120×120mm以上 タッピンねじHTS8・HC90
	HD-8S12	59.0	－	⑰		
引張金物	TB-S20	97.2	－	⑱		
	TB-D6	63.7	56.7	⑳	⑲	柱：120×120mm以上 ドリフトピンDP12
	TB-D9	113.1	93.5	㉒	㉑	

注1) 耐力の算出方法は、公益財団法人日本住宅・木材技術センター接合金物試験法規格及び公益財団法人日本住宅・木材技術センター発行「木造軸組工法住宅の許容応力度設計（2008年版）」による。
　2) ＊1、＊2、＊3については、表1の注3)を参照のこと。

表4　表2及び表3の特性値一覧表

名　称	記　号	表2、表3の特性値番号	5%下限値（kN）		
			降伏耐力 Py	2/3 Pmax	終局耐力 Pu
ひら金物	SM-15S	①	4.1	5.0	6.8
コーナー金物	CP・ZS	②	8.7	11.3	15.1
		③	9.5	12.2	16.0
		④	8.0	10.4	13.3
		⑤	8.3	10.2	13.8
羽子板パイプ	SP・ES	⑥	9.4	12.3	15.9
		⑦	11.5	12.3	17.0
羽子板ボルト	SB・FS	⑧	12.6	15.6	20.9
	SB・ES	⑨	10.8	12.6	17.4
短ざく金物	S・S	⑩	10.0	13.4	18.1
かね折り金物	SA・S	⑪	8.2	14.4	17.0

	HD-S6	⑫	16.1	17.8	24.7
引き寄せ金物	HD-S8	⑬	21.6	25.3	34.6
	HD-S12	⑭	37.2	37.8	53.4
	HD-S14	⑮	42.8	49.9	66.3
	HD-8S10	⑯	51.8	58.7	80.2
	HD-8S12	⑰	59.0	64.6	88.3
引張金物	TB-S20	⑱	97.2	138.8	174.3
	TB-D6	⑲	56.7	57.0	82.4
		⑳	63.7	76.9	103.4
	TB-D9	㉑	96.6	93.5	133.2
		㉒	113.1	126.9	165.6

3. はり受け金物

表5　短期及び長期許容耐力表(kN)

記　号	材　種	長期許容せん断耐力		短期許容 せん断耐力	短期許容 引張耐力
		水平ばり	登りばり		
BH-135	製材・集成材1	6.4	8.0	5.0	12.1
	集成材2	9.0	9.3	6.9	18.8
BH-195	製材・集成材1	9.4	10.8	5.0	13.5
	集成材2	15.4	11.2	6.9	25.4
BH-255	製材・集成材1	15.2	10.8	11.0	13.5
	集成材2	17.9	13.6	15.6	25.4

注1) 製材：ベイマツ類[*1]、ヒノキ類[*2]、スギ類[*3]、集成材1：構造用集成材一般、集成材2：強度等級E105-F300以上の構造用集成材
　2) 耐力の算出方法は、公益財団法人日本住宅・木材技術センター接合金物試験法規格及び公益財団法人日本住宅・木材技術センター発行「木造軸組工法住宅の許容応力度設計」による。ただし、長期許容せん断耐力の水平ばりの柱－はり接合及びはり－はり接合、並びに短期許容せん断耐力の柱－はり接合及び梁－はり接合のせん断耐力は、両者のせん断耐力のうち小さい値を採用している。
　3) 座金を使用する場合は、角座金W4.5×40以上とする。
　4) ＊1、＊2、＊3については、表1の注3)を参照のこと。

4. めり込み防止座金

表6　めり込み防止座金の許容めり込み耐力表(kN)

名　称	記　号	種　別		樹種と部材					
				ベイマツ類[*1]		ヒノキ類[*2]		スギ類[*3]	
				土台	その他	土台	その他	土台	その他
めり込み 防止座金	PW12 (105×145)	長期	積雪時	56.16	53.54	48.67	46.40	37.44	35.69
			積雪以外		41.18		35.69		27.46
		短期	積雪時	74.88	59.90	64.90	51.92	49.92	39.94
			積雪以外		74.88		64.90		49.92
	PW12 (120×160)	長期	積雪時	74.05	70.59	64.17	61.18	49.37	47.06
			積雪以外		54.30		47.06		36.20
		短期	積雪時	98.73	78.98	85.57	68.45	65.82	52.66
			積雪以外		98.73		85.57		65.82

注1) 耐力の算出方法は、公益財団法人日本住宅・木材技術センター発行「木造軸組工法住宅の許容応力度設計(2017年度版)」による。
　2) ＊1、＊2、＊3については、表1の注3)を参照のこと。

5. アンカーボルト

表7　アンカーボルトの短期引張許容耐力表(kN)

名　称	記　号	円周の長さ	定着長さ	短期付着応力度	短期付着耐力
アンカーボルト	M12*	10.7mm*×3.14	232mm	2.16N/mm²	16.8 kN
	M16	16mm×3.14	312mm		33.8 kN

注1) アンカーボルトの短期付着応力度の算出方法は、国土交通省告示第1024号第1第15号の規定による。なお、コンクリートの設計基準強度は、18N/mm²としている。
　2) ＊アンカーボルトM12は有効径六角ボルト(JIS B 1180 附属書JA：2014)が主流であることから、胴部径は10.7 mmである。

6. 筋かいプレート

表8　筋かいプレート

名　称	記　号	耐力壁		接合具
		仕　様	壁倍率	
筋かいプレート	BP	30mm×90mm以上の木材	1.5	角根平頭ボルトM12(1本) 小型角座金W2.3×30(1枚) 太めくぎZN65(10本)
	BP-2	45mm×90mm以上の木材	2.0	角根平頭ボルトM12(1本) 小型角座金W2.3×30(1枚) スクリューくぎZS50(17本)
	BP-2FS			タッピンねじSTS·C45(10本)
	BP-3FS	90mm×90mm以上の木材	3.0	タッピンねじSTS·C65(13本)

7. 火打金物

表9　火打金物

名　称	記　号	水平構面		接合具
		仕　様	存在床倍率	
火打金物	HB	平均負担面積2.5m²以下、 はりせい105mm以上の木材	0.5	平くぎZF55(6本) 小型角座金W2.3×30(2枚) 六角ボルトM12(2本) 角座金W4.5×40(2枚)
	HB·S			タッピンねじSTS·C65(12本)

8. 接合具

表10　接合具の短期許容耐力表(kN)

名　称	記　号	短期許容耐力			主な用途等
		ベイマツ類[1]	ヒノキ類[2]	スギ類[3]	
太めくぎ	ZN 40	0.86	0.77	0.68	長期許容せん断耐力の値は、 表値の1/2とする。鋼板添え 板のため、25%割増しによる 数値とする。
	ZN 65	0.86	0.77	0.68	
	ZN 90	1.26	1.14	0.98	
スクリューくぎ	ZS 50	1.48	1.34	1.17	
角座金	W4.5×40×φ14	9.60	8.32	6.40	めり込み耐力以下の引張りを 受けるボルトM12用の座金
	W6.0×60×φ14	21.60	18.72	14.40	
	W9.0×80×φ18	38.40	33.28	25.60	めり込み耐力以下の引張りを 受けるボルトM16用の座金
丸座金	RW6.0×68×φ14	21.77	18.87	14.51	めり込み耐力以下の引張りを 受けるボルトM12用の座金
	RW9.0×90×φ18	38.14	33.06	25.43	めり込み耐力以下の引張りを 受けるボルトM16用の座金
座金付きボルト	M16W	38.40	33.28	25.60	ホールダウン金物用の接合具
角座金	W6.0×54×φ18	–	–	–	HD-B、HD-Nの専用座金
小型角座金	W2.3×30×φ12.5	–	–	–	BP、BP-2の専用座金
ドリフトピン	DP12	–	–	–	HB及びTB-DPの専用接合具
タッピンねじ	STS·C STS·HC HTS8·HC	–	–	–	接合金物用の接合具
	STS6.5·F[4]	3.1		2.5	たる木の接合

注1)　座金のめり込み耐力の算出方法は、平成13年国土交通省告示第1024号第1の1のイの規定によるとともに、座面積の算出方法は、公益財団法人
　　　日本住宅・木材技術センター発行「木造軸組工法住宅の許容応力度設計(2008年版)」による。
　2)　*1、*2、*3については、表1の注3)を参照のこと。
　3)　*4たる木接合の短期許容耐力は、公益財団法人日本住宅・木材技術センター発行「木造軸組構法住宅の構造計画(2021年版)」による。

平成12年建設省告示第1454号より抜粋（表中の市町村名は平成12年建設省告示第1454号が制定された時のものです。）

都道府県	基準風速 V_0(m/s)	市　　　町　　　村
全都道府県	30	下記以外の地方
北海道	32	札幌市　小樽市　網走市　留萌市　稚内市　江別市　紋別市　名寄市　千歳市　恵庭市　北広島市　石狩市　石狩郡　厚田郡　浜益郡　空知郡のうち南幌町　夕張郡のうち由仁町及び長沼町　上川郡のうち風連町及び下川町　中川郡のうち美深町、音威子府村及び中川町　増毛郡　留萌郡　苫前郡　天塩郡　宗谷郡　枝幸郡　礼文郡　利尻郡　網走郡のうち東藻琴村、女満別町及び美幌町　斜里郡のうち清里町及び小清水町　常呂郡のうち端野町、佐呂間町及び常呂町　紋別郡のうち上湧別町、湧別町、興部町、西興部村及び雄武町　勇払郡のうち追分町及び穂別町　沙流郡のうち平取町　新冠郡　静内郡　三石郡　浦河郡　様似郡　幌泉郡　厚岸郡のうち厚岸町　川上郡
	34	函館市　室蘭市　苫小牧市　根室市　登別市　伊達市　松前郡　上磯郡　亀田郡　茅部郡　斜里郡のうち斜里町　虻田郡　岩内郡のうち共和町　積丹郡　古平郡　余市郡　有珠郡　白老郡　勇払郡のうち早来町、厚真町及び鵡川町　沙流郡のうち門別町　厚岸郡のうち浜中町　野付郡　標津郡　目梨郡
	36	山越郡　桧山郡　爾志郡　久遠郡　奥尻郡　瀬棚郡　島牧郡　寿都郡　岩内郡のうち岩内町　磯谷郡　古宇郡
青森県	34	全域
岩手県	32	久慈市　岩手郡のうち葛巻町　下閉伊郡のうち田野畑村及び普代村　九戸郡のうち野田村及び山形村　二戸郡
	34	二戸市　九戸郡のうち軽米町、種市町、大野村及び九戸村
宮城県	30	全域
秋田県	32	秋田市　大館市　本荘市　鹿角市　鹿角郡　北秋田郡のうち鷹巣町、比内町、合川町及び上小阿仁村　南秋田郡のうち五城目町、昭和町、八郎潟町、飯田川町、天王町及び井川町　由利郡のうち仁賀保町、金浦町、象潟町、岩城町及び西目町
	34	能代市　男鹿市　北秋田郡のうち田代町　山本郡　南秋田郡のうち若美町及び大潟村
山形県	32	鶴岡市　酒田市　西田川郡　飽海郡のうち遊佐町
福島県	30	全域
茨城県	32	水戸市　下妻市　ひたちなか市　東茨城郡のうち内原町　西茨城郡のうち友部町及び岩間町　新治郡のうち八郷町　真壁郡のうち明野町及び真壁町　結城郡　猿島郡のうち五霞町、猿島町及び境町
	34	土浦市　石岡市　龍ヶ崎市　水海道市　取手市　岩井市　牛久市　つくば市　東茨城郡のうち茨城町、小川町、美里町及び大洗町　鹿島郡のうち旭村、鉾田町及び大洋村　行方郡のうち麻生町、北浦町及び玉造町　稲敷郡　新治郡のうち霞ヶ浦町、玉里村、千代田町及び新治村　筑波郡　北相馬郡
	36	鹿嶋市　鹿島郡のうち神栖町及び波崎町　行方郡のうち牛堀町及び潮来町
栃木県	30	全域
群馬県	30	全域
埼玉県	32	川越市　大宮市　所沢市　狭山市　上尾市　与野市　入間市　桶川市　久喜市　富士見市　上福岡市　蓮田市　幸手市　北足立郡のうち伊奈町　入間郡のうち大井町及び三芳町　南埼玉郡　北葛飾郡のうち栗橋町、鷲宮町及び杉戸町
	34	川口市　浦和市　岩槻市　春日部市　草加市　越谷市　蕨市　戸田市　鳩ヶ谷市　朝霞市　志木市　和光市　新座市　八潮市　三郷市　吉川市　北葛飾郡のうち松伏町及び庄和町
千葉県	34	市川市　船橋市　松戸市　野田市　柏市　流山市　八千代市　我孫子市　鎌ヶ谷市　浦安市　印西市　東葛飾郡　印旛郡のうち白井町
	36	千葉市　佐原市　成田市　佐倉市　習志野市　四街道市　八街市　印旛郡のうち酒々井町、富里町、印旛村、本埜村及び栄町　香取郡　山武郡のうち山武町及び芝山町
	38	銚子市　館山市　木更津市　茂原市　東金市　八日市場市　旭市　勝浦市　市原市　鴨川市　君津市　富津市　袖ヶ浦市　海上郡　匝瑳郡　山武郡のうち大網白里町、九十九里町、成東町、蓮沼村、松尾町及び横芝町　長生郡　夷隅郡　安房郡
東京都	32	八王子市　立川市　昭島市　日野市　東村山市　福生市　東大和市　武蔵村山市　羽村市　あきる野市　西多摩郡のうち瑞穂町
	34	23区　武蔵野市　三鷹市　府中市　調布市　町田市　小金井市　小平市　国分寺市　国立市　田無市　保谷市　狛江市　清瀬市　東久留米市　多摩市　稲城市
	38	大島町　利島村　新島村　神津島村　三宅村　御蔵島村
	42	八丈町　青ヶ島村　小笠原村

都道府県	基準風速 V₀(m/s)	市　町　村
神奈川県	32	足柄上郡のうち山北町　津久井郡のうち津久井町、相模湖町及び藤野町
	34	横浜市　川崎市　平塚市　鎌倉市　藤沢市　小田原市　茅ヶ崎市　相模原市　秦野市　厚木市　大和市　伊勢原市　海老名市　座間市　南足柄市　綾瀬市　高座郡中郡　足柄上郡のうち中井町、大井町、松田町及び開成町　足柄下郡　愛甲郡　津久井郡のうち城山町
	36	横須賀市　逗子市　三浦市　三浦郡
新潟県	32	両津市　佐渡郡　岩船郡のうち山北町及び粟島浦村
富山県	30	全域
石川県	30	全域
福井県	32	敦賀市　小浜市　三方郡　遠敷郡　大飯郡
山梨県	32	富士吉田市　南巨摩郡のうち南部町及び富沢町　南都留郡のうち秋山村、道志村、忍野村、山中湖村及び鳴沢村
長野県	30	全域
岐阜県	32	多治見市　関市　美濃市　美濃加茂市　各務原市　可児市　揖斐郡のうち藤橋村及び坂内村　本巣郡のうち根尾村　山県郡　武儀郡のうち洞戸村及び武芸川町　加茂郡のうち坂祝町及び富加町
	34	岐阜市　大垣市　羽島市　羽島郡　海津郡　養老郡　不破郡　安八郡　揖斐郡のうち揖斐川町、谷汲村、大野町、池田町、春日村及び久瀬村　本巣郡のうち北方町、本巣町、穂積町、巣南町、真正町及び糸貫町
静岡県	32	静岡市　浜松市　清水市　富士宮市　島田市　磐田市　焼津市　掛川市　藤枝市　袋井市　湖西市　富士郡　庵原郡　志太郡　榛原郡のうち御前崎町、相良町、榛原町、吉田町及び金谷町　小笠郡　磐田郡のうち浅羽町、福田町、竜洋町及び豊田町　浜名郡　引佐郡のうち細江町及び三ヶ日町
	34	沼津市　熱海市　三島市　富士市　御殿場市　裾野市　賀茂郡のうち松崎町、西伊豆町及び賀茂村　田方郡　駿東郡
	36	伊東市　下田市　賀茂郡のうち東伊豆町、河津町及び南伊豆町
愛知県	32	豊橋市　瀬戸市　春日井市　豊川市　豊田市　小牧市　犬山市　尾張旭市　日進市　愛知郡　丹羽郡　額田郡のうち額田町　宝飯郡　西加茂郡のうち三好町
	34	名古屋市　岡崎市　一宮市　半田市　津島市　碧南市　刈谷市　安城市　西尾市　蒲郡市　常滑市　江南市　尾西市　稲沢市　東海市　大府市　知多市　知立市　高浜市　岩倉市　豊明市　西春日井郡　葉栗郡　中島郡　海部郡　知多郡　幡豆郡　額田郡のうち幸田町　渥美郡
三重県	34	全域
滋賀県	32	大津市　草津市　守山市　滋賀郡　栗太郡　伊香郡　高島郡
	34	彦根市　長浜市　近江八幡市　八日市市　野洲郡　甲賀郡　蒲生郡　神崎郡　愛知郡　犬上郡　坂田郡　東浅井郡
京都府	32	全域
大阪府	32	高槻市　枚方市　八尾市　寝屋川市　大東市　柏原市　東大阪市　四條畷市　交野市　三島郡　南河内郡のうち太子町、河南町及び千早赤阪村
	34	大阪市　堺市　岸和田市　豊中市　池田市　吹田市　泉大津市　貝塚市　守口市　茨木市　泉佐野市　富田林市　河内長野市　松原市　和泉市　箕面市　羽曳野市　門真市　摂津市　高石市　藤井寺市　泉南市　大阪狭山市　阪南市　豊能郡　泉北郡　泉南郡　南河内郡のうち美原町
兵庫県	32	姫路市　相生市　豊岡市　龍野市　赤穂市　西脇市　加西市　篠山市　多可郡　飾磨郡　神崎郡　揖保郡　赤穂郡　宍粟郡　城崎郡　出石郡　美方郡　養父郡　朝来郡　氷上郡
	34	神戸市　尼崎市　明石市　西宮市　洲本市　芦屋市　伊丹市　加古川市　宝塚市　三木市　高砂市　川西市　小野市　三田市　川辺郡　美嚢郡　加東郡　加古郡　津名郡　三原郡
奈良県	32	奈良市　大和高田市　大和郡山市　天理市　橿原市　桜井市　御所市　生駒市　香芝市　添上郡　山辺郡　生駒郡　磯城郡　宇陀郡のうち大宇陀町、菟田野町、榛原町及び室生村　高市郡　北葛城郡
	34	五條市　吉野郡　宇陀郡のうち曽爾村及び御杖村
和歌山県	34	全域
鳥取県	32	鳥取市　岩美郡　八頭郡のうち郡家町、船岡町、八東町及び若桜町
島根県	32	益田市　美濃郡のうち匹見町　鹿足郡のうち日原町　隠岐郡
	34	鹿足郡のうち津和野町、柿木村及び六日市町
岡山県	32	岡山市　倉敷市　玉野市　笠岡市　備前市　和気郡のうち日生町　邑久郡　児島郡　都窪郡　浅口郡
広島県	32	広島市　竹原市　三原市　尾道市　福山市　東広島市　安芸郡のうち府中町　佐伯郡のうち湯来町及び吉和村　山県郡のうち筒賀村　賀茂郡のうち河内町　豊田郡のうち本郷町　御調郡のうち向島町　沼隈郡
	34	呉市　因島市　大竹市　廿日市市　安芸郡のうち海田町、熊野町、坂町、江田島町、音戸町、倉橋町、下蒲刈町及び蒲刈町　佐伯郡のうち大野町、佐伯町、宮島町、能美町、沖美町及び大柿町　賀茂郡のうち黒瀬町　豊田郡のうち安芸津町、安浦町、川尻町、豊浜町、豊町、大崎町、東野町、木江町及び瀬戸田町

都道府県	基準風速 V_0(m/s)	市　町　村
山口県	34	全域
徳島県	34	三好郡のうち三野町、三好町、池田町及び山城町
	36	徳島市　鳴門市　小松島市　阿南市　勝浦郡　名東郡　名西郡　那賀郡のうち那賀川町及び羽ノ浦町　板野郡　阿波郡　麻植郡　美馬郡　三好郡のうち井川町、三加茂町、東祖谷山村及び西祖谷山村
	38	那賀郡のうち鷲敷町、相生町、上那賀町、木沢村及び木頭村　海部郡
香川県	34	全域
愛媛県	34	全域
高知県	34	土佐郡のうち大川村及び本川村　吾川郡のうち池川町
	36	宿毛市　長岡郡　土佐郡のうち鏡村、土佐山村及び土佐町　吾川郡のうち伊野町、吾川村及び吾北村　高岡郡のうち佐川町、越知町、檮原町、大野見村、東津野村、葉山村、仁淀村及び日高村　幡多郡のうち大正町、大月町、十和村、西土佐村及び三原村
	38	高知市　安芸市　南国市　土佐市　須崎市　中村市　土佐清水市　安芸郡のうち馬路村及び芸西村　香美郡　吾川郡のうち春野町　高岡郡のうち中土佐町及び窪川町　幡多郡のうち佐賀町及び大方町
	40	室戸市　安芸郡のうち東洋町、奈半利町、田野町、安田町及び北川村
福岡県	32	山田市　甘木市　八女市　豊前市　小郡市　嘉穂郡のうち桂川町、稲築町、碓井町及び嘉穂町　朝倉郡　浮羽郡　三井郡　八女郡　田川郡のうち添田町、川崎町、大任町及び赤村　京都郡のうち犀川町　築上郡
	34	北九州市　福岡市　大牟田市　久留米市　直方市　飯塚市　田川市　柳川市　筑後市　大川市　行橋市　中間市　筑紫野市　春日市　大野城市　宗像市　太宰府市　前原市　古賀市　筑紫郡　糟屋郡　宗像郡　遠賀郡　鞍手郡　嘉穂郡のうち筑穂町、穂波町、庄内町及び頴田町　糸島郡　三潴郡　山門郡　三池郡　田川郡のうち香春町、金田町、糸田町、赤池町及び方城町　京都郡のうち苅田町、勝山町及び豊津町
佐賀県	34	全域
長崎県	34	長崎市　佐世保市　島原市　諫早市　大村市　平戸市　松浦市　西彼杵郡　東彼杵郡　北高来郡　南高来郡　北松浦郡　南松浦郡のうち若松町、上五島町、新魚目町、有川町及び奈良尾町　壱岐郡　下県郡　上県郡
	36	福江市　南松浦郡のうち富江町、玉之浦町、三井楽町、岐宿町及び奈留町
熊本県	32	山鹿市　菊池市　玉名郡のうち菊水町、三加和町及び南関町　鹿本郡　菊池郡　阿蘇郡のうち一の宮町、阿蘇町、産山村、波野村、蘇陽町、高森町、白水村、久木野村、長陽村及び西原村
	34	熊本市　八代市　人吉市　荒尾市　水俣市　玉名市　本渡市　牛深市　宇土市　宇土郡　下益城郡　玉名郡のうち岱明町、横島町、天水町、玉東町及び長洲町　上益城郡　八代郡　葦北郡　球磨郡　天草郡
大分県	32	大分市　別府市　中津市　日田市　佐伯市　臼杵市　津久見市　竹田市　豊後高田市　杵築市　宇佐市　西国東郡　東国東郡　速見郡　大分郡のうち野津原町、挟間町及び庄内町　北海部郡　南海部郡　大野郡　直入郡　下毛郡　宇佐郡
宮崎県	32	西臼杵郡のうち高千穂町及び日之影町　東臼杵郡のうち北川町
	34	延岡市　日向市　西都市　西諸県郡のうち須木村　児湯郡　東臼杵郡のうち門川町、東郷町、南郷村、西郷村、北郷村、北方町、北浦町、諸塚村及び椎葉村　西臼杵郡のうち五ヶ瀬町
	36	宮崎市　都城市　日南市　小林市　串間市　えびの市　宮崎郡　南那珂郡　北諸県郡　西諸県郡のうち高原町及び野尻町　東諸県郡
鹿児島県	36	川内市　阿久根市　出水市　大口市　国分市　鹿児島郡のうち吉田町　薩摩郡のうち樋脇町、入来町、東郷町、宮之城町、鶴田町、薩摩町及び祁答院町　出水郡　伊佐郡　始良郡　曽於郡
	38	鹿児島市　鹿屋市　串木野市　垂水市　鹿児島郡のうち桜島町　肝属郡のうち串良町、東串良町、高山町、吾平町、内之浦町及び大根占町　日置郡のうち市来町、東市来町、伊集院町、松元町、郡山町、日吉町及び吹上町
	40	枕崎市　指宿市　加世田市　西之表市　揖宿郡　川辺郡　日置郡のうち金峰町　薩摩郡のうち里村、上甑村、下甑村及び鹿島村　肝属郡のうち根占町、田代町及び佐多町
	42	熊毛郡のうち中種子町及び南種子町
	44	鹿児島郡のうち三島村　熊毛郡のうち上屋久町及び屋久町
	46	名瀬市　鹿児島郡のうち十島村　大島郡
沖縄県	46	全域

付録8　基準風速等に応じた木造小屋組の接合方法について

　近年の台風や強風により、戸建住宅の屋根に大きな被害が発生した事例が確認されている。こうした事態を踏まえ、国土交通省では、「屋根ふき材、外装材及び屋外に面する帳壁の構造方法」（昭和46年建設省告示第109号）を改正した。

　また、耐風性能に配慮した小屋組の接合方法については、建築基準法ほか関係法令を補完する目的で、基準風速等に応じた木造小屋組の接合方法が、公益財団法人日本住宅・木材技術センターにより示された。基準風速や金物の種類等に応じた接合方法を次表に示したので、参考にされたい。

　なお、地域ごとの基準風速は告示によって定められており、付録7に示した。

〈表の見方〉

① 標準仕様

　建設地が沿岸部（目安として、海岸線から200mまでの範囲）以外の場合に、記載している仕様の種類を選択する。

② 強風の実況に配慮した仕様

　建設地が沿岸部や局地的な地形の影響を受けて風速が割増されるおそれのある建設地（斜面上の立地など）の場合に、記載している仕様の種類を選択する。

③ 強風の実況に配慮した仕様（吹込みあり）

　強風や飛散物によって開口部が破壊し、開口部から屋内に吹き込む強風によって、小屋組に対する屋内側からの風圧力が増加することが想定される場合に、記載している仕様の種類を選択する。

　なお、開口部にシャッター等を設けることや、強風時に有効なガラスを採用すること等、吹込みへの対策を講じている場合は、②の仕様を選択することも可能である。

　また、吹込みへの対策を講じることが難しい場合は、③の仕様を選択する。

　表より、建設地の基準風速、さらに、①標準仕様、②強風の実況に配慮した仕様、③強風の実況に配慮した仕様（吹込みあり）、のいずれかを選択することで、耐風性能を向上させた小屋組の適切な接合仕様を読み取ることができる。

〈表の留意点〉

　表から適切な接合仕様を読み取る際、使用する部材の樹種、たる木・母屋の間隔、軒の出等によって接合部の耐力が異なるので注意が必要で、表に示す条件と異なる場合には、構造計算によって安全性の確認を行う必要がある。

　詳細については、「木造軸組構法住宅の構造計画　耐震・耐風性向上のための壁量計算等の基礎的な解説・演習から告示の最新情報まで」（発行：公益財団法人日本住宅・木材技術センター）を参照すること。

表　基準風速等に応じた小屋組の接合方法

接合部位※1	接合の種類	金物姿図該当頁	樹種(以上)	許容耐力(kN)※2	30 標準仕様	30 強風の実況に配慮した仕様	30 吹込みあり	32 標準仕様	32 強風の実況に配慮した仕様	32 吹込みあり	34 標準仕様	34 強風の実況に配慮した仕様	34 吹込みあり
たる木-軒げた接合（軒の出0.6m以下）	ひねり金物ST-9,ST-12	64	J3	1.1	○	○	×	○	×	×	○	×	×
			J2	2.0	○	○	○	○	○	○	○	○	○
	ひねり金物ST-15	64	J3	2.2	○	○	○	○	○	○	○	○	○
			J2	2.4	○	○	○	○	○	○	○	○	○
	四角穴付きタッピンねじ STS6.5·F 脳天打ち	65	J3	2.5	○	○	○	○	○	○	○	○	○
			J2	3.1	○	○	○	○	○	○	○	○	○
	くら金物SS	65	J3	4.4	○	○	○	○	○	○	○	○	○
たる木-軒げた接合（軒の出0.9m以下）	ひねり金物ST-9,ST-12	64	J3	1.1	○	×	×	×	×	×	×	×	×
			J2	2.0	○	○	○	○	○	×	○	○	×
	ひねり金物ST-15	64	J3	2.2	○	○	○	○	○	○	○	○	×
			J2	2.4	○	○	○	○	○	○	○	○	○
	四角穴付きタッピンねじ STS6.5·F 脳天打ち	65	J3	2.5	○	○	○	○	○	○	○	○	○
			J2	3.1	○	○	○	○	○	○	○	○	○
	くら金物SS	65	J3	4.4	○	○	○	○	○	○	○	○	○
たる木-母屋(むな木)接合	鉄丸くぎ2-N75 2本斜め打ち	–	J3	0.6	○	○	×	○	○	×	○	×	×
			たる木J3、母屋J1	1.0	○	○	○	○	○	○	○	○	×
	ひねり金物ST-9,ST-12	64	J3	1.1	○	○	○	○	○	○	○	○	○
			J2	2.0	○	○	○	○	○	○	○	○	○
	ひねり金物ST-15	64	J3	2.2	○	○	○	○	○	○	○	○	○
	四角穴付きタッピンねじ STS6.5·F 脳天打ち	65	J3	2.5	○	○	○	○	○	○	○	○	○
			J2	3.1	○	○	○	○	○	○	○	○	○
	くら金物SS	65	J3	4.4	○	○	○	○	○	○	○	○	○
小屋束-小屋ばり接合　小屋束-母屋(むな木)接合※3	かすがいC 両面打ち	77	J3	2.2	○	×	×	○	×	×	○	×	×
	ひら金物SM-12	63	J3	2.1	○	×	×	○	×	×	○	×	×
			J2	3.7	○	○	○	○	○	○	○	○	○
	長ほぞ割くさび	–	J3	3.5	○	○	○	○	○	○	○	○	×
	長ほぞくぎN90-2本平打ち	–	J3	3.5	○	○	○	○	○	○	○	○	×
	長ほぞ込み栓	–	J3	3.7	○	○	○	○	○	○	○	○	×
	ひら金物SM-15S	64	J3	4.5	○	○	○	○	○	○	○	○	○
			J2	5.2	○	○	○	○	○	○	○	○	○
	かど金物CP·T、山形プレートVP,VP2	67	J3	5.6	○	○	○	○	○	○	○	○	○
			J2	6.4	○	○	○	○	○	○	○	○	○
	コーナー金物CP·ZS	67	J3	10.5	○	○	○	○	○	○	○	○	○
野地板-たる木接合※4	鉄丸くぎ 平打ち N38@150	–	J3	0.11	○	○	×	○	○	×	○	○	×
			J2	0.16	○	○	○	○	○	○	○	○	×
	鉄丸くぎ 平打ち N50@150	–	J3	0.21	○	○	○	○	○	○	○	○	○
			J2	0.30	○	○	○	○	○	○	○	○	○

※1　たる木間隔は455mm以下、母屋間隔は910mm以下とする。
※2　小屋束-小屋ばり（母屋、むな木）接合は5%下限値×1.1倍、それ以外の接合は50%下限値相当で算出している。
※3　たる木とのおさまりに注意して適切な接合方法を選択すること。
※4　野地板-たる木接合は建築基準法施行令第47条には該当しない。許容耐力はくぎ1本当たりの数値。
　　　野地板はJAS構造用合板、特類2級以上とする。

36			38			40			42			44			46		
標準仕様	強風の実況に配慮した仕様		標準仕様	強風の実況に配慮した仕様		標準仕様	強風の実況に配慮した仕様		標準仕様	強風の実況に配慮した仕様		標準仕様	強風の実況に配慮した仕様		標準仕様	強風の実況に配慮した仕様	
		吹込みあり			吹込みあり			吹込みあり			吹込みあり			吹込みあり			吹込みあり
適用の可否			適用の可否			適用の可否			適用の可否			適用の可否			適用の可否		
○	×	×	○	×	×	×	×	×	×	×	×	×	×	×	×	×	×
○	○	○	○	○	○	○	○	×	○	×	×	○	×	×	○	○	×
○	○	○	○	○	○	○	○	○	○	○	×	○	×	×	○	×	×
○	○	○	○	○	○	○	○	○	○	○	×	○	○	×	○	×	×
○	○	○	○	○	○	○	○	○	○	○	○	○	○	×	○	×	×
○	○	○	○	○	○	○	○	○	○	○	○	○	○	○	○	○	○
○	○	○	○	○	○	○	○	○	○	○	○	○	○	○	○	×	×
×	×	×	×	×	×	×	×	×	×	×	×	×	×	×	×	×	×
○	×	×	○	×	×	○	×	×	○	×	×	○	×	×	○	×	×
○	○	×	○	×	×	○	×	×	○	×	×	○	×	×	○	×	×
○	○	×	○	×	×	○	×	×	○	×	×	○	×	×	○	×	×
○	○	○	○	○	×	○	○	×	○	○	×	○	×	×	○	×	×
○	○	○	○	○	○	○	○	○	○	○	○	○	○	○	○	○	○
○	○	○	○	○	○	○	×	×	○	×	×	○	×	×	○	×	×
○	○	○	○	○	×	○	○	×	○	×	×	○	×	×	○	×	×
○	○	○	○	○	○	○	○	○	○	○	○	○	×	×	○	×	×
○	○	○	○	○	○	○	○	○	○	○	○	○	○	○	○	○	○
○	○	○	○	○	○	○	○	○	○	○	○	○	○	○	○	○	○
○	○	○	○	○	○	○	○	○	○	○	○	○	○	○	○	○	○
○	○	○	○	○	○	○	○	○	○	○	○	○	○	○	○	○	○
○	○	○	○	○	○	○	○	○	○	○	○	○	○	○	○	○	○
○	×	×	×	×	×	×	×	×	×	×	×	×	×	×	×	×	×
×	×	×	×	×	×	×	×	×	×	×	×	×	×	×	×	×	×
○	○	×	○	×	×	○	×	×	○	×	×	○	×	×	○	×	×
○	○	×	○	×	×	○	×	×	○	×	×	○	×	×	○	×	×
○	○	×	○	×	×	○	×	×	○	×	×	○	×	×	○	×	×
○	○	○	○	×	×	○	×	×	○	×	×	○	×	×	○	×	×
○	○	○	○	○	×	○	×	×	○	×	×	○	×	×	○	×	×
○	○	○	○	○	○	○	○	×	○	×	×	○	×	×	○	×	×
○	○	○	○	○	○	○	○	○	○	○	×	○	×	×	○	○	×
○	×	×	○	×	×	○	×	×	○	×	×	○	×	×	×	×	×
○	○	×	○	×	×	○	×	×	○	×	×	○	×	×	○	×	×
○	○	×	○	○	×	○	×	×	○	×	×	○	×	×	○	×	×
○	○	○	○	○	○	○	○	○	○	○	○	○	○	○	○	○	○

J1	ベイマツ、クロマツ、アカマツ、カラマツ、ツガ等（密度が0.50g/cm³程度のもの）
J2	ベイヒ、ベイツガ、ヒバ、ヒノキ、モミ等（密度が0.44g/cm³程度のもの）
J3	トドマツ、エゾマツ、ベニマツ、スプルース、スギ、ベイスギ等（密度が0.38g/cm³程度のもの）

地域の区分は、断熱等性能等級、一次エネルギー消費量等級、認定低炭素住宅、性能向上計画認定住宅に共通。

地域の区分	都道府県名	市　　町　　村
1	北海道	夕張市、士別市、名寄市、伊達市(旧大滝村に限る。)、留寿都村、喜茂別町、愛別町、上川町、美瑛町、南富良野町、占冠村、下川町、美深町、音威子府村、中川町、幌加内町、猿払村、浜頓別町、中頓別町、枝幸町(旧歌登町に限る。)、津別町、訓子府町、置戸町、佐呂間町、遠軽町、滝上町、興部町、西興部村、雄武町、上士幌町、中札内村、更別村、幕別町(旧忠類村に限る。)、大樹町、豊頃町、足寄町、陸別町、標茶町、弟子屈町、鶴居村、別海町、中標津町
2	北海道	札幌市、小樽市、旭川市、釧路市、帯広市、北見市、岩見沢市、網走市、留萌市、苫小牧市、稚内市、美唄市、芦別市、江別市、赤平市、紋別市、三笠市、根室市、千歳市、滝川市、砂川市、歌志内市、深川市、富良野市、登別市、恵庭市、伊達市(旧伊達市に限る。)、北広島市、石狩市、北斗市、当別町、新篠津村、木古内町、七飯町、鹿部町、森町、八雲町(旧八雲町に限る。)、長万部町、今金町、せたな町、島牧村、寿都町、黒松内町、蘭越町、ニセコ町、真狩村、京極町、倶知安町、共和町、岩内町、泊村、神恵内村、積丹町、古平町、仁木町、余市町、赤井川村、南幌町、奈井江町、上砂川町、由仁町、長沼町、栗山町、月形町、浦臼町、新十津川町、妹背牛町、秩父別町、雨竜町、北竜町、沼田町、鷹栖町、東神楽町、当麻町、比布町、東川町、上富良野町、中富良野町、和寒町、剣淵町、増毛町、小平町、苫前町、羽幌町、初山別村、遠別町、天塩町、枝幸町(旧枝幸町に限る。)、豊富町、礼文町、利尻町、利尻富士町、幌延町、美幌町、斜里町、清里町、小清水町、湧別町、大空町、豊浦町、壮瞥町、白老町、厚真町、洞爺湖町、安平町、むかわ町、日高町、平取町、新冠町、浦河町、様似町、えりも町、新ひだか町、音更町、士幌町、鹿追町、新得町、清水町、芽室町、広尾町、幕別町(旧幕別町に限る。)、池田町、本別町、浦幌町、釧路町、厚岸町、浜中町、白糠町、標津町、羅臼町
	青森県	平川市(旧碇ヶ関村に限る。)
	岩手県	八幡平市(旧安代町に限る。)、葛巻町、岩手町、西和賀町、九戸村
	秋田県	小坂町
	福島県	檜枝岐村、南会津町(旧舘岩村、旧伊南村、旧南郷村に限る。)
	栃木県	日光市(旧栗山村に限る。)
	群馬県	嬬恋村、草津町、片品村
	長野県	塩尻市(旧楢川村に限る。)、川上村、南牧村、南相木村、北相木村、軽井沢町、木祖村、木曽町(旧開田村に限る。)
3	北海道	函館市、室蘭市、松前町、福島町、知内町、八雲町(旧熊石町に限る。)、江差町、上ノ国町、厚沢部町、乙部町、奥尻町
	青森県	青森市、弘前市、八戸市、黒石市、五所川原市、十和田市、三沢市、むつ市、つがる市、平川市(旧尾上町、旧平賀町に限る。)、平内町、今別町、蓬田村、外ヶ浜町、西目屋村、藤崎町、大鰐町、田舎館村、板柳町、鶴田町、中泊町、野辺地町、七戸町、六戸町、横浜町、東北町、六ヶ所村、おいらせ町、大間町、東通村、風間浦村、佐井村、三戸町、五戸町、田子町、南部町、階上町、新郷村
	岩手県	盛岡市、花巻市、久慈市、遠野市、二戸市、八幡平市(旧西根町、旧松尾村に限る。)、一関市(旧大東町、旧藤沢町、旧千厩町、旧東山町、旧室根村に限る。)、滝沢市、雫石町、紫波町、矢巾町、住田町、岩泉町、田野畑村、普代村、軽米町、野田村、洋野町、一戸町
	宮城県	七ヶ宿町
	秋田県	能代市(旧二ツ井町に限る。)、横手市、大館市、湯沢市、鹿角市、大仙市、北秋田市、仙北市、上小阿仁村、藤里町、美郷町、羽後町、東成瀬村
	山形県	新庄市、長井市、尾花沢市、南陽市、西川町、朝日町、大江町、大石田町、金山町、最上町、舟形町、真室川町、鮭川村、戸沢村、高畠町、川西町、小国町、飯豊町
	福島県	二本松市(旧東和町に限る。)、下郷町、只見町、南会津町(旧田島町に限る。)、北塩原村、磐梯町、猪苗代町、柳津町、三島町、金山町、昭和村、鮫川村、平田村、小野町、川内村、葛尾村、飯舘村
	栃木県	日光市(旧足尾町に限る。)
	群馬県	上野村、長野原町、高山村、川場村
	石川県	白山市(旧白峰村に限る。)
	山梨県	北杜市(旧小淵沢町に限る。)、笛吹市(旧芦川村に限る。)、忍野村、山中湖村、鳴沢村、小菅村、丹波山村
	長野県	上田市(旧真田町、旧武石村に限る。)、岡谷市、小諸市、大町市、茅野市、佐久市、小海町、佐久穂町、御代田町、立科町、長和町、富士見町、原村、辰野町、平谷村、売木村、上松町、王滝村、木曽町(旧木曽福島町、旧日義村、旧三岳村に限る。)、麻績村、生坂村、朝日村、筑北村、白馬村、小谷村、高山村、山ノ内町、野沢温泉村、信濃町、小川村、飯綱町
	岐阜県	飛騨市、郡上市(旧高鷲村に限る。)、下呂市(旧小坂町、旧馬瀬村に限る。)、白川村
	奈良県	野迫川村
	広島県	廿日市市(旧吉和村に限る。)

地域の区分	都道府県名	市　　町　　村
4	青森県	鰺ヶ沢町、深浦町
	岩手県	宮古市、大船渡市、北上市、一関市(旧一関市、旧花泉町、旧川崎村に限る。)、陸前高田市、釜石市、奥州市、金ケ崎町、平泉町、大槌町、山田町
	宮城県	石巻市、塩竈市、気仙沼市、白石市、名取市、角田市、岩沼市、登米市、栗原市、東松島市、大崎市、蔵王町、大河原町、村田町、柴田町、川崎町、丸森町、亘理町、松島町、七ヶ浜町、利府町、大和町、大郷町、富谷市、大衡村、色麻町、加美町、涌谷町、美里町、女川町、南三陸町
	秋田県	秋田市、能代市(旧能代市に限る。)、男鹿市、由利本荘市、潟上市、三種町、八峰町、五城目町、八郎潟町、井川町、大潟村
	山形県	山形市、米沢市、鶴岡市、酒田市(旧八幡町、旧松山町、旧平田町に限る。)、寒河江市、上山市、村山市、天童市、東根市、山辺町、中山町、河北町、大蔵村、白鷹町、三川町、庄内町、遊佐町
	福島県	会津若松市、白河市、須賀川市、喜多方市、二本松市(旧二本松市、旧安達町、旧岩代町に限る。)、田村市、伊達市、本宮市、桑折町、国見町、川俣町、大玉村、鏡石町、天栄村、西会津町、会津坂下町、湯川村、会津美里町、西郷村、泉崎村、中島村、矢吹町、棚倉町、矢祭町、塙町、石川町、玉川村、浅川町、古殿町、三春町
	茨城県	城里町(旧七会村に限る。)、大子町
	栃木県	日光市(旧日光市、旧今市市、旧藤原町に限る。)、那須塩原市、塩谷町、那須町
	群馬県	高崎市(旧倉渕村に限る。)、桐生市(旧黒保根村に限る。)、沼田市、神流町、南牧村、中之条町、東吾妻町、昭和村、みなかみ町
	埼玉県	秩父市(旧大滝村に限る。)
	東京都	檜原村、奥多摩町
	新潟県	小千谷市、十日町市、村上市、魚沼市、南魚沼市、阿賀町、湯沢町、津南町、関川村
	石川県	白山市(旧河内村、旧吉野谷村、旧鳥越村、旧尾口村に限る。)
	福井県	池田町
	山梨県	甲府市(旧上九一色村に限る。)、富士吉田市、北杜市(旧明野村、旧須玉町、旧高根町、旧長坂町、旧大泉村、旧白州町に限る。)、甲州市(旧大和村に限る。)、道志村、西桂町、富士河口湖町
	長野県	長野市、松本市、上田市(旧上田市、旧丸子町に限る。)、諏訪市、須坂市、伊那市、駒ヶ根市、中野市、飯山市、塩尻市(旧塩尻市に限る。)、千曲市、東御市、安曇野市、青木村、下諏訪町、箕輪町、飯島町、南箕輪村、中川村、宮田村、松川町、高森町、阿南町、阿智村、根羽村、下條村、天龍村、泰阜村、豊丘村、大鹿村、南木曽町、大桑村、山形村、池田町、松川村、坂城町、小布施町、木島平村、栄村
	岐阜県	高山市、中津川市(旧長野県木曽郡山口村、旧坂下町、旧川上村、旧加子母村、旧付知町、旧福岡町、旧蛭川村に限る。)、本巣市(旧根尾村に限る。)、郡上市(旧八幡町、旧大和町、旧白鳥町、旧明宝村、旧和良村に限る。)、下呂市(旧萩原町、旧下呂町、旧金山町に限る。)、東白川村
	愛知県	豊田市(旧稲武町に限る。)、設楽町(旧津具村に限る。)、豊根村
	兵庫県	香美町(旧村岡町、旧美方町に限る。)
	奈良県	奈良市(旧都祁村に限る。)、五條市(旧大塔村に限る。)、曽爾村、御杖村、黒滝村、天川村、川上村
	和歌山県	高野町
	鳥取県	若桜町、日南町、日野町
	島根県	飯南町、吉賀町
	岡山県	津山市(旧阿波村に限る。)、真庭市(旧湯原町、旧美甘村、旧川上村、旧八束村、旧中和村に限る。)、新庄村、西粟倉村、吉備中央町
	広島県	庄原市(旧総領町、旧西城町、旧東城町、旧口和町、旧高野町、旧比和町に限る。)、安芸太田町、世羅町、神石高原町
	愛媛県	新居浜市(旧別子山村に限る。)、久万高原町
	高知県	いの町(旧本川村に限る。)、梼原町
5	宮城県	仙台市、多賀城市、山元町
	秋田県	にかほ市
	山形県	酒田市(旧酒田市に限る。)
	福島県	福島市、郡山市、いわき市、相馬市、南相馬市、広野町、楢葉町、富岡町、大熊町、双葉町、浪江町、新地町
	茨城県	水戸市、土浦市(旧新治村に限る。)、石岡市、結城市、下妻市、常総市、常陸太田市、高萩市、北茨城市、笠間市、取手市、牛久市、つくば市、ひたちなか市、常陸大宮市、那珂市、筑西市、坂東市、稲敷市、かすみがうら市、桜川市、行方市、鉾田市、つくばみらい市、小美玉市、茨城町、大洗町、城里町(旧常北町、旧桂村に限る。)、東海村、美浦村、阿見町、河内町、八千代町、五霞町、境町、利根町

地域の区分	都道府県名	市　　　町　　　村
5	栃木県	宇都宮市、栃木市、鹿沼市、小山市、真岡市、大田原市、矢板市、さくら市、那須烏山市、下野市、上三川町、益子町、茂木町、市貝町、芳賀町、壬生町、野木町、高根沢町、那珂川町
	群馬県	桐生市(旧新里村に限る。)、渋川市、富岡市、安中市、みどり市、榛東村、吉岡町、下仁田町、甘楽町、板倉町
	埼玉県	秩父市(旧秩父市、旧吉田町、旧荒川村に限る。)、飯能市、日高市、毛呂山町、越生町、滑川町、嵐山町、小川町、川島町、吉見町、鳩山町、ときがわ町、横瀬町、皆野町、長瀞町、小鹿野町、東秩父村、美里町、神川町、寄居町
	千葉県	印西市、富里市、栄町、神崎町
	東京都	青梅市、羽村市、あきる野市、瑞穂町、日の出町
	神奈川県	山北町、愛川町、清川村
	新潟県	新潟市、長岡市、三条市、柏崎市、新発田市、加茂市、見附市、燕市、糸魚川市、妙高市、五泉市、上越市、阿賀野市、佐渡市、胎内市、聖籠町、弥彦村、田上町、出雲崎町、刈羽村、粟島浦村
	富山県	富山市、高岡市、魚津市、氷見市、滑川市、黒部市、砺波市、小矢部市、南砺市、射水市、舟橋村、上市町、立山町、入善町、朝日町
	石川県	七尾市、輪島市、珠洲市、加賀市、羽咋市、かほく市、白山市(旧美川町、旧鶴来町に限る。)、能美市、川北町、津幡町、内灘町、志賀町、宝達志水町、中能登町、穴水町、能登町
	福井県	大野市、勝山市、あわら市、坂井市、永平寺町、南越前町、若狭町
	山梨県	甲府市(旧中道町に限る。)、都留市、山梨市、大月市、韮崎市、南アルプス市、北杜市(旧武川村に限る。)、甲斐市、笛吹市(旧春日居町、旧石和町、旧御坂町、旧一宮町、旧八代町、旧境川村に限る。)、上野原市、甲州市(旧塩山市、旧勝沼町に限る。)、中央市、市川三郷町、早川町、身延町、富士川町
	長野県	飯田市、喬木村
	岐阜県	大垣市(旧上石津町に限る。)、中津川市(旧中津川市に限る。)、美濃市、瑞浪市、恵那市、郡上市(旧美並村に限る。)、土岐市、関ケ原町、坂祝町、富加町、川辺町、七宗町、八百津町、白川町、御嵩町
	静岡県	御殿場市、小山町、川根本町
	愛知県	設楽町(旧設楽町に限る。)、東栄町
	三重県	津市(旧美杉村に限る。)、名張市、いなべ市(旧北勢町、旧藤原町に限る。)、伊賀市
	滋賀県	大津市、彦根市、長浜市、栗東市、甲賀市、野洲市、湖南市、高島市、東近江市、米原市、日野町、竜王町、愛荘町、豊郷町、甲良町、多賀町
	京都府	福知山市、綾部市、宮津市、亀岡市、京丹後市、南丹市、宇治田原町、笠置町、和束町、南山城村、京丹波町、与謝野町
	大阪府	豊能町、能勢町
	兵庫県	豊岡市、西脇市、三田市、加西市、丹波篠山市、養父市、丹波市、朝来市、宍粟市、加東市、猪名川町、多可町、市川町、神河町、上郡町、佐用町、新温泉町(旧温泉町に限る。)
	奈良県	生駒市、宇陀市、山添村、平群町、吉野町、大淀町、下市町、十津川村、下北山村、上北山村、東吉野村
	和歌山県	田辺市(旧龍神村に限る。)、かつらぎ町(旧花園村に限る。)、日高川町(旧美山村に限る。)
	鳥取県	倉吉市、智頭町、八頭町、三朝町、南部町、江府町
	島根県	益田市(旧美都町、旧匹見町に限る。)、雲南市、奥出雲町、川本町、美郷町、邑南町、津和野町
	岡山県	津山市(旧津山市、旧加茂町、旧勝北町、旧久米町に限る。)、高梁市、新見市、備前市、真庭市(旧北房町、旧勝山町、旧落合町、旧久世町に限る。)、美作市、和気町、鏡野町、勝央町、奈義町、久米南町、美咲町
	広島県	府中市、三次市、庄原市(旧庄原市に限る。)、東広島市、廿日市市(旧佐伯町に限る。)、安芸高田市、熊野町、北広島町
	山口県	下関市(旧豊田町に限る。)、萩市(旧むつみ村、旧福栄村に限る。)、美祢市
	徳島県	三好市、上勝町
	愛媛県	大洲市(旧肱川町、旧河辺村に限る。)、内子町(旧小田町に限る。)
	高知県	本山町、大豊町、土佐町、大川村、いの町(旧吾北村に限る。)、仁淀川町
	福岡県	東峰村
	熊本県	八代市(旧泉村に限る。)、阿蘇市、南小国町、小国町、産山村、高森町、南阿蘇村、山都町、水上村、五木村
	大分県	佐伯市(旧宇目町に限る。)、由布市(旧湯布院町に限る。)、九重町、玖珠町
	宮崎県	椎葉村、五ヶ瀬町
6	茨城県	日立市、土浦市(旧新治村を除く。)、古河市、龍ケ崎市、鹿嶋市、潮来市、守谷市、神栖市
	栃木県	足利市、佐野市
	群馬県	前橋市、高崎市(旧倉渕村を除く。)、桐生市(旧桐生市に限る。)、伊勢崎市、太田市、館林市、藤岡市、玉村町、明和町、千代田町、大泉町、邑楽町

地域の区分	都道府県名	市　　町　　村
6	埼玉県	さいたま市、川越市、熊谷市、川口市、行田市、所沢市、加須市、本庄市、東松山市、春日部市、狭山市、羽生市、鴻巣市、深谷市、上尾市、草加市、越谷市、蕨市、戸田市、入間市、朝霞市、志木市、和光市、新座市、桶川市、久喜市、北本市、八潮市、富士見市、三郷市、蓮田市、坂戸市、幸手市、鶴ヶ島市、吉川市、ふじみ野市、白岡市、伊奈町、三芳町、上里町、宮代町、杉戸町、松伏町
	千葉県	千葉市、銚子市、市川市、船橋市、木更津市、松戸市、野田市、茂原市、成田市、佐倉市、東金市、旭市、習志野市、柏市、市原市、流山市、八千代市、我孫子市、鴨川市、鎌ケ谷市、君津市、富津市、浦安市、四街道市、袖ケ浦市、八街市、白井市、南房総市、匝瑳市、香取市、山武市、いすみ市、大網白里市、酒々井町、多古町、東庄町、九十九里町、芝山町、横芝光町、一宮町、睦沢町、長生村、白子町、長柄町、長南町、大多喜町、御宿町、鋸南町
	東京都	東京23区、八王子市、立川市、武蔵野市、三鷹市、府中市、昭島市、調布市、町田市、小金井市、小平市、日野市、東村山市、国分寺市、国立市、福生市、狛江市、東大和市、清瀬市、東久留米市、武蔵村山市、多摩市、稲城市、西東京市
	神奈川県	横浜市、川崎市、相模原市、平塚市、鎌倉市、小田原市、茅ヶ崎市、逗子市、秦野市、厚木市、大和市、伊勢原市、海老名市、座間市、南足柄市、綾瀬市、葉山町、寒川町、大磯町、二宮町、中井町、大井町、松田町、開成町、箱根町、真鶴町、湯河原町
	石川県	金沢市、白山市(旧松任市に限る。)、小松市、野々市市
	福井県	福井市、敦賀市、小浜市、鯖江市、越前市、越前町、美浜町、高浜町、おおい町
	山梨県	甲府市(旧甲府市に限る。)、南部町、昭和町
	岐阜県	岐阜市、大垣市(旧大垣市、旧墨俣町に限る。)、多治見市、関市、羽島市、美濃加茂市、各務原市、可児市、山県市、瑞穂市、本巣市(旧本巣町、旧真正町、旧糸貫町に限る。)、海津市、岐南町、笠松町、養老町、垂井町、神戸町、輪之内町、安八町、揖斐川町、大野町、池田町、北方町
	静岡県	浜松市、熱海市、三島市、富士宮市、島田市、掛川市、袋井市、裾野市、湖西市、伊豆市、菊川市、伊豆の国市、西伊豆町、函南町、長泉町、森町
	愛知県	名古屋市、岡崎市、一宮市、瀬戸市、半田市、春日井市、豊川市、津島市、碧南市、刈谷市、豊田市(旧稲武町を除く。)、安城市、西尾市、蒲郡市、犬山市、常滑市、江南市、小牧市、稲沢市、新城市、東海市、大府市、知多市、知立市、尾張旭市、高浜市、岩倉市、豊明市、日進市、田原市、愛西市、清須市、北名古屋市、弥富市、みよし市、あま市、長久手市、東郷町、豊山町、大口町、扶桑町、大治町、蟹江町、飛島村、阿久比町、東浦町、南知多町、美浜町、武豊町、幸田町
	三重県	津市(旧津市、旧久居市、旧河芸町、旧芸濃町、旧美里村、旧安濃町、旧香良洲町、旧一志町、旧白山町に限る。)、四日市市、伊勢市、松阪市、桑名市、鈴鹿市、尾鷲市、亀山市、鳥羽市、いなべ市(旧員弁町、旧大安町に限る。)、志摩市、木曽岬町、東員町、菰野町、朝日町、川越町、多気町、明和町、大台町、玉城町、度会町、大紀町、南伊勢町、紀北町
	滋賀県	近江八幡市、草津市、守山市
	京都府	京都市、舞鶴市、宇治市、城陽市、向日市、長岡京市、八幡市、京田辺市、木津川市、大山崎町、久御山町、井手町、精華町、伊根町
	大阪府	大阪市、堺市、岸和田市、豊中市、池田市、吹田市、泉大津市、高槻市、貝塚市、守口市、枚方市、茨木市、八尾市、泉佐野市、富田林市、寝屋川市、河内長野市、松原市、大東市、和泉市、箕面市、柏原市、羽曳野市、門真市、摂津市、高石市、藤井寺市、東大阪市、泉南市、四條畷市、交野市、大阪狭山市、阪南市、島本町、忠岡町、熊取町、田尻町、太子町、河南町、千早赤阪村
	兵庫県	神戸市、姫路市、尼崎市、明石市、西宮市、洲本市、芦屋市、伊丹市、相生市、加古川市、赤穂市、宝塚市、三木市、高砂市、川西市、小野市、南あわじ市、淡路市、たつの市、稲美町、播磨町、福崎町、太子町、香美町(旧村岡町、旧美方町を除く。)、新温泉町(旧浜坂町に限る。)
	奈良県	奈良市(旧都祁村を除く。)、大和高田市、大和郡山市、天理市、橿原市、桜井市、五條市(旧大塔村を除く。)、御所市、香芝市、葛城市、三郷町、斑鳩町、安堵町、川西町、三宅町、田原本町、高取町、明日香村、上牧町、王寺町、広陵町、河合町
	和歌山県	海南市、橋本市、有田市、田辺市(旧本宮町に限る。)、紀の川市、岩出市、紀美野町、かつらぎ町(旧花園村を除く。)、九度山町、湯浅町、広川町、有田川町、日高町、由良町、日高川町(旧川辺町、旧中津村に限る。)、上富田町、北山村
	鳥取県	鳥取市、米子市、境港市、岩美町、湯梨浜町、琴浦町、北栄町、日吉津村、大山町、伯耆町
	島根県	松江市、浜田市、出雲市、益田市(旧益田市に限る。)、大田市、安来市、江津市、海士町、西ノ島町、知夫村、隠岐の島町
	岡山県	岡山市、倉敷市、玉野市、笠岡市、井原市、総社市、瀬戸内市、赤磐市、浅口市、早島町、里庄町、矢掛町
	広島県	広島市、呉市、竹原市、三原市、尾道市、福山市、大竹市、廿日市市(旧佐伯町、旧吉和村を除く。)、江田島市、府中町、海田町、坂町、大崎上島町
	山口県	宇部市、山口市、萩市(旧萩市、旧川上村、旧田万川町、旧須佐町、旧旭村に限る。)、防府市、下松市、岩国市、光市、長門市、柳井市、周南市、山陽小野田市、周防大島町、和木町、上関町、田布施町、平生町、阿武町

地域の区分	都道府県名	市　　町　　村
6	徳島県	徳島市、鳴門市、吉野川市、阿波市、美馬市、勝浦町、佐那河内村、石井町、神山町、那賀町、牟岐町、松茂町、北島町、藍住町、板野町、上板町、つるぎ町、東みよし町
	香川県	全ての市町
	愛媛県	今治市、八幡浜市、西条市、大洲市(旧大洲市、旧長浜町に限る。)、伊予市、四国中央市、西予市、東温市、上島町、砥部町、内子町(旧内子町、旧五十崎町に限る。)、伊方町、松野町、鬼北町
	高知県	香美市、馬路村、いの町(旧伊野町に限る。)、佐川町、越知町、日高村、津野町、四万十町、三原村、黒潮町
	福岡県	北九州市、大牟田市、久留米市、直方市、飯塚市、田川市、柳川市、八女市、筑後市、大川市、行橋市、豊前市、中間市、小郡市、筑紫野市、春日市、大野城市、宗像市、太宰府市、古賀市、福津市、うきは市、宮若市、嘉麻市、朝倉市、みやま市、糸島市、那珂川市、宇美町、篠栗町、須恵町、久山町、水巻町、岡垣町、遠賀町、小竹町、鞍手町、桂川町、筑前町、大刀洗町、大木町、広川町、香春町、添田町、糸田町、川崎町、大任町、赤村、福智町、苅田町、みやこ町、吉富町、上毛町、築上町
	佐賀県	全ての市町
	長崎県	佐世保市、松浦市、対馬市、雲仙市(旧小浜町に限る。)、東彼杵町、川棚町、波佐見町、佐々町
	熊本県	八代市(旧坂本村、旧東陽村に限る。)、人吉市、荒尾市、玉名市、山鹿市、菊池市、合志市、美里町、玉東町、南関町、和水町、大津町、菊陽町、西原村、御船町、益城町、甲佐町、錦町、多良木町、湯前町、相良村、山江村、球磨村、あさぎり町
	大分県	大分市(旧野津原町に限る。)、別府市、中津市、日田市、臼杵市、津久見市、竹田市、豊後高田市、杵築市、宇佐市、豊後大野市、由布市(旧挾間町、旧庄内町に限る。)、国東市、姫島村、日出町
	宮崎県	小林市、えびの市、高原町、西米良村、諸塚村、美郷町、高千穂町、日之影町
	鹿児島県	伊佐市、湧水町
7	千葉県	館山市、勝浦市
	東京都	大島町、利島村、新島村、神津島村、三宅村、御蔵島村、八丈町、青ヶ島村
	神奈川県	横須賀市、藤沢市、三浦市
	静岡県	静岡市、沼津市、伊東市、富士市、磐田市、焼津市、藤枝市、下田市、御前崎市、牧之原市、東伊豆町、河津町、南伊豆町、松崎町、清水町、吉田町
	愛知県	豊橋市
	三重県	熊野市、御浜町、紀宝町
	大阪府	岬町
	和歌山県	和歌山市、御坊市、田辺市(旧龍神村、旧本宮町を除く。)、新宮市、美浜町、印南町、みなべ町、白浜町、すさみ町、那智勝浦町、太地町、古座川町、串本町
	山口県	下関市(旧豊田町を除く。)
	徳島県	小松島市、阿南市、美波町、海陽町
	愛媛県	松山市、宇和島市、新居浜市(旧新居浜市に限る。)、松前町、愛南町
	高知県	高知市、室戸市、安芸市、南国市、土佐市、須崎市、宿毛市、土佐清水市、四万十市、香南市、東洋町、奈半利町、田野町、安田町、北川村、芸西村、中土佐町、大月町
	福岡県	福岡市、志免町、新宮町、粕屋町、芦屋町
	長崎県	長崎市、島原市、諫早市、大村市、平戸市、壱岐市、五島市、西海市、雲仙市(旧小浜町を除く。)、南島原市、長与町、時津町、小値賀町、新上五島町
	熊本県	熊本市、八代市(旧八代市、旧千丁町、旧鏡町に限る。)、水俣市、宇土市、上天草市、宇城市、天草市、長洲町、嘉島町、氷川町、芦北町、津奈木町、苓北町
	大分県	大分市(旧野津原町を除く。)、佐伯市(旧宇目町を除く。)
	宮崎県	宮崎市、都城市、延岡市、日南市、日向市、串間市、西都市、三股町、国富町、綾町、高鍋町、新富町、木城町、川南町、都農町、門川町
	鹿児島県	鹿児島市、鹿屋市、枕崎市、阿久根市、出水市、指宿市、西之表市、垂水市、薩摩川内市、日置市、曽於市、霧島市、いちき串木野市、南さつま市、志布志市、南九州市、姶良市、三島村、十島村、さつま町、長島町、大崎町、東串良町、錦江町、南大隅町、肝付町、中種子町、南種子町、屋久島町
8	東京都	小笠原村
	鹿児島県	奄美市、大和村、宇検村、瀬戸内町、龍郷町、喜界町、徳之島町、天城町、伊仙町、和泊町、知名町、与論町
	沖縄県	全ての市町村

注) この表に掲げる区域は、令和元年5月1日における行政区画によって表示されたものとする。
　　ただし、括弧内に記載する区域は、平成13年8月1日における旧行政区画によって表示されたものとする。

付録10 「建具とガラスの組合せ」による開口部の熱貫流率

表1・表2は、一般社団法人日本サッシ協会作成資料を転載したものである。

表1 大部分がガラスで構成されている窓等の開口部の熱貫流率

建具の仕様	ガラスの仕様		中空層の仕様		開口部の熱貫流率[W/(m²·K)]※2			
			ガスの封入※1	中空層の厚さ	付属部材なし	シャッター・雨戸付	和障子付	風除室あり
樹脂製建具又は木製建具	3層複層ガラス	Low-Eガラス2枚	されている	13mm以上	1.60	1.49	1.43	1.38
				10mm以上13mm未満	1.70	1.58	1.51	1.46
				7mm以上10mm未満	1.90	1.75	1.66	1.60
				7mm未満	2.15	1.96	1.86	1.77
			されていない	13mm以上	1.70	1.58	1.51	1.46
				9mm以上13mm未満	1.90	1.75	1.66	1.60
				7mm以上9mm未満	2.15	1.96	1.86	1.77
				7mm未満	2.33	2.11	1.99	1.89
		Low-Eガラス1枚	されている	10mm以上	1.90	1.75	1.66	1.60
				10mm未満	2.15	1.96	1.86	1.77
			されていない	13mm以上	1.90	1.75	1.66	1.60
				9mm以上13mm未満	2.15	1.96	1.86	1.77
				7mm以上9mm未満	2.33	2.11	1.99	1.89
				7mm未満	2.91	2.59	2.41	2.26
		一般ガラス	されていない	12mm以上	2.33	2.11	1.99	1.89
				12mm未満	2.91	2.59	2.41	2.26
	複層ガラス	Low-Eガラス	されている	10mm以上	2.15	1.96	1.86	1.77
				8mm以上10mm未満	2.33	2.11	1.99	1.89
				8mm未満	2.91	2.59	2.41	2.26
			されていない	14mm以上	2.15	1.96	1.86	1.77
				11mm以上14mm未満	2.33	2.11	1.99	1.89
				11mm未満	2.91	2.59	2.41	2.26
		一般ガラス	されていない	13mm以上	2.91	2.59	2.41	2.26
				13mm未満	3.49	3.04	2.82	2.59
	単板ガラス	−	−	−	6.51	5.23	4.76	3.95
樹脂(又は木)と金属の複合材料製建具	3層複層ガラス	Low-Eガラス2枚	されている	12mm以上	1.90	1.75	1.66	1.60
				8mm以上12mm未満	2.15	1.96	1.86	1.77
				8mm未満	2.33	2.11	1.99	1.89
			されていない	16mm以上	1.90	1.75	1.66	1.60
				10mm以上16mm未満	2.15	1.96	1.86	1.77
				8mm以上10mm未満	2.33	2.11	1.99	1.89
				8mm未満	2.91	2.59	2.41	2.26
		Low-Eガラス1枚	されている	12mm以上	2.15	1.96	1.86	1.77
				9mm以上12mm未満	2.33	2.11	1.99	1.89
				9mm未満	2.91	2.59	2.41	2.26
			されていない	16mm以上	2.15	1.96	1.86	1.77
				12mm以上16mm未満	2.33	2.11	1.99	1.89
				12mm未満	2.91	2.59	2.41	2.26
		一般ガラス	されていない	7mm以上	2.91	2.59	2.41	2.26
				7mm未満	3.49	3.04	2.82	2.59
	複層ガラス	Low-Eガラス	されている	14mm以上	2.33	2.11	1.99	1.89
				14mm未満	2.91	2.59	2.41	2.26
			されていない	9mm以上	2.91	2.59	2.41	2.26
				9mm未満	3.49	3.04	2.82	2.59
		一般ガラス	されていない	11mm以上	3.49	3.04	2.82	2.59
				11mm未満	4.07	3.49	3.21	2.90
	単板ガラス	−	−	−	6.51	5.23	4.76	3.95
その他 ・金属製建具 ・金属製熱遮断構造建具等	複層ガラス	Low-Eガラス	されている	10mm以上	2.91	2.59	2.41	2.26
				10mm未満	3.49	3.04	2.82	2.59
			されていない	14mm以上	2.91	2.59	2.41	2.26
				7mm以上14mm未満	3.49	3.04	2.82	2.59
				7mm未満	4.07	3.49	3.21	2.90
		一般ガラス	されていない	8mm以上	4.07	3.49	3.21	2.90
				8mm未満	4.65	3.92	3.60	3.18
	単板ガラス	−	−	−	6.51	5.23	4.76	3.95

表中の用語の定義については、国立研究開発法人建築研究所が公表する「平成28年省エネルギー基準に準拠したエネルギー消費性能の評価に関する技術情報(住宅)」の「2.エネルギー消費性能の算定方法 2.1算定方法 第一章 概要と用語の定義」を参照(https://www.kenken.go.jp/becc/house.html)。

※1 「ガス」とは、アルゴンガス又は熱伝導率がこれと同等以下のものをいう。

※2 国立研究開発法人建築研究所ホームページ内「平成28年省エネルギー基準に準拠したエネルギー消費性能の評価に関する技術情報」の熱貫流率及び線熱貫流率(ドア等の大部分がガラスで構成されない開口部)の熱貫流率の表及び風除室に面する場合の計算式による。

表2　大部分がガラスで構成されていないドア等の開口部の熱貫流率

適用範囲：2ロックかつ掘込み錠式のドア等（面付け錠式のドア、欄間付のドア、袖付のドア、面付け錠式の引戸、欄間付の引戸及び袖付の引戸には適用できない）

枠の仕様	戸の仕様			ガラスの仕様	中空層の仕様		開口部の熱貫流率 [W/(m²·K)]*2	
					ガスの封入*1	中空層の厚さ	付属部材なし	風除室あり
金属製熱遮断構造	金属製高断熱フラッシュ構造	ポストなし	ドア内ガラスなし	−	−	−	1.60	1.38
			ドア内ガラスあり	Low-E複層ガラス	されている	7mm以上	1.90	1.60
						7mm未満	2.33	1.89
					されていない	9mm以上	1.90	1.60
						9mm未満	2.33	1.89
				複層ガラス	されていない	中空層厚問わない	2.33	1.89
		ポストあり	ドア内ガラスなし	−	−	−	1.60	1.38
			ドア内ガラスあり	Low-E複層ガラス	されている	9mm以上	1.90	1.60
						9mm未満	2.33	1.89
					されていない	12mm以上	1.90	1.60
						12mm未満	2.33	1.89
				複層ガラス	されていない	中空層厚問わない	2.33	1.89
	金属製断熱フラッシュ構造	ポストなし	ドア内ガラスなし	−	−	−	1.90	1.60
			ドア内ガラスあり	Low-E複層ガラス	されている	10mm以上	2.33	1.89
						10mm未満	2.91	2.26
					されていない	14mm以上	2.33	1.89
						14mm未満	2.91	2.26
				複層ガラス	されていない	中空層厚問わない	2.91	2.26
		ポストあり	ドア内ガラスなし	−	−	−	1.90	1.60
			ドア内ガラスあり	Low-E複層ガラス	されている	14mm以上	2.33	1.89
						14mm未満	2.91	2.26
					されていない	中空層厚問わない	2.91	2.26
				複層ガラス	されていない	中空層厚問わない	2.91	2.26
	金属製フラッシュ構造	ポストなし	ドア内ガラスなし	−	−	−	1.90	1.60
			ドア内ガラスあり	Low-E複層ガラス	されている	中空層厚問わない	2.91	2.26
					されていない	中空層厚問わない	2.91	2.26
				複層ガラス	されていない	中空層厚問わない	2.91	2.26
		ポストあり	ドア内ガラスなし	−	−	−	2.33	1.89
			ドア内ガラスあり	Low-E複層ガラス	されている	中空層厚問わない	2.91	2.26
					されていない	中空層厚問わない	2.91	2.26
				複層ガラス	されていない	中空層厚問わない	2.91	2.26
	金属製ハニカムフラッシュ構造	ポストなし	ドア内ガラスなし	−	−	−	2.91	2.26
			ドア内ガラスあり	Low-E複層ガラス	されている	中空層厚問わない	3.49	2.59
					されていない	中空層厚問わない	3.49	2.59
				複層ガラス	されていない	中空層厚問わない	3.49	2.59
		ポストあり	ドア内ガラスなし	−	−	−	2.91	2.26
			ドア内ガラスあり	Low-E複層ガラス	されている	中空層厚問わない	3.49	2.59
					されていない	中空層厚問わない	3.49	2.59
				複層ガラス	されていない	中空層厚問わない	3.49	2.59
複合材料製	金属製高断熱フラッシュ構造	ポストなし	ドア内ガラスなし	−	−	−	1.60	1.38
			ドア内ガラスあり	Low-E複層ガラス	されている	8mm以上	1.90	1.60
						8mm未満	2.33	1.89
					されていない	10mm以上	1.90	1.60
						10mm未満	2.33	1.89
				複層ガラス	されていない	中空層厚問わない	2.33	1.89
		ポストあり	ドア内ガラスなし	−	−	−	1.60	1.38
			ドア内ガラスあり	Low-E複層ガラス	されている	13mm以上	1.90	1.60
						13mm未満	2.33	1.89
					されていない	15mm以上	2.33	1.89
						15mm未満	2.91	2.26
				複層ガラス	されていない	中空層厚問わない	2.91	2.26
	金属製断熱フラッシュ構造	ポストなし	ドア内ガラスなし	−	−	−	1.90	1.60
			ドア内ガラスあり	Low-E複層ガラス	されている	11mm以上	2.33	1.89
						11mm未満	2.91	2.26
					されていない	15mm以上	2.33	1.89
						15mm未満	2.91	2.26
				複層ガラス	されていない	中空層厚問わない	2.91	2.26
		ポストあり	ドア内ガラスなし	−	−	−	1.90	1.60
			ドア内ガラスあり	Low-E複層ガラス	されている	中空層厚問わない	2.91	2.26
					されていない	中空層厚問わない	2.91	2.26
				複層ガラス	されていない	中空層厚問わない	2.91	2.26
	金属製フラッシュ構造	ポストなし	ドア内ガラスなし	−	−	−	2.33	1.89
			ドア内ガラスあり	Low-E複層ガラス	されている	中空層厚問わない	2.91	2.26
					されていない	中空層厚問わない	2.91	2.26
				複層ガラス	されていない	中空層厚問わない	2.91	2.26
		ポストあり	ドア内ガラスなし	−	−	−	2.33	1.89
			ドア内ガラスあり	Low-E複層ガラス	されている	中空層厚問わない	2.91	2.26
					されていない	中空層厚問わない	2.91	2.26
				複層ガラス	されていない	中空層厚問わない	2.91	2.26
	金属製ハニカムフラッシュ構造	ポストなし	ドア内ガラスなし	−	−	−	2.91	2.26
			ドア内ガラスあり	Low-E複層ガラス	されている	中空層厚問わない	3.49	2.59
					されていない	中空層厚問わない	3.49	2.59
				複層ガラス	されていない	中空層厚問わない	3.49	2.59
		ポストあり	ドア内ガラスなし	−	−	−	2.91	2.26
			ドア内ガラスあり	Low-E複層ガラス	されている	中空層厚問わない	3.49	2.59
					されていない	中空層厚問わない	3.49	2.59
				複層ガラス	されていない	中空層厚問わない	3.49	2.59

枠の仕様	戸の仕様			ガラスの仕様	中空層の仕様		開口部の熱貫流率[W/(m²·K)]※2	
					ガスの封入※1	中空層の厚さ	付属部材なし	風除室あり
金属製又はその他	金属製フラッシュ構造	ポストなし	ドア内ガラスなし	–	–	–	2.33	1.89
			ドア内ガラスあり	Low-E複層ガラス	されている	中空層厚問わない	2.91	2.26
					されていない	中空層厚問わない	2.91	2.26
				複層ガラス	されていない	中空層厚問わない	2.91	2.26
		ポストあり	ドア内ガラスなし	–	–	–	2.33	1.89
			ドア内ガラスあり	Low-E複層ガラス	されている	中空層厚問わない	2.91	2.26
					されていない	中空層厚問わない	2.91	2.26
				複層ガラス	されていない	中空層厚問わない	2.91	2.26
	金属製ハニカムフラッシュ構造	ポストなし	ドア内ガラスなし	–	–	–	2.91	2.26
			ドア内ガラスあり	Low-E複層ガラス	されている	中空層厚問わない	3.49	2.59
					されていない	中空層厚問わない	3.49	2.59
				複層ガラス	されていない	8mm以上	3.49	2.59
						8mm未満	4.07	2.90
				単板ガラス	–	–	4.07	2.90
		ポストあり	ドア内ガラスなし	–	–	–	2.91	2.26
			ドア内ガラスあり	Low-E複層ガラス	されている	中空層厚問わない	3.49	2.59
					されていない	中空層厚問わない	3.49	2.59
				複層ガラス	されていない	中空層厚問わない	4.07	2.90
				単板ガラス	–	–	4.07	2.90
	金属製又はその他	ポストなし	ドア内ガラスなし	–	–	–	6.51	3.95
			ドア内ガラスあり	Low-E複層ガラス	されている	中空層厚問わない	6.51	3.95
					されていない	中空層厚問わない	6.51	3.95
				複層ガラス	されていない	中空層厚問わない	6.51	3.95
				単板ガラス	–	–	6.51	3.95
		ポストあり	ドア内ガラスなし	–	–	–	6.51	3.95
			ドア内ガラスあり	Low-E複層ガラス	されている	中空層厚問わない	6.51	3.95
					されていない	中空層厚問わない	6.51	3.95
				複層ガラス	されていない	中空層厚問わない	6.51	3.95
				単板ガラス	–	–	6.51	3.95

表中の用語の定義については、国立研究開発法人建築研究所が公表する「平成28年省エネルギー基準に準拠したエネルギー消費性能の評価に関する技術情報(住宅)」の「2.エネルギー消費性能の算定方法 2.1算定方法 第一章 概要と用語の定義」を参照(https://www.kenken.go.jp/becc/house.html)。

※1 「ガス」とは、アルゴンガス又は熱伝導率がこれと同等以下のものをいう。

※2 国立研究開発法人建築研究所ホームページ内「平成28年省エネルギー基準に準拠したエネルギー消費性能の評価に関する技術情報」の熱貫流率及び線熱貫流率(ドア等の大部分がガラスで構成されない開口部)の熱貫流率の表及び風除室に面する場合の計算式による。

　熱貫流率等の計算に用いる材料の熱伝導率は、以下のいずれかによる。
・当該建材等のJISに定めがある場合の熱物性値で、JIS表示品または同等以上の性能を有していると確認されたもの
・JIS A 1420により求めた熱伝導率
・下表の熱伝導率

分　　類	建　材　名　称	熱伝導率 λ (W/(m・K))
金属	鋼	55
	アルミニウム	210
	銅	370
	ステンレス鋼	15
岩石・土壌	岩石	3.1
	土壌	1.0
コンクリート系材料	コンクリート	1.6
	軽量コンクリート(軽量1種)	0.8
	軽量コンクリート(軽量2種)	0.5
	軽量気泡コンクリートパネル(ALCパネル)※1	0.19
	コンクリートブロック(重量)	1.1
	コンクリートブロック(軽量)	0.53
	セメント・モルタル	1.5
	押出成型セメント板	0.40
非木質系壁材・下地材	せっこうプラスター	0.60
	せっこうボード(GB-R、GB-D、GB-L、GB-NC)※2※3	0.221
	せっこうボード(GB-S、GB-F)※2※3	0.241
	硬質せっこうボード(GB-R-H、GB-S-H、GB-D-H)※2※3	0.366
	しっくい	0.74
	土壁	0.69
	ガラス	1.0
	タイル	1.3
	れんが	0.64
	かわら	1.0
	ロックウール化粧吸音板	0.064
	火山性ガラス質複層板	0.13
	0.8　ケイ酸カルシウム板※4	0.18
	1.0　ケイ酸カルシウム板※4	0.24
木質系壁材・下地材	天然木材	0.12
	合板	0.16
	タタミボード※5	0.056
	シージングボード※5	0.067
	A級インシュレーションボード※5	0.058
	パーティクルボード※6	0.167
	木毛セメント板	0.13
	木片セメント板	0.15
	ハードファイバーボード(HB)	0.17
	ミディアムデンシティファイバーボード(MDF)	0.12
	直交集成板(CLTパネル)	0.12

分　類	建　材　名　称		熱伝導率λ (W/(m·K))
床材	ビニル系床材		0.19
	FRP		0.26
	アスファルト類		0.11
	畳		0.083
	カーペット		0.08
	稲わら畳床[7]		0.07
	ポリスチレンフォームサンドイッチ稲わら畳床		0.054
	タタミボードサンドイッチ稲わら畳床		0.063
	建材畳床(I形)[8]		0.062
	建材畳床(II形)[8]		0.053
	建材畳床(III形)[8]		0.052
	建材畳床(K形、N形)[8]		0.050
グラスウール断熱材[9]	通常品	10-50	0.050
		10-49	0.049
		10-48	0.048
		12-45	0.045
		12-44	0.044
		16-45	0.045
		16-44	0.044
		20-42	0.042
		20-41	0.041
		20-40	0.040
		24-38	0.038
		32-36	0.036
		40-36	0.036
		48-35	0.035
		64-35	0.035
		80-33	0.033
		96-33	0.033
	高性能品	HG10-47	0.047
		HG10-46	0.046
		HG10-45	0.045
		HG10-44	0.044
		HG10-43	0.043
		HG12-43	0.043
		HG12-42	0.042
		HG12-41	0.041
		HG14-38	0.038
		HG14-37	0.037
		HG16-38	0.038
		HG16-37	0.037
		HG16-36	0.036
		HG20-38	0.038
		HG20-37	0.037
		HG20-36	0.036
		HG20-35	0.035
		HG20-34	0.034
		HG20-33	0.033
		HG20-32	0.032

分　類	建　材　名　称			熱伝導率 λ (W/(m·K))
グラスウール断熱材※9	高性能品	HG24-36		0.036
		HG24-35		0.035
		HG24-34		0.034
		HG24-33		0.033
		HG24-32		0.032
		HG28-35		0.035
		HG28-34		0.034
		HG28-33		0.033
		HG28-32		0.032
		HG32-35		0.035
		HG32-34		0.034
		HG32-33		0.033
		HG36-34		0.034
		HG36-33		0.033
		HG36-32		0.032
		HG36-31		0.031
		HG38-34		0.034
		HG38-33		0.033
		HG38-32		0.032
		HG38-31		0.031
		HG40-34		0.034
		HG40-33		0.033
		HG40-32		0.032
		HG48-33		0.033
		HG48-32		0.032
		HG48-31		0.031
ロックウール断熱材※9	LA			0.045
	LB			0.043
	LC			0.041
	LD			0.039
	MA			0.038
	MB			0.037
	MC			0.036
	HA			0.036
	HB			0.035
	HC			0.034
木質繊維断熱材※9	ファイバーマット			0.040
	ファイバーボード	1種	1号	0.052
			2号	
		2種	1号A	0.052
			1号B	0.045
			1号C	0.040
			2号A	0.052
			2号B	0.045
			2号C	0.040
ポリエステル繊維断熱材※9	通常品	11-50		0.050
		14-46		0.046
		16-44		0.044
		20-42		(W/(m·K))

分　類				建　材　名　称	熱伝導率 λ (W/(m·K))
ポリエステル繊維断熱材※9	通常品			24-38	0.038
				30-37	0.037
				O33-36	0.036
	高性能品			F11-46	0.046
				F14-41	0.041
				F16-39	0.039
				F20-38	0.038
				F24-36	0.036
				F30-35	0.035
				FO33-34	0.034
ビーズ法ポリスチレンフォーム断熱材※9	1号				0.034
	2号				0.036
	3号				0.038
	4号				0.041
押出法ポリスチレンフォーム断熱材※9	1種	b		A	0.040
				B	0.038
				C	0.036
	2種	b		A	0.034
				B	0.032
				C	0.030
	3種	a		A	0.028
				B	0.026
				C	0.024
				D	0.022
				E	0.020
	3種	b		A	0.028
				B	0.026
				C	0.024
				D	0.022
				E	0.020
	3種	a		AⅠ、AⅡ	0.028
				BⅠ、BⅡ	0.026
				CⅠ、CⅡ	0.024
				DⅠ、DⅡ	0.022
				EⅠ、EⅡ	0.020
		b		AⅠ、AⅡ	0.028
				BⅠ、BⅡ	0.026
				CⅠ、CⅡ	0.024
				DⅠ、DⅡ	0.022
				EⅠ、EⅡ	0.020
硬質ウレタンフォーム断熱材※9	1種	1号		Ⅰ、Ⅱ	0.029
		2号		Ⅰ、Ⅱ	0.024
		3号		Ⅰ、Ⅱ	0.025
	2種	1号		AⅠ、AⅡ	0.023
				BⅠ、BⅡ	0.022
				CⅠ、CⅡ	0.021
				DⅠ、DⅡ	0.020
				EⅠ、EⅡ	0.019
				FⅠ、FⅡ	0.018

分　類			建　材　名　称	熱伝導率 λ (W/(m・K))
硬質ウレタンフォーム断熱材[※9]	2種	1号	GⅠ、GⅡ	0.017
		2号	AⅠ、AⅡ	0.024
			BⅠ、BⅡ	0.023
			CⅠ、CⅡ	0.022
			DⅠ、DⅡ	0.021
			EⅠ、EⅡ	0.020
			FⅠ、FⅡ	0.019
			GⅠ、GⅡ	0.018
			HⅠ、HⅡ	0.017
	3種	1号	AⅠ、AⅡ	0.026
			BⅠ、BⅡ	0.025
			CⅠ、CⅡ	0.024
			DⅠ、DⅡ	0.023
			EⅠ、EⅡ	0.022
		2号	AⅠ、AⅡ	0.026
			BⅠ、BⅡ	0.025
			CⅠ、CⅡ	0.024
			DⅠ、DⅡ	0.023
			EⅠ、EⅡ	0.022
ポリエチレンフォーム断熱材[※9]	1種	1号		0.042
		2号		
	2種			0.038
	3種			0.034
フェノールフォーム断熱材[※9]	1種	1号	AⅠ、AⅡ	0.022
			BⅠ、BⅡ	0.021
			CⅠ、CⅡ	0.020
			DⅠ、DⅡ	0.019
			EⅠ、EⅡ	0.018
			FⅠ、FⅡ	0.017
			GⅠ、GⅡ	0.016
		2号	AⅠ、AⅡ	0.022
			BⅠ、BⅡ	0.021
			CⅠ、CⅡ	0.020
			DⅠ、DⅡ	0.019
			EⅠ、EⅡ	0.018
			FⅠ、FⅡ	0.017
			GⅠ、GⅡ	0.016
		3号	AⅠ、AⅡ	0.022
			BⅠ、BⅡ	0.021
			CⅠ、CⅡ	0.020
			DⅠ、DⅡ	0.019
			EⅠ、EⅡ	0.018
			FⅠ、FⅡ	0.017
			GⅠ、GⅡ	0.016
	2種	1号	AⅠ、AⅡ	0.036
		2号	AⅠ、AⅡ	0.034
		3号	AⅠ、AⅡ	0.028
	3種	1号	AⅠ、AⅡ	0.035

分　類	建　材　名　称		熱伝導率 λ (W/(m・K))
吹込み用グラスウール断熱材[10]	LFGW1052		0.052
	LFGW1352		0.052
	LFGW1852		0.052
	LFGW2040		0.040
	LFGW2238		0.038
	LFGW3238		0.038
	LFGW3240		0.040
	LFGW3540		0.040
吹込み用ロックウール断熱材[10]	LFRW2547		0.047
	LFRW3046		0.046
	LFRW6038		0.038
吹込み用セルローズファイバー断熱材[10]	LFCF2540		0.040
	LFCF4040		0.040
	LFCF4540		0.040
	LFCF5040		0.040
	LFCF5540		0.040
吹付け硬質ウレタンフォーム断熱材[11]	A種	1	0.034
		1H	0.026
		2	0.034
		2H	0.026
		3	0.040

上表は、国立研究開発法人建築研究所がホームページ (https://www.kenken.go.jp/becc/house.html) で公表する「平成28年省エネルギー基準に準拠したエネルギー消費性能の評価に関する技術情報 (住宅)」の「2.エネルギー消費性能の算定方法　2.1算定方法　第三章 暖冷房負荷と外皮性能」に掲載されている「建材等の熱物性値」を参照して掲載している。

当該物性値については、予告なく変更される場合があるので、最新の物性値は上記建築研究所ホームページで確認すること。

※1　「JIS A 5416：2016 軽量気泡コンクリートパネル (ALCパネル)」における熱抵抗値から算出。

※2　「JIS A 6901：2014 せっこうボード製品」における熱抵抗値から算出し、各厚さの値のうち熱伝導率として最も大きい値を採用。

※3　末尾に「-He」が付いたものも含む。

※4　「JIS A 5430：2013 繊維強化セメント板」

※5　「JIS A 5905：2014 繊維板」

※6　「JIS A 5908：2003 パーティクルボード」における熱抵抗値から算出し、各厚さの値のうち熱伝導率として最も大きい値を採用。

※7　「JIS A 5901：2014 稲わら畳床及び稲わらサンドイッチ畳床」

※8　「JIS A 5914：2013 建材畳床」

※9　「JIS A 9521：2022 建築用断熱材」

※10　「JIS A 9523：2016 吹込み繊維質断熱材」

※11　「JIS A 9526：2017 建築物断熱用吹付け硬質ウレタンフォーム」

透湿抵抗比の計算は、以下の計算式、適用範囲に基づき行う。

透湿抵抗比とは、壁体が外装材、通気層、防風層、断熱材、防湿層、内装材の構成となっている場合、断熱材より内側（断熱材を含む）の透湿抵抗の合計を、断熱材の外側すなわち防風層から外側の透湿抵抗の合計で割った値のことをいう。

$$透湿抵抗比 = \frac{室内側透湿抵抗の合計}{外気側透湿抵抗の合計} = \frac{（断熱層＋防湿層＋せっこうボード）の透湿抵抗}{（通気層（＋外装材）＋防風層＋構造用面材）の透湿抵抗}$$

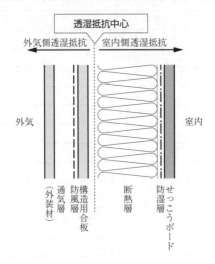

透湿抵抗R＝材料の厚さ（単位：m）÷透湿率（単位：ng/（m·s·Pa）
　　　　　＝透湿比抵抗（単位：m·s·Pa/ng）×材料の厚さ（単位：m）

　　注）外装材表面の塗装、内装仕上材（ビニルクロスなど）の透湿抵抗は算入できない。

透湿抵抗比による防湿材省略の検討は、外壁、屋根、小屋裏換気を行っている場合の天井、外気に接する床及び小屋裏に接する断熱壁において行うことができ、小屋裏換気を行っていない天井、基礎及び床においては行えない。

また、断熱層が単一の材料で均質に構成される壁体を対象としており、以下の壁体は対象外となっている。

・断熱性能（熱伝導率）及び透湿性能（透湿率）の異なる複数の断熱材が、同一壁体内にある場合
・断熱性能（熱伝導率）及び透湿性能（透湿率）が同じ複数の断熱材同士の間に、異なる材料がある場合

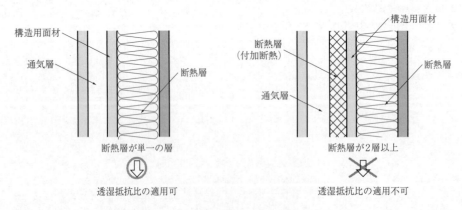

付属防湿層（及び防風層）付きの断熱材は、断熱材と分離してそれぞれの材料として扱い、付属防湿層は室内側透湿抵抗に、付属防風層は外気側透湿抵抗に加算する。プラスチック系断熱材のうち、JIS A 9521（建築用断熱材）に規定する発泡プラスチック断熱材、JIS A 9526に規定する吹付け硬質ウレタンフォームA種1もしくはA種2またはこれらと同等以上の透湿抵抗を有するもので、両面に同等の透湿抵抗をもつフィルム及び面材等が貼付されたプラスチック系断熱材については、断熱材と一体のものとして扱うことができる。

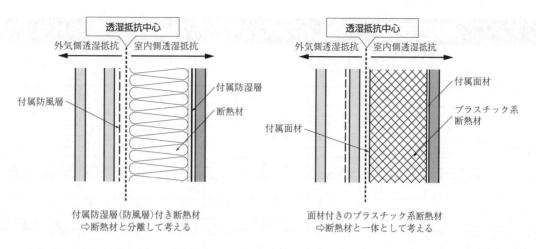

付属防湿層（防風層）付き断熱材
⇨断熱材と分離して考える

面材付きのプラスチック系断熱材
⇨断熱材と一体として考える

　天井断熱で、小屋裏に換気孔を設置するなど換気上有効な措置が講じられている場合は、小屋裏空間の容積が通気層の容積と比べて大きいため、外気側の透湿抵抗を小さくできる。

　よって、外気側透湿抵抗は、下表のR'_oの値を用いてよい。ただし、断熱材の外気側にフィルムなどの材料がある場合は、その透湿抵抗をR'_oの値に加算する。また、室内側透湿抵抗の総和から下表Crの値を減じる。

天井断熱における外気側透湿抵抗、及び移流補正係数

地 域 の 区 分	1・2・3 地域	4 地域	5・6・7 地域
外気側透湿抵抗 R'_o （m²·s·Pa/ng）	2.16×10^{-4}	1.59×10^{-4}	1.59×10^{-4}
移流補正係数 Cr （m²·s·Pa/ng）	2.75×10^{-2}	8.96×10^{-3}	1.44×10^{-3}

$$天井断熱の透湿抵抗比 = \frac{室内側透湿抵抗の総和R'i - 移流補正係数Cr}{外気側透湿抵抗R'o}$$

　壁における透湿抵抗比の計算例を、以下に示す。

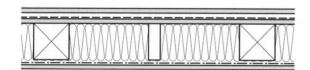

・外装材（モルタル30mm）
・透湿防水シート
・合板12mm
・グラスウール（ロックウール）100mm
・住宅用プラスチック系防湿フィルムB種
・せっこうボード9.5mm

	構成材料等	透湿比抵抗 （m·s·Pa/ng）	厚さ （m）	透湿抵抗 （m²·s·Pa/ng）	外気側・室内側 透湿抵抗の総和 （m²·s·Pa/ng）
外気側	①外装材（モルタル）	0.617	0.03	0.01851	
	②透湿防水シート	−	−	0.00019	
	③合板	0.901	0.012	0.010812	【分母】0.029512
室内側	④グラスウール（ロックウール）	0.00588	0.1	0.000588	
	⑤住宅用プラスチック系防湿フィルムB種	−		0.144	
	⑥せっこうボード	0.0252	0.0095	0.0002394	【分子】0.1448274
	透湿抵抗比（分子÷分母）				4.907

材料名	透湿率		透湿比抵抗		厚さ	透湿抵抗 (=透湿比抵抗×厚さ[m])		備考	出典
	ng/(m·s·Pa)	g/(m·h·mmHg)	m·s·Pa/ng	m·h·mmHg/g	mm	m²·s·Pa/ng	m²·h·mmHg/g		
グラスウール・ロックウール	170	0.0816	0.00588	12.3	100	0.000588	1.23		1)
セルローズファイバー	155	0.0744	0.00645	13.4	100	0.000645	1.34		1)
ビーズ法ポリスチレンフォーム断熱材　1号	3.6	0.0017	0.28	570	25	0.00690	14.4	JISA9521：2017※1	
ビーズ法ポリスチレンフォーム断熱材　2号	5.1	0.0025	0.20	410	25	0.00488	10.2	JISA9521：2017※1	
ビーズ法ポリスチレンフォーム断熱材　3号	6.3	0.0030	0.16	330	25	0.00400	8.33	JISA9521：2017※1	
ビーズ法ポリスチレンフォーム断熱材　4号	7.3	0.0035	0.14	290	25	0.00345	7.18	JISA9521：2017※1	
押出法ポリスチレンフォーム断熱材 1種b、2種b、3種a、3種b（スキンなし）	3.6	0.0017	0.28	570	25	0.00690	14.4	JISA9521：2017※1	
押出法ポリスチレンフォーム断熱材 3種a、3種b　　　（スキンあり）	1.4	0.00066	0.73	1500	25	0.018	38	JISA9521：2017※1	
硬質ウレタンフォーム断熱材　1種	4.6	0.0022	0.22	450	25	0.00541	11.3	JISA9521：2017※1	
硬質ウレタンフォーム断熱材 2種1号、2種2号、2種3号、2種4号	1.0	0.00048	1.0	2100	25	0.025	52	JISA9521：2017※1	
ポリエチレンフォーム断熱材　1種1号	0.75	0.00036	1.3	2800	25	0.033	69	JISA9521：2017※1	
ポリエチレンフォーム断熱材　1種2号	1.4	0.00066	0.73	1500	25	0.018	38	JISA9521：2017※1	
ポリエチレンフォーム断熱材　2種	0.75	0.00036	1.3	2800	25	0.033	69	JISA9521：2017※1	
ポリエチレンフォーム断熱材　3種	3.8	0.0018	0.27	560	25	0.00667	13.9	JISA9521：2017※1	
フェノールフォーム断熱材　1種1号、1種2号	1.5	0.00072	0.67	1400	25	0.0167	35	JISA9521：2017※1	
フェノールフォーム断熱材　2種1号、2種2号、2種3号、3種1号	3.6	0.0017	0.28	570	25	0.00690	14.4	JISA9521：2017※1	
吹付け硬質ウレタンフォーム断熱材　A種1	9.0	0.0043	0.11	230	25	0.0028	5.75	JISA9526：2015	
吹付け硬質ウレタンフォーム断熱材　A種2、B種	4.5	0.0022	0.22	460	25	0.0056	11.5	JISA9526：2015	
吹付け硬質ウレタンフォーム断熱材　A種3	31.7	0.0152	0.0315	65.7	25	0.00079	1.64		2)
土壁	20.7	0.00994	0.0483	101	100	0.00483	10.1		3)
ケイ酸カルシウム板	52.1	0.0250	0.0192	40	24.7	0.000474	0.988		5)
コンクリート	2.98	0.00143	0.336	699	100	0.0336	69.9		4)
ALC	37.9	0.0182	0.0264	55.0	100	0.00264	5.50	表面処理なし	5)
合板	1.11	0.000533	0.901	1880	12	0.011	23		6)
せっこうボード	39.7	0.0191	0.0252	52.5	12	0.00030	0.63		1)
OSB	0.594	0.000285	1.68	3510	12	0.020	42		6)
MDF	3.96	0.0019	0.253	526	12	0.0030	6.3		6)
軟質繊維板	18.8	0.00902	0.0532	111	12	0.00064	1.3		6)
木材	4.00	0.00192	0.250	521	20	0.0050	10		6)
モルタル2210kg/m³	1.62	0.000778	0.617	1290	25	0.015	32		5)
しっくい	52.1	0.0250	0.0192	40.0	12	0.00023	0.48		5)
コンクリートブロック	7.7	0.0037	0.13	270	200	0.026	54		5)
窯業系サイディング	2.1	0.0010	0.48	1000	12	0.0058	12	塗装なし	
住宅用プラスチック系防湿フィルムA種	–	–	–	–	–	0.082	170	JISA6930：1997	
住宅用プラスチック系防湿フィルムB種	–	–	–	–	–	0.144	300	JISA6930：1997	
透湿防水シート	–	–	–	–	–	0.00019	0.40	JISA6111：2004 透湿防水シートA※2	
アスファルトフェルト　20kg	–	–	–	–	–	0.002	5	20kg/巻	5)
アスファルトルーフィング　22kg	–	–	–	–	–	0.144	300	22kg/巻	5)
通気層+外装材(カテゴリーI)	–	–	–	–	–	0.00086	1.8	外壁：通気層厚さ18mm以上	
通気層+外装材(カテゴリーII)	–	–	–	–	–	0.0017	3.6	外壁：通気層厚さ18mm以上（通気経路上に障害物がある場合）通気層厚さ9mm以上 屋根：通気層厚さ18mm以上	
通気層+外装材(カテゴリーIII)	–	–	–	–	–	0.0026	5.4	外壁：通気層厚さ9mm以上（通気経路上に障害物がある場合）屋根：通気層厚さ9mm以上 外気に接する床：軒天内部が通気層同等と判断できる場合※3	
難燃木毛セメント板	80	0.04	0.01	30	24	0.0003	0.6		5)
断熱木毛セメント板	39	0.019	0.026	54	24.2	0.00062	1.3		5)
GRC板	–	–	–	–	–	0.035	72		5)
ロックウール系天井材	5.9	0.0028	0.17	350	12.5	0.0021	4.4	ロックウール吸音版	5)
せっこう系天井材	7.8	0.0038	0.13	270	9	0.0012	2.4	化粧せっこう	5)

[出典]
1) Kumaran, M.K.：A Thermal and Moisture Property Database for Common Building and Insulation Materials, ASHRAE Transactions, Vol.112, pp.1-13, 2006年6月
2) 公的試験機関測定値
3) 水沼信、澤地孝男、鈴木大隆、瀬戸裕直、齋藤宏昭、中村安弘、中園眞人：温暖地における土壁住宅の外気側充填断熱工法の提案と断熱防露性能の検証、日本建築学会環境系論文集第624号pp.175～182
4) 日本建築学会湿気物性学術規準
5) 山田雅士：建築の結露、井上書院、1979年より引用
6) 齋藤宏昭：温暖地の木造断熱外壁のための簡易防露設計法に関する研究、東京大学学位請求論文,2006年12月
※1　透湿抵抗は、厚さ25mm当たりの透湿係数[ng/(m²·s·Pa)]の逆数を求め、有効数字となるよう四捨五入した数値
　　　透湿率は、厚さ25mm当たりの透湿係数[ng/(m²·s·Pa)]に0.025mを乗じて有効数字2桁となるよう四捨五入した数値
※2　透湿性(透湿抵抗)[m²·s·Pa/μg]を[m²·s·Pa/ng]に単位換算した数値
※3　下記いずれかの場合に、軒天井内部が通気層同等と判断する。
　　　①軒天井が全面有孔ボード(開口率2.5%以上)張りである。
　　　②上下外壁の通気層と通じており、外壁の通気層が有効である。
　　　なお、軒天井内部が通気層同等と判断できない場合は、軒天井内部の空間は、密閉空気層として扱い、密閉空気層と軒天井材の透湿抵抗を用いる。

【フラット35】の省エネルギー基準では、「外皮性能」と「一次エネルギー消費性能」の両方の基準に適合する必要がある。両性能を評価する計算方法等は複数存在するが、ここでは、評価方法の選択肢が最も多い建築物エネルギー消費性能基準の判断方法を記載する。

1．外皮性能基準の判断方法

建築物エネルギー消費性能基準における外皮性能基準の判断方法には、断熱等性能等級の判断方法として用いられている標準計算法と仕様基準以外に、簡易計算法及びフロア入力法がある。

判断方法	概　　　要	適　用	
		一戸建て	一戸建て以外※
標準計算法	評価対象住戸の外皮面積を用いて外皮平均熱貫流率等を算出し、基準の適否を判断。	○	○
仕様基準	評価対象住戸の仕様（窓、断熱材等）により、基準の適否を判断。	○	○
簡易計算法（モデル住宅法）	評価対象住戸の外皮面積を用いずに外皮平均熱貫流率等を算出し、基準の適否を判断。	○	－
フロア入力法	フロアごとの仕様により住棟単位外皮平均熱貫流率等を算出し、基準の適否を判断。	－	○

※連続建て、重ね建て又は共同建ての住宅。

2．一次エネルギー消費量に関する基準の判断方法

建築物エネルギー消費性能基準における一次エネルギー消費量に関する基準の判断方法には、一次エネルギー消費量等級の判断方法として用いられている標準計算法と仕様基準以外に、簡易計算法及びフロア入力法がある。

判断方法	概　　　要	適　用	
		一戸建て	一戸建て以外※
標準計算法	評価対象住戸の外皮面積を用いて算出した外皮平均熱貫流率等により、設計一次エネルギー消費量を計算し、基準の適否を判断。	○	○
仕様基準	評価対象住戸の仕様（設備機器の種類、効率等）により、基準の適否を判断。	○	○
簡易計算法（モデル住宅法）	評価対象住戸の外皮面積を用いずに外皮平均熱貫流率等を算出し、設備機器等の種類を基に、基準の適否を判断。	○	－
フロア入力法	フロアごとの仕様により住棟単位の一次エネルギー消費量を算出し、基準の適否を判断。	－	○

※連続建て、重ね建て又は共同建ての住宅。

3．簡易計算法（モデル住宅法）

「建築物のエネルギー消費性能の向上に関する法律」（平成27年法律第53号）（通称 建築物省エネ法）の改正により、新たにできた評価方法である。

これは、簡易計算シートを用いて外皮性能と一次エネルギー消費性能の両方を算定し、基準への適否を簡易に確認する方法である。外皮性能は、各部位の性能値だけを用いて手計算で判断でき、一次エネルギー消費性能は、仕様に基づくポイントを計算して基準の適否を判断する。他の計算ルートに比べて簡易に評価できるが、評価結果が厳しく（性能が低く）算出されるため、作業量と評価結果のバランスを考慮して活用することが必要となる。

簡易計算シートの入手先は、4の(3)の記載先である。

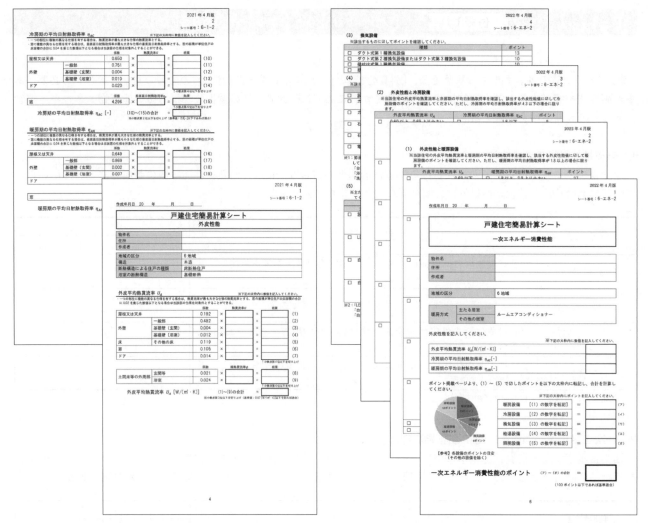

外皮性能の計算シート（2枚で1組の構成）　　　一次エネルギー消費性能の計算シート（4枚で1組の構成）

4. 各種計算ツール等の入手先

(1) 外皮計算用 Excel（一般社団法人住宅性能評価・表示協会ホームページ）

　　https://www2.hyoukakyoukai.or.jp/seminar/gaihi/

(2) 外皮計算・一次エネルギー消費量計算 Web プログラム（国立研究開発法人建築研究所ホームページ）

　　https://house.lowenergy.jp/

(3) モデル住宅法　簡易計算シート（国立研究開発法人建築研究所ホームページ）

　　https://house.lowenergy.jp/handcalc

(4) 共同住宅フロア入力法　計算プログラム（国立研究開発法人建築研究所ホームページ）

　　https://house.lowenergy.jp/program

付録15　木造住宅の長寿命化を支える耐久設計のポイント

わが国の住宅は、取り壊されるまでの平均築後経過年数が約30年と、イギリスの約77年、アメリカの約55年に比較して短い。地形・地質・気象等の国土・自然条件や地震の発生頻度等の地理的な条件、国民性の違いや歴史的背景などから単純に比較できないものの、諸外国と比較してわが国の住宅が短命であることがわかる。

一方で、今後は人口・世帯数の減少に伴い、これまでのように都市への人口集中や地価の上昇などを前提にして住宅の建設を考えることは難しくなるものと予想される。また、住宅地に対する開発圧力も減少すると考えられることから、わが国においても利用価値がある住宅を長く使っていくことが求められるよう、市場が変化していくことになるだろう。

経済的観点、地球環境の観点からも実現が望まれるこうした変化に適切に対応し、住宅の長寿命化に取り組むことは今後ますます重要となる。

以下は、木造住宅の耐久設計のポイントである。これらを参考に、成熟社会において良質ストックとして活用される、住宅づくりに取り組むことを推奨する。

1.　耐久性向上のための3要素と耐久性能との関係

地盤、気象条件が一定と仮定した場合、木造住宅の構造材の耐久性能は、主に①設計、②施工、③使用・維持管理という3つの要素によって決定される。これらは、建物のライフサイクルのほぼすべての段階でさまざまな要因と関連しており、それぞれは耐久性能確保上、下図のような関係にあると考えられる。

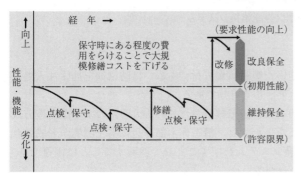

図1　保全の概念

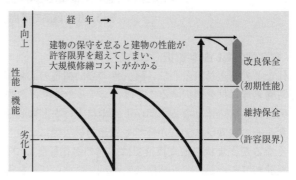

図2　点検・保守を怠った場合

すなわち、材料選択を含めた設計によって初期耐久性能値が決まるが、施工の善し悪しによってはその値が低下してしまう場合がある。また、耐久性能低下の進み具合は、住宅をどのように使い、維持管理していくかによって決定される。つまり、これら3要素のすべてをうまくコントロールすることによって、建物の耐久性が向上することになる。

2.　維持管理のための設計上の工夫

適切な維持管理は、住宅の耐久性向上のみならず、住宅のライフサイクルにおけるトータルコスト（建築費、修繕費等）の抑制にもつながる。

具体的には、日常点検、定期点検などの通常点検を計画的に実施するとともに、雨漏りなどの事故や、地震、強風、大雨などの災害発生時にすみやかに臨時点検（不定期点検）を実施することで、発生した不具合を早期に発見して修繕を行うことが可能になり、その結果、建物の損傷程度を小さくして維持管理コストを抑えることができる。

このため、点検・更新を容易に実施できるよう設計段階から工夫することが重要であり、そうすることが建物の長寿命化に有効な措置となる。

例えば、点検しやすさに関しては、床下空間などの人が進入して点検する空間ではその経路確保が必要であり、配管スペースなどの人が進入できない箇所は配管継手等の確認ができる点検口を適切に設置することが重要となる。

また、更新しやすさに関しては、例えば、基礎内に設置したスリーブ内に配管を通すことや、各階とも同じ位置に配管スペースを確保するなど、更新にあたり、基礎や壁などの構造部の損傷範囲を最小限にとどめるよう配慮するとよい。

3. フェイルセーフの概念の導入

　木造住宅の耐久性を確保するためには、木質材料の耐久性能を低下させる原因となる水分・湿分を長期間継続的に木部に作用させないシステムを導入することが求められる。

　ただし、何らかの故障あるいは許容限度を超える事象が生じる場合もあることから、そのシステムには、二重、三重に水分・湿分の作用・挙動をコントロールするサブシステム（例えば壁の場合、壁体内に浸入した湿分を屋外に放出するため、透湿防水シートと通気層を設置すること等）が組み込まれていることが必要となる。また、構造材料に生じている何らかの危険な事態を察知し、それらを容易に補修できることも重要である。

　このように、耐久性に配慮した設計を行うには、万が一の事態に対する対策として、フェイルセーフ（作用する可能性のある危険に対して幾重もの安全装置を設けること）の概念を導入するとよい。

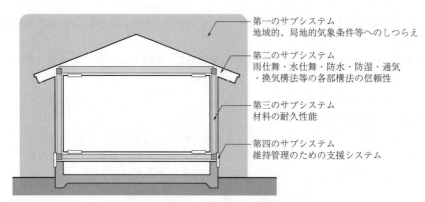

図3　設計段階で考慮すべき耐久性能維持システム

4. 耐久性の高い材料選択について

　柱などの構造材料として、耐久性の高い樹種の心材部分を用いた製材・集成材、あるいは防腐剤を加圧注入処理した防腐処理木材を選択することはフェイルセーフに該当する対策として有効である。

　例えば、構造体となる木部が下地や仕上げなどの保護システムによって被覆されている大壁造のような構造方式の場合、その保護システムが経年や偶発的事故等により性能低下をきたすと、構造体木部周辺に劣化環境が形成されやすくなるが、現状の検査技術では木部の劣化程度について保護システムを壊すことなく診断することは困難であり、また診断できたとしても補修は大がかりにならざるを得ない場合が多い。

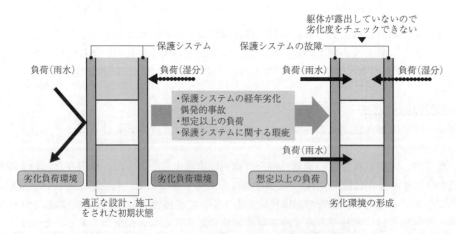

図4　外壁密閉部材の保護システム（内部部材に水分・湿分が作用しないようにする機能）

　このように点検、維持管理が困難な部位においては、高い耐久性を有した材料選択が重要となる。

　耐久性の高い材料を選択した場合は、万が一、保護システムが故障あるいは性能低下した場合でも劣化速度が遅くなり、限界耐用状態になるまでの時間を遅らせることができる。また、その間に保護システムの性能回復を図り、目標とする耐用年数を全うできるようになる。

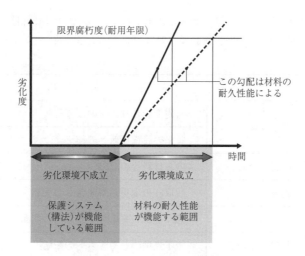

図5　材料による劣化対策の意味

5. リフォームによる長寿命化

　維持管理による保守が、主に初期性能の持続を目的とする一方、リフォームによる改修には居住性能の向上を図りながら、現在の住宅を永く使っていくという目的が含まれている。

　戸建て住宅のリフォーム工事として、あらかじめ利用が想定される住宅設備・内外装の変更工事等を行いやすい設計とすることは、適切なリフォーム工事の実施を促し、ひいては住宅の長寿命化につながると考えられる。

　例えば、住宅設備には「配管・機器の更新しやすさ」、内装には「既存内装材の撤去しやすさ」、外装には「外装材更新後も雨漏りしにくいおさめ方」、間取りには「変更しやすさ」、「電灯スイッチ、天井コンセント位置の柔軟性」、窓サッシには「サッシをあと付けしやすいおさめ方」など、計画段階からその後の改修に配慮しておくことが重要である。

図6　リフォーム工事の内容（複数回答）

［参考文献］
・長持ち住宅の手引き（国土交通省住宅局）
・知っておきたい木造建築物の耐久性向上のポイント（一般社団法人木を活かす建築推進協議会）
・平成26年度 第12回 住宅リフォーム実例調査（一般社団法人住宅リフォーム推進協議会）

■木造住宅の長寿命化に向けた設計・施工上の配慮事項(主なもの)

木造住宅を長寿命化するためには、長期優良住宅の普及の促進に関する法律（平成20年法律第87号）に係る認定基準に適合する仕様(本仕様書第Ⅳ章7参照)とすることが望ましい。

さらに、将来的な維持管理と改修の実施等を考慮すると、下表の項目についても、十分に検討したうえで、設計・施工することが肝要である。

下表の項目は、①についてはリフォーム工事の多い事項を、②については瑕疵保険事故の多い事項を参考に選定・掲載しているものである。この他に配慮すべき事項については、建設地域の特性や施主の要望等に応じて、設計者が検討・工夫することが望ましい。

項　　目		配 慮 事 項	本仕様書掲載頁
①維持管理を容易に実施するための工夫	住宅設備	基礎配管スリーブの設置	P45
		将来の設備更新への備え	P265
	内装	内装材料等の記録	P245
	間取り	間取りの変更しやすさへの配慮	P208
	窓	窓サッシの更新しやすさへの配慮	P254
	基礎・床組等	床下点検のしやすさへの配慮	P45
②改修が困難な部位に使用する材料選択など	地盤・基礎	地盤調査のポイント	P38
		基礎の立上り高さの確保	P44
		土壌処理、土壌処理と同等の効力を有するもの	P85
	土台・床	防腐・防蟻措置が必要な木部	P82
		水切りの設置について	P82
		木材の耐腐朽性・耐蟻性	P82
		床下換気	P43
	壁	外壁内通気措置と防水	P209
		外壁開口部まわりの防水と窓台等の耐久性	P254
		シーリング材について	P213
	屋根	屋根まわりにおいて雨漏りの発生しやすい箇所	P131
	柱・はりその他躯体	集成材利用時の留意点	P62
		跳出しバルコニーの支持方法	P128
		適切なバルコニーの排水の確保	P224

　住宅は、適切に維持管理を実施することで、さまざまな自然条件や使用状況の中で発生する機能低下や劣化を未然に防ぐことが可能となる。また、万が一、不具合が発生した場合にもこれを早期に察知し修繕することで、住宅の性能を長きにわたり維持することが可能となる。住宅の適切な維持管理に向けて、日常の清掃、定期的な点検・更新のポイントを以下に紹介する。

1. 日常の清掃について

　住宅を清潔に保ち、適切に換気を行う等の日常の保守を実施することは、生活の快適さを維持するだけでなく、住宅の各部の傷みや不具合などを早期に発見するきっかけとなる。また、適切に手入れを行うことが、住宅や設備を長持ちさせることにもつながる。

　清掃を中心とした日常からの保守が住宅の長寿命化の前提となることを、住まい手自らが正しく認識し、継続的な実施に務めることが重要である。

参考表1　日常の清掃項目とスケジュール※(例)

	毎日	毎週一回	毎月一回	半年に一回
玄関・ポーチ	・砂やホコリを掃き出す	・ポーチの水洗い ・ドア、引戸のから拭き	・アルミ製ドア、引戸の洗剤拭き ・下駄箱の整理と掃除	・木製ドア、引戸のワックス掛け、つや出し ・タイル水洗い、油性ワックス掛け
すべての寝室	・窓を開けて換気する ・フローリングのから拭き ・カーペットの掃除機掛け ・畳のほうき掛け	・壁のはたき掛け、から拭き	・天井のすす払い、はたき掛け ・壁のスイッチまわりの手あか掃除	・カーペットの簡易クリーニング ・壁、天井のから拭き(耐水性のものは洗剤拭き) ・フローリングのワックス掛け
キッチン	・シンクやガスレンジの汚れを落とす ・使用後は水気を拭き取る ・生ゴミの処理	・流し台天板、シンクの洗剤拭き ・ガスコンロ(電気コンロ)の掃除 ・壁、天井の洗剤拭き	・換気扇の掃除 ・食器戸棚、収納戸の整理	
浴室	・最後に入浴した人が床や壁を水で流し、換気する ・浴槽、排水口の掃除	・浴室用洗剤で浴室全体の掃除	・風呂釜、床排水口のトラップ内の洗浄 ・壁、床、天井のカビ取り	
トイレ	・便器の床の汚れを落とす	・トイレ用洗剤で便器の掃除		
洗面所	・使用後は洗面台や床にとんだ水を拭き取る	・洗面化粧台の洗剤拭き ・水洗器具磨き、排水口の掃除		
外部建具内部建具		・ガラス拭き	・アルミ製ドア、引戸の洗剤拭き ・下駄箱の整理と掃除 ・木製ドア、障子、ふすまをから拭き	・木製ドア、引戸のワックス掛け、つや出し
バルコニー		・床面の清掃 ・排水口の清掃		
設備機器		・頻繁に使用する季節はエアコンのフィルター掃除	・フィルターの水洗い ・ガス漏れ警報器の作動確認	・照明器具の掃除 ・雑排水ますの掃除
外壁				・汚れ落とし
屋根				・落ち葉ゴミの掃除 ・雨どいの掃除
建物周囲			・床下換気孔まわりの整頓 ・排水溝の清掃 ・屋外コンセントの点検	

※上記のほか、年に1回以上の頻度で、家具や収納物を取り出して、畳干し、カーペットクリーニング、押入・収納の掃除等を実施すること。

1月	2月	3月
◆1年の初めに、大まかなお手入れの計画をたてましょう。 ◆火災に備えて、消火器は家族の誰もが使えるように、置き場所や使い方を確認しておきましょう。 ◆部屋の空気がこもりがちなので、換気に注意しましょう。	◆暖房による結露に注意しましょう。 ◆水道管の凍結防止策を講じましょう。	◆雪解け後のお掃除をしましょう。 ◆冬季に傷んだ箇所を点検しましょう。 ◆暖房器具のお手入れをしましょう。 ◆春一番の吹く季節です、家の中に吹き込んだ埃をこまめに掃除しましょう。

4月	5月	6月
◆生垣の刈込み、庭のお手入れをしましょう。 ◆シロアリに注意しましょう。 羽蟻を見つけたらシロアリかどうか確認し、シロアリの被害が見つかったら大小に関わらず専門業者に対応を依頼しましょう。 (4～7月は羽蟻の活動期です)	◆草刈りをしましょう。(5月、7月、9月) ◆梅雨に備えて排水溝などを掃除しておきましょう。 ◆ホウ酸塩などの木材防虫防腐剤等で、ヒラタキクイ虫の繁殖を防ぎましょう。 (5～6月が活動期) ◆壁紙のはがれや塗装のはがれを点検し、必要であれば直しておきましょう。	◆除湿、カビ防止のため、雨天以外は窓を開け、通風・防臭に努めましょう。 ◆屋根や雨どいの点検をして、雨漏りに注意しましょう。

7月	8月	9月
◆外部の塗装に最適の季節です。塗装がはがれている箇所は塗り替えましょう。(7月、10月) ◆網戸の点検と取付けをしましょう。 ◆草刈りをしましょう。(5月、7月、9月) ◆梅雨があけたら畳を上げて大掃除しましょう。	◆台風に備えて住戸内外の点検をしましょう。 (屋根、雨どい、窓、雨戸、排水溝)	◆網戸、雨戸のお手入れをしましょう。 ◆冷房器具のお手入れをしましょう。 ◆草刈りをしましょう。(5月、7月、9月) ◆屋根、雨どい、塀など家のまわりを点検し、破損箇所は早めに補修しましょう。

10月	11月	12月
◆台風で傷んだ箇所を点検しましょう。 ◆落ち葉を取り除きましょう。 ◆外部の塗装に最適の季節です。塗装がはがれている箇所は塗り替えましょう。(7月、10月)	◆暖房器具の準備とすきま風を防ぐ工夫をしましょう。 ◆修繕等で専門家に依頼する仕事は早めに手配し、当月中に済ませましょう。 (12月は混み合います)	◆凍害、雪害に備えましょう。 ◆大掃除と各部の点検をあわせて行いましょう。

2. 定期的な点検・更新について

　長きにわたり住宅の性能を維持し利用するには、目標とする住宅の運用期間に係る維持保全計画を新築段階で作成するとともに、当該計画に従って定期的に点検・更新を行う必要がある。

　なお、維持保全計画の策定にあたっては、住宅を構成する各部の耐用年数を把握することが重要である。各部の部材・部品群を機能別・耐用年数別に分類することで、各部材間の耐用年数の違いが明確になり、耐用年数の長い部材を傷つけずに耐用年数の短い部材を交換する計画づくりも可能となる。

参考表3　戸建木造住宅の標準的な点検項目と更新時期について(例)

	点検部位		主な点検項目	点検時期の目安	定期的な手入れ	更新・取替えの目安
地盤	地盤	地盤	ひび割れ、沈下、ゆるみ	4～5年ごと	－	－
		擁壁	ひび割れ、亀裂、水抜き孔の詰まり、はらみ	4～5年ごと★	－	－
構造躯体	基礎	コンクリート基礎立上り	ひび割れ、欠損、沈下、換気孔のふさがり、さび、蟻道	5～6年ごと★	－	建て替えの際に更新
	床組	土台	基礎からのずれ・浮き、断面欠損、腐朽、蟻害、割れ	4～5年ごと★	5～10年で防腐・防蟻再処理	建て替えの際に更新(補修は適宜)
		大引き、床束、根太	腐朽、さび、蟻害、傾斜、たわみ、床鳴り、振動、断面欠損	4～5年ごと★	5～10年で防腐・防蟻再処理	20～30年位で全面取替えを検討
	軸組	柱、間柱、筋かい、胴差し	傾斜、断面欠損、腐朽、さび、蟻害、ひび割れ	10～15年ごと★	－	建て替えの際に更新(補修は適宜)
	小屋組	たる木、母屋、むな木、小屋束	腐朽、さび、たわみ、雨漏り、蟻害、ひび割れ、小屋裏の湿気、変形、傾斜	10～15年ごと★	－	建て替えの際に更新(補修は適宜)

点検部位			主な点検項目	点検時期の目安	定期的な手入れ	更新・取替えの目安
外部仕上げ	屋根	かわらぶき	ずれ、はがれ、浮き、ひび割れ、さび、雨漏り、変形	5～6年ごと ★	－	20～30年位で全面ふき替えを検討
		住宅屋根用化粧スレート	褪色、ずれ、ひび割れ、鉄部のさび、雨漏り、はがれ	4～6年ごと ★	－	15～30年位で全面ふき替えを検討
		金属板ぶき	褪色、さび、浮き、変形、雨漏り	2～3年ごと ★	3～5年ごとに塗替え	10～15年位で全面ふき替えを検討
	外壁	モルタル壁	汚れ、褪色、ひび割れ、はくり、雨漏り、浮き	2～3年ごと ★	トップコート吹替え3～4年ごと	15～20年位で全面補修を検討（亀裂等の状況により幅がある）
		サイディング壁（窯素系、ALC系）	汚れ、褪色、シーリングの劣化、雨漏り、割れ、欠損	3～4年ごと ★	トップコート吹替え3～4年ごと	15～20年位で全面補修を検討
		金属板・金属サイディング	汚れ、さび、変形、接合部のゆるみ、割れ、雨漏り	2～3年ごと ★	3～5年ごとに塗替え	15～20年位で全面補修を検討
		板張り壁	反り、腐朽、すき間、汚れ、雨漏り	2～3年ごと ★	3～5年ごとに塗替え	15～20年位で全面補修を検討
		目地シーリング	劣化、ひび割れ、汚れ、浮き、雨漏り	2～3年ごと ★	－	10～15年位で全面打ち替えを検討
	雨どい	雨どい	詰まり、はずれ、ひび、軒どいのたれ下がり	2～3年ごと ★ 随時詰まり除去	－	7～8年位で全面取替えを検討
	軒裏	軒裏天井	腐朽、雨漏り、はがれ、たわみ、ひび割れ	2～3年ごと ★	－	15～20年位で全面補修を検討
	バルコニー・濡れ縁	木部	腐朽、破損、蟻害、手すりぐらつき	1～3年ごと	3～5年ごとに塗替え	15～20年位で全面補修を検討
		鉄部	さび、破損、固定不良、手すりぐらつき	2～3年ごと	3～5年ごとに塗替え	15～20年位で全面取替えを検討
		アルミ部	腐食、破損、固定不良、手すりぐらつき	4～5年ごと	－	15～20年位で全面取替えを検討
		床	雨漏り、ひび割れ	1～3年ごと	－	15～20年位で全面取替えを検討
内部仕上げ	床	木製	はがれ、ひび割れ、浮き、腐朽、傾斜、汚れ、反り、きしみ	日常点検による	－	3～25年で全面取替えを検討
		畳	汚れ、変形、ダニ、凹凸	日常点検による	2～3年で畳表を裏返しさらに、2～3年で畳表交換	12～25年で全面取替えを検討
		カーペット	汚れ、変色、ダニ	日常点検による	－	6～12年で全面取替えを検討
	壁	クロス張り、板張り、繊維壁・砂壁	ひび割れ、雨漏り、目地破断、腐朽、蟻害、汚れ、傾斜、はがれ、カビ、しみ	日常点検による	－	10～15年で全面張り替えを検討
	天井	クロス張り、板張り	ひび割れ、雨漏り、目地破断、腐朽、蟻害、汚れ、傾斜、はがれ、カビ、しみ	日常点検による	－	10～15年で全面張り替えを検討
	階段	木製	腐朽、さび、ひび割れ、手すりぐらつき、沈み	日常点検による	－	10～15年で全面取替えを検討
	造作・収納	床の間、回り縁、幅木、造付け家具	汚れ、きず、建具の建付け不良	日常点検による	－	特に定めない
建具	外部建具	玄関建具	すき間、建付け不良、付属金属異常、腐食	2～3年ごと 建付け調整は随時	－	木製は15～20年でアルミ製は20～30年で取替えを検討
		アルミサッシ	建付け不良、腐食、さび	2～3年ごと 建付け調整は随時	－	20～30年で取替えを検討
		雨戸・網戸	さび、建付け不良、腐食	2～3年ごと 建付け調整は随時	－	木製は15～20年でアルミ製は20～30年で取替えを検討

点検部位			主な点検項目	点検時期の目安	定期的な手入れ	更新・取替えの目安
建具	外部建具	窓枠・戸袋などの木部	腐朽、雨漏り、シーリングの劣化、さび	2～3年ごと	3～5年ごとに塗替え	建具と同時に取替えを検討
	内部建具	木製建具	すき間、建付け不良、付属金属異常	2～3年ごと 建付け調整は随時	－	15～20年位で取替えを検討
		ふすま	すき間、建付け不良、破損、汚れ	日常点検による 建付け調整は随時	2～3年ごとに貼り替え	15～20年位で取替えを検討
		障子	すき間、建付け不良、破損、汚れ	日常点検による 建付け調整は随時	1～2年ごとに貼り替え	15～20年位で取替えを検討
設備	給水	給水管	水漏れ、赤水、管表面の結露	随時	水漏れはただちに補修	15～20年位で全面取替えを検討
		水栓器具	水漏れ、パッキングの異常、作動不良	随時	3～5年でパッキング交換	給水管取替えの際更新
	排水	排水管、トラップ	水漏れ、詰まり、悪臭	随時	水漏れはただちに補修	15～20年位で全面取替えを検討
		浄化槽	悪臭、水漏れ	専門業者との維持管理契約による	専門業者との維持管理契約による	建て替えの際更新
	台所	台所シンク	水漏れ、ひび割れ、腐食	随時（水漏れはただちに補修）	－	10～20年位で取替えを検討
	洗面所	洗面台	水漏れ、ひび割れ、腐食	随時（水漏れはただちに補修）	－	10～20年位で取替えを検討
	便所	便器、水洗タンク	水漏れ、ひび割れ	随時（水漏れはただちに補修）	－	15～20年位で取替えを検討
	浴室	在来工法 ユニットバス	タイル等の割れ、汚れ、シーリングの劣化、カビ、ジョイント部の割れ・すき間、汚れ	随時（水漏れはただちに補修）	－	10～15年位で取替えを検討
	ガス	洗面台	ガス漏れ、ゴム管の劣化	随時（ガス漏れはただちに補修）	1～3年でゴム管交換	15～20年位で全面取替えを検討
		給湯器	水漏れ、ガス漏れ、器具の異常	随時（ガス漏れはただちに補修）	－	10年位で取替えを検討
設備	換気設備	換気扇、ダクト、フィルター	作動不良、フィルターの目詰まり、破損	随時	フィルター掃除	15～20年位で取替えを検討
	電気設備	配線、スイッチ、コンセント	スイッチ作動不良、破損	随時	－	15～20年位で取替えを検討
	感知警報装置	住宅用火災警報機	動作確認	1年ごと動作確認	電池式は定期的に電池の交換	10年位で取替えを検討

「点検時期の目安」欄に★印の記載がある項目は、台風や大きな地震の後の「臨時点検」の際にも点検することが望ましいことをさしています。

注）この表は、木造住宅をベースとして一般的な目安をまとめたものです。また、屋根や外壁などは、その種類によって点検周期や点検内容が異なります。

3. 住まいの履歴情報の保管について

　長きにわたり住宅の性能を維持していくには、計画的に点検を行い、補修や交換をしたり、リフォームなどを行い、住宅の価値を維持・向上させることが求められる。また、災害などにあった場合には、すみやかに点検を行い、安全を確認するとともに、必要に応じて補修をしておくことが重要である。

　建設時における設計図書などとあわせて、どのように維持管理されてきたかという記録を残すことで、補修・交換やリフォームが適切で合理的になされるとともに、住宅の情報が明らかになることで、売買や賃貸の際に、住宅の価値が適切に評価されることが期待される。

(1) 住宅履歴情報の具体的な例

新築段階	建築確認	地盤調査、建築確認、工事監理、完了検査、開発行為に係る書類や図面
	住宅性能評価	設計住宅性能評価、建設住宅性能評価(新築)に係る書類や図面
	認定長期優良住宅	認定手続のために作成される書類や図面
	新築工事関係	住宅の竣工時とそれまでにつくられた書類や図面等
維持管理段階	維持管理計画	メンテナンスプログラム等
	点検・診断	自主点検、サービス点検、法定点検、住宅診断に係る書類や図面等
	修繕	計画修繕、その他の修繕に係る書類や図面等
	リフォーム・改修	性能、仕様等の向上のためのリフォーム・改修工事に係る書類や図面等
	認定長期優良住宅の維持保全	保存が義務付けられている維持管理の記録等
	住宅性能評価	建設住宅性能評価(既存)に係る書類や図面
売買時	重要事項説明	重要事項説明書、告知書等

(出典：一般社団法人住宅履歴情報蓄積・活用推進協議会ホームページ)

(2) さまざまな制度で活用されている住宅履歴情報

① 長期優良住宅

長期優良住宅とは、「長期優良住宅の普及の促進に関する法律」に基づき、長期にわたり良好な状態で使用するための性能や維持管理の計画について定められた認定基準に適合する住宅のこと。

長期優良住宅の認定を受けた施主は、認定を受けた計画に基づいて住宅を建築し、竣工後は維持保全を行うともとに、維持保全の状況について記録を作成し(＝住宅履歴情報)、保存することになる。

新築についての認定制度は2009年から、既存住宅についての認定制度は2016年から開始している。

② 安心R住宅

既存住宅の流通促進に向けて、従来のマイナスイメージを払拭し、「住みたい」「買いたい」既存住宅を選択できる環境を整備するため、2017年に国が創設した制度である。

安心R住宅のRとは、Reuse(リユース・再利用)、Reform(リフォーム・改修)、Renovation(リノベーション・改装)を意味する。

インスペクション(建物状況調査等)が正しく行われて、以下の要件を満たしている優れた住宅であり、リフォーム等について正しく情報提供が行われる既存住宅である。

要件1：耐震性等の基礎的な品質を備えている

要件2：リフォームを実施済みまたはリフォーム提案が付いている

要件3：点検記録等(＝住宅履歴情報)の保管状況について情報提供が行われる

要件に適合すれば、ロゴマークをつけて、安心R住宅であることを公表することができる。

③ 住宅を売買する際の重要事項説明

2016年に宅地建物取引業法が改正され、住宅を売却・購入するとき(媒介契約締結時)には、建物状況調査(インスペクション)の活用を促すほか、重要事項説明時に建物状況調査の結果の概要や建物の建築・維持保全の状況に関する書類(＝住宅履歴情報)の保存状況の説明が追加された。

索　引

2023年版住宅工事仕様書　改訂原案作成委員会

2023年3月
（敬称略、順不同）

1　本委員会

委 員 長	中島　正夫	関東学院大学 名誉教授	
委　　員	石川　廣三	東海大学 名誉教授	
	大橋　好光	東京都市大学 名誉教授	
	鎌田　元康	東京大学 名誉教授	
	河野　守	東京理科大学理工学研究科国際火災科学専攻 教授	
	佐藤　克志	日本女子大学家政学部住居学科 教授	
	鈴木　大隆	地方独立行政法人北海道立総合研究機構 理事	
	安村　基	静岡大学 名誉教授	
	眞方山　美穂	国土交通省国土技術政策総合研究所 住宅研究部長	
	布田　健	国立研究開発法人建築研究所 建築生産研究グループ長	
	桃原　郁夫	国立研究開発法人森林研究・整備機構森林総合研究所 関西支所長	
	大野　年司	一般社団法人JBN・全国工務店協会 会長	
	髙橋　健二	全国建設労働組合総連合 住宅対策部長	
	加藤　邦彦	一般社団法人日本ツーバイフォー建築協会 専務理事	
	越海　興一	一般社団法人日本木造住宅産業協会 専務理事	
	飯島　敏夫	公益財団法人日本住宅・木材技術センター 参与兼認証部長	
	冨岡　進太郎	一般社団法人住宅瑕疵担保責任保険協会 事務局次長	
	長崎　卓	一般財団法人ベターリビング 常務理事（〜2022年9月）	
	呉　祐一郎	一般財団法人ベターリビング 常務理事（2022年10月〜）	
	脇出　一郎	一般社団法人住宅性能評価・表示協会 事務局長	
	渡邊　靖司	公益財団法人住宅リフォーム・紛争処理支援センター 参与	
	山上　義嗣	日本建築行政会議（千葉県県土整備部都市整備局建築指導課 構造設備審査班 副主査）	

協力委員	細萱　英也	国土交通省住宅局住宅経済・法制課住宅金融室 企画専門官（〜2022年7月）
	山口　義敬	国土交通省住宅局住宅経済・法制課住宅金融室 企画専門官（2022年7月〜）
	福井　武夫	国土交通省住宅局参事官(建築企画担当)付 建築設計環境適正化推進官（〜2022年6月）
	岡野　大志	国土交通省住宅局参事官(建築企画担当)付 企画専門官（2022年7月〜）
	高梨　潤	国土交通省住宅局住宅生産課木造住宅振興室 課長補佐
	片岡　泰子	一級建築士事務所木造建築環境設計所 代表
	戸田　淳二	株式会社中央設計 代表取締役
	神田　雅子	アーキキャラバン建築設計事務所 代表

2 部会

(1) 木造住宅部会

主　査	大橋　好光	東京都市大学 名誉教授
委　員	河合　直人	工学院大学建築学部建築学科 教授
	齋藤　宏昭	足利大学工学部創生工学科 教授
	鈴木　大隆	地方独立行政法人北海道立総合研究機構 理事
	松留　愼一郎	職業能力開発総合大学校 名誉教授
	宮村　雅史	国土交通省国土技術政策総合研究所建築研究部構造基準研究室 研究官
	桃原　郁夫	国立研究開発法人森林研究・整備機構森林総合研究所 関西支所長
	広瀬　達雄	全国建設労働組合総連合 設計・施工委員
	齊藤　年男	一般社団法人全国住宅産業協会 戸建住宅委員
	髙橋　雅司	一般社団法人日本木造住宅産業協会 技術開発部長
	佐藤　喜夫	一般社団法人JBN・全国工務店協会 環境委員

協力委員	長　奈緒子	国土交通省住宅局住宅生産課木造住宅振興室 係員
	今田　多映	国土交通省住宅局参事官(建築企画担当)付 構造係長
	片岡　泰子	一級建築士事務所木造建築環境設計所 代表
	戸田　淳二	株式会社中央設計 代表取締役
	神田　雅子	アーキキャラバン建築設計事務所 代表

(2) 枠組壁工法住宅部会

主　査	安村　基	静岡大学 名誉教授
委　員	佐藤　雅俊	東京大学 名誉教授
	河合　直人	工学院大学建築学部建築学科 教授
	桃原　郁夫	国立研究開発法人森林研究・整備機構森林総合研究所 関西支所長
	太田　啓明	一般社団法人日本ツーバイフォー建築協会 技術委員
	友井　政利	アメリカ針葉樹協議会 技術顧問
	練子　祐介	カナダ林産業審議会 技術部長

協力委員	長　奈緒子	国土交通省住宅局住宅生産課木造住宅振興室 係員
	今田　多映	国土交通省住宅局参事官(建築企画担当)付 構造係長
	片岡　泰子	一級建築士事務所木造建築環境設計所 代表
	戸田　淳二	株式会社中央設計 代表取締役
	神田　雅子	アーキキャラバン建築設計事務所 代表

事務局(独立行政法人住宅金融支援機構 マンション・まちづくり支援部技術統括室、2023年3月時点)

嘉藤　鋭	技術統括室長
野上　雅浩	技術支援グループ長
井上　理一郎	技術支援グループ総括調査役
鳥越　重己	技術支援グループ専任役
織田　真実	技術支援グループ副調査役
岸本　万理奈	技術支援グループ副調査役
佐分利悠貴子	技術支援グループ係員